현대 국어의 음장

현대 국어의 음장

김수형

도서출판 **역락**

머 리 말

현대 국어의 음장

   국어 음장에 관한 연구가 처음으로 학계에 제기된 것은 남광우(1954)로부터이나 실질적인 학문적 결실을 거둔 것은 최근의 일이다.

   저자는 일찍이 국어 음장에 관심을 가져 1973년 국어 음장에 관한 연구로 서울대학에서 석사학위를 받았다. 이 논문은 우리 나라에서 처음으로 음장에 관한 이론을 정립한 것으로 그 이론적 바탕 위에서 실태조사를 한 선구적인 논문이었다. 이를 추종한 여러 편의 논문들이 학계에 발표되었으나 그 수준을 넘지 못하였었다.

   30년에 가까운 세월이 지나 저자가 다시 이 논제를 가지고 6년여의 진통 끝에 드디어 박사학위를 받고 이를 공간하기에 이르렀다. 이는 저자 개인의 기쁨이기도 하지만 우리 학계에 커다란 경사라고 생각된다. 그간 음장에 관한 연구로는 개인적으로 이루어진 여러 편의 논문이 있고, 〈국립국어연구소〉와 〈정신문화연구원〉 등의 공공기관에서 실태조사를 하여 사전으로 편찬하기까지도 하였다. 그러나 이들은 모두 이 논문의 수준을 질적으로나 양적으로 넘지 못한다고 생각된다. 한 가지 예로 〈정민연〉의 연구와 비교하여 보면 1) 조사어휘수 827개 : 76개 2) 제보자 수 760명 : 220명 4) 보고서 양 910면 : 68면(앞에 것이 본 저서임) 등 단연 본서가 압도적이다. 다만 조사지점의 경우 〈정민연〉연구는 전국 방언 조사의 일환으로 조사된 것이어서 전국 138군이 그 대상이 되었으나, 본 연구에서는 전국에서 대표적인 17개 지점만을 표집으로 택한 것이 차이점이고, 수적으로 못 미치는 점이다.

   본 연구는 음장에 관한 이론적 체계를 확립하였음은 물론, 전국에 걸친 세대별 제보자의 '음성녹음자료와 방대한 양의 질문지'를 장기간에 걸쳐 조사원과 함께 현지조사 하였고, 이들 하나 하나를 '지역별로, 세대별로, 어휘별'로 세밀히 분석 · 종합하여 타당한 결론을 도출하였다. 또한 그간의 모든 연구업적을 종합 검토하는 일에도 소홀하지 않아 국내의 사전은 물론 북한의 「조선말대사전」의 용례까지도 세밀히 비교 검토하였다. 이런 의미에서 이 책은 〈현대국어 음장〉에 관한 한 총서이자 결론이라고 감히 말하고 싶다. 따라서 여기에서 도출된 결론이 학계는 물론 교육현장에서 공론이 되어야 한다고 생각한다.

   저자와 필자와는 학부와 석사과정을 동문수학한 말 그대로 붕우다. 이 과정에서 저자는 누구보다도 출중하여 학문적 기대를 한 몸에 모으던 처지였다. 그러나 안타깝게도 순수학문과는 거리가 있는 중등교육에 남다른 뜻을 두어 교육일선에서, 교육위원회에서, 교육부에서 한국 교육행정에 오래 남을 여러 가지 업적을 남기었다. 다행히 뒤늦게나마 다시 학문세계에 회귀하여 큰 성과를 이루었으니 기쁜 마음 이를 데 없다. 다시 시작한 학문의 세계에서 계속적인 업적이 이어지기를 기대하면서 그간의 노고에 깊은 치하를 드린다.

2001년 6월 10일
이 광 정

이 책을 내면서

현대 국어의 음장

  이 책은 저자의 박사 학위 논문 '현대 국어의 음장에 관한 연구'에 약간의 수정을 가하고, 별책으로 되어 있는 부록에서 일부를 발췌하여, 한 권의 책으로 엮은 것이다. 저자가 국어 음장에 대하여 관심을 가지기 시작한 것이 1973년 석사 논문에서부터이니, 실로 30여년 만의 결실이다.

  다 잘 아시는 바와 같이, 국어 음장에 대하여는 아직도 그 개념조차 분명하게 정리되어 있지 않고, 음장 현실에 대하여도 유무 양론이 대립하고 있는 실정이다. 이 책은 이러한 국어학계의 현실을 감안하여, 국어 음장에 대한 개념을 분명히 하고, 국어 모음의 지속을 한국인들이 변별적 자질로 인정하여, 실제 국어 생활에서 활용하고 있는지를 확인해 보기 위하여 쓰여졌다.

  따라서, 이 책의 제1장에서는 음장의 실태 조사를 위한 대강의 설계와 선행 연구에 대하여 간략하게 소개하고, 제2장에서는 음장에 대한 독자의 이해를 돕기 위하여, 음장에 대한 저자 나름의 정의를 내리고, 음장에 대하여 지금까지 학계에서 논의된 내용을 종합·정리하였다. 제3장에서는 저자가 이번에 실제적으로 행한 음장 조사의 내용과 방법 및 결과 처리 등에 대하여 구체적으로 소개하고, 제4장에서는 제3장에서 소개한 내용과 방법에 따라 조사된 결과를 어떻게 해석해야 할 것인가에 대하여 논의하였으며, 제5장에서는 제4장에서 논의된 내용을 요약하여 결론으로 제시하였다.

  국어 음장의 실체 규명을 위하여 저자 나름으로는 최선을 다하였다. 그러나, 지금 다시 살펴보니 불만스러운 곳이 한두 군데가 아니다. 그렇다고 지금 당장 손을 댈 엄두도 나지 않고 해서, 미흡한 부분에 대해서는 훗날 기회를 보아 보완하기로 하고, 일단은 지금 이 상태에서 그대로 출판해 보기로 만용을 부려 보았다. 모쪼록 선배 동학 여러분들의 많은 질정 있기를 바랄 뿐이다.

  돌이켜 보면, 이 작은 책자가 나오기까지 너무나도 많은 분들의 도움을 받았다. 김형규, 이응백, 이두현, 이용주 교수님은 학부와 석사과정에서, 이광정, 이석규, 박상규 교수님은 박사과정에서, 김민수, 이철수, 이주행 교수님은 논문 심사 과정에서 많은 가르침을 주셨다. 고도흥 교수님은 문헌 자료 수집 과정에서, 김진호, 박찬식 두 분 선생님은 문헌 자료 수집과 현장 조사 및 자료 처리 과정에서 많은 도움을 주셨고, 이경연님은 모든 자료와 논문 및 이 책의 원고를 깨끗하게 정리해 주었다. 이 외에도 많은 분들이 많은 도움을 주셨으나, 지면이 좁아 일일이 거명하여 감사드리지 못함을 안타깝게 생각한다.

며칠 후면 책이 나온다고 하니, 못난 아들 뒷바라지에 평생 고생만 하시다 효도 한번 못 받아보고 돌아가신 부모님 생각을 금할 수가 없다. 그리고, 아빠의 공부를 마음으로부터 성원하고 격려해준 두 아이들, 제대로 돌봐주지도 못했는데 저희들이 알아서 잘 자라준 영미, 문식이에게 새삼 고마운 생각이 든다. 그러나 무엇보다도 고마운 것은, 집안 형편 돌아가는 것도 모르고, 평생을 일에 묻혀 살 수 있도록 저자를 뒷바라지해 준, 아내의 헌신적인 노력이다. 쑥스럽지만 이 지면을 통하여 생전 처음 고맙다는 치하의 말을 전하고 싶다.

아울러, 어려운 여건 속에서도 이렇게 훌륭한 책을 만들어 주신 역락출판사 이대현 사장님의 호의에 대하여도 충심으로 감사의 말씀을 드리고 싶다.

2001년 6월 10일

김 수 형

■ 표

■ 그림

제 1 장

들어가는 말

1. 본 연구의 목적은 현대 국어의 모음 위에 얹히는 지속(持續:duration)을 변별적 자질(distinctive feature)로 인정하여 음운(phoneme)으로 세우는 일이 과연 타당한 것인지의 여부를 검토해 보려는 것이다.

2. 언어 자료로는 1996년 11월 현재 서울을 비롯한 전국의 17개 지역 고등학교 1학년 남녀 학생 689명과 50대 이상의 성인 남녀 71명을 대상으로 녹음(문 단위)과 질문지(어휘 단위, 문 단위)에 의하여 채록된 자료를 이용한다.

3. 본 연구의 관심은 어디까지나 지속의 음운 설정 여부인 바, 음운 설정의 기준으로서는 구조주의 언어관에 입각하여, 분할음운(segmental phoneme) 설정의 기준이 되는 자유변이(free variation), 상보적 분포(complementary distribution), 최소의 짝(minimal pair) 등이 그대로 적용되며, 그 외에 흔히 분할음운 설정에서 문제되는 복식상보배치(multiple complementation)와 동형성(pattern congurity)의 문제는 검토의 대상에서 제외된다. 다만, 음운의 본질에 상도하여 언중의 의식이 어떠한가를 한 가지 더 첨가하여 검토하게 되겠는데, 이는 물리·기능주의적 방법 외에 소위 Sapir류의 심리적 대등성(psychological equivalent)을 중시하는 심리주의적 방법을 가미하는 것이다.

4. 아울러 음장(音長)의 지역적 분포, 음장이 존재하는 동일 지역 내에서의 음장 인식에 대한 세대간의 차이, 그리고 일반적으로 음장이 점차 그 기능을 잃어가고 있다고 말해지고 있는 바, 그것이 사실인지? 사실이라면 얼마나 빠른 속도로 변해가고 있는지? 하는 것도 검토하게 될 것이다.

5. 현재까지의 이 방면 연구의 소득으로는 Mieko S. Han(1964), 문교부 국어조사 연구위원회(1972), 김수형(1973), 박주경(1985), 한국정신문화연구원(1985~1995), Do-Heung Ko(1988a), 이기문 외(1991)과 Magen & Blumstein(1993)의 연구를 꼽을 수 있다.

  Mieko S. Han(1964)는 5명(22~32세)의 서울 태생(1명은 서울 근교 태생) 미국 유학생을 대상으로, 25개 음장 대립형의 발화를 녹음하여 분광 사진기로 분석하는 방법을 통해서, 국어 모음 고유의 지속, 전후 음성의 영향을 받아 달라지는 모음의 지속, 음운론적 대립을 이루는 모음의 지속 및 문맥 안에서 단어가 놓이는 위치에 따라 달라지는 모음의 지속에 대하여 통계적인 수치를 가지고 명쾌하게 규명하였다.
  자세히 들여다 보면, 우리말에 대한 이해가 부족하여, '비가 옵니다'의 '비가'/'슬픈 노래'의 '비가', '일요일'의 '일'/'일하러 가자'의 '일', '비단, 그 뿐만이 아니라'의 '비단'/'비단옷'의 '비단', 다[da](be)/다[da:](all) 등을 음장 대립형으로 제시하는 등 다소 무리한 내용도 없지 않지만, 이와 같은 약점에도 불구하고, 이 논문은 국어의 음장을 음향음성학적 방법에 의해서 종합적 과학적으로 치밀하게 검토하여 명쾌한 해답을 제시함으로써, 우리 음장 연구사에 새로운 지평을 연 최초의 업적으로 평가받아 마땅하다.

  6. 문교부 국어조사연구위원회(1972)는 1971년 당시 나와 있는 사전에 음장 표지가 되어 있는 단어들을 모아, 이것들을 계열별로 분류하고, 현장 조사를 실시하여 확인한 다음, 거기에서 법칙을 찾아 내는 귀납적 방법에 의해서, 국어 음장의 규칙을 제시한 소책자이다. 책자에 제시된 '긴소리 원칙'에서는 '한국말의 긴소리는 낱말의 첫 음절에서 나는 것이 원칙이다.'라고 대원칙을 제시한 다음, 세부 규칙으로, ① 한자말에서 첫 음절에 놓일 때 길게 소리나던 동일한 뜻을 지닌 한자가 둘째 음절 이하에 놓이면 그 긴소리가 나타나지 않는다. ② 복합어나 파생어는 두 낱말(또는 두 형태소) 이상이 합쳐져서 된 말로 보아, 둘째 음절 이하에서라도 홑낱말 때 지녔던 본래의 길이를 유지할 수 있다. 그러나, 둘째 음절 이하의 긴소리는 약화되는 경향이 있다. 그러나 이 경우에도 긴소리가 연달아 오지는 않는다(④항 참조). ③ 원래 긴소리 음운을 가진 움직씨 그림씨에 강세 접두사 같은 말이 오면 뒷 어근의 긴소리는 나지 않는다. ④ 한 낱말 안에서는 긴소리가 연달아 나지 않는다. ⑤ 벗어난 풀이씨의 단음절(單音節) 어간이 닿소리로 시작하는 씨끝이나 도움줄기 앞에서는 긴소리로 나더라도, 홀소리나 /ㄹ/소리로 시작되는 씨끝이나 도움줄기 앞에서는 짧게 소리난다. ⑥ 두 음절 이상이나 혹은 소리의 일부분이 축약된 준말 단음절어는 긴소리를 낸다는 등의 6 가지를 제시하였다.
  이 책자는 긴소리 원칙에 대한 우리 학계 최초의 합의안이라는 데 의미가 있다. 그리고 이 책자에서 제시된 원칙이 향후 음장 원칙 논의에 기반이 되고, 나아가 표준발음법 제정의 기틀이 되었다는 점에서 업적을 평가해 주어야 할 것이다.

7. 김수형(1973)은 서울시내 고등학교 1학년 남·여학생 100명을 대상으로 102개 어휘1)에 대한 실태 조사(녹음, 질문지)를 실시하여, 10대 언어에서 음장이 이미 소멸되었음을 최초로 확인하였다. 이 논문은, 학계 최초로 10대 언어에서 음장이 소멸되었음을 확인하였다는 업적 외에도 음성으로서의 긴소리(지속)와 음운으로서의 긴소리(음장)를 구분하고, 그 내용을 세목화하여 풍부하고 상세한 용례로서 설명하였다는 점과 학계 최초로 음장에 대한 정의를 내리고, 항목별로 자세한 해설을 붙였다는 점, 그리고 음장의 점검 방법을 구체적으로 제시하고 있다는 점에서 그에 상응하는 평가를 받아야 할 것이다.

8. 박주경(1985)는 서울시내에 거주하는 30명(10대, 20대, 30대, 40대, 50대, 60대 이상의 각 5명씩)을 대상으로 400개 어휘에 대한 음장 사용 실태를 조사하였다. 음장에 대한 개념 규정이나 조사 및 자료 처리 과정은 대체로 김수형(1973)과 궤를 같이 한다.

이 논문은 음장에 대한 실태를 세대별로 조사하여 30대 이하의 젊은 층에서는 음장이 이미 소멸되고 있으나, 40대 이상의 노년층에서는 음장이 아직도 유지되고 있음을 통계적으로 제시하였다는 점에서 업적을 평가해 주어야 할 것이다.

9. 한국정신문화연구원(1985~1995)는 남한 전역에 걸쳐 군당(郡當) 1명의 제보자(주로 60세 이상의 남자)를 대상으로 광범위한 방언 조사를 실시하고, 1985년부터 1995년에 걸쳐 경기, 강원, 충북, 충남, 전북, 전남, 경북, 경남, 제주도별로 1책씩 총10책으로 발간되었는 바, 조사 항목 가운데 70여 개의 음장 조사 항목이 포함되어 있다. 전문가들에 의해 비교적 정확하게 조사되었을 것으로 생각되나, 제보자가 군당 1명이라는 것이 약점이다.

10. Do-Heung Ko(1988a)는 Mieko S. Han(1964)와 똑같은 방법으로 표준 한국어를 사용하는 Kansas 대학 대학원생 7명(30대 전반 3명, 30대 후반 3명, 40대 초반 1명)을 대상으로 8개 단음절어 음장 대립형의 발화를 녹음하여 분광 사진기로 분석하였다.

7명 가운데 모음 장단이 구분되지 않는 1명을 제외한 6명의 자료를 통계 처리한 결과는 인용형에서의 장단 비율이 1.95 : 1이고, 문맥 안에서의 장단 비율은 1.41 : 1이었다(이때 장모음은 인용형에서의 길이보다 39% 줄고, 단모음은 16%가 줄었다). Mieko S. Han(1964)에서는 인용형에서의 장단 비율이 2.51 : 1이고, 문맥형에서는 단어가 문장 끝 위치에 있으면 10~20%, 앞 위치에 있으면 30~40%, 중간 위치에 있으면 60%가 짧아진다고 하였던 바, Do-Heung Ko(1988a)는 이와 같이 Han과 Ko 간에 차이가 나는 상황에 대하여, 24년 동안에 음장이 그만큼 짧아진 결과의 반영이라고 해석하였다.

---

1) 김수형(1973:135)에 의하면 실제는 395단어 827어휘를 조사하였으나, 자료가 너무 방대하여 102개 어휘만 소개한다고 하였다.

11. 이기문 외(1991)은 군당 1지점 원칙으로 휴전선 이남 138 지점과 휴전선 이북 84 지점에 방언 경계선으로 예상되는 82 지점을 추가하여 모두 304 지점에서, 초분절소 체계 파악에 주안점을 두고 460 항목에 이르는 조사지를 작성하여 현장조사한 결과를 보고한 논문이다.

이 논문은 경상도와 함경도 및 강원도 일부는 성조 지역, 평안도·황해도·강원도 북부와 경기도·충청도·전라도는 음장 지역, 제주도는 무성조 무음장 지역이라는 종래의 주장에 대하여, 대체적인 윤곽은 그렇지만, 자세히 들여다 보면, 어휘별 지역별(郡單位)로 많은 차이가 있음을 확인하였다는 점과 '말(言)'의 음장과 성조, '여우(狐)'와 '새우(蝦)'의 어형(語形), '듣-(聞)'의 활용형을 그려 넣은 전국 지도와 부사형 어미 '-아/-어'의 교체를 그려 넣은 서남 방언 지도, 삼음절 명사(三音節名詞)와 사동·피동의 성조형을 그려 넣은 동남 방언 지도, '곱-(麗), 춥-(寒)'의 활용형을 그려 넣은 동북 방언 지도를 작성하였다는 점, 그리고 북한 지역까지도 조사지점에 포함시켰다는 점에서 그 업적을 평가해 주어야 할 것이다.

12. Magen & Blumstein(1993)은 서울 방언을 사용하는 23~26세의 Brown 대학 대학원생 3명과 함경남도 태생의 노인(62세) 1명을 대상으로, 59개 음장 대립형의 발화를 녹음하여 LPC 분석기로 처리하였다. 결과는, ① 빠른 속도로 말한 단모음(短母音)의 지속보다 느린 속도로 말한 단모음의 지속이 항상 길고, 느린 속도로 말한 단모음은 빠른 속도로 말한 장모음(長母音)과 겹친다[2]는 것과 ② 인용형에서의 장단음 구분보다는 문맥 안에서의 장단음 구분이 훨씬 더 모호하다는 것, ③ 그리고 한국어에서 음장은 변별력을 잃어가고 있으며, 따라서 음장 대립은 존재하지 않는다는 것이었다.

이 논문은 방법론에서 과학적·실증적인 면이 돋보이기는 하나, 대부분 선행 연구자들이 이미 사용했던 방법으로 새로운 것은 아니며, 내용면에서도 새로운 것은 없다.

다만, 62세짜리 제보자의 장단 비율이 인용형에서는 1.45 : 1, 문맥형에서는 느린 말에서 1.8 : 1, 빠른 말에서 2.08 : 1로 나타났다는 사실에 근거하여, 50대 이상의 세대에서도 음장 파괴가 시작되었을지 모른다는 내용의 comment가 본 연구자의 관심을 끈다.

13. 방언 음장에 관한 연구로는 문효근(1962, 1972), 이익섭(1972), 신기상(1986, 1987, 1990, 1993, 1996)이 있다. 문효근(1962)는 대구 방언에서 음장 운소를 인정하여 고조와 저조 외의 저장조를 하나의 운소로 세웠고, 문효근(1972)는 영동 북부 지역이 음장 언어 지역임을 주장하였다. 이익섭(1972)는 문효근(1969b)에서 강릉 지역어를 성조 언어로 규정한데 대하여, 강릉 지역이 성조와 음장을 다 가지는

---

2) 느린 속도로 말할 때의 단모음의 지속은 64~157ms.이고, 빠른 속도로 말할 때의 장모음의 지속은 67~211ms.이다. 평균으로는 느린 속도로 말할 때의 단모음이 122.25ms.이고, 빠른 속도로 말할 때의 장모음이 144.75ms.이다.

지역이라고 반박하였다. 그리고 신기상은 경남 울주 지역이 역시 성조와 음장을 다 가지는 지역임을 주장하였다.

이 밖에도 남광우(1954), 김완진(1972), 이병근(1975, 1978, 1986), 김진우(1976) 등이 나름대로 표준어 음장 원칙 규명에 공헌하였다.

14. 다음에는 남북한의 대표적인 두 사전, 조선민주주의인민공화국 사회과학원 언어연구소(1992)와 대한민국 국립국어연구원(1999)에 대하여 간단히 살펴 보고자 한다.
먼저, 조선민주주의인민공화국 사회과학원 언어연구소(1992)는 조선 문화계의 역량을 총결집하여 엮어낸 수록 어휘 33만여의 방대한 조선 최고의 사전이다. 이 사전에서 눈에 띄는 것은 고성능 스펙트르 분석기로 분석한 소리의 높낮이를 1(낮은소리), 2(보통소리), 3(높은소리)로 표시한 것과 어휘의 사용 빈도를 밝혀 주고 있는 점이다. 길이는 높낮이를 나타내는 숫자 옆에 두 점(:)을 찍어서 높낮이와 함께 발음하도록 표시하였다. 높낮이와 길이를 모두 운소로 인정하고, 높낮이와 길이의 동시적 결합을 인정한 것이다. 또 음장을 인정한 단어가 극히 제한되어 있고, 단일어의 둘째 음절 이하에서도 음장을 인정하고 있는 점도 이 사전의 특징 가운데 하나이다.

15. 국립국어연구원(1999)는 현재로서는 우리나라에서 가장 최근에 나온 사전이며, 지금까지의 학문적, 문화적, 예술적 업적이 축적되어 나온 사전이다. 정부기관에서 발간한 사전답게 표기, 뜻풀이, 용례 등 모든 부분에서 1986년에 개정된 외래어 표기법과 1988년에 개정된 한글 맞춤법 및 표준어 규정을 충실히 반영하였다. 단어 하나 하나마다 상세한 문형 정보와 문법 정보를 주고, 풍부한 용례를 제시해 줌으로써, 지금까지의 어느 사전보다도 활용 가치가 있는 사전이 되었다. 모음 장단에 대하여는 표준어 규정에 따라 원칙적으로 단어의 제일 음절에서만 음장을 인정하였다. 장단 표시를 표제어에다 하지 않고 발음을 제시할 때 표시한 것도 지금까지의 사전과는 다른 점이다.

제 2 장
음장의 이해

1. 음장의 정의

16. 본 연구에서는 음성학적 차원에서 파악되는, 자질(feature)이 고려되지 않은, 단순히 물리적·생리적인 조음 시간의 동안을 '지속(duration[1]), length, chrone, 때로는 allochrone의 뜻으로 쓰일 때도 있을 것임)'이라 하고, 음운론적 차원에서 파악되는, 모음 위에 의도적으로 얹어서 어휘적 대립에 변별적 자질로 이용하는 상대적 길이를 '음장(quantity[2]), chroneme)'이라고 하기로 한다.

Bloonfield(1957)은 quantity와 duration, 그리고 length를 구분하지 않고 혼용하고 있으며, Jones(1962)는 각각의 상이한 음성 환경에서 구체적으로 나타나는 길이를 chrone, 동류의 chrone의 그룹을 chroneme, 한 chroneme의 각각 달리 실현된 chrone을 allochrone이라 하였다.

Hockett(1960)은 음성학적 길이와 음운론적 길이를 구분하지 않고 모두 length라고 하고 있으며, Lehiste(1970)은 음성학적 길이를 duration, 음운론적 길이를 quantity라 하고 있다.[3])

국내 학계에서는 음성학적 길이(phonetic length)와 음운론적 길이(phonemic length)에 대한 구분 없이 사람에 따라 '길이, 장단, 장단음, 긴소리, 장음, 지속, 장음음소, 음장' 등으로 혼용되다가, 김수형(1973) 이후 최근에 와서 극히 일부의 사람들이 음성학적 길이와 음운론적 길이를 구분 사용하고 있는 실정이다.

---

1) duration은 '지속', '지속 시간', '지속 음운' 등으로 번역되고 있다.
2) quantity는 '음량'이라고 번역되고 있으나 '음의 길이'라는 인식이 얼른 오지 않으므로, 본 연구에서는 '음장'이라고 번역해 쓰기로 한다.
3) Lehiste(1970)에도 length라는 말이 가끔 나오기는 하나, Index에는 넣지 않고 있으며, 그 쓰이는 자리를 보면 주로 duration이 쓰일 자리에 시간적인 개념이 명시적으로 꼭 표시될 필요가 없을 경우에 사용되고 있는 것 같다.

Quantity나 chroneme에 대하여는 Bloomfield나 Lehiste 또는 Jones 등의 기왕의 정의가 있으나[4], 위의 정의는 현대 국어의 특성을 감안하여, 본 연구자 나름으로 현대 국어에 한정되는 정의를 따로 내린 것이다. 이하 그 이유를 하나하나 설명해 나가고자 한다.

1) 모음 위에

17. 음장을 정의할 때 (§16 참조), '모음 위에'라는 조건을 붙인 것은 자음 위에도 의도적으로 얹는 길이가 있기 때문이다. 예를 들면, 항가리아어, 에스토니아어, 이탈리아어, 루간다어, 일본어 등에서는 자음 위에 의도적으로 지속을 얹어서 단어의 의미를 분화시키는 경우가 종종 있다는 것이다.

Hungarian	hall(hears)	hal(fish)
	føːtt(cooked)	føːt(chief thing)
Estonian	siːtt(from here)	siːt(silk)

---

4) 지속 duration(또는 음장 quantity)은 발음 기관이 일정한 위치에 계속 머무는 시간의 상대적 길이이다. Duration(or Quantity) is the relative length of the time through which the vocal organs are kept in a position. (Bloomfield 1957 : 109)

음장 quantity은 지속 duration이 한 언어의 음운론적 체계 안에서 독립적인 변인으로 작용할 때 적용되는 용어이다. The term quantity will be applied to duration when it function as an independent variable in the phonologic system of a language.(Lehiste 1970 : 42)

협착 stricture은 다양한 시간의 길이를 가진다. 그러나 지속 duration은 (상대적이고 분명한 기준을 참고하여, 묘사된 몇 가지 다른 길이보다) 짧거나 길거나 중의 하나이다. A stricture may be retained for varying lengths of time: the duration may be long or short(or of other length described with reference to some relative, convenient standard). (Pike 1962 : 137)

소리의 길이 length 또는 음장 quantity이란 주어진 단어나 구에서 그 소리가 끊이지 않고 계속되는 시간의 길이이다. The length or quantity of a sound is the length of time during which it is held on continuously in a given word or phrase. (Jones 1960 : 232)

특정한 범위의 지속을 장음 chrone이라 부른다. Any particular degree of duration may be termed a chrone.……음성의 실제적 길이는 자주 음성 환경에 의하여 조건 지워지기 때문에, 다양한 지속 duration(장음들 chrones)은, 음성 특질들 phones을 음소 phonemes로 묶는 것과 같은 방법으로, 음장(=장음음소) chronemes이라 불리워 지는 것으로 묶일 수 있다. As the sounds are often conditioned by phonetic contexts, the various duration (chrones) can be grouped together into what may was qualities (phones) may be grouped into phonemes.……특정의 음장(=장음음소) chroneme 안에서 발생하는 실제의 길이들은 '구성원members' 혹은 '변이 장음 allochrones'라고 부른다. The actual length occurring in a particular chroneme may be called its "members" or "allochrones". (Jones 1962 : 126~127)

	saːkk(booty)	saːk(a saw)
Italian	fatto(done)	fato(fate)
	pappa(baby food)	Papa(Pope)
Luganda	kkúlà(terasure)	kúlà(grow up)
Japanese	shitte(knowing)	shite(doing)
	sakki(before)	saki(ahead)

(Bloomfield 1957 : 110, Jones 1962 : 119, Ladefoged 1993 : 250,
남기심외 1983 : 208, 이석주·이주행 1994 : 49, 이철수 1994 : 56)

18. 한국어의 자음 위에 얹히는 지속에 대해서, 이희승(1960〔1955〕: 123~125)
은,『샛까맣다. 샛빨갛다, 샛파랗다』등의 ㄲ, ㅃ, ㅍ이『새까맣다, 새빨갛다, 새파랗다』
등의 ㄲ, ㅃ, ㅍ보다 폐쇄를 지속하는 시간이 더 길기5) 때문에, 청각에 들릴 수 있는 발
음이 일시 중단된 상태가 더 오래 계속되는데, 이 순간은 언어 활동이 중지된 것이
아니고 계속된 상태로서, 이렇게 발음되는 자음을 장자음이라 한다고 한 다음, 장자
음을 가진 말들은 그 의미가 보통의 경우보다 매우 강조되는 것이 일반적인 현상이라
고 하였다.

19. 허웅(1993a〔1968, 1959〕: 124~125)은 자음의 긴소리를 중복 자음과 장자음으
로 구분하였다. 그에 의하면 중복 자음(double consonants, consonnes géminées)6)은
소리의 중간에 형태소 경계가 있고 음절의 경계가 있으며, 음성학적으로는 긴소리의 중간에
후두 긴장(tention)의 변화가 있어서, 그 전장을 통해서 보면, 후두 긴장이 점차 강
해지다가 약해지고 다시 강해지는, 즉 점약음과 점강음 두 음소의 연결이 곧 중복 자
음이라고 하면서,『돌로』〔toːlːo〕,『흘러』〔hilːə〕를 그 예로 들었다.
이에 반해서, 장자음(long consonants, consonnes longues)7)은 그 자음의 전

---

5) 파열음의 짧은소리와 긴소리

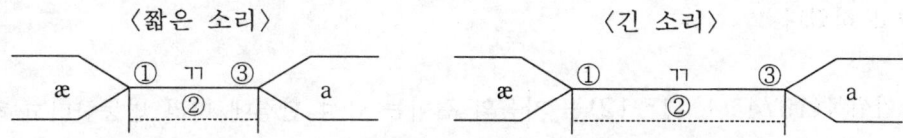

      〈짧은 소리〉   〈긴 소리〉

    ① 폐쇄를 행함(폐쇄, 닫음, contact, implosion, catastase)
    ② 폐쇄를 지속함(지속, 지님, hold, tenue, tenue)
    ③ 폐쇄를 개방함(개방, 파열, 터뜨림, release, explosion, métastase)
6) 중복 자음의 예로 Jones(1962 : 117)는 영어의 bukkeis(book-case), pennaif(pen-
  kuife), 불어의 døzjɛmmā(deuxiémement), ɔnɛtte(honnêteté) 등을 들고 있다.
7) 장자음의 예로 Grammont(1971〔1933〕: 56)은 불어 imbécile의 b, adorable의 d, égoïste의
  g를, Jones (1962〔1950〕: 118)는 영어 hil(hill)의 l, pen(pen)의 n과 불어 mizerabl(misérable)

장을 통해서, 후두 긴장의 하락점이 없는 소리, 즉 후두 긴장이 중간에서 약화되는 일이 없는 긴 자음이다. 이 소리의 후두 곡선은 처음에서 끝까지 점강의 연속으로 다만 그 점강의 과정이 오래 계속될 뿐이라고 하면서, 강조한 발음『절대로』의 /ㄸ/음이 이러한 방법으로 발음된다고 하였다.

장자음은, 위에서 본 바와 같이, 대개 감정적 가치를 가지는 것으로서, 이에 관한 문제는 phonostylistique에서 취급하면 될 것이고, 자음이 길게 발음되는 경우의 대부분은 중복 자음인데, 이것은 단순한 자음의 반복(연결)에 지나지 않으므로, 두 음소로 취급하면 될 것이라고 하였다.

20. 김민수(1971〔1964〕 : 80~81)은 한국어에서 자음의 긴소리는 흔히 지속의 중간에 단락이 생기어, 전반부는 선행 음절에, 후반부는 후속 음절에 분속되는 중자음(double consonants)으로 나타난다 하면서, 어두에 장자음이 나타나는 경우가 있으나, 이때의 장자음은 음소적 구별이 없으며, 중자음은 두 자음 음소의 연속으로 해석한다고 하였다.

〔nːala〕	〔나라=國〕	〔mːaimː〕	〔마음=心〕
〔sːɛ〕	〔새=鳥〕	〔ssːi〕	〔씨=種〕
/sannamul/	〔산나물=山菜〕	/amman/	〔암만=幾次〕

그리고,	/ʌkkɛ/	〔어깨=背〕	/tɛttim/	〔대뜸=卽刻〕
	/pappa/	〔바빠=多忙〕	/nossi/	〔노씨=盧氏〕
	/paccak/	〔바짝=接近〕	/cokha/	〔조카=侄〕
	/acha/	〔아차=過失〕	/pathaŋ/	〔바탕=質〕
	/apha/	〔아파=病〕		

등과 같은 자음은 전반부에 후두 긴장이 있으므로, 음성학적으로는 〔ʌʔkɛ〕…………〔aʔpha〕……… 등으로 해석된다고 하고, 장자음의 경우는 순연히 음성적 사실에 불과하다고 하였다.

21. 이현복(1974a : 11~12)는 자음의 길이는 음성 환경에 따라 변동한다고 하면서, 다음 몇 가지 원칙을 제시하였다.
① 강세없는 음절에 오는 자음은 강세있는 음절에 오는 자음보다 짧다.
② 자음의 장단이 가장 뚜렷하게 나타나는 음성 환경은 음절말 위치이다.
㉠ (C)VC 음절에서 V가 장모음이면 C가 짧고, V가 단모음이면 C가 길다

의 m. vil(ville)의 l. dɛt(dette)의 t 등을 들고 있다.

e.g. 벌〔pʌl:〕 벌〔pʌ:l〕
밤〔pam:〕 밤〔pa:m〕
경상〔kjʌŋ:saŋ〕 경상〔kjʌŋ saŋ〕
적다〔ʤʌk:ta〕[8] 적다〔ʤʌ:kta〕[8]
산다〔san:da〕 산다〔sa:nda〕

㉯ 마지막 음절에 강세가 없고 자음으로 끝나 있는 경우, 이 자음은 다른 무강세 음절의 자음보다 길다.

e.g. 그렇지만 〔-n:〕, 학교를〔-l:〕
시장속〔-k:〕[9], 광경〔-ŋ:〕

이러한 말토막 마지막 음절의 끝 자음은 말의 템포가 느릴수록 길고, 또 사람에 따라 상당히 길어질 수 있는데, 일반적으로 이 자음이 길어질수록, "점잖고, 침착하고, 냉엄한" 태도를 나타내는 효과가 있다고 하였다.

22. 위 네 분의 견해에서 일치되는 사실은, 자음 위에 얹히는 지속은 의미 분화의 기능을 가지지 못하는 표현적 자질(expressive feature)에 지나지 않으며, 따라서 우리말에서 음장을 정의할 때는 반드시 '모음 위에'라는 전제 조건을 붙이는 것이 옳다는 점이다.

2) 의도적으로 얹어서

23. '의도적으로 얹어서'란 자연 발생적으로 생기는 무의도적인 지속을 제외하기 위해 붙인 조건이다. 자연 발생적으로 생기는 무의도적인 지속으로는 다음 몇 가지가 있다.

① 음성 자체가 가지고 있는 그 음성 고유의 지속(intrinsic[10] duration)
② 선행 또는 후행하는 음성의 영향을 받아 생기는 지속

---

8) 첫음절 모음이 짧으면 후속 자음이 길고, 뒷 음절 첫소리인 〔ㄸ〕의 된 정도가 강하다. 첫 음절 모음이 길면 후속 자음이 짧고, 뒷 음절 첫소리인 〔ㄸ〕의 된 정도가 약하다.
9) 위에서〔-n, -l, -ŋ〕은 실제로 소리가 나고 귀에 들리지만, 〔-k〕는 조음부의 폐쇄시간이 길어질 뿐, 소리가 나지 않으므로, 귀에 들리지는 않는다.
10) intrinsic은 보통 '고유의'(지민제 외, 1996)으로 번역해 쓰고 있으나, '본질적'(김태상·김무식 1991 「초분절음소론」, 한신문화사, 서울), 또는 '내재적'(김재민 1972, 1977)으로 번역해 쓰는 사람도 있고, 'intrinsic' 대신 'inherent'(Mieko S. Han 1964)라는 말을 쓰는 사람도 있다.

③ 초분절적 요소에 의해서 생기는 지속
④ 단어 내에서의 분할체의 위치에 따라 생기는 지속
⑤ 개음절 모음의 지속
⑥ 개리연접(open transition or open juncture)을 더할 때 생기는 지속
⑦ Rhythm을 이루기 위해서 생기는 지속
⑧ 잘못을 보상하기 위해서 생기는 지속

(1) 음성 자체가 자지고 있는 그 음성 고유의 지속

24. 음성 자체가 가지고 있는 그 음성 고유의 지속이란 분할체 자체의 조음 위치나 조음 방법의 상이에서 오는 각각의 음성들의 지속(the duration of sounds conditioned by the point and the manner of articulation of segment itself)을 말한다.

예를 들면, 모음의 경우, 다른 조건이 같을 때 고모음은 저모음보다 지속이 짧다. 이러한 사실은 영어(Heffner 1937, House and Fairbanks 1953, Peterson and Lehiste 1960, House 1961, Jones 1962), 독일어(Maack 1949), 덴마크어(Fischer- Jørgensen 1955), 스웨덴어(Elert 1964), 태국어(Abramson 1962), 라퍼어(Äimä 1918), 스페인어(Navarro Tomás 1916) 등에서 입증되고 있다. 참고로, 스웨덴어를 대상으로 한 Elert (1964)의 연구 결과를 소개하면 다음과 같다.

[표1]   스웨덴어 모음의 평균 지속

(단위: msec)

모 음	긴 변이음		짧은 변이음	
	발생횟수	평균지속	발생횟수	평균지속
/i, y, o/	89	140	126	95
/e, u, ə̄/	141	155	107	103
/ä, ö, a/	126	164	133	111

국어의 경우에도, 보고자에 따라 각각의 모음의 길이의 순서에 다소 차이는 있으나, 고모음의 지속이 저모음의 그것보다 짧다는 전체적인 경향성에서는 차이가 없다. 이승녕(1959)은 /우>이>어>애>아/의 순서로 지속이 커진다 하였고, Mieko S. Han(1964)는 [i]가 제일 짧고, [w]와 [u]가 다음으로 짧으며, [ə]와 [o]는 훨씬 길고, [a]는 그보다도 더 길다11)는 실험 결과를 내놓았다. 그 뒤에 나온 Dong-Whee Yang(1978)의 보고는 i>u>o>a>ɛ의 순서로 되어 있고, 지민제 등(1996)은 /으>/>이, 우>/>애, 아/의 순으로 지속이 길다고 하였다.

25. 자음 고유의 지속은 그들 자음의 조음 위치와 조음 방법 모두에 영향을 받는다.

---

11) 단, s 뒤에서는 [a]가 [ɔ, o]보다 짧음(Lehiste 1964 : 56)

먼저, 조음 위치의 차이에 따른 지속의 차이에 대해서, Lehiste(1970)은 Falc'hun (1951), Fischer-Jørgensen(1964)와 Lehiste(1966)을 바탕으로, 순음이 치(조)음이나 연구개음보다 길다는 데는 일치하지만, 치(조)음과 연구개음 중 어느 것이 긴가에 대해서는 언어에 따라 다른 것 같다고 하였다.

그러나 국어의 경우는 연구개음이 치(조)음이나 순음보다 더 긴 것으로 보고되고 있다.(Kim Chin Wu 1965, HAN Young-hie 1976, Dong-Whee Yang 1978)

그리고 조음 방법에 따라 분류된 각 음성들의 지속에 대해서 Jones(1960)는 순간음(momentanée, E. momentaneous)이 계속음(durative, E. continuant)보다 짧은 것은 언어 일반적인 현상이라 하였고, Lehiste(1970)은 Falc'hun(1951), Fintoft(1961), Elert (1964)와 Lehiste(1966) 자신의 연구 결과를 검토한 후에, 설타음(taps), 설탄음(flaps), 설전음(trills)이 모든 자음 중에서 가장 짧다는 사실을 제외하고는, 현재까지 입수 가능한 정보로는 자음의 지속에 대한 조음 방법의 영향에 대해서 근거가 확실한 일반화는 기대할 수 없는 형편이라고 하였다.

한국어에 대한 지금까지의 연구 결과를 보면, 최현배(1994)는 "소리의 동안은 예사로 홀소리를 두고 하는 말이지마는, 가늘게 살피어 보면 닿소리에도 동안이 없지 아니하니라. 얼른 말하여 보면 갈이 소리와 코소리는 굴림 소리(유음)와 터짐 소리보다 동안이 길다 할 만 하니라"하였고, Dong-Whee Yang(1978)은 /s, 's/〉/y, w/〉/h/〉/m, n/〉/c, 'c, cʰ/〉/k, 'k, kʰ/〉/t, 't, tʰ/〉/p, 'p, pʰ/ 순으로 길다고 하였으며, Mieko, S. Han(1964)도 마찰음 /s, 's/가 제일 길다 하였다.

그러나, 지민제 등(1996)은 유기 파찰음 /ㅊ/이 가장 길고, 탄설(flap)이나 전동(trill)으로 발음되는 /ㄹ/이 가장 짧다고 하였다. 또, 연음(lenis)의 경우는 마찰음/ㅅ/〉파찰음/ㅈ/〉비음/ㄴ/〉파열음/ㄷ/〉탄설음/ㄹ/ 순으로 길지만, 무기경음의 경우는 파찰음/ㅉ/〉마찰음/ㅆ/〉파열음/ㄸ/ 순으로 길며, 유기경음의 경우는 파찰음/ㅊ/〉파열음/ㅌ/ 순으로 길다 하였다. 그리고 파열음/ㄷ/과 파찰음/ㅈ/은 모음 사이에서 유성화되어 지속이 짧아지지만, 마찰음/ㅅ/은 이 환경에서 보통 유성화하지 않는다는 사실도 보고하였다.

(2) 선행 또는 후행하는 음성의 영향을 받아 생기는 지속

26. 선행 또는 후행하는 분할체의 영향을 받아 지속이 달라지는 경우로는, 선행 모음이 후행하는 자음의 지속에 영향을 미치는 경우와 자음에 후행하는 모음이 앞 자음의 지속에 영향을 주는 경우, 그리고 모음에 선행하는 자음이 후행하는 모음의 지속에 영향을 주는 경우와 모음에 후행하는 자음이 선행하는 모음의 지속에 영향을 주는 경우의 네 가지 경우가 있을 수 있다. 이 중 본 연구에서 주로 관심을 갖는 것은 뒤의 두 경우, 말하자면 자음의 영향을 받아 모음의 지속이 달라지는 경우이다.

27. Schwarz(1969)는 실제 마찰음 /s/와 /š/가 i-i, i-a, a-i, a-a의 빈 칸 사이에서 어떻게 발성되는가를 측정하여, 자음 앞에 오는 모음은 마찰음의 지속에 영향을 미치지 않지만, 자음뒤에 오는 저모음은 자음의 지속을 짧게 한다고 보고하였다.

김재민(1972)은 한발 더 나아가 자음 앞에 오는 모음은 마찰음 뿐만 아니라 뒤에 이어지는 모든 자음의 지속에 대하여 별로 영향을 주지 못하며, 다만 자음 뒤에 오는 저모음만이 앞에 있는 자음의 지속을 짧게 한다고 보고하였다.(자음 하나 하나에 대하여 좀더 구체적으로 살펴보면, /p/와 /f/에 대하여 선행하는 모음은 전혀 영향을 미치지 못하며, /p/와 /θ/에 대하여는 후행하는 모음까지도 전혀 영향을 미치지 못한다. 그리고 폐쇄음 /t, k/와 폐찰음 /č/는 앞에 저모음이 오면 고모음이 올 경우보다 오히려 지속이 길어지고, 마찰음 /θ, s, š/는 앞에 저모음이 오면 고모음이 올 경우보다 지속이 짧아진다.)

28. 자음이 후행하는 모음의 지속에 대하여 미치는 영향에 관한 연구는 모음에 후행하는 자음이 그 선행하는 모음의 지속에 대하여 미치는 영향에 관한 연구만큼 활발하지는 못하다. 그 이유 중의 하나는 파열 이후의 개방 간격에 대한 학자 간에 상이한 견해 때문이다. 즉 파열, 마찰, 유기, 전이 가운데 어디서부터를 모음으로 보느냐 하는 문제에서 학자 간에 의견이 일치하지 않기 때문이다.

[그림1]   모음 - 자음 - 모음(VCV)의 중음절 발성시, 두 조음기관의 접촉과 분리과정(A) 및 전기 제판기(B)와 Spectrogram formant(C) 상에서 학자들이 주장하는 모음 지속의 범위

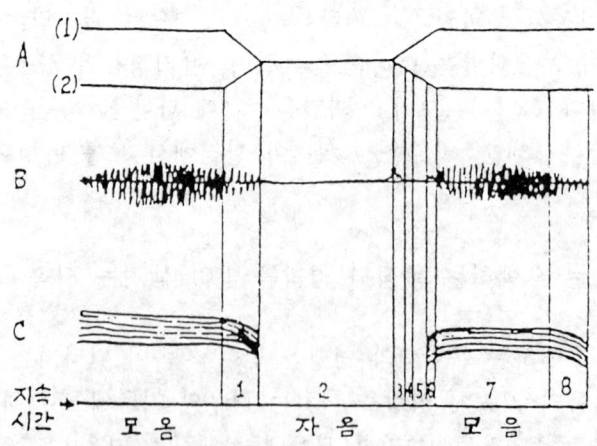

1. 함렬(implosion)   5. 유기(aspiration)
2. 폐쇄(closure)   6. 전이(transition)
3. 파열(explosion)   7. 고정상태(steady state)
4. 마찰(friction)   8. 전이(transition)

위 그림에서, Delattre(1962)는 7만을, House & Fairbanks(1953)은 6-7-8을, Fischer-Jørgensen (1964)는 5-6-7-8을, Peterson & Lehiste(1960)은 3-4-5-6-7-8을, 김재민(1972)는 6-7을 모음으로 간주하였다.

자음이 후행하는 모음의 지속에 미치는 영향에 대해서는 위에서 언급된 Delattre (1962), House & Fairbanks(1953), Fischer-Jørgensen(1964), Peterson & Lehiste(1960) 외에 Fant(1958), House(1961), Fischer-Jørgensen(1954), Maack(1953), Lehiste(1960)의 연구가 있다. 이들은 한결같이 구강에서 자음의 조음 위치가 뒤쪽으로 옮겨 갈수록 모음의 지속이 점점 길어진다고 하였다.

29. 자음이 선행하는 모음의 지속에 대하여 미치는 영향에 대해서는 일찍부터 많은 논의가 있어 왔다. 편의상 자음의 종류(the point of articulation)와 성질(the manner of articulation)에 따라 모음의 지속이 어떻게 영향을 받는지 구분하여 설명해 보고자 한다.

30. 먼저 후행하는 자음의 종류(조음 위치에 따른 음성 분류)에 따라 모음의 지속이 어떻게 달라지는지를 살펴본다. Fischer-Jørgensen(1964)는 덴마크어를 대상으로 하는 한 연구에서, 모음의 지속은 모음의 위치로부터 후행하는 자음의 위치로 이행하기 위하여 요구되는 발화 기관의 조음 운동 범위가 크면 클수록 그만큼 모음의 지속은 길어진다고 하였다. 이 사실은 모든 모음의 경우 /d/나 /g/ 앞에서보다 /b/앞에서 지속이 더욱 짧아진다는 사실을 설명해준다. 즉 두 개의 상이한 조음체가 모음+순음의 연쇄에 포함됨으로써, 조음의 표적이 되는 모음으로부터 자음으로 조음체(즉, 혀)가 이동하는데 있어서 시간의 지연이 없게 되는 것이다.

Fischer-Jørgensen(1964)가 밝혀낸 사실은 Peterson & Lehiste(1960)이 영어에 관해 보고한 내용과 일치한다. Peterson & Lehiste(1960)에서 영어의 단모음은 /t/앞에서 가장 길고 /k/앞에서 조금 짧고 /p/ 앞에서 가장 짧은 것으로 밝혀졌다. 유성 파열음의 경우는 g⟩d⟩b의 순이다. 마찰음은 ʃ⟩s⟩f, 파찰음은 z⟩v, 비음은 m⟩ŋ⟩n의 순이다. 장모음의 경우는 t⟩k⟩p, d⟩g⟩b, ʃ⟩s⟩f, z⟩v, ŋ⟩n⟩m의 순이다.

Zimmerman & Sapon(1958)은 모음에 후행하는 자음의 조음 위치가 구강에서 뒤로 이동하는 때의 모음의 지속 증가에 대해 스페인어를 대상으로 연구하였다. 그는 스페인어의 끝에서 두 번째 음절에 액센트가 있는 이음절어(二音節語)에서 후행하는 자음 앞의 모음의 평균 지속을 다음과 같이 목록화하였다.

〔p〕앞의 모음 93msec.   〔ß〕앞의 모음 130msec.

〔t〕앞의 모음 104msec.   〔ð〕앞의 모음 136msec.
〔k〕앞의 모음 108msec.   〔ɣ〕앞의 모음 137msec.

House & Fairbanks(1953)은 영어의 모음이 대개 순음이나 연구개음보다는 치음 앞에서 더욱 길어진다고 했으나, House(1961)는 다시 그 차이는 무시해도 좋을 만한 길이라는 사실을 밝혔다.

Maack(1953)은 독일어를 대상으로, 전설 모음의 지속은 치음보다 순음이나 연구 개음 앞에서 길고, 후설 모음의 지속은 순음 앞에서 가장 길고 연구개음 앞에서 가장 짧다는 사실을 밝혀냈다. Maack는 모음의 지속에 대한 후행 자음의 영향에 관한 규칙을 Fischer-Jørgensen의 경우와 아주 흡사하게 규정하였다. 공명음(sonorant)의 조음 위치가 후행 자음의 조음 위치로부터 멀면 멀수록 그 공명음의 지속은 길어진다는 것이다.

31. 후행하는 자음의 성질(the manner of articulation)에 따라 달라진 모음의 지속에 대하여는 일찍부터 많은 연구가 있어 왔던 바, Bloomfield(1957)은 영어의 모든 모음은 무성 자음 앞에서 보다 유성 자음 앞에서 더 길어서, 예를 들면 pin, bid의 〔i〕는 pit, bit의 〔i〕보다 길다고 하면서, 그러나 이와 같은 차이는 단순히 모음의 높이와 후행하는 자음 때문에 달라진 지속으로서, 변별성이 있는 것은 아니라고 하였다. Jones(1960)도 이를 확인하였다.

모음에 후행하는 자음의 조음 방법이 그 선행하는 모음의 지속에 미치는 영향은 주로 그 언어의 특징에 의존하는 것처럼 보인다. 의미없는 낱말이 실험 자료로 쓰일 경우라도 화자의 언어적 배경은 그대로 드러난다. House & Fairbanks(1953)이 의미 없는 낱말로 실시한 실험 결과에서도, 무성 정지음 앞에서 모음의 지속이 가장 짧고, 무성 마찰음, 비음, 유성 정지음, 유성 마찰음 앞에 오는 모음의 순으로 지속이 증가하는 바, 이는 영어 사용 제보자들이 영어 특유의 개별 특성을 그대로 드러낸 것이다.

영어를 실험 낱말로 한 Peterson & Lehiste(1960)의 연구 결과도 이와 유사하다. 무성 자음 앞 모음과 유성 자음 앞 모음의 지속의 비는 대략 2:3 정도였다. 예를 들면 단모음의 평균지속이 /t/ 앞에서는 147msec., /d/ 앞에서는 206msec., /s/ 앞에서는 199msec., /z/ 앞에서는 262msec.였다.

Halle & Stevens(1967)의 연구 결과는 영어에서 유성 파열음 /b/ 앞에서의 모음의 평균 지속은 270msec., /d/ 앞에서의 모음의 평균 지속은 310msec.인데 반해, 비음 /m/ 앞에서는 240msec, /n/ 앞에서는 260msec.였다.

Elert(1964)의 스웨덴어를 대상으로 한 연구에서는 모음의 후속하는 자음의 voice 유무에 기인하는 모음의 지속의 차이 구간이 영어에서보다 적어졌다. 예를 들면, 〔t〕가 뒤따르는 단모음은 〔d〕가 뒤따르는 단모음보다 13msec. 더 짧은데, 유성자음 앞에서 모음의 지속이 어느 정도 증가하는 것이 보편적 특질이라면, 영어에서 발견된 다량의 증가보다는 이것이 더 일반적 언어 현실에 가깝다. Elert(1964)의 통계를 보면, 〔t〕가 후속하는 단모음은 〔s〕가 뒤따르는 단모음보다 14msec. 더 짧고, 〔n〕가 뒤따르는 단모음보다는 5msec. 더 길다. 그리고 〔n〕가 후속하는 단모음은 〔s〕가 뒤따르는 단모음보다는 24msec.가 더 짧다. 이것은 영어와 같이, 스웨덴어에서도 이례적으로 비자음이 선행 모음의 지속을 짧게 하는 영향력을 가진 것으로 해석된다.

Navarro Tomas(1916)은 스페인어를 대상으로 한 연구에서, 모음의 지속은 무성 파열음 앞에서 가장 짧고, 이것을 기준으로 할 때(즉, 무성 파열음 앞 모음의 지속을 1로 할 때), 무성 마찰음 앞의 모음은 1.13, 유성 마찰음 앞의 모음은 1.27, 유음 /r/ 앞의 모음은 1.36의 지속을 가진다는 결과를 내놓았다.

이상을 종합해 볼 때, 유성음 앞에 오는 모음의 지속이 무성음 앞에 오는 모음의 지속보다, 그리고 마찰음 앞에 오는 모음의 지속이 폐쇄음 앞에 오는 모음 지속보다 길다는 것은 언어 일반적인 현상인 것 같다.

32. 국어에 있어서도 선행 모음이 후행하는 자음의 지속에 영향을 미친다는 보고는 없으며, 다만 후행하는 모음이 선행 자음의 지속에 크게 영향을 미친다는 보고가 있는 바, 이는 언어 일반적인 규칙과 부합하는 현상이다. Dang-Whee Yang(1978)에 의하면, 후행 모음이 선행 자음의 지속에 미치는 영향은 자못 심대한 것이어서 (1:3), 후행 자음이 선행 모음의 지속에 미치는 영향(1:1.8)보다 훨씬 크다고 하였고, Han Young-hie(1976)에 의하여 모음 가운데서도 고모음보다는 저모음의 영향이 훨씬 크다는 사실이 입증되었다.

33. 국어에서 선행 자음이 후속되는 모음의 지속에 미치는 영향에 대해서는 다음과 같은 보고가 있다.

· 모음〔a〕의 지속은 다른 어떤 자음보다도 /s/뒤에서 가장 짧다.(Mieko S. Han 1964)
· 선행의 〔s〕가 제일 많이 모음의 지속을 줄인다.(Dang-Whee Yang 1978)
· 연음의 폐쇄음 〔t〕와 파찰음 〔č〕 뒤에 오는 모음의 지속은 〔n〕 뒤에 오는 모음의 지속보다 훨씬 더 짧다.(Mieko S. Han 1964)

- 격음화된 폐쇄음 〔th〕와 파찰음 〔čh〕는 뒤따르는 모음의 지속을 매우 짧게 만든다.[12] (Mieko S. Han 1964)
- 자음 뒤의 모음의 지속은 /ㅍ·ㅌ·ㅋ·ㅊ/ 뒤에서 짧아지는 현상이 나타난다. (지민제 등 1996)

34. 국어에 있어서 후행 자음이 선행하는 모음의 지속에 미치는 영향에 대해서는 다음과 같은 보고가 있다.

- 선행 자음보다는 후행 자음이 모음의 지속에 더 많은 영향을 준다.(Dong-Whee Yang 1978). 이것은 언어 일반의 규칙과도 일치한다.
- VC의 모음의 지속은 CV의 모음의 지속보다 훨씬 짧다.(Dong-Whee Yang 1978)
- V+n, V+l에서, 자음의 비율이 55%, 최대 60%까지 뛰어 올랐다.(Dong-Whee Yang 1978)
- 독립적으로 발음되는 〔a〕의 지속은 (C)VC의 〔a〕의 지속보다는 2.44배, CV 〔a〕의 지속보다는 1.16배 더 길다.[13] (Mieko S. Han 1964)
- 자음앞 모음의 지속은 경음(무기/ㅃ,ㄸ,ㄲ,ㅉ,ㅆ/, 유기/ㅍ,ㅌ,ㅋ,ㅊ/) 앞에서 현저히 짧아지는 현상이 나타난다.(지민제 등 1996)
- 밭(田)'의 〔a〕는 '밤(夜)'의 〔a〕보다 지속이 짧고, '잣(海松)'의 〔aː〕는 '밤(栗)'의 〔aː〕보다 지속이 짧다(허웅 1993a). 이는 언어 일반적인 현상과 일치하는 사항이다.

35. 지금까지 논의된 현상 (§26~§34)을 종합해 보면, 지속의 차이는 음성적 조건에 따라 자동적·무의식적으로 달라진 것으로써, 그 차이는 말의 뜻을 변별하는데 소용되지 못하는 잉여적 자질(redundant feature)이다.

(3) 초분절적 요소에 의해서 생기는 지속

36. 강세(stress)나 음고(pitch)가 얹히면 분할체의 지속이 길어지는 경우가 있다. 이 경우 지속은 독립 변항이 아니기 때문에 변별적 자질이 되지 못한다.

37. 초분절소의 연구에서 제기되는 문제점의 하나는 한 가지 이상의 초분절소들이 동시에 나타나는 경향이 있어서, 어느 것이 독립적인 변항인지를 결정하기 어렵다는

---

12) '격음과 경음 뒤에 모음은 짧다.(Mieko S. Han 1964 : 29)'는 실험치의 제시가 없음.
13) a 30.8 cs.(centisecond의 약어), Ca 26.6 cs., (C)aC 12.7 cs.로서,
   a : Ca = 1.16 : 1.0,
   a : (C)aC = 2.44 : 1.0,
   Ca : (C)aC = 2.1 : 1.0 이다.(Mieko. S. Han 1964 : 60)

것이다. 많은 언어에 있어서 강세(stress)는 음의 지속이나 음의 연쇄를 조건지우는 요소들 중의 하나다. 따라서, 음의 지속은 강세의 음성적 표현이라고 생각할 수도 있다.

38. 다른 요소들이 일정하게 유지될 때, 강세 음절이 비강세 음절보다 규칙적으로 더 긴 언어들이 있다. 이런 언어들 가운데 하나가 영어이다. 예를 들면 ɔːˈdeiʃəs (audacious)의 ɔː와 kɑːˈneiʃn(carnation)의 ɑː는 ˈɔːgəst(August)의 ɔː와 ˈskɑːlit(scarlet)의 ɑː보다 짧고, aiˈdiə(idea)의 ai와 ouˈveiʃn(ovation)의 ou, 그리고 djuəˈreiʃn (duration)의 uə는 ˈaidl(idle), ˈouvə(over), inˈdjuəriŋ(enduring)의 같은 이중 모음보다 더 짧다 (Jones 1960〔1957〕: 234). Parmenter & Trevino(1935)는 영어에서 강세 모음의 평균적인 지속은 비강세 모음의 평균적인 지속보다 대략 50% 이상 더 길다는 사실을 입증하였다.

강세를 갖는 언어에서 모음은 강한 강세 위치에서보다 비종말 약한 강세 위치에서 보통 더 짧다. 따라서, 영어에서 약한 강세의 장모음 koːˈzeiʃn(causation)의 oː는 강한 강세의 장모음 ˈkoːz(cause)의 oː 만큼 길지 않다. 유사한 사례로 hiː(he)는 ˈhiːdʌznt (HE doesn't)에서보다 hiːˈdʌznt(he DOESN'T)에서 더 짧다.

약한 강세와 관련하여 짧아진 많은 예들이 불어에서 발견된다. 예를 들어서, faire 가 독자적으로 발음될 때는 장모음을 갖지만(fɛr), fair-part(fɛrˈpaːr), fair- savoir (fɛr saˈvwaːr) 에서처럼 약한 강세를 받는 음절에 놓이게 되면 그 모음은 짧아진다.(Jones 1962 : 125)

독일어에서도 영어에서처럼 강세 없는 음절에 사용된 chrone(변이형태)들이 (비교되는)강세 있는 음절의 그것들보다 현저하게 더 짧다. 마치 영어에서 aːˈtistik (artistic)의 aː가 ˈaːt(art)의 aː보다 짧은 것처럼, 독일어 leːˈbɛndiɛ(lebendig)의 eː는 ˈleː ben(Leben)의 eː보다 짧다.(Jones 1962 : 129)

이태리어는 강세와 길이의 매우 분명한 예를 제공한다. 그 언어에서 강한 강세가 없긴 음절들은 모음에서도 자음에서도 약한 강세의 음절보다 정상적으로 훨씬 더 길다. 따라서, paˈtata(potato)의 제이음절(第二音節)은 다른 어느 것들보다도 더 긴 모음을 가진다.(Jones 1962 : 179)

러시아어에서 액센트를 받은 모음은 액센트를 받지 않은 모음보다 더 강할 뿐만 아니라 또한 길이가 더 길다. 러시아어에서 액센트를 받은 음절은 모두 길이가 길고, 액센트를 받지 않은 음절은 모두 길이가 짧다고 말할 수 있다. 음량과 액센트는 함께 작용하며, 러시아 사람들에게는 분리해 낼 수 없는 한 덩어리를 형성한다. 게다가 액센트를 받은 음절은 단어의 처음과 가운데와 끝, 어디에나 나타날 수 있으므로, 단어에서의 그 위치는

단어의 의미에 매우 중요하다. 즉, pàl' it' i(당신이 불을 켭니다 : 직설법 현재)—pa
l' it' i(불을 켜시오 : 명령)—pal' it' i(날아라)가 된다.(Trubetzkoy : Baltaxe 영역
1971 : 53, Cantineau 불역〈1976〉한문회 국역 1991 : 106)

39. 북경어와 극동의 일음절(一音節) 성조 언어(Cantonese, Thai, Shan)에서
지속과 성조가 결합하여 단어를 구별하는 사례가 많이 발견된다. 북경어의 제삼성조
(상승조 : the low-rising)를 갖는 단어는 유사한 음의 다른 성조를 갖는 단어들보
다 더 긴 성절요소(longer syllabic element)를 가지고 말한다. 예를 들어서,
ˌmo (smudge)는 -mo(touch), ´mo(ghost), `mo(ink)보다 현저하게 더 긴 모음을
가진다. 또 ˌma(horse)의 a는 ˉma(nurse), ´ma(hemp), `ma(abuse)의 a들보다
더 길다. 여기에서 길이는 분명히 성조에 종속되어 있고, 따라서 간략표기법에서 표
시될 필요가 없다.(Jones 1962 : 180 ~181)

40. 음성의 장음화현상은 영어의 하강-상승 억양(falling-rising intonation)이 한
음절에 적용될 때, 보통 그 억양에 부수적으로 따라오는 현상인 것 같다.14) 따라서,
나는 '내가 성공할 것으로 생각하지 않을지라도'하는 뜻을 함축하는 I´ll try〔 · ~〕는
평범한 진술 I´ll try 〔 ´ \〕에서보다 이중모음을 좀더 길게 발음하는 trai로 보통 발
음한다.(Jones 1962 : 126)

41. 한국어에 있어서도 억양의 변화 속도의 차이는 음절 길이의 차이를 필연적으로
수반한다. 억양의 변화 속도가 늦고 완만하다는 것은 억양이 얹혀있는 음절이 그만큼
길어짐을 전제로 하기 때문이다. 물론 음절의 길이가 길어진다는 것이 반드시 모음이
길어진다는 뜻은 아니지만(폐음절로 되어 있는 음절말 자음이 유성음일 때는, 바로
그 음절말 자음이 길어지는 경우도 있음), 대개의 경우는 음절 핵음인 모음이 길어지
게 마련이다.(이현복 1992 : 148~150)

42. 강세가 얹히더라도 음의 지속에 아무런 영향을 미치지 않는 것처럼 보이는 언
어들이 있다. 체코어, 핀랜드어, 에스토니아어 등이 그런 언어들이다. 〔그림2〕는 체코
어의 강세있는 음절(제일음절: 체코어에서 첫 음절은 항상 강세가 얹힌다15))과 강세
없는 음절(제이음절)이 강세와는 아무 관계 없이 각각 단모음(앞쪽으로 밀집된 :
duration의 수치가 낮은)과 장모음(뒷쪽으로 넓게 퍼진 : duration의 수치가 높은)
을 가지고 있음을 보여준다. (Lebiste 1970 : 36)

---

14) 억양에 따라 달라지는 길이(지속)를 "문장 안에서 음에 위치에 따라 달라지는 지속"으로
　　따로 떼어 설명하지 않고, 초분절음소에서 설명하는 것은 같은 위치라도 어떤 억양이 붙
　　느냐에 따라 음의 길이가 달라지기 때문이다.
15) 첫 음절에 악센트가 오는 언어로는 체코어 외에 헝가리어, 아이슬란드어 등이 있음.(유
　　재원 1988)

[그림2] 한 명의 체코어 화자가 발음한 642개의 2음절로 된
실험용 낱말의 단모음과 장모음의 지속

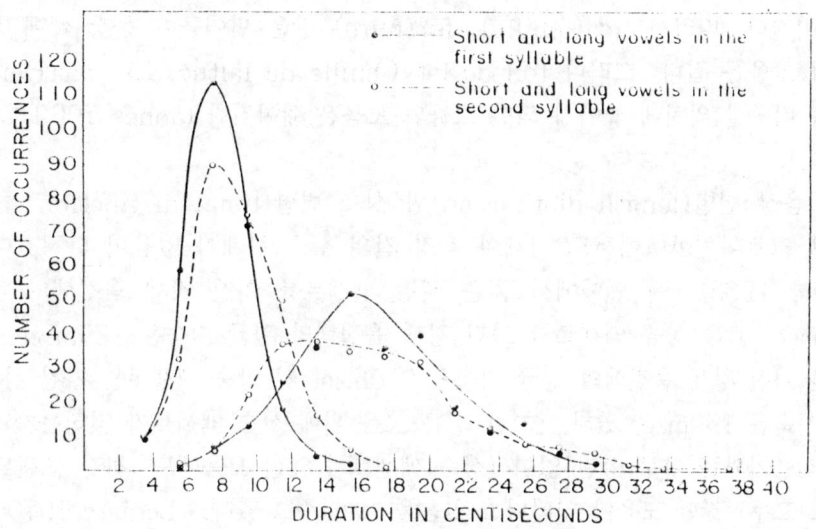

체코어에 있어서 악센트는 단어의 시작을 알리는 신호에 지나지 않는다. 이와는 반대로 음장은 어느 특정한 음절과 관계가 없다. 음장은 자유로우며 대개 단어의 의미를 구별하는데 사용된다. 예를 들면, Pi:ti〈v.마시다〉 — Piti:〈n.음료수〉 (Trubetzkoy : Baltaxe 영역 1971 : 51~52, Cantineau 불역 〈1976〉 한문회 국역 1991 : 106) 와 같은 경우가 그것이다.

43. 불어와 트스와나어 모두 의미 있는 강세를 사용하지 않지만, 두 언어16) 모두에서 지속과 강세는 서로 관계가 있기 때문에, 두 언어의 경우를 비교하는 것은 재미있는 일이다. 트스와나어는 마지막 두 음절이 성조유형 [\ .] 을 지닐 때 외에는 모두 진술의 끝에서 두 번째 음절에 강한 강세가 놓인다.17) 그리고, 진술의 차말음절은 항상 길고, 최후의 음절은 항상 짧다. 따라서, 만일 단어 phāxɛ(cat), nama(meat), kxomw̄(cow)가 진술문의 끝에 놓인다면, 첫째 음절이 강한 강세를 받고 첫째 음절의 모음은 길어진다. 사실은 문장 안에 다른 위치에서 짧게 발음되던 어느 음절도 진술문의 차말음절의 위치에 놓이면 길게 발음된다. 불어에서는 거의 이와 반대다. 불어 문장

---

16) 두 언어의 경우를 "문장 안에서의 음에 위치에 따라 달라지는 지속"으로 따로 세우지 않고 초분절음소에 넣어 설명하는 것은 차말음절에 강세가 얹히고 강세 때문에 음이 길어지기 때문이다(차말음절이기 때문에 음장이 얹힌다면 따로 세워야 할 것임). 또 한국어에는 이와 유사한 경우가 없다는 것도 따로 세우지 않은 이유 중의 하나이다.

17) 차말음절에 강세가 놓이는 언어로는 트스와나어 외에 폴란드어, 라틴어(Lehiste 1970 : 43~44) 등이 있음.(유재원 1988)

에서 마지막 음절18)은 일반적으로 강한 강세를 가지는 반면, (특별한 강조가 없는 한)
비종말음절은 더 약한 강세를 가진다. 따라서, 마지막 음절은 장모음을 가진다. 그러나,
종말위치에서 장모음을 요구하는 음절도 차말이나 비종말 위치에 놓이게 되면, 그 모음
은 짧아진다. 따라서 fœj(feuille), fɛr(faire) 같은 단어들이 문장 끝에 놓이게 되면
그들의 모음은 길다. 그러나 fœj də lety(feuille de laitue), fɛr paːr(faire pare)에
서처럼 비종말 위치에 놓이게 되면 그들의 모음은 짧아진다.(Jones 1962 : 123)

44. 음장 변별(length distinction)과 성조 변별(tonal distinction)을 모두 가진
서어보-크로아치아어에서도 강세와 음장 간의 상호 관계가 없음이 밝혀졌다.(Lehiste
& Ivić 1963). 이 언어에서 짧은 하강 액센트를 가진 강세 음절핵의 평균 지속은
137msec. 짧은 상승 액센트를 가진 강세 음절핵의 평균 지속은 139msec. 긴 하강 액
센트를 가진 강세 음절핵의 평균 지속은 210mse. 긴 상승 액센트를 가진 강세 음절핵의
평균 지속은 199msec.였다. [그림 3]은 모음 위에 상승 액센트가 얹히는가 하강 액센트
가 얹히는가와는 아무 상관 없이 (상승 액센트가 얹힌 모음에도, 하강 액센트가 얹힌 모
음에도 모두) 장단 모음이 나타나고 있음을 보여 주고 있다. (Lehiste 1970 : 38)

[그림3]   877개의 서어보-크로치아어 실험용 낱말의
집합에 나타난 액센트 음절핵의 지속

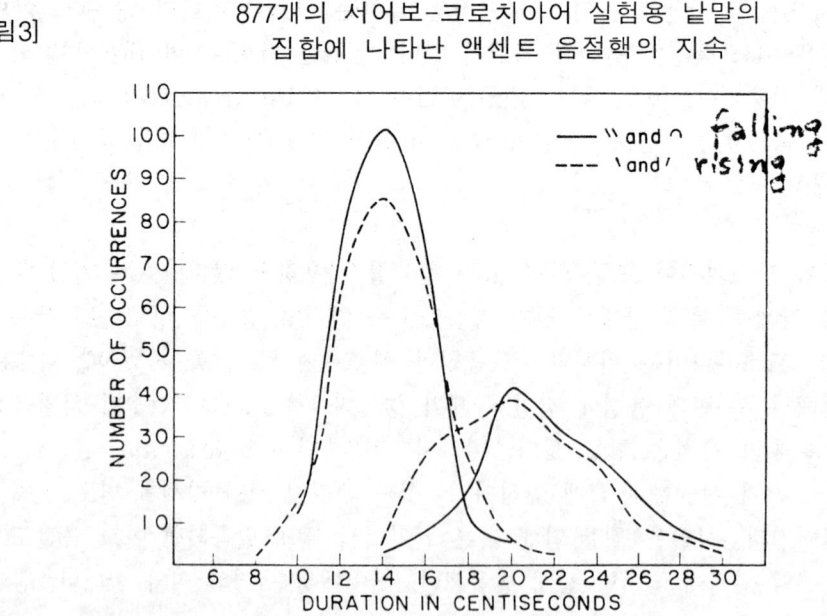

45. 한국어에서 악센트는 강세와 지속의 결합으로서 (고저는 필수적 요소가 아
님19)), 악센트 있는 음절은 강하고 길게 발음되고, 악센트 없는 음절은 대체로 약하

---

18) 마지막 음절에 강세가 오는 언어로는 불어 외에 아르메니아어가 있음. (유재원 1988)
19) 그렇다고 음고(pitch)와 지속(duration)의 동시적 결합(simultaneous combination)까지
　　를 부인하는 것은 아니다.

고 짧게 발음된다.20) 그리고 강세와 지속, 두 요소 중에서 악센트에 더 중요한 것은 지속이다.21) 그러기에 음장이 없힌 음절에는 예외가 없이 악센트가 없히는 것이다 (이현복 1973b). 그러나 악센트가 없힘으로써 길어지는 길이(지속)는 독립 변항으로써 변별적 자질이 될 만한 그런 길이(지속)는 아니다.

(4) 단어 내에서의 분할체의 위치에 따라 생기는 지속

46. 단어 내에서 분할체가 어느 위치에 놓이느냐에 따라 또는 한 단어 내에서 분할체의 수가 몇이나 되는가에 따라 분할체의 지속이 달라진다. 이러한 현상은 잘 알려져 있고 많은 언어에서 관찰되어 왔다(Malmberg 1944, Jones 1948). 몇몇 언어에서 단어는 상대적으로 변치 않는 경향을 유지하면서 전체적으로 일정한 길이를 가진다. 만일 단어가 보다 많은 수의 분할체를 가진다면, 분할체의 지속은 낱말에서 분할체의 수가 증가하는 만큼 감소하는 것으로 나타난다. 그러나 이러한 경우에도 지속의 상대적 길이에 변화가 없는 한, 음운론적 층위에서의 음장의 분포에는 아무런 영향을 미치지 못한다.

47. 헝가리어(Hungarian)에 대한 Tarnóczy(1965)의 연구에서 우리는 위와 같은

---

20) 〔그림 1〕은 세 음절로 된 /대머리/가 첫째 음절에 강세를 받고 발음되는 예인데, 음절의 길이를 표시한 오른쪽의 수치에서 알 수 있듯이, 강세 음절 /대/는 다음 음절 /머/에 비해 길이가 25:16으로 훨씬 길다는 것을 알 수 있다.

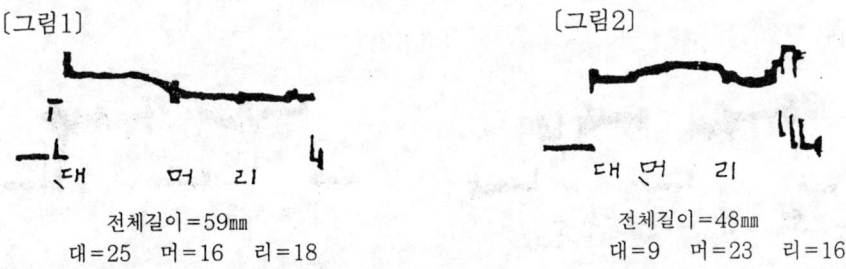

〔그림1〕

전체길이=59mm
대=25 머=16 리=18

〔그림2〕

전체길이=48mm
대=9 머=23 리=16

〔그림 2〕는 최근 청소년층이나 방언 사용자들에게서 들을 수 있는 비표준적인 발음을 모방하여 둘째 음절에 강세를 두고 발음한 예인데, /대/와 /머/의 길이 비율이 9:23으로 나타났다.
그러므로 〔그림1〕과 〔그림2〕를 비교해 볼 때에 말토막 안에서 강세를 받은 음절은 그렇지 않은 음절보다 길게 남을 확인할 수 있다(이현복 1992 : 135~136).

21) 사람/saːram/ 반드시/ˈbandwsi/와 같이 악센트가 있어 길고 강하게 발음되는 첫 음절의 강세를 약화시키고 지속을 유지하면 이상하지 않으나, 반대로 악센트에서 강세를 유지하되 지속을 짧게 하면 아주 이상하게 들린다. 따라서 서울말 악센트에서는 stress보다는 duration이 더 중요하다고 할 수 있다(이현복 1971a : 17~18). 강세와 지속의 관계에 대하여는 이희승(1960 : 128~129)와 허웅(1968 : 230, 1993 : 246~247)도 유사한 견해를 가지고 있다.

예를 확인할 수 있다. 〔표2〕는 한 음절부터 다섯 음절까지의 헝가리어 단어에서 모음의 평균 지속을 msec.로 나타낸 것이다. 이들의 평균 지속은, 상대적으로 긴 단어 내에서 음운론적으로 강세 받은 장모음은 보다 짧은 단어 내에서 음운론적으로 강세 받지 않은 단모음과 지속상으로 비교할 때 단어가 길어지면 길어질수록 모음의 실제 지속은 짧아 진다는 것을 보여준다.22) 그러나, 이 경우에도 단어 안에서의 모음의 지속은 여전히 대립적이므로(즉, 음운론적으로 긴 것과 짧은 것이 바뀌지 않았으므로), 청자는 특정 모음의 지속을 같은 단어 안의 다른 모음들의 지속과 비교하여 장음(長音) 또는 단음(短音)이라고 해석하는 것이다.

〔표2〕   헝가리어 단어 내에서의 모음의 지속

(단위 : msec)

단어	제1음절(장음)	제2음절(단음)	제3음절(단음)	제4음절(장음)	제5음절(단음)
〔taːt〕	210				
〔taːtog〕	180	145			
〔taːtogɒt〕	140	95	115		
〔taːtogɒtoːk〕	120	85	105	130	
〔taːtogɒtoːknɒ〕	110	80	90	110	140

Tarnóczy, 1965

---

22) 한국어에서도 단어가 길어지면 음절의 길이가 짧아진다는 비슷한 실험 보고가 있었다(이현복 1992 : 135~137). 〔그림1〕과 〔그림2〕는 강세 위치는 같되, 2음절과 3음절로 발음될 때의 말토막의 전체적인 길이와 각 음절 상호간의 관계를 설명하여 주는 예이다.

〔그림1〕   〔그림2〕

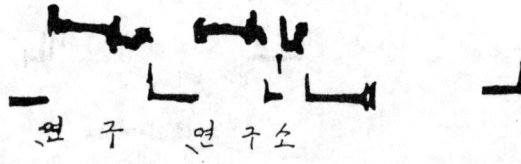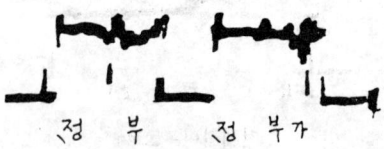

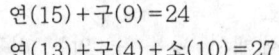

연(15)+구(9)=24   정(15)+부(11)=26
연(13)+구(4)+소(10)=27   정(11)+부(6)+가(10)=27

우선, 강세를 받는 /연/과 /정/은 어느 경우에나 후속 음절보다 길되, 2 음절의 말토막에서보다는 3 음절의 경우에 다소 짧아 지는 현상을 보여 준다. 또한 강세 음절의 뒤에 오는 /구/와 /부/가 말토막의 끝 음절로 날 때는 비교적 길게 나나, /연구소/, /정부가/에서와 같이 후속하는 음절이 있을 때에는 단축되어 나타남을 알 수 있다. 물론, 이 때에 후속하는 음절 /소/와 /가/는 길게 난다. 그리고 /연구/와 /연구소/의 길이 비율이 24 : 27이고, /정부/와 /정부가/의 길이 비율이 26 : 27로서 한 음절이 증가했는데도 불구하고 전체적인 길이의 증가 비율이 극히 낮으며 동시에 말토막 안의 음절 길이에 변화(단축)가 일어났다는 것은 말토막 전체의 길이가 반드시 음절수에 정비례하여 길어지는 것이 아님을 보여주고 있다.

48. 어떤 다른 언어에서는 비강세 음절이 규칙적으로 일부의 강세 음절보다 더 길어질 수 있다. 에스토니아어에서 비강세 제이음절에서의 모음의 지속은 규칙적으로 강세 있는 짧은 제일음절의 모음의 지속보다 더 길다. 여기서 음의 지속을 결정짓는 요소는 고층위 음운 단위(여기서는 단어) 내에서의 음의 위치이다.(Lehiste 1970 : 41) 또 불어에 있어서도 장모음은 진술의 맨 끝 단어의 맨 마지막 자음(또는 자음군) 앞에서 발생한다.(Bloomfield 1957 : 110)

49. 한국어에 있어서도 단어의 음절수가 늘면 핵음의 길이(지속)는 짧아진다.23) 그러나 특정의 단어 내에서 특정의 핵음만이 짧아지는 것이 아니기 때문에 지속의 상대적인 순서가 뒤바뀌는 일은 없다.24) 따라서 한국어에 있어서 분할체의 위치에 따른 지속의 변이가 있다고 해서 음장의 변화에까지 이르는 경우는 발생하지 않는다.

(5) 개음절 모음의 지속

50. 모음으로 끝나는 음절의 핵음(syllable nucleus, f. centre de syllable)은 뒤에 자음이 연속되는 음절(폐음절)의 모음보다 길게 나는 것이 일반적인데, 이것도 물리적 작용에 의한 무의도적인 지속으로 음장의 설정과는 무관한 것이다.

51. 영어 단어 city['siti]에서 첫번째 [i]는 0.054 sec.이고, 두번째 [i]는 0.175sec.이다. 이것은 마지막 약한 강세의 단모음 [i]가 ['siti]의 첫번째 [i] 0.054 sec.는 물론 [lid]의 0.135 sec. [sin]의 0.077 sec. [sit]의 0.085 sec. ['sitiŋ]의 첫번째 [i] 0.052 sec. 중 다른 어느 것보다도 길다. 그러나 koutiː(coatee), 'pedigriː(pedigree)같은 단어의 마지막 약한 강세의 장모음 [iː]보다는 짧다.(Jones 1962 : 122~129)

영어 taː(tar)의 aː는 aːt(art)의 aː보다 길고, haːd(hard)의 aː는 haːt(heart)의 aː보다 길며, tai(tie) 혹은 taid(tide)의 ai는 tait(tight)의 ai보다 길다. 이것은

---

23) 1음절 단어와 2음절 또는 3음절 이상 단어의 모음 길이를 비교해 보면, 모음의 길이는 보통 1음절 단어 모음의 길이가 더 길다. Comparing the vowel duration of monosyllabic words and that of disyllabic or polysyllabic words, we noted that a vowel is usually longer in a monosyllabic word.(Mieko S. Han 1964 : 61)

24) It appears that this reduction in word duration does not affect the relative duration of a vowel and consonants within words. ······ Consonantal duration seems to be more affected than vowel duration in a word ······ This amount of word duration contraction is done ofen by a greater reduction of consonantal duration than vowel duration. ······ Consequently the word duration is greatly reduced, while the vowel is reduced moderately.(Mieko S. Han 1964 : 165) Mieko S. Han의 실험 결과로, 한국어에서 단축이 단어 내에서의 모음과 주변 자음의 상대적 길이에 영향을 주지 않음이 확인되었다. 그리고 단축은 모음보다는 자음의 단축에 의해서 주로 이루어 진다는 사실도 확인되었다.

무릇 모음이 어미(=음절말:필자 주)에 있을 때는 그 음으로써 그 말이 끝나므로 다소 느리고 길게 발음하는 일이 있으나, 자음이 후속되는 모음은 그 발음 구형을 미리 해체하여 그 다음 구형으로 변경해야 하는 것이므로[25] 앞의 경우에 비해서 그 음장이 적의 단축되는 것이다. 또 모음은 무성자음이 후속할 때는 성대진동을 정지하지 않으면 안 되기 때문에 그리할 필요가 없는 유성자음이 후속할 때보다는 자연 그 길이가 짧아지는 것이다(허웅 1963b : 258, 본고 §29~§31 참조).

영어의 단모음 i e æ…에도 비교적인 장단이 있어서 최후의 위치 및 유성음의 앞위치에서는 무성음의 앞 위치에서보다 길다(허웅 1963b : 258, 본고 §29~§31 참조). 장모음과 이중모음도 무성자음이 뒤따르면 장모음(또는 이중모음) 그 자체로 끝날 때보다 길이(지속)가 짧아진다(그 때 장모음이 짧아진 것을 나타내기 위해서 : 대신에 ·을 쓸 수도 있다). siːt(seat)의 iː는 siː(sea)의 iː보다 짧고, staːf(staff), sɔːt(sought, sort), juːs(use), hait(height), haus(house), skɛəs(scarce)의 장모음이나 이중모음은 staː(star), sɔː(saw) juː(you), hai(high), hau(how), skɛə(scare)의 그것들보다 더 짧다. (Jones 1960 : 233)

52. 러시아어에서 다른 조건이 같을 때, 자음으로 끝나는 음절의 모음은 개음절 모음보다 더 짧은 chrone을 갖는다. 따라서 rost(height)의 o는 sto(hundred)의 o보다 약간 더 짧다. 스페인어에서도, Navarro Toomás에 의하면, 모음은 단독으로 어말에 있을 때(강세는 강하거나 약하거나 상관 없이), 한 개의 자음 뒤에 오면서 강세를 받을 때는 언제나 긴 chrone을 가진다. 그러나 모음이 다른 상황에 놓일 때(예를 들면, 강한 강세이지만 두 개의 자음 뒤에 올 때, 혹은 약한 강세이고 어말이 아닐 때), 그 모음은 더 짧은 chrone을 가진다.(Jones 1962 : 132)

53. 한국어에 있어서도 개음절 모음이 폐음절 모음보다 길다는 사실에 대하여는 Mieko S. Han(1964 : 57~61)과 Dong-Whee Yang(1978)의 자세한 보고가 있다. 참고로 모음 〔a〕에 대한 두 분의 보고 내용을 요약 소개한다.

[표3]　　　　　　　　한국어 모음 [a]의 단어 안에서의 위치에 따른 지속

구분	a	aC.	C.a	C.aC.
Mieko S. Han	30.8	16.6	26.6	12.7
D. W. Yang	28.7	16.1	26.2	16.8

수치는 평균치, 단위는 centisecond

---

25) House(1961)는 이에 대하여 다른 견해를 가지고 있다. 그는 무성자음 앞에서 모음의 지속이 짧아지는 것은 영어의 음운체계에 의하여 자의적으로 부과되는 조음활동에 기인하는 것이며, 음성학적인 보편성이라기보다는 영어에서 학습된 행동양식에 의하여 이루어진 것이라고 하였다.(Lehiste 1970 : 26)

· 단일 음운어(a single phoneme word)로서 독립적으로 발음되는 a가 가장 길다. Han의 경우 , C.aC.의 a보다는 2.4 배 aC. 의 a보다는 1.86 배 더 길다.
· C.a의 a는 독립적으로 발음되는 a와 길이(지속)가 거의 비슷하다. C.a의 a가 26.6 centiseconds이고, a가 30.8 centisecomds로서 1.00 : 1.16의 비율이다.
· 개음절의 a는 26.6 centis.인데 반해서, 폐음절의 a는 12.7 centis.로서, 2.10 : 1.00 의 비율이다.
· 다른 모음들의 경우도 이와 비슷한 경향이고, Dong-Whee Yang의 보고도(표에 서 보는 바와 같이) 같은 경향을 보여주고 있다.

(6) 개리연접을 더할 때 생기는 지속

54. 발화 중간에 개리연접(開離連接)을 가하게 되면, 개리연접 앞의 음성을 약간 길게 끌게 되는 바, 이것은 오로지 개리을 위한 물리적 작용의 소산으로, 전혀 무의 식적으로 이루어지는 것이며, 이렇게 해서 생긴 길이(지속)는 그것이 비록 모음 위에 얹힌다해도 의미 분화에는 아무런 영향을 미치지 못한다.

55. 한국어의 경우도 이와 같은 현상은 현저하다. Mieko S. Han(1964 : 35)은 일 찍이 다음과 같은 보고를 한 일이 있다. 언술 연쇄상에서 몇 개의 형태소가 발음되는 구나 문을 다룰 때, 모음이 형태소 경계에서 길어진다는 사실에 주의해야 한다. 이와 같은 장음화 현상은 다른 형태소를 구분하려는 것도 강조를 위한 것도 아니다. 이 지속 은 형태소 경계를 표시하기 위한 것처럼 보인다. 실제적인 쉼(休止)이 없을지라도 제보 자는 짧은 멈춤이 있는 것처럼 느껴지게 말한다. 이 경우 장음화 현상은 음운론적 장음 /:/으로서가 아니고, 개리연접(internal juncture) /+/을 위한 음성적 단서로서 설명 되는 것이 가장 좋을 것처럼 보인다.

　　〔i + saŋhan sɛŋsɔn〕 (이상한 생선)
　　i:saŋhan sɛŋsɔn〕　　(이상한 생선)

56. 또 허웅은 국어음운학(1993a : 119)에서, 말을 띤다는 것은 구체적으로 설명 하면, 그 앞소리를 약간 길게 끌게 됨을 의미한다. "예수가 마귀를…"에 있어서는 '가' 의 /ㅏ/를 말의 끄트머리에서처럼, 약간 길게 끌어서 발음하며, "예수 가마귀를…."에 있어서는 '수'의 /ㅜ/를 약간 길게 끌게 된다고 하였다.

57. 소리의 끝음 중의 대부분이 이에 속하는 것들로 일반 언중에게 가장 잘 인식되는 소리이다. 과거 본 연구자가 조사의 대상으로 했던 학생들도 대부분 이것을 음운으로서 의 긴소리(＝음장)으로 인지하고 있었다. 당시 206명의 학생을 조사대상으로 하였던

바, 그 중 132명의 학생이 어절말 음절—일테면 조사나 어미의 말음절 — 에 ⁻표를 하고 있었다.(김수형1973)

(7) Rhythm을 이루기 위해서 생기는 지속

58. 인간의 발화가 한결같이 평탄조로만 계속되는 것은 가능한 일도 아니요 또 바람직한 일도 아니어서, 발화에 율동적 변화를 가하게 되는데, 이때 복합적으로26) 운율적 자질(prosodic feature) 가운데 참여한 길이(지속)는 인간의 생리적, 물리적, 심리적 변화가 무의식적·자동적으로 언술 연쇄 위에 반영된 것으로 무의도적이며, 의미 변별에 참여하지 못하는 소리이다.

59. 강세 있는 언어에서는, 하나의 강한 강세와 그 다음에 오는 강한 강세 사이에 긴 음절의 수가 지속음 변이의 주요 요인이 된다. 그것은 강세와 강세 사이의 간격(길이)을 일정하게 하려는 경향성이 원인이 되어, 강세와 강세 사이의 음절수가 많으면 무의식적으로 개개 음절의 길이를 크게 줄이고, 음절의 수가 적으면 개개 음절의 길이를 덜 줄이거나 오히려 늘리기 때문이다.

60. 영어 단어 kɔːz(cause)의 ɔː가 그 단어를 독자적으로 발음할 때는 매우 길다할지라도, ðə 'kɔːz əv it wəz 'nevə disˈkʌvəd(the cause of it was never discovered) 같은 문장에서 그것이 훨씬 더 짧아진다든가, iˈmiːdjətli(immediately) inˈdjuːbitəbl (indubitable) 같은 단어에서의 장모음이 miːn(mean), djuː(due) 같은 단어가 독자적으로 발음될 때의 장모음보다 훨씬 짧아지는 것이 바로 그 좋은 예가 될 것이다.(Jones 1962 : 125~126)

61. 영어에서 강세 있는 음절의 장모음이나 이중모음은 같은 단어 내에서 비강세 음절이 곧바로 뒤따를 때 더 짧아진다. 예를 들면 'liːdə(leader), 'siːiŋ(seeing)의 iː는 liːd (lead), siː(see), siːn(seen)의 그것보다 더 짧고, 'drɔːiŋ(drawing), 'kɔːziz (causes)의 ɔː는 drɔː(draw), drɔːz (draws), kɔːz(cause)의 그것보다 짧으며, iˈmjuːnitI (immunity)의 uː는 iˈmjuːn(immune)의 그것보다 짧다.(Jones 1960 : 234) 이것은 관련된 담화에서, 강세 있는 음절은 가능한 한 일정한 간격을 두고 계속 뒤따르도록 하려는 경향에 따라, 강세 있는 음절 모음의 길이가 문장의 rhythm에 맞춰 짧아진 것이다.(Jones 1960 : 237) 한국어에 있어서도 rhythm을 이루기 위하여 지속이 짧아지거나 길어지는 경우는 종종 있는 것으로 보인다.

---

26) Rhythm은 단어군 안에서의 담화음(speech-sounds)의 수와 성격 그리고 한 음절 이상으로 된 단어 내에서의 강세뿐만 아니라, 단어들 사이에 문법적 관계까지도 작용하여 결정된다.(Jones 1960 : 239~240)

(8) 잘못을 보상하기 위해서 생기는 지속

62. 인접한 음소들의 길이는 서로 상호 보완적인 관계를 가지고, 한 음소가 정상의 경우보다 잘못 짧게 발음되면 대신 다음 음소를 길게 발음하여 전체적인 길이를 보완하려는 경향이 있는 바, 이렇게 해서 길어진 길이(지속)는 변별성을 갖지 못하며, 따라서 음장의 설정과도 무관한 길이(지속)이다.

63. Kozbenikov and Chistovich(1965)는 화자가 동일한 조음 속도로 동일한 문(文)을 여러번 반복할 때, 인접하는 음소의 지속은 아주 강하게 반비례로 상호 관계됨을 밝혔다. 따라서, 한 음소의 길이에 실수가 개입된다면 그 실수는 다음에 뒤따르는 음소에 의해 충분히 보상을 받는다는 것이다. Chistovich는 이러한 사실로부터 인접 음소의 타이밍(timing)은 독립적이지 못하며 오히려 일시적 조음의 연계는 적어도 부분적으로 음소 층위보다 더 높은 층위에서 조직되어야 한다고 주장했다.

64. 영어에 있어서, 단어 내의 마지막 자음은 장모음이나 이중모음이 선행할 때보다는 단모음이 선행할 때 더 길다. 따라서 sin(sin)의 n이 siːn(seen, scene)이나 sain (sign)의 n보다 더 길다.(Jones 1960 : 236)

불어 단어 bɛt(bette)와 bɛːt(bête)는 주로 모음의 길이(지속)에 의해서 구별된다. 그러나, 그 차이는 마지막 자음의 길이(지속)에도 보상적 차이를 동반하게 한다. bɛt의 t는 bɛːt의 t보다 현저하게 길다.

이태리어에서 강한 강세가 얹힌 모음이 길면 다음에 오는 자음이 짧고 강한 강세가 얹힌 모음이 짧으면 다음에 오는 자음이 길다. 예를 들면 'kaːro(dear)와 'karro (waggon), 'vaːno ('vain)와 'vanno(they go), 'seːta(silk)와 'setta(sect), bɛːlo (bleating)와 'bɛllo (beautiful), 'nɔːte (notes)와 'nɔtte(night)가 그런 짝들이다.

꼭 같은 원리가 스웨덴어와 많은 다른 음장 언어에 적용될 수 있다. 스웨덴어의 예로는 kaːl (bald)와 kall(cold), taːk(roof)와 takk(thank you), ˇkaːla(plural of kal)와 ˇkalla(plural of kɑll) 등이 있다.(Jones 1962 : 178)

65. 한국어에 있어서도, (C)VC형 음절에서 V가 길면 C가 짧고, V가 짧으면 C가 길다는 보고가 있고(이현복 1974a, Dong-whee Yang 1978), 두 모음이 인접해 있을 때, 그 두 모음은 전체로서 일정한 길이를 유지하면서 하나가 길어지면 다른 하나가 짧아진다(그 역도 성립한다)[27]는 보고가 있다.(고광모 1991 : 95)

---

27) 예컨대, kail~kaːl에서 변이음은 뚜렷한 kail과 kaːl 의 두 발음만 있는 것이 아니고, 이들 두 발음을 양끝으로 하는 수많은 변이형들이 미세한 차이를 보이며 나타난다고 보는 것이 정확한 관찰이다. kail을 발음하려고 하면서 a에서 i로의 이동을 불완전하게 하면 i는 짧아지고 대신에 a는 그만큼 길어진다. 말하자면 i가 a에 잠식된다고 표현할 수 있겠는데, kaːl은 이 잠식이 극에 달했을 때의 발음이다.(고광모 1991 : 55)

3) 어휘적 대립에

66. '어휘적 대립에'라는 조건은 통사적 대립에 절종결(terminail contour)과 복합되어 나타나는 길이(지속)가 논의의 대상에서 제외되어야 하기 때문이다. 어떤 특정의 언어에서는 길이(지속)가 통사적 대립에 이용되는 일이 있는 모양이나, 한국어에 있어서는 길이(지속)가 독자적으로 변별성을 갖는 일은 어휘적 대립에서만 가능하다고 보기 때문에 '어휘적 대립에'라는 조건을 붙인 것이다. 따라서 이것은 언어 일반에 적용될 수 있는 보편적인 요건은 아니다.

67. Tswana어에 있어서는 문(sentence)의 차말음절(penultimate)을 짧게 함으로써 서술을 의문으로 바꾸게 된다고 한다. 예를 들면 'Ō batla nama'에서 차말음절인 'na'를 길게 하면, 'He is looking for some meat'가 되고, 그것을 짧게 하면, 'Is he looking for some meat?'이 된다. 또 'Phāxɛ'에서 차말음절을 길게 하여 〔ā〕로 발음하면 '(It is) a cat'가 되고, 그것을 짧게 발음하여 〔a〕로 발음하면 'Is it a cat?'가 된다고 한다.(Jones 1962 : 113)

4) 변별적 자질로 이용하는

68. '변별적 자질로 이용하는'이란 음운론적 단위로서의 지속(the duration of phonological units, Lehiste 1970 : 41)이란 말로써, 동일 음소 자질로 인식되는 두 소리의 지속이 다름이 밝혀졌을 때, 그 지속(시간)의 차이 부분이 변별적 자질을 갖는지 어떤지를 판단하여, 변별적 자질을 갖는다고 인정될 때만, 그것이 음장(운소)이 될 수 있다는 말이다. 지속(시간)의 현저한 차이가 있다고 해서, 그 더 긴 부분이 반드시 음장(운소)이라고 할 수는 없다. 그 차이가 아무리 길다고 할지라도, 그것이 변별적 자질로 이용되지 않을 때는, 서로 길이(지속)가 다른 두 소리는 동일한 한 음소의 다른 두 변이음일 뿐이다.

69. 따라서 의도적인 길이(지속)라 할지라도 변별적 자질로 이용되고 있지 않는 다음 몇 가지 경우의 길이(지속)는 당연히 음장 설정의 고려 대상에서 제외된다.

· 개인적 변이와 자의적 변이로 해서 생기는 지속
· 머뭇거림을 위한 지속
· 감정적 색채를 나타내기 위한 지속

70. 음운학의 대상이 되는 것은 언제나 일정 언어사회에서 전통적 습관으로 굳어진

자질(feature)이다. 따라서 개인적 변이나 자의적 변이[28]로 해서 생기는 길이(지속)는
음장(음운)이 될 수 없다. 그리고 이때 개인적 변이나 자의적 변이의 범위를 음파측정
학적 방법이나 통계학적 방법에만 의존해서 정해보려는 것은 아주 위험한 생각이다
(Meiko S. Han 1964 : 36, Lehiste 1970 : 41).

71. 머뭇거림(pause or hesitation)을 위한 길이(지속)란 다음 발화에 힘을 넣기
위해서 또는 다음 말을 준비하기 위해서 휴지가 필요할 때, 조음 중인 음을 계속시키
는 경우로, 유창한 말(fluent speech)에서는 이 머뭇거림이 지속의 변화를 일으키는
가장 중요한 요인 중의 하나로 알려져 있다.

72. 한국어의 경우, 한 음절의 핵음(물론 머뭇거림이 얹히는 것도 음절핵인 모음뿐
만이 아니고 자음에도 얹히지마는 여기서 논의의 대상이 되는 것은 모음 위에 얹히는
머뭇거림이다.)에 머뭇거림이 얹히면, 다음 음절 핵음 뿐만 아니라 그것이 속한 어절
전체의 길이를 줄이는 경향이 있는 듯하다.

73. 그러나, 이 머뭇거림은 의도적이고 또 언중에게 쉽게 인지되는 자질이긴 하지만
변별성(distinction)은 없는 자질이다.

74. 영어의 경우, 강세 있는 단모음에 뒤따르는 자음들이 때때로 강조를 위하여 몹
시 길어지는 경우가 있다. 예를 들면 'splenːdid(splendid), ə 'litːl 'mɔː(a little
more), ai 'nevːə 'həːd sʌʧ ə θiŋ(I never heard such a thing), 'nʌmːbəz n 'nʌ
mːbə əv θiŋz (numbers and numbers of things)같은 경우이다. 때때로 유사한
장음화가 장모음 뒤에도 나타난다. it wəz 'ɔːfːli gud(it was awfully good) 같은
경우가 이에 해당한다. (Jones 1960 : 237)

75. 불어나 독일어에 있어서도 단어의 뜻을 강조하기 위해서 자음이나 모음을 특별
히 길게 하는 경우가 있다.(허웅 1993a : 122)

  f. misérable[ˈmːizerabl](자음 m을 길게 발음함)
  D. schön[ʃːøːn](자음 ʃ와 모음 ø를 길게 발음함)

---

28) Martinet에 의하면, 불어 음소 /r/을 어떤 사람은 목젖을 떨면서 발음하고 또 어떤 사람
은 혀끝을 굴리면서 발음하는데, 이와 같이 동일한 음소로 인식되는 범위 내에서의 개인적
인 발화음의 차이를 개인적 변이음이라 하고, 무태에 서는 어떠한 배우가 동일한 음소 /r/
을 어느 때는 혀끝을 굴리어 발음하고 또 어느 때는 목젖을 굴리어 발음하였다면 이때 이
두 발화음을 음소 /r/의 자의적 변이음이라 한다고 하였다.(Martinet 1961 : 63)

76. 한국어에 있어서도 자음 또는 모음을 길게 발음하여 그 음소가 속한 단어의 뜻을 강조하는 경우가 있다. 예를 들면, 단어 「절대로」에서 /ㄸ/의 닫음[29]을 길게 하여 그 뜻을 강조하는 효과를 낸다든가, 「먼 나라」에서 '먼'의 /ㅓ/를 길게 하여 보통 말보다 먼 정도가 더함을 나타내는 것 등이 그것이다.

전생애[30]	[dʒʌnː sɛŋɛ]
철저히[30]	[tʃʌlː dʒʌi]
온 세상[30]	[oːn sesaŋ]
	[on sesaŋ]
온통[30]	[oːn toŋ]
	[on toŋ]
온 종일[30]	[oːn dʒoŋil]
	[on dʒoŋil]
파란(blue)	[phaːran](clear blue)
저기(far)	[dʒʌːgi](very far)
오래오래(for a long while)	[oːrɛ oːrɛ](for a very long while)
굵은(thick)	[kuːlgin](very thick)
하얀(white)	[haːyan](snow white)
커다란(big)	[khʌːdaran](very big)

(허웅 1993a : 121, Mieko S. Han 1964 : 33~34)

77. 이런 것들은 모두 섬세한 감정의 표현를 위한 것으로 지적의미(signification intellectuelle)를 분화하는 음운적 대립은 아니다. 이것은 소위 표현적 자질(expressive feature)이라 할 만한 것으로 잉여적 자질(redundant feature)과는 달리, 개인적, 일시적 현상이 아니고, 모든 사람에게 통할 수 있는 사실이므로 langue에 속하는 것이며, 길이(지속)의 차이가 signifie에도 어느 정도 반영되기 때문에 phonostylistique에서 다루고 있다.(허웅 1993a : 121)

5) 상대적 길이

78. '상대적 길이(relative length)'란 물리적-기능적으로 측정된 한 음성의 독자적 길이가 아니고, '동일한(또는 비슷한) 경우에서 나는 두 소리 중 보다 더 긴 소리'임을 의미한다.

---

29) 허웅은 터짐소리의 세 단계를 닫음, 지님, 터뜨림이라 명명하고(허웅 1993a : 30), /ㄸ/의 지속을 길게 하기 위하여는 '닫음'의 단계를 길게 해야한다고 하였으나, 본 연구자의 소견으로는 「절대로」에서 /ㄸ/을 길게 하려면, /ㄸ/의 '닫음'이 아니라 '지님'을 길게 해야하는 것이 아닌가 하는 생각이 든다.
30) 본 연구자가 제시하는 예임.

79. 표준 영어에서 see, seed, seen, seat, seating의 모음은 장모음으로, lid, sin, sit, sitting의 모음은 단모음으로 취급되지만 실험음성학적 방법에 의한 길이(지속) 측정(＝절대적 길이)으로는 lid의 모음이 seat나 seating의 모음보다 길다. 그러나 lid와 유사한 음성 조건에 놓인 seed의 모음 길이와 비교해 보면 50% 정도의 길이 밖에 안되므로 단모음으로 취급하는 것이며, sit와 sitting의 모음 역시 각각 동일한 음성 조건에 놓인 seat와 seating의 모음보다 짧기 때문에 단모음으로 취급하는 것이다. 이것이 바로 상대적 길이[31]이다.

[표4]　　　　　　표준 영어 장모음과 단모음의 실제 길이(지속) 비교

장　모　음		단　모　음	
see[siː]	0.317 sec		
seed[siːd]	0.252 sec	lid[lid]	0.135 sec
seen[siːn]	0.199 sec	sin[sin]	0.077 sec
seat[siːt]	0.124 sec	sit[sit]	0.085 sec
seating[siːtiŋ]	0.087 sec	sitting[sitiŋ]	0.052 sec

Jones 1962 : 128~129

80. 약한 강세의 음성 조건에 있는 독일어 단어 daˈneben(daneben), vaːrˈʃainliç(wahrcheinlich)의 장모음 [aː]는 동일한 음성 조건에 놓인 강한 강세의 독일어 단모음 [a]와 길이(지속)가 비슷하지만, taˈniːn(Tannin), paˈsiːvaː(Passiva), vaˈloːniʃ(wallonisch)에서처럼 약한 강세의 단모음 [a]보다는 더 길다. 따라서 음장(음운)의 전체적인 이념은 유사한 음성 환경에서의 절대적인 길이가 아니고 상대적인 길이에 기초하고 있음을 강조해야 한다.(Jones 1962 : 133)

81. '상대적으로 긴소리'라 할 때, 긴소리는 짧은소리보다 어느 정도 더 길어야 긴소리로 인지되는가? 만약 지속의 절대적 차이가 인지되는 차이의 근거를 구성한다면, 동일한 차이는 반드시 인지되어야 할 것이다. 예를 들어서 100ms.와 120ms.의 차이가 인지된다면 200ms.와 220ms.의 차이도 똑같이 인지되어야 할 것이다. 그렇지 않고 차이의 한계선이 어떤 비율에 의존한다면, 100ms.와 120ms.의 차이는 200ms.와 240ms.의 차이와 인지적으로 동일해야 할 것이다. 이에 대하여 Weber(1933), Woodrow(1951), Wallace and Rabin(1960)의 연구가 있었다. 결과는 비율에 따라 인지차가 결정된다는 것이었다.

---

31) 음장(음운)이 상대적 길이라는 점에 대하여는 Pike(Phonetics 1962 : 137), Bloom-field (Language 1957 : 109), 최현배(1994 : 99)의 언급이 있다.

82. 지속의 정확한 인지차(just-noticeable difference : JND's, 또는 식별역 difference limens : DL's)는 오랜 동안 광범위한 연구의 대상이 되어 왔다. 다양한 보기 지속(reference duration)에 관한 웨버 비율(Weber ratios)을 설정하기 위하여 상당히 많은 양의 연구가 이루어졌다. 웨버 비율이란 △T/T, 즉 보기 지속과 증가 지속 간의 비율을 의미하며, 이 비율은 항상 일정하고 모든 감각 양상(sense modality)에 적용된다고 보았다.

83. 최근의 몇몇 연구는 지속의 인지에 있어서 Weber 비율이 일정한 채로 유지되고 있지 않음을 보여주었다.(Henry 1948, Small and Campbell 1962, Milburn 196 et al. 1966) 몇몇 연구 간에는 확연히 차이가 나는데, 이 차이는 아마도 부분적으로 실험 방법의 차이에서 기인하는 것 같다.

[표5]　　　　　　지속의 인지에 대한 Weber 비율과 절대식별역 평균

	Stott, 1935		Henry, 1948		Ruhm et al., 1966	
T	△T/T	Absolute DL	△T/T	Absolute DL	△T/T	Absolute DL
32			0.281	8.99		
40					0.0575	2.3
47			0.203	9.54		
60					0.0283	1.7
77			0.208	16.02		
80					0.0263	2.1
100					0.0260	2.6
110			0.196	21.56		
175			0.188	32.90		
200	0.142	28.4				
277			0.172	47.64		
400	0.120	48.0				
480			0.143	68.64		
600	0.115	69.0				

Lehiste 1970 : 12

· 표에서 첫 칸은 보기 지속(단위, ms), 다음 두 칸은 웨버 비율(△T/T)과 절대식별역(단위, ms)을 나타낸다.
· 1966년의 연구(Ruhm et al.)에 설정된 Weber 비율과 식별역은 그 이전 연구 발견된 것보다 수치상으로 더 적다.
· 아마도 Ruhm et al.에서 설정된 식별역은 최적의 조건하에서의 청각적 인지력의 한계를 나타내는 것으로 여기는 것이 합당한 추론일 것이다.

- 반면에 Henry와 Stott에 의해 설정된 인지 차이가 적용 가능한 조건은 아마도 발화 상황, 그것도 많은 양의 외부 소음이 있는 상황에서의 발화에 대한 인지였을 것이다.
- 요약하면, 발화음의 지속—보통 30ms에서 300ms 가량—에서 지속의 정확한 인지차(just-noticeable differences)는 10ms에서 40ms 사이인 듯 하다.

84. 그러면 음장(음운)으로 인정받은 장모음과 단모음의 평균 길이(지속)의 차이는 얼마나 될까? 일반적으로 v/v:의 비율은 50% 정도라고 하나, 언어에 따라 드나듦이 심한 것 같다.

[표6]　　　　　　　긴 음운과 짧은 음운 간의 길이(지속)의 비율

언　어	비　율	연구자(연구년도)
Danish	v/v: 50.5%	
Finnish	v/v: 44.1%	Fischer-Jorgensen(1955)
Estonian	v/v: 58.1%	Wiik and Lehiste(1968)
	v/v: 49.4%	Liiv(1962a)
	v:/v: 85.0%	
	(118.8ms:204.4ms :240.4ms)	
Serbo-Croatian	v/v: 67.2%	Lehiste and Ivić(1963)
Thai	v/v: 50.0%	Abramson(1962)
German		Zwirner(1959, 1962)
East G.	v/v: 90.3%	
West G.	v/v: 51.0%	

Lehiste 1970 : 33~34

85. 한국어에서 장모음과 단모음 간의 대립의 평균 비율은 대략 2.51 : 1이다. 이것은 인용형 지속의 대립 859 경우의 실험 통계로부터 얻은 수치이다. 이 평균 비율 2.51 : 1(즉 v/v:=40%)은 한국어 모음 장단 대립의 표준으로 간주해도 좋을 것이다.
　물론 각각의 모음은 각각의 비율을 가진다. 개인차가 약간 있기는 하지만, 평균적으로 〔i〕 대 〔i:〕는 2.88, 〔u〕 대 〔u:〕는 2.82, 〔ɔ〕 대 〔ɔ:〕는 2.70, 〔a〕 대 〔a:〕는 2.09, 〔o〕 대 〔o:〕는 2.07이다. 이 비율 패턴은 다섯 모음의 고유 길이에 대한 관찰과도 일치한다. 〔i〕와 〔u〕는 〔a〕와 〔o〕 보다 고유 길이가 짧고, 〔i:〕와 〔u:〕의 고유길이는 〔a:〕와 〔o:〕의 그것과 거의 비슷하다. 이것이 〔i:〕 대 〔i〕, 〔u:〕 대 〔u〕의 비율이 〔a:〕 대 〔a〕, 〔o:〕 대 〔o〕의 비율보다 높은 원인이 되는 것 같다.(Mieko S. Han 1964)

86. 장모음을 갖는 단어는 그것이 문장 안에서 차지하는 위치에 따라 그 단어(장모음)의 길이(지속)가 주는 정도에 차이가 있다. 단어가 문장의 끝에 올 때는 그 단어(장모음) 고유의 길이(=인용형일 때의 길이)보다 10~20%가 줄고, 문장의 첫 머리에 놓일 때[32]는 30~40%, 중간에 올 때는 50~60%가 준다. 50~60%가 줄면 이것은 이미 장모음이 아니다.(Mieko S. Han 1964)

87. Mieko S. Han과 다른 통계도 있다. Do-Heung Ko에 의하면, 한국어에서 장모음을 갖는 단어를 독립적으로 발음할 때의 장모음의 평균 지속은 259ms이고, 단모음을 갖는 단어 모음의 평균 지속은 133ms로서, 장모음과 단모음 간의 지속 비율은 1.95 : 1(즉 v/v:=51%)이다. 두 실험 간에 이와 같은 차이가 나는 것은 24년 동안의 음성적 변화를 반영하는 것일지도 모른다.(Do-Heung Ko 1988a)

88. 단어가 문맥 속(처음, 중간, 끝 중에서 중간 위치)에서 말해질 때, 장모음의 평균 지속은 158ms, 단모음의 평균 지속은 112ms로서, 장모음과 단모음 간의 지속 비율[33]은 1.41 : 1(약 71%)이다. 장모음의 길이가 인용형 장모음의 61%로 대폭 줄었다.

89. 지속(duration)의 음운 설정은 분할체의 음운 설정과 판이한 점이 있으니, 분할체의 음운 설정이 분할체 자체의 자기 점검으로 이루어지는데 반해서, 음장(음운)은 항상 동일 환경하의 다른 것들과의 비교에서 파악, 설정 가능한 것이다.

2. 음장과 담화의 속도

90. 음의 지속의 영향을 주는 중요한 변인(variable)으로 화자(speaker) 변인과 속도(tempo) 변인이 있다.[34] 화자 변인이란 화자 개개인의 특성이 지속의 장단에 영향을 주는 경우로서, 어떤 사람은 전반적으로 음의 지속을 길게 하는 경향이 있는가 하면, 다른 어떤 사람은 오히려 그것을 짧게 하는 경향이 있을지 모른다. 최현배(1994 : 100)는 이에 대해서, '생기 있는 이와 열심 있는 이는 생기 잃은 이와 게으

---

32) 문장 단위로 단어의 위치가 어떠하냐를 따질 것이 아니라, 기식군 안에서 어느 위치에 있느냐로 따져야 한다는 주장도 있다.(이병근 1986)

33) Mieko S. Han은 한국어 원어민들을 대상으로 한 청취 Test 결과, 1.3 : 1의 지속 비율을 갖는 장모음과 단모음 간에는 서로 구분이 안 될 만큼 매우 모호하게 들리기 때문에, 한국어의 장단 대립어 목록에서 이들 어휘를 제외한 사실이 있다.(Mieko S. Han 1964)

34) Mieko S. Han(1964 : 36~41)은 모음 지속의 변인으로 화자(speaker), 속도(tempo), 고유길이 (inherent vowel duration), 음소배열론적 환경(phonotatic contrast), 음운론적 대립(phonemic contrast) 및 어휘적 또는 통사적 환경(morphological or syntactic environment)을 들고 있다.

제2장 음장의 이해 49

른 이보다 말을 **빠르게** 하고, 말할 속살(내용)이나 겉꼴(외형)을 곰곰이 생각하는 이는 천천히 말하며, 남의 말속을 알려고 그 속을 파려고 하지 아니하는 이는 얼른 짤막하게 말할 것이다. 또 남이 알아듣기 쉽게 하노라고 일부러 말의 소리를 길게 끄는 사람이 있는가 하면, 장차 긴소리줄(장음계)을 내기 위하여 일부러 말을 빨리 하는 사람도 있을 것이다.'라고 하였다.

91. 특정한 한 사람의 동일 발화에서 긴 〔aː〕는 짧은 〔a〕보다 길다. 그러나 두 명의 각기 다른 화자에 의해서 말해진 두 소리를 비교한다면, 반드시 그렇지만은 않을 수도 있다. 그러므로 두 화자의 각기 다른 두 소리를 비교한다는 것은 별로 의미가 없다.35) 지속의 음성음운론적 분석에 있어서는 화자를 고정시키는 일이 절대적으로 필요하다. 지속의 비교를 통해서 한 언어의 구조적 패턴이나 음성적 습관을 찾아내려 한다면, 제일 먼저 해야 할 일이 그 비교 대상을 한 화자의 동일 발화 내로 한정시키는 일이다.

92. 속도(tempo) 변인이란 화자가 청자(hearer)의 주의를 집중시키기 위해서, 또는 흥미를 돋우기 위해서, 또는 피로를 느끼지 않게 하기 위해서 말의 속도에 심한 변화를 주게 되고, 이러한 변화가 모음의 지속에도 자연히 영향을 주게 되는 경우를 말한다. 말의 속도는 일반적으로 초당 4.4 음절에서 5.9 음절까지를 자연스런 속도로 보고 있는데(Goldman-Eisler, 1961)36) 이보다 특별히 빨라지거나 느려지면 특수한 분위기를 자아내게 된다.

93. 말의 속도를 빠르게 또는 느리게 조절하는 방법으로는 음절과 음절, 어절과 어절, 그리고 문과 문 사이에 휴지 시간(pause time)을 줄이거나 늘이는 방법이 있고, 다음으로는 발화음(speech sounds) 그 자체를 짧게 또는 길게 하는 방법이 있을 것이다. 그리고 발화음의 길이를 조절하는 방법에도 두 가지가 있으니, 하나는 특정 음소의 지속을 짧게 하거나 길게 하여 속도를 조절하는 방법이고, 다른 하나는 모든 음소의 지속을 동일한 비율로 감소 또는 연장시키는 방법이다. 강세 음절의 지속이 비강세 음절의 지속보다 훨씬 더 적은 비율로 감소하는37) 영어는 전자에 속하고, 모든 음절이 거의 같은 비율로 줄어드는 헝가리어는 후자에 속한다.(Lehiste 1970 : 40)

---

35) 두 화자의 발화 가운데서 비교하고자 하는 음소(모음) 한 개씩을 가려내어 상호 비교하는 것 보다는 동일한 속도로 말한 한 화자의 각기 다른 발화 가운데서 비교하고자 하는 음소(모음) 한 개씩을 가려내어 상호 비교하는 것이 오히려 바람직할지 모른다. 그 이유는 동일한 화자에게 동일한 속도로 두 번 발화하도록 요구하였을 때, 두 발화 속의 비교 대상 모음은 거의 같은(=2 centiseconds 이내의 차이) 길이의 지속을 가진다는 Mieko S. Han의 실험 보고(1964 : 41)가 있기 때문이다.
36) 김진우(1994 : 59)는 이보다 조금 느린 분당 200 음절 정도를 자연스런 속도로 보았다.
37) 좀더 정확히 말하자면, 강세 없는 음절핵의 지속을 짧게 하여 강세와 강세 사이의 길이(length)를 일정하게 하려는 경향이다.

94. 한국어에 있어서는 보통 1분간에 250~300 음절을 발음하는 것을 정상적인 속도로 보고 있으며(강윤호 1970 : 11)[38], 속도 조절의 방법으로는 음절과 음절, 어절과 어절, 그리고 문과 문 사이에 휴지 시간(pause time)을 늘이거나 줄이는 방법과 단음(單音)의 지속을 늘이거나 줄이는 방법이 함께 쓰여지고 있다. 그리고 단음의 지속을 늘이거나 줄일 때는 모든 단음의 지속을 동일 비율로 늘이거나 줄이는 것이 아니고, 주로 장모음과 자음의 지속을 늘이거나 줄여서 조절하는 것으로 보고 되고 있다.(Do-Heung Ko 1988a, Mieko S. Han 1964)

95. 말의 속도가 빨라져서 모음이나 자음의 길이(지속)가 준다고 해도 그것은 음소의 절대적 길이(지속)가 줄었다는 것일 뿐, 이웃한 음소들과의 비교에서 상대적 길이(지속)에 변화가 있었다는 것은 아니다.(한국어의 경우, 장모음이 단모음보다 더 줄지만, 그렇다고 장단모음의 구분이 안 될 만큼 장모음의 길이가 짧아지는 것은 아니다.[39]) 따라서 지속은 여전히 대립적(contrastive)이고 변별성(distinctive)을 유지한다. 말의 속도는 상황이나 기분의 변화만을 보여 줄 뿐, 본질적인 의미의 변화를 가져다 주는 것은 아니다. 이런 면에서 보면, 말의 속도는 경우에 따라서는 표현적 자질(expressive feature)로 다루어 질 수도 있을 것 같다.

3. 음장과 중복음

96. 음의 지속과 혼동해서는 안 될 것이 음의 중복(geminates or double)이다.[40] 음의 중복이란 두 음의 연결이며 한 음의 단조로운 조음의 지속(the vocal organs are keept in a position)이 아니다. 예를 들어서, 한국어 [toːlːo] [hiːlːə], 영어 [ˈbukːeis] [ˈpenːaif], 불어 [døzjɛmːã](deuxièmement) [ɔnɛtːɛ](honnêteté)의 경우, Ko. [lː], Eng. [kː] [nː], F. [mː] [tː]는 각각 점약음(phonème décroissan) [l̀] [k̀] [ǹ] [m̀] [t̀]와 점강음(phonème croissant) [ĺ] [ḱ] [ń] [ḿ] [t́]의 연결인 [l̀ ĺ] [k̀ ḱ] [ǹ ń] [m̀ ḿ] [t̀ t́]로서, 두 자음의 중복(consonnes gèminées ou doubles)이며 가운데가 음절의 경계이다.

---

38) 한국어의 일반적인 발음 속도에 대해서 중학교 국어 3-1(1997.3.1 발행)에서는 '말하는 속도는 사람마다 다르나, 대체로 1분에 100단어 정도가 적당하다. 이것은 200자 원고지 2장 정도에 해당하는 분량이다.(p.6, 9~11행)'라고 하였다. 강윤호와 비슷한 견해로 보인다.
39) Mieko S. Han(1964 : 161~162)은 문장 중간에 있는 장모음은 인용형에서의 장모음의 절대 길이의 50~60%가 줄어서 장모음 음운으로서의 기능을 상실한다고 하였다.
40) 음의 지속과 중복음에 대한 자세한 논의는 Jones(1962 : 115~120), Lehiste(1970 : 44), Ladefoged(1993 : 250~251)를 참조할 것

[그림4]　　　　Grammont의 점약음·점강음 설명을 위한 후두 긴장 곡선

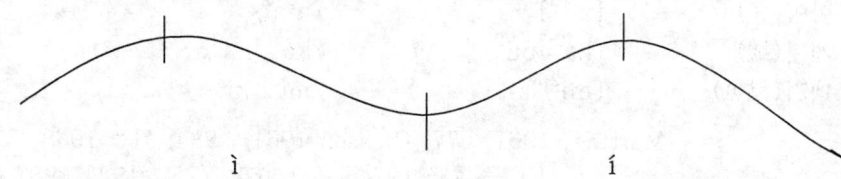

ì　　　　　　　　　í

97. 모음의 경우도 장모음은 후두 긴장(tention)의 단순한 지속이요 중복 모음은 후두 긴장의 하락점을 두어 두 음절로 분리하여 발음하는 동일한 두 음의 연결이다. 청각 영상으로는 잘 구분이 되지 않으나 발화자의 의식으로는 장모음은 동일한 음의 반복으로 느껴지지 않는다. 영어의 emptying[ˈemptiiŋ], babyish[ˈbeibiiʃ], 불어의 réélire [reeliir], coopérer[kɔɔpere] 한국어의 [tuusa] (투우사), [poon] (보온) 등이 그 예가 될 것이다.(허웅 1968, Jones 1962)

4. 음장과 성조

98. 성조를 갖는 경상도와 강원도의 일부 지역 언어에서, 낮은 가락을 갖는 음절핵을 다소 길게 소리 내는 경향이 있는 바, 이 때 이 긴 소리는 음장으로 취급하지 아니 한다. 왜냐하면, 이 지역 주민들은 고저에는 민감하지만 지속에는 민감하지 않아서 낮은 가락으로만 말하면 길고 짧고는 개의치 않는다.41) 즉, 이 지역 방언에서는 지속이 변별적 기능을 갖지 못한다. 따라서 낮은 가락에 종속적으로 따라붙는 약간 긴 이 지속은 당연히 음장에서 제외된다.(허웅 1963b : 302)

99. 굴곡성조(gliding toneme)가 얹힌 한 음절핵의 리듬있는 길이(rhythmic length)는 구조적 압력에 의하여 중복모음으로 분석되고, level(層位)이 다른 두 개의 성조가 각각의 모음 위에 얹히는 것으로 해석한다.42)

먹히다　　　　　[mə²kʰi³⁻²ta²]　　　/mə²kʰi³i²ta²/
감기다　　　　　[ka²mki³⁻²ta²]　　　/ka²mki³i²ta²/

---

41) 예외적으로, 문효근(1974d)은 대구 방언에서, 이익섭(1988)은 강릉 방언에서, 지속과 성조가 결합한 운소를 설정하였다.
42) 굴곡성조를 두 성조의 복합으로 다루지 않고 하나의 독립된 성조소(toneme)로 취급하는 이(최명옥 1990)도 있다. 그렇게 되면 성조소의 수는 하나가 늘지만, 음운 기술은 아주 간편해진다. 어찌보면 이 방법이 오히려 합리적이란 생각도 들지만, 본 연구의 범위 밖의 일이므로 자세한 논의는 피한다.

낮에도 $[\text{na}^2\text{ce}^{3\text{-}2}\text{to}^2]$ $/\text{na}^2\text{ce}^3\text{e}^2\text{to}^2/$
사이(間) $[\text{s}\varepsilon^{3\text{-}2}]$ $/\text{s}\varepsilon^3\varepsilon^2/$
아이(兒) $[\text{a}^{3\text{-}2}]$ $/\text{a}^3\text{a}^2/$
개미(蟻) $[\text{k}\varepsilon^{2\text{-}3}\text{mi}^2]$ $/\text{k}\varepsilon^2\varepsilon^3\text{mi}^2/$
메기(鮎魚) $[\text{mi}^{2\text{-}3}\text{ki}^2]$ $/\text{mi}^2\text{i}^3\text{ki}^2/$

(Martinet 1961 : 77, Gleason 1961 : 284, 허웅 1968 : 117~118,
문효근 1974d : 25, 61, 125, 김영만 1987 : 36~37)

100. 본 연구자가 지난 1973년 연구를 위하여, 1972년 6월 설문지 확정을 위한 예비 조사를 실시했던 바, 당시 서울 지역 학생들이 대체로 20-30% 정도를 표준 음장과 부합되게 기표한데 비해서, 경상도 지역 학생들은 40-45% 정도를 표준 음장과 일치되도록 기표하는 현상을 나타냈다. 이는 경상도 방언에서 굴곡 성조를 갖는 어휘들이 대부분 중부 방언에서 음장을 갖는 어휘라는 사실을 유추해서 기표한 결과인 것으로 보인다.

5. 음장과 음절말 자음의 지속

101. 또 하나 주의할 일은 음절말 자음의 길이를 그 음절의 핵음의 길이로 잘못 인식하는 경우이다.

$[\text{kim:ba}\eta]$(第一音節末 m의 繼續)　　　　$[\text{ki:mba}\eta]$(第一音節 核音 i의 持續)
$[\text{d}\text{ʒ}\text{ʌn:gi}]$(伝記),　　　　　　　　　　$[\text{d}\text{ʒ}\text{ʌ:ngi}]$(電機)
$[\text{on:d}\text{ʒo}\eta\text{il}]$(온 終日),　　　　　　　　$[\text{o:nd}\text{ʒo}\eta\text{il}]$(온 終日)
$[\text{on:tho}\eta]$(온통),　　　　　　　　　　$[\text{o:ntho}\eta]$(온통)
$[\text{d}\text{ʒo:nsæ}\eta\text{æ}]$(全 生涯),　　　　　　$[\text{d}\text{ʒo:nsæ}\eta\text{æ}]$(全 生涯)
$[\text{ch}\text{ʌl:d}\text{ʒ}\text{ʌi}]$(徹底히)　　　　　　　$[\text{ch}\text{ʌ:ld}\text{ʒ}\text{ʌi}]$(徹底히)
$[\text{nəl:i}]$(第一音節末 l의 繼續)　　　　　$[\text{nə:li}]$(第一音節 核音 ə의 持續)
$[\text{sim:mun}]$(第一音節末 m의 繼續)　　　$[\text{si:mmun}]$(第一音節 核音 i의 持續)

일반 언중들에게는 음절말 자음의 길이가 그 음절 핵음의 지속으로 잘못 인지되는 경우가 종종 있는 모양이어서, 1973년 연구에서 본 연구자가 조사 대상으로 하였던 학생들의 경우, $[\text{kim:ba}\eta]$ $[\text{nəl:i}]$ 등의 $[\text{m:}]$ $[\text{l:}]$ 들을 각각 핵음 $[\text{i}]$ $[\text{ə}]$가 길다고 생각하고 있는 학생이 상당수 있었다.

6. 음장과 단음의 접속

102. 마지막으로 접속(contact)의 차이를 지속으로 오인하는 경우가 종종 있다. 즉 모음 음운과 자음 음운이 접속될 때, 그 접속이 헐거우면(loose contact) 단모음일지라도 모음의 길이가 길다고 생각하고, 장모음의 경우라도 그 접속이 긴밀하면(close contact) 단모음이라고 생각하는 경우가 그것인데, 이에 대해서는 일찍이 Trubetzkoy (1962 〔1939〕)와 Fliflet(1962)가 주의를 환기시킨 바 있다.

7. 음장의 영역

103. 음장(음운)의 기능을 고려함에 있어서 제기되는 하나의 문제는 그 영역(domain) 을 결정하는 일이다. 일부 언어에 있어서 음장(음운)의 영역(the domain of quantity) 은 분절음인 것으로 보인다. 그러한 언어들에 있어서, 분절음 위에 얹히는 음장은, 어느 정도 단어 층위의 제약이 있다고 하더라도, 주변의 분절음에 의해서 조건화되거나 제약되지 않는다.

104. 주어진 분절음에 얹힌 음장이 언술 연쇄상의(in the sequence) 다른 분절음의 음장과 관계가 있는 언어들이 있다. 예를 들면, 아이슬란드어, 노르웨이어, 스웨덴어에서 모음의 음장과 그에 후속하는 자음의 음장 간에는 역의 관계가 존재하기 때문에, 장모음(음운) 뒤에는 단자음(음운)이 뒤따른다(Elert 1964). 이런 경우 음장(음운)의 배치 영역은 음절로 보아야 할 것이다.

105. 또 다른 일부 언어들에 있어서, 음장(음운)의 배치가 한 음절보다 더 큰 영역을 가지는 경우가 있다. 슬로바키아어에서는, 음장(음운) 할당에 있어서 고려되는 단위가 이음절 연쇄(disyllabic sequence)이다. 이것은 이 언어에서 두개의 장음절이 서로 이웃할 수 없기 때문이다.(Trubetzkoy 1962〔1939〕)

106. 에스토니아어와 그 외의 아마도 수많은 다른 언어에서, 음장(음운)의 배치 영역은 단어이다. 이러한 언어에 있어서, 단어들은 긴 모음(long vowel) 및 아주 긴 모음(over long vowel)과 짧은 모음(short vowel)이 두 음절 단위로 번갈아 가면서 조합을 이루어 여러 가지 음장 유형을 갖는 언술 연쇄를 구성한다는 연구 보고가 있다.(Lehiste 1960, 1965, 1966, 1968, 1970 : 42, 50~51, 157~159, Posti 1950, Harms 1962)

107. 한국어에 있어서는, 음운론적 단위로서의 음장(음운)은 이웃한 분절음에 의해서 조건화되거나 어떤 제약을 받음이 없이, 한 개의 분절음(segment) 위에 독자적으로 자유롭게 얹힌다는 사실을 여러 보고를 통해 확인할 수 있었다.

8. 음장의 분석

108. 음장의 언어학적 분석 유형으로는 세 가지 경우를 생각해 볼 수 있을 것 같다. 첫째는 음장을 분절음의 변별적 자질 중 하나로 취급하여 분절음 그 자체의 길이로 처리해 버리는 경우로서, 생성음운론에서 자주 사용되어온 방법이다.(Harms 1968) 이때 장모음과 장자음은 그들의 변별 자질 목록 안에 〔+long〕이라는 자질을 가지게 될 것이다. 음장 대립이 발화음의 극히 일부에서만 나타나는 (quantity oppositions are restricted to a small subset of speech sounds) 몇몇 언어에서는 이 방법이 특별히 합당해 보인다. 스페인어에서, 음장 대립은 /r/ 과 /rr/의 쌍에만 나타난다(pero 그러나 : perro 개). 이 언어의 어느 자음과 어느 모음에서도 더 이상의 음장 대립은 보이지 않는다. 이런 경우에는 음장을 /rr/로 기호화된 분절음의 자질 특성으로 취급하는 것이 여러 가지로 편리하다. 레바논의 아랍어(Nasr 1960)와 카렌친어(Tucker 1964)도 스페인어와 같이 분절적 음장(segmental quantity)을 가지는 것으로 분석되어 왔다.

109. 음장이 그 언어의 모음(또는 자음까지도) 음소 전반에 걸쳐 광범위하게 퍼져 있는 경우, 그 언어의 음소 목록 안에, 그 언어가 가지고 있는 장·단의 모음(또는 장·단의 자음, 경우에 따라서는 장·단의 모음과 자음)을 모두 찾아서 등재시키는 일(§ 108의 방법)은 음소의 수를 두(혹은 세) 배로 증가시켜, 음소 체계의 번잡과 혼란을 야기시킬 위험성이 있다. 따라서 음장의 체계가 진실로 대칭적(symmetrical)이라면, 그 체계로부터 음장을 추출해 내어 그것을 운율소(prosodeme)로 취급하는 것이 훨씬 더 경제적일 것이다(Haugen 1949). Jones(1948)는 동일한 음장으로 취급되는 이러한 지속의 집합을 chroneme[43]이라고 명명하였다. 이렇게 하여 운율소로서의 음장은 각각의 음소로부터 따로 분리되어 / /(short) : /:/ (long)으로 간략화될 수 있다.

110. 음장의 언어학적 분석 유형으로서 생각해 볼 수 있는 세번째 방법은 음장을 두(혹은 세) 개의 동일한 짧은 음의 덩어리로 취급하는(to treat long sounds as clusters of two (or three) identical sounds) 것이다. 이러한 분석 방법의 적절성을 입증해 줄 수 있는 예는 많다. 한가지만 예로 들자면, 라틴어에서, 강세는 끝에

---

43) Jones는 각각의 상이한 음성 환경에서 구체적으로 나타나는 지속을 chrone, 동류의 chrone의 그룹을 chroneme, 한 chroneme의 각각 달리 실현된 chrone을 allochrone 이라 하였다.(Phoneme 1962 : 124, English Phonetics 1960 : 233)

서 둘째 음절이 길면(=장모음이거나 '단모음+자음'이면), 그 음절이 단어 강세를 받지만, 만약 그 음절이 단모음만으로 이루어져 있다면 둘째 음절의 앞 음절로 이동하게 된다. 이것은 장모음이 '두개의 단모음'이나 '단모음+자음과 같은 연쇄'에 해당하는 기능을 하고 있음을 의미하는 것이다. 장모음을 동일한 분절음의 덩어리라고 보는 관점은, 언어가 이중모음(또는 중복모음)을 가지면서, 음운론 내에서 장모음과 이중모음(또는 중복모음)이 유사한 기능을 할 때, 특별히 합당하다고 할 수 있을 것이다. 슬로바키아어(Trubetzkoy 1962〔1939〕)와 핀랜드어가 이러한 경우에 해당한다. 만약 어떤 언어가 장자음과 동일한 방법으로 기능하는 자음군을 가진다면, 이들 장자음들은, 그들이 음성학적으로 그들의 쌍생적 본질(geminate nature)을 보여 줄 가능성이 있는지 여부에 관계 없이, 동일한 자음군으로 분석하는 것이 유익할 것이다.

111. 한국어 음운 분석에서 지속을 음운으로 세우는 사람들은 두번째 방법으로 처리하고 있는바, 음운으로 인정한다면 그것은 당연한 분석 방법이다. 왜냐하면, 첫째의 방법을 택하면 한국어의 경우는 모든 모음이 쌍형을 가져 음운의 수가 굉장히 많아진다. 그래서 이런 방법은 §108에서 언급한 바와 같이 그 대립이 발화음의 극히 일부(a small subset of speech sounds)에만 보이는 언어에서만 적합하고, 셋째의 방법은 음운 중복과 음장의 기능이 차이가 없는 언어의 경우에 가능한데, 한국어는 음장과 동일 음운의 연속이 그 기능에 있어 서로 다르기 때문이다.

/nuːn/ 눈(雪)	/nuun/ 누운(臥)
/saːn/ ('살다'의 관형형)	/saan/ (事案)
/səːn/ (만나봄)	/səən/ (西諺 = 서양속담)
/əːn/ ('얼다'의 관형형)	/əən/ (於焉)
/nəːl/ (板)	/nəəl/ ('널다'의 경상 방언)
/saːk/ (의성어)	/saak/ (邪惡)
/seːnɛtta/ (세로 얻었다)	/see nɛtta/ (세로 내 놓았다)

9. 음장의 층위

112. 음성의 실제적 길이는 자주 음성 환경에 의하여 조건지워지기 때문에, 다양한 지속들(chrones)은, 음성특질들(phones)을 음소(phoneme)로 묶는 것과 같은 방법으로, 음장(chronemes)으로 묶는다. 그러나 대부분의 언어에 있어서, 많은 구별될 수 있는 지속들이 있을지라도, 두 음장(chronemes) 이상이 없다는 점에서, 음소(phoneme)와는 다르다. 특정의 음장 안에서 발생하는 실제의 길이들을 음장의 변이체들(allochrones)이라고 부른다.

113. 모음 지속이 '변별적(distinctive)'이 아닌 스페인어와 러시아어 같은 언어는 단지 하나의 모음 음장만을 가진다. 모음 지속이 변별적인 언어는 두 개의 음장 (chronemes)을 가진다.44) 이것은 의심할 바 없이 주어진 음성 환경에서 길이의 두 단계 이상을 확실하게 구별한다45)는 것이 보통의 인지력을 가진 사람에게는 어렵기 때문이다.(Jones 1962 : 126~127)

114. 세 개의 변별적 음장 층위(distinctive level)를 갖는 것으로 의심되는 몇몇 언어들이 있기는 하다. 에스토니아어(Estonian)46)의 경우는 Krass(1944)와 I.P.A. (The Principles of the International Phonetic Association, 국제음성학회지침서, 1961〔1949〕)에서 jama(nonsense). jaːma(of the station), jaːma(to the station) 와 lina(flax sheet), linna(of the twon), linnna(to the twon)처럼 세 층위로 전사한 경우가 있으나, Durand(1946), Posti(1950), Lehiste(1967) 등은 두 층위로 분석하는 것이 합리적이라는 주장을 하고 있다. 랩어(Lappish)에 대하여 Lagercrantz (1927)와 Itkonen(1946)이 역시 세 음장 층위로 전사한 경우가 있었으나, Ravila (1962)가 그 잘못됨을 입증하였다. 호피어(Hopi)의 세 층위 전사(Whorf, 1946)에 대하여는 Trubetzkoy(1962)가, 믹스어(Mixe)의 세 층위 전사(Hoogshagen 1959)에 대하여는 Lehiste (1970)가 그 부당성을 지적하였다. 표준 독일어에 과도한 길이(over length)가 존재한다는 von Essen(1957)의 주장에 대하여는 Hanhardt et al (1965)가 이를 반박하였다.

115. 한국어의 음장에 대하여도 세 개의 변별적 층위를 가진다고 주장한 사람이 있다. 최현배(1994 : 97~100)는 소리의 동안 (음의 지속, 장단)에는 짧은 소리(단음), 예사 소리(상음, 중음), 긴소리(장음)의 세 가지가 있다고 하면서, 비록 맞춤(spell, 철자)은 같을 지라도, 그 소리의 길고 짧음을 따라서, 그 뜻이 온통 다른 경우가 있다고 하였다.

---

44) 허웅(언어학개론 1963a : 112~113)은 엄격하게 따지면, 이러한 언어(=지속을 변별적 자질로 가지는 언어 : 본 연구자 주)에 있어서의 길이의 음운은 둘이 될 것이나, 일반적으로는 짧은 소리는 한 음운으로 보지 않고, 긴 소리만을 한 음운으로 보아, 짧은 소리는 표시하지 않고 긴 소리만 표기한다고 하고 있으나, 본 연구자는 유무대립에서 무표항도 하나의 음운으로 설정하는 점을 감안하여 두 개 음운으로 보는 입장을 취하였다.

45) Trubetskoy(1939)는 크로아티아어, 에스토니아어, 북부 알바니아어(게그어), 라퐁어 등을 예로 들면서, '음절 중심에서 세 단계의 음량이나 그 이상의 단계의 음량을 구별한다고 주장하는 모든 경우는 잘못된 것이다.(all case in which allegedly three or more degrees of quantity are distinguished for syllable nuclei thus prove erroneous. 한문회 역 1991 : 291. tran. by C.A.M. Baltaxe 1971 : 181)'라고 하였다.

46) 에스토니아어의 변별적 음장층위가 두 개인지 아니면 세 개인지에 대한 논의는 수십년 동안 계속되어 왔다. (Ariste 1938, Trubetzkoy 1939〔1962〕, Krass 1944, Durand 1946, Posti 1950, Jones 1950 〔1962〕, Raun 1954, Must 1959, Lehiste 1960, Harms 1962, Liiv 1962b, Tauli 1966, Lehiste 1966, Hint 1966)

짧은소리(`)	예사소리(—)	긴소리(/)
말(馬)	말(斗)	말(言)
배(梨)	배(舟)	배(倍)
발(足)	발(丈)	발(簾)

그러나, 일반 언중에게 있어서 예사 소리와 짧은 소리의 식별이 거의 불가능하다는 것은 학계의 일치된 견해이다.

116. 어떤 이는 /멀::고 먼: 하늘 나라/에서 /멀::/이 /먼:/보다 길고, /공:작새ㆍ/, /밤 눈ㆍ/의 /새ㆍ/와 /눈ㆍ/이 /먼:/이나 /공:/보다는 짧고, /작/이나 /밤/보다는 길기 때문에, 네 개의 음장 층위를 두어야 한다고 주장할런지 모른다.

그러나, /ㆍ/ half long(＝1.5 morae)은 의미 변별 기능이 없어 음운으로 세울 수 없고[47], /멀::고 먼:/의 /멀::/은 음장과 표현 자질(expressive feature)로서의 길이의 배합(combination)이므로, 음장으로서는 결국 두 개의 층위만이 남게 되는 것이다.

10. 음장의 기호

117. 음장은 별도의 기호나 동일한 문자의 반복 사용으로 표기한다.[48]

(1) 기호로 표기하는 경우

① 해당 음절 왼쪽에 ㆍ표시 — ㆍ가게, ㆍ거지
  ㆍ 조선총독부 (1920), 조선어사전, 조선총독부, 경성

② 해당 음절 왼쪽에 : 표시 — :가게, :거지

---

47) Mieko S.Han(1964)은 청취 실험을 통해서 1.3배 정도의 길이는 구분 식별되지 못하고, 장모음을 갖는 단어가 문장 중간에 올 때는 그 단어가 독립적으로 말해질 때의 길이의 50%~60%(Do-Heung Ko 1988은 평균 40%)까지 주는 바, 이렇게 줄어진 길이는 이미 장모음이 되지 못한다고 하였다. 하나의 소리가 비교되는 다른 소리에 대하여 음운으로서의 긴 소리(＝음장)로 구분 인식되려면, 적어도 2.0 배(＝2.0 morae)정도는 되어야 한다는 것이 세계 언어학계의 일반적인 견해다(Lehiste 1970 : 33~34). 전문적인 음성학자나 소리에 민감한 사람들에게 구분 식별될지라도 의미 변별에 기능하지 못하면 음장으로 세우지 않는다(한국방송공사, 표준한국어 발음대사전, 어문각 1993, xvii). 누구도 반장음을 음운으로 세워야 한다고 주장한 사람은 없다. 말의 소리 (주시경 1914), 조선문전요강(홍기문 1923), 울이글틀(김희상 1927) 이래 두 개의 음장 층위는 움직일 수 없는 우리 학계의 정설이다.
48) 예시 중의 일부는 이은정(1989)에서 전재한 것임

- 문세영(1938), 조선어사전, 조선어사전간행회, 경성
- 허웅(1963), 언어학개론, 정음사, 서울
- 이희승(1960), 국어학개설, 민중서관, 서울
- 이철수(1994), 국어음운학, 인하대출판부, 인천

③ 해당 음절 오른쪽에 ·표시 — 가·게, 거·지
- 홍기문(1923), 조선문전요령, 현대평론 제 1~5 호, 현대평론사, 경성
- 박창해(1991 〔1967〕), 한국어구조론 연구, 탑출판사, 서울

④ 해당 음소 오른쪽에 · 표시 — /ka·ke/, /kə·ci/
- Blcoh, Bernard & George L.Trager(1942), *Outline of Linguistic Analysis*, Linguistic Society of America, Baltimore
- Hockett, Charles F.(1960), *A Course in Modern Linguistics*, The Macmillan Company, New York
- Gleason Jr., H. A(1961), *An Introduction to Descriptive Linguistics(revised edition)*, Holt, Rinhart and Winston, New York

⑤ 해당 음절 오른쪽에 : 표시 — 가:게, 거:지
- 유열(1950), 현대 학생 우리말 사전, 현대사, 서울
- 국어국문학회(1958), 국어새사전, 민중서관, 서울
- 한글학회(1958), 중사전, 한글학회 출판부, 서울
- 한글학회(1960), 소사전, 정음사, 서울
- 이희승(1961), 국어대사전, 민중서관, 서울
- 한글학회(1965), 새한글사전, 정양사·홍자출판사, 서울
- 남광우, 이철수, 유만근(1984), 한국어표준발음사전, 한국정신문화연구원, 서울
- 김민수, 고영근, 이승재, 임홍빈(1992), 국어대사전, 금성출판사, 서울
- 이현복(1992), 한국어의 표준발음, 교육과학사, 서울
- 한국방송공사(1993), 표준 한국어 발음 대사전, 어문각, 서울
- 허웅(1993a 〔1959, 1968〕), 국어음운학, 샘문화사, 서울
- 허웅(1993b), 국어학, 샘문화사, 서울
- 이은정(1994), 우리말 발음사전, 백산 출판사, 서울
- 이희승(1994), 국어 대사전, 민중서림, 서울
- 최현배(1994 〔1929,37,55,61〕), 우리말본, 정음문화사, 서울
- 배주채(1996), 국어음운론개설, 신구문화사, 서울
- 서울사대 국어교육연구소(1996), 고등학교 문법, 대한교과서 주식회사, 서울
- 이호영(1996), 국어음성학, 태학사, 서울
- 한글학회(1996), 우리말 큰사전, 어문각, 서울
- 김병재(1980), 방언사전, 과학백과사전 출판사, 평양
- 김영황(1982), 조선어방언학, 김일성종합대학출판사, 평양

⑥ 해당 음소 오른쪽에 : 표시—/kaːke/, /kəːci/
· 김민수(1971), 신국어학, 일조각, 서울
· 남기신, 이정민, 이홍배(1983), 언어학 개론, 탑출판사, 서울
· 황희영(1991), 국어음운학개설(고친판), 반도출판사, 서울
· 오정란(1993), 현대국어음운론, 형설출판사, 서울
· 이기문, 김진우, 이상억(1993), 국어음운론, 학연사, 서울
· 허웅(1993a 〔1959,1968〕), 국어음운학, 샘문화사, 서울
· 허웅(1993c), 언어학, 샘문화사, 서울
· 이석주, 이주행(1994), 국어학개론, 대한교과서 주식회사, 서울
· 이철수(1994), 한국어음운학, 인하대학교 출판부, 인천
· 정연찬(1994), 국어음운론, 개문사, 서울
· 이익섭(1996), 국어학개설, 학연사, 서울
· 김재민 등(1985), 영어음성학, 신아사, 서울
· 김영석(1993), 영어음운론, 한신문화사, 서울
· 전상범(1993), 영어음성학, 을유문화사, 서울
· 김태한(1995), 영어학개론, 을유문화사, 서울

· Jones, D.(1960), *An Outline of English Phonetics*, W.Heffer & Sons
    LTD, Cambrige
· Pike, Kenneth L.(1961), *Phonemics*, The University of Michigan
    Press, Michigan
· Jones, D.(1962) *The Phoneme*, W.Heffer & Sons LTD, Cambrige
·Jakobson, Roman, C.G.M.Fant, M. Halle(1965), *Preliminaries to Speech
    Analysis*, The M.I.T.Press, Massachusetts
· Nespor, Marina, & Vogel(1986), *Presodic Phonology*, Foris Publications
    Holland, Dordrecht, The Netherland
· Giegerich, H.J(1993), *English Phonolgy*, Cambridge University Press, New York
· 조선민주주의인민공화국 과학원 언어문학연구소(1961), 조선어 문법, 학우서방,
  동경
    〔예 (p.43) 〕 ㅅ ㅏ : ㄹ ㅏ ㅁ, ㅣ : ㄹ

⑦ 해당 음절 위에 ˙˙ 표시 — 가̈게, 거̈지
· 홍웅선, 김민수(1959), 새사전, 대한교과서 주식회사, 서울

⑧ 해당 음절 위에 ⁻ 표시 — 가̄게, 거̄지
· 이윤재, 김병재(1947), 표준 조선말 사전, 어문각, 서울
· 이윤재(1953), 콘사이스 표준 한글사전, 고려서적 주식회사, 서울
· 한글학회(1957), 큰사전, 을유문화사, 서울

- 신기철, 신용철(1958), 표준국어사전, 을유문화사, 서울
- 남광우(1993 〔1955,1977〕), 한국어의 발음연구, 일조각, 서울
- 김완진(1996 〔1972〕), 음운과 문자, 신구문화사, 서울
- 이병근(1986), 발어에 있어서의 음장, 국어학 15호, 국어학회, 서울
- 북한과학원 언어문화연구소 사전연구실(1962), 조선말 사전, 과학원 출판사, 평양
- 과학백과사전 출판사(1979), 조선 문화어 문법, 평양종합인쇄공장, 평양

⑨ 해당 음소 위에 ⁻ 표시 — /pām, nūn, māl/
- Ramstedt, G.J(1939), *A Korean Granmer*,
  Seomalais-Ugrilainen Seura, Helsinki

⑩ 해당 음절의 높이를 수치로 나타내고, 수치 오른쪽에 : 표시
- 조선민주주의인민공화국 사회과학출판사(1992), 조선말대사전, 평양조합인쇄공장, 평양

〔예〕 가매치다 │2:│ 3 │ 2 │ 1 │ 〔동〕(자)

발그래하다 │ 2 │ 3 │3:│ 2 │ 1 │ 〔형〕

(2) 동일문자의 반복으로 표기하는 경우

- 문교부 외래어 표기법 (1948~1985)
  〔예〕 티임(team), 야아드(yard)
- 최명옥(1982), 월성지역어의 음운론, 영남대출판부, 대구
  〔예〕 maal(언), soon(손), kuup-(자)
- Krass, L.(1944), *The Phonetics of Estonian*, M.A. thesis, University of London
  〔예〕 lina(Flax, sheet), linna(of the twon)

118. 한국어의 경우 해당 음절 오른쪽에 : 로 표기하는 방법((1)—⑤)은 철자와 실제 음운과의 차이가 있어, 음운 경계가 안 나타나고, 실제 음운도 제대로 안 나타나며, 음절의 초·중·종성 가운데 어느 것이 음장이 얹히는 음소인지 구분 표지가 안 되는 등의 단점이 있으나, I.P.A에서 〔:〕을 음장 기호로 택하고 있고, 한글 자모를 로마자로 대치하여 표기하는 것이 대부분의 사람들에게 읽고 이해하는데 불편을 준다는 점과 §117에서도 본 바와 같이 한국에서도 점차 〔:〕이 일반화되어가는 추세라는 점 등을 감안하여, 본 연구에서도 〔:〕을 해당 음절 오른쪽에 표기하는 것을 따르기로 한다. 다만, 이 논문의 자료 처리 과정에서는 작업의 편의를 위하여 글자 전체를 ○으로 두르는 방법을 택하였고, 부록Ⅱ, Ⅲ, Ⅳ, Ⅴ도 같은 방법으로 표기하였다.

11. 국어 음장의 기원

119. 한국어에서 지속이 변별적 자질로 사용되기 시작한 것이 언제부터인가에 대하여는 ① 1600년을 전후하여 우리말 성조의 높낮이(고저)가 평탄하게 되면서, 거성과 평성은 짧은 소리로 합류했으나 상성만은 비변별적 자질이었던 음의 길이가 변별적 자질로 바뀌어, 음장 운소가 성조 운소에 대치되게 되는데, 이때에 비로소 오늘날과 같은 현대 한국어의 운소 조직이 완성을 보게 된다(허웅 1993a[1968])는 주장과 ② 15세기 훈민정음 창제 시기에 이미 음장은, 정서법의 일부로 표기되지만 않았을 뿐49), 현대 한국어(표준어)에서처럼 변별적 음운 자질이었으며, 성조 체계와 동시에 공기적(共起的)으로 존재하였다(이상억 1979a, 이기문 1982, 1983)는 주장, 그리고, ③ 그보다도 훨씬 거슬러 올라가 고대 국어부터 이미 음장이 있어왔다(김영만 1987 : 171, 이희승 1960 : 120, 지준모 1979)는 주장 등이 있다.

120. 그러나, 한국어에 변별적 자질로서의 음장이 존재한다는 사실을 명시적으로 언급한 최초의 기록은 1881년 Yokohama에서 출간된 Ridel의 *Grammaire Coréenne*인 것 같다. 거기에는 다음과 같은 최소대립어(minimal pair)까지 소개되고 있다.(이병근 1976)

longues	bréves
간 kĀn(foie)	간 kAn(numéral des chambres)
밤 pĀm(châtaigne)	밤 pAm(nuit)
벌 pĒl(abeille)	벌 pEl(punition)
벗 pĒt(ami)	벗 pEt(cerise)
짐 tjĪm(espèce d'oiseau fabuleux)	짐 tjIm(une charge d'homme)

121. 이와 같이, 가장 짧게 잡아도 1600년 이후 1881년까지 근 300여년 간, 우리 국어의 음장이 엄연한 변별적 자질이었음에도 불구하고 자료의 공백 상태를 가지게 된 것은 무엇보다도 우리 국어 표기 체계에 음장을 표기하는 기호가 없었기 때문이 아닌가 한다. 이것은 현대 국어에서도 음장에 대한 인식을 흐리게 하는 중요한 한 요인이 되고 있다.

---

49) 주시경(1908), 이희승(1960[1955]), 남광우(1954), 지준모(1979) 등은 15세기 상성점(:)이 음장 기호라고 주장한다.

12. 국어 음장의 특징

122. 한국어 음운 체계의 특징 가운데 하나는 음장의 기능부담량이 적다는 것이다. 한국어 사전에는 수많은 단어에 음장 표지가 되어 있지만, 담화 실제에서 나타나는 음장은 극소수에 지나지 않는다는 것이다. 한국어 일반 어휘에서 단지 모음의 길이에 의해서만 의미가 변별되는 최소대립의 짝은 그리 많지 않으며, 그 최소대립의 짝 가운데서도 상당수는 서로 전혀 다른 통사적 분포를 가지는 것들이어서, 비록 그 짝들이 같은 명사 또는 같은 동사라 할지라도 두 단어가 정확하게 같은 문맥 속에서 말해지는 일은 거의 없기 때문에, 이와 같은 분포상의 제한까지를 염두에 둔다면, 실제 담화에서 대립적으로 사용되는 단어의 짝은 극히 적다는 것이다.[50] Mieko S. Han(1964)은 이것이 한국어 음장에 대한 인식을 흐리게 하는 한 가지 요인이 된다고 하였다.

123. 한국어 음운 체계의 또 다른 특징은 음장이 어휘적 대립에 근거하고 있다는 점이다. 한국어를 사용하고자 하는 사람들은 단어 하나 하나에 대해서 그것이 길게 발음되어야 하는지 짧게 발음되어야 하는지를 기억해 내야 한다. 상황을 더욱 어렵게 하는 것은 형태론적 또는 통사론적 상황에 따라 음장이 수시로 교체된다는 사실이다. 이러한 사실은 한국어에서 음장에 대한 인식을 흐리게 하는 또 한 가지 요인이 되기도 한다.

〈형태론적 교체〉		〈통사론적 교체〉	
밤:	군:밤	사:람	이 사람
꼬:다	꼬이다		
옮:다	옮아서		

124. 국어 음운 체계에서 간과할 수 없는 또 한 가지 특징은 문맥 속에서의 음장의 축소 내지는 음장의 소멸 현상이다. Mieko. S. Han(1964)은 문장의 가운데 위치에 있는 단어의 음장은 40% 가까이로 줄어 음장으로서의 가치를 완전히 상실한다고 하였고, Do-Heung Ko(1988a)은 인용형의 60% 정도로 줄어서 (단모음은 단모음 인용형의 74% 정도로 줆), 장모음과 단모음 간의 길이의 비율이 1.41 : 1로 된다고 하였다. 1.41 : 1은 장모음과 단모음 간의 차이가 극히 미미하여 장단을 구분 인지하기가 어려울 정도의 상황이다(Mieko. S. Han 1964 : 30 참조). 담화 장면에서는 이보다 더 줄어들기 때문에 '지각의 혼돈(perception confusion)' 상태에 빠지게 된다고 Do-Heung Ko(1998a)은 말한다. 한국인들이 음장을 제대로 인식하지 못하고 일

---

50) Mieko S. Han(1964)는 한국어에서 단지 모음의 길이에 의해서만 의미가 변별되는 최소대립의 짝은 30~40개 정도, 두 단어가 정확하게 같은 통사적 분포를 가지면서, 문맥 속에서 대립적으로 사용되는 단어의 짝은 12 개뿐이라고 하였다.

상 생활에서 혼란을 빚고 있는 가장 중요하고도 결정적인 요인은 이것이 아닌가 싶다.

　우리의 언어 생활은 담화로 이루어지고 문장으로 이루어지는데. 상황이 이와 같다면 음장을 음소로 설정하는 것이 과연 타당한 것인지 의심을 갖지 않을 수 없다.(인용형에서의 장단의 차이는 큰 의미가 없다.)

　125. 음장이 문맥 속에서 축소 또는 소멸하는 양상에 대하여는, 문장의 첫머리에서는 인용형의 30~40%가 줄고, 문장의 맨 끝 위치에서는 10~20%가 줄지만, 두 경우 모두 상대적인 장단의 대립은 남아 있으며, 다만 문장의 중간 위치에서는 인용형의 길이의 절반보다도 짧도록 줄어 장단성을 상실하게 된다는 주장(Mieko. S. Han 1964 : 161~165)[51]과 기식군 안의 첫 음절만 음장을 유지하고 나머지는 모두 소멸한다는 주장(이병근 1986)[52], 그리고 인용형보다 전체적으로 길이가 줄지만 화자가 의도하는 음절의 상대적 음장만은 그대로 남는다는 주장(Do-Heung Ko, 1998a)이 있다.

---

51) 음고에 있어서도 제보자들이 단어별, 어절별로 응답할 때에는 제법 액센트를 확인할 수 있을 만한 발음을 보이다가도, 문장 차원의 발화에 들어가서는 고저의 특징을 숨겨버리는 양상을 흔히 목격할 수 있었다는 보고(김완진 1990b : 60)가 있다.
52) 배주채(1998 : 182~183)는 발화의 차원에서 실현되는 장음은 전남 고흥 방언에서는 기식군의 첫음절이 아닌 곳에서 자주 나타난다고 하면서. 이러한 장음이 나타나는 단어는 모두 음조구의 첫머리에 놓여 있다고 하였다.

제 3 장

음장의 조사

126. 본 장에서는 제2장에서 정의내린 음장의 본질에 입각하여, 현대 국어에 그러한 음장이 실제로 존재하고 있는가를 알아보기 위한 실태 조사의 내용, 대상, 방법 및 결과 처리 방안 등에 대하여 구체적으로 논의해 보고자 한다.

1. 조사 내용

127. 먼저 조사 내용에 대해서 말한다면, 이번 연구의 조사 내용은 1973년 본 연구자가 고등학교 1학년 학생을 대상으로 현대 국어 모음 음장에 대한 연구를 수행하기 위하여 설계·사용했던 질문지의 내용을 그대로 사용하기로 하였다. 그 이유는 1973년 당시와 현재의 언어 현실을 비교하여 어떤 차이가 있는지 알아보려는 것도 본 연구의 목적 가운데 하나였기 때문이다. 혹시, 1973년도에 고등학교 1학년 학생을 대상으로 설계되었던 질문지를 시대가 바뀌고 더군다나 제보자의 범위가 50세 이상의 일반인에게까지 확대된 상황에서 그대로 사용한다는 것은 문제가 있다고 이의를 제기할 사람이 있을지 모르겠으나, 그 내용을 자세히 검토해 보면, 음장 교육에 많이 이용되는 어휘들이 거의 모두 망라되어 있고, 과거 선행 연구에서 조사되었던 어휘들도 모두 참고하여 포함시켰으며, 문장도 기본적이고 기초적인 어휘들로 구성되고, 그 내용도 어느 지역 어느 세대 어느 계층에게나 친숙한 느낌을 주고, 그들의 일상 생활과 밀접한 관련이 있는, 일반적인 것들이어서 하등 문제될 것이 없다.

128. 1973년 당시의 질문지 조사 내용을 살펴보면, 조사 내용이 조사 I, 조사 II, 조사 III의 세 부분으로 되어 있는데, 조사 I 은 국민학교 저학년 국어 교과서에서 가려뽑은, 기본적이고 비교적 사용 빈도가 높은 어휘들로 구성된 48 문장(2학년 25, 3학

년 15, 4학년 8)[1]과 고등학교 1학년 국어 교과서에서 선정한 13 문장, 그리고 누구에게나 친숙한 느낌을 주고 일상 생활과 밀접한 관련이 있는 내용을 소재로 한 15 문장들로 이루어져 있다.

129. 조사Ⅱ는 문장 안에서의 음장과 인용형(citation form) 안에서의 음장이 어떻게 다른지 알아보기 위해서, 조사Ⅰ의 문장에 포함된 어휘(체언은 조사를 소거한 형태로, 용언은 활용형과 기본형까지 두 가지 형태로)들과 그들 어휘들의 최소대립의 짝이 되는 어휘들, 그리고 음장을 논할 때 현저하게 음장을 갖는 어휘라고 해서 많이 인용되는 어휘들로 이루어져 있다. 그리고 조사Ⅰ과 조사Ⅱ 모두에서 최소대립어 또는 동음이의어를 서로 이웃하여 배치하는 일이 없도록 하였다. 이는 제보자의 자연스런 발화를 얻어내기 위한 배려였다.

130. 조사Ⅲ은 음장에 대한 제보자의 관심과 인식의 정도를 알아보기 위한 별도의 설문[2]으로 의미 파악의 수단(음장인지 문맥인지), 음장에 대해서 교육받은 정도, 음장에 대한 관심 유무, 대화시 음장을 의식하고 말하는지 여부, 의식을 한다면 왜 의식을 하게 되었는지 그 이유, 음장을 지키지 않는 사람에 대한 제보자의 태도, 그리고 음장을 지키지 않아 의미 전달에 혼란을 일으켰던 경험이 있는지 등에 대해서 물어보는 내용이었다.

131. 조사Ⅰ과 조사Ⅱ에서 조사 대상이 된 어휘 목록을 다음에 소개한다.(단, 조사Ⅰ은 곡용 및 활용의 형태 그대로 소개한다.)

[표7]   조사 대상 어휘 목록

단어번호	조사 Ⅰ	조사 Ⅱ
1	53. 가는(去)	310. 가다(去)
1-1	29. 가세요(去)	
2	58. 가물(旱)이	221. 가물(旱, 비가 안옴)
3	27. 간신히	19. 간신히

---

1) 48 문장은 음장이 없힌 어휘가 많이 들어 있는 문장이 선택의 대상이 되었으며, 복문을 단문으로 잘라 필요한 문장만 택하거나 수식어 관형어 독립어 등은 빼고, 긴 종결 어미는 짧게 줄이는 등 꼭 필요한 부분만 남기고 문장을 최대한 간단하고 명료하게 하기 위한 수정 보완 작업을 하였다.
2) 엄밀히 말하자면, 조사Ⅰ과 조사Ⅱ에서 제보자를 상대로 한 녹취 외에, 질문지로써 제보자 자신이 자기가 길게 발음하는 모음이 포함된 글자 위에 ˉ로 표시하게 한 것도 음장의 심리적 인식의 반영이라 할 지 모르겠으나, 음장이 없혀야 한다고 생각하는 음절에 기표하게 한 것이 아니고, 자기의 발화를 내성적으로 잘 관찰한 후에 실제 발음 결과에 따라 기표하게 하였기 때문에 전적으로 인식의 반영이라고 보기는 어려울 듯하다.

단어번호	조사 I	조사 II
4	2. 감:명적이었다.	18. 감:명적
5	39. 감추었습니다.	
6	67. 갑갑했습니다.	318. 갑갑하다.
7	26. 갑니다(금이~)	
8	21. 갑자기	210. 갑자기
9	72. 같았습니다.	
9-1	20. 같은	
10	29. 같이	307. 같이
11	3. 개:성적이다.	40. 개:성적
12	75. 개:인의	
13	3. 개:인적이며	345. 개:인적
14	76. 거:리(距離)가	315. 거:리(距離)
15	67. 거리(街)는	305. 거리(街)
16	60. 거:짓을	268. 거:짓
17	54. 걸('것을'의 준말)	
18		105. 걷다(捲)
19		73. 걷:다(步)
19-1	72. 걸어(步)	357. 걸어(步, '걷다'의 활용형)
20		69. 걸어가다
21		48. 걸음(步)
22	72. 것	121. 것(의존명사)
22-1	73. 것	
22-2	17. 것도	
22-3	25. 것이라니	
22-4	33. 것인지	
23	17. 겨울	108. 겨울(冬)
24	22. 결석했습니다	158. 결석하다
25	45. 고:국에	193. 고:국(故國)
26	75. 고려되지	367. 고려되다
27	23. 고비(絶頂)	253. 고비(絶頂)
28	18. 고치는	192. 고치다
29	48. 골:랐습니다.	143. 고:르다(擇)
30	64. 골짜기에	359. 골짜기
31	48. 곱:고(娟)	125. 곱:다(娟, 예쁘다)
31-1		127. 고:와서('곱다'娟의 활용형)
32		291. 곱다(취워서 손이~)
33	48. 곳을	
33-1	44. 곳이	139. 곳(場所)
34	12. 공부	133. 공부
35	2. 구:원(久遠)의	2. 구:원(久遠)
36	25. 구:원(救援)의	203. 구:원(救援)
37	14. 구조(構造)가	93. 구조(構造)
38	42. 구:조(救助)가	148. 구:조(救助)
39	45. 국위를	184. 국위(國威)
40	24. 군:밤을	162. 군:밤
41	16. 군인	95. 군인
42	32. 굴:(窟)로	199. 굴:(窟)
43	61. 굴(해산물)을	369. 굴(해산물의 일종)
44		292. 굽다(曲)
45		247. 굽:다(炙, 불에~)

단어번호	조사 I	조사 II
45-1	43. 구워(炙)	238. 구워(炙, '굽다'의 활용형)
46	68. 귀:여운	328. 귀:여운('귀엽다'의 활용형)
47	42. 귀:중한	172. 귀:중하다
48	3. 그(관형사)	
48-1	34. 그(관형사)	13. 그(관형사)
48-2	46. 그(관형사)	
49	27. 그에게	
50	69. 그것을	337. 그것
51	48. 그늘이	135. 그늘
52	47. 그래	90. 그래(감탄사)
53	60. 그래도	259. 그래도
54	60. 그런('그러한'의 준말)	264. 그런('그러한'의 준말)
55	30. 그럼	
56	56. 그:림을	56. 그:림(畵)
57	76. 그만두겠다	327. 그만두다
58	3. 극히	27. 극히
59	26. 금(隙)이	275. 금(틈)
60	64. 금강산	356. 금강산
61	72. 금방	355. 금방(부사)
62	25. 기다리고	211. 기다리다
63	19. 기사(記事)가	115. 기사(記事)
64	32. 기차가	195. 기차
65	10. 긴:(長)	61. 긴:('길다'의 활용형)
65-1		23. 길:다(長)
66	53. 길(道)에는	194. 길(道)
67		186. 길:(사람의 한 키)
68	37. 깃(羽)을	298. 깃(羽, 털)
69	24. 까(剝)	166. 까다(剝)
70	49. 깨끗합니다	256. 깨끗하다
71	21. 깨:니(覺)	107. 깨:다(覺)
71-1	47. 깨:서(覺)	
72	21. 꿈을	214. 꿈
73	52. 끝내겠습니다	
74	11. 나(我)는	
74-1	49. 나(我)는	68. 나(我, 대명사)
75	4. 나라(國)란다	26. 나라(國)
76	48. 나무(木)	131. 나무
77	64. 나무꾼이	361. 나무꾼
78	27. 나뭇짐	7. 나뭇짐
79	22. 나서(發生)	
80	72. 나올	
80-1	40. 나왔습니다.	86. 나오다(自動詞)
80-2	68. 나왔습니다.	
81	39. 날개옷을	46. 날개옷
82		231. 남:다
82-1	23. 남은(餘)	
83	1. 낮에는①	1. 낮
83-1	1. 낮에는②	
84	28. 내(我)가①	
84-1	28. 내(我)가②	

단어번호	조사 I	조사 II
84-2	66. 내(我)가	265. 내(我)
85	74. 내:고(돈을~)	
86	41. 내:밀고	320. 내:밀다
87	15. 내:심으로	171. 내:심(內心)
88	40. 냇:가로	82. 냇:가(川邊)
89	63. 너(汝)는	285. 너(대명사)
90	76. 너무	311. 너무(부사)
91	41. 넘어다봅니다.	330. 넘어다보다
92	44. 넘:치는	
93		89. 넣:다
93-1	69. 넣:어	
94	37. 네:(四)	287. 네:(四)
95	9. 놀:자	51. 놀:다(遊)
95-1	50. 노:는(遊)	
95-2	24. 놀았습니다.	
96	50. 놀이터가	149. 놀이터
97	19. 높다	142. 높다
98	42. 놓고	156. 놓다
99	25. 누:리고	
99-1	44. 누:리는	346. 누:리다
100	20. 눈:(雪)이	132. 눈:(雪)
101	31. 눈(眼)에서는	174. 눈(眼)
102	31. 눈물(淚)이	178. 눈물(淚)
103		224. 다:(부사)
104	55. 다람쥐	260. 다람쥐
105	30. 다시	
106	42. 다투다가	168. 다투다
107	6. 단풍의	80. 단풍
108	14. 달라졌다	101. 달라지다
·109	41. 담에는	308. 담(橢)
110	54. 당신	208. 당신
111	35. 대로(의존명사)	294. 대로(의존명사)
111-1	39. 대로(의존명사)	
112	66. 대:신(代身)	302. 대:신(代身)
113		164. 대:신(大臣)
114	19. 대:(對)한	
115	8. 덮고	109. 덮다
116		126. 덥:다(暑)
117	58. 돋:(질병이~)	246. 돈:('돌다'의 활용형)
117-1		233. 돋:다(질병이~)
118	74. 돈:(錢)을	252. 돈:(화폐)
119		72. 돌(一周生日)
120	5. 돌:(石)	49. 돌:(石)
121	45. 돌아왔으나	197. 돌아오다
122	30. 동규(東奎)가	78. 동규(東奎, 人名)
122-1	40. 동규(東奎)가	
123	3. 동:기(動機)와	17. 동:기(動機)
124		37. 동기(同期)
125	51. 동:네	173. 동:네
126	7. 동무들도	30. 동무

단어번호	조사 I	조사 II
127	47. 동생이	102. 동생
128	65. 돼:('되어'의 준말)	
129		29. 되다(化)
130	69. 두었습니다.	
131	50. 둘러보셨습니다	165. 둘러보다
132	46. 든(들어있는)	
133	11. 듣고(聞)	64. 듣다(聞)
133-1	17. 듣는(聞)	
133-2	35. 들은(聞)	
134	18. 들려라(聞)	206. 들리다(소리가~)
135	58. 들고(가물이~)	225. 들다(가물이)
136	32. 들어갔습니다	201. 들어가다
137	12. 듭니다(힘이~)	159. 들다(소요되다)
138	15. 듯했습니다	183. 듯하다(보조형용사)
139	61. 따(굴을~)	
140	40. 때(時)	74. 때(時)
141	12. 때문에	137. 때문(의존명사)
142	20. 떡가루	140. 떡가루
143	23. 떨:고	250. 떨:다(문풍지가~)
144	1. 또	270. 또
144-1	26. 또	
145	23. 마지막	244. 마지막
146	23. 마침내	227.마침내
147	37. 막	281. 막(지금 곧)
148	12. 만들기가	
149		189. 많:다
149-1	53. 많:아서	
150	7. 많:이	35. 많:이
151	16. 말(馬)	87. 말(馬)
152	11. 말:(言)을	59. 말:(言)
153	30. 말:(言)해	338. 말:하다
154	19. 말세(末世)라는	134. 말세(末世)
155	25. 망:발이냐	
156	54. 맞겠는(야단을~)	217. 맞다
157	41. 매:달려서	326. 매:달리다
158	41. 머리만	317. 머리(頭)
159		170. 먹다
159-1	28. 먹어야	
159-2	57. 먹어야지	
159-3	43. 먹었습니다.	
159-4	24. 먹으며	
160	53. 먼지가	198. 먼지
161		314. 멀:다(遠)
161-1	76. 멀:어서	306. 멀:어서(遠)
162	19. 메우자	124. 메우다
163	62. 모두를	276. 모두
164	48. 모래(沙)가	120. 모래(沙)
165	63. 모:르고	293. 모:르다
165-1	71. 몰:라서	344. 몰:라서('모르다'의 활용형)
166	39. 몰:래	54. 몰:래(부사)

단어번호	조사 I	조사 II
167	67. 몹:시	309. 몹:시
168	74. 무:당에게	248. 무:당
169	73. 무서워	362. 무섭다
170	25. 무슨	243. 무슨
170-1	46. 무슨	
171	71. 무엇인지	228. 무엇(대명사)
172	70. 무인도에	348. 무인도
173	12. 무척	151. 무척
174	38. 문(門)에	213. 문(門)
175	61. 바다에서	366. 바다
176	40. 바람을	58. 바람(風)
177	26. 바위도	257. 바위
178	21. 반가운	219. 반갑다
179	38. 발:(簾)을	218. 발:(簾, 문에 치는)
180	49. 발(足)이	44. 발(足)
181	17. 밤(夜)에	5. 밤(夜)
181-1	1. 밤(夜)에는	
182	43. 밤:(栗)을	234. 밤:(栗)
183	68. 방(房)	321. 방(房)
184	11. 방실방실	75. 방실방실
185	51. 방앗간은	169. 방앗간
186	57. 배(腹)가	332. 배(腹)
187	28. 배(梨)는	277. 배(梨)
188	70. 배(舟)를	32. 배(舟)
189		368. 배:(倍)
190	37. 백학(白鶴)	284. 백학(白鶴)
191	34. 버렸어	286. 버리다(捨)
192	6. 벌써	76. 벌써
193	46. 병(瓶)에	239. 병(유리병)
194	22. 병:(病)이	150. 병:(病)
195	18. 볕발	196. 볕발
196	56. 보고(見)	316. 보다(見)
196-1	65. 보아서는	
197	30. 보세요(보조동사)	329. 보다(보조동사)
197-1	56. 봅시다(보조동사)	
198	6. 보이는	92. 보이다
199	38. 보:통	209. 보:통
200	15. 뵙:는	179. 뵙:다
201	33. 부정(不正)만	232. 부정(不正)
202	13. 부:정(否定)만이	66. 부:정(否定)
203	19. 부정(不貞)한	106. 부정(不貞)하다
204	33. 부정(不淨)한	241. 부정(不淨)하다
205	11. 분:홍치마의	55. 분:홍치마
206	15. 불꽃을	
207	5. 비석	52. 비석
208	67. 비:좁고	313. 비:좁다
209	59. 비행기가	352. 비행기
210		255. 빌:다(祈願)
210-1	74. 빌었습니다	60. 빌었습니다
211	21. 빗소리라	223. 빗소리

단어번호	조사 I	조사 II
212	6. 빛을	88. 빛
213	53. 사:람들이	
213-1	25. 사:람에게	
213-2	42. 사:람을	
213-3	45. 사:람이	
213-4	72. 사:람이	185. 사:람
214	27. 사슴은	
214-1	39. 사슴이	25. 사슴
215	75. 사:정(事情)은	365. 사:정(事情)
216		84. 사정(私情)
217	63. 사:투리를	288. 사:투리
218	33. 사회(社會)가	
219	4. 살:('살다'의 활용형)	
219-1	55. 살:고('살다'의 활용형)	22. 살:다(居)
219-2	64. 살:고('살다'의 활용형)	
220	27. 살아난	39. 살아나다
221	55. 삼(三)	261. 삼(三)
222		272. 삼:다
223	56. 생각해	325. 생각하다
224	34. 생선은	280. 생선
225	42. 서로	160. 서로
226	40. 서성대:고	67. 서성대:다
227	45. 선양하고	188. 선양(宣揚)하다
228	70. 선장은	342. 선장(船長)
229	19. 세:상은	130. 세:상
230	5. 세:월	28. 세:월
230-1	26. 세:월이	
231	68. 소:녀가	331. 소:녀
232	18. 소리	53. 소리(聲)
232-1	19. 소리가	
233	57. 소화제를	335. 소화제
234	27. 속:에	
234-1	69. 속:에	11. 속:
235	25. 손길만을	207. 손길
236		191. 수(의존명사)
237		215. 수(繡)
238	27. 수:없이	31. 수:없이
239		14. 숨:다
239-1	27. 숨어서	190. 숨어서
240	1. 쉬:고	8. 쉬:다(休)
241	12. 시간의	141. 시간
242	42. 시급한	152. 시급하다
243	39. 시키는	42. 시키다
244	12. 시험	129. 시험
245	19. 신문(新聞)을	119. 신문(新聞)
246	8. 싶다	123. 싶다(보조형용사)
247	37. 쌍이	290. 쌍(雙)
248	34. 썩어서	283. 썩다(腐)
249	20. 쏟아집니다	144. 쏟아지다
250	40. 쐬:며	62. 쐬:다

단어번호	조사 I	조사 II
251	13. 아니다	81. 아니다
251-1	45. 아니었다	
252	73. 아니야①	360. 아니야(감탄사)
252-1	73. 아니야②	
253	18. 아래	202. 아래(下)
254	47. 아:무도	94. 아:무
255	50. 아이들을	161. 아이(兒)
255-1	41. 아이들이	
256	16. 아저씨들이	99. 아저씨
257	14. 아주	97. 아주
258	65. 아직	296. 아직
259	57. 아프면	266. 아프다
259-1	26. 아픈가	
260	65. 안('아니'의 준말)	
261	68. 안(內)에서	324. 안(內)
262	37. 앉아	295. 앉다
263	75. 않는다	370. 않는다
264	71. 암탉은	341. 암탉
265	54. 야:단을	216. 야:단
266	41. 야트막한	304. 야트막하다
267	46. 약은	249. 약(藥)
267-1	46. 약이냐	
268	9. 애:	47. 애:
268-1	34. 애:들아	
269	52. 애:기를	65. 애:기
270	64. 어느	358. 어느
271	74. 어떤	237. 어떤
272	61. 어머니가	364. 어머니
273	43. 어제는	230. 어제
274	33. 언:제나	245. 언:제나
275		113. 업다(負)
276	47. 없:는데	98. 없:다
276-1	73. 없:어	
277	4. 여기가	20. 여기(부사)
277-1	9. 여기서	
·278		36. 여기(餘技)
279	10. 여로(旅路)	319. 여로(旅路)
280	36. 여로(女路)라는	258. 여로(女路)
281	38. 여름에는	205. 여름
282	12. 여유를	147. 여유
283	19. 여인(女人)들에	110. 여인(女人)
284	45. 연고(緣故)	200. 연고(緣故)
285	36. 연속극의	263. 연속극
286	6. 연:한('연하다'의 활용형)	373. 연:하다
287	36. 영구(榮九)는	254. 영구(榮九, 인명)
288	5. 영:구(永久)한	24. 영:구(永久)하다
289	56. 영숙(英淑)이가	
290	2. 영화(映畵)는	10. 영화(映畵)
291	25. 영화(榮華)를	220. 영화(榮華)
292	61. 오셨습니다	371. 오다(來)

단어번호	조사 I	조사 II
293	29. 오빠하고	303. 오빠
294	35. 왜:	289. 왜:(부사)
295	44. 용:기(勇氣)에	340. 용:기
296	62. 용서해	279. 용서하다
297	9. 우리	21. 우리(대명사)
297-1	51. 우리	
297-2	4. 우리들이	
298	8. 운:명의	100. 운:명
299	47. 울:고	116. 울:다(泣)
300	35. 웃:니(笑)	79. 웃:다(笑)
300-1	11. 웃:으며	
301	44. 원:대하고	336. 원:대하다
302	5. 이(관형사)	
302-1	28. 이(관형사)	
302-2	33. 이(관형사)	33. 이(관형사)
303	74. 이(의존명사)는	242. 이(사람)
304	68. 이때	
305	30. 이번에는	
306	8. 이불이나마	104. 이불
307	52. 이:상(以上)으로	271. 이:상(以上)
308	44. 이:상(理想)은	136. 이:상(理想)
309	17. 이야기를	117. 이야기
310	35. 이야기했는데	
311	37. 이제	278. 이제
312	42. 인명만	176. 인명(人命)
313	10. 인생이란	57. 인생(人生)
314	75. 일(一)	363. 일(一)
315	1. 일:(事)을	12. 일:(事)
316	1. 일(:事)하고	3. 일:하다
317	3. 일기(日記)와	6. 일기(日記)
318	60. 일:(事)삼느냐	236. 일:삼다
318-1	33. 일:(事)삼는	
319	42. 잃었다	180. 잃다
320		71. 잇:다(續)
320-1		63. 이은('잇다'의 활용형)
321	63. 있구나	43. 있다(存在)
321-1	23. 있는	
321-2	25. 있는	
321-3	45. 있는	
321-4	48. 있는	
321-5	47. 있더라	
321-6	45. 있어서는	
321-7	6. 있었다	
321-8	55. 있었습니다	
321-9	64. 있었습니다	
321-10	25. 있을	
321-11	40. 있을	
321-12	59. 있습니다	
321-13	7. 있지	
322	6. 잎사귀들도	96. 잎사귀

단어번호	조사 I	조사 II
323	23. 잎이	240. 잎(葉)
324	51. 자:랑거리입니다	177. 자:랑거리
325	5. 자리를	41. 자리(席)
326	13. 자:세는	77. 자:세
327	44. 자신과	339. 자신(自信)
328	53. 자욱했습니다	204. 자욱하다
329	19. 자탄(自歎)의	138. 자탄(自歎)
330	30. 잘	
331	8. 잠들고	118. 잠들다
332	29. 잡숫고	300. 잡숫다
333	69. 장:(欌)	334. 장:(欌)
334	53. 장(市場)으로	181. 장(市長)
335	50. 재미있게	122. 재미있다
335-1	17. 재미있지요	
336	52. 저('나'의 낮춤말)의	
337	62. 저희	273. 저희
338	27. 절(拜)을	34. 절(拜)
339	29. 점:심을	297. 점:심
340	37. 접는다	301. 접다(종이를)
341	70. 정박시켰습니다	350. 정박시키다
342	33. 정화(淨化)될	251. 정화(淨化)되다
343	2. 정화(情話)라는	4. 정화(情話)
344	28. 제:일(第一)	269. 제:일
345	15. 조용하시면서도	167. 조용하다
346	41. 족:	323. 족:(나란히)
347	50. 좋:구나	157. 좋:다
· 347-1		83. 좋:아('좋다'의 활용형)
348	11. 좋:아했습니다	146. 좋:아하다
349	62. 주십시오	282. 주다(與)
349-1	66. 줄게	
350	36. 주인공이다	267. 주인공
351	59. 지:나간	103. 지:나가다
351-1	16. 지:나갔습니다	
352	38. 지:냅니다	226. 지:내다
353	5. 지켜온	45. 지켜오다
354	58. 질병이	229. 질병
355	14. 집의	
356	41. 쫓겨난	312. 쫓겨나다
357	56. 차례를	322. 차례
358	44. 착목(着目)하는	333. 착목(着目)하다
359	50. 참	153. 참(부사)
360		375. 창(窓)
361		299. 창:(唱)
362		372. 천직(天職)
363		85. 천:직(賤職)
· 364	22. 철수(哲洙)는	145. 철수(哲洙)
365	44. 청춘이	343. 청춘
366	59. 쳐:다보고	354. 쳐:다보다
367	13. 최:선의	70. 최:선(最善)
368	38. 치고(발을~)	222. 치다(掛)

단어번호	조사 I	조사 II
369	28. 크니까	274. 크다
370	16. 탄(乘)	91. 타다(乘)
371	18. 토담집	187. 토담집
372	15. 뛰는	175. 뛰다
373	44. 특권이다	349. 특권
374	54. 틀림없:이	212. 틀림없:이
375	2. 퍽	15. 퍽(부사)
376	3. 편:지는	9. 편:지
377	8. 포근히	114. 포근히
378	3. 표현형식이	38. 표현형식
379	71. 피:했습니다	351. 피:하다
380	26. 하나	50. 하나(一)
380-1	39. 하나	
381	20. 하늘에서	
381-1	59. 하늘을	128. 하늘
382	50. 하시며(爲)	
382-1	1. 하였습니다(爲)	
382-2	27. 하였습니다(爲)	16. 하다(爲)
382-3	56. 한(爲)	
382-4	73. 할(爲)	
383	66. 해:(爲, '하여'의 준말)	
383-1	30. 했어요(爲)	182. 했어요(爲)
384	28. 해(보조동사)	
385	22. 학교에	154. 학교
386	23. 한(一, 관형사)	235. 한(一)
387	69. 할머니는	112. 할머니
387-1	17. 할머니의	
388	15. 항상	163. 항상
388-1	49. 항상	
389	71. 허둥대:며	347. 허둥대:다
390	72. 험:상궂은	353. 험:상궂다
391	55. 형제가	262. 형제
392	47. 혼자	111. 혼자
393	58. 후:(後)였다	374. 후:(後)
394	31. 흘러내렸습니다	
395	12. 힘이	155. 힘(力)

132. §131에 제시한 조사 대상 어휘 목록에 표시된 음장은 다음과 같은 원칙에 따라 정한 것이다.

1) 한국어의 음장 level(層位)은 장단(長短) 둘 뿐이다. 반장(半長)은 인정하지 않는다.(§115, §116 참조)
2) 한국어에 있어서 음장은 그 단어의 제일음절(第一音節)에 온다.[3]
   /없:이/ → /수:없이/

---

3) 한글학회(1996)은 2), 3), 5)항을 인정하지 않고 있다(부록Ⅱ 참조, 例 수:없:이, 말세:).

3) 따라서, 한자어에 있어서도, 제일음절(第一音節)에 있던 글자가 제이음절(第二音節) 이하의 자리로 이동하면 음장이 소멸된다.

　　/세:상/ → /말세/

4) 다만, 합성어의 경우에는, 음장이 너무나 분명하게 느껴지는[4], 둘째 음절 이하의 단어(또는 형태소)의 첫 음절 모음 위에 음장이 얹히는 것을 허용한다.

　　/틀림없:이/ , /허둥대:다/

5) 그러나, 어떠한 경우에도, 한 단어 안에서 음장이 연달아 오는 일은 없다.

　　/수: + 없:이/ → /수:없이/

6) 단음절(單音節) 용언 어간에 모음으로 시작되는 어미가 이어지면 음장이 소멸한다.[5]

　　/걷:(步) +어/ → /걸어/, /굽:(炙) + 어/ → /구워/

7) 단음절 용언 어간에 사동이나 피동의 접미사가 이어지는 경우에도 음장이 소멸한다.

　　/안:다/ → /안기다/

8) 축약이나 탈락 등의 방법에 의하여 음절이 줄어들 경우, 일부 어휘에 있어서는, 줄어든 음절의 길이를 보상하기 위하여, 새로 형성된 음절 위에 새로이 음장을 얹는 경우가 있다.[6]

　　/이야기/ → /얘:기/, /되어/ → /돼:/, /쏘이다/ → /쐬:다/

---

4) 제이음절 이하의 음절에 음장이 나타나는 조건에 대하여, 이호영(1996 : 203)은 '기저 장모음 음절이 악센트를 받으면 장모음으로 실현되고 악센트를 받지 않으면 단모음으로 실현된다'고 하였고,

　　세:계대:전('세'와 '대'에 악센트), 세:계대전('세'에만 악센트)

허웅(1993a : 286)은 '중심되는 낱말이 둘째음절 이하에 있을 때' 음장이 얹힌다고 하였으며,

　　파묻:다(꼬치 꼬치 묻다),　　파묻다(파서 땅에 묻다)
　　치대:다(윗쪽으로 대다),　　치대다(빨래를 문지르다)
　　술병:(술로 난 병),　　　　술병(술 담은 병)

박주경(1985 : 60~61)은 합성어의 두 번째 단어(또는 형태소)를 앞 단어(또는 형태소)와 별개의 말토막으로 의식하고 끊어서 발음할 때, 뒷 단어(또는 형태소)의 첫 음절이 길게 소리나며, 이는 수의적인 현상이라는 요지로 설명하고 있다.

　　/반:대말/ → /반:대 + 말:/, /작:은 별/ → /작:은 + 별:/

5) 예외 어휘를 결정함에 있어서 주로 문화체육부(1996)의 '표준어 규정 및 동 해설', 국어조사 연구위원회(1972)의 '된소리 및 긴소리 연구'와 남광우(1989, 1993a, 1993b, 1995), 허웅(1968, 1993a), 김완진(1972b), 이병근(1975, 1978), 김진우(1976), 이철수(1994), 배주채(1996) 등이 참고되었다.

6) 예외 어휘는 8개의 사전(①김민수 외, 국어대사전, 1992, 금성출판사, ②남광우 외, 한국어 표준 발음사전, 1984, 한국정신문화연구원, ③이기문, 동아 새국어사전, 1998, 두산동아 ④이은정, 우리말 발음사전, 1994, 백산출판사, ⑤이희승, 국어대사전, 1996, 민중서림, ⑥한국방송공사, 한국어 발음 대사전, 1993, 어문각, ⑦한글학회, 큰 사전, 1996, 어문각 ⑧조선민주주의 인민공화국 북한사회과학원 언어연구소, 조선말 대사전, 1992, 평양 사회과학 출판사)을 비교 대조하여 대부분 해결할 수 있었다.

133. 개별 어휘의 구체적인 음장에 대하여는 8개 사전을 대조 비교하여, 둘 이상의 국내 사전에서 음장을 인정하고 있는 단어의 경우는 음장이 얹힌 것으로 간주하였으며, 활용 어휘의 음장에 대하여는 지금까지의 이 분야 연구 성과에 의존하여 결정하였다(부록Ⅱ. 조사 대상 어휘의 음장 비교 참조). 이들 논문에서도 의견이 일치하지 않는 것은 본 연구자의 발음(본 연구자는 9 대째 경기도 용인에서 살고 있음)을 참작하여 본 연구자가 결정하였다.

134. 조사 대상이 된 395 단어, 총 827 어휘(곡용 및 활용의 형태로 계산)의 내역을 살펴보면, 고유어가 274 단어, 한자어가 94 단어, 한자어와 고유어의 합성어가 27 단어이며, 구조상으로 보면, 단일어가 305 단어, 합성어가 90 단어(파생어 52 단어, 복합어 38 단어)였다.

135. 조사 Ⅰ(문장 안에서의 음장)의 452 어휘, 377 단어와 조사Ⅱ(인용형의 음장)의 375 어휘, 363 단어 가운데, 표준형(§131에서 제시한 음장형)을 기준으로 할 때, 음장이 얹히는 어휘와 음장이 얹히지 않는 어휘의 수는 다음과 같다.

[표8]   조사 대상 어휘중 유음장 어휘수

구 분	음장이 얹히는 어휘수	음장이 얹히지 않은 어휘수	계
조사Ⅰ	124(112)	328(281)	452(393)
조사Ⅱ	121	254	375
계	245(233)	582(535)	827(768)

( ) 안의 숫자는 동일 활용 및 곡용 형태를 중복 계산하지 않았을 때의 어휘수임.

136. 조사Ⅰ과 조사Ⅱ에 공통적으로 들어 있어, 음장의 상호 대조가 가능한 어휘는 340 어휘, 그 중에서, 표준형을 기준으로 할 때, 음장이 얹혀 있는 어휘는 97 어휘이다.

137. 합성어를 이룰 때, 제이음절 이하에서 음장이 소멸하는지를 관찰 할 수 있는 어휘로는 '군밤, 끝내다, 내밀다, 수없이, 일삼다' 등의 어휘가 포함되어 있고, 한자어에서 본래의 긴 소리 글자가 제이음절 이하의 자리에 올 때 음장이 소멸하는지를 관찰할 수 있는 어휘로는 '개성적(個性的), 구원(久遠), 구원(救援), 구조(構造), 구조(救助), 귀중(貴重), 기사(記事), 말세(末世), 부정(不正), 부정(否定), 부정(不淨), 사회(社會), 선장(船長), 소화제(消化劑), 시험(試驗), 신문(新聞), 여기(餘技), 여로(旅路), 연고(緣故), 영구(永久), 영화(映畵), 용서(容恕), 운명(運命), 원대(遠大), 이상(以上), 이상(理想), 인

명(人命), 자세(姿勢), 자신(自信), 자탄(自歎), 정화(淨化), 정화(情話)7), 질병(疾病), 최선(最善), 표현(表現), 학교(學校), 형제(兄弟)'의 37 단어 35 글자가 포함되어 있다.

138. 합성어에서 음장이 너무나 분명하게 느껴질 때, 제이음절 이하에서도 예외적으로 길게 발음되는 음절이 있는지를 확인해 볼 수 있는 어휘로는 모든 합성어(90단어)가 관찰 대상이 될 것이다. 위 목록에서 특별히 음장을 인정한 어휘로는 '서성대:다, 틀림없:이, 허둥대:다'8)의 세 어휘가 있다.

139. 어떠한 경우에도, 한 단어 안에서 음장이 연달아 오는 일이 없는지(국어조사연구위원회 1972 : 35)를 관찰해 볼 수 있는 어휘로는, '군밤, 내밀다, 수없이, 일삼다'와 '개성적(個性的), 구원(久遠), 구원(救援), 구조(救助), 귀중(貴重), 부정(否定), 운명(運命), 원대(遠大), 이상(以上), 이상(理想), 자세(姿勢), 최선(最善)' 등이 포함되어 있다.

140. 어느 어휘, 어느 음절 모음에 음장이 얹히는가에 대하여는 사전마다 사람마다 의견이 분분한 어휘들이 상당수 있다. 1973년 연구 때, 한글학회 「큰 사전」과 이희승 「국어대사전」을 대조한 결과, 대조 가능한 119,478 어휘 가운데 6.50%에 해당하는 7,769 어휘가 음장의 불일치를 보였다. 근래에 「표준어 규정」의 제정 공포와 새로 사정한 「표준어 모음 2」의 공포 등이 있었음에도 불구하고, 이번에 조사 대상이 된 395 단어 가운데, 8개 사전에서 음장의 불일치를 보여준 어휘는 126 단어(31.90%에 해당), 7개 국내 사전만을 대상으로 할 경우에도 61 단어(15.44%에 해당)가 음장의 불일치를 보여주고 있다.9)

---

7) '정화(情話)'의 '화(話)'는 한글학회 '큰 사전'에서만 장음으로 인정. 예 화:법(話法), 화:술(話術), 화:제(話題)

8) 문화부 국어심의회 한글분과위원회 심의에서 '건너대다' '골라내다' '본데없다' '진배없이'의 제3음절 '대-, 내-, 없-' 을, 그 앞의 성분을 각각의 단어로 인식하지 않는다면 (즉, 건너대다, 골라내다, 본데없다, 진배없이'를 한 단어로 인식한다면), 짧게 발음하는 것으로 정했기 때문에 (문화체육부, 『국어어문규정집』, 1996, '표준어모음의 심의경위와 해설' pp.342~343), '서성대다, 틀림없이, 허둥대다'의 '대-, 없-'도 짧은소리로 정해야겠으나, 한국방송공사와 한글학회의 두 사전에서 긴 소리로 취급하는 것이 현실음을 반영한 것으로 보아 음장을 인정하였고, '시험'의 경우는 두 사전(북한, 한글학회)에서 긴 소리로 다루기는 하였으나 '2 이상의 국내 사전'이라는 조건에 맞지 않아 인정하지 않았다.

9) 사전간 음장 표지 비교
    가. 북한 사전을 포함시킨 경우(8사전)
      • 8개 사전 모두에 음장이 얹힌 어휘수: 28(7.09%)
      • 8개 사전 모두에 음장이 얹히지 않은 어휘수: 241(61.01%)
      • 8개 사전 상호간 음장이 불일치한 어휘수: 126(31.90%)
    나. 북한 사전을 포함시키지 않은 경우(7사전)
      • 7개 국내사전 모두에 음장이 얹힌 단어수: 85(21.52%)
      • 7개 국내사전 모두에 음장이 얹히지 않은 단어수: 249(63.04%)
      • 7개 국내사전 상호간 음장이 불일치한 단어수: 61(15.44%)

141. 단음절(單音節) 용언 어간에 모음으로 시작되는 어미가 결합되는 경우, 음장이 소멸되는지 여부를 관찰 할 수 있는 어휘로는 단음절(單音節) 모음 어간에 모음 어미가 이어지는 모든 어휘가 대상이 되겠으나, 위 목록에서 음장이 얹힌 것으로 취급한 어휘 중 음장이 소멸한 것으로는, '걸어(步), 남은(餘), 놀았습니다(遊), 빌었습니다(祈), 숨어서(隱), 이은(續)'이 있고, 모음 어미가 와도 음장을 그대로 유지하는 예외적인 어휘로는 '넣:어(入), 많:아서(多), 멀:어서(遠), 없:어(無), 웃:으며(笑), 좋:아(好), 고:와서(娟)'가 있다.

[정리]10)
단음절(單音節) 용언 어간에 모음으로 시작되는 어미가 결합되는 경우에는 음장이 소멸한다.

말:다(休): 말:고, 말:더니, 마:는 … (長)
        말아, 말아라 … (短)

괴다, 꾀다, 뉘다, 쏘다, 쑤다, 쉬다, 쥐다, 호다(縫), 신다(覆), 안다(抱), 걷다(步), 겯다(編), 긷다(汲), 눋다(焦), 묻다(問), 붇다(殖), 싣다(載), 갈다(耕, 磨, 替), 걸다(掛, 肥), 골다(鼾), 괄다(過激), 굴다(處身), 길다(長), 널다(擴), 놀다(遊), 달다(焦面), 덜다(減), 떨다(顫), 돌다(廻), 말다(休), 멀다(遠, 眼盲), 몰다(驅, 催促), 물다(賠償), 밀다(堆), 불다(吹), 빌다(乞), 살다(生), 설다(半熟), 솔다(挾), 알다(知), 얼다(凍), 열다(開, 果實), 울다(泣), 일다(起), 절다(跛), 줄다(搯), 털다(拂), 헐다(毁), 곪다(化膿), 굶다(飢), 닮다(似), 삶다(煮), 옮다(移), 밟다(踏), 감다(捲, 閉眼, 洗髮), 검다(黑), 남다(餘), 넘다(過), 담다(入器), 삼다(爲, 編), 심다(植), 품다(懷), 겹다(不勝), 곱다(娟)11), 굽다(炙), 깁다(補), 눕다(臥), 덥다(暑), 돕다(助), 밉다(惡), 쉽다(易), 줍다(拾), 긋다(劃), 낫다(癒, 勝), 붓다(注, 脹), 잇다(繼), 잣다(紡), 짓다(作)

〈예외〉 작다(小), 적다(少), 많다(多), 얻다(得), 굴다(轉), 길다(長)12), 끌다

---

10) §141의 '단음절 용언 어간에 모음으로 시작되는 어미가 결합되는 경우, 음장이 소멸되는지 여부를 관찰할 수 있는 어휘로는……'은 「단음절 용언 어간에 모음으로 시작되는 어미가 결합되는 경우에는 음장이 소멸한다」는 주장(학설·규칙)에 근거한 것이다. 이와 같은 주장은 표준어규정을 비롯하여, 남광우(1954), 김완진(1972b), 이병근(1975), 김진우(1976), 이철수(1994) 등 여러 곳에서 볼 수 있다. 이들 내용을 종합하고 정리하여 소개함으로써 「 」 부분의 명제를 정확히 이해하도록 하는 일은 이 논문의 이해를 돕기 위하여 꼭 필요하기 때문에 [정리] 부분을 §141 말미에 첨가하였다 (뒤에 나오게 될 [정리]도 모두 이와 같은 이유로 첨가되는 것임).

11) 한국방송공사와 남광우 외 사전에는 예외로 취급되고 있음(대부분의 사전들도), 그러나 논문들에서는 음장이 소멸하는 것으로 의견이 일치하고 있음(부록Ⅱ 참조).

12) 이병근(1975 : 67)은 예외에 넣었으나, 남광우(1995 : 15)는 예외에 넣지 않았음

(引), 멀다(遠), 벌다(生隙, 作錢), 썰다, 졸다(眠)13), 굵다(太), 떫다, 얇다, 없다, 웃다(笑), 젓다(拌), 넣다(入), 좋다(好)

142. 단음절(單音節) 용언 어간에 피동이나 사동의 접미사가 결합되는 경우, 기존의 음장이 소멸하는지를 관찰하려면, 우선 조사 대상 어휘 중 피동·사동의 어휘로서 어떤 것이 있는지를 찾아보아야 할 것이다. 조사 대상 어휘 중 피동·사동의 어휘로는, '들려라, 매달려서, 보이는, 뵙는'의 네 어휘가 있는데, 이 가운데 '들려라'는 '들다(開)'가 본래부터 음장이 얹히지 못하는 단어이고 '매달려서'는 이음절(二音節) 어간이어서 영향을 받지 않는 단어이고, '보이는'의 '보다(見)' 역시 본래부터 음장이 얹히지 못하는 단어이며, '뵙:는'은 '보이다'의 축약형 '뵈:다'의 '뵈:- +옵(접미사) → 뵈:옵', 다시 '뵈:옵'의 축약형 '뵙: + 는(현재진행형어미) → 뵙:는'이니, 합당한 예가 없는 것 같다.

[정리]
용언 어기에 사동·피동의 접미사 및 타동의 접미사가 연결되면 단모음화(短母音化)가 실현된다.

울:다 → 울리다. 죄:다 → 죄이다. 꼬:다 → 꼬이다. 떼:다 → 떼이다
붇:다 → 불리다. 걷:다 → 걸리다. 눈:다 → 눌리다. 잇:다 → 잇기다
웃:다 → 웃기다. 알:다 → 알리다. 덜:다 → 덜리다. 걸:다 → 걸리다
몰:다 → 몰리다. 열:다 → 열리다. 밟:다 → 밟히다. 쌓:다 → 쌓이다
빨:다 → 빨이다. 안:다 → 안기다. 담:다 → 담기다. 넘:다 → 넘기다
감:다 → 감기다. 숨:다 → 숨기다. 신:다 → 신기다(신키다).
곪:다 → 곪기다. 옮:다 → 옮기다. 베:다 → 베이다. 쏘:다 → 쏘이다.

〈예외〉 모음 어미 앞에서 음장을 유지하던 용언들은 이 경우에도 음장을 유지한다.
끌:리다. 벌:리다. 썰:리다. 웃:기다. 없:애다. 졸:리다(졸:립다)

143. 용언 어간에 모음으로 시작되는 파생 접미사를 결합시켜 만든 명사와 부사의 음장이 어떠한지를 살펴볼 수 있는 어휘로는, '놀이터, 걸음, 많:이, 틀림없:이'가 포함되어 있다.

[정리]
용언으로부터의 파생 명사는 모음으로 시작되는 파생 접미사 앞에서 용언의 활용에서와 마찬가지로 용언 어간의 음장이 소멸한다.
길:다〉 길이, 덥:다〉 더위, 놀:다〉 놀이, 털:다〉 털이개, 떨:다〉 떨이, 놀: 다〉 노름, 걷:다〉 걸음, 묻:다〉 물음, 걸:다〉 거름, 줄:다〉 줄음, 밉:다〉 미

---

13) 이병근(1975 : 67)은 예외에 넣었으나, 남광우(1995 : 15)는 예외에 넣지 않았음

움, 돕:다〉 도움, 울:다〉 울음, 참:다〉 참음, 웃:다〉 웃음, (예외: 사:람)

활용에서 예외를 보였던 동사들은 파생 명사에서도 단음화하지 않는다.
끌:다〉 끄:름, 졸:다〉 졸:음, 벌:다〉 벌:이, 썰다〉 써:레

동명사나 파생 부사에서는 음장이 그대로 유지된다.
얽:, 줆:, 넓:, 깊:, 떫:, 떫:
많:이, 걸:이, 고:이, 멀:리, 적:이, 없:이 , 좋:이

144. 축약 (간음화, 비모음화)이나 탈락 등의 방법에 의하여 음절이 줄어들 경우, 일부 어휘는 줄어든 음절의 길이를 보상하기 위하여, 새로 형성된 음절 위에 새로운 음장을 얹는 경우가 있는 바, 조사 대상 어휘 가운데 축약형 어휘는 모두 61 어휘이고, 이 가운데 제일음절이 축약에 직접 영향을 받은 어휘는 23개 어휘이다.

걸('것을'의 준말), 골:랐습니다(擇), 까(剝), 돼:('되어'의 준말), 따(摘) 몰:라서 (Ⅰ,Ⅱ), 뵙:는, 뵈:다, 쐬:며, 쐬:다, 안('아니'의 준말), 않는다 얘:(Ⅰ,Ⅱ), 얘:들아 , 얘:기(Ⅰ,Ⅱ), 쳐:다보고, 쳐:다보다, 해:, 했어요(Ⅰ,Ⅱ)

145. 조사 대상 어휘 가운데, '오아 → 와, 지어 → 져, 찌어 →쪄, 치어 → 쳐'등[14]이 어떻게 소리나는지 확인해 볼 수 있는 어휘는 없는 것 같다.

146. '가 + 아 → 가, 서 + 어 → 서, 켜 + 어 →켜'처럼 같은 모음끼리 만나 모음 하나가 빠진 경우에도 음장이 얹히지 않는지[15] 관찰해 볼 수 있는 어휘로는 '까 + 아 → 까, 따 + 아 → 따'가 있다.

[정리]
축약(간음화, 비모음화)이나 탈락 등의 방법에 의하여 음절이 줄어든 경우, 일부 어휘는 줄어든 음절의 길이를 보상하기 위하여, 새로이 형성된 음절 위에 새로운 음장을 얹는 경우가 있다(보상적 장음화, compensatory lengthening).

① 체언의 경우
가을 ~ 갈:, 고양이 ~ 괭:이, 고을 ~ 골:, 내일 ~ 낼:, 노을 ~ 놀:, 다음 ~ 담:, 도야지 ~ 돼:지, 마음 ~ 맘:, 마을 ~ 말:, 무우 ~ 무:, 사이 ~ 새:, 수

---

14) 표준 발음법 규정 제6항 〔붙임〕의 다만, 규정으로 축약되었어도 긴소리로 발음하지 않는 경우이다.
15) 표준 발음법 해설 제6항 〔붙임〕의 다만, 규정으로 같은 모음끼리 만나 모음 하나가 빠진 경우 긴소리로 발음하지 않는다는 내용임.

염~ 셈:, 시험 ~ 셤:, 싸움 ~ 쌈:, 아이 ~ 애:, 오이 ~ 외:, 처음 ~ 첨:, 헤염 ~ 헴:

② 용언의 경우

㉮ 어미

고: + 아 → 고아 ~ 과:	괴: + 어 → 괴어 ~ 괘:
기 + 어 → 기어 ~ 겨:	꼬: + 아 → 꼬아 ~ 꽈:
꾸 + 어 → 꾸어 ~ 꿔:	끼(팔에~) + 어 → 끼어 ~ 껴:
끼:(안개가~) + 끼어 ~ 껴:	누 + 어 → 누어 ~ 눠:
되 + 어 → 되어 ~ 돼:	두 + 어 → 두어 ~ 둬:
띠 + 어 → 띠어 ~ 뗘:	미 + 어 → 미어 ~ 며:
보 + 아 → 보아 ~ 봐:	뵈: + 어 → 뵈어 ~ 봬:
비: + 어 → 비어 ~ 벼,	삐: + 어 → 삐어 ~ 뼤:
쇠 + 어 → 쇠어 ~ 쇄:	쇠: + 어 → 쇠어 ~ 쇄:
시 + 어 → 시어 ~ 셔:	쏘: + 아 → 쏘아 ~ 쏴:
쑤: + 어 → 쑤어 ~ 쒀:	이(머리에~) + 어 → 이어 ~ 여:
이:(지붕을~) + 어 → 이어 ~ 여:	죄: + 어 → 죄어 ~ 좨:
주 + 어 → 주어 ~ 줘:	쪼 + 아 → 쪼아 ~ 쫘:
추 + 어 → 추어 ~ 춰:	피 + 어 → 피어 ~ 펴:
하 + 어 → 하여 ~ 해:	호: + 아 → 호아 ~ 화:
굽: + 어 → 구워 ~ 궈:	깁: + 어 → 기워 ~ 겨:
눕: + 어 → 누워 ~ 눠:	주: + 어 → 주워 ~ 줘:
춥 + 어 → 추워 ~ 춰:	

　　　　〈비교〉 돕: + 아 → 도와 (~*돠)
　　　　　　　　 곱: + 아 → 고:와 (~*과)
　　　　　　　　 밉 + 오 → 미워 (~*뭐)
　　　　　　 * 축약이 안 되는 경우임.

굿: + 어 → 그어 ~ 거:	낫: + 아 → 나아 ~ 나:
붓: + 어 → 부어 ~ 붜:	잇: + 어 → 이어 ~ 여:
잣: + 아 → 자아 ~ 자:	젓: + 어 → 저어 ~ 저:
짓: + 어 → 지어 ~ 져:(저:)	낳 + 아 → 나아 ~ 나:,
놓 + 아 → 노아 ~ 놔:	닿 + 아 → 다아 ~ 다:
땋 + 아 → 따아 ~ 따:	빻 + 아 → 빠아 ~ 빠:
쌓 + 아 → 싸아 ~ 싸:	찧 + 어 → 찌어 ~ 쩌:(쩌:)

　　　　〈비교〉 좋: + 아 → 조아(조와)(~ *좌)
　　　　　　　 * 축약이 안 되는 경우임.

〈예외1〉 축약이 되고서도(비모음화), 음장이 얹히지 않는 예

오(來) + 아 → 오아 ~ 와   지 + 어 → 지어 ~ 져(저)

찌 + 어 → 찌어 ~ 쪄(쩌)   치 + 어 → 치어 ~ 쳐(처)

〈비교〉 지 + 어 → 지어 ~ 져(저)

짓 + 어 → 지어 ~ 져:(저:)

찌 + 어 → 찌어 ~ 쪄(쩌)

찧 + 어 → 찧어 ~ 쪄:(쩌:)

* 자음 탈락이 장음화의 동기인 듯

〈예외2〉 음절이 줄고서도(탈락), 음장이 얹히지 않는 예

뜨 - (浮) + 어서 → 떠서   쓰 - (書) + 어서 → 써서

트 - (開) + 어서 → 터서   푸 - (汲) + 어서 → 퍼서

가 - (住) + 아서 → 가서   나 - (發生) + 아서 → 나서

서 - (立) + 어서 → 서서   싸 - (包) + 아서 → 싸서

차 - (蹴) + 아서 → 차서   켜 - (燭) + 어서 → 켜서

타 - (乘) + 아서 → 타서   파 - (掘) + 아서 → 파서

〈비교〉 나(發生) + 아 → ㄴ(ㅏ)아 → 나

낫(癒) + 아 → 나아 → 나:

낳(産) + 아 → 나아 → 나:

싸(包) + 아 → ㅆ(ㅏ)아 → 싸

쌓(積) + 아 → 싸아 → 싸:

* 자음 탈락이 역시 장모음화의 동기인 듯

㉯ 접미사

게우다 → 게:다(기:다)   고이다 → 괴:다   까이다 → 깨:다

깨우다 → 깨:다   꾸이다 → 뀌:다   끼우다 → 끼:다

끼이다 → 끼:다   나이다 → 내:다   놓이다 → 뇌:다

누이다 → 뉘:다   되었다 → 됐:다   때우다 → 때:다

메이다 → 메:다(미:다)   모이다 → 뫼:다   보이다 → 뵈:다

빼앗다 → 뺏:다   싸이다 → 쌔:다   쌓이다 → 쌔:다

쏘이다 → 쐬:다   오이(외우)다 → 외:다   재우다 → 재:다

쪼이다 → 쬐:다   채우다 → 채:다   치이다 → 치:다

트이다 → 틔:다   펴이다 → 폐:다   피우다 → 피:다

㉰ 기타

게으르다 → 겔:르다,   그윽하다 → 극:하다,   모으다 → 모:다

시원하다 → 션:하다,   어우르다 → 얼:르다

147. 제일음절말(第一音節末) 위치에 무성의 정지음〔-k, -t, -p〕이 오면, 그 정지음 앞 모음에는 음장이 얹히지 않는다는 주장이 있는 바, 조사 대상 어휘 가운데, 제일 음절말(第一音節末) 위치에〔-k, -t, -p〕를 갖고 있는 어휘수는 조사Ⅰ에서 74 어휘 49 단어, 조사Ⅱ에서 50 어휘, 50 단어인 바, 위 목록표(§131 참조)에서 보면 체언에서는 '속:', 용언에서는 '없:다', 부사에서는 '몹:시'와 '족:'이 예외 어휘가 된다.

〔정리〕
제일음절말(第一音節末) 위치에 무성의 정지음〔-k, -t, -p〕이 오면, 그 정지음 앞모음에는 음장이 얹히지 않는다는 주장이 있다. (Mieko,s.Han,1964 최현배 1994, 남광우 1993a, 1993b, 1995, 황희영 1991, 이철수 1994)

① 체언의 경우
   복(福), 녘, 곧, 밭, 갓, 젖, 빛, 집, 잎 等
      〈예외〉잣:, 벗:, 짓:, 깁:(繒)

②용언의 경우
   ㉠〔-k〕를 가진 제일음절(第一音節) 어간 모음에는 원칙적으로 음장이 얹히지 않는다.
      ㄱ: 녹다, 눅다, 막다, 먹다, 묵다(宿, 陳), 박다, 삭다, 속다(瞞), 숙다(重頭), 식다, 익다(熟), 죽다, 찍다
      ㄲ: 깎다, 꺾다, 겪다, 낚다, 닦다, 묶다, 볶다, 섞다, 솎다, 엮다
      ㄺ: 긁다, 낡다, 늙다, 맑다, 묽다, 밝다, 붉다, 얽다, 옭다, 읽다,
         〈예외〉작:다(小), 적:다(少), 굵:다(太)

   ㉡〔-t〕를 가진 제일음절(第一音節) 어간 모음에는 원칙적으로 음장이 얹히지 않는다.
      ㄷ: 걷다(捲, 收), 곧다, 굳다, 닫다, 돋다, 묻다(染, 埋), 믿다, 받다, 벋다(延), 뻗다(伸), 쏟다
      ㅌ: 같다, 맡다(任, 嗅), 붙다, 흩다(散)
      ㅅ: 벗다(脫), 빗다, 솟다, 씻다.
      ㅆ: 있다. -았다(샀다, 갔다, 했다 等), -었다(졌다, 켰다 等)
      ㅈ: 갖다(持), 궂다, 꽂다, 낮다, 늦다, 맞다, 빚다, 잊다, 잦다, 젖다, 짖다, 찢다, 찾다.
      ㅊ: 좇다(從), 쫓다(逐)
         〈예외〉얻:다(得), 웃:다(笑)
   ㉢〔-p〕를 가진 제일음절(第一音節) 어간 모음에는 원칙적으로 음장이 얹히지 않는다.

ㅂ : 곱다(추워서 손이 ~), 꼽다(屈指), 굽다(曲), 뽑다, 씹다, 업다(負),
　　입다(被), 잡다, 접다, 좁다, 집다(拾)

ㅍ : 갚다, 깊다, 높다, 덮다, 짚다(杖)

ㄿ : 읊다(詠)

　〈예외〉 없ː다(無)

ⓔ 다만, 단음절(單音節)의 'ㄷ, ㅂ, ㅅ' 변칙 용언 어간에는 대체로 음장이 얹힌다.

ㄷ 변칙 : 걷ː다(步), 겯ː다(編), 긷ː다(汲), 눋ː다(焦), 묻ː다(問), 붇ː다
　　　　(殖), 싣ː다(載)

　〈예외〉 닫다(走), 듣다(聞)

ㅂ 변칙 : 겹ː다(不勝), 곱ː다(娟), 굽ː다(炙), 깁ː다(補), 눕ː다(臥), 덥ː다 (暑)
　　　　돕ː 다(助), 쉽ː다(易), 줍ː다(拾)

　〈예외〉 맵다(辛), 밉다(憎), 춥다(寒)

ㅅ 변칙 : 긋ː다(劃), 낫ː다(癒, 勝), 붓ː다(注, 脹), 잇ː다(繼), 잣ː다(紡),
　　　　젓ː다(拌), 짓ː다(作)

③ 한자어의 경우

[-k], [-t]([-t의 전이음 [-l] 포함), [-p]를 가지는 한자에는 음장이 얹히지 않는다.

148. ㅁ, ㄿ, ㄴ 받침을 가지는 단음절(單音節) 용언의 어간 모음에는 예외 없이
음장이 얹히는지(남광우, 1993a, 1993b, 1995, 이철수, 1994) 확인해 볼 수 있는
어휘로는, '남ː다(餘), 넘ː(치)다(越), 숨ː다(隱)'의 세 어휘가 있다.

149. ㄵ, ㄶ, ㄼ, ㅀ 받침을 가지는 단음절(單音節) 용언의 어간 모음에는 예외 없
이 음장이 얹히지 않는지(남광우 1993a, 1993b, 1995, 이철수 1994) 확인해 볼
수 있는 어휘로는, '많다, 앉다, 않(는)다, 잃(었)다.'의 네 어휘가 있다.

[정리]

① [-m]을 가진 제일음절(第一音節) 어간(語幹) 모음에는 음장이 얹히는 것이 원
　칙이다.

ㅁ : 감ː다(黑, 閉眼, 洗髮, 捲), 깜ː다, 검ː다, 껌ː다, 남ː다, 넘ː다, 담ː다, 뿜ː
　　다, 삼ː다(爲, 編), 숨ː다, 참ː다, 품ː다.

ㄿ : 곪ː다, 굶ː다, 닮ː다, 삶ː다, 옮ː다, 젊ː다, 짊ː다

② [-n]을 가진 제일음절(第一音節) 어간 모음에는 음장이 얹히는 것이 원칙이다.

ㄴ: 신:다(履), 안:다(抱)

　다만, 'ㄵ'과 'ㄶ' 받침을 가진 어간 모음에는 음장이 얹히지 않는다.

　　ㄵ: 앉다, 얹다

　　ㄶ: 꿇다, 끊다

　　〈예외〉 많:다

③ 〔-l〕을 가진 용언 어간 모음에는 음장이 얹히는 것도 있고, 얹히지 않는 것도 있다.

　ㄹ: 갈:다, 걸:다, 골:다, 괄:다, 굴:다, 끌:다, 길:다, 널:다, 놀:다, 달:다(焦念), 덜:다, 떨:다, 돌:다, 말:다(休), 멀:다, 몰:다, 물:다(賠償), 밀:다, 벌:다, 불:다, 빌:다, 살:다, 설:다, 썰:다, 솔:다, 알:다, 얼:다, 열:다, 울:다, 일:다, 절:다, 졸:다, 줄:다, 털:다, 헐:다

　　〈예외〉 깔다, 날다, 늘다, 달다(甘, 秤), 말다(捲), 물다(囓), 빨다, 쓸다, 잘다, 질다, 팔다, 풀다.

　ㄼ: 떫:다, 밟:다16), 섧:다, 엷:다

　　〈예외〉 넓다, 얇다, 짧다

　다만, 'ㄾ'과 'ㄶ' 받침을 가진 어간모음에는 모두 음장이 얹히지 않는다.

　　ㄾ: 핥타, 훑다

　　ㄶ: 곯다, 꿇다, 끓다, 닳다, 뚫다, 싫다, 않다, 옳다, 잃다

150. 유기 계열의 자음(ㅍ, ㅌ, ㅋ, ㅊ) 뒤에 오는 모음 위에는 음장이 얹히지 않는다는 주장(Mieko S. Han 1964, 황희영 1991)을 확인해 볼 수 있는 어휘는 조사 I 에 19 어휘(ㅍ5, ㅌ5, ㅋ1, ㅊ8), 조사Ⅱ에 23 어휘(ㅍ5, ㅌ5, ㅋ1, ㅊ12)가 있다.

151. 긴장 계열의 자음(ㅃ, ㄸ, ㄲ, ㅉ, ㅆ) 뒤에 오는 모음 위에는 음장이 얹히지 않는다는 주장(Mieko S. Han 1964)를 확인해 볼 수 있는 어휘는 조사 I 에 18 어휘(ㅃ0, ㄸ7, ㄲ6, ㅉ1, ㅆ4), 조사Ⅱ에 14 어휘(ㅃ0, ㄸ5, ㄲ4, ㅉ1, ㅆ4)가 있다.

152. 개음절(開音節)의 일음절(一音節)짜리 단어에는 음장이 얹히지 않는다는 주장(Mieko S.Han 1964)을 확인해 볼 수 있는 어휘로는, 조사 I 에 '그, 까, 나, 내, 너, 네:, 돼:, 따, 때, 또, 배(腹), 배(梨), 배(舟), 얘:, 왜, 이, 후:'(17 단어), 조사

---

16) 'ㄼ' 받침을 가지는 단어 가운데, '밟다'만이 유일하게 사전에 〔밥:따〕로 되어 있어, 〔p〕 계의 예외 사항으로 넣은 사람도 있으나(남광우 1993a, 1993b, 1995 : 이철수 1994), 본 연구자와 경기도 지역 사람들의 발음으로는 〔밥:따〕와 〔발:따〕가 병용되고 있으며 (오히려 〔발:따〕가 절대적으로 우세함), 'ㄼ' 받침을 〔-p〕 계에는 원칙에 맞는 용례 하나도 없이 변칙으로 '밟다' 하나만을 소개하는 것이 부자연스럽고, 같은 'ㄼ' 받침을 〔-l〕계와 〔-p〕계로 나누어 넣는 것도 부자연스러운 일이어서 〔-l〕계에서 일괄 포함하여 다루기로 하였다.

Ⅱ에 '그, 나, 내, 너, 네:, 다:, 때, 또, 배(腹), 배(梨), 배(舟), 배:(倍), 수, 수:(繡), 애:, 왜, 이, 후:'(18 단어)가 있다.

153. 지속(duration)의 변별적 기능 유무를 판정하는데 중요한 단서가 되는 최소 대립어는 조사Ⅰ에 19쌍, 조사Ⅱ에 37쌍이 포함되어 있다.

Ⅰ.	Ⅱ.
거:리(距離)가 / 거리(街)는	거:리(距離) / 거리(街)
	걷다(捲) / 걷:다(步)
	곱:다(娟) / 곱다(추워서 손이~)
구:원(久遠)의 / 구:원(救援)의[17]	구:원(久遠) / 구:원(救援)[17]
구조(構造)가 / 구:조(救助)가	구조(構造) / 구:조(救助)
굴:(窟)로 / 굴(해산물)을	굴:(窟) / 굴(해산물)
	굽다(曲) / 굽:다(炙)
	길(道) / 길:(사람의 한 키)
눈:(雪)이 / 눈(眼)에서는	눈:(雪) / 눈(眼)
	대:신(代身) / 대:신(大臣)[17]
	덮다(覆) / 덥:다(暑)
	돈:('돌다'의 활용형) / 돈:(貨幣)[18]
	돌(一生日) / 돌:(石)
	동:기(動機) / 동기(同期)
	들다(가물이~) / 들다(힘이~)[19]
말(馬) / 말:(言)을	말(馬) / 말:(言)
발(足)이 / 발:(簾)을	발(足) / 발:(簾)
밤(夜)에 / 밤(夜)에는 / 밤:(栗)을	밤(夜) / 밤:(栗)
배(腹)가 / 배(梨)는 / 배(舟)를	배(腹) / 배(梨) / 배(舟) / 배:(倍)
병(甁)에 / 병(病)이	병(甁) / 병(病)
	보다(見) / 보다(보조동사)[18]
부정(不正)만 / 부:정(否定)만이	부정(不正) / 부:정(否定)
부정(不貞)한 / 부정(不淨)한[19]	부정(不貞)하다 / 부정(不淨)하다

---

17) '구:원(久遠)/구:원(救援), 대:신(代身)/대:신(大臣)'은 사전에 모두 음장이 얹히는 것으로 되어 있으나, 지역에 따라 다름이 있는지 알아보기 위해 목록에 넣었다.

18) '돈:('돌다'의 활용형)/돈:(貨幣), 보다(見)/보다(보조동사)'는 음성적 환경은 같으나, 통사적 환경이 현저히 달라 목록에 넣지 않는 것이 원칙이겠으나, 지역별 음장에 차이가 있는지 알아보기 위해 일단 목록에 넣기로 하였다. 그럴 경우, '안('아니'의 준말)/안(內), 해:('하여'의 준말)/해(보조동사), 한('하다'의 관형사형 활용)/한(一, 관형사)'도 당연히 포함시켰어야 할 것이나, 착오로 빠졌다.

19) '들다(가물이~)/들다(힘이~), 부정(不貞)하다/부정(不淨)하다, 여기(副詞)/여기(餘技), 여로(旅路)/여로(女路)'는 사전에 모두 음장이 얹히지 않는 것으로 되어 있으나, 지역에 따라 다름이 있는지 알아보기 위해 목록에 넣었다.

여로(旅路)²¹⁾ / 여로(女路)라는¹⁹⁾ 　　　사:정(事情) / 사정(私情)

영구(榮九)를 / 영:구(永久)한 　　　수(의존명사) / 수:(繡)

영화(映畵)²²⁾는 / 영화(榮華)는 　　　업다(負) / 없:다(無)²⁰⁾

이:상(以上)²³⁾으로 / 이:상(理想)은 　　여기(부사) / 　　여기(餘技) ¹⁹⁾, ²¹⁾

일(一) / 일:(事)을 　　　여로(旅路) / 여로(女路)¹⁹⁾

영구(榮九) / 영:구(永久)하다

영화(映畵) / 영화(榮華)

장:(檻) / 장(市場)으로 　　　이:상(以上) / 이:상(理想)

정화(淨化)될²⁴⁾ / 정화(情話)라는 　　　일(一) / 일:(事)

잇:다(續) / 있다(在)

장:(檻) / 장(市場)

정화(淨化)되다 / 정화(情話)

창(窓) / 창:(唱)

천직(天職) / 천:직(賤職)

2. 조사 지점

154. 조사 지점은 15개시·도(조사 당시는 울산광역시가 경상남도에서 분리되기 전이었음)에서 한 지점씩을 택하되, 주민의 전출입이 적고 교통이 불편하여, 다른 지방

---

20) '업다/없다'에서 Mieko S. Han(1964)과 김민수(1971)는 '업다'의 '어'와 '없다'의 '어'를 각각 별개의 음운으로 본다. 그런 입장에 서면, '업다'와 '없다'는 최소대립어가 아니다. 그러나 허웅(1993a)과 이응백(1968)은 한 음운으로 본다. 남광우 외(1984), 이현복(1971c)는 젊은 층에서는 한 음운, 노년층에서는 두 음운이라고 하였다. 본 연구에서는 한 음운으로 처리하여 최소대립어 목록에 넣었다.

21) 본 연구자의 발음으로는, '막:, 선:양(宣揚)하다, 여:기(餘技), 여:로(旅路)'의 : 표시한 음절에는 음장이 없히고, '간:신히, 금:방, 모:두, 벌:써, 틀:림없이, 항:상'의 : 표시한 음절은 쌍형이 존재하나 음장이 없히는 쪽이 우세하며(인용형을 기준으로), '이:상(以上)'의 '이(以)'는 음장이 없히지 않는다. 그리고 잘못된 발음 습관인지 몰라도 '포근:히, 조용:하다, 자욱:하다'에서는 둘째 음절에 음장이 없힌다.(북한 사전과 일치)

22) '영화(映畵)'의 '영(映)'은 한글학회 「큰사전」에는 음장이 없혀 있고, 70년대에는 이희승 「국어대사전」에도 음장이 없혀 있었다. 뿐만 아니라, '영창(映窓)', '영채(映彩)'의 '영(映)'은 지금도 어느 사전에나 다 음장이 없혀 있다. 조사 대상 어휘 가운데, '사:회(社會), 서성대:다, 용:서(容恕)하다, 정:박(碇泊, 淳泊), 조용:하다, 틀림없:이, 허둥대:다' 등은 70년대 「국어대사전」에서 음장이 없혀 있다가 지금(1996) 사전에서는 없어진 경우이고, '넣:다, 몹:시' 등은 반대로 70년대 사전에서는 음장이 없히지 않다가 지금 사전에는 없혀 있는 경우이다.

23) '이:상(以上)'의 '이(以)'는 사전에만 음장이 없혀 있지 현실음은 음장이 없히지 않는다는 주장도 있다.(이은정 1994)

24) '정화(淨化)'의 '정(淨)'은 이희승 「국어대사전」에 음장이 없혀 있고, 70년대에는 한글학회 「큰 사전」에도 음장이 없혀 있었다. 지금의 「큰 사전」은 '정:사(淨寫)'에서만 '정(淨)'에 음장을 없고 있다.

언어의 영향을 가장 덜 받은 지역으로, 당해 시·도의 방언 특징을 가장 잘 보여주고 있는 지역을 택하기로 하였다. 다만, 영동 일부 지역에 대하여는, 음고만이 존재한다는 주장(문효근 1969b)과 음고와 음장이 모두 존재한다는 주장(이익섭 1972)이 대립하고 있어 조사 지점을 하나 더 늘렸다. 15개 시·도별 조사 지점은 다음과 같다.25)

[표9]   음장 실태 조사 지점

연번	시도명	조 사 지 점
1	서울	서울특별시 강남구 개포동 (개포고)
		서울특별시 광진구 자양동 (자양고)
2	인천	인천광역시 중구 전동 (제물포고)
3	경기	경기도 양평군 청운면 용두리 (청운고)
4	강원	강원도 평창군 평창읍 중1리 (평창고)
		강원도 강릉시 주문진읍 교향1리 (주문진고)
5	충북	충청북도 단양군 어상천면 임현리 (단산고)
6	대전	대전광역시 중구 대흥 3동 (대전고)
7	충남	충청남도 청양군 정산면 서정리 (정산고)
8	전북	전라북도 순창군 동계면 만전리 (동계고)
9	광주	광주광역시 동구 장동 (전남여고)
10	전남	전라남도 완도군 고금면 덕암리 (고금종고)
11	대구	대구광역시 달성군 현풍면 중리 (현풍고)
12	경북	경상북도 영양군 수비면 발리리 (수비고)
13	부산	부산광역시 금정구 부곡 2동 (부산대사대부고)
14	경남	경상남도 함양군 서상면 도천리 (서상상고)
15	제주	제주도 남제주군 대정읍 하모리 (대정여고)

3. 제보자

155. 제보자(提報者)는 고등학교 1학년 학생과 50세 이상의 성인, 두 그룹으로 구성된다.26) 두 그룹 모두에게 적용된 조건은 ① 3대 이상 그 고장에서 산 사람일 것, ② 제보자의 어머니도 그 고장에서 나고 자란 사람일 것, ③ 제보자 자신이 4년 이상 외지 생활을 한 일이 없는 사람일 것 등이었고, 특별히 성인 제보자의 경우는 ④ 가

---

25) 서울에서 조사 지점을 남·여 두 집단으로 한 것은 1973년 연구에서 남녀간, 그리고 IQ가 높은 집단(男)과 낮은 집단(女) 간에 음장 인식에 있어 차이가 있는가를 확인해 보기 위하여 둘로 나누었던 바, 이번에는 표집 규모를 비슷하게 하기 위하여 남녀 각 50명씩의 두 집단을 표집으로 설정하였다.
26) 극소수이긴 하지만, 성인 제보자 가운데 지역에 따라 50세 미만이 일부 포함된 곳이 있고, 1학년 학생수가 적은 경남 서상상고에서는 2학년 학생 일부가 포함되었다.

급적 교육을 적게 받은 사람일 것, ⑤ 외부 사람과 접촉이 별로 없었던 사람일 것 등이 추가되었다. 이와 같은 조건을 갖춘 사람을, 조사 지점으로 선정된 지역에 소재하는 고등학교의 교장, 교감 선생님과 국어과 선생님의 도움을 받아, 조사 지점별로 학생·성인 각 3~6명[27])을 선정하였다. 질문지 조사[28])에만 응한 나머지 대부분의 학생들도 ①, ②, ③의 조건을 갖추고 있었다. 회수된 질문지 가운데 어절이나 단어 전체에 기표한 제보자와 질문지의 일부 항목에 대하여만 응답한 제보자를 제외한 시·도별 제보자 명단은 다음과 같다.

[표10]   음장 실태 조사 자료 제보자 명단

시·도	조사지점	군별	성 명	성별	연령	주 소	비 고
서울	개포동	성인	김영자	여	49	강남구 개포동	녹음·질문지
			박현숙	여	46	〃	
			유영숙	여	46	〃	
			이윤진	여	55	〃	
		학생	김정완	여	17	강남구 개포고 1학년11반	
			안상희	여	16	〃	
			유주연	여	16	〃	
			이윤신	여	17	〃	
			조현명	여	17	〃	
			황정아	여	17	〃	
			강은영(여,17), 강하야(여,16), 공이선(여,16), 김나령(여,16) 김문선(여,17), 김미진(여,17), 김민아(여,17), 김소영(여,17) 김수정(여,17), 김연재(여,17), 김영신(여,17), 김유진(여,16) 김은진(여,16), 김지선(여,16), 김현희(여,17), 노지영(여,16) 박 솔(여,17), 박민희(여,17), 박원용(여,17), 성민주(여,17) 손현아(여,17), 송미진(여,17), 신지영(여,16), 신희렬(여,17) 우형연(여,17), 유지은(여,17), 이경옥(여,16), 이나라(여,17) 이보라(여,17), 이성민(여,17), 이소담(여,17), 이은경(여,17) 이재나(여,17), 이주향(여,17), 이주현(여,16), 이혜원(여,17) 임화남(여,17), 정수정(여,16), 정재은(여,17), 정희연(여,17) 조혜은(여,17), 탁윤정(여,17), 한수정(여,17), 한승아(여,17)			질문지

27) 제보자를 복수로 선정한 것은 동일한 지역에서도 어떤 제보자는 음장을 잘 인식하지만, 또 다른 어떤 제보자는 음장을 전혀 인식하지 못하는 제보자가 있을 수 있기 때문이다. 예컨대, 한국정신문화원에서 간행한 방언자료집Ⅴ(1987 : 271~279)에는 전북 김제가 음장 구별을 매우 잘 하는 지역으로 보고되어 있으나, 학술원 조사(1991 : 86)에서는 제보자가 달라짐으로써 음장 구분을 못하는 지역으로 분류되어 있다. 또 전북 옥구의 경우는 한국정신문화원 자료집Ⅴ(1987 : 271~279)에서는 제보자가 음장을 전혀 구분하지 못하는 것으로 조사되었으나, 동일한 제보자를 택한 학술원 조사(1991 : 86)에서는 음장을 잘 인식하여 구별할 줄 아는 것으로 조사되었다. 이와 같은 두 가지 경우를 모두 감안하여, 이 논문에서는 동일 지역 내에서 3~6명의 제보자를 선정하는 방법을 택하였다.

28) 제보자의 발화를 녹음하는 방법 외에 질문지법을 따로이 더 추가한 것은 음장을 판정할 때 객관적 실체(substance)보다는 화자 자신의 음장에 대한 인식(perception)이 중요하기 때문이다. 지속이 변별력을 갖지 않는 지역에서는 장모음을 분명히 발음하고 있으면서도, 일반적으로 음장을 인식하지 못하는 것이 보통이다.(이기문 외 1991 : 85)

시·도	조사지점	군별	성 명	성별	연령	주 소	비 고
서울	개포동	학생	한지원(여,17), 홍서영(여,17)				질문지
서울	자양동	성인	김덕춘	남	50	광진구 자양동	녹음·질문지
			김성광	남	54	송파구	
			신상웅	남	54	광진구 자양동	
			최성문	남	56	성동구	
			함영식	남	57	성동구 성수1가 2동	
		학생	구성규	남	17	광진구 자양고 1학년10반	
			김대욱	남	16	〃	
			유근필	남	17	〃	
			유정훈	남	17	〃	
			조성훈	남	16	〃	
			강원성(남,15), 강태영(남,17), 고영범(남,17), 김광년(남,17) 김병기(남,16), 김석우(남,17), 김세환(남,17), 김시진(남,17) 김영민(남,17), 김용배(남,17), 김용성(남,16), 김용성(남,18) 김유진(남,17), 김정길(남,15), 김정섭(남,17), 김정현(남,15) 김찬길(남,16), 김태관(남,16), 김태환(남,16), 박대우(남,16) 박두정(남,17), 박상하(남,17), 박성훈(남,17), 박수창(남,17) 박지웅(남,16), 손경식(남,17), 송민기(남,17), 양원협(남,17) 유원상(남,17), 유태욱(남,17), 유환욱(남,16), 윤여일(남,17) 이정석(남,16), 이정환(남,15), 이종섭(남,17), 이지성(남,17) 정동수(남,16), 정수웅(남,17), 조광국(남,16), 주형태(남,16) 차동호(남,17), 최정환(남,17), 한경구(남,17), 황팡섭(남,17)				질문지
인천	전동	성인	고병철	남	55	인천시 남동구	녹음·질문지
			김효순	여	52	인천시 부평구	
			이의방	남	57	〃	
		학생	김이철	남	16	인천 제물포고 1학년1반	
			김찬호	남	16	〃	
			문회웅	남	16	〃	
			조성권	남	16	〃	
			최성용	남	16	〃	
			강승우(남,17), 강원석(남,16), 강태호(남,16), 고태훈(남,16) 권오한(남,16), 김경태(남,17), 김광범(남,15), 김광호(남,16) 김기덕(남,16), 김동욱(남,16), 김명수(남,16), 김은호(남,17) 김정일(남,17), 김주상(남,16), 김진태(남,17), 민경혁(남,16) 박승훈(남,16), 송광현(남,15), 안 다(남,16), 안형민(남,16) 유경남(남,17), 유봉규(남,16), 유종현(남,17), 윤태용(남,16) 이동우(남,16), 이승환(남,16), 이한균(남,17), 이현철(남,15) 임동환(남,16), 임선규(남,17), 임용성(남,16), 정승영(남,16) 정용희(남,16), 최규열(남,17), 최성봉(남,17), 최현용(남,16) 최현준(남,17), 한기오(남,16), 한두환(남,16), 황재성(남,16)				질문지
경기	양평	성인	이복순	여	46	양평군 청운면 용두리	녹음·질문지
			한인식	남	48	〃	
			홍성옥	남	49	〃	
		학생	김정은	여	17	양평 청운고 1학년 1반	
			오창윤	남	17	〃 1반	
			최선영	여	17	〃 2반	
			홍기복	남	17	〃 2반	
			홍창연	여	17	〃 2반	
			공경희(여,17), 김경철(남,17), 김미영(여,17), 김순남(여,17) 김승렬(남,17), 김이종(여,17), 김종선(남,17), 김진영(남,17) 김철수(남,17), 김태호(남,17), 김희영(여,17), 남궁선숙(여,17)				질문지

시·도	조사지점	군별	성 명	성별	연령	주 소	비 고
경기	양평	학생	문선영(여,17), 민봉홍(남,17), 민인녀(여,17), 민혜진(여,17) 박경미(여,17), 박석화(남,17), 박성희(여,17), 박시환(남,17) 박윤숙(여,17), 방순홍(남,17), 백광훈(남,17), 신승호(남,17) 심광용(남,17), 양은철(남,17), 이기석(남,17), 이길호(남,17) 이명재(남,17), 이문희(여,17), 이미경(여,17), 이성규(남,17) 이숙용(여,17), 이영애(여,17), 이재철(남,17), 이종민(남,17) 이창미(여,17), 이창섭(남,17), 장동자(여,17), 장지동(남,17) 정선복(여,17), 최규숙(여,17), 허남호(남,17), 홍석현(남,17) 황금숙(여,17),			질문지
강원	평창	성인	김연화	여	57	강원도 평창군 평창읍	녹음·질문지
			김영자	여	50	〃	
			박종린	남	53	〃	
			이창준	남	51	〃	
			최승후	남	63	〃	
		학생	구자옥	여	16	평창군 평창고 1학년 4반	
			김진호	남	17	〃　　1반	
			이동근	남	17	〃　　1반	
			이우균	남	17	〃　　1반	
			지인경	여	17	〃　　4반	
			고정환(남,17), 권순호(남,17), 김동준(남,16), 김성기(남,17) 김재문(남,16), 김향연(남,17), 나훈영(남,17), 노재현(남,17) 박장우(남,17), 백명훈(남,16), 엄성주(남,17), 원도회(남,17) 유종각(남,17), 윤혁만(남,17), 이근황(남,17), 전종택(남,17) 지승현(남,17), 함인철(남,16), 홍세현(남,16), 황영순(남,17) 황준호(남,16)			질문지
강원	주문진	성인	김성기	남	40	강원도 강릉시 주문진읍	녹음·질문지
			최승용	남	38	〃	
			한태운	남	37	〃	
		학생	김형철	남	17	강릉시 주문진고 1학년1반	
			심길섭	남	17	〃	
			이강희	남	17	〃	
			최상운	남	17	〃	
			함준혁	남	17	〃	
			곽병길(남,16), 김구열(남,17), 김기현(남,17), 김동일(남,17) 김동조(남,17), 김재휘(남,17), 김정민(남,17), 김정환(남,16) 김준범(남,17), 김중철(남,17), 도한득(남,17), 박근철(남,18) 박상식(남,17), 박성구(남,17), 박승철(남,17), 박용재(남,17) 방기복(남,16), 송주환(남,17), 신정태(남,17), 양인모(남,17) 양정항(남,17), 우용필(남,16), 원현일(남,17), 윤자용(남,17) 이대헌(남,17), 이승한(남,18), 정재원(남,17), 최순규(남,17) 최종원(남,17), 홍완호(남,17), 황영준(남,17)			질문지
충북	단양	성인	김정숙	여	49	단양군 어상천면 임현리	녹음·질문지
			김종태	남	76	〃	
			배석호	남	63	〃	
			서재관	여	50	〃	
			윤성석	남	52	〃	
			임대근	남	50	〃	
		학생	권미영	여	16	어상천면 임현리 단산고 1학년 1반	
			권소현	여	16	〃	
			김옥회	여	16	〃	
			조성현	남	16	〃	
			허은숙	여	16	〃	
			권용정(남,16), 권일해(여,16), 권현숙(여,17), 김 은(여,16)			질문지

시·도	조사지점	군별	성 명	성별	연령	주 소	비 고
충북	단양	학생	김남진(여,15), 김명선(여,16), 김상윤(남,17), 김선희(여,16) 김승미(여,16), 김은숙(여,16), 김태수(남,16), 김현실(여,16) 박소영(여,16), 안승인(남,15), 양현경(여,16), 원두훈(남,15) 이남희(여,17), 이미선(여,17), 이미애(여,16), 이현경(여,16) 최일란(여,15)			질문지
대전	대흥동	성인	송달영	남	42	대전시 서구	녹음·질문지
			이성규	남	30	대전시 중구	
			임길순	남	48	〃	
			최재영	남	50	대전시 서구	
		학생	김형수	남	17	대전고 1학년12반	
			김호겸	남	17	〃	
			송창균	남	17	〃	
			이용규	남	17	〃	
			이재열	남	17	〃	
			강승룡(남,17), 김경택(남,17), 김기훈(남,17), 김대광(남,16) 김대현(남,17), 김선욱(남,16), 김영진(남,17), 김준명(남,17) 김태형(남,17), 문상철(남,17), 민지용(남,17), 박성훈(남,17) 박재현(남,17), 송호엽(남,16), 신근철(남,17), 신기후(남,17) 신이열(남,16), 심호준(남,17), 양철혁(남,17), 양희경(남,17) 엄상호(남,17), 오기현(남,17), 오주영(남,17), 이성민(남,17) 이성원(남,17), 이성재(남,17), 이용우(남,17), 이진경(남,17) 이태희(남,16), 이한일(남,17), 임상우(남,17), 임충순(남,17) 전왕범(남,17), 전인환(남,17), 전희수(남,17), 정석일(남,17) 정준환(남,16), 정호용(남,17), 조방현(남,17), 조병덕(남,17) 최병호(남,17), 한경수(남,16), 한근근(남,16), 황장호(남,17)			질문지
충남	청양	성인	김풍호	남	61	청양군 정산면 서정리	녹음·질문지
			임미자	여	30	〃	
			정필웅	남	49	〃	
		학생	양민주	여	17	청양군 정산고 1학년1반	
			이무혁	여	17	〃	
			이병모	남	16	〃	
			조경미	여	17	〃	
			조정화	여	17	〃	
			김미용(여,17), 김영호(남,16), 김영훈(남,17), 김태선(여,17) 류경록(남,17), 류시우(남,17), 명장식(남,17), 박상필(여,17) 박신영(여,17), 박진우(남,17), 서양미(여,17), 송충범(남,17) 양상렬(남,17), 우희배(여,16), 유희수(남,17), 이진경(여,17) 이풍우(남,17), 이현정(여,17), 임제혁(남,17), 조영준(남,17) 조홍동(남,17), 최봉진(남,17), 황규정(남,16), 황진아(여,17)			질문지
전북	순창	성인	김동묵	남	50	순창군 동계면 만전리	녹음·질문지
			이홍재	남	54	〃	질문지
			최 훈	남	54	〃	녹음·질문지
			황근주	남	57	〃	
		학생	김은옥	여	16	순창군 동계고 1학년2반	
			김혜선	여	15	〃	
			양명선	여	16	〃	
			채효경	여	16	〃	
			홍선숙	여	17	〃	
			김동곤(남,17), 김미정(여,16), 김은영(여,16), 김지영(여,16) 김태완(남,16), 김효선(여,15), 박병철(남,16), 서준원(남,16) 신지원(여,16), 안준표(남,16), 양수진(여,16), 양재혁(남,16)			질문지

시·도	조사지점	군별	성 명	성별	연령	주 소	비 고
전북	순창	학생	양춘애(여,15), 양현숙(여,16), 엄상연(남,16), 오성필(남,16)				질문지
			유수정(여,16), 유은순(여,16), 유은정(여,16), 유지현(여,16)				
			이근생(남,17), 이동선(남,17), 이영진(남,16), 이진하(여,16)				
			정영자(여,16), 정진균(남,16), 정혜숙(여,16), 진양조(남,17)				
			진영귀(남,16), 하태영(남,17), 한은경(여,16), 홍기심(남,16)				
			홍선하(여,16), 황미남(여,16), 김효수(남,17)				
광주	장동	성인	김오석	남	54	광주시 남구	녹음·질문지
			남귀원	여	50		
			윤병섭	남	51	광주시 동구	
			장덕균	남	55	광주시 서구	
			정성주	남	53	광주시 남구	
		학생	강서희	여	16	광주 전남여고 1학년6반	
			강지혜	여	16	〃	
			김수련	여	15	〃	
			장민정	여	15	〃	
			전 진	여	15	〃	
			강해복(여,15), 고현희(여,15), 김미선(여,15), 김미회(여,17)				질문지
			김보라(여,16), 김유라(여,15), 김유정(여,16), 김윤진(여,16)				
			김인영(여,16), 김인혜(여,16), 김현정(여,15), 김현정(여,16)				
			김혜경(여,16), 김혜정(여,15), 박연진(여,15), 박은숙(여,16)				
			배기례(여,16), 신세희(여,15), 신재옥(여,16), 신진영(여,16)				
			여현선(여,15), 오주현(여,15), 유선미(여,16), 윤진숙(여,15)				
			이미영(여,16), 이부광(여,16), 이상미(여,16), 이수란(여,16)				
			이은영(여,15), 이의선(여,17), 이자영(여,17), 이지다(여,17)				
			임지선(여,16), 장우정(여,16), 정민경(여,16), 정보미(여,15)				
			정효미(여,15), 조복희(여,16), 주선향(여,16), 주하나(여,16)				
			최현희(여,16), 최형오(여,16), 최희진(여,16), 한나영(여,15)				
			황채숙(여,15)				
전남	완도	성인	김동하	남	51	완도군 고금면 덕암리	녹음·질문지
			김영룡	남	51	〃	
			김창남	남	62	〃	
			김충규	남	56	〃	
			박광춘	남	49	〃	
		학생	강나애	여	16	완도군 고금종고 1학년2반	
			김애라	여	16	〃 2반	
			배은숙	여	16	〃 1반	
			양금숙	여	16	〃 2반	
			추미숙	여	16	〃 1반	
			강성소(남,16), 강지영(여,16), 고영관(여,16), 권금숙(여,16)				질문지
			김소영(여,16), 김소희(여,16), 김수정(여,17), 김순자(여,16)				
			박말여(여,15), 박상남(남,16), 박성호(남,15), 박세지(여,16)				
			박원희(여,16), 박창수(남,15), 손상미(여,16), 신승도(남,16)				
			신지영(여,16), 안분희(여,16), 양섬렬(남,16), 양성섭(남,16)				
			오지영(여,16), 오지혜(여,16), 오한민(남,16), 우미영(여,16)				
			윤은주(여,16), 이상훈(남,16), 이은숙(여,16), 이은주(여,16)				
			이현아(여,16), 이회숙(여,16), 장수리(여,16), 장윤희(여,16)				
			전순영(여,16), 정수경(여,16), 조선회(여,15), 채현주(여,16)				
			최광현(남,15), 추은화(여,16), 황경선(여,16), 황소영(여,16)				
대구	현풍면	성인	김창규	남	50	달성구 현풍면 중리	녹음·질문지
			박경석	남	50	〃	
			박대흠	남	50	〃	
		학생	김재민	남	17	달성군 현풍고 1학년1반	
			김태욱	남	16	〃	

시·도	조사지점	군별	성 명	성별	연령	주 소	비 고
대구	현풍면	학생	김형관	남	17	달성군 현풍고 1학년1반	녹음·질문지
			유동준	남	17	〃	
			전재환	남	17	〃	
			강원철(남,16), 고태혁(남,17), 곽대원(남,17), 곽순표(남,16) 곽필목(남,17), 곽호종(남,16), 권도균(남,16), 김도완(남,16) 김동근(남,16), 김동후(남,16), 김명현(남,16), 김봉진(남,15) 김성배(남,17), 김정욱(남,16), 김지현(남,16), 김현석(남,16) 김현태(남,16), 민승호(남,17), 박두범(남,17), 박종인(남,17) 박종현(남,16), 박희찬(남,16), 배재환(남,17), 서광수(남,17) 서정운(남,16), 서찬욱(남,17), 설진욱(남,16), 성진오(남,17) 신해도(남,17), 안정욱(남,17), 양찬진(남,17), 엄지용(남,17) 오성도(남,17), 원택일(남,16), 유준욱(남,17), 윤경수(남,16) 이기철(남,17), 이동혁(남,16), 이선제(남,17), 이인영(남,17) 이종원(남,16), 임윤성(남,17), 전영곤(남,16), 정지현(남,17) 최성진(남,17), 하영민(남,16), 하용수(남,16), 한종배(남,16)			질문지
경북	영양	성인	금병칠	남	49	영양군 수비면 발리리	녹음·질문지
			김상기	남	59	〃	
			박영철	남	69	〃	
			박청수	남	62	〃	
			정우현	남	48	〃	
		학생	김우현	남	16	영양군 수비고 1학년1반	
			박병근	남	17	〃	
			이현철	남	16	〃	
			장원일	남	16	〃	
			정성원	남	17	〃	
			권미숙(여,16), 김미경(여,16), 김민정(여,16), 김춘련(여,16) 배경미(여,16), 배미경(여,16), 배범석(남,16), 손영만(남,17) 최윤희(여,16), 최정숙(여,16), 한수정(여,16), 황재익(남,17)			질문지
부산	부곡2동	성인	김진명	남	50	금정구 부곡2동	녹음·질문지
			이성렬	남	50	동래구	
			하영일	남	51	연제구	
		학생	공지연	여	17	금정구 부산사대부고 1학년10반	
			김민정	여	16	〃	
			서숙경	여	17	〃	
			이정은	여	16	〃	
			홍서영	여	17	〃	
			강진현(여,16), 강혜진(여,16), 고미화(여,17), 금소영(여,17) 김경하(여,17), 김우정(여,17), 김윤경(여,17), 김은미(여,17) 김혜지(여,17), 김희정(여,17), 문현정(여,17), 박기은(여,17) 박명순(여,16), 박상미(여,17), 박아름(여,17), 박지영(여,16) 박혜진(여,17), 변미권(여,17), 손자영(여,17), 손정은(여,17) 손효주(여,16), 신상미(여,17), 유혜선(여,17), 이민정(여,17) 이선혜(여,17), 이수미(여,16), 이승희(여,17), 이영숙(여,17) 이영아(여,17), 이은희(여,17), 이효진(여,17), 이희정(여,17) 장윤금(여,17), 전효인(여,17), 전훈희(여,17), 조미화(여,17) 조정숙(여,17), 주미희(여,17), 최성예(여,17), 최유경(여,17) 최윤희(여,17), 최은하(여,17), 최해영(여,16), 홍차정(여,16)			질문지
경남	함양	성인	김성수	남	56	함양군 서상면 도천리	녹음·질문지
			김영상	남	65	〃	
			최미영	여	24	〃	
			최완석	남	48	〃	
			하영빈	남	63	〃	

시·도	조사지점	군별	성 명	성별	연령	주 소	비 고
경남	함양	학생	문미숙	여	18	함양군 서상상고 1학년1반	
			오영화	여	18	〃	
			윤선희	여	18	〃	
			이연주	여	18	〃	
			표은정	여	18	〃	
			강명호(남,18), 권시홍(남,18), 권연숙(여,18), 권인선(여,18) 권정식(남,18), 김말순(여,18), 김선녀(여,18), 김소희(여,18) 김은성(남,18), 김종선(남,17), 노종인(남,18), 박윤영(여,18) 박채숙(여,18), 서대필(남,18), 서수진(여,18), 서인숙(여,18) 서혜란(여,18), 양제선(남,18), 염성명(남,18), 오승희(여,18) 오영주(여,18), 이경남(여,18), 이광수(남,18), 이은경(여,18) 장미옥(여,18), 장은경(여,18), 전 영(여,18), 조명진(여,18) 조은경(여,18), 조정섭(남,18), 진양순(여,18), 한경임(여,18)				질문지
제주	남제주	성인	강영식	남	50	남제주군 대정읍 하모리	녹음·질문지
			고행익	남	51	〃	
			김창진	남	51	〃	
			이창훈	남	50	〃	
			홍석여	남	60	〃	
		학생	김달래	여	17	남제주군 대정여고 1-1	
			김양선	여	17	〃	
			송영자	여	17	〃	
			이성희	여	17	〃	
			정은아	여	17	〃	
			강영림(여,17), 강주이(여,17), 강지숙(여,17), 강혜경(여,17) 고미영(여,17), 김경란(여,17), 김명선(여,17), 김은지(여,17) 김진아(여,17), 김현숙(여,17), 김혜은(여,17), 김회나(여,17) 김희연(여,17), 라수정(여,17), 문효정(여,17), 박동숙(여,17) 박미정(여,17), 박정아(여,17), 배병효(여,17), 송시내(여,17) 유은경(여,17), 윤영미(여,17), 이명회(여,17), 이수경(여,17) 이정미(여,17), 이지연(여,17), 정유경(여,17), 조미정(여,17) 조미향(여,17), 최현주(여,17), 황영숙(여,17)				질문지

156. 조사 지점별로 분류해 본 제보자수는 다음과 같다.

[표11]   조사 지점별 제보자 통계표

시·도	조사지점	성인	학생(녹음자)	학생(비녹음자)	계
서울	개포동	4	6	46	56
	자양동	5	5	44	54
인천	전동	3	5	40	48
경기	양평	3	5	45	53
강원	평창	5	5	21	31
	주문진	3	5	31	39
충북	단양	6	5	21	32
대전	대흥동	4	5	44	53

시·도	조사지점	성인	학생(녹음자)	학생(비녹음자)	계
충남	청양	3	5	24	32
전북	순창	4*	5	35	44
광주	장동	5	5	45	55
전남	완도	5	5	40	50
대구	현풍면	3	5	48	56
경북	영양	5	5	12	22
부산	부곡2동	3	5	44	52
경남	함양	5	5	32	42
제주	남제주	5	5	31	41
계		71	86	603	760

* 전북 성인 4명중 1명이 녹음을 못하고, 질문지에만 응답하였음

4. 조사자 및 조사 기간

157. 조사는 1996년 10월 28일부터 1996년 11월 30일까지 사이에 실시되었으며, 조사 지점별 조사자는 다음과 같다.

[표12]   조사 지점별 조사자 및 조사 기간

연번	시·도명	조사 지점	조사자	조사 기간
1	서울	강남구 개포동	박윤명	10.28 ~ 11.30
		광진구 자양동	장영표	10.28 ~ 11.30
2	인천	중구 전동	고병철	11.4 ~ 11.30
3	경기	양평군청운면용두리	한근우	10.30 ~ 11.2
4	강원	평창군평창읍중1리	하용선	10.30 ~ 11.2
		강릉시주문진읍교향1리	박찬식	11.15 ~ 11.17
5	충북	단양군어상천면임현리	이창조	10.30 ~ 11.3
6	대전	중구 대흥3동	김진호	11.15 ~ 11.17
7	충남	청양군정산면서정리	김만곤	10.30 ~ 11.3
8	전북	순창군동계면만전리	최병룡	10.30 ~ 11.3
9	광주	동구 장동	박찬식	11.22 ~ 11.24
10	전남	완도군고금면덕암리	문수한	11.1 ~ 11.9
11	대구	달성군 현풍면 중리	김진호	11.22 ~ 11.24
12	경북	영양군수비면발리리	양우섭	11.4 ~ 11.9
13	부산	금정구 부곡2동	권태일	10.30 ~ 11.2
14	경남	함양군서상면도천리	조상제	11.1 ~ 11.9
15	제주	남제주군대정읍하모리	허천행	10.31 ~ 11.9

5. 조사 방법

158. 조사 방법은 조사원들에게 아래와 같은 내용의 「현지 조사 요령」을 나누어 주고, 현지에 출장하여 직접 조사해 오도록 하였다.

현지 조사 요령

가. 학생 질문지 조사
- o 조사원은 학생들에게 본 조사는 연구 목적으로만 쓰일 것이니, 자기가 말하는 대로만 기표하면 된다는 점을 강조한다.
- o 질문지를 나누어 주고, 시간 제한 없이, 피조사자 모두가 다 기표했을 때 회수한다.

나. 학생 녹음 조사
- o 질문지 조사를 먼저 실시한다.(질문지 조사에만 응하는 학생들과 같이 실시해도 좋다.)
- o 질문지 조사에 충분히 생각한 후 응답하였는지 확인한다.(미진한 것이 있으면 고쳐 기표하게 한다.)
- o 질문지 조사가 완전히 끝나면, 녹음에 들어가기 전에 〈조사Ⅰ〉의 문장을 자연스러워질 때까지 충분히 읽어 보게 한다.
- o 한 사람씩 차례로 "저는___도(시)___군(시·구)___고등학교 제1학년__반___입니다."라고 말한 후, 〈조사Ⅰ〉의 문장을 천천히 차례대로 읽어 내려가게 한다.
- o 잘못 말했다고 생각될 때는 반복하여 다시 말해도 좋다.

다. 성인 녹음 조사
- o 질문지 조사를 먼저 실시한다.
- o 질문지 조사에 충분히 생각한 후, 응답하였는지 확인한다(미진한 것이 있으면, 고쳐 기표하게 한다.). 질문지 조사가 완전히 끝나면, 녹음에 들어가기 전에 〈조사Ⅰ〉의 문장을 자연스러워질 때까지 충분히 읽어보게 한다.
- o 한 사람씩 차례로, "저는____도(시)____군(시·구)에 거주하는 _____입니다."라고 말한 후 〈조사Ⅰ〉의 문장을 천천히 차례대로 읽어 내려가게 한다.
- o 잘못 말했다고 생각될 때는, 반복하여 다시 말해도 좋다.

6. 전사

159. 녹음된 자료는 본 연구자와 경원대학교 대학원 박사과정에서 국어학을 전공하는 김진호, 박찬식, 석미영과 석사과정에서 역시 국어학을 전공하는 최 보라미 5인29)이, 질문지 〈조사Ⅰ〉의 1번부터 76번까지의 문장에, 음장이 얹힌 모음이 들어 있는 글자 위에 ˉ 표기하는 방법으로 전사(轉寫)하였다. 다만, 녹음이 전혀 되지 않은 1명(전북·순창, 이홍재, 성인)과 몇 개의 문장이 빠진 2명(광주, 김오석, 성인; 경남·함양, 문미숙, 학생)에 대하여는 붉은 싸인펜으로 문장번호(질문지 〈조사Ⅰ〉의 문장 앞에 붙은 아라비아 숫자)에 ○을 두르도록 하였다.

160. 5인이 각각 전사한 자료는 청취의 객관성을 확보하기 위하여, 다음 서식에 이기한30) 후, 재검 과정을 거쳐 5인 모두 음장이 얹힌 것으로 본 경우에만31), 그 제보자의 음장으로 채택하였다.

[표13]   개인별 녹음 청취 대비표

____도(시), ____군(구), *____학교, ____세, 성명____

문장번호	채택형	김수형	김진호	박찬식	석미영	최 보라미
1	낮에는 일하고, 밤에는 쉬고, 또 낮에는 일을 하였습니다.	낮에는 일하고, 밤에는 쉬고, 또 낮에는 일을 하였습니다.	낮에는 일하고, 밤에는 쉬고, 또 낮에는 일을 하였습니다.	낮에는 일하고, 밤에는 쉬고, 또 낮에는 일을 하였습니다.	낮에는 일하고, 밤에는 쉬고, 또 낮에는 일을 하였습니다.	낮에는 일하고, 밤에는 쉬고, 또 낮에는 일을 하였습니다.
2	'구원의 정화'라는 영화는 퍽 감명적이었다.	'구원의 정화'라는 영화는 퍽 감명적이었다.	'구원의 정화'라는 영화는 퍽 감명적이었다.	'구원의 정화'라는 영화는 퍽 감명적이었다.	'구원의 정화'라는 영화는 퍽 감명적이었다.	'구원의 정화'라는 영화는 퍽 감명적이었다.

---

29) 전사자 5인이 모두 서울·경기 지역 사람이란 점은 이 연구의 또 하나의 약점이다. 예를 들어서, 제주도 원어민의 경우, 음장에 대한 인식이 전혀 없는 것이 사실이라면, 녹음된 자료를 전사자 기준으로 음장이 얹힌 소리와 음장이 얹히지 않은 소리로 구분 전사하는 것은 의미가 없기 때문이다.

30) §159에서 문장 번호에 붉은 싸인펜으로 ○이 둘러진 것은 「개인별 녹음 청취 대비표」에도 그대로 옮겨 표시하도록 하였다.

31) 5인의 전사자들에게 인용형일 때의 표준 음장을 제공하면서, 문장 안에서 음장이 소멸한다는 점과 음장은 그 길이가 2 morae 정도는 되어야 한다는 점을 사전에 주지시키지 않아, 이웃 모음보다 음성적으로 조금만 길게 느껴지면 음장이 얹힌 것으로 표기한 전사자가 있어 부득이 5인 전원일치제를 택하였다.

문장번호	채택형	김수형	김진호	박찬식	석미영	최 보라미
3	일기와 편지는 그 동기와 표현형식이 극히 개인적이며 개성적이다	일기와 편지는 그 동기와 표현형식이 극히 개인적이며 개성적이다	일기와 편지는 그 동기와 표현형식이 극히 개인적이며 개성적이다	일기와 편지는 그 동기와 표현형식이 극히 개인적이며 개성적이다	일기와 편지는 그 동기와 표현형식이 극히 개인적이며 개성적이다	일기와 편지는 그 동기와 표현형식이 극히 개인적이며 개성적이다
4	여기가 우리들이 살 나라란다.	여기가 우리들이 살 나라란다.	여기가 우리들이 살 나라란다.	여기가 우리들이 살 나라란다.	여기가 우리들이 살 나라란다.	여기가 우리들이 살 나라란다.
5	영구한 세월, 이 자리를 지켜온 돌 비석	영구한 세월, 이 자리를 지켜온 돌 비석	영구한 세월, 이 자리를 지켜온 돌 비석	영구한 세월, 이 자리를 지켜온 돌 비석	영구한 세월, 이 자리를 지켜온 돌 비석	영구한 세월, 이 자리를 지켜온 돌 비석
6	벌써 단풍의 연한 빛을 보이는 잎사귀들도 있었다.	벌써 단풍의 연한 빛을 보이는 잎사귀들도 있었다.	벌써 단풍의 연한 빛을 보이는 잎사귀들도 있었다.	벌써 단풍의 연한 빛을 보이는 잎사귀들도 있었다.	벌써 단풍의 연한 빛을 보이는 잎사귀들도 있었다.	벌써 단풍의 연한 빛을 보이는 잎사귀들도 있었다.
7	동무들도 많이 있지.	동무들도 많이 있지.	동무들도 많이 있지.	동무들도 많이 있지.	동무들도 많이 있지.	동무들도 많이 있지.
8	운명의 이불이나마 덮고 포근히 잠들고 싶다.	운명의 이불이나마 덮고 포근히 잠들고 싶다.	운명의 이불이나마 덮고 포근히 잠들고 싶다.	운명의 이불이나마 덮고 포근히 잠들고 싶다.	운명의 이불이나마 덮고 포근히 잠들고 싶다.	운명의 이불이나마 덮고 포근히 잠들고 싶다.
9	애, 우리 여기서 놀자.	애, 우리 여기서 놀자.	애, 우리 여기서 놀자.	애, 우리 여기서 놀자.	애, 우리 여기서 놀자.	애, 우리 여기서 놀자.
10	인생이란 긴 여로	인생이란 긴 여로	인생이란 긴 여로	인생이란 긴 여로	인생이란 긴 여로	인생이란 긴 여로
11	분홍치마의 말을	분홍치마의 말을	분홍치마의 말을	분홍치마의 말을	분홍치마의 말을	분홍치마의 말을

문장번호	채택형	김수형	김진호	박찬식	석미영	최 보라미
	듣고, 나는 방실방실 웃으며 좋아했습니다.	듣고, 나는 방실방실 웃으며 좋아했습니다.	듣고, 나는 방실방실 웃으며 좋아했습니다.	듣고, 나는 방실방실 웃으며 좋아했습니다.	듣고, 나는 방실방실 웃으며 좋아했습니다.	듣고, 나는 방실방실 웃으며 좋아했습니다.
12	시험 공부 때문에 시간의 여유를 만들기가 무척 힘이 듭니다.	시험 공부 때문에 시간의 여유를 만들기가 무척 힘이 듭니다.	시험 공부 때문에 시간의 여유를 만들기가 무척 힘이 듭니다.	시험 공부 때문에 시간의 여유를 만들기가 무척 힘이 듭니다.	시험 공부 때문에 시간의 여유를 만들기가 무척 힘이 듭니다.	시험 공부 때문에 시간의 여유를 만들기가 무척 힘이 듭니다.
13	부정만이 최선의 자세는 아니다.	부정만이 최선의 자세는 아니다.	부정만이 최선의 자세는 아니다.	부정만이 최선의 자세는 아니다.	부정만이 최선의 자세는 아니다.	부정만이 최선의 자세는 아니다.
14	집의 구조가 아주 달라졌다.	집의 구조가 아주 달라졌다.	집의 구조가 아주 달라졌다.	집의 구조가 아주 달라졌다.	집의 구조가 아주 달라졌다.	집의 구조가 아주 달라졌다.
15	항상 조용하시면서도 내심으로 튀는 불꽃을 뵙는 듯했습니다.	항상 조용하시면서도 내심으로 튀는 불꽃을 뵙는 듯했습니다.	항상 조용하시면서도 내심으로 튀는 불꽃을 뵙는 듯했습니다.	항상 조용하시면서도 내심으로 튀는 불꽃을 뵙는 듯했습니다.	항상 조용하시면서도 내심으로 튀는 불꽃을 뵙는 듯했습니다.	항상 조용하시면서도 내심으로 튀는 불꽃을 뵙는 듯했습니다.
16	말 탄 군인 아저씨들이 지나갔습니다.	말 탄 군인 아저씨들이 지나갔습니다.	말 탄 군인 아저씨들이 지나갔습니다.	말 탄 군인 아저씨들이 지나갔습니다.	말 탄 군인 아저씨들이 지나갔습니다.	말 탄 군인 아저씨들이 지나갔습니다.
17	겨울 밤에 할머니의 이야기를 듣는 것도 재미있지요.	겨울 밤에 할머니의 이야기를 듣는 것도 재미있지요.	겨울 밤에 할머니의 이야기를 듣는 것도 재미있지요.	겨울 밤에 할머니의 이야기를 듣는 것도 재미있지요.	겨울 밤에 할머니의 이야기를 듣는 것도 재미있지요.	겨울 밤에 할머니의 이야기를 듣는 것도 재미있지요.
18	토담집 고치는 소리,	토담집 고치는 소리,	토담집 고치는 소리,	토담집 고치는 소리,	토담집 고치는 소리,	토담집 고치는 소리,

문장번호	채택형	김수형	김진호	박찬식	석미영	최 보라미
	별발 아래 들려라.	별발 아래 들려라.	별발 아래 들려라.	별발 아래 들려라.	별발 아래 들려라.	별발 아래 들려라.
19	부정한 여인들에 대한 기사가 신문을 매우자, 세상은 말세라는 자탄의 소리가 높다.	부정한 여인들에 대한 기사가 신문을 매우자, 세상은 말세라는 자탄의 소리가 높다.	부정한 여인들에 대한 기사가 신문을 매우자, 세상은 말세라는 자탄의 소리가 높다.	부정한 여인들에 대한 기사가 신문을 매우자, 세상은 말세라는 자탄의 소리가 높다.	부정한 여인들에 대한 기사가 신문을 매우자, 세상은 말세라는 자탄의 소리가 높다.	부정한 여인들에 대한 기사가 신문을 매우자, 세상은 말세라는 자탄의 소리가 높다.
20	하늘에서 떡가루 같은 눈이 쏟아집니다.	하늘에서 떡가루 같은 눈이 쏟아집니다.	하늘에서 떡가루 같은 눈이 쏟아집니다.	하늘에서 떡가루 같은 눈이 쏟아집니다.	하늘에서 떡가루 같은 눈이 쏟아집니다.	하늘에서 떡가루 같은 눈이 쏟아집니다.
21	갑자기 꿈을 깨니, 반가운 빗소리라.	갑자기 꿈을 깨니, 반가운 빗소리라.	갑자기 꿈을 깨니, 반가운 빗소리라.	갑자기 꿈을 깨니, 반가운 빗소리라.	갑자기 꿈을 깨니, 반가운 빗소리라.	갑자기 꿈을 깨니, 반가운 빗소리라.
22	철수는 병이 나서 학교에 결석했습니다.	철수는 병이 나서 학교에 결석했습니다.	철수는 병이 나서 학교에 결석했습니다.	철수는 병이 나서 학교에 결석했습니다.	철수는 병이 나서 학교에 결석했습니다.	철수는 병이 나서 학교에 결석했습니다.
23	마침내 남은 한 잎이 마지막 떨고 있는 고비	마침내 남은 한 잎이 마지막 떨고 있는 고비	마침내 남은 한 잎이 마지막 떨고 있는 고비	마침내 남은 한 잎이 마지막 떨고 있는 고비	마침내 남은 한 잎이 마지막 떨고 있는 고비	마침내 남은 한 잎이 마지막 떨고 있는 고비
24	군밤을 까 먹으며 놀았습니다.	군밤을 까 먹으며 놀았습니다.	군밤을 까 먹으며 놀았습니다.	군밤을 까 먹으며 놀았습니다.	군밤을 까 먹으며 놀았습니다.	군밤을 까 먹으며 놀았습니다.
25	구원의 손길만을 기다리고	구원의 손길만을 기다리고	구원의 손길만을 기다리고	구원의 손길만을 기다리고	구원의 손길만을 기다리고	구원의 손길만을 기다리고

문장번호	채택형	김수형	김진호	박찬식	석미영	최 보라미
	있는 사람에게 영화를 누리고 있을 것이라니, 무슨 망발이냐?	있는 사람에게 영화를 누리고 있을 것이라니, 무슨 망발이냐?	있는 사람에게 영화를 누리고 있을 것이라니, 무슨 망발이냐?	있는 사람에게 영화를 누리고 있을 것이라니, 무슨 망발이냐?	있는 사람에게 영화를 누리고 있을 것이라니, 무슨 망발이냐?	있는 사람에게 영화를 누리고 있을 것이라니, 무슨 망발이냐?
26	바위도 세월이 아픈가, 또 하나 금이 갑니다.	바위도 세월이 아픈가, 또 하나 금이 갑니다.	바위도 세월이 아픈가, 또 하나 금이 갑니다.	바위도 세월이 아픈가, 또 하나 금이 갑니다.	바위도 세월이 아픈가, 또 하나 금이 갑니다.	바위도 세월이 아픈가, 또 하나 금이 갑니다.
27	나뭇짐 속에 숨어서 간신히 살아난 사슴은 그에게 수없이 절을 하였습니다.	나뭇짐 속에 숨어서 간신히 살아난 사슴은 그에게 수없이 절을 하였습니다.	나뭇짐 속에 숨어서 간신히 살아난 사슴은 그에게 수없이 절을 하였습니다.	나뭇짐 속에 숨어서 간신히 살아난 사슴은 그에게 수없이 절을 하였습니다.	나뭇짐 속에 숨어서 간신히 살아난 사슴은 그에게 수없이 절을 하였습니다.	나뭇짐 속에 숨어서 간신히 살아난 사슴은 그에게 수없이 절을 하였습니다.
28	내가 제일 크니까, 이 배는 내가 먹어야 해.	내가 제일 크니까, 이 배는 내가 먹어야 해.	내가 제일 크니까, 이 배는 내가 먹어야 해.	내가 제일 크니까, 이 배는 내가 먹어야 해.	내가 제일 크니까, 이 배는 내가 먹어야 해.	내가 제일 크니까, 이 배는 내가 먹어야 해.
29	점심을 잡숫고, 오빠하고 같이 가세요.	점심을 잡숫고, 오빠하고 같이 가세요.	점심을 잡숫고, 오빠하고 같이 가세요.	점심을 잡숫고, 오빠하고 같이 가세요.	점심을 잡숫고, 오빠하고 같이 가세요.	점심을 잡숫고, 오빠하고 같이 가세요.
30	잘 했어요. 그럼 이번에는 동규가 다시 말해 보세요.	잘 했어요. 그럼 이번에는 동규가 다시 말해 보세요.	잘 했어요. 그럼 이번에는 동규가 다시 말해 보세요.	잘 했어요. 그럼 이번에는 동규가 다시 말해 보세요.	잘 했어요. 그럼 이번에는 동규가 다시 말해 보세요.	잘 했어요. 그럼 이번에는 동규가 다시 말해 보세요.

문장번호	채택형	김수형	김진호	박찬식	석미영	최 보라미
31	눈에서는 눈물이 흘러내렸습니다.	눈에서는 눈물이 흘러내렸습니다.	눈에서는 눈물이 흘러내렸습니다.	눈에서는 눈물이 흘러내렸습니다.	눈에서는 눈물이 흘러내렸습니다.	눈에서는 눈물이 흘러내렸습니다.
32	기차가 굴로 들어갔습니다.	기차가 굴로 들어갔습니다.	기차가 굴로 들어갔습니다.	기차가 굴로 들어갔습니다.	기차가 굴로 들어갔습니다.	기차가 굴로 들어갔습니다.
33	부정만 일삼는 이 부정한 사회가 언제나 정화될 것인지.	부정만 일삼는 이 부정한 사회가 언제나 정화될 것인지.	부정만 일삼는 이 부정한 사회가 언제나 정화될 것인지.	부정만 일삼는 이 부정한 사회가 언제나 정화될 것인지.	부정만 일삼는 이 부정한 사회가 언제나 정화될 것인지.	부정만 일삼는 이 부정한 사회가 언제나 정화될 것인지.
34	애들아, 그 생선은 썩어서 버렸어.	애들아, 그 생선은 썩어서 버렸어.	애들아, 그 생선은 썩어서 버렸어.	애들아, 그 생선은 썩어서 버렸어.	애들아, 그 생선은 썩어서 버렸어.	애들아, 그 생선은 썩어서 버렸어.
35	왜 웃니, 들은 대로 이야기했는데.	왜 웃니, 들은 대로 이야기했는데.	왜 웃니, 들은 대로 이야기했는데.	왜 웃니, 들은 대로 이야기했는데.	왜 웃니, 들은 대로 이야기했는데.	왜 웃니, 들은 대로 이야기했는데.
36	영구는 여로라는 연속극의 주인공이다.	영구는 여로라는 연속극의 주인공이다.	영구는 여로라는 연속극의 주인공이다.	영구는 여로라는 연속극의 주인공이다.	영구는 여로라는 연속극의 주인공이다.	영구는 여로라는 연속극의 주인공이다.
37	이제 막 백학 네 쌍이 앉아 깃을 접는다.	이제 막 백학 네 쌍이 앉아 깃을 접는다.	이제 막 백학 네 쌍이 앉아 깃을 접는다.	이제 막 백학 네 쌍이 앉아 깃을 접는다.	이제 막 백학 네 쌍이 앉아 깃을 접는다.	이제 막 백학 네 쌍이 앉아 깃을 접는다.
38	여름에는 보통 문에 발을 치고 지냅니다.	여름에는 보통 문에 발을 치고 지냅니다.	여름에는 보통 문에 발을 치고 지냅니다.	여름에는 보통 문에 발을 치고 지냅니다.	여름에는 보통 문에 발을 치고 지냅니다.	여름에는 보통 문에 발을 치고 지냅니다.
39	사슴이	사슴이	사슴이	사슴이	사슴이	사슴이

문장번호	채택형	김수형	김진호	박찬식	석미영	최 보라미
	시키는 대로 날개옷을 하나 몰래 감추었습니다.	시키는 대로 날개옷을 하나 몰래 감추었습니다.	시키는 대로 날개옷을 하나 몰래 감추었습니다.	시키는 대로 날개옷을 하나 몰래 감추었습니다.	시키는 대로 날개옷을 하나 몰래 감추었습니다.	시키는 대로 날개옷을 하나 몰래 감추었습니다.
40	바람을 쐬며, 서성대고 있을 때, 동규가 냇가로 나왔습니다.	바람을 쐬며, 서성대고 있을 때, 동규가 냇가로 나왔습니다.	바람을 쐬며, 서성대고 있을 때, 동규가 냇가로 나왔습니다.	바람을 쐬며, 서성대고 있을 때, 동규가 냇가로 나왔습니다.	바람을 쐬며, 서성대고 있을 때, 동규가 냇가로 나왔습니다.	바람을 쐬며, 서성대고 있을 때, 동규가 냇가로 나왔습니다.
41	야트막한 담에는 쫓겨난 아이들이 머리만 내밀고 족 매달려서 넘어다봅니다.	야트막한 담에는 쫓겨난 아이들이 머리만 내밀고 족 매달려서 넘어다봅니다.	야트막한 담에는 쫓겨난 아이들이 머리만 내밀고 족 매달려서 넘어다봅니다.	야트막한 담에는 쫓겨난 아이들이 머리만 내밀고 족 매달려서 넘어다봅니다.	야트막한 담에는 쫓겨난 아이들이 머리만 내밀고 족 매달려서 넘어다봅니다.	야트막한 담에는 쫓겨난 아이들이 머리만 내밀고 족 매달려서 넘어다봅니다.
42	구조가 시급한 사람을 놓고, 서로 다투다가, 귀중한 인명만 잃었다.	구조가 시급한 사람을 놓고, 서로 다투다가, 귀중한 인명만 잃었다.	구조가 시급한 사람을 놓고, 서로 다투다가, 귀중한 인명만 잃었다.	구조가 시급한 사람을 놓고, 서로 다투다가, 귀중한 인명만 잃었다.	구조가 시급한 사람을 놓고, 서로 다투다가, 귀중한 인명만 잃었다.	구조가 시급한 사람을 놓고, 서로 다투다가, 귀중한 인명만 잃었다.
43	어제는 밤을 구워 먹었습니다.	어제는 밤을 구워 먹었습니다.	어제는 밤을 구워 먹었습니다.	어제는 밤을 구워 먹었습니다.	어제는 밤을 구워 먹었습니다.	어제는 밤을 구워 먹었습니다.
44	이상은 착목하는 곳이 원대하고 자신과 용기에 넘치는 청춘이 누리는 특권이다.	이상은 착목하는 곳이 원대하고 자신과 용기에 넘치는 청춘이 누리는 특권이다.	이상은 착목하는 곳이 원대하고 자신과 용기에 넘치는 청춘이 누리는 특권이다.	이상은 착목하는 곳이 원대하고 자신과 용기에 넘치는 청춘이 누리는 특권이다.	이상은 착목하는 곳이 원대하고 자신과 용기에 넘치는 청춘이 누리는 특권이다.	이상은 착목하는 곳이 원대하고 자신과 용기에 넘치는 청춘이 누리는 특권이다.

문장번호	채택형	김수형	김진호	박찬식	석미영	최 보라미
45	국위를 선양하고 고국에 돌아왔으나, 연고 있는 사람이 있어서는 아니었다.	국위를 선양하고 고국에 돌아왔으나, 연고 있는 사람이 있어서는 아니었다.	국위를 선양하고 고국에 돌아왔으나, 연고 있는 사람이 있어서는 아니었다.	국위를 선양하고 고국에 돌아왔으나, 연고 있는 사람이 있어서는 아니었다.	국위를 선양하고 고국에 돌아왔으나, 연고 있는 사람이 있어서는 아니었다.	국위를 선양하고 고국에 돌아왔으나, 연고 있는 사람이 있어서는 아니었다.
46	그 병에 든 약은 무슨 약이냐?	그 병에 든 약은 무슨 약이냐?	그 병에 든 약은 무슨 약이냐?	그 병에 든 약은 무슨 약이냐?	그 병에 든 약은 무슨 약이냐?	그 병에 든 약은 무슨 약이냐?
47	그래, 아무도 없는데, 동생이 깨서, 혼자 울고 있더라.	그래, 아무도 없는데, 동생이 깨서, 혼자 울고 있더라.	그래, 아무도 없는데, 동생이 깨서, 혼자 울고 있더라.	그래, 아무도 없는데, 동생이 깨서, 혼자 울고 있더라.	그래, 아무도 없는데, 동생이 깨서, 혼자 울고 있더라.	그래, 아무도 없는데, 동생이 깨서, 혼자 울고 있더라.
48	모래가 곱고 나무 그늘이 있는 곳을 골랐습니다.	모래가 곱고 나무 그늘이 있는 곳을 골랐습니다.	모래가 곱고 나무 그늘이 있는 곳을 골랐습니다.	모래가 곱고 나무 그늘이 있는 곳을 골랐습니다.	모래가 곱고 나무 그늘이 있는 곳을 골랐습니다.	모래가 곱고 나무 그늘이 있는 곳을 골랐습니다.
49	나는 항상 발이 깨끗합니다.	나는 항상 발이 깨끗합니다.	나는 항상 발이 깨끗합니다.	나는 항상 발이 깨끗합니다.	나는 항상 발이 깨끗합니다.	나는 항상 발이 깨끗합니다.
50	"놀이터가 참 좋구나" 하시며, 재미있게 노는 아이들을 둘러보셨습니다.	"놀이터가 참 좋구나" 하시며, 재미있게 노는 아이들을 둘러보셨습니다.	"놀이터가 참 좋구나" 하시며, 재미있게 노는 아이들을 둘러보셨습니다.	"놀이터가 참 좋구나" 하시며, 재미있게 노는 아이들을 둘러보셨습니다.	"놀이터가 참 좋구나" 하시며, 재미있게 노는 아이들을 둘러보셨습니다.	"놀이터가 참 좋구나" 하시며, 재미있게 노는 아이들을 둘러보셨습니다.
51	방앗간은 우리 동네	방앗간은 우리 동네	방앗간은 우리 동네	방앗간은 우리 동네	방앗간은 우리 동네	방앗간은 우리 동네

문장번호	채택형	김수형	김진호	박찬식	석미영	최 보라미
	자랑거리입니다.	자랑거리입니다.	자랑거리입니다.	자랑거리입니다.	자랑거리입니다.	자랑거리입니다.
52	이상으로 저의 애기를 끝내겠습니다.	이상으로 저의 애기를 끝내겠습니다.	이상으로 저의 애기를 끝내겠습니다.	이상으로 저의 애기를 끝내겠습니다.	이상으로 저의 애기를 끝내겠습니다.	이상으로 저의 애기를 끝내겠습니다.
53	장으로 가는 사람들이 많아서, 길에는 먼지가 자욱했습니다.	장으로 가는 사람들이 많아서, 길에는 먼지가 자욱했습니다.	장으로 가는 사람들이 많아서, 길에는 먼지가 자욱했습니다.	장으로 가는 사람들이 많아서, 길에는 먼지가 자욱했습니다.	장으로 가는 사람들이 많아서, 길에는 먼지가 자욱했습니다.	장으로 가는 사람들이 많아서, 길에는 먼지가 자욱했습니다.
54	당신 틀림없이 야단을 맞겠는 걸.	당신 틀림없이 야단을 맞겠는 걸.	당신 틀림없이 야단을 맞겠는 걸.	당신 틀림없이 야단을 맞겠는 걸.	당신 틀림없이 야단을 맞겠는 걸.	당신 틀림없이 야단을 맞겠는 걸.
55	다람쥐 삼 형제가 살고 있었습니다.	다람쥐 삼 형제가 살고 있었습니다.	다람쥐 삼 형제가 살고 있었습니다.	다람쥐 삼 형제가 살고 있었습니다.	다람쥐 삼 형제가 살고 있었습니다.	다람쥐 삼 형제가 살고 있었습니다.
56	그림을 보고, 영숙이가 한 차례를 생각해 봅시다.	그림을 보고, 영숙이가 한 차례를 생각해 봅시다.	그림을 보고, 영숙이가 한 차례를 생각해 봅시다.	그림을 보고, 영숙이가 한 차례를 생각해 봅시다.	그림을 보고, 영숙이가 한 차례를 생각해 봅시다.	그림을 보고, 영숙이가 한 차례를 생각해 봅시다.
57	배가 아프면, 소화제를 먹어야지.	배가 아프면, 소화제를 먹어야지.	배가 아프면, 소화제를 먹어야지.	배가 아프면, 소화제를 먹어야지.	배가 아프면, 소화제를 먹어야지.	배가 아프면, 소화제를 먹어야지.
58	가물이 들고 질병이 돈 후였다.	가물이 들고 질병이 돈 후였다.	가물이 들고 질병이 돈 후였다.	가물이 들고 질병이 돈 후였다.	가물이 들고 질병이 돈 후였다.	가물이 들고 질병이 돈 후였다.
59	비행기가 지나간 하늘을 쳐다보고 있습니다.	비행기가 지나간 하늘을 쳐다보고 있습니다.	비행기가 지나간 하늘을 쳐다보고 있습니다.	비행기가 지나간 하늘을 쳐다보고 있습니다.	비행기가 지나간 하늘을 쳐다보고 있습니다.	비행기가 지나간 하늘을 쳐다보고 있습니다.

문장번호	채택형	김수형	김진호	박찬식	석미영	최 보라미
60	그래도 그런 거짓을 일삼느냐?	그래도 그런 거짓을 일삼느냐?	그래도 그런 거짓을 일삼느냐?	그래도 그런 거짓을 일삼느냐?	그래도 그런 거짓을 일삼느냐?	그래도 그런 거짓을 일삼느냐?
61	어머니가 바다에서 굴을 따 오셨습니다.	어머니가 바다에서 굴을 따 오셨습니다.	어머니가 바다에서 굴을 따 오셨습니다.	어머니가 바다에서 굴을 따 오셨습니다.	어머니가 바다에서 굴을 따 오셨습니다.	어머니가 바다에서 굴을 따 오셨습니다.
62	저희 모두를 용서해 주십시오.	저희 모두를 용서해 주십시오.	저희 모두를 용서해 주십시오.	저희 모두를 용서해 주십시오.	저희 모두를 용서해 주십시오.	저희 모두를 용서해 주십시오.
63	너는 사투리를 모르고 있구나.	너는 사투리를 모르고 있구나.	너는 사투리를 모르고 있구나.	너는 사투리를 모르고 있구나.	너는 사투리를 모르고 있구나.	너는 사투리를 모르고 있구나.
64	금강산 어느 골짜기에 나무꾼이 살고 있었습니다.	금강산 어느 골짜기에 나무꾼이 살고 있었습니다.	금강산 어느 골짜기에 나무꾼이 살고 있었습니다.	금강산 어느 골짜기에 나무꾼이 살고 있었습니다.	금강산 어느 골짜기에 나무꾼이 살고 있었습니다.	금강산 어느 골짜기에 나무꾼이 살고 있었습니다.
65	아직 보아서는 안 돼.	아직 보아서는 안 돼.	아직 보아서는 안 돼.	아직 보아서는 안 돼.	아직 보아서는 안 돼.	아직 보아서는 안 돼.
66	내가 대신 해 줄게.	내가 대신 해 줄게.	내가 대신 해 줄게.	내가 대신 해 줄게.	내가 대신 해 줄게.	내가 대신 해 줄게.
67	거리는 몹시 비좁고 갑갑했습니다.	거리는 몹시 비좁고 갑갑했습니다.	거리는 몹시 비좁고 갑갑했습니다.	거리는 몹시 비좁고 갑갑했습니다.	거리는 몹시 비좁고 갑갑했습니다.	거리는 몹시 비좁고 갑갑했습니다.
68	이때, 방 안에서, 귀여운 소녀가 나왔습니다.	이때, 방 안에서, 귀여운 소녀가 나왔습니다.	이때, 방 안에서, 귀여운 소녀가 나왔습니다.	이때, 방 안에서, 귀여운 소녀가 나왔습니다.	이때, 방 안에서, 귀여운 소녀가 나왔습니다.	이때, 방 안에서, 귀여운 소녀가 나왔습니다.
69	할머니는	할머니는	할머니는	할머니는	할머니는	할머니는

문장번호	채택형	김수형	김진호	박찬식	석미영	최 보라미
	그것을 장 속에 넣어 두었습니다.	그것을 장 속에 넣어 두었습니다.	그것을 장 속에 넣어 두었습니다.	그것을 장 속에 넣어 두었습니다.	그것을 장 속에 넣어 두었습니다.	그것을 장 속에 넣어 두었습니다.
70	선장은 배를 무인도에 정박시켰습니다.	선장은 배를 무인도에 정박시켰습니다.	선장은 배를 무인도에 정박시켰습니다.	선장은 배를 무인도에 정박시켰습니다.	선장은 배를 무인도에 정박시켰습니다.	선장은 배를 무인도에 정박시켰습니다.
71	암탉은 무엇인지 몰라서 허둥대며 피했습니다.	암탉은 무엇인지 몰라서 허둥대며 피했습니다.	암탉은 무엇인지 몰라서 허둥대며 피했습니다.	암탉은 무엇인지 몰라서 허둥대며 피했습니다.	암탉은 무엇인지 몰라서 허둥대며 피했습니다.	암탉은 무엇인지 몰라서 허둥대며 피했습니다.
72	험상궂은 사람이 금방 걸어 나올 것 같았습니다.	험상궂은 사람이 금방 걸어 나올 것 같았습니다.	험상궂은 사람이 금방 걸어 나올 것 같았습니다.	험상궂은 사람이 금방 걸어 나올 것 같았습니다.	험상궂은 사람이 금방 걸어 나올 것 같았습니다.	험상궂은 사람이 금방 걸어 나올 것 같았습니다.
73	아니야, 아니야, 무서워 할 것 없어.	아니야, 아니야, 무서워 할 것 없어.	아니야, 아니야, 무서워 할 것 없어.	아니야, 아니야, 무서워 할 것 없어.	아니야, 아니야, 무서워 할 것 없어.	아니야, 아니야, 무서워 할 것 없어.
74	어떤 이는 무당에게 돈을 내고 빌었습니다.	어떤 이는 무당에게 돈을 내고 빌었습니다.	어떤 이는 무당에게 돈을 내고 빌었습니다.	어떤 이는 무당에게 돈을 내고 빌었습니다.	어떤 이는 무당에게 돈을 내고 빌었습니다.	어떤 이는 무당에게 돈을 내고 빌었습니다.
75	일 개인의 사정은 고려되지 않는다.	일 개인의 사정은 고려되지 않는다.	일 개인의 사정은 고려되지 않는다.	일 개인의 사정은 고려되지 않는다.	일 개인의 사정은 고려되지 않는다.	일 개인의 사정은 고려되지 않는다.
76	너무 거리가 멀어서 그만두겠다.	너무 거리가 멀어서 그만두겠다.	너무 거리가 멀어서 그만두겠다.	너무 거리가 멀어서 그만두겠다.	너무 거리가 멀어서 그만두겠다.	너무 거리가 멀어서 그만두겠다.

성인의 경우는 '학교' 앞 ＿＿＿에 '성인'이라고 쓸 것

7. 결과 처리

161. 본 연구의 목적은 한국어에 있어서 모음의 지속이 음운으로 설정될 가치가 있는지 여부를 검토하는 것이다. 따라서 조사된 자료들은 음운 설정의 과정을 따라 분석되고 분류되어야 할 것이다. 그런데 음운 설정의 방법은 원칙적으로 운율적 자질의 경우나 분절적 자질의 경우나 똑같다. 그러므로 본 연구에서도 조사된 자료들은, 그것들이 자유변이(free variation)의 관계에 있는 것은 아닌지, 상보적 분포(complementary distribution)에 의해서 하나로 묶일 수 있는 것은 아닌지, 최소 대립의 짝(minimal pair)을 이루고 있는 것은 아닌지 등을 살펴보고, 다시 심리주의적 관점에서 점검해 보게 될 것이다. 다만, 분절음소 설정 과정에서 자주 고려의 대상이 되어 왔던 복식상보배치(multiple complementation), 조직외적 음운(extra-systematic phoneme), 동형성의 원리(pattern congruity) 등은 적용되지 않는다.(Bloch. & Trager 1942 : 41, 김수형 1973 : 57~118, 김차균 1979b : 45)

162. 동일한 음성 환경에서 둘 이상의 음성이 서로 교체되면서, 말의 뜻을 분화하지 못하는 경우를 자유변이(free variation)라 하고, 그런 음성들을 자유변이음(free variant) 이라 하며, 이들 자유변이음은 모두 한 음운으로 묶는다.

163. /:/과 / /이 자유변이가 아니어서 독립된 별개의 음운으로 설정되기 위해서는 다음 중 어느 하나이어야 한다.
① 동일한 음성 환경에서 서로 교체되는 일이 없거나,
② 아니면, 서로 교체되지만, 그럴 때는 예외 없이 의미를 분화하거나 해야 한다.

164. 지속이 동일한 음성 환경(sound environment)에서 서로 교체되는 일이 없다는 사실(§163의 ①의 경우)이 확인되기 위해서는, ① 제보자 개개인의 녹음, 조사Ⅰ, 조사Ⅱ의 음장 표기가 일치되어 있어야 하고, ② 음운이 언어 사회 공통의 인식 단위란 점을 생각한다면, 한 어휘에 대해서 한 제보자의 그것이 일치할 뿐만 아니라, 모든 제보자들의 그것이 또한 서로 일치해야 한다.

165. §163의 ②의 조건을 만족시키기 위해서는 본 연구에서는 의미가 고정되어서 주어졌으므로, /:/과 / /의 넘나듦이 없어야 한다. 이것은 결국 ① 제보자 개개인에 있어서 녹음, 조사Ⅰ, 조사Ⅱ의 음장 표기가 일치하고, ② 그것이 다시 다른 모든 제보자의 그것과도 일치해야 함을 의미한다.

166. §164의 ①과 §165의 ①의 조건을 확인하기 위하여, 녹음 채택형(§160 참조)과 제보자 자신이 표기한 조사Ⅰ과 조사Ⅱ의 기록을 〈개인별 음장 표시 비교표〉에 이기한다.

이 기 요 령

1. 질문지와 개인별 음장 표지 비교표 모두에 결번이나 낙장이 없는지 확인한다.
2. 낙장될 가능성이 있는 것은 (호치키스나 풀로) 미리 조치한다.
3. 질문지에 손을 대거나 오손하는 일이 없도록 한다.
4. 질문지(표지 및 p.9)를 보고 '—도(시) —군(구)'를 적은 다음, '성인·학생'에서 해당되는 곳에 ○으로 두르고, 다시 연령('—세')과 '성명—'을 기입한다.
5. 녹음채택형은 '개인별 음장 표지 비교표'의 '녹음'란에, 질문지의 〈조사Ⅰ〉은 '개일별 음장 표지 비교표'의 '조사Ⅰ'란에, 질문지의 〈조사Ⅱ〉는 '개인별 음장 표지 비교표'의 '조사Ⅱ'란에 이기(移記)한다.
6. 이기는 단어 전체에 음장 표지가 없는 것은 단어 끝에 ∨로 표기하고, 음장 표지가 있는 단어는 ¯표한 글자를 ○으로 두르는 방식으로 한다.
7. 한글로 같은 단어라도 번호와 한자를 반드시 확인한 후에 ○을 두른다.
8. 빨리하려고 하지 말고, 정확하게 한다.(○을 깨끗하고 예쁘게)
9. -을 글자 위에 긋다, 아래 긋다 했더라도 ; 어느 글자에 그었는지만 판별할 수 있으면 ○을 두른다.
10. 단어(또는 어절) 전체에 -을 그었다가 다시 특정한 한 글자에 덧표시한 것으로 판별되면 덧표시한 글자에 ○을 두른다.
11. 글자마다 떼어서 -을 표기한 것은 글자마다 ○을 두른다.
    예 : 허둥대다 → ㉠㉡㉢다
12. 문장 번호에 붉은 싸인펜으로 ○이 되어 있는 것은 그 문장 안에 있는 모든 어휘 왼편의 아라비아 숫자를 붉은 싸인펜을 사용하여 ○으로 두른다.
13. 비교표에 모든 표지(∨ 또는 ○)와 기록은 굵고 진한 연필로 한다.
14. 비교표 우측 상단에는 「이기 : 홍순녀(상도여중)」식으로 표기한다.

[표14]   개인별 음장 표지 비교표 [이기]

서울도(시) 개포군(구), (성인) 학생, 55세, 성명 의윤진

단어번호	녹음	조사Ⅰ	조사Ⅱ
1	53. 가는(去) ∨	53. 가는(去) ∨	310. 가다(去) ∨
1-1	29. 가세요(去) ∨	29. 가세요(去) ∨	
2	58. 가물(루)이 ∨	58. 가물(루)이 ∨	221. 가물(루, 비가 안옴) ∨
3	27. 간신히 ∨	27. 간신히 ∨	19. 간신히 ∨
4	2. 감명적이었다. ∨	2. 감명적이었다. ∨	18. 감명적 ∨
5	39. 감추었습니다. ∨	39. 감추었습니다. ∨	
6	67. 갑갑했습니다. ∨	67. 갑갑했습니다. ∨	318. 갑갑하다. ∨

7	26. 갑니다(금이~) ∨	26. 갑니다(금이~) ∨	
8	21. 갑자기 ∨	21. 갑자기 ∨	210. 갑자기 ∨
9	72. 같았습니다. ∨	72. 같았습니다. ∨	
9-1	20. 같은 ∨	20. 같은 ∨	
10	29. 같이 ∨	29. 같이 ∨	307. 같이 ∨
11	3. 개성적이다. ∨	3. 개성적이다. ∨	40. 개성적 ∨
12	75. 개인의 ∨	75. 개인의 ∨	
13	3. 개인적이며 ∨	3. 개인적이며 ∨	345. 개인적 ∨
14	76. 거리(距離)가 ∨	76. 거리(距離)가 ∨	315. 거리(距離) ∨
15	67. 거리(街)는 ∨	67. 거리(街)는 ∨	305. 거리(街) ∨
16	60. 거짓을 ∨	60. ㉯짓을	268. 거짓 ∨
17	54. 걸('것을'의 준말) ∨	54. 걸('것을'의 준말) ∨	
18			105. 걷다(捲) ∨
19			73. 걷다(步) ∨
19-1	72. 걸어(步) ∨	72. 걸어(步) ∨	357. 걸어(步, '걷다'의 활용형) ∨
20			69. 걸어가다 ∨
21			48. 걸음(步) ∨
22	72. 것 ∨	72. 것 ∨	
22-1	73. 것 ∨	73. 것 ∨	
22-2	17. 것도 ∨	17. 것도 ∨	121. 것(의존명사) ∨
22-3	25. 것이라니 ∨	25. 것이라니 ∨	
22-4	33. 것인지 ∨	33. 것인지 ∨	
23	17. 겨울 ∨	17. 겨울 ∨	108. 겨울(冬) ∨
24	22. 결석했습니다 ∨	22. ㉭석했습니다	158. 결석하다 ∨
25	45. 고국에 ∨	45. 고국에 ∨	193. 고국(故國) ∨
26	75. 고려되지 ∨	75. ㉠려되지	367. 고려되다 ∨
27	23. 고비(絶頂) ∨	23. 고비(絶頂) ∨	253. 고비(絶頂) ∨
28	18. 고치는 ∨	18. 고치는 ∨	192. 고치다 ∨
29	48. 골랐습니다. ∨	48. 골랐습니다. ∨	143. 고르다(擇) ∨
30	64. 골짜기에 ∨	64. 골㉾기에	359. ㉭짜기
31	48. 곱고(娟) ∨	48. 곱고(娟) ∨	125. 곱다(娟, 예쁘다) ∨
31-1			127. 고와서(娟, '곱다'의 활용형)
32			291. 곱다(쳐워서 손이~) ∨

번호	가	나	다	라
①				
②				
③				
④				

13-1

단어번호	녹음	조사 I	조사 II
33	48. 곳을 ∨	48. 곳을 ∨	139. 곳(場所) ∨
33-1	44. 곳이 ∨	44. 곳이 ∨	
34	12. 공부 ∨	12. 공부 ∨	133. 공부 ∨
35	2. 구원(久遠)의 ∨	2. 구원(久遠)의 ∨	2. 구원(久遠) ∨
36	25. 구원(救援)의 ∨	25. 구원(救援)의 ∨	203. 구원(救援) ∨
37	14. 구조(構造)가 ∨	14. 구조(構造)가 ∨	93. 구조(構造) ∨
38	42. 구조(救助)가 ∨	42. 구조(救助)가 ∨	148. 구조(救助) ∨
39	45. 국위를 ∨	45. 국위를 ∨	184. ㉹위(國威)
40	24. 군밤을 ∨	24. ㉼밤을	162. 군밤 ∨
41	16. 군인 ∨	16. 군인 ∨	95. 군인 ∨

42	32. 굴(窟)로 V	32. 굴(窟)로	199. 굴(窟) V
43	61. 굴(해산물)을 V	61. 굴(해산물)을	369. 굴(해산물의 일종) V
44			292. 굽다(曲) V
45			247. 굽다(炙, 불에~) V
45-1	43. 구워(炙) V	43. 구워(炙) V	238. 구워(炙, '굽다'의 활용형) V
46	68. 귀여운 V	68. 귀여운	328. 귀여운('귀엽다'의 활용형) V
47	42. 귀중한 V	42. 귀중한	172. 귀중하다 V
48	3. 그(관형사) V	3. 그(관형사) V	13. 그(관형사) V
48-1	34. 그(관형사) V	34. 그(관형사) V	
48-2	46. 그(관형사) V	46. 그(관형사) V	
49	27. 그에게 V	27. 그에게	
50	69. 그것을 V	69. 그것을 V	337. 그것 V
51	48. 그늘이 V	48. 그늘이 V	135. 그늘 V
52	47. 그래 V	47. 그래 V	90. 그래(감탄사) V
53	60. 그래도 V	60. 그래도 V	259. 그래도 V
54	60. 그런('그러한'의 준말) V	60. 그런('그러한'의 준말) V	264. 그런('그러한'의 준말) V
55	30. 그럼 V	30. 그럼	
56	56. 그림을 V	56. 그림을 V	56. 그림(畵)
57	76. 그만두겠다 V	76. 그만두겠다 V	327. 그만두다 V
58	3. 극히 V	3. 극히	27. 극히 V
59	26. 금(隙)이 V	26. 금(隙)이	275. 금(틈) V
60	64. 금강산 V	64. 금강산 V	356. 금강산
61	72. 금방 V	72. 금방 V	355. 금방(부사) V
62	25. 기다리고 V	25. 기다리고 V	211. 기다리다 V
63	19. 기사(記事)가 V	19. 기사(記事)가 V	115. 기사(記事) V
64	32. 기차가 V	32. 기차가 V	195. 기차 V
65	10. 긴(長) V	10. 긴(長) V	61. 긴('길다'의 활용형) V
65-1			23. 길다(長) V
66	53. 길(道)에는 V	53. 길(道)에는 V	194. 길(道) V
67			186. 길(사람의 한 키) V
68	37. 깃(羽)을 V	37. 깃(羽)을 V	298. 깃(羽, 털) V
69	24. 까(剝) V	24. 까(剝) V	166. 까다(剝) V

번호	가	나	다	라
①				
②				
③				
④				

13-2

....

단어번호	녹음	조사 I	조사 II
70	49. 깨끗합니다 V	49. 깨끗합니다 V	256. 깨끗하다 V
71	21. 깨니(覺) V	21. 깨니(覺) V	107. 깨다(覺) V
71-1	47. 깨서(覺) V	47. 깨서(覺) V	
72	21. 꿈을 V	21. 꿈을 V	214. 꿈 V
73	52. 끝내겠습니다 V	52. 끝내겠습니다	
74	11. 나(我)는 V	11. 나(我)는 V	68. 나(我, 대명사) V
74-1	49. 나(我)는 V	49. 나(我)는 V	
75	4. 나라(國)란다 V	4. 나라(國)란다 V	26. 나라(國) V
76	48. 나무(木) V	48. 나무(木) V	131. 나무 V
77	64. 나무꾼이 V	64. 나무꾼이 V	361. 나무꾼
78	27. 나뭇짐 V	27. 나뭇짐 V	7. 나뭇짐 V

79	22. 나서(發生) ∨	22. 나서(發生) ∨	
80	72. 나올 ∨	72. 나올 ∨	86. 나오다(自動詞) ∨
80-1	40. 나왔습니다. ∨	40. 나왔습니다. ∨	
80-2	68. 나왔습니다. ∨	68. 나왔습니다. ∨	
81	39. 날개옷을 ∨	39. 날개옷을 ∨	46. 날개옷 ∨
82			231. 남다 ∨
82-1	23. 남은(餘) ∨	23. 남은(餘) ∨	
83	1. 낮에는① ∨	1. 낮에는① ∨	1. 낮 ∨
83-1	1. 낮에는② ∨	1. 낮에는② ∨	
84	28. 내(我)가① ∨	28. 내(我)가① ∨	265. 내(我) ∨
84-1	28. 내(我)가② ∨	28. 내(我)가② ∨	
84-2	66. 내(我)가 ∨	66. 내(我)가 ∨	
85	74. 내고(돈을~) ∨	74. 내고(돈을~) ∨	
86	41. 내밀고 ∨	41. 내밀고 ∨	320. 내밀다 ∨
87	15. 내심으로 ∨	15. 내심으로 ∨	171. 내심(內心) ∨
88	40. 냇가로 ∨	40. 냇가로	82. 냇가(川邊)
89	63. 너(汝)는 ∨	63. 너(汝)는 ∨	285. 너(대명사) ∨
90	76. 너무 ∨	76. 너무 ∨	311. 너무(부사) ∨
91	41. 넘어다봅니다. ∨	41. 넘어다봅니다. ∨	330. 넘어다보다 ∨
92	44. 넘치는 ∨	44. 넘치는 ∨	
93			89. 넣다
93-1	69. 넣어 ∨	69. 넣어	
94	37. 네(四) ∨	37. 네(四)	287. 네(四) ∨
95	9. 놀자 ∨	9. 놀자 ∨	51. 놀다(遊) ∨
95-1	50. 노는(遊) ∨	50. 노는(遊) ∨	
95-2	24. 놀았습니다. ∨	24. 놀았습니다. ∨	
96	50. 놀이터가 ∨	50. 놀이터가 ∨	149. 놀이터 ∨
97	19. 높다 ∨	19. 높다 ∨	142. 높다 ∨
98	42. 놓고 ∨	42. 놓고 ∨	156. 놓다 ∨
99	25. 누리고 ∨	25. 누리고 ∨	346. 누리다 ∨
99-1	44. 누리는 ∨	44. 누리는 ∨	

번호	가	나	다	라
①			1	
②				
③				
④				

13-3

단어번호	녹음	조사 I	조사 II
100	20. 눈(雪)이 ∨	20. 눈(雪)이	132. 눈(雪) ∨
101	31. 눈(眼)에서는 ∨	31. 눈(眼)에서는 ∨	174. 눈(眼) ∨
102	31. 눈물(淚)이 ∨	31. 눈물(淚)이 ∨	178. 눈물(淚) ∨
103			224. 다(부사) ∨
104	55. 다람쥐 ∨	55. 다람쥐 ∨	260. 다람쥐 ∨
105	30. 다시 ∨	30. 다시 ∨	
106	42. 다투다가 ∨	42. 다투다가 ∨	168. 다투다 ∨
107	6. 단풍의 ∨	6. 단풍의 ∨	80. 단풍 ∨
108	14. 달라졌다 ∨	14. 달라졌다 ∨	101. 달라지다 ∨
109	41. 담에는 ∨	41. 담에는 ∨	308. 담(墻) ∨
110	54. 당신 ∨	54. 당신 ∨	208. 당신 ∨

	녹음	조사Ⅰ	조사Ⅱ
111	35. 대로(의존명사) ∨	35. 대로(의존명사) ∨	294. 대로(의존명사) ∨
111-1	39. 대로(의존명사) ∨	39. 대로(의존명사) ∨	
112	66. 대신(代身) ∨	66. 대신(代身) ∨	302. 대신(代身) ∨
113			164. 대신(大臣) ∨
114	19. 대(對)한 ∨	19. 대(對)한 ∨	
115	8. 덮고 ∨	8. 덮고 ∨	109. 덮다 ∨
116			126. 덥다(暑) ∨
117	58. 돈(질병이~) ∨	58. 돈(질병이~)	246. 돈('돌다'의 활용형) ∨
117-1			233. 돈다(질병이~)
118	74. 돈(錢)을 ∨	74. 돈(錢)을 ∨	252. 돈(화폐) ∨
119			72. 돈(一周生日)
120	5. 돌(石) ∨	5. 돌(石) ∨	49. 돌(石) ∨
121	45. 돌아왔으나 ∨	45. 돌아왔으나 ∨	197. 돌아오다 ∨
122	30. 동규(東奎)가 ∨	30. 동규(東奎)가 ∨	78. 동규(東奎, 人名) ∨
122-1	40. 동규(東奎)가 ∨	40. 동규(東奎)가 ∨	
123	3. 동기(動機)와 ∨	3. 동기(動機)와 ∨	17. 동기(動機) ∨
124			37. 동기(同期) ∨
125	51. 동네 ∨	51. 동네 ∨	173. 동네 ∨
126	7. 동무들도 ∨	7. 동무들도 ∨	30. 동무 ∨
127	47. 동생이 ∨	47. 동생이 ∨	102. 동생 ∨
128	65. 돼('되어'의 준말) ∨	65. 돼('되어'의 준말) ∨	
129			29. 되다(化) ∨
130	69. 두었습니다. ∨	69. 두었습니다. ∨	
131	50. 둘러보셨습니다 ∨	50. 둘러보셨습니다 ∨	165. 둘러보다 ∨
132	46. 든(들어있는) ∨	46. 든(들어있는) ∨	
133	11. 듣고(聞) ∨	11. 듣고(聞) ∨	64. 듣다(聞) ∨
133-1	17. 듣는(聞) ∨	17. 듣는(聞) ∨	
133-2	35. 들은(聞) ∨	35. 들은(聞) ∨	
134	18. 들려라(聞) ∨	18. 들려라(聞) ∨	206. 들리다(소리가~) ∨

번호	가	나	다	라
①				
②				
③				
④				

13-4

·····························

단어번호	녹음	조사Ⅰ	조사Ⅱ
135	58. 들고(가물이~) ∨	58. 들고(가물이~) ∨	225. 들다(가물이) ∨
136	32. 들어갔습니다 ∨	32. 들어갔습니다 ∨	201. 들어가다 ∨
137	12. 듭니다(힘이~) ∨	12. 듭니다(힘이~) ∨	159. 들다(소요되다) ∨
138	15. 듯했습니다 ∨	15. 듯했습니다 ∨	183. 듯하다(보조형용사) ∨
139	61. 따(굴을~) ∨	61. 따(굴을~) ∨	
140	40. 때(時) ∨	40. 때(時) ∨	74. 때(時) ∨
141	12. 때문에 ∨	12. 때문에 ∨	137. 때문(의존명사) ∨
142	20. 떡가루 ∨	20. 떡가루 ∨	140. 떡가루 ∨
143	23. 떨고 ∨	23. 떨고 ∨	250. 떨다(문풍지가~) ∨
144	1. 또 ∨	1. 또 ∨	270. 또 ∨
144-1	26. 또 ∨	26. 또 ∨	
145	23. 마지막 ∨	23. 마지막 ∨	244. 마지막 ∨
146	23. 마침내 ∨	23. 마침내 ∨	227.마침내 ∨

	녹음	조사 I	조사 II
147	37. 막 ∨	37. 막 ∨	281. 막(지금 곧) ∨
148	12. 만들기가 ∨	12. 만들기가 ∨	
149			189. 많다 ∨
149-1	53. 많아서 ∨	53. 많아서 ∨	
150	7. 많이 ∨	7. 많이 ∨	35. 많이 ∨
151	16. 말(馬) ∨	16. 말(馬) ∨	87. 말(馬) ∨
152	11. 말(言)을 ∨	11. 말(言)을 ∨	59. 말(言) ∨
153	30. 말(言)해 ∨	30. 말(言)해 ∨	338. 말하다 ∨
154	19. 말세(末世)라는 ∨	19. 말세(末世)라는 ∨	134. 말세(末世) ∨
155	25. 망발이냐	25. 망발이냐 ∨	
156	54. 맞겠는(야단을~) ∨	54. 맞겠는(야단을~) ∨	217. 맞다 ∨
157	41. 매달려서 ∨	41. 매달려서 ∨	326. 매달리다 ∨
158	41. 머리만 ∨	41. 머리만 ∨	317. 머리(頭) ∨
159			170. 먹다 ∨
159-1	28. 먹어야 ∨	28. 먹어야 ∨	
159-2	57. 먹어야지 ∨	57. 먹어야지 ∨	
159-3	43. 먹었습니다. ∨	43. 먹었습니다. ∨	
159-4	24. 먹으며 ∨	24. 먹으며 ∨	
160	53. 먼지가 ∨	53. 먼지가 ∨	198. 먼지 ∨
161			314. ㉲다(遠)
161-1	76. 멀어서 ∨	76. 멀어서 ∨	306. ㉲어서(遠)
162	19. 메우자 ∨	19. 메우자 ∨	124. 메우다 ∨
163	62. 모두를 ∨	62. 모두를 ∨	276. 모두 ∨
164	48. 모래(沙)가 ∨	48. 모래(沙)가 ∨	120. 모래(沙) ∨
165	63. 모르고 ∨	63. 모르고 ∨	293. 모르다 ∨
165-1	71. 몰라서 ∨	71. 몰라서 ∨	344. 몰라서('모르다'의 활용형) ∨
166	39. 몰래 ∨	39. ㉲래	54. 몰래(부사) ∨
167	67. 몹시 ∨	67. 몹시 ∨	309. 몹시 ∨
168	74. 무당에게 ∨	74. ㉲당에게	248. 무당 ∨

번호	가	나	다	라
①				
②				
③				
④				

13-5

....

단어번호	녹음	조사 I	조사 II
169	73. 무서워 ∨	73. 무서워 ∨	362. 무섭다 ∨
170	25. 무슨 ∨	25. ㉲슨 ∨	243. 무슨 ∨
170-1	46. 무슨 ∨	46. 무슨 ∨	
171	71. 무엇인지 ∨	71. 무엇인지 ∨	228. 무엇(대명사) ∨
172	70. 무인도에 ∨	70. 무인도에 ∨	348. 무인도 ∨
173	12. 무척 ∨	12. 무척 ∨	151. 무척 ∨
174	38. 문(門)에 ∨	38. 문(門)에 ∨	213. 문(門) ∨
175	61. 바다에서 ∨	61. 바다에서 ∨	366. 바다 ∨
176	40. 바람을 ∨	40. 바람을 ∨	58. 바람(風) ∨
177	26. 바위도 ∨	26. 바위도 ∨	257. 바위 ∨
178	21. 반가운 ∨	21. 반가운 ∨	219. 반갑다 ∨
179	38. 발(簾)을 ∨	38. 발(簾)을 ∨	218. 발(簾, 문에 치는) ∨
180	49. 발(足)이 ∨	49. ㉲(足)이	44. 발(足) ∨

181	17. 밤(夜)에 ∨	17. 밤(夜)에 ∨	5. 밤(夜) ∨
181-1	1. 밤(夜)에는 ∨	1. 밤(夜)에는 ∨	
182	43. 밤(栗)을 ∨	43. 밤(栗)을 ∨	234. 밤(栗)
183	68. 방(房) ∨	68. 방(房) ∨	321. 방(房) ∨
184	11. 방실방실 ∨	11. 방실방실 ∨	75. 방실방실 ∨
185	51. 방앗간은 ∨	51. 방앗간은 ∨	169. 방앗간 ∨
186	57. 배(腹)가 ∨	57. 배(腹)가 ∨	332. 배(腹)
187	28. 배(梨)는 ∨	28. 배(梨)는 ∨	277. 배(梨)
188	70. 배(舟)를 ∨	70. 배(舟)를 ∨	32. 배(舟) ∨
189			368. 배(倍)
190	37. 백학(白鶴) ∨	37. 백학(白鶴)	284. 백학(白鶴)
191	34. 버렸어 ∨	34. 버렸어 ∨	286. 버리다(捨) ∨
192	6. 벌써 ∨	6. 벌써	76. 벌써
193	46. 병(瓶)에 ∨	46. 병(瓶)에 ∨	239. 병(유리병) ∨
194	22. 병(病)이 ∨	22. 병(病)이	150. 병(病)
195	18. 볕발 ∨	18. 볕발	196. 볕발 ∨
196	56. 보고(見) ∨	56. 보고(見) ∨	316. 보다(見) ∨
196-1	65. 보아서는 ∨	65. 보아서는 ∨	
197	30. 보세요(보조동사) ∨	30. 보세요(보조동사) ∨	329. 보다(보조동사) ∨
197-1	56. 봅시다(보조동사) ∨	56. 봅시다(보조동사) ∨	
198	6. 보이는 ∨	6. 보이는 ∨	92. 보이다 ∨
199	38. 보통 ∨	38. 보통 ∨	209. 보통 ∨
200	15. 뵙는 ∨	15. 뵙는	179. 뵙다 ∨
201	33. 부정(不正)만 ∨	33. 부정(不正)만	232. 부정(不正) ∨
202	13. 부정(否定)만이 ∨	13. 부정(否定)만이 ∨	66. 부정(否定)
203	19. 부정(不貞)한 ∨	19. 부정(不貞)한 ∨	106. 부정(不貞)하다 ∨
204	33. 부정(不淨)한 ∨	33. 부정(不淨)한	241. 부정(不淨)하다

번호	가	나	다	라
①				
②				
③				
④				

13-6

....

단어번호	녹음	조사 I	조사 II
205	11. 분홍치마의 ∨	11. 분홍치마의 ∨	55. 분홍치마 ∨
206	15. 불꽃을 ∨	15. 불꽃을 ∨	
207	5. 비석 ∨	5. 비석	52. 비석
208	67. 비좁고 ∨	67. 비좁고	313. 비좁다 ∨
209	59. 비행기가 ∨	59. 비행기가 ∨	352. 비행기 ∨
210			255. 빌다(祈願) ∨
210-1	74. 빌었습니다 ∨	74. 빌었습니다 ∨	60. 빌었습니다 ∨
211	21. 빗소리라 ∨	21. 빗소리라	223. 빗소리
212	6. 빛을 ∨	6. 빛을 ∨	88. 빛 ∨
213	53. 사람들이 ∨	53. 사람들이 ∨	185. 사람 ∨
213-1	25. 사람에게 ∨	25. 사람에게 ∨	
213-2	42. 사람을 ∨	42. 사람을 ∨	
213-3	45. 사람이 ∨	45. 사람이 ∨	
213-4	72. 사람이 ∨	72. 사람이 ∨	
214	27. 사슴은 ∨	27. 사슴은	25. 사슴 ∨
214-1	39. 사슴이 ∨	39. 사슴이 ∨	

215	75. 사정(事情)은 ∨	75. 사정(事情)은 ∨	365. ㉕정(事情)
216			84. 사정(私情) ∨
217	63. 사투리를 ∨	63. 사㉠리를	288. 사투리 ∨
218	33. 사회(社會)가 ∨	33. 사회(社會)가 ∨	
219	4. 살('살다'의 활용형) ∨	4. ㉕('살다'의 활용형)	
219-1	55. 살고('살다'의 활용형) ∨	55. 살고('살다'의 활용형) ∨	22. 살다(居) ∨
219-2	64. 살고('살다'의 활용형) ∨	64. 살고('살다'의 활용형) ∨	
220	27. 살아난 ∨	27. 살아난 ∨	39. 살아나다 ∨
221	55. 삼(三) ∨	55. 삼(三) ∨	261. 삼(三) ∨
222			272. 삼다 ∨
223	56. 생각해 ∨	56. 생각해 ∨	325. 생각하다 ∨
224	34. 생선은 ∨	34. 생선은 ∨	280. 생선 ∨
225	42. 서로 ∨	42. 서로 ∨	160. 서로 ∨
226	40. 서성대고 ∨	40. 서성대고 ∨	67. 서성대다 ∨
227	45. 선양하고 ∨	45. 선양하고 ∨	188. ㉕양(宣揚)하다
228	70. 선장은 ∨	70. 선장은 ∨	342. ㉕장(船長)
229	19. 세상은 ∨	19. 세상은 ∨	130. 세상
230	5. 세월 ∨	5. 세월 ∨	28. 세월 ∨
230-1	26. 세월이 ∨	26. 세월이 ∨	
231	68. 소녀가 ∨	68. 소녀가 ∨	331. 소녀 ∨
232	18. 소리 ∨	18. 소리 ∨	53. 소리(聲) ∨
232-1	19. 소리가 ∨	19. 소리가 ∨	
233	57. 소화제를 ∨	57. ㉕화제를	335. 소화제 ∨

번호	가	나	다	라
①				
②				
③				
④				

13-7

....

단어번호	녹음	조사 I	조사 II
234	27. 속에 ∨	27. 속에 ∨	11. 속 ∨
234-1	69. 속에 ∨	69. 속에 ∨	
235	25. 손길만을 ∨	25. 손길만을 ∨	207. 손길 ∨
236			191. 수(의존명사) ∨
237			215. 수(繡) ∨
238	27. 수없이 ∨	27. 수없이 ∨	31. 수없이 ∨
239			14. 숨다 ∨
239-1	27. 숨어서 ∨	27. 숨어서 ∨	190. 숨어서 ∨
240	1. 쉬고 ∨	1. ㉕고	8. 쉬다(休) ∨
241	12. 시간의 ∨	12. 시간의 ∨	141. 시간 ∨
242	42. 시급한 ∨	42. 시급한 ∨	152. 시급하다 ∨
243	39. 시키는 ∨	39. 시키는 ∨	42. 시키다 ∨
244	12. 시험 ∨	12. 시험 ∨	129. 시험 ∨
245	19. 신문(新聞)을 ∨	19. 신문(新聞)을 ∨	119. 신문(新聞) ∨
246	8. 싶다 ∨	8. 싶다 ∨	123. 싶다(보조형용사) ∨
247	37. 쌍이 ∨	37. 쌍이 ∨	290. 쌍(雙) ∨
248	34. 썩어서 ∨	34. 썩어서 ∨	283. 썩다(腐) ∨
249	20. 쏟아집니다 ∨	20. 쏟아집니다 ∨	144. 쏟아지다 ∨
250	40. 쐬며 ∨	40. ㉕며	62. 쐬다 ∨

251	13. 아니다 V	13. 아니다 V	81. 아니다 V
251-1	45. 아니었다 V	45. 아니었다 V	
252	73. 아니야① V	73. 아니야① V	360. 아니야(감탄사) V
252-1	73. 아니야② V	73. 아니야② V	
253	18. 아래 V	18. 아래 V	202. 아래(下) V
254	47. 아무도 V	47. 아무도 V	94. 아무 V
255	50. 아이들을 V	50. 아이들을 V	161. 아이(兒) V
255-1	41. 아이들이 V	41. 아이들이 V	
256	16. 아저씨들이 V	16. 아저씨들이 V	99. 아저씨 V
257	14. 아주 V	14. 아주	97. 아주 V
258	65. 아직 V	65. 아직 V	296. 아직 V
259	57. 아프면 V	57. 아프면 V	266. 아프다 V
259-1	26. 아픈가 V	26. 아픈가 V	
260	65. 안('아니'의 준말) V	65. 안('아니'의 준말) V	
261	68. 안(內)에서 V	68. 안(內)에서 V	324. 안(內) V
262	37. 앉아 V	37. 앉아 V	295. 앉다 V

번호	가	나	다	라
①				
②				
③				
④				

13-8

....

단어번호	녹음	조사 I	조사 II
263	75. 않는다 V	75. 않는다 V	370. 않는다 V
264	71. 암탉은 V	71. 암탉은 V	341. 암탉 V
265	54. 야단을 V	54. 야단을 V	216. 야단 V
266	41. 야트막한 V	41. 야트막한 V	304. 야트막하다 V
267	46. 약은 V	46. 약은 V	249. 약(藥) V
267-1	46. 약이냐 V	46. 약이냐 V	
268	9. 애 V	9. 애 V	47. 애 V
268-1	34. 애들아 V	34. 애들아 V	
269	52. 얘기를 V	52. 얘기를 V	65. 얘기
270	64. 어느 V	64. 어느 V	358. 어느 V
271	74. 어떤 V	74. 어떤 V	237. 어떤 V
272	61. 어머니가 V	61. 어머니가 V	364. 어머니 V
273	43. 어제는 V	43. 어제는 V	230. 어제 V
274	33. 언제나 V	33. 언제나 V	245. 언제나 V
275			113. 업다(負) V
276	47. 없는데 V	47. 없는데 V	98. 없다 V
276-1	73. 없어 V	73. 없어 V	
277	4. 여기가 V	4. 여기가 V	20. 여기(부사) V
277-1	9. 여기서 V	9. 여기서 V	
278			36. 여기(餘技) V
279	10. 여로(旅路) V	10. 여로(旅路)	319. 여로(旅路) V
280	36. 여로(女路)라는 V	36. 여로(女路)라는 V	258. 여로(女路) V
281	38. 여름에는 V	38. 여름에는 V	205. 여름 V
282	12. 여유를 V	12. 여유를 V	147. 여유 V
283	19. 여인(女人)들에 V	19. 여인(女人)들에 V	110. 여인(女人) V
284	45. 연고(緣故) V	45. 연고(緣故) V	200. 연고(緣故) V

285	36. 연속극의 ∨	36. 연속극의 ∨	263. 연속극
286	6. 연한('연하다'의 활용형) ∨	6. 연한('연하다'의 활용형) ∨	373. 연하다 ∨
287	36. 영구(榮九)는	36. 영구(榮九)는	254. 영구(榮九, 인명) ∨
288	5. 영구(永久)한	5. 영구(永久)한	24. 영구(永久)하다
289	56. 영숙(英淑)이가 ∨	56. 영숙(英淑)이가 ∨	
290	2. 영화(映畵)는 ∨	2. 영화(映畵)는 ∨	10. 영화(映畵)
291	25. 영화(榮華)를 ∨	25. 영화(榮華)를 ∨	220. 영화(榮華) ∨
292	61. 오셨습니다 ∨	61. 오셨습니다 ∨	371. 오다(來) ∨
293	29. 오빠하고 ∨	29. 오빠하고	303. 오빠 ∨
294	35. 왜	35. 왜 ∨	289. 왜(부사)
295	44. 용기(勇氣)에 ∨	44. 용기(勇氣)에 ∨	340. 용기 ∨
296	62. 용서해 ∨	62. 용서해	279. 용서하다 ∨

번호	가	나	다	라
①				
②				
③				
④				

13-9

단어번호	녹음	조사 I	조사 II
297	9. 우리 ∨	9. 우리 ∨	
297-1	51. 우리 ∨	51. 우리 ∨	21. 우리(대명사) ∨
297-2	4. 우리들이 ∨	4. 우리들이 ∨	
298	8. 운명의 ∨	8. 운명의 ∨	100. 운명 ∨
299	47. 울고 ∨	47. 울고 ∨	116. 울다(泣) ∨
300	35. 웃니(笑) ∨	35. 웃니(笑) ∨	79. 웃다(笑) ∨
300-1	11. 웃으며 ∨	11. 웃으며 ∨	
301	44. 원대하고 ∨	44. 원대하고 ∨	336. 원대하다 ∨
302	5. 이(관형사) ∨	5. 이(관형사) ∨	
302-1	28. 이(관형사) ∨	28. 이(관형사) ∨	33. 이(관형사) ∨
302-2	33. 이(관형사) ∨	33. 이(관형사) ∨	
303	74. 이(의존명사)는 ∨	74. 이(의존명사)는 ∨	242. 이(사람) ∨
304	68. 이때 ∨	68. 이때 ∨	
305	30. 이번에는 ∨	30. 이번에는 ∨	
306	8. 이불이나마 ∨	8. 이불이나마 ∨	104. 이불 ∨
308	44. 이상(理想)은 ∨	44. 이상(理想)은 ∨	136. 이상(理想) ∨
309	17. 이야기를 ∨	17. 이야기를 ∨	117. 이야기 ∨
310	35. 이야기했는데 ∨	35. 이야기했는데 ∨	
311	37. 이제 ∨	37. 이제 ∨	278. 이제 ∨
312	42. 인명만 ∨	42. 인명만 ∨	176. 인명(人命) ∨
313	10. 인생이란 ∨	10. 인생이란 ∨	57. 인생(人生) ∨
314	75. 일(一) ∨	75. 일(一) ∨	363. 일(一) ∨
315	1. 일(事)을 ∨	1. 일(事)을	12. 일(事) ∨
316	1. 일(事)하고 ∨	1. 일(事)하고	3. 일하다 ∨
317	3. 일기(日記)와 ∨	3. 일기(日記)와 ∨	6. 일기(日記) ∨
318	60. 일(事)삼느냐 ∨	60. 일(事)삼느냐 ∨	236. 일삼다 ∨
318-1	33. 일(事)삼는 ∨	33. 일(事)삼는 ∨	
319	42. 잃었다 ∨	42. 잃었다 ∨	180. 잃다 ∨
320			71. 잇다(續) ∨
307	52. 이상(以上)으로 ∨	52. 이상(以上)으로 ∨	271. 이상(以上) ∨

320-1			63. 이은('잇다'의 활용형) ∨
321	63. 있구나 ∨	63. 있구나 ∨	
321-1	23. 있는 ∨	23. 있는 ∨	
321-2	25. 있는 ∨	25. 있는 ∨	
321-3	45. 있는 ∨	45. 있는 ∨	
321-4	48. 있는 ∨	48. 있는 ∨	43. 있다(存在) ∨
321-5	47. 있더라 ∨	47. 있더라 ∨	
321-6	59. 있습니다 ∨	59. 있습니다 ∨	
321-7	7. 있지 ∨	7. 있지 ∨	

번호	가	나	다	라
①				
②				
③				
④				

13-10
....

단어번호	녹음	조사 I	조사 II
321-8	45. 있어서는 ∨	45. 있어서는 ∨	
321-9	6. 있었다 ∨	6. 있었다 ∨	
321-10	55. 있었습니다 ∨	55. 있었습니다 ∨	
321-11	64. 있었습니다 ∨	64. 있었습니다 ∨	
321-12	25. 있을 ∨	25. 있을 ∨	
321-13	40. 있을 ∨	40. 있을 ∨	
322	6. 잎사귀들도 ∨	6. 잎사귀들도 ∨	96. 잎사귀 ∨
323	23. 잎이 ∨	23. 잎이 ∨	240. 잎(葉) ∨
324	51. 자랑거리입니다 ∨	51. 자랑거리입니다 ∨	177. 자랑거리 ∨
325	5. 자리를 ∨	5. 자리를 ∨	41. 자리(席) ∨
326	13. 자세는 ∨	13. 자세는 ∨	77. 자세 ∨
327	44. 자신과 ∨	44. 자신과 ∨	339. ㉔신(自信)
328	53. 자욱했습니다 ∨	53. ㉔욱했습니다 ∨	204. 자욱하다 ∨
329	19. 자탄(自歎)의 ∨	19. 자탄(自歎)의 ∨	138. 자탄(自歎) ∨
331	8. 잠들고 ∨	8. 잠들고 ∨	118. 잠들다 ∨
332	29. 잡숫고 ∨	29. ㉔숫고 ∨	300. 잡숫다 ∨
333	69. 장(欌) ∨	69. 장(欌) ∨	334. ㉔(欌)
334	53. 장(市場)으로 ∨	53. 장(市場)으로 ∨	181. 장(市場) ∨
335	50. 재미있게 ∨	50. 재미있게 ∨	122. 재미있다 ∨
335-1	17. 재미있지요 ∨	17. 재미있지요 ∨	
336	52. 저('나'의 낮춤말)의 ∨	52. 저('나'의 낮춤말)의 ∨	
337	62. 저희 ∨	62. 저희 ∨	273. 저희 ∨
338	27. 절(拜)을 ∨	27. 절(拜)을 ∨	34. 절(拜) ∨
339	29. 점심을 ∨	29. 점심을 ∨	297. 점심 ∨
340	37. 접는다 ∨	37. 접는다 ∨	301. 접다(종이를) ∨
341	70. 정박시켰습니다 ∨	70. ㉔박시켰습니다 ∨	350. 정박시키다 ∨
342	33. 정화(淨化)될 ∨	33. ㉔화(淨化)될 ∨	251. ㉔화(淨化)되다
343	2. 정화(情話)라는 ∨	2. 정화(情話)라는 ∨	4. 정화(情話) ∨
344	28. 제일(第一) ∨	28. 제일(第一) ∨	269. 제일 ∨
330	30. 잘 ∨	30. 잘 ∨	
345	15. 조용하시면서도 ∨	15. 조용하시면서도 ∨	167. 조용하다 ∨
346	41. 족 ∨	41. 족 ∨	323. 족(나란히) ∨
347	50. 좋구나 ∨	50. 좋구나 ∨	157. 좋다 ∨
347-1			83. 좋아('좋다'의 활용형) ∨

348	11. 좋아했습니다 ∨	11. 좋아했습니다 ∨	146. ㉻아하다
349	62. 주십시오 ∨	62. 주십시오 ∨	282. 주다(與) ∨
349-1	66. 줄게 ∨	66. 줄게 ∨	
350	36. 주인공이다 ∨	36. ㉻인공이다 ∨	267. 주인공 ∨
351	59. 지나간 ∨	59. 지나간 ∨	103. 지나가다 ∨
351-1	16. 지나갔습니다 ∨	16. 지나갔습니다 ∨	

번호	가	나	다	라
①				
②				
③				
④				

13-11

·······································

단어번호	녹음	조사 I	조사 II
352	38. 지냅니다 ∨	38. 지냅니다 ∨	226. 지내다 ∨
353	5. 지켜온 ∨	5. 지켜온 ∨	45. 지켜오다 ∨
354	58. 질병이 ∨	58. 질병이 ∨	229. ㉻병
355	14. 집의 ∨	14. 집의 ∨	
356	41. 쫓겨난 ∨	41. 쫓겨난 ∨	312. 쫓겨나다 ∨
357	56. 차례를 ∨	56. 차례를 ∨	322. 차례 ∨
358	44. 착목(着目)하는 ∨	44. 착목(着目)하는 ∨	333. 착목(着目)하다 ∨
359	50. 참 ∨	50. ㉻	153. 참(부사) ∨
360			375. 창(窓) ∨
361			299. ㉻(唱)
362			372. 천직(天職) ∨
363			85. ㉻직(賤職)
364	22. 철수(哲洙)는 ∨	22. 철수(哲洙)는 ∨	145. 철수(哲洙) ∨
365	44. 청춘이 ∨	44. 청춘이 ∨	343. 청춘 ∨
366	59. 쳐다보고 ∨	59. 쳐다보고 ∨	354. 쳐다보다 ∨
367	13. 최선의 ∨	13. 최선의 ∨	70. 최선(最善) ∨
368	38. 치고(발을~) ∨	38. 치고(발을~) ∨	222. 치다(掛) ∨
369	28. 크니까 ∨	28. 크니까 ∨	274. 크다 ∨
370	16. 탄(乘) ∨	16. ㉻(乘)	91. ㉻다(乘) ∨
371	18. 토담집 ∨	18. 토담집 ∨	187. ㉻담집 ∨
372	15. 튀는 ∨	15. 튀는 ∨	175. 튀다 ∨
373	44. 특권이다 ∨	44. 특권이다 ∨	349. ㉻권
374	54. 틀림없이 ∨	54. 틀림없이 ∨	212. ㉻림없이
375	2. 퍽 ∨	2. ㉻	15. 퍽(부사) ∨
376	3. 편지는 ∨	3. 편지는 ∨	9. 편지 ∨
377	8. 포근히 ∨	8. ㉻근히	114. 포㉻히
378	3. 표현형식이 ∨	3. 표현형식이 ∨	38. 표현형식 ∨
379	71. 피했습니다 ∨	71. ㉻했습니다	351. 피하다 ∨
380	26. 하나 ∨	26. 하나 ∨	50. 하나(一) ∨
380-1	39. 하나 ∨	39. 하나 ∨	
381	20. 하늘에서 ∨	20. 하늘에서 ∨	128. 하늘 ∨
381-1	59. 하늘을 ∨	59. 하늘을 ∨	
382	50. 하시며(爲) ∨	50. 하시며(爲) ∨	16. 하다(爲) ∨
382-1	1. 하였습니다(爲) ∨	1. 하였습니다(爲) ∨	
382-2	27. 하였습니다(爲) ∨	27. 하였습니다(爲) ∨	
382-3	56. 한(爲) ∨	56. 한(爲) ∨	
382-4	73. 할(爲) ∨	73. 할(爲) ∨	

383	66. 해(爲, '하여'의 준말) ∨	66. 해(爲, '하여'의 준말) ∨	
383-1	30. 했어요(爲) ∨	30. 했어요(爲) ∨	182. 했어요(爲)

번호	가	나	다	라
①				
②				
③				
④				

13-12

....

단어번호	녹음	조사 I	조사 II
384	28. 해(보조동사) ∨	28. 해(보조동사) ∨	
385	22. 학교에 ∨	22. 학교에 ∨	154. 학교 ∨
386	23. 한(一, 관형사) ∨	23. 한(一, 관형사) ∨	235. 한(一) ∨
387	69. 할머니는 ∨	69. 할머니는 ∨	112. 할머니 ∨
387-1	17. 할머니의 ∨	17. 할머니의 ∨	
388	15. 항상 ∨	15. 항상 ∨	163. 항상 ∨
388-1	49. 항상 ∨	49. 항상 ∨	
389	71. 허둥대며 ∨	71. 허둥대며 ∨	347. 허둥대다 ∨
390	72. 험상궂은 ∨	72. 험상궂은	353. 험상궂다 ∨
391	55. 형제가 ∨	55. 형제가 ∨	262. 형제 ∨
392	47. 혼자 ∨	47. 혼자 ∨	111. 혼자 ∨
393	58. 후(後)였다 ∨	58. 후(後)였다 ∨	374. 후(後) ∨
394	31. 흘러내렸습니다 ∨	31. 흘러내렸습니다 ∨	
395	12. 힘이 ∨	12. 힘이 ∨	155. 힘(力) ∨

번호	가	나	다	라
①				
②				
③				
④				

합계

번호	가	나	다	라
①				
②				
③				
④				

13-13

167. 〈개인별 음장 표지 비교표〉에서, 녹음, 조사 I, 조사 II가 일치하는 어형(語型)을 골라 내었다. 참고로, 녹음과 조사 I, 녹음과 조사 II, 조사 I과 조사 II, 녹음과 조사 I과 조사 II 간에 일치하는 어형(語型)의 수(數)가 얼마나 되는 지도 알아 보았다. 작업 요령은 다음과 같다.

작 업 요 령

1. 단어별로 녹음, 조사 I, 조사 II를 대조한다. 대조하는 순서는 다음과 같다.

가. 녹음과 조사Ⅰ을 대조한다.
① 같은 어형(語型)의 음장으로 일치한 경우
② 모두 단음(短音)으로 일치한 경우
③ 불일치한 경우
④ 무효 처리한 경우(녹음이 안 되어, 단어 앞 아라비아 숫자에 붉은 색으로 ○을 두른 것)가 있어 대조가 불가능한 경우
* 그 page에서 해당 경우의 수를 〈가 — ①, ②, ③, ④〉난에 기재 하고, 최종 page 〈합계〉표에 합계된 수를 기재한다.

나. 녹음과 조사Ⅱ를 대조한다.
① 같은 어형(語型)의 음장으로 일치한 경우
② 모두 단음(短音)으로 일치한 경우
③ 불일치한 경우
④ 무효 처리한 경우(녹음이 안 되어, 단어 앞 아라비아 숫자에 붉은 색으로 ○을 두른 것)가 있어 대조가 불가능한 경우
* 그 page에서 해당 경우의 수를 〈나 — ①, ②, ③, ④〉난에 기재 하고, 최종 page 〈합계〉표에 합계된 수를 기재한다.

다. 조사Ⅰ과 조사Ⅱ를 대조한다.
① 같은 어형(語型)의 음장으로 일치한 경우
② 모두 단음(短音)으로 일치한 경우
③ 불일치한 경우
④ 무효 처리한 경우(녹음이 안 되어, 단어 앞 아라비아 숫자에 붉은 색으로 ○을 두른 것)가 있어 대조가 불가능한 경우
* 그 page에서 해당 경우의 수를 〈다 — ①, ②, ③, ④〉난에 기재 하고, 최종 page 〈합계〉표에 합계된 수를 기재한다.

라. 녹음과 조사Ⅰ, 조사Ⅱ를 대조한다.
① 같은 어형(語型)의 음장으로 일치한 경우
② 모두 단음(短音)으로 일치한 경우
③ 불일치한 경우
④ 무효 처리한 경우(녹음이 안 되어, 단어 앞 아라비아 숫자에 붉은 색으로 ○을 두른 것)가 있어 대조가 불가능한 경우
* 그 page에서 해당 경우의 수를 〈라 — ①, ②, ③, ④〉난에 기재 하고, 최종 page 〈합계〉표에 합계된 수를 기재한다.

〔예시〕
① 녹음자의 경우

[표15]   개인별 음장 표지 비교표 [통계]

서울도(시) 개포군(구), ㉠성인· 학생, 55세, 성명 이윤진

단어번호	녹음	조사 I	조사 II
1	53. 가는(去) ∨	53. 가는(去) ∨	310. 가다(去) ∨
1-1	29. 가세요(去) ∨	29. 가세요(去) ∨	
2	58. 가물(旱)이 ∨	58. 가물(旱)이 ∨	221. 가물(旱, 비가 안옴) ∨
3	27. 간신히	27. 간신히 ∨	19. 간신히 ∨
4	2. 감명적이었다. ∨	2. 감명적이었다. ∨	18. 감명적 ∨
5	39. 감추었습니다. ∨	39. 감추었습니다. ∨	
6	67. 갑갑했습니다. ∨	67. 갑갑했습니다. ∨	318. 갑갑하다. ∨
7	26. 갑니다(금이~) ∨	26. 갑니다(금이~) ∨	
8	21. 갑자기 ∨	21. 갑자기 ∨	210. 갑자기 ∨
9	72. 같았습니다. ∨	72. 같았습니다. ∨	
9-1	20. 같은 ∨	20. 같은 ∨	
10	29. 같이 ∨	29. 같이 ∨	307. 같이 ∨
11	3. 개성적이다. ∨	3. 개성적이다. ∨	40. 개성적 ∨
12	75. 개인의 ∨	75. 개인의 ∨	
13	3. 개인적이며 ∨	3. 개인적이며 ∨	345. 개인적 ∨
14	76. 거리(距離)가 ∨	76. 거리(距離)가 ∨	315. 거리(距離) ∨
15	67. 거리(街)는 ∨	67. 거리(街)는 ∨	305. 거리(街) ∨
16	60. 거짓을 ∨	60. ㉯짓을	268. 거짓 ∨
17	54. 걸('것을'의 준말) ∨	54. 걸('것을'의 준말) ∨	
18			105. 걷다(捲) ∨
19			73. 걷다(步) ∨
19-1	72. 걸어(步) ∨	72. 걸어(步) ∨	357. 걸어(步, '걷다'의 활용형) ∨
20			69. 걸어가다 ∨
21			48. 걸음(步) ∨
22	72. 것 ∨	72. 것 ∨	
22-1	73. 것 ∨	73. 것 ∨	
22-2	17. 것도 ∨	17. 것도 ∨	121. 것(의존명사) ∨
22-3	25. 것이라니 ∨	25. 것이라니 ∨	
22-4	33. 것인지 ∨	33. 것인지 ∨	
23	17. 겨울 ∨	17. 겨울 ∨	108. 겨울(冬) ∨
24	22. 결석했습니다 ∨	22. ㉰석했습니다	158. 결석하다 ∨
25	45. 고국에 ∨	45. 고국에 ∨	193. 고국(故國) ∨
26	75. 고려되지 ∨	75. ㉱려되지	367. 고려되다 ∨
27	23. 고비(絶頂) ∨	23. 고비(絶頂) ∨	253. 고비(絶頂) ∨
28	18. 고치는 ∨	18. 고치는 ∨	192. 고치다 ∨
29	48. 골랐습니다. ∨	48. 골랐습니다. ∨	143. 고르다(擇) ∨
30	64. 골짜기에 ∨	64. 골㉲기에	359. ㉳짜기
31	48. 곱고(娟) ∨	48. 곱고(娟) ∨	125. 곱다(娟, 예쁘다) ∨
31-1			127. 고와서(娟, '곱다'의 활용형) ∨
32			291. 곱다(쳐워서 손이~) ∨

번호	가	나	다	라
①				
②	30	22	19	18
③	4	1	4	5
④				

13-1

....

단어번호	녹음	조사 I	조사 II
384	28. 해(보조동사) ∨	28. 해(보조동사) ∨	
385	22. 학교에 ∨	22. 학교에 ∨	154. 학교 ∨
386	23. 한(一, 관형사) ∨	23. 한(一, 관형사) ∨	235. 한(一) ∨
387	69. 할머니는 ∨	69. 할머니는 ∨	112. 할머니 ∨
387-1	17. 할머니의 ∨	17. 할머니의 ∨	
388	15. 항상 ∨	15. 항상 ∨	163. 항상 ∨
388-1	49. 항상 ∨	49. 항상 ∨	
389	71. 허둥대며 ∨	71. 허둥대며 ∨	347. 허둥대다 ∨
390	72. 험상궂은 ∨	72. 험상궂은	353. 험상궂다 ∨
391	55. 형제가 ∨	55. 형제가 ∨	262. 형제 ∨
392	47. 혼자 ∨	47. 혼자 ∨	111. 혼자 ∨
393	58. 후(後)였다 ∨	58. 후(後)였다 ∨	374. 후(後) ∨
394	31. 흘러내렸습니다 ∨	31. 흘러내렸습니다 ∨	
395	12. 힘이 ∨	12. 힘이 ∨	155. 힘(力) ∨

번호	가	나	다	라
①				
②	13	10	9	9
③	1		1	1
④				

합계

번호	가	나	다	라
①	·	1	7	·
②	397	299	272	266
③	55	39	60	73
④				

13-13

② 비녹음자의 경우

[표16] 　　　　개인별 음장 표지 비교표 [통계]

서울도(시) 경남군(구), 성인·학생, 17세, 성명 송미진

단어번호	녹음	조사 I	조사 II
1	53. 가는(去)	53. 가는(去) ∨	310. 가다(去) ∨
1-1	29. 가세요(去)	29. 가세요(去) ∨	
2	58. 가물(旱)이	58. 가물(旱)이 ∨	221. 가물(旱, 비가 안옴) ∨
3	27. 간신히	27. 간신히 ∨	19. 간신히 ∨
4	2. 감명적이었다.	2. 감명적이었다.	18. 감명적
5	39. 감추었습니다.	39. 감추었습니다. ∨	
6	67. 갑갑했습니다.	67. 갑갑했습니다. ∨	318. 갑갑하다. ∨
7	26. 갑니다(금이~)	26. 갑니다(금이~) ∨	
8	21. 갑자기	21. 갑자기 ∨	210. 갑자기 ∨
9	72. 같았습니다.	72. 같았습니다. ∨	

9-1	20. 같은	20. 같은 ∨	
10	29. 같이	29. 같이 ∨	307. 같이 ∨
11	3. 개성적이다.	3. 개성적이다. ∨	40. 개성적 ∨
12	75. 개인의	75. 개인의 ∨	
13	3. 개인적이며	3. 개인적이며 ∨	345. 개인적 ∨
14	76. 거리(距離)가	76. 거리(距離)가 ∨	315. 거리(距離) ∨
15	67. 거리(街)는	67. 거리(街)는 ∨	305. 거리(街) ∨
16	60. 거짓을	60. ㉺짓을	268. 거짓 ∨
17	54. 걸('것을'의 준말)	54. 걸('것을'의 준말) ∨	
18			105. 걷다(捲) ∨
19			73. 걷다(步) ∨
19-1	72. 걸어(步)	72. 걸어(步) ∨	357. 걸어(步, '걷다'의 활용형) ∨
20			69. 걸어가다
21			48. 걸음(步) ∨
22	72. 것	72. 것 ∨	
22-1	73. 것	73. 것 ∨	
22-2	17. 것도	17. 것도 ∨	121. 것(의존명사) ∨
22-3	25. 것이라니	25. 것이라니 ∨	
22-4	33. 것인지	33. 것인지 ∨	
23	17. 겨울	17. 겨울 ∨	108. 겨울(冬) ∨
24	22. 결석했습니다	22. 결석했습니다 ∨	158. 결석하다 ∨
25	45. 고국에	45. 고국에 ∨	193. 고국(故國) ∨
26	75. 고려되지	75. ㉺려되지	367. ㉺려되다
27	23. 고비(絶頂)	23. 고비(絶頂) ∨	253. 고비(絶頂) ∨
28	18. 고치는	18. 고치는 ∨	192. 고치다 ∨
29	48. 골랐습니다.	48. 골랐습니다. ∨	143. 고르다(擇) ∨
30	64. 골짜기에	64. 골짜기㉺	359. 골짜기 ∨
31	48. 곱고(娟)	48. ㉺고(娟)	125. ㉺다(娟, 예쁘다)
31-1			127. 고와서(娟, '곱다'의 활용형)
32			291. 곱다(취워서 손이~) ∨

번호	가	나	다	라
①			3	
②			19	
③			1	
④				

13-1

....

단어번호	녹음	조사Ⅰ	조사Ⅱ
384	28. 해(보조동사)	28. 해(보조동사) ∨	
385	22. 학교에	22. 학교에 ∨	154. 학교 ∨
386	23. 한(一, 관형사)	23. 한(一, 관형사) ∨	235. ㉺(一)
387	69. 할머니는	69. 할머니는 ∨	112. 할머니 ∨
387-1	17. 할머니의	17. 할머니의 ∨	
388	15. 항상	15. 항상 ∨	163. 항상 ∨
388-1	49. 항상	49. ㉺상	
389	71. 허둥대며	71. 허둥대며 ∨	347. 허둥대다 ∨
390	72. 험상궂은	72. 험상궂은 ∨	353. ㉺㉺궂다
391	55. 형제가	55. 형제가 ∨	262. 형제 ∨
392	47. 혼자	47. ㉺자	111. 혼자 ∨
393	58. 후(後)였다	58. ㉺(後)였다	374. 후(後) ∨

| 394 | 31. 홀러내렸습니다 | 31. 홀러내렸습니다 ∨ | |
| 395 | 12. 힘이 | 12. 힘이 ∨ | 155. ㉛(力) |

번호	가	나	다	라
①				
②			4	
③			6	
④				

합계

번호	가	나	다	라
①			18	
②			250	
③			71	
④				

13-13

2. 제보자별로 합계된 수를 이기하여 다음과 같은 표를 만든다.

[표17]   개인별 음장 일치 통계표

충북·단양, 성인(녹음자분)

제보자	가				나				다				라			
	①	②	③	④	①	②	③	④	①	②	③	④	①	②	③	④
김정숙		435	17			272	67		5	263	71			263	76	
김종대		419	33			282	57		8	261	70			261	78	
배석호		427	25			298	41		3	283	53			283	56	
서재관		439	13			261	78		2	253	84			253	86	
윤성석		422	30			306	33		4	286	49			286	53	
임대근		436	16			294	45		3	282	54			282	57	
합계		2578	134			1713	321		25	1628	381			1628	406	
평균		429.67	22.33			285.5	53.5		4.17	271.33	63.50			271.33	67.67	
%		95.06	4.94			84.22	15.78		1.23	80.04	18.73			80.04	19.96	

충북·단양, 학생(녹음자분)

제보자	가				나				다				라			
	①	②	③	④	①	②	③	④	①	②	③	④	①	②	③	④
권미영		341	111			213	126		69	183	87			183	156	
김옥회		388	64			32	307		24	26	289			26	313	
전소현		351	101			248	91		31	200	108			200	139	
조성현		377	75			44	295		34	42	263			42	297	
허은숙		395	57			189	150		12	167	160			166	173	
합계		1852	408			726	969		170	618	907			617	1,078	
평균		370.40	81.60			145.20	193.80		34.00	123.60	181.40			123.40	215.60	
%		81.95	18.05			42.83	57.17		10.03	36.46	53.51			36.40	63.60	

충북 · 단양 학생(비녹음자분)

제보자	다의 ①	다의 ②	다의 ③	다의 ④	제보자	다의 ①	다의 ②	다의 ③	다의 ④
권용정	2	316	21		양현경	13	284	42	
김 은	18	233	88		원두훈	1	309	29	
김남진	5	268	66		이남희	1	263	75	
김명선	5	188	146		이미선	31	47	261	
김상윤	·	312	27		이미애	7	280	52	
김선희	5	240	94		이현경	18	33	288	
김승미	7	238	94		전일해	10	127	202	
김은숙	8	231	100		전현숙	7	290	42	
김태수	20	151	168		최일란	6	256	77	
김현식	21	161	157		합계	187	4,801	2,131	
박소영	2	258	79		평균	8.90	228.62	101.48	
안승인	·	316	23		%	2.63	67.44	29.93	

168. §164의 ②와 §165의 ②를 충족시키고 있는지 여부를 확인하기 위하여, §167
에서 골라낸 어형(라의 ①)을 아래 〈개인별 일치 어형의 상호 비교표〉에 성인군과 학생
군으로 나누어 별지에 이기한 다음, 제보자 개개인의 어형을 횡(橫)으로 비교 대조하여
전원 일치 어형이 있으면, 〈전원일치형〉난에 그 어형을 적어 넣는다. 이 〈전원일치형〉
이 바로 당해 지역 음장이다.

[표18]   개인별 일치 어형의 상호 비교표 [예시]

서울 · 개포, 학생(녹음자분)

제보자성명 〜 전원일치형	김정완	안상회	유주현	이윤신	조현명	황정아
	간신:히	간:신:히		간:신히	간신히:	
긴:	긴:	긴:	긴:	긴:	긴:	긴:
			많:이			많:이
	밤:(栗)	밤:(栗)		밤:(栗)	밤:(栗)	

169. §168으로써 모든 작업이 끝난 것이지만, 참고로 경향성을 알아보기 위하여 어
휘별로 제보자들이 어느 음절 모음에 음장을 많이 얹고 있는지를 알아보기 위한 〈어형
별 빈도 조사표〉를 작성하였다. 표는 녹음한 성인군, 녹음한 학생군, 녹음 안 한 학생
군별로 분리하여 작성되었으며 어휘별, 어형별, 녹음, 조사Ⅰ, 조사Ⅱ별로 빈도를 조사
하였다. 작업은 §166의 「개인별 음장 표지 비교표」를 가지고, [표19]의 해당 어형
에 '正'자를 써 나아가는 방식으로 진행되었다. 다만, 4자 이상이 되는 어휘의 셋째 줄
부터는 있을 수 있는 어형수는 많지만, 실제로 표기된 어형수는 그리 많지 않을 것으로
예상되어, 8개의 음장 표시되지 않은 어휘를 준 채([표19] '감명적이었다' 참조), 조사
자가 직접 '어형(語型)'을 표기하고 '正'자를 써 나아가도록 하였다.

[표19] 조사 대상 어휘의 어형별 빈도 조사표

어형별 빈도 조사표

___도(시)___ 군(구), 성인·학생(錄音者群, 非錄音者群)

53. 가는

語形	錄音	調査 I
가는		
가는		
가는		
가는		

29. 가세요

語形	錄音	調査 I
가세요		
가세요		
가세요		
가세요		
가세요		
가세요		
가세요		
가세요		

310. 가다

語形	調査 II
가다	
가다	
가다	
가다	

58. 가물이

語形	錄音	調査 I
가물이		
가물이		
가물이		
가물이		
가물이		
가물이		
가물이		
가물이		

221. 가물(旱, 비가 안 옴)

語形	調査 II
가물	
가물	
가물	
가물	

27. 19 간신히

語形	錄音	調査 I	調査 II
간신히			
간신히			
간신히			
간신히			
간신히			
간신히			
간신히			
간신히			

2. 감명적이었다

語形	錄音	調査 I
감명적이었다		
감명적이었다		
감명적이었다		
감명적이었다		
감명적이었다		
감명적이었다		
감명적이었다		
감명적이었다		
감명적이었다		
감명적이었다		

18. 감명적

語形	調査 II
감명적	
감명적	
감명적	
감명적	
감명적	
감명적	
감명적	
감명적	

83-1

170. §169의 결과(성인군, 녹음한 학생군, 녹음 안 한 학생군별로 각각 작성된

83page짜리 3권의 조사표)를 하나로 합쳐, 녹음과 조사Ⅰ과 조사Ⅱ 간에, 그리고 성인군과 학생군 간에 어떤 차이가 있는지를 일목요연하게 비교해 볼 수 있도록 다음과 같은 표를 만들었다.

[표20]　　　　　　　　조사 대상 어휘의 어형별 빈도표

어형별 빈도표

서울·개포

53 가는 / 29 가세요 / 310 가다

語型	錄音		調査Ⅰ		調査Ⅱ	
	성인	학생	성인	학생	성인	학생
가는	4	6	4	6(45)		
ⓖ는				(1)		
가세요	4	6	4	4(43)		
ⓖ세요				(2)		
가세ⓞ				2(1)		
가다					3	6(40)
ⓖ다						(6)
가ⓓ					1	

* 조사Ⅰ, 조사Ⅱ 학생란에 ( ) 안 숫자는 질문지에만 응답한 학생의 반응 결과임(이하 같음)

58 가물이 / 221 가물(旱, 비가 안 옴)

語型	錄音		調査Ⅰ		調査Ⅱ	
	성인	학생	성인	학생	성인	학생
가물이	4	6	3	6(44)	2	6(37)
ⓖ물이			1	(1)	1	(6)
가ⓜ이				(1)	1	(3)

27 간신히 / 19. 간신히

語型	錄音		調査Ⅰ		調査Ⅱ	
	성인	학생	성인	학생	성인	학생
간신히	4	6	3	5(44)	1	2(33)
ⓖ신히			1	(2)	3	3(6)
간ⓢ히				( )		(4)
간신ⓗ				1( )		1(2)
간ⓢⓗ				( )		(1)

2 ⓖ명적이었다 / 18 ⓖ명적

語型	錄音		調査Ⅰ		調査Ⅱ	
	성인	학생	성인	학생	성인	학생
감명적이었다	4	6	3	5(41)	2	5(36)
ⓖ명적이었다			1	(2)	2	(6)
감ⓜ적이었다				(1)		1(3)
감명ⓩ이었다				1(1)		(1)
감명적이었ⓓ				(1)		

39. 감추었습니다

語型	錄音		調査Ⅰ		調査Ⅱ	
	성인	학생	성인	학생	성인	학생
감추었습니다	4	6	4	6(44)		
ⓖ추었습니다				(1)		
감추ⓞ습니다				(1)		

67. 갑갑했습니다 / 318. 갑갑하다

語型	錄音		調査Ⅰ		調査Ⅱ	
	성인	학생	성인	학생	성인	학생
갑갑했습니다	4	6	4	4(43)		
갑ⓖ했습니다				(2)		
갑갑했ⓢ니다				(1)		
갑갑했습니다				2( )		
갑갑하다					3	5(40)
ⓖ갑하다						1(3)
갑ⓖ하다						(2)
갑갑ⓗ다						(1)
갑갑하ⓓ					1	( )

26. 갑니다(금이 ~)

語型	錄音		調査Ⅰ		調査Ⅱ	
	성인	학생	성인	학생	성인	학생
갑니다	4	6	4	6(46)		

21. 210 갑자기

語型	錄音		調査Ⅰ		調査Ⅱ	
	성인	학생	성인	학생	성인	학생
갑자기	4	6	4	6(45)	2	6(40)
ⓖ자기				(1)	1	(3)
갑ⓩ기				( )		(3)
갑자ⓖ				( )	1	( )

72. 같았습니다 / 20. 같은

語型	錄音		調査Ⅰ		調査Ⅱ	
	성인	학생	성인	학생	성인	학생
같았습니다	4	6	4	6(46)		
같은	4	6	4	6(44)		
같ⓤ				(2)		

171. §168과 §170의 결과를 가지고 ① 당해 지역 내에서 성인군과 학생군 간에 어떤 차이가 있는지 상호 비교해 봄으로써, 지역내 세대간 언어 차이 유무를 확인해 볼 수 있을 것이며, ② 17개 지점의 결과를 성인군은 성인군끼리 학생군은 학생군끼리 상호 비교해 봄으로써 지역간 언어 차이를 확인해 볼 수도 있을 것이다. ③ 또, 17개 지점의 성인군 공통 특징과 학생군 공통 특징을 상호 비교해 봄으로써 전국적인 세대간 차이도 알게 될 것이다. ④ 서울 지역의 경우는, 이번 서울 지역 조사 결과와 1973년 본 연구자의 연구 결과를 비교해 봄으로써, 20여년 전의 음장 실태와 현재의 음장 실태 간의 차이점도 파악될 수 있을 것이다.

172. 비슷한 둘 이상의 음성이 서로 같은 자리에 나타나지 않을 때, 이들 음성은 서로 상보적 분포(complementary distribution)를 보인다고 하고, 이들의 공통된 음성적 자질이 동일 언어의 다른 음성에는 나타나지 않으며, 의미 분화의 기능을 가지지 못할 때, 이들 음성들은 한 음운으로 묶인다.(Bloch & Trager 1945 : 42, Gleason Jr. 1961 : 263)

173. 상보적 분포가 의미를 분화하지 못하는 둘 이상의 소리가 교체 불가능한 경우라고 하면, 상보적 분포가 아닌 경우로는 다음 세가지 경우를 생각할 수 있다.
 ① 교체 불가능하면서 의미를 분화시키는 경우
 ② 교체 가능하면서 의미를 분화시키지 못하는 경우
 ③ 교체 가능하면서 의미를 분화시키는 경우

 이 가운데 ①은 존재 불가능한 경우이며 , ②는 소위 자유변이의 경우로 한 음운이 되는 경우이며 ③이 별개의 음운으로 설정되는 경우로써 /:/과 / / 이 각각 독립된 음운으로 인정받으려면 ③의 경우가 되어야 한다. 그런데 본 연구에서 사용한 질문지에서는 의미가 고정되어 주어졌으므로 결국 /:/과 / /의 넘나듦이 없어야 한다.(§165 참조)

174. 분포가 상보적이라고 해서 무조건 한 음운이 되는 것은 아니고, 그들의 공통된 음성 특질이 동일 언어의 다른 음성들에 나타나지 말아야 하는 것이니까 결국 어떤 둘 이상의 음성이 결합 변이음(f.variantes combinatories)이 되지 않기 위해서는 다음 세 경우 중 어느 하나이어야 할 것이다.
 ① 교체 불가능하고 그들 음성의 공통 자질이 그 언어의 다른 음성들에도 나타나는
   경우32)

---

32) 독일어의 〔h〕는 약세의 〔i,e〕를 제외한 모음 앞에만 나타나고, 〔ŋ〕는 약세의 〔i,e〕 앞이나 자음 앞에만 나타난다(즉, 교체 불가능). 그러나 이 두 음성의 음성적 공통 특질은 자음이란 점밖에 없는데, 자음은 이 두 음성 외에도 얼마든지 있다. 그러므로 이 두 음성은 한 음운으로 묶이지 않는다. (Trubetzkoy. trans. by Christane A. M. Baltaxe 1971 : 33, 50, 한문희 역 1991 : 80, 101)

② 교체 가능하고 그들의 공통 자질이 그 언어의 다른 음성들에는 나타나지 않는 경우

③ 교체 가능하고 그 음성들의 공통 자질이 그 언어의 다른 음성들에도 나타나는 경우

한국 토박이들에게 있어서 지속을 얹고 내리고 하는 것은 자유자재한 것으로 보이며, 한국어에 있어서 지속이 독점적 자질이라는 점에는 의심의 여지가 없는 것으로 보이기 때문에 (즉, ②에 속하므로), /ː/과 / /이 결합 변이음이 될 가능성은 없어 보인다. 따라서 이 항목은 더 검토해 볼 필요가 없겠다.

175. 음운 분석에 있어서 가장 확실하고 좋은 방법이 최소의 짝(minal pair)이다. 최소의 짝을 찾을 때 그와 다른 모든 음성을 대비시킬 필요는 없다. 의심스러운 것 (suspicious pair)[33]들만 비교시켜 보면 되는 것이다. 음성적 성격이 아주 다른 것은 의심할 바 없이 다른 음운이 되겠기 때문이다.

176. 분절 음소의 최소대립어를 검토하면서 우리는 /ː/과 / /도 최소의 짝으로서 그 성격이 분명해 지리라는 시사를 받는다. 본 연구에서 사용하고 있는 질문지에도 음장의 유무에 따라 최소대립어가 될 것으로 생각되는 많은 어휘들이 포함되어 있다. 그들을 대비시켜 그들이 과연 지속을 변별적 자질로 하여 대립하고 있는가를 점검해 보겠다.

177. 지속이 변별적 자질로서 음장으로서의 기능을 발휘하고 있는지 여부에 대하여는 §168의 〈전원 일치형〉을 대상으로, 음장이 있고 없음에 따라 의미가 달라진 경우를 골라내면, 그것이 당해 지역의 음장에 따라 변별되는 최소대립어로써 확인이 되는 것이다.

178. 그러나, 현실적으로 〈전원 일치형〉은 그리 많지 않을 것으로 예측되고, 또 최소대립어에 대한 좀더 다각적인 검토가 필요할 것으로 생각되어, 본 연구에서는 다음과 같은 방법으로 이를 확인해 보기로 하였다.

179. 먼저 질문지 속에서 최소 대립의 짝이 될만한 37개[34])의 짝을 골라 (§153 참

---

33) 어떤 음성들이 의심스러운 짝이 될 수 있는 가에 대하여는 Gleason Jr.(1961 : 275)이 좋은 참고가 될 것이다.
34) 각주 16)에서 이미 언급한 바와 같이 조사 대상 어휘 가운데 최소의 짝이 될 수 있는 '안/안(內), 해ː/해, 한(爲)/한(一)' 등이 빠져 실제의 최소대립어수는 40개라 할 수 있으며, 그 외에도 최소대립어는 방(房)/방ː(榜), 용ː기(勇氣)/용기(容器), 절(拜)/절(寺) 등 몇 개 더 넣을 수 있었으나, 1973년 질문지를 그대로 사용하기로 하였기 때문에 반영하지 못하였다.

조), 다음과 같은 〈개인별 최소대립어 조사표〉를 작성한다.

[표21]　　　　　　　　　개인별 최소대립어 조사표 [이기]

전남도(시) 완도군(구), 성인·학생, 17세, 성명 추운화

번호	녹　음	조　사 I	조　사 II
짝1	76.거리(距離)가 / 67.거리(街)는	76.거리(距離)가 / 67.거리(街)는	315.㉔리(距離) / 305.거리(街)
짝2			105.㉓다(捲) / 73.걷다(步)
짝3			125.㉕다(娟, 예쁘다) / 291.곱다(추워서 손이~)
짝4	2.구원(久遠)의 / 25.구원(救援)의	2.구원(久遠)의 / 25.구원(救援)의	2. ㉭원(久遠) / 203. 구원(救援)
짝5	14.구조(構造)가 / 42.구조(救助)가	14.구조(構造)가 / 42.구조(救助)가	93.㉮조(構造) / 148.구조(救助)
짝6	32.굴(窟)로 / 61.굴(해산물)을	32.㉱(窟)로 / 61.굴(해산물)을	199.㉲(窟) / 369.㉳(해산물의 일 종)
짝7			292.㉴다(曲) / 247.㉵다(炙, 불에~)
짝8			194.길(道) / 186.길(사람의 한키)
짝9	20.눈(雪)이 / 31.눈(眼)에서는	20.눈(雪)이 / 31.눈(眼)에서는	132. 눈(雪) / 174. 눈(眼)
짝10			302.대신(代身) / 164.대신(大臣)
짝11			109.덮다 / 126.덥다(暑)
짝12			246.돈('돌다'의 활용형) / 252.돈(화폐)
짝13			72.돌(一周生日) / 49.돌(石)
짝14			17.㉷기(動機) / 37.동기(同期)
짝15			225.㉸다(가물이~) / 159.들다(소요되다)
짝16	16.말(馬) / 11.말(言)을	16.말(馬) / 11.말(言)을	87.말(馬) / 59.말(言)
짝17	38.발(簾)을 / 49.발(足)이	38.발(簾)을 / 49.발(足)이	218.㉹(簾, 문에 치는) / 44.발(足)
짝18	17.밤(夜)에/1.밤(夜)에는/43.밤(栗)을	17.밤(夜)에/1.밤(夜)에는/43.밤(栗)을	5. 밤(夜) / 234. 밤(栗)
짝19	57.배(腹)가 / 28.배(梨)는 / 70.배(舟)를	57.배(腹)가 / 28.배(梨)는 / 70.배(舟)를	332.㉺(腹) / 277.배(梨) / 32.배(舟) / 368.배(倍)
짝20	46.병(瓶)에 / 22.병(病)이	46.㉻(瓶)에 / 22.병(病)이	239.병(유리병) / 150.㉼(病)

번호	가	나	다	라
①				
②				
③				
④				

2 - 1
....

번호	녹　음	조　사 I	조　사 II
짝21			316.보다(見) / 329.㉽다(보조동사)
짝22	33.부정(不正)만/13.부정(否定)만이	33.부정(不正)만/13.㉾정(否定)만이	232.부정(不正) / 66.부정(否定)
짝23	19.부정(不貞)한 / 33.부정(不淨)한	19.부정(不貞)한 / 33.부정(不淨)한	106.부정(不貞)하다 / 241.부정(不淨)하다

짝			365.ᄉ정(事情) / 84.사정(私情)
짝			191.수(의존명사) / 215.수(繡)
짝			113.업다(負) / 98.ᄋ다
짝			20.여기(부사) / 36.여기(餘技)
짝	10.여로(旅路) / 36.여로(女路)라	10.여로(旅路) / 36.여로(女路)라는	319.여로(旅路) / 258.여로(女路)
짝	36.영구(榮九)는 / 5.영구(永久)	36.ᄋ구(榮九)는 / 5.ᄋ구(永久)한	254.ᄋ구(榮九,인명) / 24.ᄋ구(永久)하다
짝	2.영화(映畵)는 / 25.영화(榮華)	2.영화(映畵)는 / 25.영화(榮華)를	10.영화(映畵) / 220.영화(榮華)
짝	52.이상(以上)으로/44.이상(理想)은	52.이상(以上)으로/44.이상(理想)은	271.ᄋ상(以上) / 136.이상(理想)
짝	75.일(一) / 1.일(事)을	75.일(一) / 1.일(事)을	363.일(一) / 12.일(事)
짝			71. 잇다(續) / 43. 있다(存在)
짝	69.장(欌) / 53.장(市場)으로	69.ᄌ(欌) / 53.ᄌ(市場)으로	334.장(欌) / 181.장(市場)
짝	33.정화(淨化)될/2.정화(情話)라는	33.정화(淨化)될/2.정화(情話)라는	251.ᄌ화(淨化)되다 / 4.정화(情話)
짝			375. 창(窓) / 299.ᄎ(唱)
짝			372. 천직(天職) / 85. 천직(賤職)

번호	가	나	다	라
①				
②				
③				
④				

〈 합 계 〉

번호	가	나	다	라
①				
②				
③				
④				

2 - 2

180. 〈개인별 최소대립어 조사표〉에서 /:/의 유무로 서로 대립하면서(의미가 달라지면서), 녹음, 조사Ⅰ, 조사Ⅱ에서 똑같은 모양을 하고 있는 유형을 골라 낸다. 이때 참고로 녹음과 조사Ⅰ, 녹음과 조사Ⅱ, 조사Ⅰ과 조사Ⅱ, 녹음과 조사Ⅰ와 조사Ⅱ 간에 일치하는 유형이 얼마나 되는 지도 알아 본다. 작업 요령은 다음과 같다.

작 업 요 령

1. 최소대립어별로 녹음, 조사Ⅰ, 조사Ⅱ를 대조한다. 대조하는 순서는 다음과 같다.(단, 대조는 같은 글자가 있는 부분까지만 한다.)
   가. 녹음과 조사Ⅰ을 대조한다.
   ① 같은 유형(類型)의 음장으로 일치한 경우
   ② 모두 단음(短音)으로 일치한 경우

③ 불일치한 경우

④ 무효 처리한 경우(녹음이 안 되어, 단어 앞 아라비아 숫자에 붉은 색으로 ○을 두른 것)가 있어 대조가 불가능한 경우

* 그 page에서 해당 경우의 수를 〈가 — ①, ②, ③, ④〉난에 기재 하고, 최종 page 〈합계〉표에 합계된 수를 기재한다.

나. 녹음과 조사Ⅱ를 대조한다.

① 같은 유형(類型)의 음장으로 일치한 경우

② 모두 단음(短音)으로 일치한 경우

③ 불일치한 경우

④ 무효 처리한 경우(녹음이 안 되어, 단어 앞 아라비아 숫자에 붉은 색으로 ○을 두른 것)가 있어 대조가 불가능한 경우

* 그 page에서 해당 경우의 수를 〈나 — ①, ②, ③, ④〉난에 기재 하고, 최종 page 〈합계〉표에 합계된 수를 기재한다.

다. 조사Ⅰ과 조사Ⅱ를 대조한다.

① 같은 유형(類型)의 음장으로 일치한 경우

② 모두 단음(短音)으로 일치한 경우

③ 불일치한 경우

④ 무효 처리한 경우(녹음이 안 되어, 단어 앞 아라비아 숫자에 붉은 색으로 ○을 두른 것)가 있어 대조가 불가능한 경우

* 그 page에서 해당 경우의 수를 〈다 — ①, ②, ③, ④〉난에 기재 하고, 최종 page 〈합계〉표에 합계된 수를 기재한다.

라. 녹음과 조사Ⅰ과 조사Ⅱ를 대조한다.

① 같은 유형(類型)의 음장으로 일치한 경우[35]

② 모두 단음(短音)으로 일치한 경우

③ 불일치한 경우

④ 무효 처리한 경우(녹음이 안 되어, 단어 앞 아라비아 숫자에 붉은 색으로 ○을 두른 것)가 있어 대조가 불가능한 경우

* 그 page에서 해당 경우의 수를 〈라 — ①, ②, ③, ④〉난에 기재 하고, 최

---

35) §167의 경우와는 달리, 이 경우의 수는 §180에서 골라 내고자 하는 유형의 수와 일치하지 않을 수도 있다. 예를 들면, §180에서 골라 내고자 하는 유형은 '밤:(夜)/밤(栗)'과 '밤(夜)/밤:(栗)'의 경우인데, 이 경우(라-①)에는 '밤:(夜)/밤(栗)'과 '밤(夜)/밤:(栗)'은 물론, '밤:(夜)/밤:(栗)'일지라도 녹음, 조사Ⅰ, 조사Ⅱ가 일치하기만 하면 (라-①)에 포함되기 때문이다.

종 page 〈합계〉표에 합계된 수를 기재한다.

〔예시〕
① 녹음자의 경우

[표22] 개인별 최소대립어 조사표 [통계]

부산도(시) 부곡군(구), (성인)·학생, 50세, 성명 김진명

번호	녹 음	조 사 I	조 사 II
짝1	76.거리(距離)가 / 67.거리(街)는	76.거리(距離)가 / 67.거리(街)는	315.㉮리(距離) / 305.거리(街)
짝2			105.㉯다(捲) / 73.걷다(步)
짝3			125.㉰다(娟, 예쁘다) / 291.곱다(추워서 손이~)
짝4	2.구원(久遠)의 / 25.구원(救援)의	2.구원(久遠)의 / 25.구원(救援)의	2.㉠원(久遠) / 203.구원(救援)
짝5	14.구조(構造)가 / 42.구조(救助)가	14.구조(構造)가 / 42.구조(救助)가	93.㉠조(構造) / 148.구조(救助)
짝6	32.굴(窟)로 / 61.굴(해산물)을	32.굴(窟)로 / 61.굴(해산물)을	199.㉧(窟) / 369.㉧(해산물의 일종)
짝7			292.㉧다(曲) / 247.㉧다(炙, 불에~)
짝8			194.길(道) / 186.길(사람의 한 키)
짝9	20.눈(雪)이 / 31.눈(眼)에서는	20.눈(雪)이 / 31.눈(眼)에서는	132. 눈(雪) / 174. 눈(眼)
짝10			302.대신(代身) / 164.대신(大臣)
짝11			109.덮다 / 126.덥다(暑)
짝12			246.돈('돌다'의 활용형) / 252.돈(화폐)
짝13			72.돌(一周生日) / 49.돌(石)
짝14			17.㉰기(動機) / 37.동기(同期)
짝15			225.㉲다(가물이~) / 159.들다(소요되다)
짝16	16.말(馬) / 11.말(言)을	16.말(馬) / 11.말(言)을	87.말(馬) / 59.말(言)
짝17	38.발(簾)을 / 49.발(足)이	38.발(簾)을 / 49.발(足)이	218.㉶(簾, 문에 치는) / 44.발(足)
짝18	17.밤(夜)에/1.밤(夜)에는/43.밤(栗)을	17.밤(夜)에/1.밤(夜)에는/43.밤(栗)을	5. 밤(夜) / 234. 밤(栗)
짝19	57.배(腹)가 / 28.배(梨)는 / 70.배(舟)를	57.배(腹)가 / 28.배(梨)는 / 70.배(舟)를	332.㉿(腹) / 277.배(梨) / 32.배(舟) / 368.배(倍)
짝20	46.병(瓶)에 / 22.병(病)이	46.㉿(瓶)에 / 22.병(病)이	239.병(유리병) / 150.㉿(病)

번호	가	나	다	라
①	3	3	4	3
②	6	2	2	2
③	1	5	4	5
④				

2 - 1
....

번호	녹 음	조 사 I	조 사 II
짝21			316.보다(見) / 329.㉿다(보조동사)
짝22	33.부정(不正)만/13.부정(否定)만이	33.부정(不正)만/13.㉿정(否定)만이	232.부정(不正) / 66.부정(否定)

짝23	19.부정(不貞)한 / 33.부정(不淨)한	19.부정(不貞)한 / 33.부정(不淨)한	106.부정(不貞)하다 / 241.부정(不淨)하다
짝24			365.ᄉ᾽정(事情) / 84.사정(私情)
짝25			191.수(의존명사) / 215.수(繡)
짝26			113.업다(負) / 98.᾽다
짝27			20.여기(부사) / 36.여기(餘技)
짝28	10.여로(旅路) / 36.여로(女路)라는	10.여로(旅路) / 36.여로(女路)라는	319.여로(旅路) / 258.여로(女路)
짝29	36.영구(榮九)는 / 5.영구(永久)한	36.᾽구(榮九)는 / 5.᾽구(永久)한	254.᾽구(榮九,인명) / 24.᾽구(永久)하다
짝30	2.영화(映畵)는 / 25.영화(榮華)를	2.영화(映畵)는 / 25.영화(榮華)를	10.영화(映畵) / 220.영화(榮華)
짝31	52.이상(以上)으로/44.이상(理想)은	52.이상(以上)으로/44.이상(理想)은	271.᾽상(以上) / 136.이상(理想)
짝32	75.일(一) / 1.일(事)을	75.일(一) / 1.일(事)을	363.일(一) / 12.일(事)
짝33			71. 잇다(續) / 43. 있다(存在)
짝34	69.장(欌) / 53.장(市場)으로	69.᾽(欌) / 53.᾽(市場)으로	334.장(欌) / 181.장(市場)
짝35	33.정화(淨化)될/2.정화(情話)라는	33.정화(淨化)될/2.정화(情話)라는	251.᾽화(淨化)되다 / 4.정화(情話)
짝36			375. 창(窓) / 299. ᾽(唱)
짝37			372. 천직(天職) / 85. 천직(賤職)

번호	가	나	다	라
①	2	1	1	1
②	6	5	4	4
③	1	3	4	4
④				

〈 합계 〉

번호	가	나	다	라
①	5	4	5	4
②	12	7	6	6
③	2	8	8	9
④				

2 - 2

② 비녹음자의 경우

[표23] 　　　　개인별 최소대립어 조사표[통계]

전남도(시) 완도군(구), 성인 (학생) 16세, 성명 조은화

번호	녹　음	조　사 I	조　사 II
짝1	76.거리(距離)가 / 67.거리(街)는	76.거리(距離)가 / 67.거리(街)는	315.᾽리(距離) / 305.거리(街)
짝2			105.᾽다(捲) / 73.걷다(步)
짝3			125.곱다(娟, 예쁘다) / 291.곱다(추워서 손이~)
짝4	2.구원(久遠)의 / 25.구원(救援)의	2.구원(久遠)의 / 25.구원(救援)의	2. ᾽원(久遠) / 203. 구원(救援)
짝5	14.구조(構造)가 / 42.구조(救助)가	14.구조(構造)가 / 42.구조(救助)가	93.᾽조(構造) / 148.구조(救助)

짝6	32.굴(窟)로 / 61.굴(해산물)을	32.굴(窟)로 / 61.굴(해산물)을	199.굴(窟) / 369.굴(해산물의 일종)
짝7			292.굽다(曲) / 247.굽다(炙 불에~)
짝8			194.길(道) / 186.길(사람의 한 키)
짝9	20.눈(雪)이 / 31.눈(眼)에서는	20.눈(雪)이 / 31.눈(眼)에서는	132. 눈(雪) / 174. 눈(眼)
짝10			302.대신(代身) / 164.대신(大臣)
짝11			109.덮다 / 126.덥다(暑)
짝12			246.돈('돌다'의 활용형) / 252.돈(화폐)
짝13			72.돌(一周生日) / 49.돌(石)
짝14			17.동기(動機) / 37.동기(同期)
짝15			225.들다(가물이~) / 159.들다(소요되다)
짝16	16.말(馬) / 11.말(言)을	16.말(馬) / 11.말(言)을	87.말(馬) / 59.말(言)
짝17	38.발(簾)을 / 49.발(足)이	38.발(簾)을 / 49.발(足)이	218.발(簾, 문에 치는) /44.발(足)
짝18	17.밤(夜)에/1.밤(夜)에는/43.밤(栗)을	17.밤(夜)에/1.밤(夜)에는/43.밤(栗)을	5. 밤(夜) / 234. 밤(栗)
짝19	57.배(腹)가 / 28.배(梨)는 / 70.배(舟)를	57.배(腹)가 / 28.배(梨)는 / 70.배(舟)를	332.배(腹) / 277.배(梨) / 32.배(舟) / 368.배(倍)
짝20	46.병(瓶)에 / 22.병(病)이	46.병(瓶)에 / 22.병(病)이	239.병(유리병) / 150.병(病)

번호	가	나	다	라
①				
②			3	
③			7	
④				

2 - 1

....

번호	녹 음	조 사 I	조 사 II
짝21			316.보다(見) / 329.보다(보조동사)
짝22	33.부정(不正)만/13.부정(否定)만이	33.부정(不正)만/13.부정(否定)만이	232.부정(不正) / 66.부정(否定)
짝23	19.부정(不貞)한 / 33.부정(不淨)한	19.부정(不貞)한 / 33.부정(不淨)한	106.부정(不貞)하다 / 241.부정(不淨)하다
짝24			365.사정(事情) / 84.사정(私情)
짝25			191.수(의존명사) / 215.수(繡)
짝26			113.업다(負) / 98.없다
짝27			20.여기(부사) / 36.여기(餘技)
짝28	10.여로(旅路) / 36.여로(女路)라	10.여로(旅路) / 36.여로(女路)라는	319.여로(旅路) / 258.여로(女路)
짝29	36.영구(榮九)는 / 5.영구(永久)한	36.영구(榮九)는 / 5.영구(永久)한	254.영구(榮九,인명) / 24.영구(永久)하다
짝30	2.영화(映畵)는 / 25.영화(榮華)를	2.영화(映畵)는 / 25.영화(榮華)를	10.영화(映畵) / 220.영화(榮華)
짝31	52.이상(以上)으로/44.이상(理想)	52.이상(以上)으로/44.이상(理想)은	271.이상(以上) / 136.이상(理想)
짝32	75.일(一) / 1.일(事)을	75.일(一) / 1.일(事)을	363.일(一) / 12.일(事)
짝33			71. 잇다(續) / 43. 있다(存在)
짝34	69.장(欌) / 53.장(市場)으로	69.장(欌) / 53.장(市場)으로	334.장(欌) / 181.장(市場)
짝35	33.정화(淨化)될/2.정화(情話)라는	33.정화(淨化)될/2.정화(情話)라는	251.정화(淨化)되다 / 4.정화(情話)

짝36			375. 창(窓) / 299. 챵(唱)
짝37			372. 천직(天職) / 85. 천직(賤職)

번호	가	나	다	라
①			1	
②			4	
③			4	
④				

〈 합계 〉

번호	가	나	다	라
①			1	
②			7	
③			11	
④				

2 - 2

2. 제보자별로 합계된 수를 이기하여 다음과 같은 표를 만든다.

[표24]　　　　　　　　　개인별 최소대립어 일치 통계표

충북·단양, 성인(녹음자분)

제보자	가				나				다				라			
	①	②	③	④	①	②	③	④	①	②	③	④	①	②	③	④
배석호		15	4			15	4				13	6			13	6
김종대		13	6			7	12		2	7	10				7	12
김정숙		15	4			7	12		1	7	11				7	12
임대근		16	3			11	8			9	10				9	10
윤성석		11	8			14	5			8	11				8	11
서재관		14	5			13	6			9	10				9	10
합계		84	30			67	47		3	53	58				53	61
평균		14.00	5.00			11.17	7.83		0.50	8.83	9.67				8.83	10.17
%		73.68	26.32			58.77	41.23		2.63	46.49	50.88				46.49	53.51

충북·단양, 학생(녹음자분)

제보자	가				나				다				라			
	①	②	③	④	①	②	③	④	①	②	③	④	①	②	③	④
김옥희		10	9			1	18			1	18				1	18
전소현		16	3			13	6			11	8				11	8
권미영		4	15			3	16		7	2	70				2	17
허은숙		16	3			8	11		1	7	11				7	12
조성현		9	10				19		1		18					19
합계		55	40			25	70		9	21	65				21	74
평균		11.00	8.00			5.00	14.00		1.80	4.20	13.00				4.20	14.80
%		57.89	42.11			26.32	73.68		9.47	22.11	68.42				22.11	77.89

충북·단양, 학생(비녹음자분)

제보자	다의 ①	다의 ②	다의 ③	다의 ④	제보자	다의 ①	다의 ②	다의 ③	다의 ④
권용정	·	13	6		양현경	·	11	8	
김 은	5	5	9		원두훈	·	12	7	
김남진	·	12	7		이남희	1	11	7	
김명선	1	6	12		이미선	1	1	17	
김상윤	·	18	1		이미애	1	10	8	
김선희	·	14	5		이현경	·	2	17	
김승미	1	8	10		전일해	·	7	12	
김은숙	2	9	8		전현숙	1	10	8	
김태수	·	6	13		최일란	·	11	8	
김현실	3	4	12		합계	18	191	190	
박소영	2	4	13		평균	0.86	9.10	9.05	
안승인	·	17	2		%	4.51	47.87	47.62	

181. §180에서 골라낸 유형(라-①)을 〈개인별 최소대립어 일치 유형의 상호 비교표〉에 성인군과 학생군으로 나누어 이기한 다음, 제보자 개개인의 유형을 횡(橫)으로 비교 대조하여 전원 일치 유형이 있으면, 〈전원 일치형〉난에 그 유형을 적어 넣는다. 이 〈전원 일치형〉이 바로 당해 지역의 최소대립어가 되는 것이다.

[표25]   개인별 최소대립어 일치 유형의 상호 비교표 [예시]

인천, 성인(녹음자분)

제보자성명 / 전원일치형	고병철	김효순	이의방
	굴ː(窟)로/굴(蠣)을		굴ː(窟)로/굴(蠣)을
	발ː(簾)을/발(足)이		
	밤(夜)에(는)/밤ː(栗)을		밤(夜)에(는)/밤ː(栗)을
	병(甁)에/병ː(病)이		
	일(一)/일ː(事)을		

182. §181로써, 모든 작업은 끝난 것이지만, 참고로, 경향성을 알아보기 위하여, 37개 최소대립어별로 〈음장 유형별 빈도 조사표〉를 작성하였다. 표는 녹음한 성인군, 녹음한 학생군, 녹음 안 한 학생군별로 분리하여 작성하였으며, 음장이 얹힌 유형별, 녹음, 조사Ⅰ, 조사Ⅱ별로 빈도를 조사하였다. 작업은 §179의 「개인별 최소대립어 조사표」를 가지고, 〔표26〕의 해당 유형에 '正'자를 써 나아가는 방식으로 진행되었다. 다만, 있을 수 있는 유형의 수가 너무 많은 점을 고려하여, 대표적인 유형 몇 개 외에는 음장 표시되지 않은 쌍만을 제공한 채(〔표26〕의 19-1 참조), 조사자가 직접 '유형'을 표기하고 '正'자를 써 나아 가도록 하였다.

[표26]　　　　　　　최소대립어 위에 얹힌 음장 유형별 빈도 조사표

_____시(도) _____구(군), 성인·학생(녹음자군, 비녹음자군)

짝1. ① 76. 거리(距離)가 / 67. 거리(街)는

유　형	빈　도	
	녹　음	조　사 I
76. 거리(距離)가 / 67. 거리(街)는		
76. ㉮리(距離)가 / 67. 거리(街)는		
76. 거리(距離)가 / 67. ㉮리(街)는		
76. ㉮리(距離)가 / 67. ㉮리(街)는		
76. 거리(距離)가 / 67. 거리(街)는		
76. 거리(距離)가 / 67. 거리(街)는		
76. 거리(距離)가 / 67. 거리(街)는		
76. 거리(距離)가 / 67. 거리(街)는		
76. 거리(距離)가 / 67. 거리(街)는		
76. 거리(距離)가 / 67. 거리(街)는		

② 315. 거리(距離) / 305. 거리(街)

유　형	조　사II (빈　도)
315. 거리(距離) / 305. 거리(街)	
315. ㉮리(距離) / 305. 거리(街)	
315. 거리(距離) / 305. ㉮리(街)	
315. ㉮리(距離) / 305. ㉮리(街)	
315. 거리(距離) / 305. 거리(街)	
315. 거리(距離) / 305. 거리(街)	
315. 거리(距離) / 305. 거리(街)	
315. 거리(距離) / 305. 거리(街)	
315. 거리(距離) / 305. 거리(街)	
315. 거리(距離) / 305. 거리(街)	

19 - 1

183. §182의 결과(성인군, 녹음한 학생군, 녹음 안 한 학생군별로 각각 작성된 19page짜리 3권의 조사표)를 하나로 합쳐, 녹음과 조사 I 과 조사II 간에, 그리고 성인군과 학생군 간에 어떤 차이가 있는지를 일목요연하게 비교해 볼 수 있도록 다음과 같은 표를 만들었다.

[표27]   최소대립어 위에 얹힌 음장 유형별 빈도표

경북·영양

짝1. ① 76. ㉮리(距離)가 / 67. 거리(街)는 , ② 315. ㉮리(距離) / 305. 거리(街)

유형	녹음		조사 I		조사 II	
	성인	학생	성인	학생	성인	학생
거리(距離)가 / 거리(街)는	5	5	3	3(6)	3	1(8)
거리(距離)가 / ㉮리(街)는			1	1(1)	1	1(2)
㉮리(距離)가 / 거리(街)는			1	1(4)	1	1(1)
㉮리(距離)가 / ㉮리(街)는				( )		2(1)
거리(距離)㉮ / ㉮리(街)는				(1)		

조사 I , 조사 II 학생란에 ( ) 안 숫자는 질문지에만 응답한 학생의 반응 결과임(이하 같음)

짝2. 105. 걷다(捲) / 73. ㉭다(步)

유형	錄音		調査 I		調査 II	
	성인	학생	성인	학생	성인	학생
걷다(捲) / 걷다(步)					5	3(8)
걷다(捲) / ㉭다(步)						1( )
㉭다(捲) / 걷다(步)						(2)
㉭다(捲) / ㉭다(步)						1(2)

짝3. 125. ㉱다(娟, 예쁘다) / 291. 곱다(추워서 손이 ~)

유형	녹음		조사 I		조사 II	
	성인	학생	성인	학생	성인	학생
곱다(娟, 예쁘다) / 곱다(추워서 손이~)					5	1(7)
곱다(娟, 예쁘다) / ㉱다(추워서 손이~)						1( )
㉱다(娟, 예쁘다) / 곱다(추워서 손이~)						3(3)
㉱다(娟, 예쁘다) / ㉱다(추워서 손이~)						(2)

짝4. ① 2. ㉫원(久遠)의 / 25. ㉫원(救援)의, ② 2. ㉫원(久遠) / 203. ㉫원(救援)

유형	녹음		조사 I		조사 II	
	성인	학생	성인	학생	성인	학생
구원(久遠)의 / 구원(救援)의	5	5	4	(8)	4	1(6)
구원(久遠)의 / ㉫원(救援)의				( )	1	(2)
㉫원(久遠)의 / 구원(救援)의			1	1(3)		1(2)
㉫원(久遠)의 / ㉫원(救援)의				4(1)		3(2)

8-1

184. §181과 §183의 결과를 가지고, ① 당해 지역 내에서 성인군과 학생군 간에 어떤 차이가 있는지 상호 비교해 봄으로써, 지역내 세대간 언어 차이 유무를 확인해 볼 수 있을 것이며, ② 17개 지역의 결과를 성인군은 성인군끼리, 학생군은 학생군끼리 상호 비교해 봄으로써, 지역간 언어 차이를 확인 할 수 있을 것이다. ③ 또, 17개

지역의 성인군 공통 특징과 17개 지역의 학생군 공통 특징을 상호 비교해 보면, 전국적인 차이점도 알 수 있게 될 것이다. ④ 서울 지역에 한해서는, 이번 서울 지역 조사 결과와 1973년 본 연구자의 조사 결과를 비교해 봄으로써, 20여년 전의 음장 실태와 현재의 음장 실태 간의 차이점도 파악할 수 있을 것이다.

185. §168과 §181의 결과를 §131의 표준형과 비교해 보면, 지역적 특성이 보다 더 선명하게 드러나고, 현실적으로 실현되고 있는 음장과 표준형과의 차이점도 극명하게 드러날 것이다.

186. 또 §137부터 §152까지의 내용과 §168, §181의 결과를 상호 비교해 봄으로써, 기존의 학설과 현실 음장 간의 어떤 차이가 있는지도 확인해 볼 수 있을 것이다.

187. 문맥 안에서의 음장과 인용형에서의 음장의 차이를 확인해 보기 위하여 (§124, §125 참조), 녹음, 조사Ⅰ, 조사Ⅱ별로 무음장 단어의 수를 조사해 보기로 하였다. 〈개인별 음장 표지 비교표〉에서 음장이 전혀 얹히지 않은 단어수를 헤아려 다음과 같은 표를 만들어 보았다.

[표28]　　　　　　　　　　개인별 무음장 단어 통계표

충북·단양, 성인(녹음자분)

제보자	녹음(452)		조사Ⅰ(452)		조사Ⅱ(375)	
	무음장단어수	백분비(%)	무음장단어수	백분비(%)	무음장단어수	백분비(%)
김정숙	450	99.56	442	97.79	313	83.47
김종대	452	100	419	92.70	313	83.47
배석호	452	100	417	92.26	329	87.73
서재판	451	99.78	440	97.35	296	78.93
윤성석	452	100	422	93.36	338	90.13
임대근	452	100	432	95.58	311	82.93
합계	2709		2572		1900	
평균	451.50	99.89	428.67	94.84	316.67	84.44

충북·단양, 학생(녹음자분)

제보자	녹음(452)		조사Ⅰ(452)		조사Ⅱ(375)	
	무음장단어수	백분비(%)	무음장단어수	백분비(%)	무음장단어수	백분비(%)
권미영	452	100	334	73.89	229	61.07
김옥희	452	100	382	84.51	35	9.33
전소현	452	100	352	77.88	264	70.40
조성현	452	100	360	79.65	50	13.33
허은숙	452	100	394	87.17	205	54.67
합계	2260		1822		783	
평균	452	100.00	364.40	80.62	156.60	41.76

충북·단양, 학생(비녹음자분)

제보자	조사 I (452)		조사 II (452)		제보자	조사 I (452)		조사 II (452)	
	무음장 단어수	백분비 (%)	무음장 단어수	백분비 (%)		무음장 단어수	백분비 (%)	무음장 단어수	백분비 (%)
권용정	442	97.79	356	94.93	양현경	414	91.59	330	88.00
김 은	431	95.35	258	68.80	원두훈	444	98.23	351	93.60
김남진	423	93.58	320	85.33	이남회	418	92.48	311	82.93
김명선	437	96.68	220	58.67	이미선	417	92.26	85	22.67
김상윤	440	97.35	351	93.60	이미애	417	92.26	334	89.07
김선희	432	95.58	270	72.00	이현경	376	83.19	48	12.80
김승미	378	83.63	303	80.80	전일해	255	56.42	224	59.73
김은숙	428	94.69	271	72.27	전현숙	434	96.02	329	87.73
김태수	357	78.98	200	53.33	최일란	365	80.75	330	88.00
김현실	421	93.14	192	51.20	합계	8592		5747	
박소영	418	92.48	310	82.67	평균	409.14	90.52	273.67	72.98
안승인	445	98.45	354	94.40					

188. 지금까지는 물리주의적(분포성에 의한 음운 분석), 또는 기능주의적(최소의 짝)입장에서 음운 설정의 가능성 여부를 확인한 것인 바, 이제 Sapir류의 소위 심리주의적 방법으로 마지막 점검을 해 보고자 〈조사III〉을 설계하였다. 흔히 심리주의적 방법이 비과학적인 듯하여 기피하려는 경향이 있으나, 음운이 인식된 추상적 소리란 점을 감안한다면, 결코 소홀히 할 수 없는 면이요, 점검 확인의 과정으로서는 최선의 방법이라고 생각할 수도 있다.

189. 원어민(native speaker)들은 변별적 기능을 가지는 자질에 대하여는 직관적으로 똑똑히 식별하지만, 변별적 기능을 가지지 못하는 자질에 대하여는 거의 구분하여 인식하지 못하도록 훈련되면서 성장한다. 그러나 사용 언어가 다른, 또 다른 원어민들에게 있어서 식별하는 자질과 식별하지 못하는 자질의 목록은 얼마든지 달라질 수 있다. 따라서 원어민들의 음운에 대한 반응 방식은 그 언어의 음운을 연구하는데 중요한 단서가 되고, 음운의 성격을 규정하는데 중요한 일면이 되는 것이다. (허웅 1968 : 71-72, 1993a : 83-84, Lehiste 1970 : 30, §155의 각주 27 참조)

190. 필답에 의한 음장 표기 요구의 설문 자체가 엄밀히 말하면 심리적 인식의 반영이라고 할지도 모르겠으나(§130의 각주 2 및 §155의 각주 28 참조), 이번 조사에서는 직접적으로 다음과 같은 설문을 두었다.

┌─────── 〈조사Ⅲ〉 ───────────────────────────┐
│ 아래 물음에 대하여, 직접 글로 대답을 써 주시거나, 해당되는 사항에 __∨__와 │
│ 같이 표시를 해 주시기 바랍니다. │
└───┘

1. 아래의 〈보기〉 문장의 말을 들을 때, ㉠은 겨울에 하늘에서 내리는 눈(雪)을 뜻
   하고, ㉡은 사물을 볼 수 있는 사람의 눈(眼)을 뜻한다는 사실을 어떻게 알아차리
   십니까?

   〈보기〉
   ┌─────────────────────────────────────┐
   │ 눈이 너무 많이 와서, 눈을 뜰 수가 없습니다. │
   │ ㉠   ㉡   │
   └─────────────────────────────────────┘

   ① ㉠은 길게 말하고, ㉡은 짧게 말할 것이므로; 그 길이에 유의해서 듣고, 뜻
      을 파악한다. _____
   ② ㉠,㉡중 어느 것이 길고 어느 것이 짧은지에 신경 쓰지 않고; 앞 뒤 문맥에
      의해서, 뜻을 파악한다. _____

2. 우리말 긴소리에 대하여 교육을 받은 일이 있는가?

   ① 교육을 받은 일이 있다. _____
   ② 교육을 받은 일이 없다. _____

3. 교육을 받은 일이 있다면, 언제 · 어디서 · 얼마 동안이나 받았는가?
   〔2에서 ①에 답한 분만 대답하십시오.〕

   ① 언 제 : _____
   ② 어디서 : _____
   ③ 얼마 동안 : 대략 _____ 일

4. 우리말 긴소리에 대하여 특별히 관심을 가졌던 일이 있는가?

   ① 있다. _____
   ② 없다. _____

5. 다른 사람과 대화를 할 때, 긴소리와 짧은소리를 의식적으로 구분해서 말하는가?
    ① 의식적으로 구분해서 말한다. _____
    ② 의식하지 않고 말한다. _____

6. 의식하고 구분해서 말한다면, 그 이유는 무엇인가? 〔5에서 ①에 답한 분만 대답하십시오.〕
    ① 학교에서 교육을 받았기 때문이다. _____
    ② 긴소리와 짧은소리를 지키지 않는 말은 어색하게 들리기 때문이다. _____
    ③ ①,② 외의 다른 이유 때문에 구분해서 말한다면, 그 이유를 글로 써 주십시오.
    _____
    _____
    _____

7. 긴소리와 짧은소리를 틀리게 발음하는 사람은 교양이 부족한 사람이라고 생각하는가?

    ① 그렇다. _____
    ② 아니다. _____

8. 긴소리와 짧은소리를 잘못 발음하여, 의미 전달에 혼란을 일으켰던 경험이 있는가?

    ① 있 다. _____
    ② 없 다. _____

  1 . 4 . 5 . 6 . 7 . 8이 결국 직접적으로 인식의 문제를 다룬 질문이 될 것이다.

191. §190의 결과를 가지고, ① 당해 지역 내에서 성인군과 학생군 간에 어떤 차이가 있는지 상호 비교해 봄으로써, 지역내 세대간 언어 차이 유무를 확인해 볼 수 있을 것이며, ② 17개 지역의 결과를 성인군은 성인군끼리, 학생군은 학생군끼리 상호 비교해 봄으로써, 지역간 언어 차이를 확인해 볼 수 있을 것이다. ③ 또, 17개 지역의 성인군 공통 특징과 학생군 공통 특징을 상호 비교해 보면, 전국적인 면에서의 세대간 차이점도 알 수 있게 될 것이다. ④ 서울 지역에 대해서는, 이번 서울 지역 조사 결과와 1973년 본 연구자의 조사 결과를 비교해 봄으로써, 20여년 전의 음장에 대한 인식과 현재의 음장에 대한 인식 간의 차이점도 파악 할 수 있을 것이다.

제4장
음장의 실태

192. 본 장에서의 작업은 조사 지점별 실태 조사 결과를 제3장에서 제시한 방법(§ 161~§191 참조)에 따라 점검하고, 그 의미를 규명해 가는 일이다.

1. 서울·개포

193. 서울·경기 지역은 음장이 존재한다는 것이 학계의 정설이다. 그러나 개포 지역의 성인 제보자 4명을 대상으로 한 조사 결과는 그와는 판이하게 나타났다. 담화(녹음)에서 음장이 유지된 경우는 제보자 박현숙의 '돈:(질병이~)'과 '밤:(栗)을' 뿐이며, 그것마저도 '돈:'은 조사Ⅰ과 조사Ⅱ가, '밤:(栗)'은 조사Ⅱ가 무음장으로 되어 있어, 결국 녹음과 조사Ⅰ과 조사Ⅱ가 음장으로 일치하고, 그것이 다른 사람의 그것과도 일치한 예는 하나도 없는 것이다(§164, §165, §167, §168 참조). 이것은 서울 개포 지역 성인들에게 있어 음장이 존재하지 않는다는 것을 의미한다.

194. 서울 개포 지역 학생 6명을 대상으로 조사한 결과도 마찬가지였다. 제보자 김정완이 담화(녹음)에서 '긴:(長)'[1]에 음장을 유지하고, 그것이 조사Ⅰ 및 조사Ⅱ와도 일치하였으나, 다른 5명의 제보자에게서는 음장이 나타나지 않았다. 따라서 학생군에도 음장이 존재하지 않는다는 결론에 도달하게 된다.

195. 참고로, 녹음과 조사Ⅰ, 녹음과 조사Ⅱ, 조사Ⅰ과 조사Ⅱ, 녹음과 조사Ⅰ과 조사Ⅱ 간의 음장 일치 결과를 표로 제시하면 다음과 같다.

---

1) '긴:(長)'에 얹힌 음장에 대하여는 그것이 순연한 변별적 자질인지, 아니면 표현적 자질인지에 대하여 구분이 모호하기 때문에 얼마든지 이론이 있을 수 있다.

[표29]   개인별 음장 일치 통계표

서울·개포, 성인(녹음자분)

제보자	가 ①	가 ②	가 ③	가 ④	나 ①	나 ②	나 ③	나 ④	다 ①	다 ②	다 ③	다 ④	라 ①	라 ②	라 ③	라 ④
김영자		375	77			64	275		21	41	277			41	298	
박현숙	2	447	3			324	15			323	16			322	17	
유영숙		338	114			176	163		52	142	145			139	200	
이윤진		397	55		1	299	39		7	272	60			266	73	
합계	2	1557	249		1	863	492		80	778	498			768	588	
평균	0.50	389.25	62.25		0.25	215.75	123.00		20.00	194.50	124.50			192.00	147.00	
%	0.11	86.12	13.77		0.07	63.64	36.28		5.90	57.37	36.73			56.64	43.36	

서울·개포, 학생(녹음자분)

제보자	가 ①	가 ②	가 ③	가 ④	나 ①	나 ②	나 ③	나 ④	다 ①	다 ②	다 ③	다 ④	라 ①	라 ②	라 ③	라 ④
이윤신		417	35			280	59		62	261	72			259	80	
황정아		377	75			289	50		9	254	76			239	100	
안상희		418	34			232	107		5	209	125			209	130	
유주연		367	85			200	139		12	176	151			160	179	
김정완	1	437	15		1	320	19		9	318	12		1	318	20	
조현명		373	79			279	60		10	238	91			224	115	
합계	1	2389	322		1	1600	433		51	1456	527		1	1409	624	
평균	0.17	398.17	53.67		0.17	266.67	72.17		8.5	242.67	87.83		0.17	234.83	104.00	
%	0.04	88.09	11.87		0.05	78.66	21.29		2.51	71.58	25.91		0.05	69.27	30.68	

서울·개포, 학생(비녹음자분)

제보자	다의 ①	다의 ②	다의 ③	다의 ④	제보자	다의 ①	다의 ②	다의 ③	다의 ④
강은영	16	252	71		유지은	24	61	254	
강하야	18	40	281		이경옥	12	214	113	
공미선	7	208	124		이나라	20	209	110	
김나령	6	289	44		이보라	4	294	41	
김문선	3	289	47		이성민	3	286	50	
김미진	10	255	74		이소담	7	309	23	
김민아	15	203	121		이은경	16	240	83	
김소영	6	283	50		이재나	37	175	127	
김수정	3	311	25		이주향	6	257	76	
김연재	8	235	96		이주현	22	220	97	
김영신	46	63	230		이혜원	1	319	19	
김유진	7	297	35		임화남	17	244	78	
김은진	20	54	265		정수정	16	245	78	
김지선	24	193	122		정재은	16	283	40	
김현의	8	220	111		정회연	40	168	131	
노지영	2	288	49		조혜은	9	242	88	
박 솔	19	224	96		탁윤정	10	128	201	
박민회	1	261	77		한수정	7	230	102	
박원용	3	327	9		한승아	2	315	22	
성민주	7	243	89		한지원	22	242	75	

제보자	다의 ①	다의 ②	다의 ③	다의 ④	제보자	다의 ①	다의 ②	다의 ③	다의 ④
송미진	18	250	71		홍서영		296	43	
송현아	3	283	53		합계	562	10,825	4,207	
신지영	7	248	84		평균	12.22	235.33	91.45	
신희렬	2	296	41		%	3.60	69.42	26.98	
우형연	12	236	91						

196. 개별 어휘의 어형별 빈도표(부록Ⅲ. 서울 개포편)를 보더라도, '굴(窟), 굴(해산물의 일종), 긴(長), 눈(雪), 밤(栗), 살('살다'의 활용형)' 등의 조사Ⅰ 또는 조사Ⅱ에서 무음장 어형에 기표한 수보다 더 많은 수의 제보자들이 음장 있는 어형에 기표한 예가 극소수 있기는 하나(총 2558 어형 중 26 어형 : 성인 21, 학생 5), 그 26 어형 가운데, 성인군이건 학생군이건, 녹음, 조사Ⅰ, 조사Ⅱ에서 일관된 경향을 보여주는 것은 하나도 없었으며('긴'의 학생군이 유일하게 조사Ⅰ과 조사Ⅱ에서 같은 경향을 보여주었을 뿐, 나머지는 모두 일회성에 그치고 있다.), 모든 어휘에서 제보자의 절대 다수는 무음장 어형에 기표하고 있었다. 전체적으로 볼 때, 총 2558 어형 가운데 98.98%가 넘는 2532 어형에서 무음장 어형의 빈도가 유음장 어형의 빈도보다 높고, 유음장 어형의 빈도가 무음장 어형의 빈도보다 높은 어형을 학생군보다 더 많이 가지고 있는 성인군만을 대상으로 하더라도 98.36%에 해당하는 1258 어형에서 무음장 어형의 빈도가 유음장 어형의 빈도보다 높다는, 이와 같은 사실은 성인군 학생군 공히 음장이 존재하지 않는다는 §193과 §194의 결론을 뒷받침해 주고 있음을 의미하는 것으로 보아야 할 것이다.

197. 최소대립어에 있어서도, 성인 제보자 4명 가운데 제보자 박현숙이 유일하게 담화(녹음)에서 '밤(夜)에/밤(夜)에는/밤:(栗)을'로 음장 대립형을 유지하고, 조사Ⅰ에서도 동일한 음장 대립형이 그대로 유지되었으나, 조사Ⅱ의 '밤(夜)/밤(栗)'이 모두 무음장으로 되어 있어, 결국 녹음과 조사Ⅰ과 조사Ⅱ가 음장 대립형으로 일치한 경우는 없는 것이다. 따라서, 성인 제보자 4명이 모두 일치하는 음장 대립형도 없게 되는 것이며, 이는 곧 서울 개포 지역 성인 제보자들에게 있어서는 음장을 변별적 자질로하여 대립하는 최소대립어가 존재하지 않음을 의미하는 것이다.

198. 학생 6명의 경우에는 담화(녹음)에서 음장의 유무로 대립하는 유형이 전혀 없다. 따라서 6명의 제보자 모두가 일치하는 최소대립어도 물론 없다. 이는 서울 개포 지역 학생 제보자들에게 음장을 변별적 자질로하여 상호 대립하고 있는 최소대립어가 존재하지 않음을 의미하는 것이다.

199. 녹음과 조사Ⅰ, 녹음과 조사Ⅱ, 조사Ⅰ과 조사Ⅱ, 녹음과 조사Ⅰ과 조사Ⅱ 간의 최소대립어 유형이 일치하는 경우의 수를 표로 제시하면 다음과 같다.

[표30] 개인별 최소대립어 일치 통계표

서울·개포, 성인(녹음자분)

제보자	가				나				다				라			
	①	②	③	④	①	②	③	④	①	②	③	④	①	②	③	④
김영자		7	12		2	17			3		16				19	
박현숙	1	17	1		18	1				17	2			17	2	
이윤진		11	8		12	7				9	10			7	12	
유영숙		5	14		3	16			6	1	12			1	18	
합계	1	40	35		35	41			9	27	40			25	51	
평균	0.25	10.00	8.75		8.75	10.25			2.25	6.75	10			6.25	12.75	
%	1.32	52.63	46.05		46.05	53.95			11.84	35.53	52.63			32.89	67.11	

서울·개포, 학생(녹음자분)

제보자	가				나				다				라			
	①	②	③	④	①	②	③	④	①	②	③	④	①	②	③	④
황정아		9	10		15	4			2	11	6			9	10	
조현명		11	8		12	7			1	9	9			8	11	
김정완		15	4		10	9			2	10	7			10	9	
유주연		7	12		5	14			2	4	13			4	15	
안상희		10	9		10	9			3	4	12			4	15	
이윤신		12	7		8	11			2	7	10			7	12	
합계		64	50		60	54			12	45	57			42	72	
평균		10.67	8.33		10.00	9.00			2.00	7.5	9.5			7.00	12.00	
%		56.14	43.86		52.63	47.37			10.53	39.47	50.00			36.84	63.16	

서울·개포, 학생(비녹음자분)

제보자	다의 ①	다의 ②	다의 ③	다의 ④	제보자	다의 ①	다의 ②	다의 ③	다의 ④
강은영	3	7	9		유지은	4	0	15	
강하야	0	1	18		이경옥	3	4	12	
공미선	1	8	10		이나라	2	5	12	
김나령	1	11	7		이보라	0	13	6	
김문선	0	10	9		이성민	0	12	7	
김미진	1	5	13		이소담	1	9	9	
김민아	2	4	13		이은경	1	7	11	
김소영	0	11	8		이재나	3	1	15	
김수정	0	13	6		이주향	1	7	11	
김연재	1	8	10		이주현	3	2	14	
김영신	5	1	13		이혜원	0	15	4	
김유진	1	8	10		임화낭	3	1	15	
김은진	2	0	17		정수정	3	6	10	
김지선	3	4	12		정재은	0	9	10	
김현의	3	5	11		정회연	6	1	12	
노지영	0	8	11		조혜은	2	5	12	
박 솔	3	8	8		탁윤정	0	3	16	
박민희	2	11	6		한수정	0	8	11	
박원용	1	12	6		한승아	1	11	7	
성민주	2	9	8		한지원	4	6	9	
송미진	4	5	10		홍서영	0	13	6	

제보자	다의 ①	다의 ②	다의 ③	다의 ④	제보자	다의 ①	다의 ②	다의 ③	다의 ④
송현아	0	15	4		합계	75	331	468	
신지영	0	8	11		평균	1.63	7.20	10.17	
신회렬	0	13	6		%	8.58	37.87	53.55	
우형연	3	8	8						

200. 음장의 유무에 따라 최소대립어를 이룰 수 있는 37개의 짝 단위로 그 유형별 빈도를 조사한 결과(부록Ⅳ. 서울 개포편)를 보더라도, '굴:(窟)/굴(蠣)'과 '밤(夜)/밤:(栗)' 등 8개의 짝의 조사Ⅰ 또는 조사Ⅱ에서 무음장 어형만으로 짝을 이룬 유형에 기표한 수보다 더 많은 수의 제보자들이 음장 대립형에 기표한 예가 있기는 하나(총150쌍 중 10쌍), 그 가운데 녹음, 조사Ⅰ, 조사Ⅱ에서 일관된 경향을 보여 주는 것은 하나도 없었으며(모두 일회성에 그치고 있었다), 절대 다수의 제보자들은 '짝을 이루는 어휘 모두에 음장이 얹히지 않는 유형'에 기표하고 있었다. 전체 150쌍 가운데 93.33%가 넘는 140쌍(성인 67, 학생 73)에서 무음장 어형만으로 짝을 이룬 유형이 유음장 어형을 포함하여 짝을 이룬 유형보다 빈도가 높게 나타나고 있다는, 이와 같은 사실은 성인군 학생군 공히 음장에 따른 최소대립어가 존재하지 않는다는 §197과 §198의 결론을 뒷받침해 주고 있음을 의미하는 것으로 보아야 할 것이다.

201. 조사 지점의 실태 조사 결과를 표준어의 그것과 비교해 보면, 지역적 특성이 보다 더 선명하게 드러나고, 현실적으로 실현되고 있는 음장과 표준어의 그것과의 차이점도 극명하게 드러날 것이다. 그러나, 서울 개포 지역의 조사 결과는 표준어에서 음장이 얹히는 것이나 얹히지 않는 것이나 구분 없이, 제보자의 절대 다수가 '무음장 어형'과 '짝을 이루는 어휘 모두에 음장이 얹히지 않는 유형'에 기표하고 있다. 물론, 무음장 어형의 빈도보다 유음장 어형의 빈도가 더 높은 어형이 26 어형(성인 21, 학생 5 : 총 2558 어형의 1.02%) 있고, 그 가운데 표준어 규정에 맞게 기표한 것이 16 어형(성인 11, 학생 5), 그렇지 못한 것이 10 어형(성인 10, 학생 0)이며, 무음장 어형만으로 짝을 이룬 유형의 빈도보다 유음장 어형을 포함하여 짝을 이룬 유형의 빈도가 더 높은 유형이 10쌍(성인 8, 학생 2 : 총 150쌍의 6.67%) 있고, 그 가운데 표준어 규정에 맞게 기표한 것이 7쌍(성인 5, 학생 2), 그렇지 못한 것이 3쌍(성인 3, 학생 0)이기는 하지만, 그것들이(표준 발음법과 일치하는 것이건 불일치하는 것이건) 전체 속에서 보면 모두 수적으로 미미한 것이고,[2] 더욱이, 그것들 가운데 녹

---

2) 기능부담량이 적다고 해서 음운 설정이 불가능한 것은 아니지만, 이미 여러 각도에서 검토하여 음장이 실재하지 않는다는 결론이 나온 상태에서, 언어 사회 구성원 전원 또는 대다수의 동의로 소통되는 경우가 아니고, 적은 표집 안에서(비록 표집 규모가 조금 더 크더라도) 무음장 어형이나 무음장 어형만으로 짝을 이룬 유형보다 근소한 우세를 보이는 사례(예, 1:2, 18:19, 25:26 등)가 몇 개 있다고 해서, 더군다나 녹음·조사Ⅰ·조사Ⅱ가 같은 성향을 보이는 것도 아닌데, 이것들을 선뜻 음장 부재에 대한 반증 자료로 보는 것은 신중을 기해야 할 필요가 있다.

음, 조사 I, 조사 II에서 일관된 경향을 보여 주는 것은 하나도 없기 때문에, 이 지역 조사 결과를 표준어의 그것들과 상호 비교한다는 것은 별로 의미가 없어 보인다.

202. 음장은 단어의 제일음절 모음 위에 얹히는 것이 원칙이다. 따라서, 합성어를 이룰 때, 제이음절 이하에 오는 음장은 그 길이를 잃어 버린다. 또, 한자어에서, 제이음절 이하에 오는 한자는 그것이 본래 긴소리를 가지는 글자일지라도, 그 길이를 잃어 버린다. 이것이 지금까지의 정설이다. 그러나, 이번 서울 개포 지역 조사 결과를 보면, 표준 발음법 기준으로 음장이 얹힌다고 하는 어휘의 제일음절 모음이나 그렇지 않다고 하는 어휘의 제일음절 모음이나 구분 없이 모두 무음장(無音長)이 절대 다수였다. 그리고 제이음절 이하에서 음장이 소멸하는 예가 된다는 '군밤, 끝내다, 내밀다, 수없이, 일삼다'와 '개성적(個性的), 구원(久遠), 구원(救援), 구조(構造), 구조(救助), 귀중(貴重), 기사(記事), 말세(末世), 부정(不正), 부정(否定), 부정(不淨), 사회(社會), 선장(船長), 소화제(消化劑), 시험(試驗), 신문(新聞), 여기(餘技), 여로(旅路), 연고(緣故), 영구(永久), 영화(映畵), 용서(容恕), 운명(運命), 원대(遠大), 이상(以上), 이상(理想), 인명(人命), 자세(姿勢), 자신(自信), 정화(淨化), 정화(情話), 질병(疾病), 최선(最善), 표현(表現), 학교(學校), 형제(兄弟)'의 제이음절도 다른 일반 어휘의 제이음절과 다를 바 없이 무음장 어형이 절대 다수였다.3) 또 음장이 얹힌 경우라도 제일음절과 제이 이하 음절 간에 빈도수에서 그리 큰 차이가 있는 것도 아니었다. 이와 같은 현상은 모든 음절(첫 음절까지도 포함하여)에 음장이 얹히지 않기 때문에(＝음장이라는 것이 존재하지 않기 때문에) 그렇다고 해석할 수밖에 없다. 그래야 §193~§200의 결과에 비추어 볼 때, 전후 모순이 없고, 가장 합리적인 해석이 된다.

203. 합성어에서, 제이음절 이하에 오는 음절일지라도, 그 긴소리가 너무나 분명하게 인식될 때는, 예외적으로, 그것을 음장으로 인정한다(표준 발음법 제6항 단서 규정). 본 연구에서는 '서성대:다, 틀림없:이, 허둥대:다'를 이에 해당하는 경우로 인정히였다(§131 참조). 그러나, 해당 어휘의 어형별 빈도표를 보면, 이들 세 어휘의 '서성대:다, 틀림없:이, 허둥대:다' 어형은 모두 빈도가 극히 낮았다. 이는 '-대:-, -없:-, -대:-'의 음장을 인정할 수 없음을 의미하는 것이다. 물론, 모든 음장이 인정되지 않는다는 범주에서 보면, 그것은 너무나 당연한 귀결일런지도 모른다.

그런데, 여기서 한 가지 언급하고 넘어가야 할 사실은 상당수의 제보자들이 단일어건 합성어건 구분 없이 제이 이하 음절에 음장이 얹혔다고 기표하고 있다는 사실이다. 이들은 제이 이하 음절에는 음장이 얹히지 못한다는 사실을 알지도 못하고 또 인

---

3) 이 경우만을 놓고 보면 제이음절 이하에서 음장이 소멸하였다고 해석할 수도 있을지 모른다. 그러나 §193~§200의 결과와 제일음절 모음도 절대 다수가 무음장이라는 점, 그리고 소수 음장이 얹힌 것들도 제일음절과 제이 이하 음절 간에 빈도수에서 크게 차이가 나지 않는다는 점 등을 고려하면, 음장이 현실적으로 존재하지 않기 때문이라고 보는 것이 상호 모순이 없고 가장 합리적인 해석이 될 것이다.

정하지도 않는 듯했다. 이는 음장이 실재적으로 존재하지 않는 데서 오는 혼란으로 보인다. '서성대:다, 틀림없:이, 허둥대:다'의 극소수 사례도 이와 같은 혼란에서 발생한 것으로 이해되어야 할 것이다.

204. 어떠한 경우에도, 한 단어 안에서 음장이 연달아 올 수 없다는 주장을 검토해 볼 수 있는 어휘로는, '군:밤, 내:밀다, 수:없이, 일:삼다'와 '개:성적(個性的), 구:원(久遠), 구:원(救援), 귀:중(貴重), 부:정(否定), 운:명(運命), 원:대(遠大), 이:상(以上), 이:상(理想), 자:세(姿勢), 최:선(最善)" 등이 있다. 이들 가운데 음장이 연속적으로 얹힌 어휘는 없었다. 그리고 '군:밤'에서 '군밤:'형이 다소 빈도가 높다[4]는 것 외에는 다른 어휘들과 특별히 다른 점도 없었다.
    그러나 '구:조:(構造)(1), 극:(極)히:(1), 금:강:산(1), 기:사:(記:事)(1), 내:심:(內心)(1), 달:라:지다(1), 밤:(夜)에:(1) 병:(病)이:(1), 보:통:(1), 부정:(否定)만:(1), 사:정:(私情)(1), 소:화:제(1), 쉬:고:(1), 아:니:야:(2), 자랑:거:리(1), 점:심:(1), 정:박:시키다(1), 정:화:(情話)(1), 좋:아:(1), 하:나:(1), 험:상:궂다(1), 험상궂:다:(1)'에서 보는 바와 같이, 검토 대상에 오르지도 않은 어휘에서, 오히려 비록 극소수이기는 하지만, 음장의 연속이 있다고 보는 제보자들이 있었다. 이것도 음장이 존재하지 않는 데서 오는 혼란으로 설명할 수 밖에 없을 것 같다.

205. 단음절(單音節) 용언 어간에 모음으로 시작되는 어미가 이어지면, 본래 용언 어간 위에 얹혀 있던 음장이 소멸된다고 한다(§132 참조). 이 사실을 확인해 보려면, ① 단음절 어간을 가지는 모든 용언을 대상으로 음장이 있는지 없는지를 조사하고, ② 그 가운데 음장을 가지는 용언만을 대상으로 하여, 모음 어미가 연결된 경우를 찾아낸 다음, ③ 음장이 소멸되었는지 여부를 확인해야 할 것이다.
    그러나, 단음절 용언 어간에 음장이 얹혀 있는지 없는지를 판단할 준거가 없으므로(§193, §194, §197, §198의 결과도 그렇고, 어형 빈도표에서도 모든 어휘의 어형 빈도표가 예외 없이 무음장 어형에 집중되어 있음), 여기서는 부득이 표준 발음법을 기준으로하여 음장이 얹힌 용언을 가려내고, 그 가운데 모음 어미가 이어지면 음장이 소멸한다는 '걸어(步), 구워(炙), 남은(餘), 놀았습니다(遊), 빌었습니다(祈), 숨어서(隱), 이은(續)' 등과 모음 어미가 이어져도 음장이 그대로 유지된다는 '고:와서(媧), 넣:어(入), 많:아서(多), 멀:어서(遠), 없:어(無), 웃:으며(笑), 좋:아(好)' 등을 대상으로, 그대로 지켜지고 있는지 여부를 확인해 보기로 하였다.

206. 먼저, 표준 발음법 기준으로 음장 없는 단음절 용언(먹어야, 썩어서, 앉아, 있을……)과 음장 있는 단음절 용언을 비교해 본 결과, 서로 아무런 차이가 없었으며, 음장 있는 단음절 용언 가운데, 모음 어미가 이어지면 음장이 소멸된다는 용언(걸어,

---

4) 과거 국민학교 교과서에서 '군밤:'이라고 가르쳤던 때가 있었다(김수형, 1973).

구워, 남은, 숨어서, 이은……)과 음장이 그대로 유지된다는 용언(고:와서, 넣:어, 많:아서, 멀:어서, 없:어, 웃:으며, 좋:아……)과의 사이에도 아무런 차이가 없었다. 다만, '멀:어서, 이:은, 걸:어, 고:와서, 구:워, 좋:아' 등이 다른 활용형보다 상대적으로 다소 높은 빈도를 보였지만, 이것들도 무음장 어형과는 비교가 안 될 만큼 미미한 수치였다. 따라서, 이것들도 음장이 없는 것으로 보아야 할 것이다. 결국, 단음절 용언 어간에 모음 어미가 연결된 모든 어형에서 음장이 없는 것은 확인이 되었지만, 음장 있는 단음절 용언 어간에 자음으로 시작되는 어미가 이어질 때도 음장은 없었으며, 모음 어미가 이어지면 음장이 소멸한다는 것들과 그대로 유지된다는 것들 사이에도 아무런 차이가 없어서, 이 조항은 무의미한 조항임이 확인되었다. 이는 음장이란 것이 그 어디에도 실제적으로 존재하지 않기 때문에 일어나는 현상이다.

207. 단음절(單音節) 용언 어간에 피동이나 사동의 접미사가 결합되면, 기존의 음장이 소멸된다고 한다(§132 참조). 이를 확인해 보기 위하여, '들려라'와 '보이는'을 조사해 보기로 하였다. 물론 표준 발음법을 기준으로 한다면, '듣다(聞), 보다(見)'가 모두 무음장 용언이다. 그러나 표준어로는 무음장 용언일지라도 지역에 따라서는 얼마든지 음장이 얹히는 용언이 될 수 있기 때문에 일단 조사 대상으로 삼은 것이다. 결과는 (§193, §194과 §198, §197에 의해 음장은 존재하지 않는다는 결론이나 있는 상태에서 예견되기는 했지만), '듣다, 보다'와 '들려라, 보이는' 모두 무음장 어형이 절대 다수를 점하고 있었다. 이는 '듣-. 보-'가 무음장이어서 접미사 '-이-'의 영향을 확인할 수 없었음을 의미한다고 볼 수도 있고, 원래 음장이란 없는 것이므로 음장이 존재하는 것으로 가정하고 접미사의 영향을 확인해 보려는 시도 자체가 무의미한 일임을 보여주고 있는 것이라고 해석할 수도 있을 것이나, §193~§200의 결과에 비추어 볼 때, 역시 후자로 보는 것이 합리적일 것이다.

208. 용언 어간에 모음으로 시작되는 파생 접미사를 결합시켜 만든 파생 명사는 본래의 음장을 잃어 버리고, 파생 부사는 본래의 음장을 그대로 유지한다고 한다(§143 참조). 본 연구에서 사용한 질문지 안에, 이에 해당하는 파생 명사로는 '놀이터'와 '걸음'이 있고, 파생 부사로는 '많:이'와 '틀림없:이'가 있다. 이들을 검토해 보면, '놀이터'와 '틀림없이'는 무음장이 절대 다수이고, '걸음'과 '많이'는 조사Ⅰ과 조사Ⅱ의 2/3정도가 '걸음, 많이' 이고, 나머지 1/3정도가 '걸:음, 많:이' 여서, 기존의 학설과는 다른 양상을 보여주고 있다. 명사고 부사고 간에 구분할 것 없이 모두 음장이 없는 것으로 보는 것이 가장 합리적인 해석일 것이다.

209. 축약(간음화, 비모음화) 또는 탈락에 의해서 음절이 줄어들 경우, 어휘에 따라서는 줄어든 음절의 길이를 보상하기 위하여, 새로 형성된 음절 위에 새로운 음장을 얹는 경우가 있다고 한다(§144 참조). 이를 확인해 볼 수 있는 어휘로는, '걸('것을'의

준말), 골:랐습니다(擇), 까(剝), 돼:('되어'의 준말), 따(摘), 몰:라서(Ⅰ,Ⅱ), 뵙:는, 뵙:다, 쐬:며, 쐬:다, 안('아니'의 준말), 않는다, 얘:(Ⅰ,Ⅱ), 얘:들아, 얘:기(Ⅰ,Ⅱ), 쳐:다보고, 쳐:다보다, 해:, 했어요(Ⅰ,Ⅱ)'의 23개 어휘가 이에 해당될 것으로 보인다. 이에 이들 어휘를 조사해 본 결과, 모두 무음장 어형에 제보자의 절대 다수가 집중되어 있었다. 이는 음장이 실제적으로 존재하지 않음을 의미하는 것이다.

210. 표준 발음법 제6항 〔붙임〕의 단서 규정에 의하여, 축약되었어도 긴소리로 발음하지 않는 '오아→와, 지어→져, 치어→쳐'와 같은 사례는 이번 조사 대상 어휘 목록에 없는 것 같다.

211. '가+아→가, 서+어→서, 켜+어→켜'처럼 같은 모음끼리 만나 모음 하나가 빠진경우(표준 발음법 해설 제6항 〔붙임〕의 '다만' 해설), 음장이 어떻게 되는지를 알아볼 수 있는 어휘로는 '까+아→까, 따+아→따'가 있다. 서울 개포 지역에서는 '까, 따' 모두 무음장 어형이 절대 다수이다. 이는 표준 발음법 규정에 부합하는 것으로 볼 수도 있고, 음장 자체가 존재하지 않기 때문에 나타나는 현상으로 볼 수도 있다. 그러나, §193~§200의 결과를 고려할 때, 후자로 보는 것이 일관성 측면에서 더욱 타당성이 있을 것이다.

212. 제일음절말 위치에 무성의 정지음 〔-k, -t, -p〕이 오면, 그 정지음 앞 모음에는 음장이 얹히지 않는다는 주장이 있다(§147 참조). 이를 확인해 볼 수 있는 어휘로는 조사Ⅰ에 74 어휘(49 단어), 조사Ⅱ에 50 어휘(50 단어)가 포함되어 있다. 이들을 살펴본 결과, 모두 무음장 어형이 절대 다수를 점하고 있었다. 이것이 정지음 때문인지 아니면 음장 자체가 존재하지 않기 때문인지는 확실하지 않다. 그러나 무성의 정지음이 와도 음장이 얹힌다는 예외 어휘까지도 예외 없이 무음장 어형이 절대 다수를 점하고 있고, §193~§200의 결과까지를 고려할 때, 아마도 후자로 보는 것이 일관성면에서 더욱 타당성이 있을 것이다.

213. ㅁ, ㄻ, ㄴ 받침을 가지는 단음절 용언의 어간 모음에는 예외 없이 음장이 얹힌다고 한다(§148 참조). 이를 확인해 볼 수 있는 단어로는 '남다(餘), 넘(치)다(越), 숨다(隱)'가 있다. 이들을 조사해 본 결과, 다른 어휘들과 특별히 다른 점을 발견하지 못하였다. 무음장 어형이 절대 다수였다. 음장이 존재하지 않기 때문이다.

214. ㄵ, ㄶ, ㄺ, ㅀ 받침을 가지는 단음절 용언 어간 모음에는 예외 없이 음장이 얹히지 않는다고 한다(§149 참조). 이를 확인해 볼 수 있는 어휘로는, '많:다, 앉다, 않(는)다, 잃(었)다'가 있다. 이들을 조사해 본 결과, 다른 어휘들과 특별히 다른 점을 발견하지 못하였다. 무음장 어형이 절대 다수였다. 그러나, 이것은 받침 때문이라

기 보다는, §193~§200의 결과에 비추어 볼 때, 음장이 실재하지 않기 때문에 나타나는 현상이라고 해석하는 것이 훨씬 더 합리적일 것이다.

215. 유기 계열의 자음(ㅍ, ㅌ, ㅋ, ㅊ) 뒤에 오는 모음 위에는 음장이 얹히지 않는다는 주장이 있다(§150 참조). 이를 확인해 볼 수 있는 어휘로는, 조사 I 에 19 어휘, 조사Ⅱ에 23 어휘가 있다. 조사 결과는 다른 어휘들과 특별히 다른 점이 없었다. 무음장 어형이 절대 다수였다. 물론 '창:(唱:조사Ⅱ, 성인), 특:권(조사Ⅱ, 성인), 틀:림없이(조사Ⅱ, 성인), 포근:히(조사Ⅱ, 성인)' 어형에서 무음장 어형보다 빈도가 높게 나타난 경우가 있기는 하지만, 수적으로 미미하고(4/122), 녹음, 조사 I, 조사Ⅱ에서 일관된 경향을 보여주고 있는 것도 아니어서, 큰 의미가 없을 것 같다. 이와 같이 유기 자음 뒤에 오는 모음의 절대 다수가 단모음이란 사실은 모음 앞에 있는 유기 자음의 영향 때문이라고 해석할 수도 있고, 현실적으로 음장이 존재하지 않기 때문이라고 해석할 수도 있겠으나, §193~§200의 결과를 고려할 때, 음장이 실재하지 않기 때문에 나타나는 현상이라고 해석하는 것이 훨씬 더 합리적일 것이다.

216. 긴장 계열의 자음(ㅃ, ㄸ, ㄲ, ㅉ, ㅆ) 뒤에 오는 모음 위에는 음장이 얹히지 않는다는 주장이 있다(§151 참조). 이를 확인해 볼 수 있는 어휘로는, 조사 I 에 18 어휘, 조사Ⅱ에 14 어휘가 있다. 조사 결과는 이들이 다른 어휘들과 특별히 다른 점은 없었다. 모든 어휘들에서 무음장 어형이 절대 다수를 점하였다. 이것 역시 §193~§200의 결과를 고려하여 음장이 실재하지 않기 때문에 나타나는 현상이라고 해석하는 것이 일관성면에서 더 타당성이 있을 것이다.

217. 개음절의 일음절짜리 단어에는 음장이 얹히지 않는다는 주장이 있다(§152 참조). 이를 확인해 볼 수 있는 어휘로는, 조사 I 에 '그, 까, 나, 내, 너, 네:, 돼:, 따, 때, 또, 배(腹), 배(梨), 배(舟), 얘:, 왜, 이, 후:(後)'의 17 단어, 조사Ⅱ에 '그, 나, 내, 너, 네:, 다:, 때, 또, 배(腹), 배(梨), 배(舟), 배:(倍), 수, 수:(繡), 얘:, 왜, 이, 후:(後)'의 18 단어가 있다. 조사 결과는 무음장 어형이 훨씬 더 빈도가 높아, 음장이 없다는 사실을 뒤집을 정도는 아니지만, 다른 어휘들보다는 오히려 유음장 어형의 빈도가 높은 것들이 더 많다. 개음절 모음이 폐음절 모음보다 더 길게 소리난다는 음향음성학적 특징을 잘 간파한 결과의 반영이 아닌가 싶다. 개음절 모음 바로 뒤에 개리연접이 가해진 것도 소리가 길어진 한 요인이 되었을지도 모른다. 여하간에 위의 어휘들이 음장을 갖고 있지 않다는 사실은 확인되었으나, 그 이유에 대하여는 그것이 단음절의 개음절 모음이기 때문이라고 해석할 수도 있고, 아니면 음장 자체가 존재하지 않기 때문이라고 해석할 수도 있을 것이다. 그러나 예외 어휘까지 예외 없이 모두 무음장 어형이 절대 다수를 점하고 있다는 사실과 §193~§200의 결과까지를 고려한다면, 일관성 측면에서 볼 때, 후자로 처리하는 것이 훨씬 더 타당성을 가질 것이다.

218. 문맥 안 음장의 길이가 어떤 경우에, 어떤 이유로, 어떻게 변하는가에 대하여는 사람마다 주장이 다르지만, 그것이 인용형 음장의 길이보다 훨씬 짧고, 수적으로도 인용형 안에서의 그것보다 훨씬 적다는데 대하여는 이론이 없다(§123~§125 참조). 이를 확인해보기 위하여, 녹음과 조사 I 과 조사 II의 무음장 단어수를 조사해 보았다. 결과는 담화(녹음)에서보다는 문맥 안(조사 I)에서, 문맥 안(조사 I)에서 보다는 인용형 안(조사 II)에서, 음장이 더 잘 나타나는 것으로 집계되었다. 이와 같이 녹음(담화)에서 무음장 어휘가 많은 것은 제보자들의 언어 실제에 음장이 존재하지 않기 때문일 것이고, 조사 II(인용형)보다 조사 I (문맥형)에 무음장이 많은 것은 어차피 실재하지 않는 음장을(규범 문법과 학교 교육에 영향을 받은) 추측과 기억에 의지하여 기표하게 되는데, 시간적 여유를 가지고 과거(교육 받은) 기억의 재생이나 내성적 비교·관찰을 할 수 있는 여건이 문맥형에서 보다는 인용형에서 더욱 용이하기 때문이 아닌가 싶다.

[표31]   개인별 무음장 단어 통계표

서울·개포, 성인(녹음자분)

제보자	녹음(452)		조사 I (452)		조사 II (375)	
	무음장단어수	백분비(%)	무음장단어수	백분비(%)	무음장단어수	백분비(%)
김영자	452	100.00	375	82.96	75	20.00
박현숙	450	99.55	450	99.55	369	98.40
유영숙	452	100.00	338	74.77	203	54.13
이윤진	452	100.00	399	88.27	338	90.13
합계	1806		1562		985	
평균	451.50	99.88	390.50	86.39	246.25	65.66

서울·개포, 학생(녹음자분)

제보자	녹음(452)		조사 I (452)		조사 II (375)	
	무음장단어수	백분비(%)	무음장단어수	백분비(%)	무음장단어수	백분비(%)
김정완	451	99.77	437	96.68	354	94.40
안상회	452	100.00	418	92.47	257	68.53
유주연	452	100.00	368	81.41	221	58.93
이윤진	452	100.00	417	92.25	307	81.86
조현명	452	100.00	373	82.52	309	82.40
황정아	452	100.00	380	84.07	320	85.33
합계	2711		2393		1768	
평균	451.83	99.96	398.83	88.23	294.66	78.57

서울·개포, 학생(비녹음자분)

제보자	조사 I (452)		조사 II (375)		제보자	조사 I (452)		조사 II (375)	
	무음장단어수	백분비(%)	무음장단어수	백분비(%)		무음장단어수	백분비(%)	무음장단어수	백분비(%)
강은영	410	90.71	304	81.07	우형연	419	92.70	264	70.40
강하야	392	86.73	52	13.87	유지은	385	85.18	183	48.80

제보자	조사 I (452)		조사 II (375)		제보자	조사 I (452)		조사 II (375)	
	무음장 단어수	백분비 (%)	무음장 단어수	백분비 (%)		무음장 단어수	백분비 (%)	무음장 단어수	백분비 (%)
공미선	382	84.51	295	78.67	이경옥	384	84.96	273	72.80
김나령	434	96.02	329	87.73	이나라	352	77.88	271	72.27
김문선	432	95.58	331	88.27	이보라	423	93.58	342	91.20
김미진	405	89.60	321	85.60	이성민	416	92.04	339	90.40
김민아	396	87.61	255	68.00	이소담	428	94.69	356	94.93
김소영	405	89.60	347	92.53	이은경	394	87.17	294	78.40
김수정	442	97.79	346	92.27	이재나	370	81.86	230	61.33
김연재	408	90.27	300	80.00	이주향	421	93.14	303	80.80
김영신	371	82.08	214	57.07	이주현	404	89.38	250	66.67
김유진	416	92.04	351	93.60	이혜원	445	98.45	358	95.47
김은진	299	66.15	46	12.27	임화남	364	80.53	291	77.60
김지선	384	84.96	218	58.13	정수정	410	90.71	289	77.07
김현의	377	83.41	282	75.20	정재은	411	90.09	339	90.40
노지영	442	97.79	327	87.20	정회연	362	80.09	223	59.47
박 솔	393	86.95	274	73.07	조혜은	392	86.73	318	84.80
박민희	436	96.46	296	78.93	탁윤정	390	86.28	172	45.87
박원용	441	97.57	363	96.80	한수정	326	72.12	292	77.87
성민주	424	93.81	314	83.73	한승아	447	98.89	354	94.40
송미진	397	87.83	301	80.27	한지원	368	81.42	256	68.27
송현아	432	95.58	337	89.87	홍서영	430	95.13	349	93.07
신지영	432	95.58	321	85.60	합계	18,501		13,210	
신희렬	410	90.71	340	90.67	평균	402.20	88.98	287.17	76.58

219. 음장에 대한 서울 개포 지역 제보자들의 의식을 조사해 본 결과는 다음 표와 같다.

[표32]　　　　　　　　서울 개포 지역 제보자 의식 조사 통계표

구분	1		2		3-①					3-②				
	①	②	①	②	초	중	고	초·중	초·중·고	초	중	고	초·중	초·중·고
성인		4	2	2		2					2			
학생		6	3	3		2		1			2		1	
	10	36	24	22	8	4		7	5	8	4		7	5

	3-③							4		5		6			7		8	
	1~5일	6~10일	11~15일	16~20일	21~25일	26~30일	기타	①	②	①	②	①	②	③	①	②	①	②
							1	1	3		4					4	2	2
	3										6	1	5	1		6	1	5
	13	3		1		3		4	4		42	1	45		1	46	17	29

위 표에서 문항 1.은 지속이 변별적 자질로 기능하고 있는가를 직설적으로 물어본 문항이다. 그 결과, 녹음자들은 성인군과 학생군 모두 지속은 이제 더 이상 변별적 자질이 되지 못한다고 답변하였다. 다만, 비녹음 제보자 중 10명(전체 56명의 17.86%)이 음장에 따라 의미를 구분한다고 답하고 있으나, 이는 음장이 실제로 존재해서라기보다

는, 규범 문법에서 요구하는 모범 답안을 작성하려는 심리 작용의 결과가 아닌가 싶다.

220. 문항 2.는 음장에 대하여 교육 받은 사실이 있는가를 묻고 있다. 이는 교육 받은 사람과 교육 받지 않은 사람과의 차이를 알아보기 위해 설정한 문항이다. 교육을 받은 사실이 있다는 사람과 없다는 사람이 대략 반반으로 갈리고 있다.5)

221. 교육 받은 제보자들의 질문지만을 가려내어, 문항 1. 문항 4. 문항 5. 문항 7. 문항 8.의 반응을 각각 조사해 보았다.

[표33]   서울 개포 지역 음장 교육 받은 제보자 의식 조사 통계표

문항번호 제보자 군	1 ①	1 ②	4 ①	4 ②	5 ①	5 ②	7 ①	7 ②	8 ①	8 ②
녹음한 성인		2/4	1/1	1/3		2/4		2/4	2/2	0/2
녹음한 학생		3/6		3/6		3/6		3/6		3/6
녹음 안 한 학생	5/10	19/36	2/4	22/42	1/1	23/45		24/46	8/17	16/29

음장 교육 받은 제보자 중 해당 사례수 / 총 사례수

위 표에 의하면, 교육을 받았다는 제보자 가운데, 지속으로 의미 분별을 한다는 제보자는 5명(전체 10명의 50%)이고, 전후 문맥에 따라 의미 분별한다는 사람은 24명(전체 46명의 52%)이다. 또, 음장에 관심을 가졌던 일이 있다는 제보자는 3명(전체 5명의 60%)이고, 관심을 가졌던 일이 없다는 제보자는 26명(전체 46명의 57%)이다. 음장을 잘못 발음하여 의미 전달에 혼란을 일으켰던 경험이 있느냐는 질문에 대하여 교육 받은 제보자 중 10명(전체 19명의 53%)은 있다고, 19명(전체 37명의 51%)은 없다고 했다. 음장이 틀리는 사람을 교양이 부족한 사람으로 보느냐는 질문에 대하여는 그렇다고 답한 제보자가 10명(전체 19명의 52%), 그렇지 않다고 답한 제보자가 19명(전체 37명의 51%)이었다. 이상의 사실들은 음장에 대하여 교육 받은 사람과 교육 받지 않은 사람과의 사이에 아무런 차이가 없음을 입증하는 것이다.

222. 문항 3.은 문항 2.에서 음장에 대하여 교육을 받은 바 있다고 답한 제보자(29명)를 대상으로 언제, 어디서, 얼마나 교육을 받았는가를 묻는 문항이나 이것 역시 같은 시기에, 같은 학교에서 같은 교육과정에 따라 공부했다는 제보자들이(성인 제보자 2명은 예외) 이렇게 다기 다양한 반응을 보이는 것은 학생들 개개인의 기억과 판단과 계산 방법의 차이에서 비롯되는 것이 아닌가 하는 생각이 든다.

---

5) 성인은 혹시 모르더라도, 학생은 같은 시기에, 같은 학교에서, 같은 교육과정에 따라 공부했을 가능성이 많은데, 교육 받은 사실이 없다는 제보자와 있다는 제보자로 양분되는 이 현상을 그대로 믿어야 할지 주저되는 바 없지 않다.

223. 음장에 대하여 어떤 내용을 배웠는가를 묻고 싶었으나, 제보자별로 차이가 크고 또 그 내용이 간단히 대답하기 어려운 것으로 생각되어 생략하였다.

그러나, 성인들 개개인에 대하여는 조사하기 어렵지만, 조사 대상이었던 1996년 당시 고등학교 1학년 학생들이 배웠어야 할 내용에 대하여는 조사가 가능하였다. 그들은 1987학년도에 초등학교에 입학한 학생들로서, 초등학교 1~2학년때는 제4차 교육과정에 따른 교과서로, 초등학교 3학년부터 중학교 3학년까지는 제5차 교육과정에 의한 교과서로, 고등학교 1학년때는 제6차 교육과정에 따른 교과서로 공부하였다.

여기에 그 내용을 소개하거니와, 이 내용을 살펴보면, 그들이 음장에 대하여 어느 수준까지 배웠는가는 물론, 몇 시간 정도나 배웠을까도 짐작할 수 있다.(제보자들은 모두 학교 재학 시절, 학교 수업 시간에 교과서에 나오는 내용만 배웠을 뿐이라고 하였으므로.)

[표34]   학생 제보자들이 초·중·고 교과서에서 배운 음장 교육 내용

구분	교과서	예 시 어 휘
초1 ('87)	바른생활 1-1	예시 어휘 없음
	바른생활 1-2	예시 어휘 없음
초2 ('88)	바른생활 2-1	예시 어휘 없음
	바른생활 2-2	말(馬)/말:(言), 눈(眼)/눈:(雪), 밤(夜)/밤:(栗), 군:밤, 굴:(窟)/굴(蠣), 병:(病)/병(瓶), 발(足)/발:(簾)
초3 ('89)	말하기·듣기 3-1	예시 어휘 없음
	말하기·듣기 3-2	예시 어휘 없음
초4 ('90)	말하기·듣기 4-1	말:(言)/말(馬), 일:(事)/일(一), 김:(海藻)/김(姓氏), 발:(簾)/발(足), 시:장(市長, 市場)/시장(배고픔)
	말하기·듣기 4-2	벌:(蜂)/벌(罰), 천:(옷감)/천(千), 적:다(少)/적다(記), 굴:(窟)/굴(蠣), 새:집(巢)/새집(新家), 운:동, 선:수, 건:강, 언:제나, 새:장, 새:(鳥), 애:쓰다, 대:단히, 많:이
초5 ('91)	말하기·듣기 5-1	밤:(栗)/밤:(夜), 밤:(栗)/군밤, 새:(鳥)/참새, 발:(簾)/대발, 눈:싸움(겨울철놀이)/첫눈(初雪), 회:장(會長)/부회장, 강:당(講堂)/소강당, 일:(事)/집안일, 말:(言)/거짓말, 병:(病)/꾀병, 대:강, 사:람, 선:수, 조:심, 묻:다(問), 야:구장, 예:방주사, 대:피훈련, 준:비운동, 후:보선수, 없:다, 말:하다, 계:산하다, 사:과하다, 예:방주사, 야:구선수
	말하기·듣기 5-2	말:(言)/말(馬), 밤:(栗)/밤(夜), 가:장(假裝)/가장(부사), 사:과(謝過)/사과(沙果), 묻:다(問)/묻다(埋), 공:(球)/공(功), 줄:(鑢)/줄(繩), 발:(簾)/발(足), 사:전(事典, 事前)/사전(辭典), 벌:(蜂)/벌(罰), 감:사(感謝)/감사(監査), 간:다(耕)/간다(去), 굴:(窟)/굴(蠣), 전:기(電氣)/전기(傳記, 前期), 산:다(居)/산다(買), 5:학년, 2:학기, 호:랑이, 놀:다, 대:단히, 교:장, 말:씀, 감:명, 외:국, 내:용, 정:확

구분	교과서	예 시 어 휘
초6 ('92)	말하기 · 듣기 6-1	좋:은, 사:람, 김:(海藻), 건:강, 좋:다, 건:너가다, 조:심하다, 살:다, 교:장, 교:감, 말:씀, 석:(三), 설:날, 어:른, 세:배, 옛:날, 전:기(電氣), 없:고, 전:화(電話), 없:었습니다. 선:물(膳物), 일:(事)/일:(一), 산:(生)토끼/산:(山)토끼, 선:수(選手)/선수(先手), 병:(病)/병(甁), 성:인(聖人)/성인(成人), 전:기(電氣)/전기(傳記)
	말하기 · 듣기 6-2	네:(四)/네(너의), 제:철(製鐵)/제철(알맞은 때), 전:기(電氣)/전기(傳記), 병:(病)/병(甁), 산:(살다)/산(山), 잘:(부사)/잘(자다), 방:문(訪問)/방문(房門), 살:(살다)/살(肉), 대:사(大事, 大使, 大師)/대사(台辭), 김:밥/김치, 일:거리/일기(日記, 日氣), 제:비, 세:(三), 제:자, 세:수, 배:(倍)/배(梨, 腹, 舟)
중1 ('93)	국어 1-1	예시 어휘 없음
	국어 1-2	밤:(栗)/밤(夜), 말:(言)/말(馬), 발:(簾)/발(足), 벌:(蜂)/벌(罰), 배:(倍)/배(腹, 梨, 舟), /적:다(少)/적다(記), 묻:다(問)/묻다(埋)
중2 ('94)	국어 2-1	예시 어휘 없음
	국어 2-2	예시 어휘 없음
중3 ('95)	국어 3-1	예시 어휘 없음
	국어 3-2	예시 어휘 없음
고1 ('96)	국어	예시 어휘 없음
	문법	감:사(感謝)/감사(監査), 감:상(感想)/감상(鑑賞), 난:민(亂民)/난민(難民), 정:상회담(正常會談)/정상회담(頂上會談), 군:민(群民)/군민(軍民), 새:집(巢)/새집(新家), 벌:이다(展)/버리다(棄), 방:화(放火)/방화(防火), 성:인(聖人)/성인(成人)

224. 문항 4.는 음장에 대한 관심을 묻는 문항으로 5명의 제보자(전체 56명의 8.93%)가 과거 관심을 가졌던 일이 있다고 답하였다. 대화할 때, 긴소리와 짧은소리를 의식적으로 구분해서 말하는가를 묻는 질문(문항5)에는 2명의 제보자(전체 56명의 3.57%)가 의식적으로 구분해서 말한다고 하였으며, 그 이유에 대하여는, 구분을 하지 않으면 어색하게 들려서(1명), 또는 장래 방송인이 되려고 하기 때문에(1명)라고 말하고 있다. 모두 무시해도 좋을 만큼의 미미한 수치이다. 또, 음장을 지키지 못한 사람은 교양이 부족한 사람이라고 생각하는가라는 질문(문항7)에는 제보자 전원(56명)이 그렇지 않다고 답하였다.

225. 문항 8.은 긴소리와 짧은소리를 잘못 발음하여, 의미 전달에 혼란을 일으켰던 일이 있는가를 묻고 있는 문항인 바, 20명의 제보자(전체 56명의 35.71%)가 그런 경험이 있다고 답하였다. 이는 '잘못 발음했던 경험'에 비중을 두고 답한 것인지, 아니면 '의미 전달에 혼란을 일으켰던 경험'에 비중을 두고 답한 것인지, 다소 불분명한 점이 있지만, 전자라면 현실 언어에서는 이미 음장이 없어졌는데, 규범 문법(표준어 규정, 교과서, 사전 등)에서는 계속 그것을 지킬 것을 요구하고 있으므로 당연히 나타날 수 있는 통계로 이해가 되나, 후자라면 그 언어 사회에 엄연히 존재하는 음장을 제보자가 제대로 발음하지 못해서 상대방이 알아듣지 못했다는 뜻으로 보아야 한다.

그러나 전자건 후자건 간에, 이 문항에 그런 경험이 있다고 답한 수가 이와 같이 많다는 것은 그 언어 사회에서 음장이 잘 지켜지지 않고 있음을 단적으로 입증해 주는 좋은 근거가 되는 것이다.

226. 녹음 자료에서는 거의 음장이 발음되지 않으면서 §219～§225와 같은 반응을 보인다는 것은 그들의 언어 생활에서 실제로 발음되고 있는 음장보다 그들의 의식 속에 자리잡고 있는 음장이 더 큰 비중을 차지하고 있다는 의미도 된다.

227. 서울 개포 지역에 음장이 존재하지 않는다는데 대해서는 성인군과 학생군 간에 아무런 차이가 없다. 개인별 음장 일치 통계표 및 조사 대상 어휘의 어형별 빈도표, 개인별 최소대립어 일치 통계표 및 최소대립어 위에 얹힌 음장 유형별 빈도표, 기존 학설에 대한 사실 부합 여부 점검, 개인별 무음장 단어 통계표, 조사Ⅲ에 대한 내용 검토 등의 전과정을 통해서 성인군과 학생군 간에 특별히 차이가 나는 점을 발견하지 못하였다. 다만, 조사 대상 어휘의 어형별 빈도표에서는 '그:림, 비석, 사:정(事情), 선장(船長), 틀림없:이, 포근히' 등의 어휘에서, 최소대립어 위에 얹힌 음장 유형별 빈도표에서는 굴:(窟)/굴(蠣), 눈:(雪)/눈(眼), 배(腹)/배(梨)/배(舟)/배:(倍), 사:정(事情)/사정(私情), 영구(榮九)/영:구(永久)하다, 영화(映畵)/영화(榮華), 창(窓)/창:(唱)' 등에서 성인군이 학생군보다 무음장 어형으로의 집중도가 다소 떨어지는 경향이 있음을 엿볼 수 있었다.

228. 음장이 이렇게 그 기능을 상실하면, 무엇이 그 기능을 대신하게 될까? 스웨덴어에서는 음장이 흐트러지면서 음장의 변별적 기능이 음질(quality)로 이행되었다고 하고 (Hadding-Kooch and Aramson : 1964), 영어도 이와 비슷한 과정을 거쳐 현재에 이르렀다고 하며(Lehiste : 1970), 국어에 있어서도, 중부 방언에서 과거의 상성 성조가 가지고 있던 변별적 기능이 음장으로 이행되었다고 주장하는 이가 있다. 이렇게 보면, 국어에서도 음장의 변별적 기능이 음장과 동시적 결합(simultaneous combination)을 이루고 있는 강세(stress)나 음질(quality)쪽으로 이행될 가능성을 예상해 볼 수도 있겠으나, 아직 그런 현상은 발견되지 않는 것 같고, 오히려 전후 문맥(서울 개포 지역의 경우 전체 46명의 78.26%가 넘는 36명이 문맥에 의해서 의미를 파악한다고 답변하고 있으며, 전국적으로는 760명의 87.37%에 해당하는 664명이 전후 문맥에 따라 의미 파악한다고 답변)이나 다시 물어보는 방법 등에 의해서 의미를 파악하고 있는 것이 아닌가 싶다. 여하간 이 문제는 앞으로의 연구 과제이다.

229. 이번 서울 개포 지역 조사 결과와 김수형의 1973년 조사 결과를 비교해 보면, 우선 음장 표지 일치도에서 1973년보다 1996년의 그것이 훨씬 일치도가 높다. 조사Ⅰ과 조사Ⅱ 간의 일치도를 보면, 1973년에는 60.20%였는데 1996년에는 73.56%(녹음학생 2.51%＋71.58%＝74.09%, 비녹음학생 3.60%＋69.42%＝ 73.02%, 평균 73.56%)

가 되었고, 조사Ⅰ과 조사Ⅱ와 녹음까지 일치한 경우를 보면, 1973년에는 48.50%였는데 1996년에는 69.32%(=0.05%+69.27%)로 증가하였다(김수형 1973 : 158~160 참조). 이는 무음장 일치 어형이 증가해서 빚어진 현상으로 지난 20여년 동안에 음장 의식이 그만큼 희박해졌음을 의미하는 것이다.

1973년 조사 당시 녹음과 조사Ⅰ과 조사Ⅱ가 동일한 음장형(무음장형 제외)으로 일치한 경우를 보면, '구:조(構造)(2명), 구:조(救助)(1명), 놀:다(1명), 눈:〔雪〕(1명), 막:(1명), 모:두(3명) 발:〔簾〕(3명), 밤:〔夜〕(1명), 밤:〔栗〕(1명), 병:(病)(2명), 애:(6명), 연:고(緣故)(1명), 영:화(榮華)(1명), 영:구(永久)하다(3명), 용:기(勇氣)(1명), 제:일(第一)(3명), 최:선(最善)(1명)' 등 17개 어휘에 연인원 32명이나 되지만(김수형 1973 : 161~196 참조), 1996년 조사에서는 표현 자질로 볼 수도 있는 '긴:(長)' 한 어휘, 1명에 지나지 않는다.

230. 또, 1973년 보고서에 실린 어휘 중 대조가 가능한 101개 어휘를 대상으로 1973년과 1996년의 무음장 어형 빈도를 상호 비교해 보면, 녹음에서는 1973년 전체 제보자수의 89.74%를 점유했던 무음장 어형 빈도가 100%로 늘어났으며(=제보자 전원이 101개 전 어휘를 무음장으로 발음하였으며), 조사Ⅰ에서는 1973년 조사 당시 72.31%였던 것이 1996년에는 83.73%로 늘어났고, 조사Ⅱ에서는 1973년에 57.79%였던 것이 1996년에는 73.02%로 늘어났다(부록Ⅴ 참조)

231. 특정의 유음장 어형에 기표한 제보자의 수가 무음장 어형에 기표한 제보자의 수보다 많은 어휘도 1973년에는 '곱:다(娟), 구:원(久遠), 구:조(構造), 군:밤, 굴:(窟), 굴:(蠣), 냇:가(川邊), 놀:다(遊), 눈:(雪), 돈:(錢), 동:기(動機), 말:(言), 멀:다(遠), 발:(簾), 밤:(栗), 병:(病), 살:다(居), 소:녀(少女), 애:, 영:구(永久)하다, 영:화(榮華), 장:(欌), 제:일(第一), 최:선(最善)' 등 24개 어휘나 되지만 1996년에는 '눈:(雪)'과 '밤:(栗)' 두 어휘 뿐이다(부록Ⅴ 참조)

232. 음장이 연속하여 얹히는 경우도 1973년 조사에서는 51개 어휘 연인원 84명이었으나, 1996년 조사에서는 8개 어휘 연인원 8명으로 줄었다. 이는 아마도 1973년 당시에는 음장은 연속하여 오지 않는다는 교육이 별로 없었던데 반하여, 1996년 조사시에는 그 동안의 표준어 규정의 제정 공포와 국어 및 문법 교과서를 통한 교육이 제보자들 의식 속에 영향을 준 것이 아닌가 싶다[6](부록Ⅴ 참조)

233. 1973년 보고서에 최소대립어별 빈도가 소개된 19쌍에 대하여 1996년 조사된 빈도를 우측에 기재하여 비교해 보았다.

---

6) 다른 견해에서의 해석도 가능할 것이다. 표준어 규정이나 교육 때문이 아니고 음장이 없어진 결과로 해석할 수도 있을 것이다.

[표35]　　　　　　　　최소대립어 위에 얹힌 음장 유형별 빈도 비교표

서울·개포

연번	최소대립어 유형	녹음		조사Ⅰ		조사Ⅱ	
		1973	1996	1973	1996	1973	1996
1	거:리(距離)/거리(街)	0	0	22	0	22	5
2	걷다(捲)/걷:다(步)					24	1
3	구조(構造)/구:조(救助)	2	0	15	3	16	5
4	굴(窟)/굴(蠣)	0	0	30	16	26	12
5	길(道)/길:(丈)					18	4
6	눈:(雪)/눈(眼)	4	0	58	13	61	15
7	돌(一周生日)/돌:(石)					33	11
8	동:기(動機)/동기(同期)					28	7
9	말(馬)/말:(言)	0	0	17	8	65	14
10	발:(簾)/발(足)	4	0	52	14	44	16
11	밤(夜)/밤:(栗)	3	0	47	19	23	10
12	병(病)/병:(瓶)	2	0	41	14	45	16
13	부정(不正)/부:정(否定)	0	0	10	6	14	4
14	사:정(事情)/사정(私情)					16	5
15	업다(負)/없:다(無)					15	2
16	영:화(映畵)/영화(榮華)	0	0	2	2	8	7
17	일(一)/일:(事)	0	0	18	3	29	9
18	잇:다(續)/있다(在)					32	6
19	장:(欌)/장(市場)	3	0	36	14	39	2
	계	18	0	348	112	558	151
	%	1.50	0	29.00	17.95	29.37	15.28

　비교 결과, 담화(녹음 자료)에서는 1973년에 연인원 18명(1.50%)의 제보자가 음장 대립 유형으로 발음한데 반해서, 1996년에는 1명도 음장 대립 유형으로 발음한 제보자가 없었으며, 조사Ⅰ에서는 1973년에 연인원 348명(29.00%)이 음장 대립 유형에 기표하였으나, 1996년에는 기표자가 연인원 112명(17.95%)으로 줄었다. 조사Ⅱ에서도 1973년에는 연인원 558명(29.37%)이 음장 대립 유형에 기표하였으나 1996년에는 그것이 연인원 151명(15.28%)으로 감소하였다.

　개별 어휘별로 비교해 보아도, 1973연에는 제보자 50% 이상이 기표한 대립형이 셋〈눈:(雪)/눈(眼), 말(馬)/말:(言), 발:(簾)/발(足)〉, 35% 이상이 기표한 대립형이 셋〈밤:(栗/밤(夜), 병:(病)/병(瓶), 장:(欌)/장(市場)〉, 모두 여섯 쌍이나 되지만, 1996연에는 50% 이상은 물론 35% 이상의 제보자가 기표한 대립형조차 하나도 없다.

　234. 이러한 사실들(§229~§233)은 모두가 1973년 이후 20여년 동안에 음장이

더욱 완전하게 없어진 현실, 또는 없어는 졌는데 규범 문법 때문에 심한 혼란을 겪고 있는 현실을 반영하는 징표들이다.

235. 조사Ⅲ에 대한 1973년과 1996년의 조사결과를 상호 비교해 보면, 음장에 대해서 교육 받은 일이 있다는 제보자는 23%(1973년)에서 51.92%(1996년)으로 늘었고, 교육과정 내용을 보더라도 훨씬 더 충실해지고 지도 시수도 대폭 늘어난 것은 사실이다.(1973년 당시는 국민학교 2학년의 '말놀이' 단원 하나가 전부였음). 그럼에도 불구하고, 음장에 대한 관심을 가지는 제보자(1973년 36%→1996년 7.69%) 와 대화시 음장을 의식하고 말하는 제보자(1973년 29%→1996년 3.86%)는 오히려 줄어들었다. 또 의식하고 말한다는 제보자 가운데, 음장이 틀리면 어색하게 느껴지기 때문에 음장을 지키려고 한다는 제보자도 9%(9명)[7])에서 1.92%(1명)로 줄었다. 음장이 틀리는 사람을 교양이 부족한 사람이라고 생각한다는 제보자도 의미있는 차이라고 할 수는 없을지 몰라도, 1973년에는 2명이 있었으나 1996년 조사에서는 한 사람도 없다.

236. 다만, 음장이 틀려서 의미 전달에 혼란을 야기했던 경험이 있는가라는 질문(문항8)에 대해서만 '그렇다'라고 답한 제보자가 1973년 22%에서 1996년 34.62%로 증가하였다. 이것은 아마도 의미 혼란을 경험했다기보다 표준 발음법(=학교에서 국어와 문법 시간에 가르치는 내용)에 비추어 볼 때 틀리는 것을 의식하게 되는 경우가 늘었다는 뜻으로 받아들임이 옳을 것이다.

237. 교육을 받았다는 제보자와 받지 않았다는 제보자 간에, 문항 4, 5, 7, 8의 전 항목에 걸쳐, 반응의 차이가 없다는 점에 대해서는 1973년 보고서와 1996년 조사결과 사이에 전혀 차이가 없다(김수형 1973 : 4-451, 본 연구 §221 참조)

2. 서울 · 광진

238. 성인 제보자 5명 가운데, 담화(녹음)에서 음장이 얹힌 경우는 제보자 최성문의 '몰:래, 발:(簾)을, 살:('살다'의 활용형)'과 제보자 함영식의 '최:선의' 뿐이다. 이 중에 '몰:래'는 조사Ⅰ과 조사Ⅱ가, '발:을'은 조사Ⅱ가, '살:'은 조사Ⅰ이 무음장이며, '최:선의'는 조사Ⅰ과 조사Ⅱ가 모두 '최:선의'로 되어 있기는 하나, 나머지 4명의 제보자가 무음장 어형이므로 결국 제보자 5명 모두가 유음장 어형으로 일치한 경우는 없다. 따라서 서울 광진 지역 성인들에게 있어 음장은 존재하지 않는다고 보아야 한다.

---

7) 의식하고 말한다는 제보자 29명 중 나머지 20명은 교육을 받았기 때문에 의식하고 말한다고 하였음.

239. 학생 제보자 5명의 경우는, 담화(녹음)에서 음장을 유지한 제보자가 한 사람도 없으며, 따라서 녹음, 조사Ⅰ, 조사Ⅱ가 음장에 있어 일치하고, 그것이 다른 제보자들의 그것과도 일치하는 사례가 하나도 없는 것이다. 이것은 서울 광진 지역 학생 제보자들에게 있어서도 음장은 존재하지 않는다는 것을 의미한다.

240. 녹음과 조사Ⅰ, 녹음과 조사Ⅱ, 조사Ⅰ과 조사Ⅱ, 녹음과 조사Ⅰ과 조사Ⅱ 간의 음장 일치 내용을 표로 제시하면 다음과 같다.

[표36] 개인별 음장 일치 통계표

서울·광진, 성인(녹음자분)

제보자	가 ①	가 ②	가 ③	가 ④	나 ①	나 ②	나 ③	나 ④	다 ①	다 ②	다 ③	다 ④	라 ①	라 ②	라 ③	라 ④
김덕춘		451	1			312	27		1	312	26			312	27	
신상웅		444	8			332	7		4	328	7			328	11	
함영식	1	389	62		1	224	114		29	198	112		1	198	140	
김성광		212	240			307	32		5	139	195			139	200	
최성문	1	442	9			327	12		2	323	14			323	16	
합계	2	1938	320		1	1502	192		41	1300	354		1	1300	394	
평균	0.40	387.60	64.00		0.20	300.40	38.40		8.2	260	70.8		0.20	260	78.8	
%	0.09	85.75	14.16		0.06	88.61	11.33		2.42	76.70	20.88		0.06	76.70	23.24	

서울·광진, 학생(녹음자분)

제보자	가 ①	가 ②	가 ③	가 ④	나 ①	나 ②	나 ③	나 ④	다 ①	다 ②	다 ③	다 ④	라 ①	라 ②	라 ③	라 ④
유정훈		399	53			239	100		19	212	108			212	127	
유근필		394	58			265	74		10	226	103			226	113	
조성훈		376	76			197	142		7	159	173			159	180	
구성규		408	44			227	112		16	207	116			207	132	
김대욱		416	36			271	68		8	251	80			251	88	
합계		1993	267			1199	496		60	1055	580			1055	640	
평균		398.60	53.40			239.80	99.20		12.00	211.00	116.00			211.00	128.00	
%		88.19	11.81			70.74	29.26		3.54	62.24	34.22			62.24	37.76	

서울·광진, 학생(비녹음자분)

제보자	다의 ①	다의 ②	다의 ③	다의 ④	제보자	다의 ①	다의 ②	다의 ③	다의 ④
강원성	7	263	69		박지웅	39	152	148	
강태영	10	134	195		손경식	30	155	154	
고영범	31	166	142		송민기	5	208	126	
김광년	12	210	117		양원협	7	246	86	
김병기		322	17		유원상	8	185	146	
김석우	9	180	150		유태욱	12	215	112	
김세환	17	144	178		유환욱	15	112	212	
김시진	5	228	106		윤여일	22	182	135	
김영민	7	274	58		이정석	15	226	98	

제보자	다의 ①	다의 ②	다의 ③	다의 ④	제보자	다의 ①	다의 ②	다의 ③	다의 ④
김용배	13	179	147		이정환	32	113	194	
김용성	9	212	118		이종섭	9	244	86	
김용성	7	264	68		이지성	13	160	166	
김유진	5	240	94		정동수	15	219	105	
김정길	12	124	203		정수웅	3	288	48	
김정섭	10	240	89		조광국	1	249	89	
김정현	17	207	115		주형태	10	136	193	
김창길	14	229	96		차동호	4	243	92	
김태관	6	294	39		최정환	14	141	184	
김태환	6	286	47		한경구	6	207	126	
박대우	4	258	77		황광섭		281	58	
박두경		328	11		합계	493	9.417	5.006	
박상하	7	245	87		평균	11.20	214.02	113.78	
박성훈	14	217	108		%	3.31	63.13	33.56	
박수창	11	211	117						

241. 개별 어휘의 어형별 빈도표(부록Ⅲ. 서울 광진편)를 보더라도 '굴(窟), 긴(長), 얘기' 등의 조사Ⅰ 또는 조사Ⅱ에서 무음장 어형에 기표한 수보다 더 많은 수의 제보자들이 음장 있는 어형에 기표한 예가 극소수 있기는 하나(총 2558 어형 중 10 어형 : 성인 6, 학생 4), 그 가운데, 성인군이건 학생군이건, 녹음, 조사Ⅰ, 조사Ⅱ에서 일관된 경향을 보여 주는 것은 하나도 없었으며(다만, '긴'이 유일하게 조사Ⅰ과 조사Ⅱ에서 같은 경향을 보여주었을 뿐, 나머지는 모두 일회성에 그치고 있었다), 모든 어휘에서 제보자의 절대 다수는 무음장 어형에 기표하고 있었다. 전체적으로 볼 때, 총 2558 어형 가운데 99.61%에 해당하는 2548 어형(성인 1273, 학생 1275)에서 무음장 어형의 빈도가 유음장 어형의 빈도보다 높고, 유음장 어형의 빈도가 무음장 어형의 빈도보다 높은 어형을 학생군보다 더 많이 가지고 있는 성인군만을 대상으로 하더라도 99.53%가 넘는 1273 어형에서 무음장 어형의 빈도가 유음장 어형의 빈도보다 높게 나타나고 있는, 이와 같은 사실은 성인군 학생군 공히 음장이 존재하지 않는다는 §238, §239의 결론을 뒷받침해 주고 있음을 의미하는 것으로 보아야 할 것이다.

242. 최소대립어에 있어서도, 성인 제보자 5명 가운데 제보자 최성문이 담화(녹음)에서 '발:(簾)/발(足)'로 음장 대립형을 유지하였으나, 조사Ⅱ(인용형)이 무음장이어서, 결국 녹음 조사Ⅰ, 조사Ⅱ가 음장 대립형으로 일치한 어형은 하나도 없는 것이다. 따라서 성인 제보자 5명이 모두 일치하는 음장 대립형도 없게 되는 것이며, 이는 곧 지속을 변별적 자질로 하여 대립하는 최소대립어가 존재하지 않는다는 의미이다.

243. 학생 제보자 5명의 경우에는 담화(녹음)에서 음장의 유무로 대립하는 유형이 전혀 없다. 따라서, 5명의 제보자 모두가 일치하는 음장 대립형도 물론 없다. 이는 지속을 변별적 자질로 하여 상호 대립하고 있는 최소대립어가 존재하지 않음을 의미하는 것이다.

244. 녹음과 조사 I, 녹음과 조사 II, 조사 I과 조사 II, 녹음과 조사 I과 조사 II 간의 최소대립어 유형이 일치하는 경우의 수를 표로 보이면 다음과 같다. 표에 의하면, 성인군이 학생군보다 무음장 일치 비율이 높고, 불일치 비율은 낮다.

[표37] 개인별 최소대립어 일치 통계표

서울 · 광진, 성인(녹음자분)

제보자	가				나				다				라			
	①	②	③	④	①	②	③	④	①	②	③	④	①	②	③	④
최성문	1	17	1		14	5				13	6			13	6	
함영식		13	6			5	14		5	4	10			4	15	
김덕춘		18	1			15	4		1	15	3			15	4	
신상웅		19				17	2			17	2			17	2	
김성광		4	15			16	3			13	6			13	6	
합계	1	71	23			67	28		6	62	27			62	33	
평균	0.20	14.20	4.60			13.40	5.60		1.20	12.40	5.40			12.40	6.60	
%	1.05	74.74	24.21			70.53	29.47		6.23	65.26	28.42			65.26	34.74	

서울 · 광진, 학생(녹음자분)

제보자	가				나				다				라			
	①	②	③	④	①	②	③	④	①	②	③	④	①	②	③	④
유근필		12	7			9	10			7	12			7	12	
조성훈		12	7			3	16		1	3	15			2	17	
구성규		7	12			7	12		2	4	13			3	16	
유정훈		6	13			7	12		3	2	14			2	17	
김대욱		18	1			10	9			10	9			10	9	
합계	1	55	40			36	59		6	26	63			24	71	
평균		11.00	8.00			7.20	14.75		1.20	5.20	12.60			4.80	14.20	
%		57.89	42.11			37.89	62.11		6.32	27.37	66.32			25.26	74.74	

서울 · 광진, 학생(비녹음자분)

제보자	다의 ①	다의 ②	다의 ③	다의 ④	제보자	다의 ①	다의 ②	다의 ③	다의 ④
강원성		7	12		박태우	1	5	13	
강태영		4	15		손경식	4	1	14	
고영범	2	3	14		송민기		9	10	
김광년	3	9	7		양원협	2	5	12	
김병기		15	4		유원상		4	15	
김석우	1	4	14		유태욱		8	11	
김세환	1	3	15		유환욱	3	5	11	
김시진		10	9		윤여일		2	17	
김영민	1	10	8		이정석		9	10	
김용배		6	13		이정환	3	3	13	
김용성	2	6	11		이종섭		11	8	
김용성		12	7		이지성	2		17	
김유진	3	6	10		정동수	2	3	14	
김정길			19		정수웅		14	5	
김정섭	3	2	14		조광국		14	5	

제보자	다의 ①	다의 ②	다의 ③	다의 ④	제보자	다의 ①	다의 ②	다의 ③	다의 ④
김정현	1	9	9		주형택		2	17	
김창길	1	11	7		차동호	1	9	9	
김태관	3	8	8		최정환	1	5	13	
김태환	1	8	10		한경구		4	15	
박두정		19			황광섭		14	5	
박성훈	4	3	12		합계	52	296	488	
박수창	1	6	12		평균	1.18	6.73	11.09	
박장하	3	6	10		%	6.22	35.41	58.37	
박지웅	3	2	14						

245. 음장의 유무에 따라 최소대립어를 이룰 수 있는 37개의 짝을 단위로 그 유형별 빈도를 조사한 결과(부록Ⅳ. 서울 광진편)를 보더라도, '굴:(窟)/굴:(蠣), 말(馬)/말:(言)' 등 3개의 짝의 조사Ⅰ 또는 조사Ⅱ에서 무음장 어형만으로 짝을 이룬 유형에 기표한 수보다 더 많은 수의 제보자들이 음장 대립형에 기표한 예가 극소수 있기는 하나 (총 150쌍 중 3쌍), 무음장 어형만으로 짝을 이룬 유형에 기표한 수보다 더 많은 수의 제보자들이 기표한 3개 짝 3개 쌍 가운데 녹음, 조사Ⅰ, 조사Ⅱ에서 일관된 경향을 보여 주는 것은 하나도 없으며(모두 일회성에 그치고 있다), 절대 다수의 제보자들은 '짝을 이루는 어휘 모두에 음장이 얹히지 않는 유형'에 기표하고 있다. 전체 150쌍 가운데 147쌍(성인 74, 학생 73)에서 무음장 어형만으로 짝을 이룬 유형이 유음장 어형을 포함하여 짝을 이룬 유형보다 빈도가 높게 나타나고 있다는, 이와 같은 사실은 성인군 학생군 공히 음장에 따른 최소대립어가 존재하지 않는다는 §242과 §243의 결론을 뒷받침해 주고 있음을 의미하는 것으로 보아야 할 것이다.

246. 서울 광진 지역 조사 결과를 표준어의 그것들과 비교해 보면, 표준어에서 음장이 얹히는 것이나 얹히지 않는 것이나 관계 없이 제보자의 절대 다수가 '무음장 어형'과 '짝을 이루는 어휘 모두에 음장이 얹히지 않는 유형'에 기표하고 있다. 물론, '유음장 어형'이나 '유음장 어형을 포함하여 짝을 이룬 유형'에 기표한 경우가 전혀 없는 것은 아니다. 무음장 어형의 빈도보다 유음장 어형의 빈도가 더 높은 어형이 10 어형(성인 6, 학생 4) 있다. 그러나, 그것들은 모두 표준 음장과 일치하기는 하지만, 수적으로 총 2558 어형의 0.39%에 불과하다. 유음장 어형을 포함하여 짝을 이룬 유형의 빈도가 무음장 어형만으로 짝을 이룬 유형의 빈도보다 더 높은 유형도 3쌍 있다. 그러나, 그 가운데 표준어 규정에 맞게 기표한 유형은 2쌍(성인 1, 학생 1)이고, 나머지 하나는 굴:(窟)/굴:(蠣) 유형 (조사Ⅱ, 학생)인데, 이것 또한 수적으로 미미한 것이다(3쌍은 총 150쌍의 2.00%). 더욱이 그것들(=10 어형, 3쌍) 가운데(표준 발음법과 일치하는 것이건 불일치하는 것이건) 녹음, 조사Ⅰ, 조사Ⅱ에서 일관된 경향을 보여 주는 것은 하나도 없다. 따라서 이번 조사 결과를 표준어의 그것들과 상호 비교한다는 것은 별로 의미가 없어 보인다.

247. 음장은 단어의 제일음절 모음 위에 얹히는 것이 원칙이다. 따라서 합성어를 이

룰 때, 제이음절 이하에 오는 음장은 그 길이를 잃어 버린다. 한자어에 있어서도 제이음절 이하에 오는 한자는 그것이 본래 음장을 가지는 글자일지라도, 모두 그 음장을 잃어 버린다고 한다(이상 표준 발음법 제6항의 내용). 그러나 이번 서울 광진 지역 조사 결과를 보면 표준 발음법 기준으로 음장이 얹힌다고 하는 어휘의 제일음절 모음이나 그렇지 않다고 하는 어휘의 제일음절 모음이나 구분 없이 모두 무음장이 절대 다수를 점하고 있었으며, 제이음절 이하에서 음장이 소멸하는 예가 된다는 '군밤, 끝내다, 내밀다, 수없이, 일삼다' 및 '개성적(個性的), 구원(久遠), 구원(救援), 구조(構造), 구조(救助), 귀중(貴重), 기사(記事), 말세(末世), 부정(不正), 부정(否定), 부정(不淨), 사회(社會), 선장(船長), 소화제(消化劑), 시험(試驗), 신문(新聞), 여기(餘技), 여로(旅路), 연고(緣故), 영구(永久), 영화(映畵), 용서(容恕), 운명(運命), 원대(遠大), 이상(以上), 이상(理想), 인명(人命), 자세(姿勢), 자신(自信), 정화(淨化), 정화(情話), 질병(疾病), 최선(最善), 표현(表現), 학교(學校), 형제(兄弟)'의 제이음절과 일반 어휘의 제이음절 간에도 어떤 의미 있는 차이는 없이 무음장이 절대 다수였다. 그리고, 음장이 얹힌 경우에도 제일음절과 제이 이하 음절 간에 그리 큰 차이가 있는 것도 아니었다. 이와 같은 현상은 음장이라는 것이 실재하지 않기 때문에 나타나는 현상이라고 밖에 달리 설명할 방법이 없다. 그래야 §238~§245의 결과와도 일치가 된다.

248. 제이음절 이하에 오는 음절일지라도 긴소리가 너무나 분명하게 인식될 때는 예외적으로 그것을 음장으로 인정한다고 하여, 본 연구에서는 '서성대:다, 틀림없:이, 허둥대:다'를 이에 해당하는 경우로 인정하였다. 그러나, 이 세 어휘의 '서성대:다, 틀림없:이, 허둥대:다' 어형은 모두 빈도가 극히 낮았다. 이는 '-대-, -없-, -대-'의 음장을 인정할 수 없음을 의미하는 것이다. 물론, 모든 음장이 인정되지 않는다고 결론을 내린 상황에서, 그것은 너무나 당연한 귀결이기도 하다.

249. 여기서 한 가지 언급하고 넘어가야 할 사실은 상당수 제보자들이 단일어건 합성어건 구분 없이 제이음절 이하의 음절에 음장이 얹혔다고 기표하고 있다는 사실이다. 이들은 제이음절 이하에는 음장이 얹히지 못한다는 사실을 알지도 못하고, 또 안다고 해도 그것을 인정하지 않는 듯했다. 이와 같은 현상은 음장이 실제적으로 존재하지 않기 때문에 일어나는 혼란으로 보인다.

250. 어떠한 경우에도 한 단어 안에서 음장이 연달아 올 수는 없다고 하는데, 이번 서울 광진 지역 조사에서는 '군밤, 내밀다. 수없이, 일삼다'와 '개성적(個性的), 구원(久遠), 구원(求援), 구조(救助), 귀중(貴重), 부정(否定), 운명(運命), 원대(遠大), 이상(以上), 이상(理想), 자세(姿勢), 최선(最善)' 가운데, '군:밤:(성인 1, 학생 1)'과 '귀:중:(貴重)하다(학생 1), 원:대:(遠大)하고(학생 1), 원:대:(遠大)하다(학생 1)'에서 음장이 연달아 나타나고, 그 밖에 '갑:갑:하다(4), 같았:습:니다(1), 결석:했:습니다(1), 고려되:지:(1), 그:만:두겠다(1), 금:방:(1),

깨:니:(8), 나라란:다:(1), 나왔:습:니다(1), 나:오:다(1), 놓았:습:니다.(1), 달라졌:다:(1), 대:한:(1), 들리:다:(1) 듭:니:다(1), 떡가:루:(1), 먹:어:야지(1), 메:우:자(1), 몰:래:(1), 무:슨:(1), 무:척:(1), 배:(梨)는:(1), 부정:(不淨)한:(1), 부:정:(不淨)한:(1), 사:정:(私情)(1), 살:고:(1), 살:고:(1), 신:문:을(1), 앉:다:(2), 야:트:막:하:다(1), 연:고:(緣故)(1), 있:었:습:니다.(1), 잎사귀들:도:(1), 자:욱:했습니다.(1), 저:희:(2), 정:화:(淨化)되다(1), 조용하시면:서:도:(1), 좋아했:습:니다.(1), 줄:게:(2), 지나갔:습:니:다:(1), 치:다:(1), 틀림:없:이(1), 하:늘:을:(1), 하였습:니:다:(1), 할:머:니의(2), 항:상:(2), 항:상:(2), 힘:이:(1)' 등과 같이 검토 대상도 아닌 어휘(46 단어, 49 어형)에서도 음장이 연달아 나타나고 있었다. 아마도 이것은 한 단어 안에서 음장이 연달아 오지 않는다는 규칙이 깨진 것이라기보다는 음장이 현실적으로 존재하지 않는 데서 오는 혼란인 것으로 보인다.

251. 표준 발음법을 기준으로, 음장 없는 단음절 용언(먹어야, 썩어서, 앉아, 있을…등)과 음장이 있는 단음절 용언을 비교해 본 결과, 서로 아무런 차이가 없었으며, 음장 있는 단음절 용언 가운데, 모음 어미가 이어지면 음장이 소멸한다는 용언(걸어, 구워, 남은, 숨어서, 이은…등)과 음장이 그대로 유지된다는 용언(고와서, 넣어, 많아서, 멀어서, 없어, 웃으며, 좋아… 등)과의 사이에도 아무런 차이가 없었다. 또, 세 부류의 용언 어간에 자음으로 시작되는 어미가 오건 모음으로 시작되는 어미가 오건 서로 아무런 차이가 없었다. 모두 무음장 어형이 절대 다수였다. 이로써 음장이 없히는 단음절 용언 어간에 모음으로 시작되는 어미가 이어지면 음장이 소멸한다는 규칙은 의미가 없게 되었으며, 이는 음장이 그 어디에도 실제적으로 존재하지 않기 때문에 나타나는 현상이다.

252. '듣다(聞), 듣고, 듣는, 들은'과 '들려라, 들리다' 모두 무음장 어형이 절대 다수이고, '보다(見), 보고, 보아서는'과 '보이다, 보이는'도 모두 무음장 어형이 절대 다수이다. 이는 음장이 존재하지 않기 때문이라고 해석할 수도 있고, 음장은 존재하지만 '듣다, 보다'가 무음장 어형이어서 사동·피동의 영향을 확인할 수 없음을 의미한다고 볼 수도 있다. 본 연구자로서는 §238~§245의 결과를 감안하여 전자의 경우로 본다.

253. 모음으로 시작되는 파생 접미사가 결합된 명사로는 '놀이터'와 '걸음'이 있고, 부사로는 '많이'와 '틀림없이'가 있다. 이들 어휘들의 어형별 빈도 분포를 보면, 명사고 부사고 관계 없이 '놀이터, 걸음, 틀림없이'는 무음장 어형이 절대 다수이고, '많:이' 어형은 28% 정도인데, 이는 표현적 자질의 영향으로 볼 수도 있고, 설혹 그렇지 않다 하더라도 이 정도의 빈도를 가지고 음장이 유지되고 있다고 해석하기는 어려울 것으로 생각된다.

254. 보상적 장음화의 예가 될 수 있는 '걸, 골:랐습니다, 까, 돼:, 따, 몰:라서(ⅠⅡ), 뵙:는, 뵙:다, 쐬:며, 쐬:다, 안, 않는다. 애:(ⅠⅡ), 애:들아, 애:기(ⅠⅡ), 쳐:다보고, 해:, 했어요(ⅠⅡ)'의 음장형을 조사해 본 결과, '애:기(조사Ⅱ, 성인)' 어형에서 무음장 어

형보다 빈도수가 높게 나타난 경우가 하나 있을 뿐(수적으로 유일한 예인데다가, 녹음과 조사 I 에서까지 일관되게 같은 경향을 보여 주는 것도 아니기 때문에 별로 의미가 없음), 모든 어휘에서 무음장 어형에 절대 다수가 집중되는 현상을 보였다. 이는 음장이 실재하지 않음을 입증해 주는 좋은 증거다. 그리고 §238~§245의 결과와도 잘 부합이 된다.

255. '까(박), 따(적)'는 모두 무음장 어형이 절대 다수이다. 이는 표준 발음법 해설 제 6항 〔붙임〕의 다만, 규정에 부합하는 것으로 볼 수도 있고, 음장 자체가 존재하지 않기 때문으로 볼 수도 있다. 그러나 이것 역시 §238~§245의 결과를 감안할 때, 일관성 측면에서 후자로 보는 것이 가장 합리적인 해석일 것이다.

256. 제일음절말 위치에 무성의 정지음 〔-k, -t, -p〕이 오는 경우는 녹음과 조사 I 에 각 74 어휘(49 단어), 조사 II 에 50 어휘(50 단어)가 있는 바, 이들은 모두 무음장 어형이 절대 다수를 점하고 있었다. 이것은 정지음 때문이라고 해석할 수도 있고, 음장 자체가 존재하지 않기 때문이라고 해석할 수도 있을 것이다. 그러나, 이것은 무성의 정지음이 와도 음장이 얹힌다는 예외 어휘까지도 예외 없이 무음장 어형이 절대 다수를 점하고 있다는 점과 §238~§245의 결과를 감안할 때, 후자로 보는 것이 일관성 측면에서 더욱 타당성이 있을 것이다.

257. '남은, 남다' '넘치는' '숨다, 숨어서'는 모두 무음장 어형이 절대 다수이다. 이로써 ㅁ, ㄲ, ㄴ 받침을 가진 단음절 용언은 예외 없이 음장을 가진다는 규칙은 의미가 없음이 확인되었다.

258. '많다, 많아서', '앉아, 앉다', '않는다', '잃었다, 잃다' 모두 무음장 어형이 절대 다수이다. 일견 ㄵ, ㄶ, ㄺ, ㅀ 받침을 가지는 단음절 용언 어간에는 음장이 얹히지 않는다는 규칙에 부합하는 듯이 보인다. 그러나 이것은 §238~§245의 결과에 비추어 볼 때, 음장 자체가 존재하지 않기 때문에 나타난 현상으로 해석해야 할 것이다.

259. 유기 계열의 자음(ㅍ, ㅌ, ㅋ, ㅊ)으로 시작되는 어휘는 녹음과 조사 I 에 19 어휘, 조사 II 에 23 어휘가 있다. 이들은 다른 어휘들과 특별히 다른 점이 없다. 무음장 어형이 절대 다수이다. 이것도 §238~§245의 결과에 비추어 볼 때, 음장이 실재하지 않기 때문에 나타난 결과로 해석해야 할 것이다.

260. 긴장 계열의 자음(ㅃ, ㄸ, ㄲ, ㅉ, ㅆ)으로 시작되는 어휘는 녹음과 조사 I 에 18 어휘, 조사 II 에 14 어휘가 있다. 이들이 다른 어휘들과 특별히 다른 점은 없다. 모두 무음장 어형이 절대 다수를 점하고 있다. 이것 역시 §238~§245의 결과에 비추어 볼 때, 음장이 실제적으로 존재하지 않음을 반영하는 징표로 해석해얄 할 것이다.

261. 개음절로 이루어진 단음절 단어의 음장을 조사해 보면, '배:(倍 : 조사Ⅱ, 성인)' 어형에서 무음장 어형보다 빈도수가 높게 나타난 경우가 하나 있을 뿐〔이것은 개음절 모음이 길게 소리난다는 음향음성학적 특성이 반영된 것으로 보인다. 그리고 '배(倍)' 다음에 개리연접이 가해진 것도 소리가 길어진 한 요인이 되었을지도 모른다. 그러나 이것이 녹음과 조사Ⅰ에서 같은 경향을 보여 주는 것도 아니고, 수적인 면에서 유일한 예외이기 때문에 별로 의미가 없다.〕, 모든 어휘에 있어서 무음장 어형이 절대 다수를 점하고 있다. 이와 같은 현상은 개음절로 이루어진 단음절 단어에는 음장이 얹히지 않는다는 Mieko S. Han(1964)의 주장을 뒷받침해 주는 것이라고 할 수도 있고, 음장 자체가 존재하지 않기 때문이라고 할 수도 있다. 그러나, 이것도 예외 어휘까지도 예외 없이 모두 무음장 어형이 절대 다수를 점하고 있다는 점과 §238~§245의 결과까지 를 감안한다면, 일관성 측면에서 후자로 보는 것이 더욱 타당성이 있을 것이다.

262. 문맥 안에서의 음장이 인용형 안에서의 음장보다 수적으로 적고, 그 길이도 짧다는 것이 학계의 정설이며, 이번 조사에서도 전 지역 모두 그렇게 나타났다. 다만, 서울 광진 성인의 경우만 반대의 성향을 보여주고 있는데, 이는 한 제보자(김성광)의 특이한 기표 내용 때문이다.(〔표38〕 참조). 따라서 이것은 제보자수가 많아지면 달라 질 수 있는 예외적인 사항으로 보아, 문맥 안 음장이 인용형 안 음장보다 짧고, 그 수도 적다는 일반적 성향은 그대로 인정되어야 할 것이다.

〔표38〕 　　　　　　　　　　　　개인별 무음장 단어 통계표

서울 · 광진, 성인(녹음자분)

제보자	녹음(452)		조사Ⅰ(452)		조사Ⅱ(375)	
	무음장단어수	백분비(%)	무음장단어수	백분비(%)	무음장단어수	백분비(%)
김덕춘	452	100.00	451	99.78	346	92.27
김성광	452	100.00	205	45.35	338	90.13
신상웅	452	100.00	443	98.01	362	96.53
최성문	452	100.00	444	98.23	361	96.27
함영식	452	100.00	389	86.06	247	65.87
합계	2260		1932		1654	
평균	452	100.00	386.40	85.49	330.80	88.21

서울 · 광진, 학생(녹음자분)

제보자	녹음(452)		조사Ⅰ(452)		조사Ⅱ(375)	
	무음장단어수	백분비(%)	무음장단어수	백분비(%)	무음장단어수	백분비(%)
구성규	452	100.00	408	90.27	255	68.00
김대욱	452	100.00	416	92.04	302	80.53
유근필	452	100.00	394	87.17	288	76.80
유정훈	452	100.00	399	88.27	267	71.20
조성훈	452	100.00	375	82.96	205	54.67
합계	2260		1992		1317	
평균	452	100.00	398.40	88.14	263.40	70.24

서울·광진, 학생(비녹음자분)

제보자	조사Ⅰ(452) 무음장 단어수	백분비(%)	조사Ⅱ(375) 무음장 단어수	백분비(%)	제보자	조사Ⅰ(452) 무음장 단어수	백분비(%)	조사Ⅱ(375) 무음장 단어수	백분비(%)
강원성	414	91.59	311	82.93	박수창	346	76.55	294	78.40
강태영	401	88.72	175	46.68	박지웅	378	83.63	187	49.87
고영범	397	87.83	195	52.00	손경식	343	75.89	213	56.80
김광년	405	89.6	258	68.80	송민기	369	81.64	279	74.40
김병기	440	97.35	366	97.60	양원협	414	91.59	286	76.27
김석우	320	70.80	256	68.27	유대욱	401	88.72	258	68.80
김세환	412	91.15	168	44.80	유원상	391	86.50	228	60.80
김시진	382	84.51	296	78.93	유환욱	432	95.58	161	42.93
김영민	416	92.04	324	86.40	윤여일	381	84.29	87	23.20
김용배	347	76.77	263	70.13	이정석	401	88.72	271	72.27
김용성	395	87.39	239	63.73	이정환	347	76.77	150	40.00
김용성	415	91.81	323	86.13	이증섭	379	83.85	321	85.60
김유진	424	93.81	276	73.60	이지성	283	62.61	310	82.67
김정길	350	77.43	148	39.47	정동수	405	89.60	262	69.87
김정섭	420	92.92	285	76.00	정수웅	441	97.57	327	87.20
김정현	387	85.62	258	68.80	조광국	387	86.06	331	88.27
김창길	361	79.87	294	78.40	주형태	338	74.78	204	54.40
김태관	437	96.68	331	88.27	차동호	396	87.61	307	81.87
김태환	318	70.35	329	87.73	최정환	351	77.66	196	52.27
박대우	394	87.17	319	85.07	한경구	401	88.72	309	82.40
박두정	439	97.12	370	98.67	황광섭	389	86.06	361	96.27
박상하	398	88.05	310	82.67	합계	17,059		11,710	
박성훈	414	91.59	274	73.07	평균	387.70	85.78	266.14	70.97

263. 음장에 대한 서울 광진 지역 제보자들의 의식 조사 결과는 다음과 같다.

[표39]   서울 광진 지역 제보자 의식 조사 통계표

구분	1 ①	1 ②	2 ①	2 ②	3-① 초	3-① 중	3-① 초·중	3-① 기타	3-② 초	3-② 중	3-② 초·중	3-② 기타	3-③ 1~5일	3-③ 6~10일	3-③ 11~15일
성인	1	4	1	4				1				1			
학생		5	2	3			1	1			1				1
학생	3	41	15	29	6	6		3	6	6		3	6	2	1

3-③ 16~20일	3-③ 21~25일	3-③ 26~30일	3-③ 31일이상	3-③ 기타	4 ①	4 ②	5 ①	5 ②	6 ①	6 ②	6 ③	7 ①	7 ②	8 ①	8 ②
				1	1	4	1	4			1	2	3	2	3
		1			2	3	1	4			1	1	4	1	4
	1	1	2	3	42	1	43				1	4	40	14	30

문항 1.에 대해서 성인 1명과 녹음하지 않은 학생 3명이 음장에 따라 의미를 구분한다고 하였다. 전체 54명의 7.41%로 무시해도 좋을 만큼 미미한 수치이다. 그리고, 이들 4명의 이러한 반응도 따지고 보면 음장이 실제로 존재해서라기보다는, 규범 문법의 영향을 받은 모범답 작성 심리의 반영이 아닌가 싶다.

264. 음장에 대한 교육을 받은 일이 있다는 사람은 18명(전체 54명의 33.33%)이다. 이들 18명의 질문지만을 가려내어, 문항 1, 4, 5, 7, 8에 대한 반응을 조사해 보았다.

[표40]   서울 광진 지역 음장 교육 받은 제보자 의식 조사 통계표

문항번호 제보자 군	1		4		5		7		8	
	①	②	①	②	①	②	①	②	①	②
녹음한 성인	1/1	0/4	0/1	1/4	1/1	0/4	1/2	0/3	1/2	0/3
녹음한 학생		2/5	1/2	1/3	0/1	2/4	0/1	2/4	1/1	1/4
녹음 안 한 학생	1/3	14/41	0/2	15/42	0/1	15/43	0/4	15/40	5/14	10/30

음장 교육 받은 제보자 중 해당 사례수 / 총 사례수

위 표에 의하면, 교육 받은 제보자 가운데, 지속으로 의미 분별을 한다는 제보자는 2명(전체 4명의 50%)이고, 전후 문맥에 따라 의미 분별한다는 제보자는 16명(전체 50명의 32.00%)이다.

음장에 관심을 가졌던 일이 있다는 제보자는 1명(전체 5명의 25.00%)이고, 관심을 가졌던 일이 없다는 제보자는 17명(전체 49명의 34.69%)이다.

대화 중 의식적으로 음장을 구분해서 말한다는 제보자는 1명(전체 3명의 33.33%)이고, 그렇지 않다는 제보자는 17명(전체 51명의 33.33%)이다.

음장이 틀리는 사람을 교양이 부족한 사람으로 보느냐는 질문에는 1명(전체 7명의 14.29%)이 그렇다고 했고, 17명(전체 47명의 36.17%)은 그렇지 않다고 했다.

음장을 잘못 발음하여 의미 전달에 혼란을 일으켰던 경험이 있느냐는 질문에는 7명(전체 17명의 41.18%)이 있다고 하였고, 11명(전체 37명의 29.73%)은 없다고 하였다.

결국, 음장에 대해 교육 받은 사람이 전체 제보자의 1/3인데, 각 문항의 답지마다에서 교육 받은 제보자가 차지하는 비율도 1/3(33.33%) 전후이다. 이는 음장에 대한 인식에 있어, 교육 받은 제보자와 교육 받지 않은 제보자 간에 아무런 차이가 없음을 의미하는 것이다. 또 달리 말하면 음장에 대한 교육이 제보자의 음장에 대한 의식을 강화시키는데 아무런 영향도 주지 못했다는 의미이기도 하다.

265. 음장에 대한 교육을 받은 일이 있다는 18명의 제보자는 모두 초·중학생 시절 초·중학교에서 학교 교육과정에 따라 교육을 받았다고 하였다.

음장에 대해 관심을 가졌던 일이 있다는 제보자는 5명(전체 54명의 5.56%)이었다.

대화할 때, 의식적으로 음장을 구분해서 말한다는 제보자는 3명(전체 54명로의 5.56%)으로, 그 이유에 대해서는 발음을 강하게 내기 때문에(1명), 학교에서 교육을 받았기 때문에(1명), 모범생 소리를 들으려고(1명), 그렇게 한다고 하였다.

음장이 틀리는 사람은 교양이 부족한 사람이라고 보는 제보자는 7명(전체 54명의 12.96%)이었다.

모두 의미를 부여할 만큼의 수치는 못되는 것 같다.

266. 음장이 틀려서 의미 전달에 혼란을 일으켰던 경험이 있는가라는 질문에 대해서 17명(전체 54명의 31.48%)의 제보자가 그렇다고 답하였다. 이는 음장은 이미 없어졌지만, 아직도 남아 있는 음장에 대한 규범(=표준 발음법) 때문에 '내가 이 음장이 틀렸구나'하고 느끼는 정도를 반영하는 수치라고 보아야 할 것이다.

267. 서울 광진 지역에 음장이 존재하지 않는다는데 대해서는 성인군과 학생군 간에 아무런 차이가 없다. 개인별 음장 일치 통계표 및 조사 대상 어휘의 어형별 빈도표, 개인별 최소대립어 일치 통계표 및 최소대립어 위에 얹힌 음장 유형별 빈도표, 기존 학설에 대한 검토, 개인별 무음장 단어 통계표, 조사Ⅲ에 대한 응답 내용 검토 등의 전 과정을 통해서 성인군과 학생군 간에 특별히 차이나는 점을 발견하지 못하였다. 다만, 성인군과 녹음한 학생군만을 상호 비교한다면, 어형별 빈도표와 최소대립어 위에 얹힌 음장 유형별 빈도표에서 보는 바와 같이, 전반적으로 학생군이 성인군보다 무음장 어형으로의 집중도가 다소 떨어지는 경향이 있을 뿐이었다.

268. 이번 서울 광진 지역 조사 결과를 김수형(1973)과 비교해 보면, 우선 음장 표지 일치도에서 1973년보다 1996년의 그것이 훨씬 높다.
먼저 조사Ⅰ과 조사Ⅱ 간의 일치도를 보면 1973년 60.20%가 1996년에는 72.78% (녹음학생 2.42%+76.70%=79.12%, 비녹음학생 3.3%+63.13%= 66.44%, 평균 72.78%)로 상승하였고, 조사Ⅰ, 조사Ⅱ와 녹음까지 일치한 경우도 1973년 48.50%에서 1996년에는 62.24%로 증가하였다(김수형 1973 : 158~160 참조)
이는 무음장 어형의 증가에 따라 나타난 현상으로 지난 20여년 동안에 음장 의식이 그만큼 희박해진 것이다.

269. 1973년에는, 녹음과 조사Ⅰ과 조사Ⅱ가 유음장의 동일한 음장형으로 일치한 경우가 17개 어휘에 연인원 32명이나 되지만 (김수형 1973 : 161~196 참조), 1996년에는 한 어휘도 일치한 것이 없다.
또, 김수형(1973)에 실린 어휘 중 대조가 가능한 101개 어휘의 무음장 어형 빈도를 상호 비교해보면, 녹음에서는 89.74%에서 100%로, 조사Ⅰ에서는 72.31%에서 82.64%로, 조사Ⅱ에서는 57.79%에서 73.15%로 늘어났다(부록Ⅴ참조).
특정의 유음장 어형에 기표한 제보자의 수가 무음장 어형에 기표한 제보자의 수보다 많은 어휘도 1973년에는 24개 어휘나 되지만, 1996년에는 '굴:(窟)' 하나뿐이다(부록Ⅴ 참조)
음장이 연속하여 얹히는 경우도 1973년에는 51개 어휘에 연인원 84명이었으나, 1996년에는 7개 어휘에 연인원 8명8)으로 줄었다(부록Ⅴ 참조).

270. 김수형(1973)에서 최소대립어별 빈도가 소개된 19쌍에 대하여 1996년의 그
것과 비교표를 만들어 보았다.

[표41]　　　　　　최소대립어 위에 얹힌 음장 유형별 빈도 비교표

서울·광진

연번	최소대립어유형	녹음		조사 I		조사 II	
		1973	1996	1973	1996	1973	1996
1	거:리(距離)/거리(街)	0	0	22	3	22	0
2	걷다(捲)/걷:다(步)					24	4
3	구조(構造)/구:조(救助)	2	0	15	1	16	4
4	굴:(窟)/굴(蠣)	0	0	30	6	26	7
5	길(道)/길:(丈)					18	11
6	눈(雪)/눈(眼)	4	0	58	12	61	14
7	돌(一周生日)/돌:(石)					33	9
8	동:기(動機)/동기(同期)					28	7
9	말(馬)/말:(言)	0	0	17	3	65	17
10	발:(簾)/발(足)	4	0	52	12	44	6
11	밤(夜)/밤:(栗)	3	0	47	9	23	9
12	병(瓶)/병:(病)	2	0	41	11	45	10
13	부정(不正)/부:정(否定)	0	0	10	1	14	2
14	사:정(事情)/사정(私情)					16	8
15	업다(負)/없:다(無)					15	4
16	영:화(映畵)/영화(榮華)	0	0	2	0	8	4
17	일(一)/일:(事)	0	0	18	6	29	11
18	잇:다(續)/있다(在)					32	9
19	장:(欌)/장(市場)	3	0	36	13	39	8
계		18	0	348	77	558	144
%		1.50	0	29.00	13.10	29.37	15.47

위 표에 의하면, 담화(녹음)에서 1973년에는 연인원 18명(1.50%)의 제보자가 음
장 대립 유형으로 발음한데 반해서, 1996년에는 1명도 음장 대립 유형으로 발음한 제
보자가 없었으며, 조사 I 에서는 연인원 348명(29.00%)에서 연인원 77명(13.10%)으
로, 조사II에서는 연인원 558명(29.37%)에서 연인원 144명(15.47%)으로 줄었다.
개별 어휘별로 비교해 보아도, 1973년에는 제보자 50% 이상이 기표한 대립형이 셋

---

8) 1996 조사에서 음장이 연달아 온 어휘(단, 1973과 대조가능한 101어휘만을 대상으로 하
고, 학생 5명+44명분만의 통계임)는 '군:밤:(2), 금:방:(1), 사:정:(私情)(1), 살:고:(1),
신:문:(1), 연:고:(1), 항:상:(1)'의 총 7어휘, 연인원 8명이다.

〔눈:(雪)/눈(眼), 말(馬)/말:(言), 발:(篇)/발(足)〕, 35% 이상이 기표한 대립형이 셋
〔밤:(栗)/밤(夜), 병:(病)/병(瓶), 장:(欌)/장(市場)〕, 모두 여섯 쌍이나 되지만, 1996년
에는 50% 이상은 물론 35% 이상의 제보자가 기표한 대립형조차도 하나 없는 실정이다.

이러한 사실들(§268~§270)은 음장이 이미 소멸한 상태로 20여년을 지내온 결과,
무음장 의식이 더욱 심화된 현실이 반영된 것이며, 현대 국어에서 지속이 이미 변별적
기능을 상실하였다는데 대해서 더욱 확신을 갖게 해주는 좋은 근거가 되는 것이다.

271. 조사Ⅲ에 대한 1973년과 1996년의 조사 결과를 상호 비교해 보면, 음장에
대해서 교육 받은 일이 있다는 제보자는 23%(1973년)에서 34.69%(1996년)로 늘
었고, 교육 내용과 교육 시수도 대폭 늘었다(§223 참조). 그럼에도 불구하고 음장에
대해 관심을 가지는 제보자(1973년 36%→1996년 8.16%)와 대화시 음장을 의식하
고 말하는 제보자(1973년 29%→1996년 4.08%)는 오히려 줄어 들었다. 또, 의식
하고 말한다는 제보자 가운데, 음장이 틀리면 어색하게 느껴져서 음장을 지키려고 한
다는 제보자도 9%(9명)에서 2.04%(1명)로 줄었다.
　다만, 음장이 틀리는 사람을 교양이 부족한 사람이고 생각한다는 제보자는 2명(1973
년)에서 4명(1996년)으로 늘었는데, 이는 규범 문법과 학생 교육의 영향이며, 모범 답
안 작성의 심리도 작용하지 않았을까 싶다.

272. 지속이 틀려서 의미 전달에 혼란을 야기했던 경험이 있는가라는 질문에 대해서
는 1973년 22%에서 1996년에는 30.61%로 증가하였다. 이것은 아마도 의미 혼란을
경험하였다기보다는 표준 발음법(＝학교에서 국어와 문법 시간에 가르치는 내용)에 비
추어 볼 때, 틀리는 것을 의식하게 되는 경우가 늘었다는 뜻으로 받아 들임이 옳을 것
이다.

273. 음장에 대하여 교육을 받았다는 제보자와 받지 않았다는 제보자를 대상으로 문
항 4, 5, 7, 8의 각 문항별 반응을 비교해 본 결과, 두 집단 간에 아무런 차이가 없다
는 점은 1973년과 1996년이 동일하다(김수형 1973 : 4-451, 본 연구 §264 참조).

3. 인천

274. 성인 제보자 3명 가운데, 제보자 고병철은 담화(녹음)에서 '굴:(窟)로, 긴:(長),
많:이, 밤:(栗)을, 발:(簾)을, 병:(病)이, 일:(事)을, 잘:, 장:(欌), 절:(拜)을, 제:일(第一),
항:상'을 유음장으로 발음하였으나, 이 가운데 '잘:'은 조사Ⅱ가 없고, '장:(欌)'은 조사Ⅱ에
서, '절:을'과 '항:상'은 조사Ⅰ과 조사Ⅱ에서 무음장으로 기표하였다. 다른 8개 단어는

조사Ⅰ과 조사Ⅱ에서도 유음장으로 일치되는 표기를 하였다. 제보자 이의방은 '군:밤을, 굴:(窟)로, 밤:(栗)을'을 유음장으로 발음하고, 조사Ⅰ과 조사Ⅱ에서도 유음장으로 일치된 표기를 하였다. 제보자 김효순도 '긴:(長)'을 유음장으로 발음하고, 조사Ⅰ과 조사Ⅱ에서도 유음장으로 일치된 표기를 하고 있다. 그러나 음장형에서 세 사람이 일치한 어휘는 하나도 없다.(〔표42〕참조) 이는 인천 지역 성인 제보자들에게 있어 음장이 존재하지 않는다는 의미이다.

[표42]　　　　　　　　　개인별 일치 어형의 상호 비교표

인천, 성인(녹음자분)

제보자성명 / 전원일치형	고병철	김효순	이의방
			군:밤을
	굴:(窟)로		굴:(窟)로
	긴:(長)	긴:(長)	
	많:이		
	밤:(栗)을		밤:(栗)을
	발:(簾)을		
	병:(病)이		
	일:(事)을		
	제:일(第一)		

275. 학생 제보자 5명의 경우는, 담화(녹음)에서 음장을 유지한 제보자가 단 한 사람도 없으며, 따라서 녹음, 조사Ⅰ, 조사Ⅱ가 음장에 있어 일치하고, 그것이 다른 제보자들의 그것과도 일치하는 사례가 하나도 없는 것이다. 이것은 인천 지역 학생 제보자들에게 있어 음장이 존재하지 않는다는 의미이다.

276. 녹음과 조사Ⅰ, 녹음과 조사Ⅱ, 조사Ⅰ과 조사Ⅱ, 녹음과 조사Ⅰ과 조사Ⅱ 간의 음장일치 내용을 표로 제시하면 다음과 같다.

[표43]　　　　　　　　　개인별 음장 일치 통계표

인천, 성인(녹음자분)

제보자	가 ①	②	③	④	나 ①	②	③	④	다 ①	②	③	④	라 ①	②	③	④
고병철	10	379	63		8	253	78		50	242	47		8	241	90	
김효순	1	432	19		1	321	17		5	311	23		1	311	27	
이의방	3	400	49		3	278	58		34	263	42		3	263	73	
합계	14	1211	131		12	852	153		89	816	112		12	815	190	
평균	4.67	403.67	43.67		4.00	284.00	51.00		29.67	272.00	37.33		4.00	271.67	63.33	
%	1.03	89.31	9.66		1.18	83.78	15.04		8.75	80.24	11.01		1.18	80.14	18.68	

인천, 학생(녹음자분)

제보자	가①	가②	가③	가④	나①	나②	나③	나④	다①	다②	다③	다④	라①	라②	라③	라④
김이철	384	68				249	90		20	220	99			220	119	
김찬호	441	11				305	34		2	298	39			298	41	
문회웅	380	72				133	206		26	108	205			108	231	
조성권	424	28				288	51		11	274	54			274	65	
최성용	354	98				135	204		3	100	236			100	239	
합계	1983	277				1110	585		62	1000	633			1000	695	
평균	396.60	55.40				222.00	117		12.40	200.00	126.60			200.00	139.00	
%	87.74	12.26				65.49	34.51		3.66	59.00	37.34			59.00	41.00	

인천, 학생(비녹음자분)

제보자	다의①	다의②	다의③	다의④	제보자	다의①	다의②	다의③	다의④
강승우	13	233	93		유종현	26	53	260	
강원석	5	224	110		윤태용	21	221	97	
강태호	4	314	21		이동우	2	302	35	
고태훈	13	232	94		이승환	27	215	97	
권오한	·	303	36		이한균	·	336	3	
김경태	1	328	10		이현철	19	232	88	
김광범	17	263	59		임동환	10	76	253	
김광호	25	131	183		임선규	14	233	92	
김기덕	12	188	139		임용성	7	113	219	
김동욱	5	309	25		정승영	4	296	39	
김명수	31	119	189		정용회	12	114	213	
김은호	5	226	108		최규열	10	179	150	
김정일	22	238	79		최성봉	31	161	147	
김주상	2	229	108		최현용	4	286	49	
김진태	13	230	96		최현준	7	224	108	
민경혁	11	279	49		한기오	11	236	92	
박승훈	18	241	80		한두환	10	243	86	
송광현	21	171	147		황재성	27	89	223	
안 다	·	327	12		합계	485	8,778	4,297	
안형민	16	42	281		평균	12.12	219.45	107.43	
유경남	3	293	43		%	3.58	64.73	31.69	
유봉규	6	249	84						

277. 위 표에서 학생군이 성인군보다 무음장 일치 비율이 적은 것은 음장은 이미 없어졌는데 규범 문법에서 음장이 있다고 하니 아무데나 음장 표시를 해서 불일치 비율이 높아졌기 때문이다. 그에 반해서 성인은 의식 속에 잠재적으로 존재하는 음장을 기억하여 표시함으로써 기표한 수는 적어도 유음장 일치 비율이 높고, 불일치 비율은 낮으면서, 무음장 일치 비율은 오히려 높다.

278. 개별 어휘의 어형별 빈도표(부록Ⅲ. 인천편)를 보면, 전체 2558 어형 가운데 2471 어형(성인 1199, 학생 1272)에서 유음장 어형의 빈도보다 무음장 어형의 빈도가 높게 나타나고 있다. 이는 모든 어휘에서 절대 다수의 제보자들이 무음장 어형에 기표하고 있기 때문에 나타나는 현상이다. 물론 성인 제보자들의 경우, 조사Ⅰ에서 '긴:

(長), 눈:(雪), 대:신(代身), 병:(病), 살:, 애:, 연:한, 영:구(永久)한, 발:(簾), 밤:
(栗), 장:(欌), 족:'의 12개 어휘, 조사Ⅱ에서 '굴:(窟), 긴:(長), 내:심, 눈:(雪), 대:
신(大臣), 돈:(錢), 말:(言), 말:(言)하다, 멀:다(遠), 발:(簾), 병:(病), 빌:다, 사:정
(事情), 속:, 일:(事)'의 15개 어휘가 유음장으로 일치하고, 무음장 어형보다 빈도가
높은 유음장 어형이 53 어형(전체 2558 어형의 2.07%)이나 된다는 점이 다소 부담
스럽기는 하다(학생은 7 어형 밖에 되지 아니하므로 전혀 문제가 되지 않는다). 이것은
타지역에서는 거의 유례가 없는 일이다. 성인 제보자 표집에 다소 문제가 있었기 때문
에 이런 결과가 나오지 않았나 싶다. 제보자 고병철은 유능한 국어 교사이고, 이의방도
교사다. 표집 집단의 수가 적은 것(3명)도 문제점으로 지적될 수 있을 것이다. 그러나,
그것들 가운데 녹음, 조사Ⅰ, 조사Ⅱ가 모두 일치한 어휘는 없으므로, 음장이 존재하지
않는다는 결론을 뒤집는 자료는 되지 못한다. 따라서, 전체적으로 볼 때 96.60%에 해
당하는 2471 어형, 유음장 어형의 빈도가 무음장 어형의 빈도보다 높은 어형을 학생군
보다 훨씬 더 많이 가지고 있는 성인군만을 대상으로 하더라도 93.75%에 해당하는
1199 어형에서 유음장보다 무음장의 빈도가 높게 나타나고 있다는, 이번 조사 결과는
성인군 학생군 공히 음장이 존재하지 않는다는 §274, §275의 결론을 뒷받침해 주고
있음을 의미하는 것으로 보아야 할 것이다.

279. 최소대립어에 있어서도, 성인 제보자 가운데, 고병철이 '굴:(窟)/굴(蠣), 밤:
(栗)/밤(夜), 발:(簾)/발(足), 병:(病)/병(瓶), 일(一)/일:(事)'의 5쌍, 이의방이
'굴:(窟)/굴, 밤:(栗)/밤(夜)'의 2쌍에서 음장 대립형을 보여주고 있으나, 세 사람이
모두 일치한 음장 대립형은 없다. 따라서 인천 지역 성인 제보자들에게 있어 지속을
변별적 자질로 하여 대립하는 최소대립어는 없다는 의미가 된다.

[표44]　　　　　　　　개인별 최소대립어 일치 유형의 상호 비교표

인천, 성인

전원일치형 ＼ 제보자성명	고병철	김효순	이의방
	굴:(窟)/굴(蠣)		굴:(窟)/굴(蠣)
	밤(夜)/밤:(栗)		밤(夜)/밤:(栗)
	발:(簾)/발(足)		
	병(病)/병:(病)		
	일(一)/일:(事)		

280. 학생 제보자의 경우는, 담화(녹음)에서 음장의 유무로 대립하는 최소대립어의
쌍이 없으며, 따라서 5명의 제보자 모두가 일치하는 음장 대립형도 물론 없다. 이는
지속을 변별적 자질로 하여 상호 대립하고 있는 최소대립어가 인천 지역 학생 제보자
들에게도 존재하지 않음을 의미하는 것이다.

281. 녹음과 조사Ⅰ, 녹음과 조사Ⅱ, 조사Ⅰ과 조사Ⅱ, 녹음과 조사Ⅰ과 조사Ⅱ 간의 최소대립어 유형이 일치하는 경우의 수를 표로 보이면 다음과 같다.

[표45] 개인별 최소대립어 일치 통계표

인천, 성인(녹음자분)

제보자	가				나				다				라			
	①	②	③	④	①	②	③	④	①	②	③	④	①	②	③	④
고병철	6	6	7		5	6	8		10	4	5		5	4	10	
김호순		11	8			10	9		4	6	9			6	13	
이의방	2	5	12		2	7	10		9	3	7		2	3	14	
합계	8	22	27		7	23	27		23	13	21		7	13	37	
평균	2.67	7.33	9.00		2.33	7.67	9.00		7.67	4.33	7.00		2.33	4.33	12.33	
%	14.03	38.60	47.37		12.28	40.35	47.37		40.35	22.81	36.84		12.28	22.81	64.91	

인천, 학생(녹음자분)

제보자	가				나				다				라			
	①	②	③	④	①	②	③	④	①	②	③	④	①	②	③	④
김이철		9	10			5	14		5	3	11			3	16	
김찬호		17	2			13	6		1	13	5			13	6	
문희웅		9	10			2	17		3		16				19	
조성권		9	10			8	11		6	7	6			7	12	
최성용		11	8			5	14			5	14			5	14	
합계		55	40			33	62		15	28	52			28	67	
평균		11.00	8.00			6.60	12.40		3.00	5.60	10.40			5.60	13.40	
%		57.89	42.11			34.74	65.26		15.79	29.47	54.74			29.47	70.53	

인천, 학생(비녹음자분)

제보자	다의 ①	다의 ②	다의 ③	다의 ④	제보자	다의 ①	다의 ②	다의 ③	다의 ④
강승우	2	5	12		유종현	3	1	15	
강원석	2	10	7		윤태용	4	6	9	
강태호		15	4		이동우	1	10	8	
고태훈	1	4	14		이승환	1	6	12	
권오한		16	3		이한균		18	1	
김경태		17	2		이현철	1	8	10	
김광범	3	4	12		임동환	2	1	16	
김광호	3	4	12		임선규	3	7	9	
김기덕	1	8	10		임용성		6	13	
김동욱	1	9	9		정승명	1	8	10	
김명수	4	1	14		정용희		3	16	
김은호		9	10		최규열		8	11	
김정일	2	7	10		최성봉	1	5	13	
김주상		7	12		최현용	4	7	8	
김진태	3	6	10		최현준		6	13	
민경혁	1	10	8		한기오	6	·	13	
박승훈	3	2	14		한두환	1	6	12	
송광현	1	3	15		황재성	2	4	13	

제보자	다의 ①	다의 ②	다의 ③	다의 ④	제보자	다의 ①	다의 ②	다의 ③	다의 ④
안 다		17	2		합계	57	286	417	
안형민			19		평균	1.43	7.15	10.43	
유경남		11	8		%	7.50	37.63	54.87	
유봉규		11	8						

282. 음장의 유무에 따라 최소대립어를 이룰 수 있는 37개의 짝 단위로 그 유형별 빈도를 조사한 결과(부록Ⅳ. 인천편)를 보더라도, 성인 제보자들의 경우, 조사Ⅰ에서는 '눈:(雪)이/눈(眼)에서는, 발:(簾)을/발:(足)이, 밤(夜)에/밤(夜)에는/밤:(栗)을, 병(瓶)에/병:(病)이, 영구(榮九)는/영:구(永久)한, 장:(欌)/장(市場)으로'의 6쌍에서 일치된 기표를 하였고, 조사Ⅱ에서는 '굴:(窟)/굴(蠣), 말(馬)/말:(言), 발:(簾)/발(足), 병(瓶)/병:(病), 사:정(事情)/사정(私情), 영구(榮九)/영:구(永久)하다'의 6쌍에서 일치된 기표를 하였을 뿐9), 나머지는 모두 음장 대립형과 무음장 어형만으로 이루어진 쌍에 분산된 분포를 보이거나(19쌍), 아니면 무음장 어형만으로 이루어진 쌍으로 일치된 분포(119쌍)를 보여 주었다.

학생 제보자들의 경우는, 조사Ⅱ에서 '말(馬)/말:(言)'에 기표한 제보자수가 '말(馬)/말(言)'에 기표한 제보자수보다 많을 뿐, 나머지 짝들에서는 제보자의 절대 다수가 무음장 어형만으로 짝을 이룬 유형에 기표하고 있었다.

따라서, 인천 지역의 경우도 성인군 학생군 공히 음장에 따른 최소대립어가 존재하지 않는다는 §279과 §280의 결론을 뒷받침해 주고 있다고 보아야 할 것이다.

283. 인천 지역의 조사 결과를 표준어의 그것들과 비교해 보면, 표준어에서 음장이 얹히는 것이나 얹히지 않는 것이나 구분 없이 제보자의 절대 다수가 '무음장 어형'과 '짝을 이루는 어휘 모두에 음장이 얹히지 않는 유형'에 기표하고 있다. 물론, 무음장 어형의 빈도보다 유음장 어형의 빈도가 더 높은 87 어형(성인 80, 학생 7 : 총 2558 어형의 3.40%) 가운데, 표준 음장과 일치하는 경우가 83 어형(성인 77, 학생 6), 그렇지 못한 경우가 4 어형(성인 3, 학생 1) 있고, 무음장 어형만으로 짝을 이루는 유형의 빈도보다 유음장 어형을 포함하여 짝을 이루는 유형의 빈도가 더 높은 31쌍(성인 30, 학생 1 : 총 150쌍의 20.67%) 가운데, 표준 발음법에서 정한 음장 대립형에 맞게 기표(또는 발음)한 경우가 25쌍(성인 24, 학생 1), 그렇지 못한 경우가 6쌍(성인 6, 학생 0) 있기는 하다. 다른 지역에서는 볼 수 없는 일이다. 성인 제보자 선정의 잘못 때

---

9) 특정의 유음장 어형으로 일치된 음장 대립형이 12쌍(모두 성인 제보자들의 표기)이나 되고, 무음장 어형만으로 짝을 이룬 유형의 빈도보다 유음장 어형을 포함하여 짝을 이룬 유형의 빈도가 더 높은 것이 19쌍(이 가운데 성인 제보자들의 것이 18쌍)이나 된다는 것은 특이한 일이기는 하지만, 그것들이 녹음, 조사Ⅰ, 조사Ⅱ에서 같은 경향을 보여 주는 것도 아니고, 또 전체 150쌍 가운데 12쌍은 8.00%(과반 이상인 유음장 대립의 쌍은 10.67%)로서 그렇게 많은 것도 아니어서, §274, §278, §279의 결과를 고려하고, 제보자 3명 중 고병철(국어), 이의방(사회)은 교사이며, 김효순도 고등 교육까지 받은 도서관장이라는 점까지를 고려한다면, 이 결과에 너무 큰 의미를 부여할 필요는 없을 것 같다.

문이다(§278 및 §282의 각주 참조). 그러나, 그것들이(표준 발음법과 일치하는 것이건 불일치하는 것이건) 녹음, 조사Ⅰ, 조사Ⅱ에서 일관된 경향을 보여 주는 것도 아니고, 빈도의 수적 분포면에서 볼 때도 그렇게 많은 수치라고 보기는 어렵기 때문에(무음장 어형 96.60%, 무음장 어형만으로 이루어진 쌍 79.33%), 무음장 어형이 절대 다수라는 원칙은 흔들림이 없다고 보는 것이 가장 온당한 해석일 것이다. 따라서 이 지역 조사 결과를 표준어의 그것들과 상호 비교한다는 것은 별로 의미가 없어 보인다.

284. 음장은 단어의 제일음절에 얹힌다고 하는데, 이번 인천 지역 조사 결과를 보면, 무음장이 절대 다수였다. 제일음절 위치에서 음장을 갖는다고 하는 음절이 제이 이하 음절 위치로 이동한 어휘들도 일반 어휘의 제이 이하 음절과 다름 없이 무음장이 절대 다수였다. 그리고 음장이 얹힌 경우라도 제일음절에 음장이 얹힌 어형과 제이 이하 음절에 음장이 얹힌 어형 간에 빈도수에 있어서 그리 큰 차이가 있는 것도 아니었다. 이와 같은 현상은 음장이 실재하지 않기 때문이라고 밖에 달리 설명할 방법이 없다. §274~§282의 결과는 이와 같은 해석에 더욱 확신을 갖게 해 준다.

285. 제이음절 이하 음절에서 음장을 인정 받은 '서성대ː다, 틀림없ː이, 허둥대ː다' 어형은 이번 인천 지역 조사에서 모두 빈도가 극히 낮았다. 이는 '-대-, -없-, -대-'의 음장이 인정되지 않음을 의미하는 것이다. 음장 자체가 존재하지 않는다고 보는 상황에서 그것은 너무나 당연한 귀결이기도 하다.
그런데, 여기서 한 가지 언급하고 넘어가야 할 사실은 상당수의 제보자들이 단일어건 합성어건 구분 없이 제이음절 이하의 음절에 음장이 얹혔다고 기표하고 있다는 사실이다. 이들은 제이음절 이하에는 음장이 얹히지 못한다는 사실을 모르고 있는 듯했다. 설사 일부 제보자들이 이런 규칙을 안다고 해도 실제로 음장이 존재하지 않는 상황에서는 피할 수 없는 혼란으로 보인다.

286. 어떠한 경우에도, 한 단어 안에서 음장이 연달아 올 수는 없다고 하는데, 이번 인천 지역 조사에서는 62 단어, 65 어형, 연인원 68명에게서 음장이 연달아 나타나고 있다. 이것은 아마도 음장이 실재하지 않는 데서 오는 혼란인 것으로 보인다.

287. 표준 발음법 기준으로, 음장 없는 단음절 용언과 음장이 있으나 모음 어미가 이어지면 음장이 소멸한다는 단음절 용언 및 모음 어미가 와도 음장이 소멸하지 않는다는 단음절 용언은 각각 모음 어미가 이어진 경우와 자음 어미가 이어진 경우에 아무런 차이가 없었으며, 어느 경우건 무음장 어형이 절대 다수를 점유하고 있었다. 이로써 음장이 얹히는 단음절 용언 어간에 모음으로 시작되는 어미가 이어지면 음장이 소멸한다는 규칙은 의미가 없게 되었으며, 이는 음장이 그 어디에도 실제적으로 존재하지 않기 때문에 일어나는 현상이다.

288. '듣다(聞), 듣고, 듣는, 들은'과 '들려라, 들리다' 모두 무음장 어형이 절대 다수이고, '보다(견), 보고, 보아서는'과 '보이다. 보이는'도 모두 무음장 어형이 절대 다수이다. 이는 '듣다. 보다'가 무음장이어서 피동 접미사 '이'의 영향을 확인할 수 없는 것이라고 해석할 수도 있고, 음장 자체가 존재하지 않기 때문이라고 해석할 수도 있겠는데, 후자로 해석하는 것이 일관성 측면에서 가장 합리적이라고 할 수 있을 것이다.

289. 이번 인천 지역 조사에서 모음으로 시작되는 파생 접미사가 결합하여 이루어진 파생 명사(걸음, 놀이터)와 파생 부사(많이, 틀림없이)의 어형별 빈도를 보면, '놀이터'와 '틀림없이'는 무음장 어형이 절대 다수이고, '걸음'은 무음장 어형이 66.67%, '걸:음' 어형이 20.83%이며, '많이'는 무음장 어형이 65.38%, '많:이' 어형이 30.77%이다. 파생 명사는 본래의 음장을 잃어 버리고, 파생 부사는 본래의 음장을 유지한다는 종래의 학설은 의미가 없게 되었다. 명사건 부사건 모두 음장이 없다고 보는 해석이 가장 합리적일 것이다.

290. 보상적 장음화의 예가 될 수 있는 23개 어휘의 음장형을 조사해 보면, '뵙:는(조사Ⅰ, 성인), 뵙:다(조사Ⅱ, 성인), 얘:(조사Ⅰ, 성인), 쐬:다(조사Ⅱ, 성인)' 어형에서 무음장 어형보다 빈도가 높게 나타나기는 했지만, 수적으로 미미하고(4/80), 녹음, 조사Ⅰ. 조사Ⅱ에서 일관된 경향을 보여 주고 있는 것도 아니어서, 큰 의미가 없으며, 모든 어휘에서 절대 다수의 제보자들은 무음장 어형에 기표하고 있다. '와·져·쳐'와 같은 사례는 없고, '까(刹), 따(摘)'도 무음장 어형에 제보자의 절대 다수가 기표하였다. 이는 모두 음장이 실재하지 않기 때문에 나타나는 현상으로 보아야 할 것이다.

291. 제일음절말 위치에 무성의 정지음 〔-k, -t, -p〕이 온 어휘들은 '막(Ⅱ), 뵙는(Ⅰ), 뵙다(Ⅱ), 없다(Ⅱ), 잇다(Ⅱ), 족(Ⅰ)'에서 부분적으로 무음장 어형의 빈도보다 유음장 어형의 빈도가 높게 나타난 경우가 있을 뿐(그것들이 녹음, 조사Ⅰ, 조사Ⅱ에서 일관된 경향을 보여 주는 것도 아니고, 수적으로 많은 것도 아니며, 특히 제보자 선정이 잘못된 성인군에서만 나타나는 현상이란 점을 감안할 때, 크게 주목할 사항은 못되는 것 같다), 모든 어휘에서 무음장 어형이 절대 다수였다. '남은, 남다' '넘치는' '숨다. 숨어서' 어형들도 모두 무음장 어형이 절대 다수였고, '많다, 많아서' '앉아, 앉다' '않는다' '잃었다. 잃다' 어형도 모두 무음장 어형이 절대 다수였다.
　반드시 음장이 얹힌다는 것과 반드시 음장이 얹히지 않는다는 것 구분 없이 모두 무음장 어형이 절대 다수였다는 이 사실은 음장이 실재하지 않기 때문에 나타나는 현상이다.

292. 유기 자음(ㅍ, ㅌ, ㅋ, ㅊ)이나 긴장 자음(ㅃ, ㄸ, ㄲ, ㅉ, ㅆ)으로 시작되는 어휘들의 음장형을 조사해 보면, '천:직(天職 : 조사Ⅱ, 성인), 최:선(最善 : 조사Ⅰ·Ⅱ, 成人), 편:지(조사Ⅱ, 성인)' 어형에서 무음장 어형보다 빈도가 높게 나타났

을 뿐(수적으로 미미하고 4/122, 녹음, 조사Ⅰ, 조사Ⅱ에서 일관된 경향을 보여 주는 것도 아니어서, 큰 의미가 없을 것 같다), 모든 어휘에서 무음장 어형이 절대 다수를 점유하고 있다. 이는 기존의 학설에 부합한다고 해석할 수도 있고, 본래부터 음장이 존재하지 않기 때문이라고 해석할 수도 있을 것이나, §274~§282의 결과와 예외 어휘까지도 예외 없이 무음장 어형이 절대 다수를 차지하고 있다는 점을 감안할 때, 음장 자체가 존재하지 않기 때문이라고 해석하는 것이 오히려 합리적일 것이다.

293. 개음절의 단음절짜리 단어들도 무음장 어형의 빈도가 유음장 어형의 빈도보다 높은 것들이 절대적으로 많다. 다만, '그:(조사Ⅱ, 성인·학생), 네:(四 : 조사Ⅱ, 성인), 다:(조사Ⅱ, 성인), 애:(조사Ⅰ, 성인), 후:(後 : 조사Ⅱ, 성인)' 어형이 무음장 어형보다 빈도가 높게 나타나고 있는 바, 이는 개음절의 단음절짜리 단어에는 음장이 얹히지 않는다는 주장(Mieko S. Han 1964)과는 상반된 현상이다. 아마도 개음절 모음이 폐음절 모음보다 더 길게 소리난다는 음향음성학적 특징이 반영된 결과가 아닌가 싶다. 그리고 개음절 단어 뒤에 바로 개리연접이 가해진 것도 소리가 길어진 한 요인이 되었을 가능성이 있다. 그러나 이들이 녹음, 조사Ⅰ, 조사Ⅱ에서 일관된 경향을 보여 주고 있는 것도 아니고, 그 수도 극히 적어서(총 146 어형 가운데 6 어형), 전체적으로는 무음장 어형이 절대 다수를 점하고 있음에 틀림이 없다. 어쨌든 이와 같이 개음절의 단음절짜리 단어에서 무음장 어형이 절대 다수를 점유하고 있는 현상은 Mieko S. Han(1964)의 주장과 같이 개음절이어서 그렇다고 해석할 수도 있고, 음장 자체가 존재하지 않기 때문에 그렇다고 해석할 수도 있을 것이다. 그러나 §274~§282의 결과와 예외 어휘까지도 대부분 무음장 어형이 절대 다수를 점하고 있는 점까지를 고려한다면, 일관성 측면에서 볼 때 후자로 해석하는 것이 훨씬 더 타당성이 있다고 보아야 할 것이다.

294. 인천 지역도 녹음, 조사Ⅰ, 조사Ⅱ 순으로 무음장 단어수가 많다.

[표46] 개인별 무음장 단어 통계표

인천, 성인(녹음자분)

제보자	녹음		조사Ⅰ(452)		조사Ⅱ(375)	
	무음장단어수	백분비(%)	무음장단어수	백분비(%)	무음장단어수	백분비(%)
고병철	440	97.35	380	84.07	276	73.60
김효순	451	99.78	442	97.79	352	93.87
이의방	449	99.34	398	88.05	302	80.53
합계	1340		1220		930	
평균	446.67	98.82	406.67	89.97	310.00	82.67

인천, 학생(녹음자분)

제보자	녹음(452)		조사 I (452)		조사 II (375)	
	무음장단어수	백분비(%)	무음장단어수	백분비(%)	무음장단어수	백분비(%)
김이철	452	100	406	89.82	268	71.47
김찬호	452	100	440	97.35	336	89.60
문희웅	452	100	378	83.63	148	39.47
조성권	452	100	424	93.81	308	82.13
최성용	452	100	353	78.10	147	39.20
합계	2260		2001		1207	
평균	452	100.00	400.20	88.54	241.40	64.37

인천, 학생(비녹음자분)

제보자	조사 I (452)		조사 II (375)		제보자	조사 I (452)		조사 II (375)	
	무음장 단어수	백분비 (%)	무음장 단어수	백분비 (%)		무음장 단어수	백분비 (%)	무음장 단어수	백분비 (%)
강승우	391	86.50	302	80.53	유봉규	382	84.51	307	81.87
강원석	419	92.70	265	70.67	유종현	380	84.07	74	19.73
강태호	437	96.68	357	95.20	윤태용	376	83.19	271	72.27
고태훈	395	87.39	286	76.27	이동우	440	97.35	322	85.87
권오한	428	94.70	355	94.67	이승환	381	84.29	281	74.93
김경태	436	96.46	358	95.47	이한균	415	91.81	373	99.47
김광범	401	88.72	324	86.40	이현철	392	86.62	279	74.40
김광호	342	75.67	273	72.80	임동환	414	91.59	95	25.33
김기덕	378	83.63	230	61.33	임선규	410	90.71	270	72.00
김동욱	438	96.90	339	90.40	임용성	390	86.28	158	42.13
김명수	371	82.08	166	44.27	정승영	439	97.12	336	89.60
김은호	420	92.92	277	93.86	정용회	389	86.06	151	40.27
김정일	408	90.27	281	74.93	최규열	384	84.96	233	62.13
김주상	405	89.60	273	72.80	최성봉	362	80.09	201	53.60
김진태	384	84.96	299	79.73	최현용	419	92.70	326	86.93
민경혁	410	90.71	325	86.67	최현준	354	78.32	295	78.67
박승훈	412	91.15	276	73.60	한기오	417	92.26	278	74.13
송광현	387	85.62	177	47.20	한두환	397	87.83	292	77.87
안 다	450	99.56	366	97.60	황재성	364	80.53	115	30.67
안형민	375	82.96	60	16.00	합계	16,021		9,903	
유경남	429	94.91	338	90.13	평균	400.53	88.61	247.58	66.02

295. 음장에 대한 인천 지역 제보자들의 의식 조사 결과는 다음과 같다.

[표47]　　　　　　　　인천 지역 제보자 의식 조사 통계표

구분	1		2		3-①					3-②					3-③		
	①	②	①	②	중	고	중·고	초·중·고	학교	중	고	중·고	초·중·고	학교	1~5일	6~10일	11~15일
성인		3		3													
학생	1	4	4	1		2	1	1			2	1	1		3	1	
	8	32	38	2	1	7	16	11	3	1	7	16	11	3	27	2	2

	3-③				4		5		6			7		8	
16~20일	21~25일	26~30일	31일이상	기타	①	②	①	②	①	②	③	①	②	①	②
					1	2		3					3		3
					1	4	1	4	1				5	4	1
2		3	1	1	7	33	3	37	1	2		1	39	12	28

문항 1.에 대해서, 학생 9명(전체 48명의 18.75%)이 음장에 따라 의미를 구분한다고 하였다. 그러나, 이러한 반응은 실제로 음장이 존재해서라기보다는, 규범 문법의 영향을 받은 모범답 작성 심리의 반영이라고 보는 것이 더욱 타당할 것이다.

296. 음장 교육을 받은 일이 있다는 제보자는 42명(전체 48명의 87.50%)이다. 이들 42명의 질문지만을 가려내어, 문항 1, 4, 5, 7, 8에 대한 반응을 각각 조사해 보았다.

[표48]   인천 지역 음장 교육 받은 제보자 의식 조사 통계표

문항번호 제보자 군	1		4		5		7		8	
	①	②	①	②	①	②	①	②	①	②
녹음한 성인		0/3	0/1	0/2		0/3		0/3		0/3
녹음한 학생	1/1	3/4	1/1	3/4	0/1	4/4		4/5	3/4	1/1
녹음 안 한 학생	8/8	30/32	7/7	31/33	3/3	35/37	1/1	37/39	12/12	26/28

음장 교육 받은 제보자 중 해당 사례수 / 총 사례수

위 표에 의하면, 교육 받은 제보자 가운데 전후 문맥에 따라 의미 분별한다는 제보자는 33명(전체 39명의 84.62%)이고, 음장에 관심을 가졌던 일이 없다는 제보자는 34명(전체 39명의 87.18%)이며, 대화 중에 음장을 의식하지 않고 말한다는 제보자는 39명(전체 47명의 82.97%), 음장이 틀리는 사람은 교양이 부족한 사람이라고 생각하지 않는 다는 제보자는 41명(전체 47명의 87.23%), 음장을 잘못 발음하여 의미 전달에 혼란을 경험했던 제보자는 27명(전체 32명의 84.38%)으로, 이는 전체 제보자 중에서 교육 받은 제보자가 차지하는 비율과 비슷하다. 이것은 음장에 대한 교육이 제보자의 음장 의식을 강화하는데 별로 영향을 주지 못했음을 의미한다.

297. 음장 교육을 받은 바 있다는 제보자 42명은 모두 초·중·고등 학생 시절에 학교에서 정해진 교육과정에 따라 교육을 받았다고 하였다.
음장에 대하여 관심을 가졌던 일이 있다는 제보자는 9명(전체 48명의 18.75%)이었다.
대화할 때, 음장을 의식하고 말한다는 제보자는 4명(전체 48명의 8.33%)이었으며, 그 이유에 대해서는, 구분을 하지 않으면 어색하게 들려서(2명), 또는 학교에서 교육을 받았기 때문에(2명) 라고 답하였다.
음장이 틀리는 사람은 교양이 부족한 사람이라고 생각하는 제보자는 1명(전체 48명의

2.08%)이었다. 그리고, 음장이 틀려서 의미 전달에 혼란을 경험했던 일이 있다는 제
보자는 16명(전체 48명의 33.33%)이었다. 이와 같은 음장 혼란의 원인으로 이철수
(1994)는 ① 임난후 발음 표시규범이 무너진 점, ② 국어 사전의 발음 표시가 제각기
다른 점, ③ 1934년 표준어 사정때 음장에 대한 사정이 없었던 점, ④ 일제시 국어 교
육 부재로 국어 발음 교육의 기회가 없었고, 일본 한자 발음의 영향을 받았다는 점, ⑤
8·15와 6·25에 의한 서울 지역어의 오염과 국어 교육에서의 발음 교육 부재 및 교
사·정치인·방송요원(출연 인사 포함) 등의 잘못된 발음 전파 등을 꼽고 있다.10)

298. 인천 지역에 음장이 존재하지 않는다는데 대해서는 성인군과 학생군 간에 차
이가 없으나, 성인군이 표준음장에 가까운 발음(또는 표기)을 하는 경우가 많은데11)
비해, 학생군은 그렇지 못한 편이었다.

4. 경기·양평

299. 경기 양평 지역 성인 제보자 3명 가운데, 담화(녹음)에서 음장이 없힌 경우는
제보자 한인식의 '무:당에게' 뿐이다. 그러나 이것도 조사Ⅰ과 조사Ⅱ는 무음장이다.
결국 경기 양평 지역 조사에서, 한 제보자의 녹음과 조사Ⅰ과 조사Ⅱ가 일치한 유음
장 어형은 없으며, 따라서 제보자 3인이 모두 일치한 유음장 어형도 없다. 이는 성인
의 경우 경기 양평 지역에는 음장이 존재하지 않는다는 것을 의미한다.

300. 학생 제보자 5명의 경우는 담화(녹음)에서 음장을 유지한 제보자가 한 사람도
없다. 따라서, 한 제보자의 녹음, 조사Ⅰ, 조사Ⅱ가 음장에 있어서 일치하고, 그것이
다른 제보자들의 그것과도 일치하는 사례가 하나도 없는 것이다. 이는 곧 경기 양평
지역 학생 제보자들에게 있어서도 음장이 존재하지 않는다는 것을 의미한다.

301. 녹음과 조사Ⅰ, 녹음과 조사Ⅱ, 조사Ⅰ과 조사Ⅱ, 녹음과 조사Ⅰ과 조사Ⅱ 간
의 음장 일치 통계를 표로 제시하면 다음과 같다. 표에 의하면, 성인군이 학생군보다
무음장 일치 비율은 높고, 불일치 비율은 낮다(§277 참조).

---

10) 혼란스러워진 음장에 대하여 많은 사람들은 음장 교육을 강화하고 방송에서 관심을 가
    지고 정확히 해 주어야 바로 잡을 수 있다고 하고, 또 어떤 이는 한자 교육을 부활해야
    한다는 등 여러 가지 의견을 내놓고 있는데, 한자 사용 문제에 대해서는 반대로 한자가
    갖고 있는 표의성이 오히려 음장 부호의 필요성을 느끼지 못하게 하여 국어 음장의 혼
    란을 가속화시켰다는 주장을 펴는 이(Mieko S. Han 1964)도 있다.
11) 학생군보다 성인군이 표준 음장과 일치하는 발화(또는 표기)를 하는 것은 전반적인 경향이기
    도 하나, 인천 지역 제보자 선정의 잘못이 이를 더욱 현저하게 하였다.

[표49]   개인별 음장 일치 통계표

경기·양평, 성인(녹음자분)

제보자	가				나				다				라			
	①	②	③	④	①	②	③	④	①	②	③	④	①	②	③	④
이복순		309	143			247	92		28	171	140			170	169	
한인식		416	36			292	47		4	267	68			266	73	
홍성옥		393	59			311	28		4	263	72			263	76	
합계		1118	238			850	167		36	701	280			699	318	
평균		372.67	79.33			283.33	55.67		12.00	233.67	93.33			233.00	106.00	
%		82.45	17.55			83.58	16.42		3.54	68.93	27.53			68.73	31.27	

경기·양평, 학생(녹음자분)

제보자	가				나				다				라			
	①	②	③	④	①	②	③	④	①	②	③	④	①	②	③	④
김정은		336	116			153	186		41	127	171			125	214	
오창윤		377	75			84	255		12	67	260			62	277	
최선영		365	87			185	154		17	156	166			145	194	
홍기복		390	62			200	139		23	181	135			181	158	
홍창연		334	118			15	324		41	12	286			10	329	
합계		1802	458			637	1058		134	543	1018			523	1172	
평균		360.40	91.60			127.40	211.60		26.80	108.60	203.6			104.60	234.40	
%		79.73	20.27			37.58	62.42		7.91	32.03	60.06			30.86	69.14	

경기·양평, 학생(비녹음자분)

제보자	다의 ①	다의 ②	다의 ③	다의 ④	제보자	다의 ①	다의 ②	다의 ③	다의 ④
공경회	17	120	202		신승호	29	49	261	
김경철	6	204	129		심광용	15	165	159	
김미영	33	106	200		양은철	13	194	132	
김미종	81	28	230		이기석	28	190	121	
김선영	62	87	190		이길호	42	59	238	
김승열	94	68	177		이명재	8	226	105	
김종선	27	56	256		이문회	22	116	201	
김진영	39	48	252		이미경	25	136	178	
김철수	22	171	146		이성규	44	98	197	
김태호	63	19	257		이숙용	14	176	149	
김회영	17	61	261		이영애	50	137	152	
남궁선숙	58	84	197		이재철	31	151	157	
리창섭	14	59	266		이종민	6	236	97	
문선영	46	98	195		이창미	7	293	39	
민봉홍	13	142	184		장동자	43	57	239	
민인녀	20	154	165		장지동	17	148	174	
민혜진	20	114	205		정선복	29	75	235	
박경미	26	167	146		최귀숙	11	62	266	
박석화	10	145	184		허남호	34	147	158	
박성회	23	96	220		홍석현	9	215	115	
박시화	7	262	70		황금숙	4	268	67	
박은숙	7	150	182		합계	1,211	6,026	8,018	
방순홍	16	201	122		평균	26.91	133.91	178.18	
백광훈	9	188	142		%	7.94	39.50	52.56	

302. 개별 어휘의 어형별 빈도표(부록Ⅲ. 경기 양평편)를 보면, 총 827개 어휘 가운데, 무음장 어형보다 빈도가 높은 유음장 어형이 110개 어휘, 144개 어형(총 2558 어형의 5.63%)으로 나타났다. 이는 다른 지역에서 유례를 볼 수 없는 상당히 많은 수치이다. 그러나 녹음, 조사Ⅰ, 조사Ⅱ가 일치하는 것은 없기 때문에 이것이 음장의 존재를 인정할 수 있는 필요 충분 조건은 되지 못한다. 이는 오히려 음장이 실재하지 않는 데도 불구하고 규범 문법에서 자꾸 강조하기 때문에 (아무데나 막 기표한데서) 일어나는 현상이 아닌가 싶다. 144 어형(성인 55 어형, 학생 89 어형) 가운데 표준 발음법에 맞는 어형은 70 어형(성인 27 어형, 학생 43 어형)뿐이라는 점이 이러한 사실을 웅변적으로 증명해 주고 있다. 어쨌든 유음장 어형보다 빈도가 높은 무음장 어형이 2414 어형(총 2558 어형의 94.37%), 유음장 어형의 빈도가 무음장 어형의 빈도보다 높은 어형이 성인군보다 훨씬 더 많은 학생군만을 대상으로 하더라도 총 1279 어형의 93.04%가 넘는 1190 어형에서 유음장 어형의 빈도보다 무음장 어형의 빈도가 높게 나타나고 있다는, 이 사실은 이번 조사 결과가 아직도 성인군 학생군 공히 음장이 존재하지 않는다는 §299, §300의 결론을 뒷받침해 주고 있음을 의미하는 것이라고 보아야 할 것이다.

303. 최소대립어에 있어서도, 성인 제보자 3명 가운데 제보자 한인식이 녹음에서 '밤(夜)에/밤(夜)에는/밤:(栗)을'로 음장 대립형을 유지하였으나, 조사Ⅰ은 무음장 어형, 조사Ⅱ는 오히려 '밤:(夜)/밤(栗)'으로 되어 있어, 음장 대립형으로 일치한 경우는 없다. 따라서, 성인 제보자 3명이 모두 일치한 음장 대립형도 물론 없다. 이는 지속을 변별적 자질로 하여 대립하는 최소대립어가 없다는 뜻이다.

304. 학생 제보자 5명의 경우에는, 녹음에서 음장의 유무로 대립하는 유형이 없다. 따라서 5명의 제보자가 모두 일치하는 음장 대립형도 물론 없다. 이는 지속을 변별적 자질로 하여 대립하는 최소대립어가 없다는 의미이다.

305. 녹음과 조사Ⅰ, 녹음과 조사Ⅱ, 조사Ⅰ과 조사Ⅱ 간의 최소대립어 유형이 일치하는 경우의 수를 표로 보이면 다음과 같다. 표에 의하면, 성인군이 학생군에 비해서 무음장 일치비율은 높고, 불일치 비율은 낮다.

[표50]　　　　　　　　　　개인별 최소대립어 일치 통계표

경기·양평, 성인(녹음자분)

제보자	가 ①	가 ②	가 ③	가 ④	나 ①	나 ②	나 ③	나 ④	다 ①	다 ②	다 ③	다 ④	라 ①	라 ②	라 ③	라 ④
이복순		4	15		6	13			2	4	13			3	16	
한인식		18	1		15	4				15	4			15	4	
홍성옥		8	11		17	2				8	11			8	11	
합계		30	27		38	19			2	27	28			26	31	
평균		10.00	9.00		12.67	6.33			0.67	9.00	9.33			8.67	10.33	
%		52.63	47.37		66.67	33.33			3.51	47.37	49.12			45.61	54.39	

경기·양평, 학생(녹음자분)

제보자	가				나				다				라			
	①	②	③	④	①	②	③	④	①	②	③	④	①	②	③	④
김정은	6	13				2	17		4	2	13			2	17	
오창윤	12	7				1	18		1		18				19	
최선영	8	11				8	11		1	6	12			4	15	
홍기복	11	8				3	16		2	3	14			3	16	
홍창연	4	15					19		3		16				19	
합계	41	54				14	81		11	11	73			9	86	
평균	8.20	10.80				2.80	16.20		2.20	2.20	14.60			1.80	17.20	
%	43.16	56.84				14.74	85.26		11.58	11.58	76.84			9.47	90.53	

경기·양평, 학생(비녹음자분)

제보자	다의①	다의②	다의③	다의④	제보자	다의①	다의②	다의③	다의④
공경희		4	15		신승호	1		18	
김경철	1	5	13		심광용	2	1	16	
김미영	2	3	14		양은철	1	5	13	
김미종	2		17		이기석	1	3	15	
김순남		4	15		이길호	4		15	
김승열	3		16		이문회	1	2	16	
김종선	4	1	14		이미경	1	5	13	
김진영	6	1	12		이성규	1	2	16	
김철수	2	2	15		이숙용		5	14	
김태호	2		17		이영애	4	4	11	
김희영	1	1	17		이영재		6	13	
남궁선숙	6	1	12		이재철	2	2	15	
리창섭		1	18		이종민	2	7	10	
문선영	6	1	12		이창미	3	10	6	
민봉홍	1	6	12		장동자			19	
민인녀	3	2	14		장지동	1	4	14	
민혜진	3	3	13		정선복	2	1	16	
박경미	4	1	14		최귀숙	1	3	15	
박광훈		7	12		허남호	3	3	13	
박석화		4	15		홍석현	1	7	11	
박성희	1	1	17		황금숙		10	9	
박시화		8	11		합계	79	142	634	
박은숙		1	18		평균	1.76	3.16	14.09	
방순홍	1	5	13		%	9.24	16.61	74.15	

306. 음장의 유무에 따라 최소대립어를 이룰 수 있는 37개의 짝(실제는 40짝) 단위로 그 유형별 빈도를 조사한 결과(부록Ⅳ. 경기 양평편)를 보면, 전체 150쌍(실제는 162쌍) 가운데 125쌍(실제는 131쌍)에서 무음장 어형만으로 짝을 이룬 유형이 유음장 어형을 포함하여 짝을 이룬 유형보다 빈도가 높게 나타났다. 대부분의 제보자들이 '짝을 이루는 어휘 모두에 음장이 얹히지 않는 유형'에 기표하였기 때문이다. 물론, 조사Ⅰ 또는 조사Ⅱ에서 상당수의 제보자들이 '굴:(窟)/굴:(蠣), 길:(道)/길:(丈), 눈:(雪)/눈:(眼), 대신(代身)/대:신(大臣), 들:다(가물이~)/들:다(돈이~), 말:(馬)/말:(言), 발:(簾)/발:(足), 밤:(夜)에는/밤:(夜)에/밤(栗)을, 밤(夜)에/밤:(夜)에는/밤:(栗)을, 배:(腹)/

배:(梨)/배:(舟)/배(倍), 병:(病)/병:(瓶), 이상(以上)/이:상(理想), 이상:(以上)/이상
(理想), 일:(一)/일:(事), 장(欌)/장:(市場), 장:(欌)/장:(市場), 천:직(天職)/천직(賤
職)'에 기표하여 무음장 어형만으로 짝을 이루는 유형에서보다도 오히려 더 높은 빈도를
보여 주는 경우도 있기는 하였다. 이는 이 지역 제보자들에게서만 볼 수 있는 극히 예외
적인 사실로, 실재하지도 않는 음장을 규범 문법에서 자꾸 강조하기 때문에 일어나는 혼
란일 것이다. 그러나, 전체적으로 볼 때, 83.33%(실제는 84.57%)에 해당하는 125쌍
(실제는 131쌍)에서, 무음장 어형만으로 짝을 이룬 유형이 유음장 어형을 포함하여 짝
을 이룬 유형보다 빈도가 높았다는, 이 조사 결과는 성인군 학생군 공히 음장에 따른 최
소대립어가 존재하지 않는다는 §303, §304의 결론을 뒷받침해주고 있음을 의미한다
고 보아야 할 것이다.

307. 경기 양평 지역 조사 결과를 표준어의 그것들과 비교해 보면, 표준어에서 음장
이 얹히는 것이나, 얹히지 않는 것이나 구분 없이 '무음장 어형'과 '짝을 이루는 어휘 모
두에 음장이 얹히지 않는 유형'에 기표하고 있었다. 그리고, 무음장 어형의 빈도보다 유
음장 어형의 빈도가 높은 총 144 어형(성인 55, 학생 89) 가운데, 표준 발음법과 다
른 어형이 74 어형(성인 28, 학생 46)이나 되고, 최소의 짝에서, 무음장 어형만으로
짝을 이루는 유형의 빈도보다 유음장 어형이 포함되어 짝을 이루는 유형의 빈도가 더
높은 총 25쌍(성인 7, 학생 18) 가운데, 표준 발음법과 다른 쌍이 18쌍(성인 5, 학생
13)이나 된다. 다른 지역에서 볼 수 없는 상황이다. 아마도 인지되지도 않는 음장을,
언딘가에 음장이 있다는 강박 관념에서, 매 단어마다 어느 음절엔가에 기표를 하다보
니, 이런 결과가 나온 것이 아닌가 싶다. 그러나, 표준 발음법과 일치하는 것들이나 일
치하지 않는 것들이나를 막론하고, 그것들이 녹음, 조사Ⅰ, 조사Ⅱ에서 일관된 경향을
보여 주지 못하고, 수적인 면에서도 전체 속에서 보면, 결코 많은 수라고 보기는 어렵
기 때문에 (무음장 어형 94.37%, 무음장 유형 83.33%), 어떤 의미를 부여하기는 어
려울 것 같다. 따라서, 이번 조사 결과를 표준어의 그것들과 상호 비교한다는 것은 별
로 의미가 없어 보인다.

308. 음장은 제일음절에 얹힌다는 규정에 대하여는, 이번 경기 양평 지역 조사 결
과를 보면, 대부분의 어휘가 무음장 어형이 제일 빈도가 높은 것으로 되어 있지만,
일부 어휘에 있어서는 무음장과 제일음절에 음장이 얹힌 것과 제이 이하 음절에 음장
이 얹힌 것이 빈도가 비슷해서, 표준 발음법의 이 규칙이 그대로 지켜지고 있다고 보
기는 어렵게 되어 있다. 그리고, 제일음절 위치에서 음장을 갖는다고 하는 음절이 제
이 이하 음절 위치로 이동한 어휘들도 일반 어휘의 제이음절과 마찬가지로 무음장이
절대 다수인 바, 이것도 음장이 소멸하였다고 해석하기 보다는, §299~§306의 결
과를 감안하여, 음장이 실재하지 않기 때문에 나타나는 현상이라고 해석하는 것이 더
욱 합리적일 것이다.

309. '서성대다, 틀림없이, 허둥대다'에서 '서성대:다, 틀림없:이, 허둥대:다' 어형은 빈도가 극히 낮다. 이는 '-대-, -없-, -대-'의 음장을 인정할 수 없음을 의미하는 것이다.

310. 어떠한 경우에도, 한 단어 안에서 음장이 연달아 올 수 없다는 규칙은 전혀 지켜지지 않고 있다. 거의 모든 어휘에서 연속 음장이 나타나고 있다. 이것도 음장이 실재하지 않는 데서 나타나는 혼란이다.

311. 표준 발음법 기준으로, 음장 없는 단음절 용언과 음장은 있으나 모음 어미가 이어 지면 음장이 소멸한다는 단음절 용언, 그리고 음장이 있고, 모음 어미가 와도 그 음장이 소멸하지 않는다는 단음절 용언 간에, 모음 어미가 이어지든, 자음 어미가 이어지든, 아무런 차이가 없다. 어느 경우이든 무음장 어형이 절대 다수를 점하고 있다. 이로써, 음장이 얹히는 단음절 용언 어간에 모음으로 시작되는 어미가 이어지면 음장이 소멸한다는 규칙은 의미가 없게 되었는 바, 이는 음장이 그 어디에도 실재하지 않기 때문에 일어나는 현상이다.

312. '들려라, 들리다'와 '보이는, 보이다' 모두 무음장 어형이 절대 다수이다. 이는 '듣다, 보다'가 무음장 어형이어서 피동 접미사 '이'의 영향을 확인할 수 없는 것으로 해석하기보다는 우리말에 음장 자체가 존재하지 않기 때문이라고 해석하는 것이 옳을 것이다.

313. 모음으로 시작되는 접미사가 결합하여 이루어진 파생 명사(걸음, 놀이터)와 파생 부사(많이, 틀림없이)의 어형별 빈도를 보면, '걸음, 놀이터, 틀림없이'는 모두 무음장 어형이 절대 다수를 점하고 있고, 다만, 부사 '많이'의 인용형(조사Ⅱ)에서 학생 제보자들이 '많:이'와 '많이'로 양분되는 양상을 보이는 바, 이는 표현적 자질의 반영으로 볼 수도 있고, 이번 경기 양평 지역 학생 제보자들의 일반적 성향(§302 참조)이 일부 반영된 것으로 볼 수도 있는 것이어서, 특별히 의미를 부여할 만한 것은 못된다. 이러고 보면, 파생 명사는 본래의 음장을 잃어버리고 파생 부사는 본래의 음장을 유지한다는 주장은 의미가 없게 되었다. 명사건 부사건 모두 음장이 없다고 보는 것이 가장 합리적인 해석일 것이다.

314. 보상적 음장화의 예가 될 수 있는 어휘들의 음장형을 조사해 보면, 무음장 어형에 제보자의 절대 다수가 집중되어 있다. '애'의 조사Ⅰ에서만 유일하게 무음장 어형보다 유음장 어형이 빈도가 높은데, 이것은 개음절 모음이고, '애'의 바로 뒤에 개리 연접이 가해진 데다가, 표현적 자질로 볼 수도 있는 어휘여서, 여기에만 특별히 의미를 부여할 수는 없을 것 같다. '와, 져, 쳐'와 같은 사례는 없고, '까(박), 따(적)'도

무음장 어형이 다수를 점하고 있다. 이는 모두 음장이 실재하지 않기 때문에 나타나는 현상으로 보아야 할 것이다.

315. 제일음절말 위치에 무성의 정지음 〔-k, -t, -p〕이 온 어휘들을 대상으로 어형별 빈도 분포를 조사해 본 결과, '굽다(炙 : Ⅱ 학생), 냇가(Ⅱ 학생), 떡가루(Ⅰ 성인, Ⅱ 학생), 막(Ⅰ 학생), 몹시(Ⅱ 학생), 별발(Ⅱ 학생), 빗소리(Ⅱ 성인, 학생), 쏟아집니다(Ⅰ 성인), 약(Ⅰ 성인), 잎사귀(Ⅱ 성인), 족(Ⅰ 성인, 학생), 픽(Ⅰ 성인)'에서 부분적으로 무음장 어형의 빈도보다 유음장 어형의 빈도가 높게 나타난 경우가 있으나, 그것들이 녹음, 조사Ⅰ, 조사Ⅱ에서 일관된 경향을 보여 주는 것도 아니고, 수적으로 그리 많은 것도 아니며(총 430 어형의 3.49%인 15 어형), 규범 문법의 영향으로 아무데나 기표한 결과라는 점까지를 고려한다면, 크게 주목할 사항은 아닌 것 같다. 전체적으로 볼 때, 가장 빈도가 높은 어형은 역시 무음장 어형이었다.

또, '남은, 남다', '넘치는' '숨다, 숨어서'의 어형별 빈도 분포를 조사해 본 결과도, '남다'와 '숨다'의 조사Ⅱ에서, 학생 제보자들이 무음장 어형과 유음장 어형으로 양분되는 양상을 보이고 있으나, 녹음, 조사Ⅰ, 조사Ⅱ에서 일관된 경향을 보여 주는 것도 아니고, 수적인 면에서도 그리 많은 것이 아니어서(2/18), 역시 의미를 부여할 만한 상황은 아니라고 본다. 전체적으로 보면, 가장 빈도가 높은 어형은 역시 무음장 어형이었다.

'많다, 많아서' '앉아, 앉다' '않는다, 잃었다' '잃다'의 어형별 빈도 분포에서도, 가장 빈도가 높은 어형은 역시 무음장 어형이었다.

이상에서 보는 바와 같이, 반드시 음장이 얹힌다는 어휘와 반드시 음장이 얹히지 않는다는 어휘가 모두 무음장 어형이 다수를 점하였다는 이 사실은 음장이 실재하지 않기 때문에 나타나는 현상이라고 밖에 달리 설명할 방법이 없다.

316. 유기 자음(ㅍ, ㅌ, ㅋ, ㅊ)이나 긴장 자음(ㅃ, ㄸ, ㅉ, ㅆ)으로 시작되는 어휘들의 어형별빈도 분포를 보면, '참(조사Ⅰ,Ⅱ, 학생), 창(唱 : 조사Ⅱ, 성인), 천직(天職 : 조사Ⅱ, 성인), 청춘(조사Ⅱ, 학생), 픽(조사Ⅰ, 성인), 피하다(조사Ⅱ, 성인)'과 '떡가루(조사Ⅰ,Ⅱ, 성인, 학생), 떨다(조사Ⅱ, 학생)'에서 학생 제보자들이 유음장 어형에 더 많이 기표한 사실이 있기는 하나, 그것이 녹음, 조사Ⅰ, 조사Ⅱ에서 일관된 경향을 보여 주는 것도 아니고, 수적으로도 그리 많은 것이 아니어서(유기 자음 7/122, 긴장 자음 3/100), §299~§306의 결과까지를 고려한다면, 여기에 어떤 의미를 부여하기는 어려울 것으로 보인다. 그러고 보면, 이것 역시 무음장 어형이 절대 다수를 점하고 있다고 보아야 할 것이다. 그리고 이와 같은 현상은 선행 자음의 영향이라고 보기보다는 음장 자체가 실재하지 않기 때문이라고 보는 것이 합리적인 해석이 될 것이다.

317. 개음절의 단음절로 된 단어들도 무음장 어형의 빈도가 다른 어느 음장형의 빈도보다도 높다. 물론, 학생 제보자들의 경우, '그(조사Ⅱ, 학생), 다(조사Ⅱ, 학생), 배

(腹:조사Ⅱ, 학생), 배(梨:조사Ⅰ,Ⅱ, 성인, 학생), 배(舟:조사Ⅱ, 학생), 애(조사Ⅰ, 성인, 학생), 왜(조사Ⅱ, 성인, 학생), 후(조사Ⅱ, 학생)'에서는 오히려 유음장 어형이 빈도가 높은 경우가 있다. 이는 개음절의 일음절짜리 단어는 음장이 없히지 않는다는 주장과는 상반된 상황이다. 개음절 모음이 폐음절 모음보다 길게 소리난다는 음향음성학적 특성의 반영이 아닌가 싶다. 또 개음절 단어 바로 뒤에 개리연접이 가해진 것도 소리가 길어진 한 요인이 되었을 가능성이 있다. 그러나 이것들이 녹음, 조사Ⅰ, 조사Ⅱ에서 일관된 경향을 보여 주는 것도 아니고, 그 수도 많지 않아서(12/146), 전체적으로는 역시 무음장 어형이 주류를 이룬다고 보아야 할 것이다. 그리고 이와 같은 현상은 일관성 측면에서 볼 때, 음장이 실재하지 않기 때문에 일어나는 현상이라고 보아야 설명이 가능하다.

318. 경기 양평 지역도 무음장 단어수는 녹음, 조사Ⅰ, 조사Ⅱ 순으로 많다.

[표51]   개인별 무음장 단어 통계표

경기 · 양평, 성인(녹음자분)

제보자	녹음(452)		조사Ⅰ(452)		조사Ⅱ(375)	
	무음장단어수	백분비(%)	무음장단어수	백분비(%)	무음장단어수	백분비(%)
이복순	452	100.00	315	69.69	269	71.73
한인식	451	99.77	417	92.25	324	86.40
홍성옥	452	100.00	397	87.83	341	90.93
합계	1,355		1,129		934	
평균	451.66	99.92	376.33	83.25	311.33	83.02

경기 · 양평, 학생(녹음자분)

제보자	녹음(452)		조사Ⅰ(452)		조사Ⅱ(375)	
	무음장단어수	백분비(%)	무음장단어수	백분비(%)	무음장단어수	백분비(%)
김정은	452	100.00	336	74.33	173	46.13
오창윤	452	100.00	376	83.18	88	23.46
최선영	452	100.00	371	82.07	205	54.66
홍기복	452	100.00	389	86.06	227	60.53
홍창연	452	100.00	335	74.11	28	7.46
합계	2,260		1,807		721	
평균	452	100.00	361.40	79.95	144.20	38.45

경기 · 양평, 학생(비녹음자분)

제보자	조사Ⅰ		조사Ⅱ		제보자	조사Ⅰ		조사Ⅱ	
	무음장단어수	백분비(%)	무음장단어수	백분비(%)		무음장단어수	백분비(%)	무음장단어수	백분비(%)
공경회	344	76.11	184	49.07	신승호	238	52.65	94	25.07
김경철	367	81.19	258	68.80	심광용	333	73.67	232	61.87
김미영	335	74.12	167	44.53	양은철	380	84.07	251	66.93

제보자	조사 I 무음장 단어수	백분비 (%)	조사 II 무음장 단어수	백분비 (%)	제보자	조사 I 무음장 단어수	백분비 (%)	조사 II 무음장 단어수	백분비 (%)
김미종	205	45.35	72	19.20	이기석	367	81.02	235	62.67
김순남	275	60.84	136	36.27	이길호	332	73.45	74	19.73
김승열	275	60.84	119	31.73	이문회	345	76.33	169	45.07
김종선	318	70.35	91	24.27	이미경	350	77.43	193	51.47
김진영	378	83.63	66	17.60	이성규	275	60.84	169	45.07
김철수	368	81.42	226	60.27	이숙경	332	73.45	242	64.53
김태호	271	59.96	40	0.67	이영애	285	63.05	233	62.13
김희영	305	67.48	92	24.53	이영재	361	79.87	292	77.87
남궁선숙	320	70.80	156	41.60	이재철	361	79.87	207	55.20
리창섭	375	82.96	84	22.40	이종민	408	90.27	294	78.40
문선영	317	70.13	156	41.60	이창미	420	92.92	338	90.13
민봉홍	363	80.31	182	84.53	장동자	317	70.13	98	26.13
민인녀	363	80.31	196	52.27	장지동	361	79.88	210	56.00
민혜진	339	75.00	167	44.53	정성복	364	80.53	103	27.47
박경미	362	80.09	210	56.00	최귀숙	303	67.04	104	27.73
박석화	418	92.48	173	46.13	허남호	388	85.84	174	46.40
박성희	348	76.99	134	35.73	홍석현	313	69.25	304	81.07
박시화	423	93.58	302	80.53	황금숙	406	89.82	319	85.07
박은숙	355	78.54	202	53.87	합계	15,342		8,333	
방순홍	333	73.67	299	79.73	평균	340.93	75.43	158.18	49.38
백광훈	346	76.55	286	76.27					

319. 경기 양평 지역 제보자들의 의식 조사 결과는 다음과 같다.

[표52]　　　　　　　　　경기 양평 지역 제보자 의식 조사 통계표

구분	1 ①	1 ②	2 ①	2 ②	3-① 초	3-① 중	3-① 고	3-② 초	3-② 중	3-② 고	3-③ 1~5일	3-③ 기타
성인		3		3								
학생		5	2	3	1	1			1	1	2	
	6	39	4	41	1	2	1	1	2		3	1

4 ①	4 ②	5 ①	5 ②	6 ①	6 ②	6 ③	7 ①	7 ②	8 ①	8 ②
	3		3					3		3
	5		5				2	3	3	2
3	42		45				1	44	6	39

　　문항 1.에서 녹음한 제보자들은 성인군 학생군 공히 지속은 변별적 자질이 아니라고 답변하였다. 다만, 비녹음 학생 제보자 가운데 6명(전체 53명의 11.32%)이 음장에 따라 의미를 구분한다고 답하고 있는 바, 이는 실제로 음장이 존재한다고 보는 사람이라기보다는 규범 문법에 맞는 모범답을 내보려는 심리 작용이 반영된 것이 아닌가 싶다.

　　320. 음장 교육을 받은 일이 있다(문항2)는 제보자는 6명(전체 53명의 11.32%)이다.

이들 6명의 질문지만을 가려내어 문항 1, 4, 5, 7, 8에 대한 반응을 각각 조사해 보았다.

[표53] 경기 양평 지역 음장 교육 받은 제보자 의식 조사 통계표

문항번호 제보자 군	1		4		5		7		8	
	①	②	①	②	①	②	①	②	①	②
녹음한 성인		0/3		0/3		0/3		0/3		0/3
녹음한 학생		2/5	0/2	2/3		2/5	1/2	1/3	1/3	1/2
녹음 안 한 학생	1/6	3/39	0/4	4/41		4/45	0/1	4/44	0/6	4/39

음장 교육 받은 제보자 중 해당 사례수 / 총 사례수

위 표를 보면, 교육 받은 제보자 6명이 각 문항에서 특정 답지에 몰리지 않고, 전체 제보자 중에서 교육 받은 제보자가 차지하는 비율과 비슷하게 흩어진 분포[12]를 보여 주고 있다. 이것은 음장 교육이 제보자들의 음장 의식을 특정한 방향으로 바꿔 놓는데 실패했음을 보여 주는 증거이다.

321. 음장 교육을 받은 일이 있다는 학생 제보자 6명은 모두 초·중·고등학교 시절에 학교에서 정해진 교육과정에 따라 교육을 받았다고 하였다.
음장에 대하여 관심을 가졌던 일이 있다는 제보자는 비녹음 학생 제보자 가운데 3명(전체 53명의 5.66%)이 있었다.
대화할 때, 음장을 의식하고 말한다는 제보자는 단 한 명도 없었다.
음장이 틀리는 사람을 교양이 부족한 사람이라고 생각하는 제보자는 학생 제보자 가운데 3명(전체 53명의 5.66%)이 있었다.
음장이 틀려서 의미 전달에 혼란을 경험했던 일이 있다는 제보자는 역시 학생 제보자 가운데 9명(전체 53명의 16.98%)이 있었다.

322. 경기 양평 지역에 음장이 존재하지 않는다는 결론에 대해서는 성인군과 학생군 간의 차이가 없으나, 학생 제보자의 경우, 무음장 어형으로의 집중도가 다소 떨어지는 사례가 몇몇 있었다. 이것은 음장이 실재하지 않는 것을 규범 문법에서 자꾸 강조하기 때문에 일어나는, 표준 발음법과도 상이한, 일종의 표기상의 혼란이다.

5. 강원·평창

323. 강원도 평창 지역[13] 성인 제보자 5명 가운데, 담화(녹음)에서 음장이 없힌 경우

---

12) 1의 ② 10.64%, 4의 ② 12.76%, 5의 ② 11.32%, 7의 ② 10.00%, 8의 ② 11.36%
13) 강원도 평창은 영동 남부 방언권 인접 지역이다.

는, 김연화의 '긴:(長), 밤:(栗)'을, 보:통' 김영자의 '긴:(長)', 박종린의 '극:히 긴:(長),
모:두'를, 언:제나, 영:구(永久)한, 족:' 이창준의 '족:', 그리고 최승후의 '군:밤'을, 낮:에
는②'이 있다. 이 중에서 제보자 각자의 개인별로 녹음, 조사 I, 조사 II가 일치하는 것은
김연화의 '긴:', 김영자의 '긴:', 박종권의 '긴' 뿐이다.14) 따라서 제보자 5인 모두가 일치
하는 것은 없다. 이는 강원도 평창 지역 성인들에게는 음장이 없다는 의미이다.

324. 학생 제보자 5명의 경우는, 담화(녹음)에서 음장을 유지한 제보자가 한 사람
도 없었으며, 따라서 녹음, 조사 I, 조사 II가 음장에 있어 일치하고, 그것이 다른 제
보자들의 그것과도 일치하는 사례가 하나도 없었다. 이는 강원 평창 지역 학생 제보
자들에게 있어서도 음장은 존재하지 않는다는 의미이다.

325. 녹음과 조사 I, 녹음과 조사 II, 조사 I과 조사 II, 녹음과 조사 I과 조사 II의
일치 내용을 표로 제시하면 다음과 같다. 표에 의하면, 학생군보다 성인군이 무음장
일치 비율은 높고, 불일치 비율은 낮다(§277 참조).

[표54]   개인별 음장 일치 통계표

강원·평창, 성인(녹음자분)

제보자	가				나				다				라			
	①	②	③	④	①	②	③	④	①	②	③	④	①	②	③	④
김연화	1	432	19		1	296	42		5	291	43		1	291	47	
김영자	1	429	22		1	297	41		3	283	53		1	281	57	
박종린	5	415	32		1	317	21		5	294	40		1	292	46	
이창준	1	419	32			323	16		5	302	32			302	37	
최승후		432	20			297	42		6	290	43			289	50	
합계	8	2127	125		3	1530	162		24	1460	211		3	1455	237	
평균	1.60	425.40	25.00		0.60	306.00	32.40		4.80	292.00	42.20		0.60	291.00	47.40	
%	0.35	94.12	5.53		0.18	90.26	9.56		1.42	86.13	12.45		0.18	85.84	13.98	

강원·평창, 학생(녹음자분)

제보자	가				나				다				라			
	①	②	③	④	①	②	③	④	①	②	③	④	①	②	③	④
구자옥		434	18			296	43		9	288	42			288	51	
김진호		411	41			222	117		5	204	130			198	141	
이동근		425	27			243	96		2	228	109			224	115	
이우균		426	26			197	142		13	192	134			187	152	
지인경		414	38			271	68		10	249	80			248	91	
합계		2110	150			1229	466		39	1161	495			1145	550	
평균		422.00	30.00			245.80	93.20		7.80	232.20	99.00			229.00	110.00	
%		93.36	6.64			72.51	27.49		2.30	68.50	29.20			67.55	32.45	

---

14) '긴'은 표현적 자질로 볼 수도 있다.

강원·평창, 학생(비녹음자분)

제보자	다의 ①	다의 ②	다의 ③	다의 ④	제보자	다의 ①	다의 ②	다의 ③	다의 ④
고정환	2	256	81		유종각	6	220	113	
권순호		311	28		윤혁만	9	164	166	
김동준	5	48	286		이근황	2	256	81	
김성기	1	280	58		전종태	4	316	19	
김재문	8	269	62		지승현	4	303	32	
김향연	9	86	244		함인철	3	200	136	
나훈영	5	293	41		홍세현	1	307	31	
노재현	2	306	31		황영순	5	202	132	
박장우	12	252	75		황준호	7	154	178	
백명훈	1	302	36		합계	93	5,088	1,938	
엄성주	2	315	22		평균	4.43	242.29	92.28	
원도희	5	248	86		%	1.31	71.47	27.22	

326. 개별 어휘의 어형별 빈도표(부록Ⅲ. 강원 평창편)를 보면, 전체 2558 어형 가운데 2535 어형(성인 1261, 학생 1274)에서 유음장 어형의 빈도보다 무음장 어형의 빈도가 높게 나타나고 있다. 거의 모든 어휘에서 제보자의 절대 다수가 무음장 어형에 기표하고 있기 때문이다. 물론, 성인 제보자들에게 있어서는 '긴(Ⅰ,Ⅱ), 몰래(Ⅰ), 얘(Ⅰ, Ⅱ), 족(Ⅰ)'에서 유음장 어형이 무음장 어형보다 빈도가 높았고, '걸(Ⅰ), 그(Ⅱ), 긴(녹음), 길다(Ⅱ), 발(簾,Ⅰ), 살(Ⅰ), 수(蕭,Ⅱ), 수없이(Ⅰ), 얘기(Ⅱ), 이(관형사,Ⅰ), 퍽(Ⅰ)'에서는 대체로 유음장과 무음장으로 양분되는 양상을 보여 주었으며, 학생 제보자들도 '얘(Ⅱ)'에서는 유음장 어형이 무음장 어형보다 빈도가 높았고, '굴(窟,Ⅱ), 굴(蠣,Ⅱ), 그(관형사,Ⅱ), 긴(Ⅱ)'에서는 역시 유음장과 무음장으로 양분되는 양상을 보여 주었으나, 녹음, 조사Ⅰ, 조사Ⅱ가 같은 경향을 보이는 것은 없으므로, 의미를 부여할 만한 것은 못된다. 따라서, 전체적으로 볼 때, 99.10%에 해당하는 2535 어형, 유음장 어형의 빈도가 무음장 어형의 빈도보다 높은 어형을 학생군보다 더 많이 가지고 있는 성인군만을 대상으로 한다고 해도 98.59%가 넘는 1261어형에서 유음장보다 무음장의 빈도가 높다고 하는 이번 조사 결과는 성인군 학생군 공히 음장이 존재하지 않는다는 §323, §324의 결론을 뒷받침해 주고 있다고 보아야 할 것이다.

327. 최소대립어에 있어서도, 성인 제보자 5명 가운데, 제보자 김연화가 담화(녹음)에서 '밤(夜)에/밤(夜)에는/밤:(栗)을'로 음장 대립형을 유지하였으나, 조사Ⅰ은 무음장, 조사Ⅱ는 오히려 '밤:(夜)/밤(栗)'으로 녹음과 조사Ⅰ과 조사Ⅱ가 일치하지 않고, 나아가서 성인 제보자 5명이 모두 일치하는 음장 대립형도 없다. 이는 지속을 변별적 자질로 하여 대립하는 최소대립어가 존재하지 않는다는 의미이다.

328. 학생 제보자 5명의 경우는 담화(녹음)에서 음장의 유무로 대립하는 쌍이 없다. 따라서 5명의 제보자 모두가 일치하는 음장 대립형도 있을 수가 없다. 이는 지속을 변별적 자질로 하여 상호 대립하는 최소대립어가 없다는 뜻이다.

329. 녹음과 조사Ⅰ, 녹음과 조사Ⅱ, 조사Ⅰ과 조사Ⅱ, 녹음과 조사Ⅰ과 조사Ⅱ 간에 최소대립어 유형이 일치하는 경우의 수를 표로 보이면 다음과 같다. 표에 의하면, 성인군이 학생군보다 무음장 일치 비율이 높고, 불일치 비율은 낮다.

[표55] 　　　　　　　　　　　　개인별 최소대립어 일치 통계표

강원·평창, 성인(녹음자분)

제보자	가				나				다				라			
	①	②	③	④	①	②	③	④	①	②	③	④	①	②	③	④
김연화		17	2			12	7			12	7			12	7	
김영자		15	4			15	4			14	5			14	5	
박종린		14	5			16	3		1	12	6			12	7	
이창준		15	4			18	1			14	5			14	5	
최승후		19				12	7			12	7			12	7	
합계		80	15			73	22		1	64	30			64	31	
평균		16.00	3.00			14.60	4.40		0.20	12.80	6.00			12.80	6.20	
%		84.21	15.79			76.84	23.16		1.05	67.37	31.58			67.37	32.63	

강원·평창, 학생(녹음자분)

제보자	가				나				다				라			
	①	②	③	④	①	②	③	④	①	②	③	④	①	②	③	④
구자옥		18	1			16	3			15	4			15	4	
김진호		14	5			11	8		2	10	7			9	10	
이동근		17	2			8	11			7	12			6	13	
이우균		13	6			2	17		1	2	16			2	17	
지인경		14	5			10	9			8	11			7	12	
합계		76	19			47	48		3	42	50			39	56	
평균		15.20	3.80			9.40	9.60		0.60	8.40	10.00			7.80	11.20	
%		80.00	20.00			49.47	50.53		3.16	44.21	52.63			41.05	58.95	

강원·평창, 학생(비녹음자분)

제보자	다의①	다의②	다의③	다의④	제보자	다의①	다의②	다의③	다의④
고정환	1	7	11		유종각		12	7	
권순호		16	3		윤혁만	1	2	16	
김동준		1	18		이근황		9	10	
김성기		9	10		전종태	2	11	6	
김재문	2	7	10		지승현		17	2	
김향연			19		함인철		6	13	
나훈영	1	11	7		홍세현		12	7	
노재현		12	7		황영순		8	11	
박장우	1	6	12		황준호		10	9	
백명훈		11	8		합계	9	185	205	
엄성주		12	7		평균	0.43	8.81	9.76	
원도희	1	6	12		%	2.25	46.37	51.38	

330. 음장의 유무에 따라 최소대립어를 이룰 수 있는 37개의 짝 단위로 그 유형별 빈도를 조사한 결과(부록Ⅳ. 강원 평창편)를 보면, 전체 150쌍 가운데 146쌍(성인 72,

학생 74)에서 무음장 어형만으로 짝을 이룬 유형이 유음장 어형을 포함하여 짝을 이룬 유형보다 빈도가 높게 나타났다. 모든 짝에서 절대 다수의 제보자들이 '짝을 이루는 어휘 모두에 음장이 얹히지 않는 유형'에 기표하고 있기 때문이다. 물론, '돌(一周生日)/돌:(石)', '발:(簾)/발(足)', '수(의존명사)/수:(蕭)'의 조사II에서 성인 제보자들이 유음장과 무음장으로 양분된 분포를 보이고 있기는 하지만, 수적으로 미미하고(3/150), 녹음, 조사I, 조사II에서 일관된 경향을 보여 주는 것도 아니기 때문에, 큰 의미는 없다. 따라서, 전체적으로 볼 때 97.33%에 해당하는 146쌍에서 무음장 어형만으로 쌍을 이룬 유형이 유음장 어형을 포함하여 쌍을 이룬 유형보다 빈도가 높았다는 이번 조사 결과는 성인군 학생군 공히 음장에 따른 최소대립어가 존재하지 않는다는 §327, §328의 결론을 뒷받침해 주고 있음을 의미한다고 보아야 할 것이다.

331. 강원 평창 지역의 조사 결과를 표준어의 그것들과 비교해보면, 표준어에서 음장이 얹히는 것이나 얹히지 않는 것이나 구분 없이 제보자의 절대 다수가 '무음장 어형'과 '짝을 이루는 어휘 모두에 음장이 얹히지 않는 유형'에 기표하고 있다. 물론, 무음장 어형의 빈도보다 유음장 어형의 빈도가 더 높은 23 어형(성인 18, 학생 5) 가운데 표준 음장과 일치하는 것이 18 어형(성인 15, 학생 3), 그렇지 못한 것이 5 어형(성인 3, 학생 2) 있고, 무음장 어형만으로 짝을 이룬 유형의 빈도보다 유음장 어형을 포함하여 짝을 이룬 유형의 빈도가 더 높은 4쌍(성인 3, 학생 1) 가운데 표준어 규정에서 정한 음장 대립형과 일치하는 것이 3쌍(성인 3, 학생 0), 그렇지 못한 것이 1쌍(성인 0, 학생 1) 있기는 하지만, 표준 발음법과 일치하는 것들이나 불일치하는 것들이나를 막론하고, 그것들이 수적으로 미미하고(총 2558 어형 가운데 23 어형은 0.90%, 총 150쌍 가운데 4쌍은 2.67%), 더욱이 녹음, 조사I, 조사II에서 일관된 경향을 보여 주는 것이 하나도 없다. 따라서, 이번 조사 결과와 표준어의 그것들과 상호 비교한다는 것은 별로 의미가 없어 보인다.

332. 음장은 제일음절 모음 위에 얹힌다는 규정은, 이번 강원도 평창 지역 조사에 의하면, 모든 어휘에서 제보자의 절대 다수가 무음장 어형에 집중되어 있고, 제일음절 위치에서 음장을 갖는다고 하는 음절이 제이 이하 음절 위치로 이동한 어휘들도 일반 어휘의 제이 이하 음절과 마찬가지로 무음장이 절대 다수였으며, 음장이 얹힌 경우라도 제일음절과 제이음절 또는 그 이하의 음절 간에 의미있는 차이가 있는 것도 아니어서, 의미가 없다고 보아야 할 것이다.

333. 제이음절 이하의 음절에 음장이 얹힌 것으로 인정한 '서성대:다, 틀림없:이, 허둥대:다' 어형의 빈도는 아주 낮다. 이는 '-대-, -없-, -대-'의 음장을 인정할 수 없음을 의미하는 것으로, 모든 음장이 인정되지 않는다고 결론을 내린 현 상황에서는 너무나 당연한 귀결이다.

334. 어떠한 경우에도, 한 단어 안에서 음장이 연달아 올 수 없다는 규칙은 잘 지켜지지 않고 있음이 이번 조사 결과로 확인되었다(19 단어, 20 어형의 연속 음장이 확인되었다). 이는 음장이 실재하지 않는 데서 오는 혼란이다.

335. 표준 발음법 기준으로, 음장 없는 단음절 용언과 음장은 있으나 모음 어미가 이어지면 음장이 소멸한다는 단음절 용언, 그리고 모음 어미가 이어져도 음장이 소멸하지 않는다는 단음절 용언 간에, 모음 어미가 이어질 때나 자음 어미가 이어질 때나 어느 경우를 막론하고, 아무런 차이가 없음이 확인되었다. 모두 무음장 어형이 절대다수를 점하고 있었다. 이는 음장이 얹히는 단음절 용언 어간에 모음으로 시작되는 어미가 이어지면 음장이 소멸한다는 규칙이 존재하지 않음을 의미하는 것이다. 음장이 실재하지 않는 상황에서 그것은 너무나 당연한 귀결이다.

336. '들려라, 들리다'와 '보이는, 보이다' 모두 무음장 어형이 절대 다수이다. 이는 듣다. 보다'가 무음장 어형이어서 피동 접미사 '이'의 영향을 확인할 수 없는 경우라고 해석할 수도 있고, 음장 자체가 존재하지 않기 때문이라고 해석할 수도 있겠으나, 후자로 보는 것이 전후 모순이 없는 해석이다.

337. 파생 명사 '걸음, 놀이터'와 파생 부사 '많이, 틀림없이'는 모두 무음장 어형이 절대 다수였다.
　보상적 장음화의 예가 될 수 있는 어휘들도 무음장 어형이 절대 다수였다. 유일하게 '애'의 조사Ⅰ(성인)과 조사Ⅱ(성인·학생)에서 유음장 어형의 빈도가 무음장 어형의 빈도보다 다소 높게 나타나기는 하였으나, 이것은 개음절 모음이기 때문에 길게 소리난 것이라고 볼 수도 있고, '애' 뒤에 바로 개리연접이 가해져서 그렇다고 볼 수도 있으며, 표현적 자질로서의 정서적 기능이 반영된 결과로 볼 수도 있는 것이어서, 전체적인 경향성에 수정을 가해야 할 만큼 큰 의미가 있는 사례는 못될 것 같다. '와, 져, 쳐'는 없었고, '까, 따'도 물론 무음장 어형이 절대 다수였다.
　이는 모두 음장이 실재하지 않기 때문에 나타나는 현상이다.

338. 제일음절말 위치에 무성의 정지음 [-k, -t, -p]이 온 어휘들의 어형별 빈도 분포를 보면, 제보자의 절대 다수가 무음장 어형에 집중되어 있다. 부사 '족(조사Ⅰ)'에서 성인들이 유음장 어형을 택하고 있는 바, '족'은 표현적 자질로 볼 수도 있기 때문에 그리 문제될 것이 없을 것 같다.
　'남은, 남다', '넘치는', '숨다, 숨어서'에서도 제보자 절대 다수가 무음장 어형에 모여 있다.
　'많다, 많아서', '앉아, 앉다', '않는다', '잃었다, 잃다'에서도 무음장 어형에 제보자의 절대 다수가 집중되어 있다.

반드시 음장이 얹힌다는 어휘와 반드시 음장이 얹히지 않는다는 어휘 모두가 구분 없이 무음장 어형에 절대 다수의 제보자들이 집중되어 있다는 사실은 음장이 실재하지 않기 때문에 나타나는 현상이라고 밖에 달리 설명할 방법이 없다.

339. 유기 자음(ㅍ, ㅌ, ㅋ, ㅊ)이나 긴장 자음(ㅃ, ㄸ, ㅉ, ㅆ)으로 시작되는 어휘들의 어형별 빈도 분포를 보면, 제보자의 절대 다수가 예외 어휘까지도 포함하여 무음장 어형에 집중되어 있다. 다만 유음장과 무음장이 비슷한 빈도 분포를 보인 어휘로 '퍽(조사Ⅰ, 성인)'이 하나 있으나, 이것은 녹음, 조사Ⅰ, 조사Ⅱ에서 같은 경향으로 나타나지도 않고, 수적으로도 유일예이어서(1/122), 크게 의미를 부여할 많한 것이 못된다. 그리고 이와 같이 유기 자음이나 긴장 자음 뒤의 모음이 음장을 가지지 않는 현상에 대하여는 선행 자음의 영향으로 해석할 수도 있고, 음장 자체가 실재하지 않기 때문이라고 해석할 수도 있을 것이나, 후자로 해석하는 것이 전후 모순이 없고, 일관성이 있다.

340. 개음절의 단음절짜리 단어들도 무음장 어형의 빈도가 절대적으로 높다. 물론, '수(繡 : 조사Ⅱ, 성인), 애(조사Ⅰ, 성인 ; 조사Ⅱ, 성인・학생), 이(조사Ⅰ, 성인)'의 빈도 분포가 유음장 어형과 무음장 어형으로 양분되는 양상을 보이고 있기는 하다. 이는 Mieko S. Han(1964)의 주장과는 상반되는 현상이다. 아마도 개음절 모음이 폐음절 모음보다 길게 소리난다는 음향음성학적 특성의 반영이 아닌가 싶다. 또, 개음절 단어 뒤에 바로 개리연접이 가해진 것도 소리가 길어진 한 요인이 되었을런지도 모른다. 그러나 그것이 수적으로 그리 많은 것도 아니고(5/146), 특히 '애'의 경우는 표현적 자질로 볼 수도 있는 것이며, 그것들이 녹음, 조사Ⅰ, 조사Ⅱ에서 일관된 경향을 보여주고 있는 것도 아니기 때문에, 큰 의미는 없다고 본다. 그리고, 이와 같이 개음절 모음 뒤에 음장이 얹히지 않는 현상에 대해서는, 그것이 개음절이기 때문에 음장이 없다고 해석하기보다는, 음장 자체가 존재하지 않기 때문에 나타난 현상이라고 해석하는 것이 일관성이 있다.

341. 강원 평창 지역도 무음장 단어수는 녹음, 조사Ⅰ, 조사Ⅱ 순으로 많다.

[표56]   개인별 무음장 단어 통계표

강원・평창, 성인(녹음자분)

제보자	녹음(452)		조사Ⅰ(452)		조사Ⅱ(375)	
	무음장단어수	백분비(%)	무음장단어수	백분비(%)	무음장단어수	백분비(%)
김연화	446	98.67	435	96.24	325	86.67
김영자	451	99.78	427	94.47	324	86.40
박종린	446	98.67	416	92.04	353	94.13
이창준	451	99.78	418	92.48	349	93.07
최승후	450	99.56	432	95.58	335	89.33
합계	2,244		2,128		1,686	
평균	448.80	99.29	425.60	94.16	337.20	89.92

강원·평창, 학생(녹음자분)

제보자	녹음(452)		조사Ⅰ(452)		조사Ⅱ(375)	
	무음장단어수	백분비(%)	무음장단어수	백분비(%)	무음장단어수	백분비(%)
구자옥	452	100.00	431	95.35	316	84.27
김진호	452	100.00	402	88.94	252	67.20
이동근	452	100.00	421	93.14	263	70.13
이우균	452	100.0]0	423	93.58	218	58.13
지인경	452	100.00	415	91.81	294	78.40
합계	2,260		2,092		1,343	
평균	452	100.00	418.40	92.57	268.60	71.63

강원·평창, 학생(녹음자분)

제보자	조사Ⅰ(452)		조사Ⅱ(375)		제보자	조사Ⅰ(452)		조사Ⅱ(375)	
	무음장단어수	백분비(%)	무음장단어수	백분비(%)		무음장단어수	백분비(%)	무음장단어수	백분비(%)
고정환	431	95.35	294	78.40	유종각	402	88.94	277	73.87
권순호	431	95.35	357	95.20	윤혁만	366	80.97	208	55.47
김동준	347	76.77	74	19.73	이근황	448	99.12	309	82.40
김성기	449	99.34	312	83.20	전종태	431	95.35	361	96.27
김재문	412	91.15	326	86.93	지승현	411	90.93	359	95.73
김향연	327	72.35	137	36.53	함인철	333	73.67	248	66.13
나훈영	434	96.02	337	89.87	홍세현	421	93.14	353	94.13
노재현	422	93.36	368	98.13	황영순	377	83.41	255	68.00
박장우	411	90.93	297	79.20	황준호	377	83.41	205	54.67
백명훈	451	99.78	335	89.33	합계	8,559		6,052	
엄성주	447	98.89	351	93.60	평균	407.57	90.17	288.19	76.85
원도회	431	95.35	289	77.07					

342. 강원 평창 지역 제보자들의 의식 조사 결과는 다음과 같다.

[표57]　　　　　　　　강원 평창 지역 제보자 의식 조사 통계표

구분	1		2		3-①				3-②			
	①	②	①	②	초	중	초·중	중·고	초	중	초·중	중·고
성인	1	4		5								
학생	1	4	4	1		2	2			2	2	
	1	20	6	15	1	4		1	1	4		1

	3-③			4		5		6			7		8	
	1~5일	6~10일	16~20일	①	②	①	②	①	②	③	①	②	①	②
					5		5				1	4		5
		2	2	1	4		5				1	4	4	1
	4	1	1	1	20	1	20			1		21	9	12

문항 1.에서 3명(전체 31명의 9.68%)이 음장에 따라 의미를 구분한다고 하였다. 그러나, 이러한 반응은 음장이 실제로 존재해서라기보다는, 규범 문법의 영향을 받은,

모범답 작성 심리의 반영이 아닌가 싶다.

343. 음장 교육을 받은 일이 있다(문항2)는 제보자는 10명(전체 31명의 32.26%)
이다. 이들 10명의 질문지만을 따로 뽑아 문항 1, 4 ,5, 7, 8에 대한 반응을 각각
조사해 보았다.

[표58]   강원 평창 지역 음장 교육 받은 제보자 의식 조사 통계표

문항번호 제보자 군	1		4		5		7		8	
	①	②	①	②	①	②	①	②	①	②
녹음한 성인	0/1	0/4		0/5		0/5	0/1	0/4		0/5
녹음한 학생	0/1	4/4	1/1	3/4		4/5	1/1	3/4	3/4	1/1
녹음 안 한 학생	0/1	6/20	0/1	6/20	0/1	6/20		6/21	2/9	4/12

음장 교육 받은 제보자 중 해당 사례수 / 총 사례수

위 표에 의하면, 전후 문맥에 따라 의미 분별한다는 제보자는 10명(전체 28명의
35.71%)이고, 음장에 관심을 가졌던 일이 없다는 제보자는 9명(전체 29명의
31.03%), 대화 중 음장을 의식 않고 말한다는 제보자는 10명(전체 30명의 33.33%),
음장이 틀리는 사람을 교양 부족이라고 생각하지 않는다는 제보자는 9명(전체 29명의
31.03%), 음장을 잘못 발음하여 의미전달에 혼란을 경험한 일이 있다는 제보자는 5명
(전체 13명의 38.46%)이었다.

모두 특정 답지에 몰리지 않고, 전체 제보자 중에서 교육 받은 제보자가 차지하는
비율(32.26%)과 비슷하게 분포되어 있다. 음장 교육이 음장 의식을 강화하는데 아
무런 역할도 하지 못했음을 의미하는 내용이다.

344. 음장 교육을 받은 일이 있다는 학생 제보자 10명은 모두 초·중·고등학교 시
절에 학교에서 정해진 교육과정에 따라 교육을 받았다고 하였다.

음장에 대해 관심을 가졌던 일이 있다는 제보자는 학생 제보자 가운데 2명(전체
31명의 6.45%)이 있었다.

대화할 때, 의식적으로 음장을 구분해서 말한다는 제보자는 1명(전체 31명의
3.23%)으로, 어떤 내용을 특별히 강조하거나 자기 주장을 강하게 펼 때 장단을 구별
하여 발음한다고 하였다. 이것은 어찌 보면 표현적 자질이다.

음장이 틀리는 사람을 교양이 부족한 사람이라고 생각하는 제보자는 2명(전체 31
명의 6.45%)이 있었다.

모두 무시해도 좋을 만큼의 미미한 수치였다.

음장이 틀려서 의미 전달에 혼란을 경험했던 일이 있다는 제보자는 학생 제보자 가
운데 13명(전체 31명의 41.94%)이 있었다. 이는 규범 문법에 맞지 않게 발음했던

경험을 말하고 있는 것 같다.

345. 강원 평창 지역에 음장이 존재하지 않는다는데 대해서는 성인군과 학생군 간에 차이가 없다. 다만, 성인 제보자들에게서 음장의 잔영 같은 것을 어렴풋이 느낄 수 있다는 점이 다르다면 다른 점이 될지 모르겠다.

6. 강원·강릉

346. 강원도 강릉15)은 성조만 있다고 보는 견해(문효근, 1969b)와 성조와 음장이 다 있다고 보는 견해(이익섭, 1972)가 대립되고 있는 지역이다. 그런데, 이번 조사에서, 이 지역 성인 제보자 3명 가운데 담화(녹음)에서 음장을 유지한 제보자는 한 사람도 없었다. 따라서, 한 제보자의 녹음, 조사Ⅰ, 조사Ⅱ가 음장에 있어서 일치하고, 그것이 다른 제보자들의 그것과도 일치하는 어형이 하나도 없다. 이는 강원 강릉 지역 성인 제보자들에게 음장이 존재하지 않는다는 것을 의미한다.

347. 학생 제보자 5명의 경우에도, 담화(녹음)에서 음장을 유지한 제보자가 없기는 마찬가지이다. 따라서, 이 경우에도, 녹음, 조사Ⅰ, 조사Ⅱ가 음장에 있어 일치하고, 그것이 다른 제보자들의 그것과도 일치하는 어형이 없으며, 이는 곧 강원 강릉 지역 학생 제보자들에게 있어서도 음장이 존재하지 않음을 확인시켜 주는 것이다.

348. 강원 강릉 지역 제보자들의 녹음과 조사Ⅰ, 녹음과 조사Ⅱ, 조사Ⅰ과 Ⅱ, 녹음과 조사Ⅰ과 조사Ⅱ 간 음장 일치 통계를 표로 제시하면 다음과 같다. 표에 의하면, 성인군이 학생군보다 무음장 일치 비율이 높고, 불일치 비율은 낮다.

[표59]　　　　　　　　　　개인별 음장 일치 통계표

강원·강릉, 성인(녹음자분)

제보자	가				나				다				라			
	①	②	③	④	①	②	③	④	①	②	③	④	①	②	③	④
김성기		373	79			198	141		16	171	152			170	169	
최승룡		432	20			307	32		11	302	26			302	37	
한태운		442	10			300	39		4	298	37			298	41	
합계		1247	109			805	212		31	771	215			770	247	
평균		415.67	36.33			268.33	70.67		10.33	257.00	71.67			256.67	82.33	
%		91.96	8.04			79.15	20.85		3.05	75.81	21.14			75.71	24.29	

15) 조사 지점인 강릉시 주문진읍은 문효근(1972)이 음장이 존재한다고 주장하는 영동 북부 방언권에 인접한 지역이다.

강원·강릉, 학생(녹음자분)

제보자	가				나				다				라			
	①	②	③	④	①	②	③	④	①	②	③	④	①	②	③	④
함준혁		349	103			272	67		11	202	126			196	143	
이강회		381	71			70	269		25	61	253			58	281	
최상운		346	106			259	80		12	200	127			198	141	
김형철		389	63			230	109		14	200	125			193	146	
심길섭		363	89			242	97		10	203	126			200	139	
합계		1828	432			1073	622		72	866	757			845	850	
평균		365.60	86.40			214.60	124.40		14.40	173.20	151.40			169.00	170.00	
%		80.88	19.12			63.30	36.70		4.25	51.09	44.66			49.85	50.15	

강원·강릉, 학생(비녹음자분)

제보자	다의 ①	다의 ②	다의 ③	다의 ④	제보자	다의 ①	다의 ②	다의 ③	다의 ④
곽병길	25	212	102		송주환	8	230	101	
김구열	13	143	183		신정태	29	153	157	
김기현	14	123	202		양인모	8	194	137	
김동일	12	214	113		양정항	13	195	131	
김동조	17	170	152		우용필	26	166	147	
김재휘	7	229	103		원현일	13	302	24	
김정민		299	40		윤자용	9	234	96	
김정환	5	270	64		이대헌	5	256	78	
김준범	9	276	54		이승환	5	278	56	
김중철	7	243	89		정재원	18	185	136	
도한득	24	190	125		최승규	22	159	158	
박근철		323	16		최종원	27	213	99	
박상식	35	199	105		홍완호	15	285	39	
박성구	3	285	51		황영준	31	140	168	
박승철	16	258	65		합계	489	6729	3291	
박용재	47	55	237		평균	15.77	217.07	106.16	
방기복	26	250	63		%	4.65	64.03	31.32	

349. 개별 어휘의 어형별 빈도표(부록Ⅲ. 강원 강릉편)를 보면, 전체 2558 어형 가운데 2520 어형(성인 1257, 학생 1263)에서 유음장 어형의 빈도보다 무음장 어형의 빈도가 더 높게 타나나고 있다. 거의 모든 어휘에서 제보자의 절대 다수가 무음장 어형에 기표하고 있기 때문이다. 물론, '그, 긴, 살'등 29개 어휘에서 부분적으로 유음장 어형이 무음장 어형보다 빈도가 높거나 비슷한 경우가 있기는 하나, 녹음과 조사Ⅰ과 조사Ⅱ가 일치한 것은 없기 때문에 특별한 의미는 없다. 따라서, 전체적으로 볼 때, 98.51%에 해당하는 2520 어형, 유음장 어형의 빈도가 무음장 어형의 빈도보다 높은 어형을 학생군보다 더 많이 가지고 있는 성인군만을 대상으로 하더라도 98.28%에 해당하는 1257 어형에서 유음장보다 무음장의 빈도가 높게 나타난 이번 조사 결과는 성인군 학생군 공히 음장이 존재하지 않는다는 §346, §347의 결론을 뒷받침해 주고 있음을 의미하는 것으로 보아야 할 것이다.

350. 최소대립어에 있어서도, 성인 제보자 3명 가운데, 담화(녹음)에서 음장의 유무로 대립하는 최소대립어를 가진 제보자가 없다. 따라서, 녹음, 조사Ⅰ, 조사Ⅱ가 일치하는 최소대립어가 있을 수 없고, 3명 모두가 일치하는 최소대립어도 물론 없다.

351. 학생 제보자 5명의 경우도, 담화(녹음)에서 음장의 유무로 대립하는 최소대립어가 없으며, 따라서 녹음, 조사Ⅰ, 조사Ⅱ가 일치하는 음장 대립형이 있을 수 없고, 제보자 5명이 일치하는 음장 대립형도 있을 수 없다.

352. 녹음과 조사Ⅰ, 녹음과 조사Ⅱ, 조사Ⅰ과 Ⅱ, 녹음과 조사Ⅰ과 조사Ⅱ 간에 최소대립어 유형이 일치하는 경우의 수를 표로 보이면 다음과 같다. 표에 의하면, 성인군이 학생군보다 무음장 일치 비율은 높고, 불일치 비율은 낮다.

[표60]   개인별 최소대립어 일치 통계표

강원 · 강릉, 성인(녹음자분)

제보자	가				나				다				라			
	①	②	③	④	①	②	③	④	①	②	③	④	①	②	③	④
김성기		10	9			8	11		2	4	13			4	15	
최승룡		12	7			11	8		4	9	6			9	10	
한태운		14	5			12	7		3	11	5			11	8	
합계		36	21			31	26		9	24	24			24	33	
평균		12.00	7.00			10.33	8.67		3.00	8.00	8.00			8.00	11.00	
%		63.16	36.84			54.39	45.61		15.78	42.11	42.11			42.11	57.89	

강원 · 강릉, 학생(녹음자분)

제보자	가				나				다				라			
	①	②	③	④	①	②	③	④	①	②	③	④	①	②	③	④
김형철		6	13			7	12		3	5	11			4	15	
심길섭		10	9			11	8		·	7	12			6	13	
이강희		16	3			9	10		·	9	10			8	11	
최상운		11	8			10	9		·	5	14			5	14	
함준혁		3	16			5	14		2	2	15			1	18	
합계		46	49			42	53		5	28	62			24	71	
평균		9.20	9.80			8.40	10.60		1.00	5.60	12.40			4.80	14.20	
%		48.42	51.58			44.21	55.79		5.26	29.47	65.26			25.26	74.74	

강원 · 강릉, 학생(비녹음자분)

제보자	다의 ①	다의 ②	다의 ③	다의 ④	제보자	다의 ①	다의 ②	다의 ③	다의 ④
곽병길	6	4	9		송주환		7	12	
김구열		1	18		신정태	1	3	15	
김기현	1	3	15		양인모		7	12	
김동일	3	3	13		양정항	1	5	13	

제보자	다의 ①	다의 ②	다의 ③	다의 ④	제보자	다의 ①	다의 ②	다의 ③	다의 ④
김동조	2	1	16		우용필	3	1	15	
김재휘		8	11		원현일	3	9	7	
김정민		16	3		윤자용		10	9	
김정환		12	7		이대헌		7	12	
김준범	4	11	4		이승한		6	13	
김중철		5	14		정재원	2	6	11	
도한득	2	5	12		최승규		1	18	
박근철		16	3		최종원	4	3	12	
박상식	3	5	11		홍완호	1	8	10	
박성구		9	10		황영준	2	3	14	
박승철		4	15		합계	44	184	361	
박용재	4		15		평균	1.42	5.94	11.65	
방기복	2	5	12		%	7.47	31.24	61.29	

353. 음장의 유무에 따라 최소대립어를 이룰 수 있는 37개의 짝을 단위로 그 유형별 빈도를 조사한 결과(부록Ⅳ. 강원 강릉편)를 보면, 전체 150쌍 가운데 138쌍(성인 66, 학생 72)에서 무음장 어형만으로 짝을 이룬 유형이 유음장 어형을 포함하여 짝을 이룬 유형보다 빈도가 높게 나타났다. 거의 모든 경우에 있어서, 제보자의 절대다수가 '짝을 이루는 어휘 모두에 음장이 얹히지 않는 유형'에 기표하고 있기 때문이다. 물론, '굴:(窟)/굴:(蠣), 말:(馬)/말:(言), 밤(夜)에/밤(夜)에는/밤:(栗)을, 이상(以上)/이:상(理想)' 등의 빈도가 무음장 어형만으로 짝을 이룬 유형의 빈도와 비슷하거나 약간 높은 경우가 더러 있기는 하나, 녹음, 조사Ⅰ, 조사Ⅱ가 같은 경향을 보여주는 것도 아니고, 또 모든 경우의 수에 비하면 아주 미미한 것이어서(12/150), 특별히 의미를 부여할 만한 것은 못된다. 따라서, 전체적으로 볼 때 92.00%에 해당하는 138쌍, 유음장 어형을 포함하여 짝을 이룬 유형의 빈도가 무음장 어형만으로 짝을 이룬 유형의 빈도보다 높은 유형을 학생군보다 더 많이 가지고 있는 성인군만을 대상으로 한다고 해도 88.00%에 해당하는 66쌍에서 무음장 어형만으로 짝을 이룬 유형이 유음장 어형을 포함하여 짝을 이룬 유형보다 빈도가 높다는 이번 조사 결과는 성인군 학생군 공히 음장에 따른 최소대립어가 존재하지 않는다는 §350, §351의 결론을 뒷받침해 주고 있음을 의미하는 것으로 해석해야 할 것이다.

354. 강원 강릉 지역의 조사 결과를 표준어의 그것들과 비교해 보면, 표준어에서 음장이 얹히는 것이나 얹히지 않는 것이나 구분 없이 제보자의 절대 다수가 '무음장 어형'과 '짝을 이루는 어휘 모두에 음장이 얹히지 않는 유형'에 기표하고 있다. 물론, 무음장 어형의 빈도보다 유음장 어형의 빈도가 더 높은 38 어형(성인 22, 학생 16) 가운데 표준음장과 일치하는 것이 25 어형(성인 13, 학생 12), 불일치하는 것이 13 어형(성인 9, 학생 4) 있고, 무음장 어형만으로 짝을 이룬 유형의 빈도보다 유음장 어형을 포함하여 짝을 이룬 유형의 빈도가 더 높은 12쌍(성인 9, 학생 3) 가운데 표준 발음법에서 정한 음장 대립형과 일치하는 것이 5쌍(성인 4, 학생 1), 불일치하는 것이 7쌍(성인 5, 학생

2) 있기는 하지만, 그것들이(표준 발음법과 일치한 것들이나 불일치한 것들이나를 막론하고) 수적으로 미미할 뿐만 아니라(무음장 어형 98.51%, 무음장 유형 92.00%), 녹음, 조사Ⅰ, 조사Ⅱ에서 일관된 경향을 보여 주는 것이 하나도 없다. 따라서, 이번 조사 결과를 표준어의 그것들과 상호 비교한다는 것은 별로 의미가 없어 보인다.

355. 음장은 단어의 제일음절 모음 위에 얹힌다고 하는데, 이번 강원 강릉 지역 조사 결과를 보면, 절대 다수가 무음장이고, 제일음절 위치에서 음장을 갖는다고 하는 음절이 제이 이하 음절 위치로 이동한 어휘들도 일반 어휘의 제이 이하 음절과 마찬가지로 무음장이 절대 다수였다. 음장이 얹힌 경우라도 제일음절과 제이 이하 음절 간에 의미있는 차이가 있는 것도 아니어서, 이 규정은 지켜지지 않고 있다고 보아야 한다.

356. 강원 강릉 지역의 어형별 빈도표에서, '서성대:고(1), 서성대:다(1), 틀림없:이(1, 1), 허둥대:며(1), 허둥대:다(0)' 어형은 없거나, 있어도 빈도가 극히 낮다. 음장이 실재하지 않는다고 결론 내린 현 상황에서는 너무나도 당연한 귀결이다.

그리고, 한 단어 안에서 음장이 연달아 온 경우는 23 단어 25 어형인 바, 이것도 음장이 실재하지 않는 데서 야기된 혼란이다.

357. 표준 발음법 기준으로, 음장 없는 단음절 용언과 음장은 있으나 모음 어미가 이어지면 음장이 소멸한다는 단음절 용언, 그리고 모음 어미가 이어져도 음장이 소멸하지 않는다는 단음절 용언 간에는, 모음 어미가 이어질 때나 자음 어미가 이어질 때나, 어느 경우를 막론하고 아무런 차이가 없었다. 모두 무음장 어형이 절대 다수를 점하고 있었다. 이는 음장 있는 단음절 용언 어간에 모음으로 시작되는 어미가 이어지면 음장이 소멸한다는 규칙이 존재하지 않음을 의미하는 바, 음장이 실재하지 않는 상황에서는 그것은 너무나 당연한 귀결이다.

358. '들려라, 들리다'와 '보이는, 보이다'는 모두 무음장 어형이 절대 다수이다. 이는 '듣다, 보다'가 무음장 어형이어서 피동 접미사 '이'의 영향을 확인할 수 없는 것으로 해석하기보다는, 음장 자체가 존재하지 않기 때문으로 해석하는 것이 전후 모순 없는 해석이 될 것이다.

파생 명사 '걸음, 놀이터'와 파생 부사 '많이, 틀림없이'는 모두 무음장 어형이 다수를 점하고 있었다.

보상적 음장화의 예가 될 수 있는 어휘들도 무음장 어형이 절대 다수이다. 다만, '애(조사Ⅰ, 학생)'와 '얘기(조사Ⅱ, 성인)'에서 유음장 어형이 무음장 어형보다 빈도가 높게 나타났으나, 미미한 수치이다(2/80). 그리고 '애'는 녹음과 조사Ⅱ에서 같은 경향을 보이지 않을 뿐만 아니라, 개음절 모음에, 개리연접이 뒤따르고, 표현적 자질로 볼 수도 있는 어휘이며, '얘기'도 '얘'가 개음절 모음인데다가, 녹음과 조사Ⅰ에서 같은

경향을 보여주고 있는 것이 없으므로 큰 의미가 없다. '와, 져, 쳐'는 없고, '까, 따'도
무음장 어형이 절대 다수였다.

이는 모두 음장이 실재하지 않기 때문에 나타나는 현상이다.

359. 제일음절말 위치에 무성의 정지음 〔-k, -t, -p〕이 온 어휘들의 어형별 빈도
분포를 보면, 제보자의 절대 다수가 예외 어휘까지도 포함하여 모두 무음장 어형에
집중되어 있다. 다만, 조사Ⅱ·성인에서 '잎사귀'의 빈도(1)보다 '잎:사귀'의 빈도(2)
가 높게 나타난 유일의 예가 있기는 하나, 이것은 아마도 자음(ㅍ)의 길이를 모음
(ㅣ)의 길이로 착각한 것이 아닌가 싶다. 그러나, 이것이 유일 예인데다가, 빈도의 차
이도 별로 없는 것이어서, 크게 주목할 사항은 못되는 것 같다.

'많다, 많아서', '앉아, 앉다', '않는다', '잃었다, 잃다'에서도 역시 제보자의 절대 다
수가 무음장 어형에 집중되어 있다.

모두 음장이 실재하지 않기 때문에 나타나는 현상이다.

360. 유기 자음(ㅍ, ㅌ, ㅋ, ㅊ)이나 긴장 자음(ㅃ, ㄸ, ㄲ, ㅉ, ㅆ)으로 시작되는
어휘들의 어형별 빈도 분포를 보면, 무음장 어형에 절대 다수가 집중되어 있다.

개음절의 단음절짜리 단어들도 무음장 어형의 빈도가 유음장 어형의 그것보다 높
다. '그, 배'의 조사Ⅱ·학생에서 유음장 어형의 빈도가 무음장 어형의 빈도보다 높게
나타난 것이 있기는 하지만, 이는 개음절 모음이 폐음절 모음보다 더 길게 소리난다
는 음향음성학적 특징이 반영된 결과로 보이며(개음절 모음 뒤에 바로 개리연접이 가
해진 것도 소리가 길어진 한 요인이 될 수 있을 것임), 전체적으로는 역시 무음장 어
형이 주류를 이룬다고 보아야 할 것이다.

이것도 모두 음장이 실재하지 않기 때문에 나타나는 현상이다.

361. 강원 강릉 지역의 무음장 단어수는 녹음, 조사Ⅰ, 조사Ⅱ 순으로 많다.

[표61]　　　　　　　　　　　　　개인별 무음장 단어 통계표

강원·강릉, 성인(녹음자분)

제보자	녹음(452)		조사Ⅰ(452)		조사Ⅱ(375)	
	무음장단어수	백분비(%)	무음장단어수	백분비(%)	무음장단어수	백분비(%)
김성기	452	100..00	376	83.18	226	60.26
최승용	452	100.00	433	95.79	340	90.66
한태운	452	100.00	442	97.78	332	88.53
합계	1,356		1,251		898	
평균	452	100.00	417.00	92.26	299.33	79.82

강원·강릉, 학생(녹음자분)

제보자	녹음(452)		조사I(452)		조사II(375)	
	무음장단어수	백분비(%)	무음장단어수	백분비(%)	무음장단어수	백분비(%)
김형철	452	100.00	389	86.06	241	64.26
심길섭	452	100.00	366	80.97	274	73.06
이강회	452	100.00	378	83.62	91	24.26
최상운	451	99.77	347	76.76	283	75.46
함준혁	452	100.00	348	76.99	302	80.53
합계	2259		1828		1191	
평균	451.80	99.96	365.60	80.88	238.20	63.52

강원·강릉, 학생(비녹음자분)

제보자	조사I(452)		조사II(452)		제보자	조사I(452)		조사II(452)	
	무음장단어수	백분비(%)	무음장단어수	백분비(%)		무음장단어수	백분비(%)	무음장단어수	백분비(%)
곽병길	384	84.96	252	67.20	송주환	371	82.08	304	81.07
김구열	360	79.65	159	42.40	신정태	340	75.22	197	52.53
김기현	412	91.15	136	36.27	양인모	354	78.32	280	74.67
곽병길	384	84.96	252	67.20	송주환	371	82.08	304	81.07
김구열	360	79.65	159	42.40	신정태	340	75.22	197	52.53
김기현	412	91.15	136	36.27	양인모	354	78.32	280	74.67
김동일	306	67.70	292	77.87	양정항	332	73.45	284	75.73
김동조	397	87.83	198	52.80	우용필	384	84.96	202	53.87
김재휘	319	70.58	302	80.53	원현일	431	95.35	339	90.40
김정민	426	94.25	343	91.47	윤자용	387	85.62	298	79.47
김정환	297	65.71	340	90.67	이대헌	397	87.83	307	81.87
김준범	381	84.29	318	84.80	이승한	409	90.49	346	92.27
김중철	363	80.31	326	86.93	정재원	382	84.51	248	66.13
도한득	324	71.68	274	73.07	최승규	367	81.19	180	48.00
박근철	437	96.68	368	98.13	최종원	379	83.85	265	70.67
박상식	359	79.42	260	69.33	홍완호	410	90.71	336	89.60
박성구	426	94.25	330	88.00	황영준	314	69.47	187	49.87
박승철	410	90.71	290	77.33	합계	11,638		8,311	
박용재	376	83.19	66	17.60	평균	376.50	83.06	268.10	71.49
방기복	404	89.38	284	75.73					

362. 음장에 대한 강원 강릉 지역 제보자들의 의식 조사 결과는 다음과 같다.

[표62]   강원 강릉 지역 제보자 의식 조사 통계표

구분	1		2		3-①			3-②			3-③	
	①	②	①	②	초	중	초·중	초	중	초·중	1~5일	6~10일
성인		3		3								
학생		5	1	4		1			1			1
	6	25	4	27	2	1	1	2	1	1	3	1

4		5		6			7		8	
①	②	①	②	①	②	③	①	②	①	②
	3		3					3		3
	5		5					5		5
1	30	1	30		1		1	30	11	20

문항 1.에서 녹음한 제보자들은 성인군 학생군 공히 지속은 이제 더 이상 변별적 자질이 되지 못한다고 답변하였다. 다만, 비녹음 학생 제보자 가운데 6명(전체 39명의 15.38%)이 음장에 따라 의미를 구분한다고 답하고 있는 바, 이는 실제로 음장이 존재한다고 보는 사람이라기보다는 규범 문법에 맞는 모범 답안을 내놓으려는 심리 작용의 반영으로 보는 것이 오히려 타당할 것이다.

363. 음장 교육을 받은 일이 있다는 제보자는 5명(전체 39명의 12.82%)이다. 이들 5명의 질문지만을 가려내어 문항 1, 4, 5, 7, 8에 대한 반응 결과를 각각 조사해 보았다.

[표63]   강원 강릉 지역 음장 교육 받은 제보자 의식 조사 통계표

문항번호 제보자 군	1 ①	1 ②	4 ①	4 ②	5 ①	5 ②	7 ①	7 ②	8 ①	8 ②
녹음한 성인		0/3		0/3		0/3		0/3		0/3
녹음한 학생		1/5		1/5		1/5		1/5		1/5
녹음 안 한 학생	1/6	3/25	0/1	4/30	0/1	4/30	0/1	4/30	2/11	2/20

음장 교육 받은 제보자 중 해당 사례수 / 총 사례수

위 표를 보면, 교육 받은 제보자 5명이 각 문항에서 특정 답지에 몰리지 않고, 전체 제보자 중에서 교육 받은 제보자가 차지한 비율과 비슷하게 흩어진 분포16)를 보여 주고 있다. 이것은 음장 교육이 제보자들의 음장 의식을 특정한 방향으로 바꿔 놓는데 실패했음을 보여 주는 좋은 증거이다.

364. 음장 교육을 받은 일이 있다는 학생 제보자 5명은 모두 초·중학교 시절에 학교에서 정해진 교육과정에 따라 교육을 받았다고 하였다.
음장에 대해 관심을 가졌던 일이 있다는 제보자는 학생 제보자 가운데 1명(전체 39명의 2.56%)이 있었다.
대화할 때, 의식적으로 음장을 구분해서 말한다는 제보자는 1명(학생)으로, 그 이유에 대해서는 음장을 지키지 않는 말은 어색하게 들리기 때문이라고 하였다.
음장이 틀리는 사람을 교양이 부족한 사람이라고 생각하는 제보자는 학생 제보자 가운데 1명(전체 39명의 2.56%)이 있었다.
모두 무시해도 좋을 만큼의 미미한 수치이다.
음장이 틀려서 의미 전달에 혼란을 경험했던 일이 있다는 제보자는 11명(전체 39명의 28.21%)이 있었다. 이는 규범 문법에 맞지 않게 발음한 사실을 자각했던 경험을 말하는 것 같다.

---

16) 1의 ② 12.12%, 4의 ② 13.16%, 5의 ② 13.16%, 7의 ② 13.16%, 8의 ② 10.71%

365. 강원도 강릉 지역에 음장이 존재하지 않는다는 결론에 대해서는 성인군과 학생군 간의 차이가 없다. 다만 성인 제보자들에게서 몇 개의 긴소리 발음을 들을 수 있었던 것이 차이점이라면 차이점이라고 할 수 있을 것이다.

7. 충북 · 단양

366. 충북 단양 지역17) 성인 제보자 6명 가운데 담화(녹음)에서 음장이 얹힌 경우는 제보자 서재관의 '족:'뿐이다. 그러나 이것도 조사 I 과 조사 II 는 무음장이다. 결국 충북 단양 지역에 한 제보자의 녹음과 조사 I 과 조사 II 가 일치한 유음장 어형은 없는 것이며, 따라서 제보자 6명이 모두 일치한 유음장 어형도 없는 것이다. 이는 성인 제보자의 경우, 충북 단양 지역에는 음장이 존재하지 않는다는 의미이다.

367. 학생 제보자 5명의 경우는, 담화(녹음)에서 음장을 유지한 제보자가 한 사람도 없었으며, 따라서, 한 제보자의 녹음, 조사 I , 조사 II 가 음장에 있어 일치하고, 그것이 다른 제보자들의 그것과도 일치하는 어형이 하나도 없다. 이는 충북 단양 지역 학생 제보자들에게 있어서도 음장이 존재하지 않는다는 것을 의미한다.

368. 충북 단양 지역 제보자들의 녹음과 조사 I , 녹음과 조사 II , 조사 I 과 조사 II 녹음과 조사 I 과 조사 II 간 음장 일치 통계를 표로 제시하면 다음과 같다. 표에 의하면, 학생군에 비해서 성인군이 무음장 일치 비율은 높고, 불일치 비율은 낮다.

[표64]   개인별 음장 일치 통계표

충북 · 단양, 성인(녹음자분)

제보자	가				나				다				라			
	①	②	③	④	①	②	③	④	①	②	③	④	①	②	③	④
김정숙		435	17			272	67		5	263	71			263	76	
김종대		419	33			282	57		8	261	70			261	78	
배석호		427	25			298	41		3	283	53			283	56	
서재관		439	13			261	78		2	253	84			253	86	
윤성석		422	30			306	33		4	286	49			286	53	
임대근		436	16			294	45		3	282	54			282	57	
합계		2578	134			1713	321		25	1628	381			1628	406	
평균		429.67	22.33			285.5	53.5		4.17	271.33	63.50			271.33	67.67	
%		95.06	4.94			84.22	15.78		1.23	80.04	18.73			80.04	19.96	

---

17) 충청북도 단양군은 경북 방언권 인접 지역이다. 조사 지점인 어상천면은 단양군내에서는 북서쪽에 위치하여 제천군과 접경을 이룬다.

충북 · 단양, 학생(녹음자분)

제보자	가				나				다				라			
	①	②	③	④	①	②	③	④	①	②	③	④	①	②	③	④
권미영		341	111			213	126		69	183	87			183	156	
김옥희		388	64			32	307		24	26	289			26	313	
전소현		351	101			248	91		31	200	108			200	139	
조성현		377	75			44	295		34	42	263			42	297	
허은숙		395	57			189	150		12	167	160			166	173	
합계		1852	408			726	969		170	618	907			617	1,078	
평균		370.40	81.60			145.20	193.80		34.00	123.60	181.40			123.40	215.60	
%		81.95	18.05			42.83	57.17		10.03	36.46	53.51			36.40	63.60	

충북 · 단양 학생(비녹음자분)

제보자	다의 ①	다의 ②	다의 ③	다의 ④	제보자	다의 ①	다의 ②	다의 ③	다의 ④
권용정	2	316	21		양현경	13	284	42	
김 은	18	233	88		원두훈	1	309	29	
김남진	5	268	66		이남희	1	263	75	
김명선	5	188	146		이미선	31	47	261	
김상윤		312	27		이미애	7	280	52	
김선희	5	240	94		이현경	18	33	288	
김승미	7	238	94		전일해	10	127	202	
김은숙	8	231	100		전현숙	7	290	42	
김태수	20	151	168		최일란	6	256	77	
김현식	21	161	157		합계	187	4,801	2,131	
박소영	2	258	79		평균	8.90	228.62	101.48	
안승인		316	23		%	2.63	67.44	29.93	

369. 개별 어휘의 어형별 빈도표(부록Ⅲ. 충북 단양편)를 보면, 전체 2558 어형 가운데 2532 어형(성인 1271, 학생 1261)에서 유음장 어형의 빈도보다 무음장 어형의 빈도가 높게 나타나고 있다. 모든 어휘에서 제보자의 절대 다수가 무음장 어형에 기표하고 있기 때문이다. 물론, '굴(窟), 굴(蠣), 그, 긴' 등의 17개 어휘에서 부분적으로 유음장 어형이 무음장 어형보다 빈도가 높거나 비슷한 경우가 있기는 하지만, 녹음, 조사Ⅰ, 조사Ⅱ에서 일관된 경향을 보여주고 있는 것이 아니기 때문에 별로 주목할 만한 사항은 못 된다. 따라서, 전체적으로 볼 때 98.98%에 해당하는 2532 어형, 유음장 어형의 빈도가 무음장 어형의 빈도보다 높은 어형을 성인군보다 더 많이 가지고 있다는 학생군만을 대상으로 하더라도 98.59%가 넘는 1261 어형에서 유음장보다 무음장의 빈도가 높다고 하는 이번 조사 결과는 성인군 학생군 공히 음장이 존재하지 않는다는 §366, §367의 결론을 뒷받침해 주고 있음을 의미하는 것으로 보아야 할 것이다.

370. 최소대립어에 있어서도, 성인 제보자 6명 가운데, 담화(녹음)에서 음장의 유무로 대립하는 최소대립어를 가진 제보자가 없다. 따라서 녹음, 조사Ⅰ, 조사Ⅱ가 일치하는 최소대립어가 있을 수 없고, 제보자 6명이 모두 일치하는 최소대립어도 물론 있을 수 없다.

371. 학생 제보자 5명의 경우도, 담화(녹음)에서 음장의 유무로 대립하는 최소대립어를 가진 제보자가 없으며, 따라서 녹음, 조사 I , 조사 II가 일치하는 최소대립어가 있을 수 없고, 제보자 5명이 모두 일치하는 최소대립어도 있을 수 없다.

372. 녹음과 조사 I , 녹음과 조사 II, 조사 I 과 조사 II, 녹음과 조사 I 과 조사 II 간에 최소대립어가 일치하는 경우의 수를 표로 보이면 다음과 같다. 표에 의하면, 성인군이 학생군보다 무음장 일치 비율은 높고, 불일치 비율은 낮다.

[표65] 개인별 최소대립어 일치 통계표

충북·단양, 성인(녹음자분)

제보자	가				나				다				라			
	①	②	③	④	①	②	③	④	①	②	③	④	①	②	③	④
김정숙		15	4			7	12		1	7	11			7	12	
김종대		13	6			7	12		2	7	10			7	12	
배석호		15	4			15	4			13	6			13	6	
서재관		14	5			13	6			9	10			9	10	
윤성석		11	8			14	5			8	11			8	11	
임대근		16	3			11	8			9	10			9	10	
합계		84	30			67	47		3	53	58			53	61	
평균		14.00	5.00			11.17	7.83		0.50	8.83	9.67			8.83	10.17	
%		73.68	26.32			58.77	41.23		2.63	46.49	50.88			46.49	53.51	

충북·단양, 학생(녹음자분)

제보자	가				나				다				라			
	①	②	③	④	①	②	③	④	①	②	③	④	①	②	③	④
김옥희		10	9			1	18			1	18			1	18	
전소현		16	3			13	6			11	8			11	8	
권미영		4	15			3	16		7	2	70			2	17	
허은숙		16	3			8	11		1	7	11			7	12	
조성현		9	10				19		1		18				19	
합계		55	40			25	70		9	21	65			21	74	
평균		11.00	8.00			5.00	14.00		1.80	4.20	13.00			4.20	14.80	
%		57.89	42.11			26.32	73.68		9.47	22.11	68.42			22.11	77.89	

충북·단양, 학생(비녹음자분)

제보자	다의 ①	다의 ②	다의 ③	다의 ④	제보자	다의 ①	다의 ②	다의 ③	다의 ④
권용정	·	13	6		양현경	·	11	8	
김 은	5	5	9		원두훈	·	12	7	
김남진	·	12	7		이남희	1	11	7	
김명선	1	6	12		이미선	1	1	17	
김상윤	·	18	1		이미애	1	10	8	
김선희	·	14	5		이현경	·	2	17	
김승미	1	8	10		전일해	·	7	12	
김은숙	2	9	8		전현숙	1	10	8	

제보자	다의 ①	다의 ②	다의 ③	다의 ④	제보자	다의 ①	다의 ②	다의 ③	다의 ④
김태수		6	13		최일란		11	8	
김현실	3	4	12		합계	18	191	190	
박소영	2	4	13		평균	0.86	9.10	9.05	
안승인		17	2		%	4.51	47.87	47.62	

373. 음장의 유무의 따라 최소대립어를 이룰 수 있는 37개의 짝을 대상으로 그 유형별 빈도를 조사한 결과(부록Ⅳ. 충북 단양편)를 보면, 전체 150쌍 가운데 139쌍(성인 70, 학생 69)에서 무음장 어형만으로 짝을 이룬 유형이 유음장 어형을 포함하여 짝을 이룬 유형보다 빈도가 높게 나타나고 있다. 거의 모든 경우에 있어서, 제보자의 절대 다수가 '짝을 이루는 어휘 모두에 음장이 얹히지 않는 유형'에 기표하고 있기 때문이다. 물론, '굴ː(窟)/굴ː(蠣), 길ː(道)/길ː(丈), 눈ː(雪)/눈ː(眼), 밤ː(夜)/밤ː(栗)' 등 8개의 짝 11개 쌍에서 유음장 어형을 포함하여 짝을 이루는 유형의 빈도가 무음장 어형만으로 짝을 이루는 유형의 빈도와 비슷하거나 약간 높은 경우가 더러 있기는 하나, 그 가운데 음장 대립형은 넷밖에 없고(전체 150쌍의 2.67%), 그것도 녹음, 조사Ⅰ, 조사Ⅱ에서 같은 경향을 보여 주고 있는 것이 아니어서, 별로 주목할 만한 사항은 못되는 것 같다. 따라서, 전체적으로 볼 때 92.67%에 해당하는 139쌍, 유음장 어형을 포함하여 짝을 이룬 유형의 빈도가 무음장 어형만으로 짝을 이룬 유형의 빈도보다 높은 유형을 성인군보다 더 많이 가지고 있는 학생군만을 대상으로 해도 92.00%에 해당하는 69쌍에서 무음장 어형만으로 짝을 이룬 유형이 유음장 어형을 포함하여 짝을 이룬 유형보다 빈도가 높았다는 이번 조사 결과는 성인군 학생군 공히 음장에 따른 최소대립어가 존재하지 않는다는 §370, §371의 결론을 뒷받침해 주고 있음을 의미하는 것으로 해석해야 할 것이다.

374. 충북 단양 지역 조사 결과를 표준어의 그것과 비교해 보면, 표준어에서 음장이 얹히는 것이나 얹히지 않는 것이나 관계 없이, 제보자의 절대 다수가 '무음장 어형'과 '짝을 이루는 어휘 모두에 음장이 얹히지 않는 유형'에 기표하고 있다. 물론, 무음장 어형의 빈도보다 유음장 어형의 빈도가 더 높은 경우가 26 어형(성인 8, 학생 18), 그 가운데 표준 음장과 일치하는 경우가 14 어형(성인 5, 학생 9), 그렇지 못한 경우가 12 어형(성인 3, 학생 9) 있고, 무음장 어형만으로 짝을 이룬 유형의 빈도보다 유음장 어형을 포함하여 짝을 이룬 유형의 빈도가 더 높은 경우가 11쌍(성인 5, 학생 6), 그 가운데 표준 발음법에서 정한 대로 음장 대립형을 이룬 경우가 4쌍(성인 4, 학생 0), 그렇지 못한 경우가 7쌍(성인 1, 학생 6) 있기는 하지만, 그것들이(표준 발음법과 일치하는 것들이나 불일치하는 것들이나를 막론하고) 수적으로 미미할 뿐만 아니라(총 2558 어형 가운데 26 어형은 1.02%, 총 150쌍 가운데 11쌍은 7.33%), 녹음, 조사Ⅰ, 조사Ⅱ에서 일관된 경향을 보여 주는 것이 하나도 없다. 따라서, 이번 조사 결과를 표준어의 그것들과 상호 비교한다는 것은 별로 의미가 없어 보인다.

375. 음장은 제일음절 모음 위에 얹힌다는 표준 발음법 규정이 있으나, 이번 충북 단양 지역 조사 결과를 보면, 거의 모든 어휘에서 제보자의 절대 다수가 무음장 어형에 집중되어 있고, 제일음절말 위치에서 음장을 갖는다고 하는 음절이 제이 이하 음절 위치로 이동한 어휘들도 일반 어휘의 제이 이하 음절과 마찬가지로 무음장이 절대 다수였으며, 음장이 얹힌 경우라도 제일음절과 제이음절 또는 그 이하의 음절 간에 의미있는 차이가 있는 것도 아니어서, 규정은 지켜지지 않고 있다고 보아야 할 것인 바, 이는 모든 음절(첫 음절까지도 포함하여)에 음장이 얹히지 않기 때문에(=음장이 라는 것이 실재하지 않기 때문에) 일어나는 현상이다.

376. 충북 단양 지역의 어형별 빈도표에서, '서성대:고(O), 서성대:다(O), 틀림없: 이(O), 허둥대:며(2), 허둥대:다(1)' 어형은 없거나, 있어도 극히 빈도가 낮다. 음장이 실재하지 않는다고 결론을 내린 현 상황에서는 너무나도 당연한 결과이다.

그리고, 한 단어 안에서 음장이 연달아 온 경우는 129 단어 137 어형이나 되는 바, 이것은 음장이 실재하지 않기 때문에 생기는 혼란이다.

377. 표준 발음법 기준으로, 음장 없는 단음절 용언과 음장은 있으나 모음 어미가 이어지면 음장이 소멸한다는 단음절 용언, 그리고 역시 음장이 있고 모음 어미가 이어져도 음장이 소멸하지 않는다는 단음절 용언 간에는, 모음 어미가 이어지든 자음 어미가 이어지든, 아무런 차이가 없이 모두 무음장 어형이 절대 다수를 점하고 있었다. 이로써, 음장이 얹히는 단음절 용언에 모음으로 시작되는 어미가 이어지면 음장이 소멸한다는 규칙은 의미가 없게 되었는 바, 이는 음장이 그 어디에도 실재하지 않기 때문에 나타나는 현상이다.

378. '들려라, 들리다'와 '보이는, 보이다'는 모두 무음장 어형이 절대 다수이다.

파생 명사 '걸음, 놀이터'와 파생 부사 '많이, 틀림없이'도 모두 무음장 어형이 다수를 점하고 있다.

보상적 장음화의 예가 될 수 있는 어휘들도 무음장 어형이 절대 다수이다. '와, 져, 쳐'는 없고, '까, 따'도 무음장 어형이 절대 다수이다.

이는 모두 음장이 실재하지 않기 때문에 나타나는 현상이다.

379. 제일음절말 위치에 무성의 정지음 〔-k, -t, -p〕이 온 어휘들의 어형별 빈도 분포를 보면, 제보자의 절대 다수가 무음장 어형에 집중되어 있다. 유일하게 '잎(조사 Ⅱ, 학생)'의 빈도 분포가 유음장과 무음장으로 양분되는 현상을 보여주고 있으나. 이는 자음(ㅍ)의 길이를 모음(ㅣ)의 길이로 잘못 인지한 결과가 아닌가 싶다. 더욱이 녹음과 조사 Ⅰ에서는 그와 같은 현상이 타나나지도 않고, 수적인 면에서도 유일한 예임을 감안할 때, 정지음 뒤에는 음장이 오지 않는 것이 전체적인 흐름이라고 보아야

할 것이다. 이와 같은 현상이 나타나는 이유에 대하여는 음절말의 무성 정지음 때문이라고 보기보다는, 충북 단양 지역에 음장이 실재하지 않기 때문이라고 해석하는 것이 일관성과 합리성을 가진다.

'남은, 남다' '넘치는' '숨다, 숨어서'에서도 제보자의 절대 다수가 무음장 어형에 집중되어 있다.

'많다, 많아서' '앉아, 앉다' '않는다' '잃었다, 잃다'에서도 역시 제보자의 절대 다수가 무음장 어형에 집중되어 있다.

모두 음장이 실재하지 않기 때문에 나타나는 현상이다.

380. 유기 자음(ㅍ, ㅌ, ㅋ, ㅊ)이나 긴장 자음(ㅃ, ㄸ, ㄲ, ㅉ, ㅆ)으로 시작되는 어휘들의 어형별 빈도 분포를 보면, 제보자들의 절대 다수가 무음장 어형에 집중되어 있다.

개음절의 단음절짜리 단어들도 무음장 어형의 빈도가 유음장 어형의 그것보다 높다. 다만, '그(조사Ⅱ, 성인, 학생), 너(조사Ⅱ, 학생), 배(梨, 조사Ⅱ, 학생), 배(舟, 조사Ⅱ, 학생), 후(조사Ⅱ, 학생)'에서는 유음장 어형의 빈도가 무음장 어형의 빈도보다 오히려 높게 타나나고 있는 바, 개음절의 단음절짜리 단어에서 음장이 얹히지 않는다는 주장과는 상반된 상황이다. 이는 아마도 개음절 모음이 폐음절 모음보다 더 길게 소리난다는 음향음성학적 특징이 반영된 결과가 아닌가 싶다. 또, 개음절 모음 뒤에 바로 개리연접이 가해진 것도 소리가 길어진 한 요인이 될 수 있을 것이다. 그러나, 이것들은 녹음, 조사Ⅰ, 조사Ⅱ에서 일관된 경향을 보여주고 있는 것도 아니고, 그 수도 극히 미미한 것이어서(6/146), 전체적으로는 역시 무음장 어형이 주류를 이룬다고 보아야 할 것이다.

이것도 모두 음장이 실재하지 않기 때문에 나타나는 현상이다.

381. 충북 단양 지역도 무음장 단어수는 녹음, 조사Ⅰ, 조사Ⅱ 순으로 많다.

[표66]　　　　　　　　　　　개인별 무음장 단어 통계표

충북·단양, 성인(녹음자분)

제보자	녹음(452)		조사Ⅰ (452)		조사Ⅱ(375)	
	무음장단어수	백분비(%)	무음장단어수	백분비(%)	무음장단어수	백분비(%)
김정숙	450	99.56	442	97.79	313	83.47
김종대	452	100	419	92.70	313	83.47
배석호	452	100	417	92.26	329	87.73
서재판	451	99.78	440	97.35	296	78.93
윤성석	452	100	422	93.36	338	90.13
임대근	452	100	432	95.58	311	82.93
합계	2709		2572		1900	
평균	451.50	99.89	428.67	94.84	316.67	84.44

충북·단양, 학생(녹음자분)

제보자	녹음(452)		조사 I (452)		조사 II (375)	
	무음장단어수	백분비(%)	무음장단어수	백분비(%)	무음장단어수	백분비(%)
권미영	452	100	334	73.89	229	61.07
김옥희	452	100	382	84.51	35	9.33
전소현	452	100	352	77.88	264	70.40
조성현	452	100	360	79.65	50	13.33
허은숙	452	100	394	87.17	205	54.67
합계	2260		1822		783	
평균	452	100.00	364.40	80.62	156.60	41.76

충북·단양, 학생(비녹음자분)

제보자	조사 I (452)		조사 II (452)	
	무음장단어수	백분비(%)	무음장단어수	백분비(%)
권용정	442	97.79	356	94.93
김 은	431	95.35	258	68.80
김남진	423	93.58	320	85.33
김명선	437	96.68	220	58.67
김상윤	440	97.35	351	93.60
김선희	432	95.58	270	72.00
김승미	378	83.63	303	80.80
김은숙	428	94.69	271	72.27
김태수	357	78.98	200	53.33
김현실	421	93.14	192	51.20
박소영	418	92.48	310	82.67
안승인	445	98.45	354	94.40
양현경	414	91.59	330	88.00
원두훈	444	98.23	351	93.60
이남희	418	92.48	311	82.93
이미선	417	92.26	85	22.67
이미애	417	92.26	334	89.07
이현경	376	83.19	48	12.80
전일해	255	56.42	224	59.73
전현숙	434	96.02	329	87.73
최일란	365	80.75	330	88.00
합계	8592		5747	
평균	409.14	90.52	273.67	72.98

382. 음장에 대한 충북 단양 지역 제보자들의 의식 조사 결과는 다음 표와 같다.

[표67]　　　　　충북 단양 지역 제보자 의식 조사 통계표

구분	1		2		3-①		3-②		3-③		
	①	②	①	②	초	중	초	중	1~5일	6~10일	11~15일
성인	1	5		6							
학생	1	4	3	2	1	2	1	2	2		1
	4	17	4	17	2	2	2	2	2	2	

	4		5		6			7		8	
	①	②	①	②	①	②	③	①	②	①	②
	1	5		6				1	5	1	5
		5		5					5	4	1
		21	1	20	1				21	9	12

　　문항 1.에 대해서, 성인 1명과 학생 5명이 음장에 따라 의미를 구분한다고 하였다. 전체 32명의 18.75%이다. 그러나, 이러한 반응은 음장이 실재해서라기보다는, 규범

문법의 영향을 받은, 모범답 작성 심리의 반영이 아닌가 싶다.

383. 음장 교육을 받은 일이 있다(문항2)는 제보자는 7명(전체 32명의 21.88%)이다. 이들 7명의 질문지만을 가려내어 문항 1, 4, 5, 7, 8에 대한 반응을 각각 조사해 보았다.

[표68] 충북 단양 지역 음장 교육 받은 제보자 의식 조사 통계표

문항번호 제보자 군	1		4		5		7		8	
	①	②	①	②	①	②	①	②	①	②
녹음한 성인	0/1	0/5	0/1	0/5		0/6	0/1	0/5	0/1	0/5
녹음한 학생	1/1	2/4		3/5		3/5		3/5	2/4	1/1
녹음 안 한 학생	0/4	4/17		4/21	1/1	3/20		4/21	1/9	3/12

음장 교육 받은 제보자 중 해당 사례수 / 총 사례수

위 표를 보면, 교육 받은 제보자 7명은 각 문항에서 특정 답지에 몰리지 않고, 전체 제보자 가운데 교육 받은 제보자가 차지하는 비율과 비슷하게 흩어진 분포[18]를 보여주고 있다. 이것은 음장 교육이 제보자들의 음장 의식에 별로 영향을 주지 못했음을 의미하는 것이다.

384. 음장 교육을 받은 일이 있다는 학생 제보자 7명은 모두 초·중학교 시절에 학교에서 정해진 교육과정에 따라 교육을 받았다고 하였다.
음장에 대해서 관심을 가졌던 일이 있다는 제보자는 1명(전체 32명의 3.13%)이었다.
대화할 때, 의식적으로 음장을 구분해서 말한다는 제보자는 1명(학생)으로, 그 이유에 대해서는 음장에 대한 교육을 받았기 때문에 그렇게 한다고 하였다.
음장이 틀리는 사람을 교양이 부족한 사람이라고 생각하는 제보자도 1명 있었다.
그러나, 모두 무시해도 좋을 만큼의 미미한 수치이다.
음장이 틀려서 의미 전달에 혼란을 경험했던 일이 있다는 제보자는 14명(전체 32명의 43.75%)이었다. 이는 규범 문법에 맞지 않게 발음한 사실을 자각했던 경험을 말하고 있는 것 같다.

385. 충북 단양 지역에 음장이 존재하지 않는다는 결론에 대해서는 성인군과 학생군 간에 차이가 없다. 굳이 차이점을 말한다면, 거의 전국적으로 공통된 현상이지만, 역시 이곳도 성인 제보자들이 학생 제보자들에 비해서 무음장 어형으로의 일치 비율은 높고, 음장 불일치 비율은 낮다는 점이다.

---

18) 1-② 23, 08%, 4-② 22.58%, 5-② 19.35%, 7-② 22.58%, 8-② 22.22%

8. 대전

386. 대전 지역 성인 제보자 4명 가운데, 담화(녹음)에서 음장이 얹힌 경우는 제보자 최재영의 '긴:, 많:이, 잘:'이 있으나, 이들은 모두 조사Ⅱ가 무음장 어형이므로, 녹음과 조사Ⅰ과 조사Ⅱ가 유음장 어형으로 일치한 어휘는 하나도 없다. 따라서 제보자 4명이 모두 일치한 유음장 어형도 없다. 이는 성인 제보자의 경우, 대전 지역에는 음장이 존재하지 않는다는 의미이다.

387. 학생 제보자 5명의 경우는, 담화(녹음)에서 음장을 유지한 제보자가 한 사람도 없다. 따라서, 한 제보자의 녹음, 조사Ⅰ, 조사Ⅱ가 음장에 있어 일치하고, 그것이 다른 제보자들의 그것과도 일치한 어형이 하나도 없다. 이는 대전 지역 학생 제보자들에게 있어서도 음장이 존재하지 않는다는 것을 의미한다.

388. 녹음과 조사Ⅰ, 녹음과 조사Ⅱ, 조사Ⅰ과 조사Ⅱ, 녹음과 조사Ⅰ과 조사Ⅱ 간에 음장일치 통계를 표로 제시하면 다음과 같다. 표에 의하면, 성인군은 학생군에 비해서 무음장 일치 비율은 높고, 불일치 비율은 낮다.

[표69]   개인별 음장 일치 통계표

대전, 성인(녹음자분)

제보자	가				나				다				라			
	①	②	③	④	①	②	③	④	①	②	③	④	①	②	③	④
송달영		414	38			287	52		8	266	65			266	73	
이성규		442	10			317	22		3	313	23			313	26	
임길순		415	37			289	50		9	267	65			267	72	
최재영	3	414	35			319	20		11	297	31			297	42	
합계	3	1685	120			1212	144		31	1143	182			1143	213	
평균	0.75	421.25	30.00			303.00	36.00		7.75	285.75	45.50			285.75	53.25	
%	0.16	93.20	6.64			89.38	10.62		2.29	84.29	13.42			84.29	15.71	

대전, 학생(녹음자분)

제보자	가				나				다				라			
	①	②	③	④	①	②	③	④	①	②	③	④	①	②	③	④
김형수		373	79			198	141		44	180	115			180	159	
김호겸		394	58			275	64		36	262	41			261	78	
송창균		350	102			296	43		4	234	101			230	109	
이용규		405	47			255	84		18	240	81			240	99	
이재열		386	66			223	116		19	202	118			199	140	
합계		1908	352			1247	448		121	1118	456			1110	585	
평균		381.60	70.40			249.40	89.60		24.20	223.60	91.20			222.00	117.00	
%		84.42	15.58			73.57	26.43		7.14	65.96	26.90			65.49	34.51	

대전, 학생(비녹음자분)

제보자	다의 ①	다의 ②	다의 ③	다의 ④	제보자	다의 ①	다의 ②	다의 ③	다의 ④
강승룡	15	196	128		이성민	11	178	150	
김경택	18	236	85		이성원	44	113	182	
김기훈	30	175	134		이용우	66	50	223	
김대광	9	245	85		이진경	5	273	61	
김대현	20	278	41		이태회	8	285	46	
김선욱	14	275	50		이한얼	26	235	78	
김영진	9	150	180		임상우	21	100	218	
김준명	11	171	157		임충순	67	6	266	
김태형	19	226	94		전인환	18	136	185	
문상철	31	89	219		전회수	17	121	201	
민지용	13	312	14		정석일	23	217	99	
박성훈	16	249	74		정준환	25	225	89	
박재현	15	180	144		정호용	72	39	228	
송호엽	21	193	125		조방현	11	261	67	
신근철	12	131	196		조병덕	20	192	127	
신기후	1	316	22		진왕범	17	142	180	
신이열	11	155	173		최병호	23	218	98	
심호준	33	130	176		한경수	1	239	99	
양철혁	10	216	113		한영근	19	119	201	
양희경	28	39	272		황장호	31	185	123	
엄상호	14	259	66		합계	915	8,111	5,890	
오기현	16	46	277		평균	20.80	184.34	133.86	
오주영	16	210	113		%	6.13	54.38	39.49	
이성래	8	300	31						

389. 개별 어휘의 어형별 빈도표(부록Ⅲ. 대전편)를 보면, 전체 2558 어형 가운데 2513 어형(성인 1270, 학생 1243)에서 유음장 어형의 빈도보다 무음장 어형의 빈도가 더 높게 나타나고 있다. 모든 어휘에서 제보자의 절대 다수가 무음장 어형에 기표하고 있기 때문이다. 물론, '굴(窟), 굴(蠣), 그, 긴' 등 32개 어휘에서 부분적으로 유음장 어형이 무음장 어형보다 빈도가 높거나 비슷한 경우가 있기는 하지만, 녹음, 조사Ⅰ, 조사Ⅱ에서 동일한 성향을 보여 주는 것은 없고, 또 상당수는 표현적 자질의 반영으로 볼 수 있는 것도 있기 때문에, 크게 주목할 만한 사항은 못될 것 같다. 따라서, 전체적으로 볼 때 98.24%에 해당하는 2513 어형, 유음장 어형의 빈도가 무음장 어형의 빈도보다 높은 어형을 성인군보다 더 많이 가지고 있다는 학생군만을 대상으로 하더라도 97.19%에 해당하는 1243 어형에서 유음장보다 무음장의 빈도가 높게 나타나는 이번 조사 결과는 성인군 학생군 공히 음장이 존재하지 않는다는 §386, §389의 결론을 뒷받침해 주고 있음을 의미하는 것으로 보아야 할 것이다.

390. 최소대립어에 있어서도, 성인 제보자 4명 가운데, 음장의 유무로 대립하는 최소대립어를 가진 제보자가 없다. 따라서, 녹음, 조사Ⅰ, 조사Ⅱ가 일치하는 최소대립어가 있을 수 없고, 제보자 6명이 모두 일치하는 최소대립어도 물론 있을 수 없다.

391. 학생 제보자 5명의 경우도, 담화(녹음)에서 음장의 유무로 대립하는 최소대립

어를 가진 제보자가 없으며, 따라서, 녹음, 조사Ⅰ, 조사Ⅱ가 일치하는 최소대립어도 없고, 제보자 4명 모두가 일치하는 최소대립어도 없다.

392. 녹음과 조사Ⅰ, 녹음과 조사Ⅱ, 조사Ⅰ과 조사Ⅱ, 녹음과 조사Ⅰ과 조사Ⅱ 간에 최소대립어가 일치하는 경우의 수를 표로 보이면 다음과 같다. 표에 의하면, 성인군이 학생군보다 무음장 일치 비율은 높고, 불일치 비율은 낮다.

[표70] 개인별 최소대립어 일치 통계표

대전, 성인(녹음자분)

제보자	가				나				다				라			
	①	②	③	④	①	②	③	④	①	②	③	④	①	②	③	④
송달영		19				14	5			14	5			14	5	
이성규		18	1			14	5		1	14	4			14	5	
임길순		14	5			15	4		1	13	5			13	6	
최재영		18	1			17	2			16	3			16	3	
합계		69	7			60	16		2	57	17			57	19	
평균		17.25	1.75			15.00	4.00		0.50	14.25	4.25			14.25	4.75	
%		90.79	9.21			78.95	21.05		2.63	75.00	22.37			75.00	25.00	

대전, 학생(녹음자분)

제보자	가				나				다				라			
	①	②	③	④	①	②	③	④	①	②	③	④	①	②	③	④
김형수	8	11			4	15			4	3	12			3	16	
김호겸	1	18			3	16			15	4					19	
송창균	14	5			15	4				14	5			13	6	
이용국	11	8			11	8			2	6	11			6	13	
이재열	7	12			7	12				6	13			3	16	
합계	41	54			40	55			21	29	45			25	70	
평균	8.20	10.80			8.00	11.00			4.20	5.80	9.00			5.00	14.00	
%	43.16	56.84			42.11	57.89			22.10	30.53	47.37			26.32	73.68	

대전, 학생(비녹음자분)

제보자	다의①	다의②	다의③	다의④	제보자	다의①	다의②	다의③	다의④
강승룡	3	1	15		이성래	4	8	7	
권왕범	4		15		이성민		5	14	
김경택	5		14		이성원	3	1	15	
김기훈	7	1	11		이용우	3		16	
김대광	2	7	10		이진경		11	8	
김대현	7	5	7		이태희	3	4	12	
김선욱	2	7	10		이한얼	8		11	
김영진		3	16		임상우	3	4	12	
김준명	3	7	9		임충순	1		18	
김태형	4	6	9		전인환	4	5	10	
문상철	2		17		전희수	1	3	15	
민지용	7	6	6		정석일	3	3	13	
박성훈	2	10	7		정준환	5	7	7	

제보자	다의 ①	다의 ②	다의 ③	다의 ④	제보자	다의 ①	다의 ②	다의 ③	다의 ④
박재현	1	8	10		정호용	8		11	
송호엽		5	14		조방현	4	6	9	
신근철		6	13		조병덕	1	1	17	
신기후		15	4		최병호	3	3	13	
신이열	2	2	15		한경수	1	2	16	
심호준	5		14		한영근	5		14	
양철혁	1	7	11		황장호	5	4	10	
양희경	5		14		합계	131	178	527	
엄상호	2	7	10		평균	2.98	4.05	11.98	
오기현	1	2	16		%	15.67	21.29	63.04	
오주영	1	6	12						

393. 음장의 유무에 따라 최소대립어를 이룰 수 있는 37개의 짝을 대상으로 그 유형별 빈도를 조사한 결과(부록Ⅳ. 대전편)를 보면, 전체 150쌍 가운데 134쌍(성인 75, 학생 59)에서 무음장 어형만으로 짝을 이룬 유형이 유음장 어형을 포함하여 짝을 이룬 유형보다 빈도가 높게 나타나고 있다. 거의 모든 경우에 있어서, 제보자의 절대 다수가 '짝을 이루는 어휘 모두에 음장이 얹히지 않는 유형'에 기표하고 있기 때문이다. 물론, '굴:(窟)/굴(蠣), 굴:(窟)/굴:(蠣), 말(馬)/말:(言), 발:(簾)/발(足), 장(欌)/장:(市場)' 등 11개의 유음장 어형을 포함하여 짝을 이루는 유형의 빈도가 무음장 어형만으로 짝을 이루는 유형의 빈도보다 부분적으로 약간 높거나 비슷한 경우가 있기는 하지만, 그것들이 모두 음장 대립형도 아니고, 전체 150쌍에 비하면 그리 많은 수도 아니며(16/150), 녹음, 조사 I, 조사Ⅱ가 같은 경향을 보이는 것도 아니어서, 크게 주목할 만한 것은 못될 것 같다. 따라서, 전체적으로 볼 때 89.33%에 해당하는 134쌍, 유음장 어형을 포함하여 짝을 이룬 유형의 빈도가 무음장 어형만으로 짝을 이룬 유형의 빈도보다 더 높은 유형을 성인군보다 더 많이 가지고 있는 학생군만을 대상으로 하더라도 78.67%에 해당하는 59쌍에서 무음장 어형만으로 짝을 이룬 유형이 유음장 어형을 포함하여 짝을 이룬 유형보다 빈도가 높게 나타난(표준 발음법상으로는 25쌍에서만 무음장 어형만으로 짝을 이룸), 이번 조사 결과는 성인군 학생군 공히 음장에 따른 최소대립어가 존재하지 않는다는 §390, §391의 결론을 뒷받침해 주고 있음을 의미하는 것으로 보아야 할 것이다.

394. 대전 지역 조사 결과를 표준어의 그것들과 비교해 보면, 제보자의 절대 다수가 표준어에서 음장이 얹히는 것이나 얹히지 않는 것이나 구분 없이 '무음장 어형'과 '짝을 이루는 어휘 모두에 음장이 얹히지 않는 유형'에 기표하고 있다. 물론, 무음장 어형의 빈도보다 유음장 어형이 빈도가 더 높은 경우가 45 어형(성인 9, 학생 36), 그 가운데 표준 음장과 일치하는 경우가 29 어형(성인 5, 학생 24), 그렇지 못한 경우가 16 어형(성인 4, 학생 12) 있고, 무음장 어형만으로 짝을 이루는 유형의 빈도보다 유음장 어형을 포함하여 짝을 이루는 유형의 빈도가 더 높은 경우가 16쌍(성인 0, 학생 16), 그 가운데 표준 발음법에서 정한 대로 음장 대립형을 이룬 경우가 11쌍(성인 0, 학생

11), 그렇지 못한 경우가 5쌍(성인 0, 학생 5) 있기는 하지만, 그것들이(표준 발음법과 일치하는 것들이나 불일치하는 것들이나를 막론하고) 수적으로 미미할 뿐만 아니라 (45 어형은 전체 2558 어형의 1.76%, 16쌍은 전체 150쌍의 10.67%), 녹음, 조사 Ⅰ, 조사Ⅱ에서 일관된 경향을 보여 주는 것이 하나도 없다. 따라서, 이번 조사 결과를 표준어의 그것들과 상호 비교한다는 것은 별로 의미가 없어 보인다.

395. 음장이 제일음절 모음 위에 얹힌다는 규정도 잘 지켜지지 않았다. 거의 모든 어휘에서 무음장 어형의 빈도가 절대적으로 높았고, 제일음절 위치에서 음장을 갖는다고 하는 음절이 제이 이하 음절 위치로 이동한 어휘들도 일반 어휘의 제이 이하 음절과 마찬가지로 무음장이 절대 다수였으며, 음장이 얹힌 경우라도, 제일음절에만 얹히지는 않았다.

396. '서성대:고(0), 서성대:다(2), 틀림없:이(2), 허둥대:며(1), 허둥대:다(1)' 어형은 없거나, 있어도 빈도가 극히 낮았다.
   한 단어 안에서 음장이 연속하여 온 경우는 241 단어 312 어형이나 되었다.
   표준 발음법 기준으로, 음장 없는 단음절 용언과 음장은 있으나 모음 어미가 이어지면 음장이 소멸한다는 단음절 용언, 그리고 음장이 있고 모음 어미가 이어져도 그 음장이 소멸하지 않는다는 단음절 용언들은 모음 어미가 이어질 때나 자음 어미가 이어질 때나 관계 없이 모두 무음장 어형이 절대 다수를 점하고 있었다.
   이는 모두 음장이 실재하지 않기 때문에 나타나는 현상이다.

397. '들려라, 들리다'와 '보이는, 보이다'는 모두 무음장 어형이 절대 다수이다.
   파생 명사 '걸음, 놀이터'와 파생 부사 '많이, 틀림없이'도 모두 무음장 어형이 다수를 점하고 있다. 부사 '많이(조사Ⅱ, 학생)'에서 유음장 어형이 무음장 어형과 비슷한 빈도 분포를 보인 것은 표현적 자질로서의 특징이 반영된 것으로 해석해야 할 것이다.
   보상적 장음화의 예가 될 수 있는 어휘들도 무음장 어형이 절대 다수이다. '와, 져, 쳐'는 없고, '까, 따'도 무음장 어형이 절대 다수이다.
   이것도 모두 음장이 실재하지 않기 때문에 나타나는 현상이다.

398. 제일음절말 위치의 무성의 정지음 [-k, -t, -p]이 온 어휘들의 어형별 빈도 분포를 보면, 제보자의 절대 다수가 무음장 어형에 집중되어 있다. 부사 '족(조사Ⅰ, 학생)'과 '퍽(조사Ⅰ, 성인, 학생)'에서 유음장 어형이 무음장 어형보다 높은 빈도를 보이고 있으나, '족:'은 표현적 자질로 볼 수도 있는 어휘이고, '퍽'은 자음(ㄱ)의 길이를 모음(ㅓ)의 길이로 착각한 데서 빚어진 현상이 아닌가 싶다. 어쨌든 제일음절말 무성 정지음 앞에서 모음 위에 음장이 얹힌 것이 수적으로 적고(3/430), 녹음, 조사Ⅰ, 조사Ⅱ에서 일관된 경향을 보여 주는 것도 아닐 뿐 아니라, 예외 어휘까지도 무음장이 절대 다

수란 점을 감안할 때, 제일음절말 위치의 무성의 정지음 [-k, -t, -p] 앞에는 음장이 없다고 보는 것이 온당한 견해인 것 같다. 그러나, 그 이유에 대해서는 음절말 정지음 때문이 아니라, 본래부터 음장이란 것이 존재하지 않기 때문이라고 보는 것이 전후 모순이 없는 합리적인 해석이 될 것이다.

'남은, 남다', '넘치는', '숨다, 숨어서'에서도 제보자의 절대 다수가 무음장 어형에 모여 있다.

'많다, 많아서', '앉아, 앉다', '않는다', '잃었다, 잃다'에서도 무음장 어형에 제보자의 절대 다수가 집중되어 있다.

이것들도 음장이 실재하지 않기 때문에 나타나는 현상이라고 설명해야 전후 모순이 없다.

399. 유기 자음(ㅍ, ㅌ, ㅋ, ㅊ)이나 긴장 자음(ㅃ, ㄸ, ㄲ, ㅉ, ㅆ)으로 시작되는 어휘들의 어형별 빈도 분포를 보면 제보자의 절대 다수가 무음장 어형에 집중되어 있다. 부사 '참(조사Ⅰ, 학생)'과 '퍽(조사Ⅰ)'에서 유음장 어형이 무음장 어형보다 빈도가 높은 경우가 있기는 하나, 이것은 음절말 자음(ㅁ, ㄱ)의 길이를 그 음절 핵음(ㅏ, ㅓ)의 길이로 착각한 결과가 아닌가 싶다. 수적으로 미미하고(3/122), 일관성도 없어서 문제가 되지 않는다.

개음절의 단음절짜리 단어들도 무음장 어형의 빈도가 유음장 어형의 그것보다 높다. '그(조사Ⅱ), 애(조사Ⅰ), 왜(조사Ⅰ, 학생)'에서 유음장 어형의 빈도가 무음장 어형의 그것보다 높은 경우가 있기는 하다. 이는 개음절 모음이 폐음절 모음보다 길게 소리난다는 음향음성학적 특성이 반영된 결과가 아닌가 싶다. 또, 개음절 모음 뒤에 곧 바로 개리연접이 가해진 것도 소리가 길어진 한 요인이 되었을 가능성도 있다. 그러나, 이것들은 녹음, 조사Ⅰ, 조사Ⅱ에 일관되게 나타나는 현상도 아니고, 그 수도 아주 적어서(5/146), 전체적으로는 역시 무음장 어형이 주류를 이룬다고 보아야 할 것이다.

이것들은 모두 음장이 실재하지 않기 때문에 나타나는 현상으로 보아야 한다.

400. 대전 지역 무음장 단어수도 녹음, 조사Ⅰ, 조사Ⅱ 순으로 많다.

[표71]　　　　　　　　　　　　　개인별 무음장 단어 통계표

대전, 성인(녹음자분)

제보자	녹음(452)		조사Ⅰ(452)		조사Ⅱ(375)	
	무음장단어수	백분비(%)	무음장단어수	백분비(%)	무음장단어수	백분비(%)
송달영	452	100.00	416	92.03	317	84.53
이성규	452	100.00	442	97.78	352	93.86
임길순	452	100	415	91.81	316	84.26
최재영	449	99.33	416	92.03	352	93.86
합계	1805		1689		1337	
평균	451.25	99.83	422.25	93.41	334.25	89.13

대전, 학생(녹음자분)

제보자	녹음(452)		조사Ⅰ(452)		조사Ⅱ(375)	
	무음장단어수	백분비(%)	무음장단어수	백분비(%)	무음장단어수	백분비(%)
김형수	452	100.00	374	82.74	219	58.40
김호겸	452	100.00	390	86.28	306	81.00
송광균	452	100.00	357	78.98	328	87.46
이용규	420	92.92	405	89.60	279	74.40
이재열	452	100.00	386	85.39	246	65.60
합계	2228		1912		1378	
평균	445.60	98.58	382.40	84.60	275.60	73.49

대전, 학생(비녹음자분)

제보자	조사Ⅰ(452)		조사Ⅱ(452)		제보자	조사Ⅰ(452)		조사Ⅱ(452)	
	무음장단어수	백분비(%)	무음장단어수	백분비(%)		무음장단어수	백분비(%)	무음장단어수	백분비(%)
강승룡	387	85.62	246	65.60	이성민	370	81.86	249	66.40
김경택	397	87.83	277	73.87	이성원	296	65.49	190	50.67
김기훈	357	79.42	230	61.33	이용우	274	60.62	106	28.27
김대광	385	85.18	313	83.47	이진경	398	88.05	338	90.13
김대현	372	82.30	330	88.00	이태회	417	92.26	337	89.87
김선욱	415	91.81	319	85.07	이한얼	393	86.95	280	74.67
김영진	354	78.32	186	49.60	임상우	345	76.32	149	39.73
김준명	355	78.54	254	67.73	임상호	391	86.50	328	87.47
김태형	363	80.31	303	80.80	임충순	191	42.26	31	8.27
문상철	317	70.13	131	34.93	전왕범	375	82.96	179	47.73
민지용	433	95.80	346	92.27	전인환	370	81.86	184	49.07
박성훈	384	84.96	318	84.80	전회수	332	73.45	174	46.40
박재현	378	83.63	237	63.20	정석일	399	88.27	255	68.00
손호엽	366	80.97	235	62.67	정준환	382	84.51	279	74.40
신근철	361	79.87	194	51.73	정호용	290	64.16	71	18.93
신기후	444	98.23	348	92.80	조방현	425	94.03	297	79.20
신이열	394	87.17	194	51.73	조병덕	375	82.96	254	67.73
심호준	290	64.16	227	60.53	최병호	396	87.61	258	68.80
양철혁	395	87.39	271	72.27	한경수	447	98.89	267	71.20
양회경	387	85.62	117	31.20	한영근	348	76.99	182	48.53
오기현	292	64.60	138	36.80	황장호	395	87.39	228	60.80
오주영	389	86.06	271	72.27	합계	16,265		10,454	
이성래	441	97.57	333	88.80	평균	369.66	81.78	237.59	63.36

401. 음장에 대한 대전 지역 제보자들의 의식 조사 결과는 다음과 같다.

[표72] 대전 지역 제보자 의식 조사 통계표

구분	1		2		3-①					3-②				
	①	②	①	②	초	중	초·중	중·고	학교	초	중	초·중	중·고	학교
성인		4	1	3				1					1	
학생	1	4	3	2	1	1	1			1	1	1		
	3	41	14	30	4	4	2		4	4	4	2		4

1~5일	6~10일	11~15일	25~30일	기타	4①	4②	5①	5②	6①	6②	6③	7①	7②	8①	8②
						4		4					4		4
						5		5					5	1	4
8	2	1	1	2	6	38	1	43		1		4	40	17	27

문항 1.에 대해서 학생 4명(전체 54명의 7.55%)이 음장에 따라 의미를 구분한다고 하였다. 무시해도 좋을 만큼 미미한 수치이기는 하나, 어쨌든 이러한 반응이 나오는 것은 음장이 실재해서라기보다는, 규범 문법의 영향을 받은, 모범답 작성 심리의 반영이 아닌가 싶다.

402. 음장에 대해서 교육 받은 일이 있다(문항 2)는 제보자는 18명(전체 53명의 33.96%)이다. 이들 18명의 질문지만을 가려내어 문항 1, 4, 5, 7, 8에 대한 반응을 각각 조사해 보았다.

[표73]　　　　대전 지역 음장 교육 받은 제보자 의식 조사 통계표

문항번호 / 제보자 군	1①	1②	4①	4②	5①	5②	7①	7②	8①	8②
녹음한 성인		1/4		1/4		1/4		1/4		1/4
녹음한 학생	1/1	2/4		3/5		3/5		3/5	1/1	2/4
녹음 안 한 학생	1/3	13/41	1/6	13/38	0/1	14/43	1/4	13/40	5/17	9/27

음장 교육 받은 제보자 중 해당 사례수 / 총 사례수

위 표를 보면, 교육 받은 제보자 18명의 반응이 각각의 문항에서 특정 답지에 몰리지 않고, 전체 제보자 가운데 교육 받은 제보자가 차지하는 비율과 비슷하게 흩어진 분포[19]를 보여주고 있다. 이는 음장 교육을 받은 사람과 받지 않은 사람들 사이에 음장 의식에서 차이가 없음을 의미하는 것이다.

403. 음장 교육을 받은 일이 있다는 제보자 18명은 모두 초·중·고등학교 시절에 학교에서 정해진 교육과정에 따라 배웠다고 하였다.

음장에 대해서 관심을 가졌던 일이 있었다는 제보자는 6명(전체 53명의 11.32%)이었고, 대화할 때, 음장을 구분해서 말한다는 제보자는 1명(전체 53명의 1.89%)으로, 음장이 틀리면 어색하게 느껴지기 때문에 그렇게 한다고 하였다. 또, 음장이 틀리는 사람은 교양이 부족한 사람이라고 생각하는 제보자는 4명(전체 53명의 7.55%), 음장이 틀려서 의미 전달에 혼란을 경험했던 일이 있었다는 제보자는 18명(전체 53명의 33.96%)이었다. 이것들은 모두 음장이 실재해서라기보다는 규범 문법을 의식해서 나타난 반응으로 보인다.

---

19) 1의 ② 32.65%, 4의 ② 36.17%, 5의 ② 34.62%, 7의 ② 34.69%, 8의 ② 34.29%

404. 대전 지역에 음장이 존재하지 않는다는데 대해서는 성인군과 학생군 간에 아무런 차이가 없다. 다만, 성인군이 학생군에 비해서 무음장 일치 비율이 높고, 불일치 비율이 낮으며, 무음장 단어수가 많다는 점이 차이점이라면 차이점이라 할 수 있을지 모르겠다.

9. 충남·청양

405. 충남 청양 지역 성인 제보자 3명 가운데, 음장이 얹힌 경우는 제보자 김풍호의 '긴:(長)'과 제보자 정필웅의 '굴:(窟)로, 긴:(長), 많:이, 영:구(永久)한'이 있으나, 이 가운데 정필웅의 '굴:(窟)'은 조사Ⅰ과 조사Ⅱ가, '긴:'은 조사Ⅱ가, '많:이'는 조사Ⅱ가 무음장으로 되어 있어, 녹음, 조사Ⅰ, 조사Ⅱ가 동일한 음장형을 가진 것은 김풍호의 '긴:(長)'과 정필웅의 '영:구(永久)한' 뿐이다. 그러나, 이것들도 '긴:'의 경우는 정필웅과 임미자가, '영:구한'의 경우는 김풍호와 임미자가 무음장 어형을 유지하고 있어, 결국 세 제보자 간에 일치된 음장형을 갖는 어휘는 하나도 없다. 따라서 충남 청양 지역 성인 제보자들에게 있어서는 음장이 존재하지 않는다는 결론에 이르게 된다.

406. 학생 제보자 5명의 경우에도, 담화(녹음)에서 제보자 양민주의 '긴:(長)'이 음장을 유지하고 있고, 조사Ⅰ과 조사Ⅱ에서까지 일치된 음장형을 보여 주고 있으나, 다른 4명의 제보자들이 모두 무음장 어형으로 되어 있어, 결국 제보자 5명 모두가 일치하는 음장형이 없다. 이것은 충남 청양 지역 학생 제보자들에게 있어서도 음장이 존재하지 않는다는 것을 의미한다.

407. 녹음과 조사Ⅰ, 녹음과 조사Ⅱ, 조사Ⅰ과 조사Ⅱ, 녹음과 조사Ⅰ과 조사Ⅱ 간에 음장이 일치한 수를 표로 제시하면 다음과 같다. 표에 의하면, 성인군이 학생군에 비해서 무음장 일치 비율은 높고, 불일치 비율은 낮다.

[표74]　　　　　　　　　　　개인별 음장 일치 통계표

충남·청양, 성인(녹음자분)

제보자	가				나				다				라			
	①	②	③	④	①	②	③	④	①	②	③	④	①	②	③	④
김풍호	1	432	19		1	321	17		6	313	20		1	313	25	
임미자		411	41			313	26			279	60			279	60	
정필웅	3	432	17		1	316	22		11	310	18		1	310	28	
합계	4	1275	77		2	950	65		17	902	98		2	902	113	
평균	1.33	425.00	25.67		0.67	316.67	21.67		5.67	300.67	32.67		0.67	300.67	37.67	
%	0.29	94.03	5.68		0.20	93.41	6.39		1.67	88.69	9.64		0.20	88.69	11.11	

충남·청양, 학생(녹음자분)

제보자	가				나				다				라			
	①	②	③	④	①	②	③	④	①	②	③	④	①	②	③	④
양민주	1	449	2		1	280	58		2	274	63		1	274	64	
이병모		416	36			294	45		15	281	43			281	58	
이무혁		433	19			286	53		5	277	57			277	62	
조정화		366	86			180	159		39	151	149			150	189	
조경미		425	27			301	38		16	291	32			291	48	
합계	1	2089	170		1	1341	353		77	1274	344		1	1273	421	
평균	0.20	417.80	34.00		0.20	268.20	70.60		15.40	254.80	68.80		0.20	254.60	84.20	
%	0.05	92.43	7.52		0.06	79.11	20.83		4.54	75.16	20.30		0.06	75.10	24.84	

충남·청양, 학생(비녹음자분)

제보자	다의①	다의②	다의③	다의④	제보자	다의①	다의②	다의③	다의④
김미용	1	287	51		유희수	5	297	37	
김영호	12	285	42		이진경	11	257	71	
김영훈	12	231	96		이풍우	6	317	16	
김태선	1	272	66		이현정	1	272	66	
류경록	3	315	21		임제혁	4	298	37	
류시우	8	287	44		조영진	4	240	95	
명장식	5	297	37		조홍동	2	321	16	
박상필	3	311	25		최봉진	2	318	19	
박신영	10	306	23		황규정	3	206	130	
박진우	8	295	36		황진아	5	264	70	
서양미	13	245	81		합계	135	6723	1278	
송충범	0	237	102		평균	5.63	280.12	53.25	
양상렬	5	293	41		%	1.66	82.63	15.71	
우희배	11	272	56						

408. 개별 어휘의 어형별 빈도표(부록Ⅲ. 충남 청양편)를 보면, 전체 2558 어형 가운데 2534 어형(성인 1260, 학생 1274)에서 유음장 어형의 빈도보다 무음장 어형의 빈도가 더 높게 나타나고 있다. 모든 어휘에서 제보자의 절대 다수가 무음장 어형에 기표하고 있기 때문이다. 물론, '긴(長), 발(廉), 배(梨), 병(病)' 등 19개 어휘에서 부분적으로 유음장 어형이 무음장 어형보다 빈도가 높게 나타난 경우가 있기는 하지만, 그것들이 녹음, 조사Ⅰ, 조사Ⅱ에서 일관된 경향을 보여 주는 것도 아니고, 그 수도 매우 적어서(총 2558 어형 가운데 0.94%에 해당하는 24 어형), 크게 주목할 만한 사실은 못된다. 따라서, 전체적으로 볼 때 99.06%가 넘는 2534 어형, 무음장 어형보다 빈도가 높은 유음장 어형이 학생군보다 더 많은 성인군만을 대상으로 하더라도 98.82%가 넘는 1260 어형에서 유음장보다 무음장의 빈도가 높게 나타나는 이번 조사 결과는 성인군 학생군 공히 음장이 존재하지 않는다는 §405, §406의 결론을 뒷받침해 주고 있음을 의미하는 것으로 보아야 할 것이다.

409. 최소대립어에 있어서도, 성인 제보자 3명 가운데, 제보자 정필웅이 담화(녹음)에서 '굴:(窟)로/굴(蠣)을'과 '영구(榮九)는/영:구(永久)한'으로 음장 대립형을 이루었으나, '굴(窟):로/굴(蠣)을'은 조사Ⅰ과 조사Ⅱ가 모두 '굴(窟)로/굴(蠣)을'로 되어 있어, 일치된 음장 대립형을 가지지 못했고, '영구(榮九)는/영:구(永久)한'은 조사Ⅰ과 조사Ⅱ도 같은 음장형으로 되어 있어, 일치된 음장 대립형을 유지하였으나, 다른 두 제보자의 그것이 일치하지 않아, 결국 세 제보자가 일치한 음장 대립형은 없다. 따라서, 충남 청양의 성인 제보자들에게는 음장이 존재하지 않는다는 결론에 도달하게 된다.

410. 학생 제보자 5명의 경우는, 담화(녹음)에서 음장의 유무로 대립하는 최소대립어가 없으며, 따라서 녹음, 조사Ⅰ, 조사Ⅱ가 일치하는 음장 대립형이 있을 수 없고, 제보자 5명이 일치하는 음장 대립형도 있을 수 없다. 음장 대립형이 없다는 것은 음장이 현실적으로 존재하지 않는다는 의미이다.

411. 녹음과 조사Ⅰ, 녹음과 조사Ⅱ, 조사Ⅰ과 조사Ⅱ, 녹음과 조사Ⅰ과 조사Ⅱ 간에 최소대립어 유형이 일치하는 경우의 수를 표로 제시하면 다음과 같다. 표에 의하면, 성인군이 학생군에 비해서 무음장 일치 비율은 높고, 불일치 비율은 낮다.

[표75]   개인별 최소대립어 일치 통계표

충남 · 청양, 성인(녹음자분)

제보자	가				나				다				라			
	①	②	③	④	①	②	③	④	①	②	③	④	①	②	③	④
김풍호		19				15	4			15	4			15	4	
임미자		14	5			15	4			11	8			11	8	
정필웅	1	10	8		1	6	12		7	5	7		1	5	13	
합계	1	43	13		1	36	20		7	31	19		1	31	25	
평균	0.33	14.33	4.33		0.33	12.00	6.67		2.33	10.33	6.33		0.33	10.33	8.33	
%	1.75	75.44	22.81		1.75	63.16	35.09		12.28	54.39	33.33		1.75	54.39	43.86	

충남 · 청양, 학생(녹음자분)

제보자	가				나				다				라			
	①	②	③	④	①	②	③	④	①	②	③	④	①	②	③	④
양민주		19				13	6			13	6			13	6	
이무혁		15	4			10	9		3	10	6			10	9	
이병모		8	11			6	13		7	5	7			5	14	
조경미		12	7			13	6		1	9	9			9	10	
조정화		5	14			12	7		5	1	13			1	18	
합계		59	36			54	41		16	38	41			38	57	
평균		11.80	7.20			10.80	8.20		3.20	7.60	8.20			7.60	11.40	
%		62.11	37.89			56.84	43.16		16.84	40.00	43.16			40.00	60.00	

충남·청양, 학생(비녹음자분)

제보자	다의 ①	다의 ②	다의 ③	다의 ④	제보자	다의 ①	다의 ②	다의 ③	다의 ④
김미용	1	9	9		유회수	2	10	7	
김영호	3	6	10		이진경	2	5	12	
김영훈	1	5	13		이풍우	4	11	4	
김태선	·	10	9		이현정	1	11	7	
류경옥	3	11	5		임제형	1	8	10	
류시우	4	13	2		조영준	1	9	9	
명장식	·	15	4		조홍동	·	12	7	
박상필	·	11	8		최봉진	2	15	2	
박신영	4	7	8		황규정	·	1	18	
박진우	·	12	7		황진아	1	9	9	
서양미	3	9	7		합계	40	219	197	
송충범	·	5	14		평균	1.67	9.13	8.21	
양상렬	3	7	9		%	8.77	48.03	43.20	
우회배	4	8	7						

412. 음장의 유무에 따라 최소대립어를 이룰 수 있는 37개의 짝 단위로 그 유형별 빈도를 조사한 결과(부록Ⅳ. 충남 청양편)을 보면, 전체 150쌍 가운데 140쌍(성인 70, 학생 70)에서 무음장 어형만으로 짝을 이룬 유형이 유음장 어형을 포함하여 짝을 이룬 유형보다 빈도가 높게 나타나고 있다. 대부분의 제보자들이 '짝을 이루는 어휘 모두에 음장이 없히지 않는 유형'에 기표하고 있기 때문이다. 물론, '눈(雪)/눈(眼), 이상(以上)/이상(理想)' 등 8짝 10쌍에서 음장 대립형이 무음장 어형만으로 짝을 이룬 유형보다 빈도가 높게 나타난 경우가 있기는 하지만, 그것들이 녹음, 조사Ⅰ, 조사Ⅱ에서 일관된 경향을 보여 주는 것도 아니고, 또 그 수도 극히 적어서(10/150), 주목할 만한 사항은 못될 것 같다. 따라서, 전체적으로 볼 때 93.33%가 넘는 140쌍에서 무음장 어형만으로 짝을 이룬 유형의 빈도가 유음장 어형을 포함하여 짝을 이룬 유형의 빈도보다 높게 나타난 이번 조사 결과는 성인군 학생군 공히 음장에 따른 최소대립어가 존재하지 않는다는 §409, §410의 결론을 뒷받침해 주고 있음을 의미하는 것으로 보아야 할 것이다.

413. 충남 청양 지역 조사 결과를 표준어의 그것들과 비교해 보면, 제보자의 절대 다수가 표준어에서 음장이 없히는 것이나 없히지 않는 것이나 구분 없이 '무음장 어형'과 '짝을 이루는 어휘 모두에 음장이 없히지 않는 유형'에 기표하고 있다. 물론, 유음장 어형의 빈도가 무음장 어형의 빈도보다 높은 경우가 24 어형(성인 19, 학생 5), 그 가운데 표준 음장과 일치하는 경우가 15 어형(성인 11, 학생 4), 그렇지 못한 경우가 9 어형(성인 8, 학생 1) 있고, 무음장 어형만으로 짝을 이룬 유형의 빈도보다 유음장 어형을 포함하여 짝을 이룬 유형의 빈도가 더 높은 경우가 10쌍(성인 5, 학생 5), 그 가운데 표준 발음법에서 정한 대로 음장 대립형을 가지는 경우가 8쌍(성인 4, 학생 4), 그렇지 못한 경우가 2쌍(성인 1, 학생 1) 있기는 하지만, 그것들이(표준 발음법과 일치한 것들이나 불일치한 것들이나를 막론하고) 수적으로 미미할 뿐만 아니라(24 어형은

전체 2558어형의 0.94%, 10쌍은 전체 150쌍의 6.67%), 녹음, 조사Ⅰ, 조사Ⅱ에서 일관된 경향을 보여 주는 것이 하나도 없다. 따라서, 이번 조사 결과를 표준어의 그것들과 상호 비교하는 것은 별로 의미가 없어 보인다.

414. 음장은 제일음절 모음 위에 얹힌다는 규정도 무의미하게 되었다. 이번 조사 결과를 보면, 제일음절의 경우 모든 어휘에서 무음장 어형의 빈도가 절대적으로 높았고, 제일음절 위치에서 음장을 갖는다고 하는 음절이 제이 이하 음절 위치로 이동한 어휘들도 일반 어휘의 제이 이하 음절과 마찬가지로 무음장이 절대 다수였으며, 음장이 얹힌 경우라도 제일음절에만 얹히지는 않았다.

415. '서성대:고(0), 서성대:다(0), 틀림없:이(0), 허둥대:며(0), 허둥대:다(0)' 어형은 아예 기표한 제보자가 없었다. 한 단어 안에서 음장이 연속하여 온 경우는 '기:차:가(1), 이:불:(1), 형:제:(1)'의 세 어형이 있었다.

416. 표준 발음법 기준으로, 음장 없는 단음절 용언과 음장은 있으나 모음 어미가 이어지면 음장이 소멸한다는 단음절 용언, 그리고 음장이 있고 모음 어미가 이어져도 음장이 소멸하지 않는다는 단음절 용언 간에는 모음 어미가 이어질 때나 자음 어미가 이어질 때나 구분 없이 모두 무음장 어형이 절대 다수를 점하고 있었으며, 다른 어떤 의미 있는 차이점도 발견할 수 없었다.

417. '들려라, 들리다'와 '보이는, 보이다'는 모두 무음장 어형이 절대 다수이다.
파생 명사 '걸음, 놀이터'와 파생 부사 '많이, 틀림없이'도 모두 무음장 어형이 절대 다수를 차지하고 있다.
보상적 음장화의 예가 될 수 있는 어휘들도 무음장 어형이 절대 다수이다. '애:기(조사Ⅱ, 성인)'의 빈도가 유일하게 무음장 어형보다 높게 나타나기는 했지만, 이것은 유일한 예인데다, 녹음과 조사Ⅰ이 같은 경향을 보여 주는 것도 아니어서, 큰 의미는 없을 것 같다. '와, 져, 쳐'는 없고, '까, 따'도 무음장 어형이 절대 다수이다.

418. 제일음절말 위치에 무성의 정지음 [-k, -t, -p]이 온 어휘들의 어형별 빈도 분포를 보면, 제보자들의 절대 다수가 무음장 어형에 집중되어 있다. 무음장 어형의 빈도보다 유음장 어형의 빈도가 높은 경우로 '막(조사Ⅰ, 성인)',과 '퍽(조사Ⅰ, 성인)'이 있기는 했지만, '막'은 표현적 자질로 볼 수도 있는 어휘이고, '퍽'은 자음(ㄱ)의 길이를 모음(ㅓ)의 길이로 잘못 인지한 결과가 아닌가 싶다. 수적으로 미미하고 (2/430), 녹음과 조사Ⅱ에서 같은 경향을 보여 주는 것도 아니어서, 주목할 만한 사실은 못될 것 같다.
'남은, 남다', '넘치는', '숨다, 숨어서'에서도 제보자들의 절대 다수가 무음장 어형에 모여 있다.

'많다, 많아서', '앉아, 앉다', '않는다', '잃었다, 잃다'에서도 무음장 어형의 빈도가 절대적으로 높다.

419. 유기 자음(ㅍ, ㅌ, ㅋ, ㅊ)이나 긴장 자음(ㅃ, ㄸ, ㄲ, ㅉ, ㅆ)으로 시작되는 어들의 어형별 빈도를 보면, 제보자들의 절대 다수가 무음장 어형에 집중되어 있다. '참(조사Ⅰ, 성인), 창(唱 ; 조사Ⅱ, 성인), 퍽(조사Ⅰ, 성인), 포근히(조사Ⅱ, 성인)'의 가 유음장과 무음장으로 양분되는 양상을 보여주고 있으나, 녹음, 조사Ⅰ, 조사Ⅱ에서 일관된 경향을 보이는 것도 아니고, 그 수도 많지 않아서(4/122), 주목할 만한 사항 아닌 것 같다.

개음절의 단음절짜리 단어들도 무음장 어형이 절대 다수를 점하고 있다. 물론, '그(조사Ⅰ, 성인)'어형에서 무음장 어형보다 빈도수가 높게 나타난 경우가 하나 있기는 하다. 이것은 개음절 모음이 폐음절 모음보다 더 길게 소리난다는 음향음성학적 특성이 반영된 것이 아닌가 싶다. 또, 개음절 모음 뒤에 온 개리연접이 소리가 길어진 한 요인이 되었을 수도 있을 것 같다. 그러나 그것이 녹음과 조사Ⅱ에서 같은 성향을 보여 주는 것도 아니고, 수적인 면에서도 유일한 예외이기 때문에, 무음장 어형이 주류라는 사실에는 변함이 없다.

420. 충남 청양 지역도 무음장 단어수는 녹음, 조사Ⅰ, 조사Ⅱ 순으로 많다.

[표76]   개인별 무음장 단어 통계표

충남·청양, 성인(녹음자분)

제보자	녹음(452)		조사Ⅰ(452)		조사Ⅱ(375)	
	무음장단어수	백분비(%)	무음장단어수	백분비(%)	무음장단어수	백분비(%)
김풍호	452	100.00	432	95.58	355	94.67
임미자	452	100.00	405	89.60	345	92.00
정필웅	448	99.12	432	95.58	342	91.20
합계	1352		1269		1042	
평균	450.67	99.71	423.00	93.58	347.33	92.62

충남·청양, 학생(녹음자분)

제보자	녹음(452)		조사Ⅰ(452)		조사Ⅱ(375)	
	무음장단어수	백분비(%)	무음장단어수	백분비(%)	무음장단어수	백분비(%)
양민주	452	100.00	449	99.34	304	81.07
이무혁	452	100.00	432	95.58	304	81.07
이병모	452	100.00	416	92.04	322	85.87
조경미	452	100.00	424	93.81	330	88.00
조정화	452	100.00	364	80.53	199	53.07
합계	2260		2085		1459	
평균	452	100.00	417.00	92.26	291.80	77.65

충남·청양, 학생(비녹음자분)

제보자	조사 I (452)		조사 II (375)		제보자	조사 I (452)		조사 II (375)	
	무음장 단어수	백분비 (%)	무음장 단어수	백분비 (%)		무음장 단어수	백분비 (%)	무음장 단어수	백분비 (%)
김미용	423	93.58	338	90.13	우회배	428	94.69	303	80.80
김영호	432	95.13	326	86.93	유회수	440	97.35	333	88.80
김영훈	408	90.27	282	75.20	이진경	409	90.49	311	82.93
김태선	423	93.58	323	86.13	이풍우	440	97.35	356	94.93
류경록	439	97.12	358	95.47	이현정	420	92.92	323	86.13
류시우	431	95.35	323	86.13	임제혁	437	96.68	335	89.33
명장식	421	93.14	349	93.07	조영준	431	95.35	277	73.87
박상필	425	94.03	357	95.20	조흥동	441	97.57	363	96.80
박신영	435	96.24	344	91.73	최봉진	445	98.45	355	94.67
박진우	423	93.58	342	91.20	황규정	409	90.49	260	69.33
서양미	422	93.36	284	75.73	황진아	408	90.27	322	85.87
송충범	400	88.50	306	81.60	합계	10,220		7,809	
양상렬	432	95.58	339	90.40	평균	442.50	94.21	325.38	86.77

421. 음장에 대한 충남 청양 지역 제보자들의 의식 조사 결과는 다음과 같다.

[표77]　　　　　　충남 청양 지역 제보자 의식 조사 통계표

구분	1		2		3-①				3-②				3-③		
	①	②	①	②	초	중	학교	기타	초	중	학교	기타	1~5일	26~30일	기타
성인	1	2	1	2				1					1	1	
학생	1	4	2	3	1	1			1	1			1		1
	1	23	7	17	5			2	5		2		3	4	

4		5		6			7		8	
①	②	①	②	①	②	③	①	②	①	②
	3		3					3		3
	5		5					5	1	4
2	22		24			1		23	5	19

문항 1.에 대해서 3명(전체 32명의 9.38%)이 음장에 따라 의미를 구분한다고 하였다. 무시해도 좋을 만큼의 미미한 수치이기는 하나, 어쨌든 이러한 반응이 나타나는 것은 음장이 실재해서라기보다는, 규범 문법의 영향을 받은, 모범답 작성 심리의 반영이 아닌가 싶다.

422. 음장에 대해서 교육 받은 일이 있다는 제보자는 10명(전체 32명의 31.25%)이다. 이들 10명의 질문지만을 가려내어 문항 1, 4, 5, 7, 8에 대한 반응을 각각 조사해 보았다.

[표78]　　　　　충남 청양 지역 음장 교육 받은 제보자 의식 조사 통계표

문항번호 제보자 군	1		4		5		7		8	
	①	②	①	②	①	②	①	②	①	②
녹음한 성인	1/1	0/2		1/3		1/3		1/3		1/3
녹음한 학생	0/1	2/4		2/5		2/5		2/5	0/1	1/4
녹음 안 한 학생	1/1	6/23	0/2	7/22		7/24	0/1	7/23	2/5	5/19

음장 교육 받은 제보자 중 해당 사례수 / 총 사례수

위 표를 보면, 교육 받은 제보자 10명의 반응이 각각의 문항에서 특정의 답지에 몰리지 않고, 전체 제보자 가운데 교육 받은 제보자가 차지하는 비율과 비슷하게 흩어진 분포20)를 보여주고 있다. 이는 음장 교육이 제보자들의 음장 의식을 강화하는데 아무런 역할도 하지 못하였음을 의미하는 것이다.

423. 음장 교육을 받은 일이 있다는 제보자 10명 가운데 성인 제보자 1명은 교원연수원에서, 학생 제보자 9명은 학교에서 교육을 받았다고 하였다.
　음장에 대해서 관심을 가졌던 일이 있다는 제보자는 학생 제보자 중에서 2명(전체 32명의 6.25%)이 있었고, 대화할 때, 음장을 의식적으로 구분해서 말한다는 제보자는 없었다. 음장이 틀리는 사람을 교양이 부족한 사람이라고 생각하는 제보자는 1명(전체 32명의 3.13%)이었다. 모두 무시해도 좋을 만큼의 미미한 수치이다. 음장이 틀려서 의미 전달에 혼란을 경험했던 일이 있었다는 제보자는 6명(전체 32명의 18.75%)이었다. 충남 청양 지역의 음장 혼란상이 그대로 반영된 것으로 보아야 할 것이다.

424. 충남 청양 지역에 음장이 존재하지 않는다는데 대해서는 성인군과 학생군 간에 아무런 차이가 없었다. 다만, 성인 제보자 중에는 몇몇 단어에서 긴소리 발음을 하는 경우가 있었다는 점이 차이점이라면 차이점일 것이다.

10. 전북 · 순창

425. 전북 · 순창 지역 성인 제보자 4명 가운데, 담화(녹음)에서 음장이 없힌 경우는, 제보자 김동묵의 '긴:(長), 병:(病)이, 영:구(永久)한, 족:'과 최훈의 '수:없이, 족:'이 있으나, 이 가운데 김동묵의 '병:(病)이'는 조사Ⅱ가, '족:'은 조사Ⅰ이, 그리고, 최훈의 '수:없이'와 '족:'은 조사Ⅰ, 조사Ⅱ가 무음장이어서, 결국 녹음, 조사Ⅰ, 조사Ⅱ가 같은 유음장 어형으로 일치한 것은 김동묵의 '긴:(長)'과 '영:구(永久)한' 뿐이다. 그러나 이것들도 다른 제보자들에게서는 담화(녹음)에서부터 모두 무음장이어서 결국 모든 제

---

20) 1의 ② 27.59%, 4의 ② 33.33%, 5의 ② 31.25%, 7의 ② 32.26%, 8의 ② 26.92%

보자들의 그것이 합치되는 유음장 어형은 없고, 따라서 전북 순창 지역 성인 제보자들에게 있어서는 음장이 존재하지 않는다는 결론에 이르게 된다.

426. 학생 제보자 5명의 경우는, 담화(녹음)에서 음장을 유지한 제보자가 한 사람도 없었으며, 따라서 한 제보자의 녹음, 조사 I, 조사 II 가 음장에 있어 일치하고, 그것이 다른 제보자들의 그것과도 일치하는 어형이 하나도 없다. 이것은 전북 순창 지역 학생 제보자들에게 있어서도 음장이 존재하지 않는다는 것을 의미한다.

427. 녹음과 조사 I, 녹음과 조사 II, 조사 I 과 조사 II, 녹음과 조사 I 과 조사 II 간에 음장 일치 통계를 표로 제시하면 다음과 같다.

[표79]   개인별 음장 일치 통계표

전북·순창, 성인(녹음자분)

제보자	가				나				다				라			
	①	②	③	④	①	②	③	④	①	②	③	④	①	②	③	④
김동묵	3	370	79		2	170	167		29	135	175		2	133	204	
이홍재				452				339	60	77	202					339
최 훈		438	14			296	43		1	289	49			289	50	
황근주		403	49			286	53		17	259	63			259	80	
합계	3	1211	142	452	2	752	263	339	107	760	489		2	681	334	339
평균	1.00	403.67	47.33		0.67	250.67	87.67		26.75	190.00	122.25		0.67	227.00	111.33	
%	0.22	89.31	10.47		0.20	73.94	25.86		7.89	56.05	36.06		0.20	66.96	32.84	

전북·순창, 학생(녹음자분)

제보자	가				나				다				라			
	①	②	③	④	①	②	③	④	①	②	③	④	①	②	③	④
김은옥		389	63			162	177		2	151	186			151	188	
김혜선		402	50			279	60		5	241	93			241	98	
양명선		433	19			311	28		3	300	36			300	39	
채효경		409	43			277	62		12	257	70			257	82	
홍선숙		351	101			175	164		19	138	182			135	204	
합계		1984	276			1204	491		41	1087	567			1084	611	
평균		396.80	55.20			240.80	98.20		8.20	217.40	113.40			216.80	122.20	
%		87.79	12.21			71.03	28.97		2.42	64.13	33.45			63.95	36.05	

전북·순창, 학생(비녹음자분)

제보자	다의 ①	다의 ②	다의 ③	다의 ④	제보자	다의 ①	다의 ②	다의 ③	다의 ④
김동곤	5	246	88		유지현	10	288	41	
김미정	46	131	162		이근생	10	256	73	
김은영	12	213	114		이동선	11	154	174	
김지영	34	141	164		이영진	10	213	116	
김태완	5	257	77		이진하	66	60	213	

제보자	다의 ①	다의 ②	다의 ③	다의 ④	제보자	다의 ①	다의 ②	다의 ③	다의 ④
김효선	36	29	274		정진균	11	219	109	
김효수	55	41	243		정현진	5	285	49	
박병철	27	42	270		정혜숙	7	272	60	
서준원	2	328	9		진양조	50	142	147	
신지원	12	234	93		진영귀	36	108	195	
안준표	13	154	172		하태영	44	45	250	
양수진	11	241	87		한은경	3	279	57	
양재혁		219	120		홍선하	4	282	53	
양춘애	3	274	62		황미남	6	244	89	
양현숙	1	290	48		황미남	6	244	89	
엄상연	15	253	71		홍기심	39	166	134	
오성필	28	127	184		합계	664	6,765	4,436	
유수정	16	209	114		평균	18.97	193.29	126.74	
유은순	23	89	227		%	5.59	57.02	37.39	
유은정	8	234	97						

428. 개별 어휘의 어형별 빈도표(부록Ⅲ. 전북 순창편)를 보면, 전체 2558 어형 가운데 2500 어형(성인 1226, 학생 1274)에서 무음장 어형의 빈도가 유음장 어형의 빈도보다 높게 나타나고 있다. 모든 어휘에서 제보자의 절대 다수가 무음장 어형에 기표하고 있기 때문이다. 물론, '긴, 몹시, 있다' 등 51개 어휘에서 부분적으로(주로 성인 제보자들의 조사Ⅱ에서) 유음장 어형이 무음장 어형보다 빈도가 높거나 비슷한 경우가 있으나, 녹음, 조사Ⅰ, 조사Ⅱ가 일관된 경향을 보여 주는 것이 아니기 때문에 큰 의미는 없을 것 같다. 따라서, 전체적으로 볼 때 97.73%가 넘는 2500 어형, 무음장 어형보다 빈도가 높은 유음장 어형이 학생군보다 현저히 더 많은 성인군만을 대상으로 하더라도 95.86%에 해당하는 1226어형에서 유음장 어형보다 무음장 어형의 빈도가 높게 나타난 이번 조사 결과는 성인군 학생군 공히 음장이 존재하지 않는다는 §425. §426의 결론을 뒷받침해 주고 있음을 의미하는 것으로 해석해야 할 것이다.

429. 최소대립어에 있어서도, 성인 제보자 4명 가운데, 제보자 김동묵이 담화(녹음)에서 '병(瓶)에/병:(病)이'와 '영구(榮九)는/영:구(永久)한'으로 음장 대립형을 이루었으나, '병에/병:이'는 조사Ⅰ '병:에/병:이', 조사Ⅱ '병에/병이'로 일치된 음장 대립형을 이루지 못했고, '영구는/영:구한'은 조사Ⅰ과 조사Ⅱ도 같은 음장형으로 되어 있어, 일치된 음장 대립형을 이루었으나, 다른 제보자들의 그것이 일치하지 않아, 결국 모든 제보자들이 일치한 음장 대립형은 없다. 따라서, 전북 순창 지역 성인 제보자들에게 있어 음장은 존재하지 않는다는 결론에 이르게 된다.

430. 학생 제보자 5명의 경우는, 담화(녹음)에서 음장의 유무로 대립하는 최소대립어가 없으며, 따라서 녹음, 조사Ⅰ, 조사Ⅱ가 일치하는 최소대립어도 있을 수 없고, 제보자 5명이 일치하는 최소대립어가 없다는 것은 음장이 존재하지 않는다는 데에 더욱 확신을 갖게 하는 사실이 된다.

431. 녹음과 조사Ⅰ, 녹음과 조사Ⅱ, 조사Ⅰ과 조사Ⅱ, 녹음과 조사Ⅰ과 조사Ⅱ 간에 최소대립어 유형이 일치하는 경우의 수를 표로 제시하며 다음과 같다.

[표80]　　　　　　　　　　개인별 최소대립어 일치 통계표

전북·순창, 성인(녹음자분)

제보자	가				나				다				라			
	①	②	③	④	①	②	③	④	①	②	③	④	①	②	③	④
김동욱	1	13	5		1	1	17		1		18		1		18	
이홍재				19				19	3	2	14					19
최 훈		19				15	4			15	4			15	4	
황근주		8	11			10	9		2	6	11			6	13	
합계	1	40	16	19	1	26	30	19	6	23	47		1	21	35	19
평균	0.33	13.33	5.33		0.33	8.67	10.00		1.50	5.75	11.75		0.33	7.00	11.67	
%	1.76	70.17	28.07		1.76	45.61	52.63		7.90	30.26	61.84		1.76	36.84	61.40	

전북·순창, 학생(녹음자분)

제보자	가				나				다				라			
	①	②	③	④	①	②	③	④	①	②	③	④	①	②	③	④
김은옥		10	9			7	12			7	12			7	12	
김혜선		11	8			13	6			12	7			8	11	
양명선		17	2			16	3			15	4			15	4	
채효경		16	3			13	6		1	11	7			11	8	
홍선숙		8	11			6	13		2	3	14			3	16	
합계		62	33			55	40		3	48	44			44	51	
평균		12.4	6.60			11.00	8.00		0.60	9.60	8.80			8.80	10.20	
%		65.26	34.74			57.89	42.11		3.16	50.53	46.31			46.32	53.68	

전북·순창, 학생(비녹음자분)

제보자	다의 ①	다의 ②	다의 ③	다의 ④	제보자	다의 ①	다의 ②	다의 ③	다의 ④
김동곤		10	9		유은정	1	8	10	
김미정	2	3	14		유지현	5	9	5	
김은영		12	7		이근생		7	12	
김지영		2	17		이동선		6	13	
김태완		5	14		이영진	1	3	15	
김효선			19		이진하	5		14	
김효수		1	18		정진균	1	9	9	
박병철	3		16		정현진		13	6	
서준원		16	3		정혜숙		5	14	
신지원		4	15		진양조	3		16	
안준표		5	14		진영귀	1	2	16	
양수진	2	3	14		하태영	2		17	
양재혁		8	11		한은경	1	11	7	
양춘애	2	14	3		홍기심	3	4	12	
양현숙		15	4		홍선하	3	10	6	
엄상연	4	7	8		황미남	1	11	7	

제보자	다의 ①	다의 ②	다의 ③	다의 ④	제보자	다의 ①	다의 ②	다의 ③	다의 ④
오성필	1		18		합계	46	213	406	
유수정	4	5	10		평균	1.31	6.09	11.60	
유은순	1	5	13		%	6.92	32.03	61.05	

432. 음장의 유무에 따라 최소대립어를 이룰 수 있는 37개의 짝을 대상으로 그 유형
별 빈도를 조사한 결과(부록Ⅳ. 전북 순창편)를 보면, 전체 150쌍 가운데 134 쌍(성
인 61, 학생 73)에서 무음장 어형만으로 짝을 이룬 유형이 유음장 어형을 포함하여
짝을 이룬 유형보다 빈도가 높게 나타나고 있다. 거의 모든 경우에 있어서 제보자의
절대 다수가 '짝을 이루는 어휘 모두에 음장이 얹히지 않는 유형'에 기표하고 있기 때
문이다. 물론, '눈(雪)/눈(眼), 발(簾)/발(足), 일(一)/일(事), 창(窓)/창(唱)' 등 13개
의 짝에서 유음장 어형을 포함하여 짝을 이룬 유형의 빈도가 무음장 어형만으로 짝을
이룬 유형의 빈도보다 약간 높거나 비슷한 경우가 있기는 하지만, 그것들이 녹음, 조
사Ⅰ, 조사Ⅱ에서 일관된 경향을 보여 주는 것도 아니고, 그것들 중에는 음장 대립형
이 아닌 것도 있어서, 크게 주목할 만한 사실은 못되는 것 같다. 따라서, 전체적으로
볼 때 89.33%가 넘는 134쌍에서 무음장 어형만으로 짝을 이룬 유형의 빈도가 유음
장 어형을 포함하여 짝을 이룬 유형의 빈도보다 높게 나타나고, 유음장 어형을 포함하
여 짝을 이룬 유형의 빈도가 무음장 어형만으로 짝을 이룬 유형의 빈도보다 높은 유형
이 학생군보다 훨씬 더 많은 성인군만을 대상으로 하더라도 81.33%가 넘는 61쌍에
서 유음장 어형을 포함하여 짝을 이룬 유형보다 무음장 어형만으로 짝을 이룬 유형의
빈도가 더 높게 나타난(표준 발음법에서는 25쌍만이 무음장 어형만으로 짝을 이룸),
이번 조사 결과는 성인군 학생군 공히 음장에 따른 최소대립어가 존재하지 않는다는
§429, §430의 결론을 뒷받침해 주고 있음을 의미하는 것으로 해석해야 할 것이다.

433. 전북 순창 지역 조사 결과를 표준어의 그것들과 비교해 보면, 표준어에서 음장
이 얹히는 것이나 얹히지 않는 것이나 구분 없이, 제보자의 절대 다수가 '무음장 어형'
과 '짝을 이루는 어휘 모두에 음장이 얹히지 않는 유형'에 기표하고 있다. 물론, 유음장
어형의 빈도가 무음장 어형의 빈도보다 더 높은 경우가 58 어형(성인 53, 학생 5), 그
가운데 표준 음장과 일치하는 경우가 33 어형(성인 30, 학생 3), 그렇지 못한 경우가
25 어형(성인 23, 학생 2) 있고, 유음장 어형을 포함하여 짝을 이룬 유형의 빈도가 무
음장 어형만으로 짝을 이룬 유형의 빈도보다 더 높은 경우가 16쌍(성인 14, 학생 2),
그 가운데 표준 발음법에서 정한 대로 음장 대립형을 가지는 경우가 8쌍(성인 7, 학생
1), 그렇지 못한 경우가 8쌍(성인 7, 학생 1) 있기는 하지만, 그것들이(표준 발음법과
일치한 것들이나 불일치한 것들이나를 막론하고) 수적으로 미미할 뿐만 아니라(58 어
형은 전체 2558 어형의 2.27%, 16쌍은 전체 150쌍의 10.67%), 녹음, 조사Ⅰ, 조사
Ⅱ에서 일관된 경향을 보여 주는 것이 하나도 없다. 따라서, 이번 조사 결과를 표준어
의 그것들과 상호 비교한다는 것은 별로 의미가 없어 보인다.

434. 음장이 단어의 제일음절 모음 위에 얹힌다는 규정도 의미가 없게 되었다. 이번 조사 결과를 보면, 거의 모든 어휘에서 무음장 어형의 빈도가 절대적으로 높고, 제일 음절 위치에서 음장을 갖는다고 하는 음절이 제이 이하 음절 위치로 이동한 어휘들도 일반 어휘의 제이 이하 음절과 마찬가지로 무음장이 절대 다수였으며, 음장이 얹힌 경우라도 제일음절에만 얹히지는 않았다.

'서성대:고(1), 서성대:다(1), 틀림없:이(2), 허둥대:며(0), 허둥대:다(2)' 어형은 없거나, 있어도 빈도가 극히 낮다.

한 단어 안에서 음장이 연속하여 온 경우는 거의 모든 어휘에서 나타나고 있다.

435. 표준 발음법 기준으로, 음장 없는 단음절 용언과 음장은 있으나 모음 어미가 이어지면 음장이 소멸한다는 단음절 용언, 그리고 음장이 있고 모음 어미가 이어져도 음장이 소멸하지 않는다는 단음절 용언은 모음 어미가 이어질 때나 자음 어미가 이어 질 때나 관계 없이 모두 무음장 어형이 절대 다수를 점하고 있었으며, 다른 어떤 의 미 있는 차이점도 발견할 수 없었다.

436. '들려라, 들리다'와 '보이는, 보이다'는 모두 무음장 어형이 절대 다수이다.

파생 명사 '걸음, 놀이터'와 파생 부사 '많이, 틀림없이'는 모두 무음장 어형이 다수 를 점하고 있다. 부사 '많이'의 성인 조사 I · II와 학생 조사 II에서 유음장 어형이 무 음장 어형과 비슷한 빈도 분포를 보인 것은 표현적 자질로서의 특징이 반영된 것으로 해석할 수도 있을 것이다.

보상적 음장화의 예가 될 수 있는 어휘들도 무음장 어형이 절대 다수이다. '몰라서 (조사II, 성인)'에서 유일하게 유음장 어형의 빈도가 무음장 어형의 빈도보다 높은 경 우가 있었으나, 녹음, 조사 I 의 빈도는 그것과 상반된 상황이므로 주목할 만한 사항 은 못된다. '와, 져, 쳐'는 없고, '까, 따'도 무음장 어형이 절대 다수이다.

437. 제일음절말 위치의 무성의 정지음 〔-k, -t, -p〕이 온 어휘들의 어형별 빈도표를 보면, 제보자의 절대 다수가 무음장 어형에 집중되어 있다. 물론, 성인 제보자들의 경 우, '곱:다(娟, II), 극:히(II), 몹:시(I), 빗:소리(II), 썩:다(II), 업:다(II), 없:다 (II), 있:다(II), 잎:사귀(II), 족:(錄音)'의 빈도가 무음장 어형의 그것보다 약간 높은 경우가 있기는 하나, 그것들이 녹음, 조사 I ,조사II에서 일관된 경향을 보여 주는 것도 아니고, 또 그 가운데는 표현적 자질로 볼 수 있는 것도 있으며, 수도 그리 많지 않아 서(총 430 어형의 2.33%인 10 어형), 크게 의미를 부여할 만한 것은 못될 것 같다.

'남은, 남다', '넘치는', '숨다, 숨어서'에서도 제보자의 절대 다수가 무음장 어형에 모여 있다.

'많다, 많아서', '앉아, 앉다', '않는다', '잃었다. 잃다'에서도 무음장 어형의 빈도가 절대적으로 높다

438. 유기 자음(ㅍ, ㅌ, ㅋ, ㅊ)이나 긴장 자음(ㅃ, ㄸ, ㄲ, ㅉ, ㅆ)으로 시작되는 어휘들의 어형별 빈도 분포를 보면, 무음장 어형이 제보자의 절대 다수를 점유하고 있다. 성인 제보자들의 경우, '포근:히(조사Ⅰ, Ⅱ), 최:선의(조사Ⅰ), 깨:다(조사Ⅱ), 떨:다(조사Ⅱ), 썩:다(조사Ⅱ)' 어형에서 유음장 어형이 무음장 어형보다 빈도가 높은 경우가 있기는 하나, 그것들이 녹음, 조사Ⅰ, 조사Ⅱ에서 일관된 경향을 보여 주는 것도 아니고, 또 그 가운데는 표현적 자질로 볼 수 있는 것도 있으며, 수도 그리 많지 않아서(6/222) 크게 의미를 부여할 만한 것은 못된다

개음절의 단음절짜리 단어들도 무음장 어형의 빈도가 유음장 어형의 빈도보다 모두 높게 나타나고 있다. 다만, '그(조사Ⅱ, 학생)'의 빈도가 무음장 어형의 빈도보다 다소 높게 나타나고 있으나, 빈도수에 있어서 큰 차이가 있는 것도 아니고(19 : 21), 녹음과 조사Ⅰ이 같은 경향을 보여 주는 것도 아니며, 유일한 예외이기 때문에 별로 의미가 없을 것 같다. 그리고 '그'가 이렇게 나타난 것은 개음절 모음이 폐음절 모음보다 길게 소리난다는 음향음성학적 특성이 반영된 결과로 보인다. '그' 다음에 개리연접이 가해진 것도 소리가 길어진 한 요인이 되었을 가능성이 있다.

439. 전북 순창 지역도 무음장 단어수는 녹음, 조사Ⅰ, 조사Ⅱ 순으로 많다.

[표81]　　　　　　　　　　　개인별 무음장 단어 통계표

전북·순창, 성인(녹음자분)

제보자	녹음(452)		조사Ⅰ(452)		조사(375)	
	무음장단어수	백분비(%)	무음장단어수	백분비(%)	무음장단어수	백분비(%)
김동욱	448	99.12	368	81.42	183	48.80
이홍재	녹음없음		163	36.06	126	33.60
최 훈	450	99.56	440	97.35	325	86.67
황근주	452	100.00	404	89.38	307	81.87
합계	1350		1375		941	
평균	450	99.56	343.75	76.05	235.25	62.73

전북·순창, 학생(녹음자분)

제보자	녹음(452)		조사Ⅰ(452)		조사(375)	
	무음장단어수	백분비(%)	무음장단어수	백분비(%)	무음장단어수	백분비(%)
김은옥	452	100.00	347	76.77	176	46.93
김혜선	452	100.00	364	80.53	282	75.20
양명선	452	100.00	430	95.13	344	91.73
채효경	452	100.00	408	90.27	302	80.53
홍선숙	452	100.00	359	79.42	203	54.13
합계	2260		1908		1310	
평균	452	100.00	381.60	84.42	262.00	69.87

전북·순창, 학생(비녹음자분)

제보자	조사Ⅰ(452) 무음장단어수	백분비(%)	조사Ⅱ(375) 무음장단어수	백분비(%)	제보자	조사Ⅰ(452) 무음장단어수	백분비(%)	조사Ⅱ(375) 무음장단어수	백분비(%)
김동곤	371	82.08	331	88.27	유지현	418	92.48	336	89.60
김미정	235	51.99	253	67.47	이근생	400	88.50	311	82.93
김은영	353	78.10	278	74.13	이동선	362	80.09	219	58.40
김지영	298	65.93	225	60.00	이영진	353	78.09	274	73.07
김태완	410	90.71	322	85.87	이진하	275	60.84	106	28.27
김효선	241	53.32	56	14.93	임혜림	420	92.92	300	80.00
김효수	36	7.96	91	24.27	정진균	379	83.85	275	73.33
박병철	100	22.12	102	27.20	정현진	410	90.71	339	90.40
서준원	446	98.67	363	96.80	정혜숙	403	89.16	336	89.60
신지원	385	85.18	301	80.27	진양조	313	69.25	214	57.07
안준표	332	73.45	222	59.20	진영귀	351	77.65	151	40.27
양수진	417	92.26	276	73.60	하태영	218	48.23	114	30.40
양재혁	401	88.72	274	73.07	한은경	412	91.15	334	89.07
양춘애	413	91.37	322	85.87	홍기심	345	76.33	234	62.40
양현숙	438	96.90	336	89.60	홍선하	430	95.13	320	85.33
오성필	320	70.80	188	50.13	황미남	323	71.46	323	86.13
유수정	347	76.77	275	73.33	합계	임혜림	420	92.92	300
유은순	172	38.05	161	42.93	평균	한은경	412	91.15	334
유은정	355	78.54	311	82.93					

440. 음장에 대한 전북 순창 지역 제보자들의 의식 조사 결과는 다음과 같다.

[표82]   전북 순창 지역 제보자 의식 조사 통계표

구분	1 ①	1 ②	2 ①	2 ②	3-① 초	3-① 중	3-① 초·중	3-① 중·고	3-① 초·중·고	3-① 학교	3-② 초	3-② 중	3-② 초·중	3-② 중·고	3-② 초·중·고	3-② 학교
성인		4	1	3				1						1		
학생		5	3	2	1	1			1		1	1				
학생	3	32	13	22		6	4	1		2		6	4	1		2

3-③ 1~5일	3-③ 기타	4 ①	4 ②	5 ①	5 ②	6 ①	6 ②	6 ③	7 ①	7 ②	8 ①	8 ②
1			4		4					1	3	2	2
2	1		5		5						5	2	3
10	3	1	34		35				2		33	19	16

문항 1.에 대해서, 비녹음 학생 제보자 3명(전체 44명의 6.82%)이 음장에 따라 의미를 구분한다고 하였다. 무시해도 좋을 만큼의 미미한 수치이다. 그러나 비록 적은 수라도 이러한 반응이 나오는 이유는 규범 문법의 영향을 받은 모범답 작성 심리의 반영이 아닌가 싶다.

441. 음장에 대해서 교육 받은 일이 있다는 제보자는 17명(전체 44명의 38.64%)

이다. 이들 17명의 질문지만을 가려내어 문항 1, 4, 5, 7, 8에 대한 반응을 각각 조사해 보았다.

[표83]　　　전북 순창 지역 음장 교육 받은 제보자 의식 조사 통계표

문항번호 제보자 군	1		4		5		7		8	
	①	②	①	②	①	②	①	②	①	②
녹음한 성인		1/4		1/4		1/4	0/1	1/3	1/2	0/2
녹음한 학생		3/5		3/5		3/5		3/5	1/2	2/3
녹음 안 한 학생	0/3	13/32	1/1	12/34		13/35	0/2	13/33	6/19	7/16

음장 교육 받은 제보자 중 해당 사례수 / 총 사례수

위 표를 보면, 교육 받은 제보자 17명의 반응이 각각의 문항에서 특정 답지에 쏠리지 않고, 전체 제보자 가운데 교육 받은 제보자가 차지하는 비율과 비슷하게 흩어진 분포[21]를 보여주고 있다. 이는 음장 교육을 받은 사람과 받지 않은 사람 간에 음장 의식에서 아무런 차이가 없음을 보여 주는 것이다.

442. 음장 교육을 받은 일이 있다는 17명은 모두 학교에서 교육을 받았다고 하였다.
음장에 대해서 관심을 가졌던 일이 있다는 제보자는 1명(전체 44명의 2.27%), 대화할 때, 음장을 구분해서 말한다는 제보자는 한 명도 없었으며, 음장이 틀리는 사람을 교양이 부족한 사람이라고 생각한다는 사람은 3명(전체 44명의 6.82%)이었다. 모두 무시해도 좋을 만큼의 미미한 수치이다.
음장이 틀려서 의미 전달에 혼란을 경험했던 일이 있었다는 제보자는 23명(전체 44명의 52.27%)이었다. 이는 규범 문법에 맞지 않게 발음한 사실을 자각했던 경험에 대해 말하고 있는 것이 아닌가 싶다.

443. 전북 순창 지역에 음장이 존재하지 않는다는 결론에 대해서 성인군과 학생군 간에는 아무런 차이가 없다. 다만, 어형별 빈도표에서 유음장 어형이 무음장 어형보다 빈도가 높거나 비슷한 경우가 학생군보다 성인군에서 더 많이 나타난다는 점이 차이점이라면 차이점이라 할 수 있을 것이다.

11. 광주

444. 광주 지역 성인 제보자 5명[22] 가운데, 장덕균은 담화(녹음)에서 '긴:, 많:이,

---

21) 1.의 ② 41.46%, 4.의 ② 37.21%, 5.의 ② 38.64%, 7의 ② 41.46%, 8.의 ② 42.86%
22) 광주지역 성인 제보자 5명은 모두 광주 농성 초등학교 교사임.

발:(簾)을, 밤:(栗)을, 병:(瓶)에, 병:(病)이, 선:양하고, 여:로(女路)라는, 연:고(緣故), 영:구(永久)한, 제:일, 족:, 튀:는, 항:상'을 유음장으로 발음하였으나, '병(瓶), 병(病), 선양하다. 연고, 튀다'는 조사Ⅱ가, '제일'은 조사Ⅰ이, '족'은 조사Ⅰ,Ⅱ가 무음장으로 되어 있다. '긴:, 많:이, 발:(簾), 밤:(栗), 여:로(女路), 영:구(永久)한, 항:상'의 7 단어는 조사Ⅰ과 조사Ⅱ에서도 녹음과 일치되는 유음장 어형으로 표기되어 있다.

제보자 남귀원은 '긴:, 대:신(代身), 많:이, 발:(簾)을, 병:(病)이, 살:, 수:없이, 여:로(女路)라는, 자:욱했습니다. 제:일, 족:'을 유음장으로 발음하였으나, '대신(代身), 병(病), 자욱하다. 족'은 조사Ⅱ가 무음장으로 되어 있고, '긴:, 많:이, 발:을, 살:, 수:없이, 여:로(女路)라는, 제:일'의 6단어는 조사Ⅰ, 조사Ⅱ가 녹음과 일치되는 유음장 어형으로 표기되어 있다.

제보자 정성주는 '거:짓을, 긴:, 돈:(질병이~), 많:이, 밤:(栗)을, 살:, 여:로(女路)라는, 영:구(永久)한'을 유음장으로 발음하였으나, '거짓을'은 조사Ⅰ,Ⅱ가, '돈'은 조사Ⅱ가, '제일'은 조사Ⅰ이 무음장으로 되어 있고, '많이'는 조사Ⅱ가 '많:이:로', '영구한'은 조사Ⅰ,Ⅱ가 '영:구:한'으로 되어 있어, 녹음과 일치되는 어형으로 조사Ⅰ, Ⅱ가 표기된 단어는 '긴:, 밤:(栗)을, 살:, 여:로(女路)라는'의 4 단어뿐이다.

제보자 김오석은 '긴:, 발:(簾)을, 밤:(栗)을, 수:없이, 여:로(女路)라는, 영:구(榮九)는'을 유음장으로 발음하였으나, '여로라는'은 조사Ⅰ이, '영구는'은 조사Ⅰ, Ⅱ가 무음장으로 되어 있고, '긴:, 발:을, 밤:을 수:없이'의 4 단어는 조사Ⅰ, 조사Ⅱ가 모두 녹음과 일치되는 유음장 어형으로 표기되어 있다.

제보자 윤병섭은 유음장으로 발음한 어휘가 하나도 없으므로, 자연히 녹음, 조사Ⅰ, 조사Ⅱ가 유음장으로 일치된 어형이 없다.

[표84]　　　　　　　　　개인별 일치 어형의 상호 비교표

광주, 성인(녹음자분)

제보자성명 / 전원일치형	장덕균	남귀원	정성주	김오석	윤병섭
	긴:(長)	긴:(長)	긴:(長)	긴:(長)	
	많:이	많:이			
	발:(簾)을	발:(簾)을		발:(簾)을	
	밤:(栗)을		밤:(栗)을	밤:(栗)을	
		살:	살:		
		수:없이		수:없이	
	여:로(女路)라는	여:로(女路)라는	여:로(女路)라는		
	영:구(榮九)한				
		제:일			
	항:상				

따라서, 광주 지역에는 [표84]에서 보는 바와 같이, 개인별로 녹음, 조사Ⅰ, 조사Ⅱ

가 일치하고, 그것이 다른 4명의 제보자들의 그것과도 일치하는 유음장 어형은 없다. 이는 광주 지역 성인들에게 있어 음장이 존재하지 않음을 의미하는 것이다.

445. 학생 제보자 5명의 경우는, 담화(녹음)에서 음장을 유지한 제보자가 없었으며, 따라서 녹음, 조사Ⅰ, 조사Ⅱ가 음장에 있어 일치하고, 그것이 다른 제보자들의 그것과도 일치하는 어형이 하나도 없는 것이다. 이것은 광주 지역 학생 제보자들에게 있어 음장이 존재하지 않는다는 의미이다.

446. 녹음과 조사Ⅰ, 녹음과 조사Ⅱ, 조사Ⅰ과 조사Ⅱ, 녹음과 조사Ⅰ과 조사Ⅱ 간에 음장 일치 내용을 표로 제시하면 다음과 같다. 표에 의하면, 성인군이 학생군에 비해서 무음장 일치 비율은 높고, 불일치 비율은 낮다.

[표85]　　　　　　　　　　개인별 음장 일치 통계표

광주, 성인(녹음자분)

제보자	가 ①	②	③	④	나 ①	②	③	④	다 ①	②	③	④	라 ①	②	③	④
김오석	5	125	25	297	4	89	20	226	19	288	32		4	81	28	226
남귀원	11	389	52		6	259	74		36	245	58		6	245	88	
윤병섭		395	57			288	51		13	252	74			251	88	
장덕균	12	347	93		8	249	82		21	192	126		7	191	141	
정성주	6	357	84	5	4	228	102	5	33	208	93		3	201	130	5
합계	34	1613	311	302	22	1113	329	231	122	1185	383		20	969	475	231
평균	6.80	322.60	62.20		4.40	222.60	65.80		24.40	237.00	76.60		4.00	193.80	95.00	
%	1.74	82.38	15.88		1.50	76.03	22.47		7.22	70.12	22.66		1.37	66.19	32.44	

광주, 학생(녹음자분)

제보자	가 ①	②	③	④	나 ①	②	③	④	다 ①	②	③	④	라 ①	②	③	④
강서희		372	80			239	100		10	202	127			197	142	
강지혜		332	120			237	102		12	180	147			173	166	
김수련		339	113			108	231		11	87	241			81	258	
장민정		316	136			129	210		48	102	189			101	238	
전 진		296	156			177	162		19	129	191			116	223	
합계		1655	605			890	805		100	700	895			668	1027	
평균		331.00	121.00			178.00	161.00		20.00	140.00	179.00			133.60	205.40	
%		73.23	26.77			52.51	47.49		5.90	41.30	52.80			39.41	60.59	

광주, 학생(비녹음자분)

제보자	다의 ①	다의 ②	다의 ③	다의 ④	제보자	다의 ①	다의 ②	다의 ③	다의 ④
강해복	50	184	105		윤진숙	38	73	228	
고현희	30	209	100		이미영	35	76	228	
김미선	13	150	176		이부광	20	241	78	
김미회	5	182	152		이상미	8	147	184	

제보자	다의 ①	다의 ②	다의 ③	다의 ④	제보자	다의 ①	다의 ②	다의 ③	다의 ④
김보라	46	193	100		이수란	12	236	91	
김보미	90	38	211		이은영	16	152	171	
김유라	15	160	164		이의선	36	139	164	
김윤정	23	76	240		이자영	41	136	162	
김윤진	47	35	257		이지다	33	106	200	
김인영	14	168	157		임지선	22	158	159	
김인혜	58	101	180		장우정	8	144	187	
김현정	40	213	86		정민경	30	152	157	
김현정	7	235	97		정효미	14	197	128	
김혜경	9	177	153		조복희	43	171	125	
김혜정	26	142	171		주선향	36	208	95	
박연진	15	186	138		최현회	12	220	107	
박은숙	35	94	210		최형모	74	71	194	
배기례	27	150	162		최희진	20	179	140	
신세회	15	185	139		추하나	17	115	207	
신재옥	17	171	151		한나영	18	165	156	
신진영	23	208	108		황채숙	25	185	129	
여현선	11	98	230		합계	1,212	7,017	7.026	
오주현	20	196	123		평균	26.93	155.94	156.13	
유선미	18	195	126		%	7.94	46.00	46.06	

447. 개별 어휘의 어형별 빈도표(부록Ⅲ. 광주편)를 보면, 전체 2558 어형 가운데 2363 어형(성인 1173, 학생 1190)에서 무음장 어형의 빈도가 유음장 어형의 빈도보다 높게 나타나고 있다. 거의 모든 어휘에서 절대 다수의 제보자들이 무음장 어형에 기표하고 있기 때문이다. 물론, '거리(街), 구조(構造), 굴(蠣)' 등 115개 어휘에서 부분적으로 유음장 어형이 무음장 어형보다 빈도가 높거나 비슷한 경우가 있기는 하다(어형수로는 총 2558 어형의 7.62%에 해당하는 195 어형 : 성인 106, 학생 89). 다른 어느 지역보다도, 무음장 어형보다 빈도가 높은 유음장 어형의 수가 많다. 아마도 음장 교육에 많은 시간을 바치고 있는 초등학교 교사들이 성인 제보자로 선정되었기 때문이 아닌가 싶다. 그러나, 무음장 어형보다 빈도가 높은 이들 195개의 유음장 어형들이 녹음, 조사Ⅰ, 조사Ⅱ에서 일관된 경향을 보여 주는 것도 아니고, 또 그 가운데 일부는 표현적 자질로 볼 수 있는 것도 있어서, 무음장 어형이 대세를 이룬다는 사실에는 흔들림이 없다. 따라서, 전체적으로 볼 때 92.38%에 해당하는 2363 어형, 무음장 어형보다 빈도가 높은 유음장 어형을 학생군보다 더 많이 가지고 있는 성인군만을 보더라도 91.71%가 넘는 1173 어형(표준 발음법에서는 71.15%에 해당하는 910어형이 무음장임)에서 유음장보다 무음장의 빈도가 더 높게 나타난 이번 조사 결과는 성인군 학생군 공히 음장이 존재하지 않는다는 §444, §445의 결론을 뒷받침해 주고 있음을 의미하는 것으로 해석해야 할 것이다.

448. 최소대립어에 있어서도, 성인 제보자의 경우, 개인별로 녹음, 조사Ⅰ, 조사Ⅱ가 일치한 음장 대립형으로, 장덕균의 '밤(夜)에/밤(夜)에는/밤:(栗)을, 발:(簾)을/발(足)이, 여로(旅路)/여:로/(女路)라는, 영구(榮九)는/영:구(永久)한, 남귀원의 '발:(簾)을/발(足)이',

정성주의 '밤(夜)에/밤(夜)에는/밤:(栗)을, 여로(旅路)/여:로(女路)라는'이 있으나, 아래 표에서 보는 바와 같이 제보자 5명 모두가 일치한 음장 대립형(전원 일치형)은 없다.

[표86]　　　　　　개인별 최소대립어 일치 유형의 상호 비교표

성인(녹음자분)

제보자성명　전원일치형	장덕균	김오석	남귀원	윤병섭	정성주
	밤(夜)/밤:(栗)				밤(夜)/밤:(栗)
	발:(簾)/발(足)		발:(簾)/발(足)		
	여로(旅路)/여:로(女路)				여로(旅路)/여:로(女路)
	영구(榮九)/영:구(永久)				

449. 학생 제보자의 경우는 아예 담화(녹음)에서 음장의 유무로 대립하는 최소대립어의 쌍이 없으며, 따라서, 5명의 제보자 모두가 일치하는 최소대립의 쌍도 물론 없다.

450. 녹음과 조사Ⅰ, 녹음과 조사Ⅱ, 조사Ⅰ과 조사Ⅱ, 녹음과 조사Ⅰ과 조사Ⅱ 간에 최소대립어 유형이 일치하는 경우의 수를 표로 보이면 다음과 같다.

[표87]　　　　　　개인별 최소대립어 일치 통계표

광주, 성인(녹음자분)

제보자	가				나				다				라			
	①	②	③	④	①	②	③	④	①	②	③	④	①	②	③	④
김오석	1	1	4	13		1	5	13	5	6	8			1	5	13
남귀원	2	7	10		3	6	10		7	4	8		1	4	14	
윤병섭		6	13			8	11		6	5	8			4	15	
장덕균	4	10	5		4	6	9		5	6	8		4	5	10	
정성주	2	4	12	1	2	4	12	1	8	3	8		2	2	14	1
합 계	9	28	44	14	9	25	47	14	31	24	40		7	16	58	14
평 균	1.80	5.60	8.80		1.80	5.00	9.40		6.20	4.80	8.00		1.40	3.20	11.60	
%	11.11	34.57	54.32		11.11	30.86	58.03		32.63	25.26	42.11		8.64	19.75	71.61	

광주, 학생(녹음자분)

제보자	가				나				다				라			
	①	②	③	④	①	②	③	④	①	②	③	④	①	②	③	④
강서희		11	8			9	10		·	7	12			7	12	
강지혜		7	12			11	8		1	5	13			3	16	
권 진		9	10			5	14		3	4	12			3	16	
김수련		12	7			3	16		3	2	14			2	17	
장민정		3	16			6	13		3	2	14			2	17	
합 계		42	53			34	61		10	20	65			17	78	
평 균		8.40	10.60			6.80	12.20		2.00	4.00	13.00			3.40	15.60	
%		44.21	55.79			35.79	64.21		10.53	21.05	68.42			17.89	82.11	

광주, 학생(비녹음자분)

제보자	다의 ①	다의 ②	다의 ③	다의 ④	제보자	다의 ①	다의 ②	다의 ③	다의 ④
강해복	2	5	12		이미영	4	1	14	
고현희	2	7	10		이부광	5	2	12	
김미선	1	3	15		이상미	1	5	13	
김미희		6	13		이수란		7	12	
김보라	6	3	10		이은영		5	14	
김보미			19		이의선	2	4	13	
김유라		6	13		이자영	4	4	11	
김윤정	1	4	14		이지다	4	2	13	
김윤진	2		17		이현선	1	5	13	
김인영	2	3	14		임지선	4	4	11	
김인혜	2	3	14		장우정	3	2	14	
김현정	6	4	9		정민경	1	1	17	
김현정	1	8	10		정효미	2	4	13	
김혜경	1		18		조복희	1	2	16	
김혜정	1	9	9		주선향	5	6	8	
박연진	1	9	9		최현희		10	9	
박은숙	3	4	12		최형모	5	1	13	
배기례	1	8	10		최희진	5	3	11	
신세희	3	7	9		추하나	1	4	14	
신재옥	1	6	12		한나영	3	3	13	
신진영	4	5	10		황채숙	3	5	11	
오주현	3	3	13		합 계	105	189	561	
유선미	5	5	9		평 균	2.33	4.20	12.47	
윤진숙	3	1	15		%	12.28	22.11	65.61	

451. 음장의 유무에 따라 최소대립어를 이룰 수 있는 37개의 짝(실제는 40짝) 단위로 그 유형별 빈도를 조사한 결과(부록Ⅳ. 광주편)를 보면, 성인 제보자들이 '발:(簾)을/발(足)이, 밤(夜)에/밤(夜)에는/밤:(栗)을'의 조사Ⅰ과 조사Ⅱ에서 일치된 기표를 하였고(2유형 4쌍), 유음장 어형을 포함하여 짝을 이룬 유형의 빈도가 무음장 어형만으로 짝을 이룬 유형의 빈도보다 높거나 비슷한 것이 25쌍 있기는 하다. 그러나, 그것들이 녹음, 조사Ⅰ, 조사Ⅱ에서 일관되게 같은 경향을 보여 주는 것도 아니고, 또 전체 150쌍(실제는 162쌍) 가운데 4쌍은 2.67%(실제 2.47%)로서 그렇게 많은 것도 아니어서, §444~§450의 결과를 고려하고, 제보자 5명 모두가 음장 교육을 가장 철저히 그리고 가장 많이 시키고 있는 초등학교 교사이며, 해당 어휘들이 모두 초등학교에서 음장 교육용으로 반복적으로 제시되는 어휘들이란 점까지를 고려한다면, 이 결과에 너무 큰 의미를 부여하지 않아도 좋을 것이라는 결론에 쉽게 도달하게 된다. 나머지 짝들은 대부분 '짝을 이루는 어휘 모두에 음장이 얹히지 않는 유형'에 기표되어 있다. 학생 제보자들도 유음장 어형을 포함하여 짝을 이룬 유형에 기표한 경우가 더러 있기는 하나, 대부분은 무음장 어형만으로 짝을 이룬 유형에 기표하였다(유음장 어형이 포함되어 짝을 이룬 유형의 빈도가 무음장 어형만으로 짝을 이룬 유형의 빈도보다 높거나 비슷한 것이 13쌍이다). 따라서, 전체적으로 볼 때 72.00%에 해당하는 108쌍에서 무음장 어형만으로 짝을 이룬 유형의 빈도가 유음장 어형을 포함하여 짝을 이룬 유형의 빈도보다

높고(표준 발음법 기준으로는 50쌍이 무음장 어형만으로 짝을 이룸), 유음장 어형을
포함하여 짝을 이룬 유형의 빈도가 무음장 어형만으로 짝을 이룬 유형의 빈도보다 높은
유형이 학생군보다 훨씬 더 많은 성인군만을 대상으로 하더라도 61.33%가 넘는 46쌍
에서 유음장 어형을 포함하여 짝을 이룬 유형의 빈도보다 무음장 어형만으로 짝을 이룬
유형의 빈도가 높게 나타났다(표준 발음법 기준으로는 25쌍이 무음장 어형만으로 짝을
이룸)는 이번 조사 결과는 광주 지역도 성인군 학생군 공히 음장에 따른 최소대립어가
존재하지 않는다는 §448, §449의 결론을 뒷받침해 주고 있다고 보아야 할 것이다.

452. 광주 지역 조사 결과를 표준어의 그것들과 비교해 보면, 표준어에서 음장이 얹
히는 것이나 얹히지 않는 것이나 구분 없이, 대다수의 제보자들이 '무음장 어형'과 '짝을
이루는 어휘 모두에 음장이 얹히지 않는 유형'에 기표하고 있었다. 물론, 제보자들 가운
데는 '유음장 어형'과 '유음장 어형을 포함하여 짝을 이루는 유형'에 기표한 제보자도 상
당수 있어서, 유음장 어형의 빈도가 무음장 어형의 그것보다 높거나 비슷한 경우가
195 어형이나 되고, 그 가운데는 표준 발음법 기준으로 단음(短音)인 것을 장음으로
발음(또는 기표)한 것도 있지만(55 어형 : 성인 18, 학생 37), 대부분은 표준 발음법
으로 해서 음장이 얹힌다는 것들로서, 140 어형(성인 88, 학생 52)이나 된다(표준 발
음법 기준으로 음장이 얹힌다고 하는 총 738 어형의 18.97%). 그리고, 최소대립어에
있어서도 유음장 어형을 포함하여 짝을 이룬 유형의 빈도가 무음장 어형만으로 짝을 이
룬 유형의 빈도보다 높은 경우가 42쌍(성인 29, 학생 13)이나 되고, 그 가운데는 표
준 발음법에서 정한 음장 대립형과 일치하지 않는 것도 15쌍(성인 10, 학생 5) 있지
만, 표준 발음법에서 정한 음장 대립형과 일치하는 유형이 27쌍(성인 19, 학생 8)이나
된다(총 100 쌍의 27.00%). 이는 다른 지역에서는 유례가 없는 일이다. 지역 특성이
라기보다는 제보자 선정의 잘못 때문이 아닌가 싶다. 그러나, 일관성(녹음, 조사 I, 조
사 II 에서 일관된 경향을 보여주지 못함)이나 빈도의 수적 분포(무음장 어형 92.38%,
무음장 어형만으로 이루어진 쌍 72.00%)에서 볼 때, 무음장 어형이 빈도 분포의 본류
를 이룬다는 사실에는 변함이 없다고 보아야 할 것이다. 따라서, 이번 조사 결과와 표
준어의 그것과를 상호 비교하여 거기에서 어떤 의미를 찾아 보고자 하는 것은 별로 의
미가 없을 것 같다.

453. 음장은 단어의 제일음절 모음 위에 얹힌다는 규정도 의미가 없다. 이번 조사
결과를 보면, 모든 어휘에서 무음장 어형의 빈도가 절대적으로 높았고(어휘 내에서
부분적으로 유음장 어형의 빈도가 높은 것이 일부 있기는 하지만), 제일음절 위치에
서 음장을 갖는다고 하는 음절이 제이 이하 음절 위치로 이동한 어휘들도 일반 어휘
의 제이 이하 음절과 다름없이 무음장이 절대 다수였으며, 음장이 얹힌 경우라도 제
일음절에만 얹히지는 않았다.
'서성대:고(0), 서성대:다(4), 틀림없:이(3), 허둥대:며(3), 허둥대:다(0)' 어형은

없거나, 있어도 빈도가 극히 낮았다.

한 단어 안에서 음장이 연속하여 온 경우는 23 단어 24 어형이었다.

454. 표준 발음법 기준으로, 음장 없는 단음절 용언과 음장은 있으나 모음 어미가 이어지면 음장이 소멸한다는 단음절 용언, 그리고, 음장이 있고 모음 어미가 이어져도 음장이 소멸하지 않는다는 단음절 용언 간에는 모음 어미가 이어질 때나 자음 어미가 이어질 때나 구분 없이 모두 무음장 어형이 절대 다수를 점하고 있었으며, 다른 어떤 의미있는 차이점도 발견할 수 없었다.

455. '들려라, 들리다'와 '보이는, 보이다'는 모두 무음장 어형이 절대 다수이다.

파생 명사 '걸음, 놀이터'와 파생 부사 '틀림없이'도 무음장 어형이 절대 다수이다. 다만, 파생 부사 '많이'만이 성인의 녹음과 조사Ⅰ, Ⅱ, 학생의 조사Ⅰ, Ⅱ에서 유음장 어형인 '많:이'가 다수를 점유하고 있다. 이는 아마도 '많이'가 표현적 자질로서의 성격을 가지고 있기 때문이 아닌가 싶다.

보상적 장음화의 예가 될 수 있는 어휘들도 대부분 무음장 어형이 절대 다수이다. '몰:라서(조사Ⅱ, 학생), 쐬:다(조사Ⅱ, 학생), 애:(조사Ⅰ, 조사Ⅱ, 학생), 애들아: (조사Ⅰ, 학생)'에서 유음장 어형의 빈도가 무음장 어형의 빈도보다 높은 경우가 있으나, 그것들이 녹음, 조사Ⅰ, 조사Ⅱ에서 같은 경향을 보여 주는 것도 아니고, 특히나 '애'에 얹힌 긴소리는 표현적 자질로 볼 수도 있고, '애들아:'의 '애', '쐬:다'의 '쐬'와 함께 개음절 모음이기 때문이라고 할 수도 있으며, 개리연접이 가해졌기 때문이라고도 할 수 있는 것으로 크게 주목해야 할 상황은 못되는 것 같다. '와, 져, 쳐'는 없고, '까, 따'도 무음장 어형이 절대 다수이다.

456. 제일음절말 위치에 무성의 정지음 [-k, -t, -p]이 온 어휘들의 어형별 빈도표를 보면, 제보자의 절대 다수가 무음장 어형에 집중되어 있다. '곱:다(娟 : 조사Ⅱ, 학생), 낮:에는(조사Ⅰ · 성인, 조사Ⅱ · 성인), 냇:가(조사Ⅱ), 덥:다(조사Ⅰ, 성인), 떡가:루(조사Ⅱ, 학생), 몹:시(조사Ⅱ, 학생), 볕:발(조사Ⅰ, 성인), 볕밭:(조사Ⅰ · 성인, 조사Ⅱ · 성인), 빗:소리(조사Ⅱ, 학생), 빗소:리(조사Ⅱ, 학생), 웃니:(조사Ⅰ, 학생), 잇:다(조사Ⅱ, 성인)' 어형에서 무음장 어형보다 빈도가 높거나 비슷한 경우가 있기는 하나, 그것들이 녹음, 조사Ⅰ, 조사Ⅱ에서 일관된 경향을 보여 주는 것도 아니고, 또 일부는 표현적 자질로 볼 수 있는 것도 있으며, 수도 그리 많지 않아서(9/430), 크게 의미를 부여할 만한 상황은 아닌 것 같다.

'남은, 남다', '넘치는', '숨어서'는 제보자의 절대 다수가 무음장 어형에 집중되어 있다. '숨다'의 조사Ⅱ에서 유일하게 무음장 어형의 빈도보다 유음장 어형인 '숨:다'의 빈도가 더 높은 경우가 있었지만, 녹음과 조사Ⅰ에서까지 일관된 경향을 보여 주는 것이 아니기 때문에, 별로 의미가 없을 것 같다.

'많다, 많아서', '앉아, 앉다', '않는다', '잃었다, 잃다'에서도 무음장 어형의 빈도가
절대적으로 높다. 다만, '많:다' 어형의 빈도가 조사II에서 무음장 어형의 그것보다 높
지만, 그것이 녹음과 조사 I 에서까지 일관된 경향을 보여 주는 것은 아니기 때문에,
주목할 만한 상황은 아닌 것 같다.

457. 유기 자음(ㅍ, ㅌ, ㅋ, ㅊ)이나 긴장 자음(ㅃ, ㄸ, ㄲ, ㅉ, ㅆ)으로 시작되는
어휘들의 어형별 빈도를 보면, 무음장 어형에 제보자의 절대 다수가 모여 있다. '떨:
다(조사II), 쐬:다(조사II, 학생), 최:선의(조사 I ·성인, 조사II), 튀:다(조사II, 학
생), 편:지(조사II, 학생)' 어형에서 무음장 어형보다 빈도가 높거나 비슷한 경우가
더러 있지만, 그것들이 녹음, 조사 I , 조사II에서 일관된 경향을 보여 주는 것도 아니
고, 또 그 가운데 어떤 것은 표현적 자질로 볼 수 있는 것도 있으며, 수적인 면에서
그리 많은 것도 아니어서(8/222), 별로 문제가 되지 않는다.

개음절의 단음절짜리 단어들도 무음장 어형의 빈도가 유음장 어형의 그것보다 높
다. 다만, '네(四 : 조사 I , 성인), 배(倍 : 조사II, 성인), 수(繡 : 조사II, 성인),
애(조사 I , 조사II ·학생), 왜(조사 I , 성인), 후(조사II)'에서만은 유음장 어형의 빈
도가 무음장 어형의 빈도보다 높게 나타나고 있다. Mieko S. Han(1964)의 주장과
는 오히려 상반되게 이와 같은 현상이 나타나는 것은 개음절 모음이 폐음절 모음보다
길게 소리난다는 음향음성학적 특성이 반영된 결과가 아닌가 싶다. 그리고, 이들 모
음 뒤에 바로 개리연접이 가해진 것도 소리가 길어진 한 요인이 되었을 가능성이 있
다. 그러나, 이것들이 녹음, 조사 I , 조사II에서 한결같은 경향을 보여 주는 것도 아
니고, 일부는 표현적 자질로 볼 수 있는 것도 있으며, 수적인 면에서 그리 많은 것도
아니어서(7/146), 대세는 역시 무음장이라고 보아야 할 것이다.

458. 광주 지역도 무음장 단어수는 녹음, 조사 I , 조사II 순으로 많다.

[표88]　　　　　　　　　　　　　개인별 무음장 단어 통계표

광주, 성인(녹음자분)

제보자	녹음(452)		조사 I (452)		조사II(375)	
	무음장단어수	백분비(%)	무음장단어수	백분비(%)	무음장단어수	백분비(%)
김오석	143/149 (무효303)	95.97	442	93.36	319	85.06
남귀원	431	95.35	389	86.06	287	76.53
윤병섭	451	99.77	396	87.61	318	84.80
장덕균	438	96.90	349	77.21	279	74.40
정성주	438/447	97.99	363	80.30	259	69.06
합계	1,901/1,952		1,919		1,462	77.97
평균	440.16	97.38	383.80	84.91	292.40	77.97

광주, 학생(녹음자분)

제보자	녹음(452)		조사 I (452)		조사II (375)	
	무음장단어수	백분비(%)	무음장단어수	백분비(%)	무음장단어수	백분비(%)
강서희	452	100.00	374	82.74	264	70.40
강지혜	452	100.00	333	73.67	261	69.60
김수련	452	100.00	341	75.44	130	34.66
장민정	452	100.00	316	69.91	149	39.73
전 진	452	100.00	296	65.48	201	53.60
합계	2,260		1,660		1,005	
평균	452.00	100.00	332.00	73.45	201.00	53.60

광주, 학생(비녹음자분)

제보자	조사 I (452)		조사II (375)		제보자	조사 I (452)		조사II (375)	
	무음장단어수	백분비(%)	무음장단어수	백분비(%)		무음장단어수	백분비(%)	무음장단어수	백분비(%)
강해복	387	85.62	260	69.33	이미영	379	83.85	100	26.67
고현희	398	88.05	250	66.67	이부광	408	90.27	273	72.80
김미선	351	77.65	202	53.87	이상미	311	68.81	215	57.33
김미희	382	84.51	223	59.47	이수란	376	83.19	289	77.07
김보라	353	78.10	237	63.20	이은영	347	76.77	189	50.40
김보미	171	37.83	92	24.53	이의선	340	75.22	194	51.73
김유라	258	57.08	241	64.27	이자영	367	81.19	176	46.93
김윤정	289	63.94	112	29.87	이지다	345	76.33	173	46.13
김윤진	237	52.43	53	14.13	이현선	259	57.30	135	36.00
김인영	338	74.78	217	57.87	임지선	341	75.44	243	64.80
김인혜	232	51.33	185	49.33	장우정	381	84.29	166	44.27
김현정	375	82.96	260	69.33	정민경	330	73.01	220	58.67
김현정	388	85.84	296	78.93	정효미	389	86.06	233	62.13
김혜경	358	79.20	247	65.87	조복희	351	77.65	220	58.67
김혜정	291	64.38	210	56.00	주선향	398	88.05	275	73.33
박연진	384	84.96	242	64.53	최현회	300	66.37	299	79.73
박은숙	182	40.27	176	46.93	최형모	323	71.46	92	24.53
배기례	241	53.32	183	48.80	최회진	358	79.20	208	55.47
신세희	308	68.14	255	68.00	추하나	346	76.55	152	40.53
신재옥	247	54.65	250	66.67	한나영	346	76.55	197	52.53
신진영	385	85.18	260	69.33	황채숙	361	79.87	216	57.60
오주현	382	84.51	230	61.33	합계	14,827		9,336	
유선미	303	67.04	255	68.00	평균	329.49	72.90	207.47	55.32
윤진숙	231	51.11	135	36.00					

459. 음장에 대한 광주 지역 제보자들의 의식 조사 결과는 다음과 같다.

[표89] 광주 지역 제보자 의식 조사 통계표

구분	1		2		3-①					3-②				
	①	②	①	②	초	중	초·중	대학	학교	초	중	초·중	대학	학교
성인	1	4	1	4				1					1	
학생	1	4	5		3	1	1			3	1	1		
	7	38	16	29	14	1			1	14	1			1

3-③				4		5		6			7		8	
1~5일	6~10일	31일이상	기타	①	②	①	②	①	②	③	①	②	①	②
			1	4	1	3	2		2	1	1	4	2	3
2	3				5		5					5	4	1
7	3	2	4	4	41	3	42	1	2		2	43	25	20

문항 1.에 대해서, 9명(전체 55명의 16.36%)의 제보자가 음장에 따라 의미를 구분한다고 하였다. 그러나, 이러한 반응은 음장이 실재해서라기보다는 규범 문법의 영향을 받은 모범답 작성 심리의 영향으로 해석하는 것이 오히려 타당성이 있을지 모른다.

460. 음장에 대해서 교육 받은 일이 있다는 제보자는 22명(전체 55명의 40.00%)이다. 이들 22명의 질문지만을 가려내어 문항 1, 4, 5, 7, 8에 대한 반응을 각각 조사해 보았다.

[표90]   광주 지역 음장 교육 받은 제보자 의식 조사 통계표

문항번호 제보자 군	1		4		5		7		8	
	①	②	①	②	①	②	①	②	①	②
녹음한 성인	0/1	1/4	1/4	0/1	1/3	0/2	0/1	1/4	0/2	1/3
녹음한 학생	1/1	4/4		5/5		5/5		5/5	4/4	1/1
녹음 안 한 학생	3/7	13/38	1/4	15/41	1/3	15/42	1/2	15/43	8/25	8/20

음장 교육 받은 제보자 중 해당 사례수 / 총 사례수

위 표를 보면, 교육 받은 제보자 22명의 반응이 각각의 문항에서 특정 답지에 몰리지 않고, 전체 제보자 가운데서 교육 받은 제보자가 차지하는 비율과 비슷하게 흩어진 분포23)를 보여 주고 있다. 이는 음장 교육을 받은 사람과 받지 않은 사람 사이에 음장 의식에서 아무런 차이가 없음을 입증해 주는 것이다.

461. 음장 교육을 받은 일이 있다는 제보자들은 대부분 초등학교 시절 학교에서 교과서에 따라 교육 받았다고 하였다.
    음장에 대해서 관심을 가졌던 일이 있다고 답한 제보자는 성인 4명, 학생 4명이다. 초등학교 교사로서 아동 교육상 관심을 가지는 것은 너무나 당연한 일이다.
    대화할 때, 음장을 의식하고 구분해서 말한다는 제보자는 성인 3명, 학생 3명이다. 그렇게 하는 이유에 대해서는 성인 제보자 1명은 교사이기 때문에 아동교육상 그렇게 한다고 하였고, 나머지 성인 2명과 학생 2명은 음장을 지키지 않는 말은 어색하게 들

---

23) 1의 ② 39.13%, 4의 ② 42.55%, 5의 ② 40.82%, 7의 ② 40.38%, 8의 ② 41.67%

리기 때문에 그렇게 한다고 하였고, 학생 제보자 1명은 학교에서 그렇게 하라고 교육을 받았기 때문에 그렇게 하려고 노력한다고 하였다.

음장이 틀리는 사람을 교양이 부족한 사람이라고 생각한다는 제보자는 3명(전체 5.45%)이었다.

음장이 틀려서 의미 전달에 혼란을 일으켰던 경험이 있다는 제보자는 31명(전체 55명의 56.36%)이었다. 이것은 음장이 실재해서라기보다는 규범 문법에 맞지 않는 언어 현실에 대한 예민한 성찰 결과 나타난 반응이 아닌가 생각된다.

462. 광주 지역에 음장이 실재하지 않는다는 결론에 대해서 성인군과 학생군 간에는 어떤 차이점도 없다. 다만, 성인 제보자들이 초등학교 교사로서 규범 문법의 내용을 잘 알고, 그것을 아동들에게 늘 교육해 오던 터여서, 곳곳에 부분적으로 그 흔적이 엿보이는 점이 학생 제보자들과 다르다면 다른 점이 될 것이다.

12. 전남 · 완도

463. 전남 완도 지역 성인 제보자 5명 가운데, 담화(녹음)에서 음장을 가진 경우는, 제보자 이창남의 '군:밤을, 긴:, 많:아서, 많:이', 김충규의 '긴:, 나:무, 밤:(栗)을, 살:, 연:한, 영:구(永久)한', 박광춘의 '군:밤을, 긴:, 돌:(石), 발:(簾)을, 밤:(栗)을, 살:, 장:(欌)', 김영룡의 '야:단을', 그리고, 김동하의 '굴:(窟)로, 긴:'이 있다. 이들 가운데, 개인별로 조사Ⅰ과 조사Ⅱ에서까지 동일 어형을 가진 것은 이창남의 '긴:, 많:이', 김충규의 '살:', 박광춘의 '살:', 김영룡의 '야:단을' 뿐이며, 결과적으로 제보자 5인이 모두 일치한 유음장 어형은 없다. 따라서 전남 완도 지역 성인 제보자에게 있어서 음장은 존재하지 않는다.

464. 학생 제보자 5명의 경우는, 담화(녹음)에서 음장을 가진 제보자가 한 사람도 없다. 따라서, 한 제보자의 녹음, 조사Ⅰ, 조사Ⅱ가 음장에 있어 일치하고, 그것이 다른 제보자들의 그것과도 일치한 어형이 하나도 없다. 이는 전남 완도 지역 학생 제보자들에게 있어서도 음장이 존재하지 않는다는 의미이다.

465. 녹음과 조사Ⅰ, 녹음과 조사Ⅱ, 조사Ⅰ과 조사Ⅱ, 녹음과 조사Ⅰ과 조사Ⅱ 간에 음장 일치 내용을 표로 제시하면 다음과 같다. 표에 의하면, 성인군이 학생군에 비해서 무음장 일치 비율은 높고, 불일치 비율은 낮다.

[표91] 개인별 음장 일치 통계표

전남·완도, 성인(녹음자분)

제보자	가 ①	가 ②	가 ③	가 ④	나 ①	나 ②	나 ③	나 ④	다 ①	다 ②	다 ③	다 ④	라 ①	라 ②	라 ③	라 ④
김충규	4	431	17		1	303	35		5	297	37			296	43	
이창남	2	392	58		3	255	81		18	227	94		2	226	111	
박광춘	2	426	24		3	305	31		6	304	29			303	36	
김영룡	1	387	64		1	257	81		49	249	41		1	249	89	
김동하		431	21		1	288	50		11	284	44			283	56	
합계	9	2067	184		9	1408	278		89	1361	245		3	1357	335	
평균	1.80	413.4	36.80		1.80	281.60	55.60		17.80	272.20	49.00		0.60	271.4	67.00	
%	0.40	91.46	8.14		0.53	83.07	16.40		5.25	80.30	14.45		0.18	80.06	19.76	

전남·완도, 학생(녹음자분)

제보자	가 ①	가 ②	가 ③	가 ④	나 ①	나 ②	나 ③	나 ④	다 ①	다 ②	다 ③	다 ④	라 ①	라 ②	라 ③	라 ④
강나애		385	67			204	135		17	174	148			171	168	
김애라		391	61			258	81		23	239	77			239	100	
배은숙		422	30			290	49		12	274	53			274	65	
양금숙		403	49			296	43		21	270	48			272	67	
추미숙		396	56			159	180		22	234	83			234	105	
합계		1997	263			1207	488		95	1191	409			1190	505	
평균		399.40	52.60			241.40	97.60		19.00	238.20	81.80			238.00	101.00	
%		88.36	11.64			71.21	28.79		5.60	70.27	24.13			70.21	29.79	

전남·완도, 학생(비녹음자분)

제보자	다의 ①	다의 ②	다의 ③	다의 ④	제보자	다의 ①	다의 ②	다의 ③	다의 ④
강성노	16	229	94		오한민	34	172	133	
강지영	46	192	101		우미영	18	213	108	
고영관	8	215	116		윤은주	13	293	33	
권금숙	10	256	73		이상훈	11	222	106	
김소영	39	153	147		이은숙	14	251	74	
김소희	10	95	234		이은주	37	38	264	
김수정	25	173	141		이현아	23	231	85	
김순자	8	244	87		이희숙	33	135	171	
박말여	29	79	231		장수리	30	205	104	
박상남	7	283	49		장윤희	30	128	181	
박성호	8	267	64		전순영	16	138	185	
박세지	12	232	95		정수경	12	213	114	
박원희	14	287	38		조선희	17	239	83	
박창수	15	238	86		채현주	24	237	78	
손상미	18	239	82		최광현	20	220	99	
신승도	8	279	52		추은화	9	246	84	
신지영	24	192	123		황경선	26	49	264	
안분회	17	256	66		황소영	15	236	88	
양성섭	11	278	50		합계	740	8328	4492	
양성열	4	281	54		평균	18.50	208.20	112.30	
오지영	12	210	117		%	5.46	61.41	33.13	
오지혜	17	184	138						

466. 개별 어휘의 어형별 빈도표(부록Ⅲ. 전남 완도편)를 보면, 전체 2558 어형 가운데 2458 어형(성인 1233, 학생 1225)에서 유음장 어형의 빈도보다 무음장 어형의 빈도가 높게 나타나고 있다. 거의 모든 어휘에서 제보자들의 절대 다수가 무음장 어형에 기표하고 있기 때문이다. '구:조(構造)가, 굴:(蠣), 그:' 등 62개 어휘에서 부분적으로 유음장 어형이 무음장 어형보다 빈도가 높거나 비슷한 경우가 있으나(총 2558 어형의 3.91%에 해당하는 100 어형 : 성인 46, 학생 54), 녹음, 조사Ⅰ, 조사Ⅱ가 같은 경향을 보여 주는 것은 없었으며, 또, 그 가운데 일부는 표현적 자질로 볼 수 있는 것도 있어서, 무음장 어형이 대세라는 사실에는 동요가 없다고 보아야 할 것이다. 따라서, 전체적으로 볼 때 96.09%가 넘는 2458 어형에서 유음장 어형의 빈도보다 무음장 어형의 빈도가 높게 나타나고, 무음장 어형보다 빈도가 높은 유음장 어형이 성인군보다 더 많은 학생군만을 대상으로 하더라도 95.78%에 해당하는 1225어형에서 유음장보다 무음장의 빈도가 더 높게 타나나는 이번 조사 결과는 성인군 학생군 공히 음장이 존재하지 않는다는 §463, §464의 결론을 뒷받침해 주고 있음을 의미하는 것으로 보아야 할 것이다.

467. 최소대립어에 있어서도, 성인 제보자 5명 가운데, 담화(녹음)에서 음장 대립형을 보여준 경우는, 이창남의 '영구(榮九)는/영:구(永久)한', 김충규의 '밤(夜)에/밤(夜)에는/밤:(栗)을, 영구(榮九)는/영:구(永久)한', 박광춘의 '발:(簾)을/발(足)이, 장:(欌)/장(市場)으로', 김동하의 '굴:(窟)로/굴(蠣)을'이 있으나, 이 가운데 조사Ⅰ과 조사Ⅱ에서까지 동일한 음장 대립형을 유지한 경우는 하나도 없다. 따라서, 제보자 5명이 모두 일치한 음장 대립형도 당연히 없다.

468. 학생 제보자의 경우는, 담화(녹음)에서 음장 대립형을 이룬 쌍이 하나도 없으며, 따라서, 녹음, 조사Ⅰ, 조사Ⅱ가 일치하는 음장 대립형도, 그것이 다시 다른 제보자들의 그것들과 일치하는 음장 대립형도 없다.

469. 녹음과 조사Ⅰ, 녹음과 조사Ⅱ, 조사Ⅰ과 조사Ⅱ, 녹음과 조사Ⅰ과 조사Ⅱ 간에 최소대립어 위에 얹힌 음장 유형이 일치하는 경우의 수를 표로 제시하면 다음과 같다.

[표92] 개인별 최소대립어 일치 통계표

전남·완도, 성인(녹음자분)

제보자	가				나				다				라			
	①	②	③	④	①	②	③	④	①	②	③	④	①	②	③	④
김동하		11	8			6	13		4	5	10			5	14	
김영룡		5	14			8	11		10	4	5			4	15	
김충규	1	14	4		1	10	8		1	10	8			10	9	
박광춘		11	8		2	8	9		1	8	10			7	12	
이창남		13	6		1	4	14		2	4	13			4	15	
합계	1	54	40		4	36	55		18	31	46			30	65	
평균	0.20	10.80	8.00		0.80	7.20	11.00		3.60	6.20	9.20			6.00	13.00	
%	1.05	56.84	42.11		4.21	37.89	57.90		18.95	32.63	48.42			31.58	68.42	

전남·완도, 학생(녹음자분)

제보자	가				나				다				라			
	①	②	③	④	①	②	③	④	①	②	③	④	①	②	③	④
강나애		8	11		11	8			2	4	13			4	15	
김애라		9	10		9	10			5	6	8			6	13	
배은숙		8	11		8	11			4	4	11			4	15	
양금숙		5	14		7	12			6	3	10			3	16	
추미숙		6	13		7	12			4	3	12			3	16	
합 계		36	59		42	53			21	20	54			20	75	
평 균		7.20	11.80		8.40	10.60			4.20	4.00	10.80			4.00	15.00	
%		37.89	62.11		44.21	55.79			22.11	21.05	56.84			21.05	78.95	

전남·완도, 학생(비녹음자분)

제보자	다의 ①	다의 ②	다의 ③	다의 ④	제보자	다의 ①	다의 ②	다의 ③	다의 ④
강성노		3	16		오한민	3	3	13	
강지영	7	2	10		우미영	6	2	11	
고영관		5	14		윤은주	3	7	9	
권금숙	3	7	9		이상훈	2	6	11	
김소영	5	1	13		이은숙	4		15	
김소희	1	3	15		이은주	5		14	
김수정	5	3	11		이현아	4	4	11	
김순자	3	5	11		이희숙	6		13	
박말여	4		15		장수리	5	2	12	
박상남	3	5	11		장윤희	4	2	13	
박성호	2	7	10		전순영	2		17	
박세지	3	2	14		정수경	1	3	15	
박원희	6	4	9		조선희	4	7	8	
박창수	4	2	13		채현주	5	3	11	
손상미	3	5	11		최광현	3	3	13	
신승도	3	5	11		추은화	1	7	11	
신지영	1	3	15		황경선	2	1	16	
안분희	3	6	10		황소영	4	2	13	
양성섭	5	1	13		합계	131	137	492	
양성열	1	7	11		평균	3.27	3.43	12.30	
오지영	1	5	13		%	17.24	18.02	64.74	
오지혜	4	4	11						

470. 음장의 유무에 따라 최소대립어를 이룰 수 있는 37(실제는 40)개의 짝 단위로 그 유형별 빈도를 조사한 결과(부록Ⅳ. 전남 완도편)를 보면, 전체 150쌍 가운데 114 쌍(성인 57, 학생 57)에서 무음장 어형만으로 짝을 이룬 유형이 유음장 어형을 포함하여 짝을 이룬 유형보다 빈도가 높게 나타나고 있다. 이는 모든 어휘에서 절대 다수의 제보자들이 '짝을 이루는 어휘 모두에 음장이 얹히지 않는 유형'에 기표하고 있기 때문이다. 물론, 비록 한 쌍에 지나지 않는다고는 하지만, 성인 제보자들이 '밤(夜)/밤ː(栗)'의 조사Ⅱ에서 '밤(夜)/밤ː(栗)'으로 일치된 기표를 한 것이 있고, 부분적이긴 하지만 유음장 어형을 포함하여 짝을 이룬 유형의 빈도가 무음장 어형만으로 짝을 이룬 유형의 빈도보다 높거나 비슷한 것이 17짝 35쌍(총 150쌍의 23.33%)에 이른다는 것은 특이한 사항이다. 그러나, 그것들이 녹음, 조사Ⅰ, 조사Ⅱ에서 일관된 경향을 보여 주는 것

도 아니고, 또 전체 150(실제는 162)쌍 가운데 1쌍이란 0.67%(실제로는 0.62%)에 불과한 것이며, §463. §464. §467. §468의 결과와 '밤(夜)/밤:(栗)'이 음장 교육 용으로 자주 인용되는 어휘라는 점을 고려할 때, 그리 큰 의미를 부여하지 않아도 좋을 것 같다. 따라서, 전체적으로 볼 때 76%에 해당하는 114쌍(성인 57, 학생 57)에서 무음장 어형만으로 짝을 이룬 유형의 빈도가 유음장 어형을 포함하여 짝을 이룬 유형의 빈도보다 높게 나타난 이번 조사 결과는 성인군 학생군 공히 음장에 따른 최소대립어 가 존재하지 않는다는 §467. §468의 결론을 뒷받침해 주고 있음을 의미하는 것이라 고 보아야 할 것이다.

471. 전남 완도 지역 조사 결과를 표준어의 그것과 비교해 보면, 표준어에서 음장 이 얹히는 것이나 얹히지 않는 것이나 구분 없이, 대다수의 제보자들이 '무음장 어형' 과 '짝을 이루는 어휘 모두에 음장이 얹히지 않는 유형'에 기표하고 있었다. 물론, 제 보자들 가운데는 '유음장 어형'과 '유음장 어형을 포함하여 짝을 이루는 유형'에 기표 한 제보자도 상당수 있어서, 유음장 어형의 빈도가 무음장 어형의 그것보다 높거나 비 슷한 경우가 100 어형(성인 46, 학생 54)이나 되고, 그 가운데는 표준 발음법 기준으 로 단음인 것을 장음으로 발음(또는 표기)한 경우도 있지만(12 어형 : 성인 4, 학생 8), 대부분은 표준 발음법 기준으로 음장이 얹히는 것들로서, 88 어형(성인 42, 학생 46)이나 된다(표준 발음법 기준으로 음장이 얹힌다고 하는 총 738 어형의 11.92%). 그리고, 최소대립어에 있어서도, 유음장 어형을 포함하여 짝을 이룬 유형의 빈도가 무 음장 어형만으로 짝을 이룬 유형의 빈도보다 높은 유형이 36쌍(성인 18, 학생 18)이 나 되고, 그 가운데는 표준 발음법에서 정한 음장 대립형과 일치하지 않는 것도 12쌍 (성인 5, 학생 7)이 있기는 하지만, 표준 발음법에서 정한 음장 대립형과 일치하는 것 이 24쌍(성인 13, 학생11)이나 된다(표준 발음법에 의한 음장 대립형 총 100쌍의 24%). 다른 지역보다는 좀 많은 편이다. 그러나, 일관성이나 빈도의 수적 분포(무음장 어형 96.09%, 무음장만의 쌍 76.00%)에서 볼 때, 무음장 어형이 빈도 분포의 본류 를 이루고 있다는 사실에는 변함이 없다. 따라서 이번 조사 결과를 표준어의 그것들과 상호 비교한다는 것은 그리 큰 의미가 있어 보이지 않는다.

472. 음장은 단어의 제일음절 모음 위에 얹힌다는 규정도 의미가 없게 되었다. 이번 조사 결과를 보면, 거의 모든 어휘에서 무음장 어형의 빈도가 절대적으로 높았고, 제 일음절 위치에서 음장을 갖는다고 하는 음절이 제이 이하 음절로 이동한 어휘들도 일 반 어휘의 제이 이하 음절과 다름없이 무음장 어형이 절대 다수였다. 또, 음장이 얹 힌 경우라도 제일음절에만 얹히지는 않았다.
'서성대:고(0), 서성대:다(1), 틀림없:이(2), 허둥대:며(0), 허둥대:다(1)' 어형은 없거나, 있어도 빈도가 극히 낮았다.
한 단어 안에서 음장이 연속하여 온 경우는 10 단어 11 어형이었다.

473. 표준 발음법 기준으로, 음장 없는 단음절 용언과 음장은 있으나 모음 어미가 이어지면 음장이 소멸한다는 단음절 용언, 그리고, 음장이 있고 모음 어미가 이어져도 음장이 소멸하지 않는다는 단음절 용언 간에는 모음 어미가 이어질 때나 자음 어미가 이어질 때나 구분 없이 무음장 어형이 절대 다수를 점하고 있었으며, 다른 어떤 의미 있는 차이점도 발견할 수 없었다.

474. '들려라, 들리다'와 '보이는, 보이다'는 모두 무음장 어형이 절대 다수이다.
파생 명사 '걸음, 놀이터'와 파생 부사 '많이, 틀림없이'는 모두 무음장 어형이 다수를 점하고 있다. 다만, 부사 '많이'의 조사Ⅱ·학생에서 '많:이'가 '많이'보다 빈도가 높은데, 이는 표현적 자질로서의 특성이 인용형에서 반영된 결과가 아닌가 싶다.
보상적 장음화의 예가 될 수 있는 어휘들도 무음장 어형이 절대 다수이다. '애'의 조사Ⅰ·학생에서 유음장 어형의 빈도가 무음장 어형의 빈도보다 약간 높게 나타나고 있으나, 녹음과 조사Ⅱ에서까지 같은 경향을 보여 주는 것도 아니고, 더욱이나 '애'의 긴소리는 표현적 자질로 볼 수도 있고, 개음절 모음이기 때문에 길게 소리날 수도 있으며, 개리연접이 가해져서 길어졌다고 볼 수도 있는, 즉 여러 가지 요인을 생각해 볼 수 있는 어휘이므로, 크게 주목할 만한 상황은 못될 것 같다. '와, 겨, 쳐'는 없고, '까, 따'도 무음장 어형이 절대 다수이다.

475. 제일음절말 위치에 무성의 정지음 〔-k, -t, -p〕이 온 어휘들의 어형별 빈도표를 보면, 모든 어휘에서 제보자의 절대 다수가 무음장 어형에 집중되어 있다. '곱:다(조사Ⅱ), 냇:가(조사Ⅱ, 학생), 몹:시(조사Ⅱ·학생), 잇:다(조사Ⅱ, 성인)' 어형에서 무음장 어형보다 빈도가 높게 나타난 경우가 있기는 하지만, 이것들이 녹음, 조사Ⅰ, 조사Ⅱ에서 일관된 경향을 보여 주는 것도 아니고, 또 일부는 강조를 위한 표현적 자질의 반영으로 볼 수 있는 것도 있으며, 수도 그리 많지 않아서(5/430), 주목할 만한 사항은 아닌 것 같다.
'남은, 남다' '넘치는' '숨다, 숨어서'에서도 제보자의 절대 다수가 무음장 어형에 모여 있다.
'많다, 많아서' '앉아, 앉다' '않는다' '잃었다, 잃다'에서도 무음장 어형의 빈도가 절대적으로 높다.

476. 유기 자음(ㅍ, ㅌ, ㅋ, ㅊ)이나 긴장 자음(ㅃ, ㄸ, ㄲ, ㅉ, ㅆ)으로 시작되는 어휘들의 어형별 빈도 분포를 보면, 무음장 어형이 제보자의 절대 다수를 점하고 있다.
개음절의 단음절짜리 단어들도 무음장 어형의 빈도가 유음장 어형의 그것보다 높다. 물론, '그:(조사Ⅱ·성인), 얘(조사Ⅰ, 학생), 후:(조사Ⅱ)' 어형의 빈도가 무음장 어형의 그것보다 높게 나타난 경우가 있기는 하다. 이것은 Mieko S. Han(1964)의 주장과는 상반된 결과이다. 아마도 개음절 모음이 폐음절 모음보다 길게 소리난다는 음향음성학적 특성이 그대로 반영된 것이 아닌가 싶다. 모음 다음에 개리연접이 가해진 것도 소리가 길어진 한 요인이 되었을 것이다. 그러나, 이것들이 녹음과 조사Ⅰ(또는 조사Ⅱ)에서 같은 경향을 보여 주는 것도 아니고, 더욱이 '애'의 경우는 표현적 자질로 볼 수도 있는 것이며, 수적인 면에서도 그리 많다고 볼 수 없기 때문에 (4/146), 무음장 어형이 절대 다수라고 해석하는 것이 온당한 견해일 것이다.

477. 전남 완도 지역도 무음장 단어수는 녹음, 조사Ⅰ, 조사Ⅱ 순으로 많다.

[표93]   개인별 무음장 단어 통계표

전남·완도, 성인(녹음자분)

제보자	녹음(452)		조사Ⅰ(452)		조사Ⅱ(375)	
	무음장단어수	백분비(%)	무음장단어수	백분비(%)	무음장단어수	백분비(%)
김동하	450	99.56	433	95.80	319	85.06
김영룡	451	99.78	386	85.40	281	74.93
김충규	446	98.67	434	96.02	341	90.93
박광춘	445	98.45	431	95.35	342	91.2
이창남	447	98.89	395	87.39	278	74.13
합계	2,239		2,079		1,561	
평균	447.80	99.07	415.80	91.99	312.20	83.25

전남·완도, 학생(녹음자분)

제보자	녹음(452)		조사Ⅰ(452)		조사Ⅱ(375)	
	무음장단어수	백분비(%)	무음장단어수	백분비(%)	무음장단어수	백분비(%)
강나애	452	100.00	385	85.18	224	59.73
김애라	452	100.00	391	86.50	280	74.67
배은숙	452	100.00	422	93.36	315	84.00
양금숙	452	100.00	403	89.16	325	86.67
추미숙	452	100.00	396	87.61	280	74.67
합계	2,260		1,997		1,424	
평균	452	100.00	399.40	88.36	284.80	75.95

전남·완도, 학생(비녹음자분)

제보자	조사Ⅰ(452)		조사Ⅱ(375)		제보자	조사Ⅰ(452)		조사Ⅱ(375)	
	무음장단어수	백분비(%)	무음장단어수	백분비(%)		무음장단어수	백분비(%)	무음장단어수	백분비(%)
강성노	409	90.49	281	74.93	오지혜	416	92.04	218	58.13
강지영	380	84.07	238	63.47	오한민	342	75.66	243	64.80
고영관	421	93.41	245	65.33	우미영	385	85.18	272	72.53
권금숙	410	90.71	294	78.40	윤은주	421	93.14	334	89.07
김소영	371	82.08	197	52.53	이상훈	339	75.00	335	89.33
김소희	376	83.19	129	34.40	이은숙	418	92.48	293	78.13
김수정	414	91.59	205	54.67	이은주	377	83.41	92	24.53
김순자	380	84..07	318	84.80	이현아	404	89.38	274	73.07
박말여	382	84.51	126	33.60	이회숙	363	80.31	182	48.53
박상남	407	90.04	350	93.33	장수리	366	80.97	262	69.87
박성호	371	82.08	330	88.00	장윤회	360	79.65	178	47.47

제보자	조사 I (452) 무음장 단어수	백분비 (%)	조사 II (375) 무음장 단어수	백분비 (%)	제보자	조사 I (452) 무음장 단어수	백분비 (%)	조사 II (375) 무음장 단어수	백분비 (%)
박세지	380	84.07	311	82.93	전순영	388	85.84	187	49.87
박원희	422	93.36	329	87.73	정수경	389	86.06	273	72.80
박창수	395	87.39	293	78.13	조선희	377	83.41	314	83.73
손상미	405	89.60	284	75.73	채현주	412	91.15	265	70.67
신승도	424	93.81	334	87.07	최광현	391	86.50	285	76.00
신지영	372	82.30	252	67.20	추은화	406	89.82	306	81.60
안분희	403	89.16	308	82.13	황경선	376	83.19	152	40.53
양성섭	422	93.36	320	85.33	황소영	397	87.83	302	80.53
양성열	429	94.91	337	89.87	합계	15,676		10,524	
오지영	376	83.19	276	73.60	평균	391.90	86.70	261.30	70.16

478. 음장에 대한 전남 완도 지역 제보자들의 의식 조사 결과는 다음과 같다.

[표94]　　　　　　전남 완도 지역 제보자 의식 조사 통계표

구분	1 ①	1 ②	2 ①	2 ②	3-① 초	3-① 중	3-① 고	3-① 초·중	3-② 초	3-② 중	3-② 고	3-② 초·중
성인	1	4	2	3	1		1		1		1	
학생		5	5		1	1		3	1	1		3
학생	3	37	34	6	17	13		4	17	13		4

3-③ 1~5일	3-③ 6~10일	3-③ 31일이상	3-③ 기타	4 ①	4 ②	5 ①	5 ②	6 ①	6 ②	6 ③	7 ①	7 ②	8 ①	8 ②
1				1	4	2	3	1	1		1	4	1	4
2	3				5		5					5	4	1
25	7	1	1	4	36	3	37			3	2	38	21	19

　문항 1.에 대해서, 4명(전체 50명의 8%)의 제보자가 음장에 따라 의미를 구분한다고 하였다. 무시해도 좋을 만큼의 미미한 수치이다. 그러나 비록 적은 수라 할지라도 이러한 반응이 나오는 이유는 음장이 실재해서라기보다는, 규범 문법에서 요구하는 모범답에 맞추어 보려는 심리가 강하게 작용한 것이 아닌가 하는 생각도 든다.

　479. 음장에 대해서 교육 받은 제보자는 41명(전체 50명의 82%)이다. 이들 41명의 질문지만을 가려내어 문항 1, 4, 5, 7, 8에 대한 반응을 각각 조사해 보았다.

[표95]　　　　전남 완도 지역 음장 교육 받은 제보자 의식 조사 통계표

문항번호 / 제보자 군	1 ①	1 ②	4 ①	4 ②	5 ①	5 ②	7 ①	7 ②	8 ①	8 ②
녹음한 성인	0/1	2/4	0/1	2/4	1/2	1/3	1/1	1/4	1/1	1/4
녹음한 학생		5/5		5/5		5/5		5/5	4/4	1/1
녹음 안 한 학생	2/3	32/37	2/4	32/36	2/3	32/37	2/2	32/38	16/21	18/19

음장 교육 받은 제보자 중 해당 사례수 / 총 사례수

위 표를 보면, 교육 받은 제보자 41명의 반응이 각각의 문항에서 특정 답지에 쏠리지 않고, 전체 제보자 가운데 교육 받은 제보자가 차지하는 비율과 비슷하게 흩어진 분포[24]를 보여 주고 있다. 이는 음장 교육을 받은 사람과 받지 않은 사람 사이에 음장 의식에 있어 크게 차이가 없음을 말해 주는 것이다.

480. 음장 교육을 받은 일이 있다는 제보자 41명은 모두 학교에서 정해진 교육과정에 따라 교육을 받았다고 하였다.

음장에 대해서 관심을 가졌던 일이 있다는 제보자는 5명(전체 제보자 50명의 10%), 대화할 때, 음장을 의식하고 구분해서 말한다는 제보자는 5명(전체 50명의 10%), 그렇게 하는 이유에 대해서는, 그렇게 하도록 교육을 받았기 때문에 그렇게 한다는 제보자가 1명, 음장이 틀리는 말은 어색하게 들리기 때문에 그렇게 한다는 제보자가 4명이었다. 음장이 틀리는 사람을 교양이 부족한 사람이라고 생각하는 사람은 3명(전체 50명의 6%)이었다. 모두 미미한 수치이다.

음장이 틀려서 의미 전달에 혼란을 야기했던 경험이 있다는 제보자는 26명(전체 50명의 52%)이었다. 이는 음장이 실재해서라기보다는, 규범 문법과 다른 언어 현실을 인지하는 정도의 표현이라고 보는 것이 합리적인 해석일 것이다.

481. 전남 완도 지역에 음장이 존재하지 않는다는 결론에 대해서는 성인군이나 학생군이나 차이가 없다. 다만, 경기, 충북, 대전과 함께 학생 제보자들이 성인 제보자들보다도 무음장 어형보다 빈도가 높은 유음장 어형을 많이 가지고 있다는 점이 다른 지역과 다르다면 다른 점이라 할 수 있을 것이다.

13. 대구

482. 대구 경북 지역은 성조와 음장이 다 있다고 보는 견해(문효근 1974d, 김영만 1987)와 성조만 있다고 보는 견해(정국 1980, 조현숙 1985, 이동화 1986, 김성환 1988, 최명옥 1990)가 대립하는 지역이다. 이번 조사에서, 이 지역 성인 제보자 3명 가운데, 박대홈[25]은 담화(녹음)에서 '개:인적이며, 굴:(蠣)을, 긴:, 많:이, 발:(簾)을, 쉬:고, 영:구(永久)한, 장:(欌), 제:일, 항:상'을, 김창규는 '긴:'을 유음장으로 발음하였으나. 이들 가운데, 개인별로 각각 조사Ⅰ과 조사Ⅱ에서까지 동일 음장을 유지한 경우는, 박대홈의 '긴:, 많:이, 영:구(永久)한, 장:(欌), 제:일' 뿐이다. 따라서 제보자 3인이 모두 일치한 유음장 어형은 없으며, 이는 곧 대구 지역 성인 제보자들에게 있어서는 음장이 존재하지 않는다는 의미이다.

---

24) 1의 ② 84.78%, 4의 ② 84.78%, 5의 ② 84.44%, 7의 ② 80.85%, 8의 ② 83.33%
25) 박대홈은 현풍고 국어과 교사임.

483. 학생 제보자 5명의 경우는, 담화(녹음)에서 음장을 유지한 제보자가 한 사람도 없었다. 따라서, 한 제보자의 녹음, 조사 I, 조사 II가 음장에 있어 일치하고, 그것이 다른 제보자들의 그것과도 일치하는 어형이 하나도 없는 것이다. 이는 대구 지역 학생 제보자들에게 있어서도 음장이 존재하지 않는다는 의미이다.

484. 녹음과 조사 I, 녹음과 조사 II, 조사 I과 조사 II, 녹음과 조사 I과 조사 II 간에 음장일치 내용을 표로 제시하면 다음과 같다. 표에 의하면, 성인군이 학생군에 비해서 무음장 일치 비율은 높고, 불일치 비율은 낮다.

[표96]   개인별 음장 일치 통계표

대구, 성인(녹음자분)

제보자	가				나				다				라			
	①	②	③	④	①	②	③	④	①	②	③	④	①	②	③	④
김창규	1	435	16			323	16		3	310	26			310	29	
박경석		366	86			244	95		40	208	91			208	131	
박대흠	7	362	83		7	187	145		58	172	109		5	172	162	
합계	8	1163	185		7	754	256		101	690	226		5	690	322	
평균	2.67	387.67	61.67		2.33	251.33	85.33		33.67	230.00	75.33		1.67	230.00	107.33	
%	0.59	85.77	13.64		0.69	74.14	25.17		9.93	67.85	22.22		0.49	67.85	31.66	

대구, 학생(녹음자분)

제보자	가				나				다				라			
	①	②	③	④	①	②	③	④	①	②	③	④	①	②	③	④
김재민		375	77			251	88		30	216	93			216	123	
김태욱		269	183			63	276		56	41	242			41	298	
김형관		406	46			273	66		19	253	67			253	86	
유동준		349	103			222	117		67	191	81			191	148	
전재환		212	240			136	203		24	72	243			72	267	
합계		1611	649			945	750		196	773	726			773	922	
평균		322.20	129.80			189.00	150.00		39.20	154.60	145.20			154.60	184.40	
%		71.28	28.72			55.75	44.25		11.56	45.61	42.83			45.61	54.39	

대구, 학생(비녹음자분)

제보자	다의 ①	다의 ②	다의 ③	다의 ④	제보자	다의 ①	다의 ②	다의 ③	다의 ④
강원철	117	29	193		선해도	17	209	113	
고태혁	9	114	216		설진욱	32	225	82	
곽대원	4	286	49		성진오	44	230	65	
곽필목	11	204	124		안정욱	28	185	126	
곽호종	4	320	15		양찬진	26	250	63	
관순표	52	197	90		엄지용	27	235	77	
권도균	45	120	174		오성도	40	246	53	
김도완	57	173	109		원택일	15	253	71	
김동근	38	128	173		유준욱	30	233	76	
김동후	29	220	90		윤경수	16	173	150	
김명현	45	183	111		이기철	8	211	120	

제보자	다의 ①	다의 ②	다의 ③	다의 ④	제보자	다의 ①	다의 ②	다의 ③	다의 ④
김봉진	14	121	204		이동현	16	216	107	
김성배	28	220	91		이민영	31	147	161	
김정욱	17	274	48		이선제	3	277	59	
김지현	46	187	106		이종원	21	199	119	
김현석	41	192	106		임윤성	27	237	75	
김현태	7	280	52		전영곤	44	51	244	
민승호	32	169	138		정지현	10	288	41	
박두범	15	282	42		최성진	18	241	80	
박종인	24	252	63		하영민	47	184	108	
박종현	50	77	212		하용수	34	156	149	
박희찬	4	291	44		한종래	7	276	56	
배재환	11	240	88		합계	1,306	10,081	4,885	
서광수	7	285	47		평균	27.21	210.02	101.77	
서정운	24	255	60		%	8.03	61.95	30.02	
서찬욱	34	260	45						

485. 개별 어휘의 어형별 빈도표(부록Ⅲ. 대구편)를 보면, 전체 2558 어형 가운데 2388 어형(성인 1161, 학생1227)에서 유음장 어형의 빈도보다 무음장 어형의 빈도가 더 높게 나타나고 있다. 거의 모든 어휘에서 제보자들의 절대 다수가 무음장 어형에 기표하고 있기 때문이다. '구원(久遠)의, 몹시, 발(簾), 영구(永久)한, 항상' 등 104개 어휘에서 부분적으로 유음장 어형의 빈도가 무음장 어형의 빈도보다 높거나 비슷한 경우가 있으나 (어형수로는 총 2558 어형의 6.65%에 해당하는 170 어형 : 성인 118, 학생 52), 이들이 녹음, 조사Ⅰ, 조사Ⅱ에서 같은 경향을 보여 주는 것도 아니고, 또 그 가운데 일부는 표현적 자질로 볼 수 있는 것도 있어서, 대세는 역시 무음장 어형이라고 보아야 할 것이다. 따라서, 전체적으로 볼 때 93.35%가 넘는 2388 어형에서 유음장 어형의 빈도보다 무음장 어형의 빈도가 높고, 무음장 어형보다 빈도가 높은 유음장 어형이 학생군보다 훨씬 더 많은 성인군만을 대상으로 하더라도 90.78%에 해당하는 1161 어형에서 유음장보다 무음장의 빈도가 더 높게 나타난 이번 조사 결과는 성인군 학생군 공히 음장이 존재하지 않는다는 §482, §483의 결론을 뒷받침해 주고 있음을 의미하는 것으로 보아야 할 것이다.

486. 최소대립어에 있어서도, 성인 제보자 3명 가운데, 박대흠이 담화(녹음)에서 '굴(窟)로/굴:(蠣)을, 발:(簾)을/발(足)이, 영구(榮九)는/영:구(永久)한, 장:(檣)/장(市場)으로'로 발음하여 음장 대립형을 이루었으나, 이 가운데 조사Ⅰ과 조사Ⅱ에서까지 동일한 음장 대립형을 유지한 유형은 하나도 없다. 따라서, 제보자 3명이 모두 일치한 음장 대립형도 당연히 없다.

487. 학생 제보자의 경우는, 담화(녹음)에서 음장 대립형을 이룬 쌍이 하나도 없으며, 따라서, 녹음, 조사Ⅰ, 조사Ⅱ가 일치하는 음장 대립형도, 그것이 다시 다른 제보자들의 그것들과 일치하는 음장 대립형도 없다.

488. 녹음과 조사 I, 녹음과 조사II, 조사 I 과 조사II, 녹음과 조사 I 과 조사II 간에 최소대립어 위에 얹힌 음장 유형이 일치하는 경우의 수를 표로 제시하면 다음과 같다.

[표97] 개인별 최소대립어 일치 통계표

대구, 성인(녹음자분)

제보자	가				나				다				라			
	①	②	③	④	①	②	③	④	①	②	③	④	①	②	③	④
김창규		13	6			14	5		2	11	6			11	8	
박경석		5	14			3	16		4	1	14			1	18	
박대흠	2	5	12		1	4	14		6	3	10			3	16	
합계	2	23	32		1	21	35		12	15	30			15	42	
평균	0.67	7.67	10.67		0.33	7.00	11.67		4.00	5.00	10.00			5.00	14.00	
%	3.51	40.35	56.14		1.76	36.84	61.40		21.05	26.32	52.63			26.32	73.68	

대구, 학생(녹음자분)

제보자	가				나				다				라			
	①	②	③	④	①	②	③	④	①	②	③	④	①	②	③	④
김재민		6	13			5	14		6	2	11			2	17	
김태욱		2	17			1	18		4	·	15			·	19	
김형관		9	10			7	12		4	3	12			3	16	
유동준		2	17			5	14		12	2	5			2	17	
전재환		2	17			4	15		3	·	16			·	19	
합계		21	74			22	73		29	7	59			7	88	
평균		7.00	24.67			7.33	24.33		9.67	2.33	19.67			2.33	29.33	
%		22.11	77.89			23.16	76.84		30.53	7.37	62.10			7.37	92.63	

대구, 학생(비녹음자분)

제보자	다의 ①	다의 ②	다의 ③	다의 ④	제보자	다의 ①	다의 ②	다의 ③	다의 ④
강원철			19		서찬욱	8	4	7	
고태혁		7	12		선해도	6	3	10	
곽대원		13	6		설진욱	2	1	16	
곽순표	5	1	13		성진오	7	5	7	
곽필목	1	2	16		안정욱	5	1	13	
곽호종	3	14	2		양창진	8	3	8	
권도균	2		17		엄지용	5	1	13	
권영곤	4	2	13		오성도	10	3	6	
김도완	7	1	11		원택일	3	3	13	
김동근	4		15		유준욱	11	2	6	
김동후	6	3	10		윤경수	1	3	15	
김명현	7	3	9		이기철	1	5	13	
김봉진	1		18		이동혁	5	3	11	
김성배	6	2	11		이민영	4		15	
김정욱	7	4	8		이선제	1	11	7	
김지현	1	8	10		이종원	1	6	12	
김현석	8	1	10		임윤성	4	4	11	
김현태		12	7		정지현	2	9	8	
민승호	4	2	13		최성진	4	4	11	

제보자	다의 ①	다의 ②	다의 ③	다의 ④	제보자	다의 ①	다의 ②	다의 ③	다의 ④
박두범	5	7	7		하영민	6	9	4	
박종인	6	7	6		하용수		1	18	
박종현	4	1	14		한종래	2	7	10	
박희찬	1	8	10		합계	185	203	524	
배재환	1	6	12		평균	3.85	4.23	10.92	
서광수	2	9	8		%	20.28	22.26	57.46	
서정운	4	2	13						

489. 음장의 유무에 따라 최소대립어를 이룰 수 있는 37개의 짝 단위로 그 유형별 빈도를 조사한 결과(부록Ⅳ. 대구편)를 보면, 성인 제보자들이 조사Ⅱ에서 '밤(夜)/밤:(栗), 병(瓶)/병:(病)'에 일치된 기표를 한 것이 있고(2유형 2쌍), 유음장 어형을 포함하여 짝을 이룬 유형의 빈도가 무음장 어형만으로 짝을 이룬 유형의 빈도보다 높거나 비슷한 것이 16쌍이나 된다. 나머지 대부분의 제보자들은 '짝을 이루는 어휘 모두에 음장이 얹히지 않는 유형'에 기표하였다. 학생 제보자들의 경우도 유음장 어형을 포함하여 짝을 이룬 유형의 빈도가 무음장 어형만으로 짝을 이룬 유형의 빈도보다 높은 것이 22쌍이나 된다. 나머지 대부분의 제보자들은 '짝을 이루는 어휘 모두에 음장이 얹히지 않는 유형'에 기표하였다. 어쨌든, 성인군이거나 학생군이거나를 막론하고, 특정의 유음장으로 일치된 음장 대립형이 두 쌍이나 되고, 부분적이긴 하지만 유음장 어형을 포함하여 짝을 이룬 유형의 빈도가 무음장 어형만으로 짝을 이룬 유형의 빈도보다 높거나 비슷한 것이 20짝(쌍으로는 총 150쌍의 26.67% 해당하는 40쌍 : 성인 18, 학생 22)에 걸쳐 있다는 것은 특이한 사항이다. 그러나, 그것들이 녹음, 조사Ⅰ, 조사Ⅱ에서 일관된 경향을 보여 주는 것도 아니고, 또 전체 150쌍(실제는 162쌍) 가운데 두 쌍이란 1.33%(실제는 1.23%)로서 그렇게 많은 것도 아니어서, §482, §483, §486, §487의 결과와 두 쌍이 모두 음장 교육용으로 자주 인용되는 어휘라는 점을 고려할 때, 그리 큰 의미를 부여하지 않아도 좋을 것 같다. 따라서, 전체적으로 볼 때, 전체 150쌍 가운데 110쌍(성인 57, 학생 53)에서 유음장 어형을 포함하여 짝을 이룬 유형의 빈도보다 무음장 어형만으로 짝을 이룬 유형의 빈도가 더 높게 나타나고, 유음장 어형을 포함하여 짝을 이룬 유형의 빈도가 무음장 어형만으로 짝을 이룬 유형의 빈도보다 더 높은 유형이 성인군보다 많은 학생군만을 대상으로 하더라도 70.67%에 해당하는 53쌍에서 유음장 어형을 포함하여 짝을 이룬 유형의 빈도보다 무음장 어형만으로 짝을 이룬 유형의 빈도가 더 높게 나타난(표준 발음법 기준으로는 25쌍만이 무음장 어형만으로 짝을 이룸) 이번 조사 결과는 대구 지역에서도 성인군 학생군 공히 음장에 따른 최소대립어가 존재하지 않는다는 §486, §487의 결론을 뒷받침해 주고 있음을 의미하는 것으로 보아야 할 것이다.

490. 대구 지역 조사 결과를 표준어의 그것과 비교해 보면, 표준어에서 음장이 얹히는 것이나 얹히지 않는 것이나 구분 없이, 대다수의 제보자들이 '무음장 어형'과 '짝을 이루는 어휘 모두에 음장이 얹히지 않는 유형'에 기표하고 있었다. 물론, 제보자들 가운데는

'유음장 어형'과 '유음장 어형을 포함하여 짝을 이루는 유형'에 기표한 제보자도 상당수 있어서, 유음장 어형의 빈도가 무음장 어형의 그것보다 높거나 비슷한 경우가 170 어형 (성인 118, 학생 52)이나 되고, 그 가운데는 표준 발음법 기준으로 단음인 것을 장음으로 발음(또는 기표)한 것도 있지만(45 어형 : 성인 39, 학생 6), 대부분은 표준 발음법으로 음장이 얹히는 것들로서 125 어형(성인 79, 학생 46 : 표준 발음법 기준으로 음장이 얹힌다고 하는 738 어형의 16.94%)이나 된다. 그리고, 최소대립어에 있어서도, 유음장 어형을 포함하여 짝을 이룬 유형의 빈도가 무음장 어형만으로 짝을 이룬 유형의 빈도보다 높은 유형이 40쌍(성인 18, 학생 22)이나 되고, 그 가운데는 표준 발음법에서 정한 유형과 일치하지 않는 것도 12쌍(성인 6, 학생 6)이 있기는 하지만, 표준 발음법에서 정한 음장 대립형과 일치하는 것이 28쌍(성인 12, 학생 16 : 총 유음장 유형 100쌍의 28.00%)이나 된다. 다른 지역보다 많은 편이다. 그러나 일관성이나 빈도의 수적 분포(무음장 어형 93.35%, 무음장만의 쌍 73.33%)에서 볼 때, 무음장 어형이 빈도 분포에서 본류를 이루고 있다는 사실에는 변함이 없다. 따라서, 이번 조사 결과를 표준어의 그것들과 상호 비교한다는 것은 별로 의미가 없어 보인다.

491. 표준 발음법 규정에 의하면, 음장은 단어의 제일음절 모음 위에 얹힌다고 하는데, 이번 조사 결과를 보면, 모든 어휘에서 무음장 어형의 빈도가 절대적으로 높고 (어휘에 따라서는 부분적으로 유음장 어형의 빈도가 높은 경우가 더러 있기는 하지만), 제일음절 위치에서 음장을 갖는다고 하는 음절이 제이 이하 음절 위치로 이동한 어휘들도 일반 어휘의 제이음절과 마찬가지로 무음장이 절대 다수였으며, 음장이 얹힌 경우라도 제일음절에만 얹히는 것은 아니었다.

'서성대:고(0), 서성대:다(3), 틀림없:이(2, 4), 허둥대:며(1), 허둥대:다(3)' 어형은 없거나 있어도 빈도가 극히 낮았다.

한 단어 안에서 음장이 연속하여 온 경우는 168 단어 201 어형이었다.

492. 음장 있는 단음절 용언 어간에 모음 어미가 이어지면 음장이 소멸한다는 주장이 있으나, 이번 조사 결과를 보면, 표준 발음법 기준으로 음장 없는 단음절 용언과 음장은 있으나 모음 어미가 이어지면 음장이 소멸한다는 단음절 용언, 그리고 음장이 있고 모음 어미가 이어져도 음장이 소멸하지 않는다는 단음절 용언은 모음 어미가 이어질 때나 자음 어미가 이어질 때나 구분 없이 모두 무음장 어형이 절대 다수를 점하고 있었으며, 다른 어떤 의미 있는 차이점도 발견할 수 없었다.

493. '들려라, 들리다'와 '보이는, 보이다'는 모두 무음장 어형이 절대 다수이다.

파생 명사 '걸음, 놀이터'와 파생 부사 '많이, 틀림없이'도 무음장 어형이 절대 다수를 점하고 있다. 부사 '많이'의 조사Ⅱ·학생에서 '많:이'가 '많이'보다 빈도가 다소 높은 것은 표현적 자질로서의 특성이 반영된 것으로 해석할 수도 있을 것이다.

보상적 장음화의 예가 될 수 있는 어휘들도 무음장 어형이 절대 다수이다. '애'의 조사Ⅱ·성인에서 유음장 어형의 빈도가 무음장 어형의 빈도보다 약간 높게 나타나기는 했지만, 녹음과 조사Ⅰ에서까지 같은 경향을 보여 주는 것도 아니고, 표현적 자질로 볼 수도 있는 것일 뿐 아니라, 개음절 모음이고, 개리연접이 가해졌다는 통사적 상황까지를 고려한다면, 전혀 문제가 되지 않을 것이다. '와, 져, 쳐'는 없고, '까, 따'도 무음장 어형이 절대 다수이다.

494. 제일음절말 위치에 무성의 정지음 〔-k, -t, -p〕이 온 어휘들의 어형별 빈도표를 보면, 제보자의 절대 다수가 무음장 어형에 집중되어 있다. '걷:다(조사Ⅱ, 성인), 냇:가(조사Ⅰ, 성인), 몹:시(조사Ⅱ, 학생), 족:(조사Ⅰ, 성인), 픽:(조사Ⅱ, 성인)' 어형에서 무음장 어형보다 빈도가 높게 나타난 경우가 있기는 하지만, 녹음이나 조사Ⅰ 또는 조사Ⅱ에서 일관된 경향을 보여 주는 것도 아니고, 또 일부는 표현적 자질로 볼 수도 있는 것들이며, 수도 그리 많지 않아서(5/430), 크게 의미를 부여할 만한 상황은 아닌 것 같다.

'남은, 남다' '넘치는' '숨다, 숨어서'에서도 제보자의 절대 다수가 무음장 어형에 모여 있다. 다만, '남:다(조사Ⅱ, 성인)' 어형이 유일하게 무음장 어형보다 빈도가 높게 나타나기는 했지만, 녹음과 조사Ⅰ에서까지 같은 경향을 보여 주는 것도 아니고, 빈도수에서 크게 차이가 나는 것도 아니어서 크게 주목할 만한 상황은 아닌 것 같다.

'많다, 많아서' '앉아, 앉다' '않는다' '잃었다, 잃다'에서도 무음장 어형의 빈도가 절대적으로 높다. 다만, '많:다(조사Ⅱ, 학생)' 어형이 유일하게 무음장 어형보다 빈도가 높게 나타나기는 했지만, 그것이 녹음과 조사Ⅰ에서까지 같은 경향을 보여준 것도 아니고, 빈도수에 있어서도 크게 차이가 있는 것도 아니어서, 주목할 만한 상황은 못될 것 같다.

495. 유기 자음(ㅍ, ㅌ, ㅋ, ㅊ)이나 긴장 자음(ㅃ, ㄸ, ㄲ, ㅉ, ㅆ)으로 시작되는 어휘들의 어형별 빈도 분포를 보면, 무음장 어형이 대세이다. 물론, '천:직(天職: 조사Ⅱ, 학생), 철:수(哲洙: 조사Ⅱ, 성인), 최:선의(조사Ⅱ), 픽:(조사Ⅱ, 성인), 떨:다(조사Ⅱ, 성인), 쐬:다(조사Ⅱ, 성인)'에서 일부 유음장 어형이 무음장 어형보다 빈도가 높은 경우가 있기는 하지만, 일관성이나 수적인 면에서 볼 때(7/222), 대세는 역시 무음장 어형이다. '최:선의'의 경우는 표현적 자질로서의 특성도 일부 반영되었을지 모른다.

개음절의 단음절짜리 단어들도 모두 무음장 어형의 빈도가 유음장 어형의 그것보다 절대적으로 높다. 물론, '네(조사Ⅱ, 성인), 다(조사Ⅱ, 학생), 애(조사Ⅱ, 성인), 후(조사Ⅱ)'에서는 유음장 어형의 빈도가 무음장 어형의 그것보다 오히려 높다. 개음절의 단음절짜리 단어에는 음장이 얹히지 않는다는 주장과는 상반되는 현상이다. 이는 아마도 개음절의 모음이 폐음절의 모음보다 더 길게 소리난다는 음향음성학적 특징이 반영된 결과가 아닌가 싶다. 개음절 모음 뒤에 바로 개리연접이 가해진 것도 소리가 길어진 한 요인이 되었을지 모른다. 그러나, 이것들이 녹음과 조사 I 에서 일관된 경향을 보여주고 있는 것도 아니고, 더욱이, '다'나 '애'의 경우는 표현적 자질로서의 특성이 일부 반영되었다고 볼 수도 있을 것이며, 그 수도 극히 적어서(5/146), 전체적으로는 무음장 어형이 주류를 이루고 있음에 틀림이 없다.

496. 대구 지역도 무음장 단어수는 녹음, 조사 I , 조사 II 순으로 많다.

[표98]   개인별 무음장 단어 통계표

대구, 성인(녹음자분)

제보자	녹음(452)		조사 I (452)		조사 II (375)	
	무음장단어수	백분비(%)	무음장단어수	백분비(%)	무음장단어수	백분비(%)
김창규	451	99.78	435	96.24	358	95.47
박경석	452	100.00	365	80.75	273	72.80
박대흠	442	97.79	333	73.67	203	54.13
합계	1345		1133		834	
평균	448.33	99.19	377.67	83.55	278.00	74.13

대구, 학생(녹음자분)

제보자	녹음(452)		조사 I (452)		조사 II (375)	
	무음장단어수	백분비(%)	무음장단어수	백분비(%)	무음장단어수	백분비(%)
김재민	452	100.00	376	83.19	271	72.57
김태욱	452	100.00	271	59.96	75	20.00
김형관	452	100.00	406	89.82	304	81.07
유동준	452	100.00	350	77.43	227	60.53
전재환	452	100.00	213	47.12	158	42.13
합계	2,260		1,616		1,035	
평균	452.00	100.00	323.20	71.50	207.00	55.20

대구, 학생(비녹음자분)

제보자	조사 I (452)		조사 II (375)		제보자	조사 I (452)		조사 II (375)	
	무음장단어수	백분비(%)	무음장단어수	백분비(%)		무음장단어수	백분비(%)	무음장단어수	백분비(%)
강원철	225	49.78	77	20.53	서찬욱	399	88.27	289	77.07
고태혁	345	76.33	164	43.73	선해도	411	90.93	240	64.00
곽대원	397	87.83	347	92.53	설진욱	367	81.19	280	74.67
곽순표	366	80.97	223	59.47	성진오	382	84.51	269	71.73
곽필목	398	88.05	255	68.00	안정욱	361	79.87	266	70.93
곽호종	442	97.79	356	94.93	양창진	413	91.37	280	74.67
권도균	321	71.02	194	51.73	엄지용	390	86.28	288	76.80
김도완	350	77.43	219	58.40	오성도	392	86.73	271	72.27
김동근	385	85.18	177	47.20	원택일	395	87.39	299	79.73
김동후	382	84.51	244	65.07	유준욱	395	87.39	262	69.87

제보자	조사 I (452)		조사 II (375)		제보자	조사 I (452)		조사 II (375)	
	무음장 단어수	백분비 (%)	무음장 단어수	백분비 (%)		무음장 단어수	백분비 (%)	무음장 단어수	백분비 (%)
김명현	383	84.73	217	57.87	윤경수	341	75.44	234	62.40
김봉진	370	81.86	147	39.20	이기철	376	83.19	270	72.00
김성배	393	86.95	262	69.87	이동혁	424	93.81	233	62.13
김정욱	412	91.15	317	84.53	이민영	368	81.42	177	47.20
김지현	359	79.42	272	72.53	이선제	387	85.62	348	92.80
김현석	371	82.08	227	60.53	이종원	344	76.11	264	70.40
김현태	433	95.80	322	85.87	임윤성	383	84.73	294	78.40
민승호	383	84.73	207	55.20	전영곤	354	78.32	70	18.67
박두범	416	92.04	328	87.47	정지현	439	97.12	318	84.80
박종인	394	87.17	304	81.07	최성진	411	90.93	286	76.27
박종현	259	57.30	137	36.53	하영민	349	77.21	225	60.00
박희찬	413	91.37	357	95.20	하용수	331	73.23	221	58.93
배재환	388	85.84	301	80.27	한종래	425	94.03	292	77.87
서광수	363	80.31	345	92.00	합계	18,164		12,298	
서정운	379	83.85	323	1986.13	평균	378.42	83.72	256.21	68.32

497. 음장에 대한 대구 지역 제보자들의 의식 조사 결과는 다음과 같다.

[표99]　　　　　　　　　대구 지역 제보자 의식 조사 통계표

구분	1		2		3-①					3-②				
	①	②	①	②	초	중	초·중	대학	학교	초	중	초·중	대학	학교
성인		3	1	2				1					1	
학생	1	4		5										
	8	40	25	23	11	6	7		1	11	6	7		1

3-③				4		5		6			7		8	
1~5일	6~10일	11~15일	기타	①	②	①	②	①	②	③	①	②	①	②
1				1	2	1	2		1		1	2	3	
					5	1	4		1			5	1	4
15	2	1	7	7	41	5	43	1	4		4	44	19	29

　문항 1.에 대해서 9명(전체 56명의 16.07%)의 제보자가 음장에 따라 의미를 구분한다고 하였다. 이는 음장이 실제로 존재해서라기보다는 규범 문법에서 요구하는 정답에 맞추어 보려는 심리가 작용한 결과로 해석하는 것이 오히려 타당성이 있을 것 같다.

　498. 음장에 대해서 교육 받은 일이 있다는 제보자는 26명(전체 56명의 46.43%)이다. 이들 26명의 질문지만을 가려내어 문항 1, 4, 5, 7, 8에 대한 반응을 각각 조사해 보았다.

[표100]　　　　　　대구 지역 음장 교육 받은 제보자 의식 조사 통계표

문항번호 제보자 군	1		4		5		7		8	
	①	②	①	②	①	②	①	②	①	②
녹음한 성인		1/3	1/1	0/2	1/1	0/2	0/1	1/2	1/3	
녹음한 학생	0/1	0/4		0/5	0/1	0/4		0/5	0/1	0/4
녹음 안 한 학생	4/8	21/40	5/7	20/41	3/5	22/43	2/4	23/44	7/19	18/29

음장 교육 받은 제보자 중 해당 사례수 / 총 사례수

위 표를 보면, 교육 받은 제보자 26명의 반응이 각각의 문항에서 특정 답지에 몰리지 않고, 전체 제보자 가운데 교육 받은 제보자가 차지하는 비율과 비슷하게 흩어진 분포26)를 보여주고 있다. 이는 음장 교육을 받은 사람과 받지 않은 사람 사이에 음장 의식에 있어 차이가 없음을 보여 주는 것이다.

499. 음장 교육을 받은 일이 있다는 제보자 26명은 모두 학교(대학 1명 포함)에서 정해진 교육과정에 따라 교육을 받았다고 하였다.

음장에 대해서 관심을 가졌던 일이 있다는 제보자는 8명(전체 56명의 14.29%), 대화할 때, 음장을 의식하고 말한다는 제보자는 7명(전체 56명의 12.50%), 그렇게 하는 이유에 대해서는 학교에서 그렇게 하라고 교육을 받았기 때문에 그렇게 한다는 제보자가 1명, 음장이 지켜지지 않는 말은 어색하게 들리기 때문에 그렇게 한다는 제보자가 6명이었다. 음장이 틀리는 사람을 교양이 부족한 사람이라고 생각하는 제보자는 5명(전체 56명의 8.93%), 음장이 틀려서 의미 전달에 혼란을 야기했던 경험이 있다는 제보자는 23명(전체 56명의 41.07%)이었다. 이는 모두 규범 문법의 영향을 받은 반응이 아닌가 싶다.

500. 대구 지역에 음장이 존재하지 않는다는 결론에 있어서는 성인군과 학생군 간에 아무런 차이가 없다. 다만, 이 지역이 다른 지역에 비해서 무음장 어형보다 빈도가 높은 유음장 어형의 수가 많은 편이며, 특히 성인 제보자들의 그것이 학생 제보자들의 그것보다 두 배 이상 되는데, 이것이 제보자 선정의 잘못 때문인지, 지역 특성 때문인지에 대해서는 현재로서는 판단하기 어렵다.

14. 경북 · 영양

501. 경북 영양 지역 성인 제보자 5명 가운데, 김상기와 정우현은 대화(녹음)에서

---

26) 1의 ② 46.81%, 4의 ② 46.67%, 5의 ② 44.90%, 7의 ② 47.06%, 8의 ② 54.55%
　　(오히려 ②가 현저히 높음).

음장을 유지한 것이 없고, 금병철이 '밤:(栗)을, 점:심을' 어형으로 음장을 가졌으나, 조사Ⅰ과 조사Ⅱ 모두에서 무음장이었으며, 박영철도 '발:(簾)을' 어형으로 음장을 유지하였으나, 역시 조사Ⅰ과 조사Ⅱ에서 무음장이었고, 박청수는 '간:신히, 밤:(栗)을, 제:일' 어형으로 음장을 유지하였으나. '간:신히'는 조사Ⅰ과 조사Ⅱ에서, '밤:(栗)을'은 조사Ⅱ에서, 그리고 '제:일'은 조사Ⅰ에서 무음장이 되어, 결국 개인별로 녹음, 조사Ⅰ, 조사Ⅱ가 유음장 어형으로 일치된 것이 하나도 없고, 따라서, 제보자 5명 모두가 일치한 유음장 어형도 없다. 이는 곧 경북 영양 지역 성인 제보자들에게 있어 음장이 존재하지 않는다는 의미이다.

502. 학생 제보자 5명의 경우는, 대화(녹음)에서 음장을 가진 제보자가 한 사람도 없다. 따라서, 한 제보자의 녹음, 조사Ⅰ, 조사Ⅱ가 음장에 있어 일치하고, 그것이 다른 제보자들의 그것과도 일치한 어형이 하나도 없다. 이는 경북 영양 지역 학생 제보자들에게 있어서도 음장이 존재하지 않음을 의미한다.

503. 녹음과 조사Ⅰ, 녹음과 조사Ⅱ, 조사Ⅰ과 조사Ⅱ, 녹음과 조사Ⅰ과 조사Ⅱ 간에 음장일치 내용을 표로 제시하면 다음과 같다. 표에 의하면, 성인군이 학생군에 비해서 무음장 일치 비율은 높고, 불일치 비율은 낮다.

[표101] 　　　　　　　　　　개인별 음장 일치 통계표

경북·영양, 성인(녹음자분)

제보자	가				나				다				라			
	①	②	③	④	①	②	③	④	①	②	③	④	①	②	③	④
금병철		438	14			320	19		3	313	23			311	28	
김상기		433	19			310	29		5	297	37			297	42	
박영철		436	16			335	4			323	16			323	16	
박청수		406	46		1	299	39		20	278	41			279	60	
정우현		426	26			330	9		3	314	22			313	26	
합계		2139	121		1	1594	100		31	1525	139			1523	172	
평균		427.80	24.20		0.20	318.80	20.00		6.20	305.00	27.80			304.60	34.40	
%		94.65	5.35		0.06	94.04	5.90		1.83	89.97	8.20			89.85	10.15	

경북·영양, 학생(녹음자분)

제보자	가				나				다				라			
	①	②	③	④	①	②	③	④	①	②	③	④	①	②	③	④
김우현		367	85			260	79		55	241	43			241	98	
박병근		426	26			298	41		16	290	33			290	49	
이현철		404	48			275	64		13	245	81			245	94	
장원일		405	47			253	86		18	240	81			240	99	
정성원		381	71			224	115		29	194	116			194	145	
합계		1983	277			1310	385		131	1210	354			1210	485	
평균		396.6	55.40			262.00	77.00		26.20	242.00	70.80			242.00	97.00	
%		87.74	12.26			77.29	22.71		7.73	71.39	20.88			71.39	28.61	

경북·영양, 학생(비녹음자분)

제보자	다의 ①	다의 ②	다의 ③	다의 ④	제보자	다의 ①	다의 ②	다의 ③	다의 ④
권미숙	4	309	26		최윤회	24	253	62	
김미경	3	315	21		최정숙	16	248	75	
김민정	10	267	62		한수정	7	232	100	
김춘련	6	310	23		황재익	2	292	45	
배경미	26	274	39		합계	124	3,309	635	
배미경	20	196	123		평균	10.33	275.75	52.92	
배범석	6	324	9		%	3.05	81.34	15.61	
손영만	0	289	50						

504. 개별 어휘의 어형별 빈도표(부록Ⅲ. 경북 영양편)를 보면, 전체 2558 어형 가운데 2525 어형(성인 1270, 학생 1255)에서 유음장 어형의 빈도보다 무음장 어형의 빈도가 더 높게 나타나고 있다. 모든 어휘에서 절대 다수의 제보자들이 무음장 어형에 기표하고 있기 때문이다. 물론, '곱:다(娟), 구:원(久遠), 굴:(窟)' 등 20개 어휘에서 부분적으로 유음장 어형이 무음장 어형보다 빈도가 높거나 비슷한 경우가 있기는 하지만(총 2558 어형의 1.29%인 33 어형 : 성인 9, 학생 24), 그것들이 녹음, 조사Ⅰ, 조사Ⅱ에서 같은 경향을 보여 주는 것도 아니고, 그 가운데 일부는 표현적 자질로 볼 수 있는 것도 있으며, 또 그 수가 그리 많은 것도 아니어서, 크게 주목할 만한 사항은 못될 것 같다. 따라서, 전체적으로 볼 때 98.71%에 해당하는 2525 어형에서 무음장 어형의 빈도가 유음장 어형의 빈도보다 높게 나타나고, 무음장 어형의 빈도보다 유음장 어형의 빈도가 더 높은 어형의 수가 성인군보다 훨씬 더 많은 학생군만을 대상으로 하더라도 98.12%가 넘는 1255 어형에서 유음장 어형의 빈도보다 무음장 어형의 빈도가 더 높게 나타난 이번 조사 결과는 성인군 학생군 공히 음장이 존재하지 않는다는 §501, §502의 결론을 뒷받침해 주고 있다고 보아야 할 것이다.

505. 최소대립어에 있어서도, 성인 제보자 5명 가운데, 담화(녹음)에서 음장 대립형을 보여준 경우는, 금병철의 '밤(夜)에/밤(夜)에는/밤:(栗)을'과 박영수의 '발:(簾)을/발(足)이', 그리고 박청수의 '밤(夜)에/밤(夜)에는/밤:(栗)을'이 있으나, 이 셋 가운데 조사Ⅰ과 조사Ⅱ에서까지 동일한 음장 대립형을 유지한 경우는 하나도 없다. 따라서, 제보자 5명이 모두 일치한 음장 대립형도 당연히 없다.

506. 학생 제보자의 경우는, 담화(녹음)에서 음장 대립형을 이룬 쌍이 하나도 없으며, 따라서, 녹음, 조사Ⅰ, 조사Ⅱ가 일치하는 음장 대립형도, 그것이 다시 다른 제보자들의 그것들과 일치하는 음장 대립형도 없다.

507. 녹음과 조사Ⅰ, 녹음과 조사Ⅱ, 조사Ⅰ과 조사Ⅱ, 녹음과 조사Ⅰ과 조사Ⅱ 간에 최소대립어 위에 얹힌 음장 유형이 일치하는 경우의 수를 표로 제시하면 다음과 같다.

[표102]   개인별 최소대립어 일치 통계표

경북·영양, 성인(녹음자분)

제보자	가				나				다				라			
	①	②	③	④	①	②	③	④	①	②	③	④	①	②	③	④
금병철		13	6			11	8			8	11			7	12	
김상기		14	5			12	7			7	12			7	12	
박영철		17	2			17	2			17	2			16	3	
박청수	1	5	13			8	11		6	4	9			4	15	
정우현		16	3			16	3		1	14	4			14	5	
합계	1	65	29			64	31		7	50	38			48	47	
평균	0.20	13.00	5.80			12.80	6.20		1.40	10.00	7.60			9.60	9.40	
%	1.05	68.42	30.53			67.37	32.63		7.37	52.63	40.00			50.53	49.47	

경북·영양, 학생(녹음자분)

제보자	가				나				다				라			
	①	②	③	④	①	②	③	④	①	②	③	④	①	②	③	④
김우현		5	14			4	15		7	2	10			2	17	
박명근		11	8			11	8		2	8	9			8	11	
이헌철		10	9			11	8		4	8	7			8	11	
장원일		7	12			7	12		3	6	10			6	13	
정성원		3	16			3	16		6	2	11			2	17	
합계		36	59			36	59		22	26	47			26	69	
평균		7.20	11.80			7.20	11.80		4.40	5.20	9.40			5.20	13.80	
%		37.89	62.11			37.89	62.11		23.16	27.37	49.47			27.37	72.63	

경북·영양, 학생(비녹음자분)

제보자	다의 ①	다의 ②	다의 ③	다의 ④	제보자	다의 ①	다의 ②	다의 ③	다의 ④
권미숙	3	11	5		최윤희	5	6	8	
김미경	2	11	6		최정숙	3	3	13	
김민정	2	5	12		한수정	1	7	11	
김춘련	3	11	5		황재익	1	8	10	
배경미	8	5	6		합계	35	99	94	
배미경	3	8	8		평균	2.92	8.25	7.83	
배범석	4	10	5		%	15.35	43.42	41.23	
손영만	0	14	5						

508. 음장의 유무에 따라 최소대립어를 이룰 수 있는 37개의 짝을 대상으로 그 유형별 빈도를 조사한 결과(부록Ⅳ. 경북 영양편)를 보면, 전체 150쌍 가운데 133쌍(성인 68, 학생 65)에서 무음장 어형만으로 짝을 이룬 유형의 빈도가 유음장 어형을 포함하여 짝을 이룬 유형의 빈도보다 더 높게 나타났다. 모든 어휘에서 제보자의 절대 다수가 '짝을 이루는 어휘 모두에 음장이 얹히지 않는 유형'에 기표하고 있기 때문이다. 물론, '굴(窟)/굴(蠣), 눈(雪)/눈(眼)' 등 9개의 짝에서 부분적으로 유음장 어형을 포함하여 짝을 이루는 유형의 빈도가 무음장 어형만으로 짝을 이루는 유형의 빈도보다 높거나 비슷한 경우가 있기는 하나(쌍으로는 총 150[162]쌍의 11.33[10.49]%인

17쌍), 그것들이 녹음, 조사Ⅰ, 조사Ⅱ에서 일관된 경향을 보여 주는 것도 아니고, 그것들 중에는 음장 대립형이 아닌 것도 있어서, 크게 주목할 만한 사실은 아닌 것 같다. 따라서, 전체적으로 볼 때, 88.67%에 해당하는 133쌍에서 유음장 어형을 포함하여 짝을 이룬 유형의 빈도보다 무음장 어형만으로 짝을 이룬 유형의 빈도가 높게 나타나고, 유음장 어형을 포함하여 짝을 이룬 유형의 빈도가 무음장 어형만으로 짝을 이룬 유형의 빈도보다 높은 유형을 성인군보다 더 많이 가지고 있는 학생군만을 대상으로 하더라도 86.67%에 해당하는 65쌍에서 무음장 어형만으로 짝을 이룬 유형의 빈도가 유음장 어형을 포함하여 짝을 이룬 유형의 빈도보다 더 높게 나타난 이번 조사 결과는 성인군 학생군 공히 음장에 따른 최소대립어가 존재하지 않는다는 §505, §506의 결론을 뒷받침해 주고 있음을 의미하는 것으로 보아야 할 것이다.

509. 경북 영양 지역 조사 결과를 표준어의 그것들과 비교해 보면, 표준어에서 음장이 얹히는 것이나 얹히지 않는 것이나 구분 없이, 제보자의 절대 다수가 '무음장 어형'과 '짝을 이루는 어휘 모두에 음장이 얹히지 않는 유형'에 기표하고 있다. 물론, 유음장 어형의 빈도가 무음장 어형의 빈도보다 더 높은 경우가 33 어형(성인 9, 학생 24), 그 가운데 표준 음장과 일치하는 경우가 30 어형(성인 8, 학생 22), 그렇지 못한 경우가 3 어형(성인 1, 학생 2) 있고, 무음장 어형만으로 짝을 이룬 유형의 빈도보다 유음장 어형을 포함하여 짝을 이룬 유형의 빈도가 더 높은 경우가 17쌍(성인 7, 학생 10), 그 가운데 표준 발음법에서 정한 대로 음장 대립형을 가지는 경우가 14쌍(성인 6, 학생 8), 그렇지 못한 경우가 3쌍(성인 1, 학생 2) 있기는 하지만, 그것들이(표준 발음법과 일치한 것들이나 불일치한 것들이나를 막론하고) 수적으로 미미할 뿐만 아니라(33 어형은 전체 2558 어형의 1.29%, 17쌍은 전체 150쌍의 11.33%), 녹음, 조사Ⅰ, 조사Ⅱ에서 일관된 경향을 보여 주는 것이 하나도 없다. 따라서, 이번 조사 결과를 표준어의 그것들과 상호 비교한다는 것은 별로 의미가 없어 보인다.

510. 음장은 단어의 제일음절에만 얹힌다는 규정은 의미가 없게 되었다. 이번 조사 결과를 보면, 거의 모든 어휘에서 무음장 어형의 빈도가 절대적으로 높고, 제일음절 위치에서 음장을 갖는다고 하는 음절이 제이 이하 음절 위치로 이동한 어휘들도 일반 어휘의 제이 이하 음절과 마찬가지로 무음장이 절대 다수였으며, 음장이 얹힌 경우라도 제일음절에만 얹히지는 않았다.
'서성대:고(0), 서성대:다(1), 틀림없:이(0), 허둥대:며(1), 허둥대:다(0)' 어형은 없거나, 있어도 빈도가 극히 낮았다.
한 단어 안에서 음장이 연속하여 온 경우는 '군:밤:, 너:무:, 별:발:, 영:화:(榮華)'의 4 단어 4 어형뿐이었다.

511. 음장이 있는 단음절 용언 어간에 모음 어미가 이어지면 음장이 소멸한다는 주

장이 있으나, 이번 조사 결과를 보면, 단음절 용언 모두가(표준 발음법 기준으로, 음장이 있거나 없거나 구분 없이), 자음 어미가 이어지거나 모음 어미가 이어지거나 구분 없이 무음장 어형이 절대 다수를 점하고 있었으며, 다른 어떤 의미 있는 차이점도 발견할 수 없었다.

512. '들려라, 들리다'와 '보이는, 보이다'는 모두 무음장 어형이 절대 다수였다.

파생 명사 '걸음, 놀이터'와 파생 부사 '많이, 틀림없이'도 모두 무음장 어형이 절대 다수였다. 부사 '많이'의 조사Ⅱ·학생에서 유음장 어형이 무음장 어형보다 빈도가 다소 높은 것은 인용형에서 표현적 자질로서의 특성이 일부 반영된 것이 아닌가 싶다.

보상적 장음화의 예가 될 수 있는 어휘들도 무음장 어형이 절대 다수였다. 다만, '애기'의 조사Ⅱ에서 유일하게 유음장 어형이 무음장 어형보다 빈도가 높게 나타났으나, '애기'의 '애'가 개음절 모음일 뿐만아니라, 녹음과 조사Ⅰ에서는 달리 나타나고 있으므로 큰 의미는 없을 것 같다. '와·져·쳐'는 없고, '까·따'도 무음장 어형이 절대 다수였다.

513. 제일음절말 위치의 무성의 정지음〔-k, -t, -p〕이 온 어휘들의 어형별 빈도표를 보면, 제보자의 절대 다수가 무음장 어형에 집중되어 있다. 다만, '곱다(娟)'의 조사Ⅱ·학생에서 유음장 어형이 무음장 어형과 비슷한 분포를 보이고 있으나, 녹음과 조사Ⅰ에서는 무음장 어형의 빈도가 현저하게 높다. 그리고 430 어형 가운데 유일한 예외 어형이다. 주목할 만한 상황이 못되는 것 같다.

'남은, 남다', '넘치는', '숨어서'도 제보자의 절대 다수가 무음장 어형에 집중되어 있다.

'많다, 많아서', '앉아, 앉다', '않는다', '잃었다. 잃다'에서도 무음장 어형의 빈도가 절대적으로 높다.

514. 유기 자음(ㅍ, ㅌ, ㅋ, ㅊ)이나 긴장 자음(ㅃ, ㄸ, ㄲ, ㅉ, ㅆ)으로 시작되는 어휘들의 어형별 빈도 분포를 보면, 무음장 어형이 제보자의 절대 다수를 점하고 있다.

개음절의 단음절짜리 단어들도 무음장 어형의 빈도가 유음장 어형의 빈도보다 절대적으로 높다. 다만, '수(繡)'의 조사Ⅱ·성인에서 유음장 어형의 빈도가 무음장 어형의 빈도보다 높게 나타난 경우가 있기는 하지만, 이는 아마도 개음절 모음이 폐음절 모음보다 길게 소리난다는 음향음성학적 특성이 반영된 결과가 아닌가 싶다. '수(繡)' 뒤에 바로 개리연접이 가해진 것도 소리가 길어진 한 요인이 되었을지 모른다. 그러나, 녹음과 조사Ⅰ에서 같은 경향을 보여 주는 것도 아니고, 또, 빈도수에서 큰 차이가 있는 것도 아니며(3 : 2), 더욱이 성인군에서만 볼 수 있는 유일한 예외여서, 큰 의미가 없을 것 같다.

515. 경북 영양 지역도 무음장 단어수는 녹음, 조사Ⅰ, 조사Ⅱ 순으로 많다.

[표103] 개인별 무음장 단어 통계표

경북·영양, 성인(녹음자분)

제보자	녹음(452)		조사 I (452)		조사 II (375)	
	무음장단어수	백분비(%)	무음장단어수	백분비(%)	무음장단어수	백분비(%)
금병칠	450	99.56	440	97.35	352	93.86
김상기	452	100.00	433	95.80	343	91.47
박영철	451	99.78	437	96.68	370	98.67
박청수	449	99.34	406	89.82	327	87.20
정우현	452	100.00	426	94.25	365	97.33
합계	2,254		2,142		1,757	
평균	450.80	99.73	428.40	94.78	351.40	93.70

경북·영양, 학생(녹음자분)

제보자	녹음(452)		조사 I (452)		조사 II (375)	
	무음장단어수	백분비(%)	무음장단어수	백분비(%)	무음장단어수	백분비(%)
김우현	452	100.00	367	81.19	285	76.00
박병근	452	100.00	426	94.25	326	86.93
이현철	452	100.00	403	89.16	306	81.60
장원일	452	100.00	405	89.60	282	75.20
정성원	452	100.00	382	84.51	250	66.67
합계	2,260		1,983		1,449	
평균	452	100.00	396.60	87.74	289.80	77.28

경북·영양, 학생(비녹음자분)

제보자	조사 I (452)		조사 II (375)		제보자	조사 I (452)		조사 II (375)	
	무음장단어수	백분비(%)	무음장단어수	백분비(%)		무음장단어수	백분비(%)	무음장단어수	백분비(%)
권미숙	421	93.14	366	97.60	손영만	448	99.12	358	95.47
김미경	435	96.24	358	95.47	최윤희	405	89.60	294	78.40
김민정	407	90.04	325	86.67	최정숙	420	92.92	290	77.33
김춘련	437	96.68	349	93.07	한수정	386	85.40	302	80.53
배경미	412	91.15	305	81.33	황재익	446	98.67	321	85.60
배미경	409	90.49	231	61.60	합계	5,067	1,121.02	3,863	1,030.14
배범석	441	97.57	364	97.07	평균	422.25	93.42	321.92	85.84

516. 음장에 대한 경북 영양 지역 제보자들의 의식 조사 결과는 다음과 같다.

[표104] 경북 영양 지역 제보자 의식 조사 통계표

구분	1		2		3-①			3-②			3-③		
	①	②	①	②	초	중	초·중	초	중	초·중	1~5일	6~10일	16~20일
성인	1	4	2	3	1		1	1		1			2
학생	1	4	2	3		1	1		1		1	1	
	1	11	3	9		3			3		1	2	

4		5		6			7		8	
①	②	①	②	①	②	③	①	②	①	②
	5	5					1	4	2	3
	5	1	4		1			5	2	3
1	11		12		1		1	11	7	5

문항 1.에 대해서 3명(전체 22명의 13.64%)의 제보자가 음장에 따라 의미를 구분한다고 하였다. 이는 음장이 실재해서라기보다는, 규범 문법에서 음장에 의하여 뜻이 달라지는 어휘라고 하니까 그에 맞추어 답하려는 심리가 작용한 결과인 것으로 보인다.

517. 음장에 대해서 교육 받은 일이 있다는 제보자는 7명(전체 22명의 31.82%)이다. 이들 7명의 질문지만을 가려내어 문항 1·4·5·7·8에 대한 반응을 각각 조사해 보았다.

[표105]   경북 영양 지역 음장 교육 받은 제보자 의식 조사 통계표

문항번호 제보자 군	1		4		5		7		8	
	①	②	①	②	①	②	①	②	①	②
녹음한 성인	1/1	1/4		2/5		2/5	0/1	2/4	2/2	0/3
녹음한 학생	1/1	1/4		2/5	0/1	2/4		2/5	0/2	2/3
녹음 안 한 학생	0/1	3/11	0/1	3/11		3/12	0/1	3/11	1/7	2/5

음장 교육 받은 제보자 중 해당 사례수 / 총 사례수

위 표를 보면, 교육 받은 제보자 7명의 반응이 각각의 문항에서 특정 답지에 쏠리지 않고, 전체 제보자 가운데 교육 받은 제보자가 차지하는 비율과 비슷하게 흩어진 분포[27]를 보여 주고 있다. 이는 음장 교육을 받은 사람과 받지 않은 사람 간에 음장 의식에서 아무런 차이가 없음을 의미하는 것이다.

518. 음장 교육을 받은 일이 있다는 7명은 모두 초·중학교 시절 학교에서 정해진 교육과정에 따라 교육을 받았다고 하였다.

음장에 대해서 관심을 가졌던 일이 있다는 제보자는 학생 제보자 중에서 1명(전체 22명의 4.55%), 대화할 때, 음장을 의식하고 구분해서 말한다는 제보자는 학생 제보자 중에서 1명(전체 22명의 4.55%), 그렇게 하는 이유는 음장을 지키지 않는 말은 어색하게 들리기 때문이라고 하였다. 음장이 틀리는 사람은 교양이 부족한 사람이라고 생각한다는 제보자는 2명(성인 1명, 학생 1명), 음장이 틀려서 의미 전달에 혼란을 일으켰던 경험이 있다는 제보자는 11명(전체 22명의 50%)이었다. 이러한 상황은 음장이 실재해서라기보다는 규범 문법을 의식해서 나타나는 반응으로 보는 것

27) 1의 ② 26.31%, 4의 ② 33.33%, 5의 ② 33.33%, 7의 ② 35.00%, 8의 ② 36.36%

이 합리적일 것이다.

519. 경북 영양 지역에 음장이 실재하지 않는다는 결론에 대해서는 성인군과 학생군 간에 아무런 차이가 없다. 다만, 어형별 빈도표에서, 유음장 어형이 무음장 어형보다 빈도가 높거나 비슷한 경우가 성인군보다 학생군에서 더 많이 나타난다는 점이 특이하다면 특이한 경우가 될 것이다.

15. 부산

520. 부산 경남 지역은 음장이 없고 성조만이 존재한다는 주장(허웅1963b, 김영만 1966a, 문효근1974d, 김차균1977a, 정연찬1986, 최명옥1990)이 일반적으로 공감을 얻고 있는 가운데, 경북 인접 지역 일부[울주]에서는 성조와 함께 음장이 존재한다는 주장을 펴는 이(신기상 1986)도 있다. 그런데, 이번 부산 지역 성인 제보자 3명을 대상으로 한 조사 결과를 보면, 담화(녹음)에서, 김진명[28]이 '간:신히, 군:밤을, 굴:(窟)로, 긴:(長), 네:(四), 돈:(질병이~), 돌:(石), 밤:(栗), 발:(簾)을, 사:투리를, 살:, 수:없이, 영:구(永久)한, 원:대하고, 장:(欌), 제:일, 좋:구나' 어형으로 음장을 유지하였으나, 조사Ⅰ과 조사Ⅱ에서까지 동일어형을 유지한 것은 '간:신히, 군:밤, 굴:(窟), 네:(四), 밤:(栗), 발:(簾), 장:(欌)'뿐이며, 이성렬도 담화(녹음)에서는 '긴:(長), 족:' 어형을 유지하였으나, '긴:'은 조사Ⅰ이, '족:'은 조사Ⅰ과 조사Ⅱ가 무음장 어형이어서, 녹음, 조사Ⅰ, 조사Ⅱ에서 일관되게 음장을 유지한 어형은 없다. 그리고 제보자 하영일은 담화(녹음)에서 음장을 유지한 어형이 하나도 없다. 따라서, 제보자 3명이 모두 동일한 유음장 어형으로 일치한 경우가 하나도 없다. 이는 결국 부산 지역 성인 제보자들에게 있어 음장이 존재하지 않는다는 의미이다.

521. 학생 제보자 5명의 경우는 제보자 김민정이, 담화에서 '족: '어형으로 음장을 유지하였으나, 조사Ⅰ과 조사Ⅱ가 무음장 어형이었으며, 나머지 4명의 제보자는 담화(녹음)에서 음장을 유지한 어형이 하나도 없었다. 따라서 학생 제보자의 경우는 개인별로 녹음, 조사Ⅰ, 조사Ⅱ에서 일관되게 음장을 유지한 어형이 하나도 없음은 물론, 5명 모두가 일치한 유음장 어형도 없는 것이며, 이는 곧 부산 지역 학생 제보자들에게 있어서도 음장이 존재하지 않는다는 의미이다.

522. 녹음과 조사Ⅰ, 녹음과 조사Ⅱ, 조사Ⅰ과 조사Ⅱ, 녹음과 조사Ⅰ과 조사Ⅱ 간에 음장이 일치한 내용을 표로 제시하면 다음과 같다.

---

28) 김진명은 고등학교 영어 교사임.

[표106]   **개인별 음장 일치 통계표**

부산, 성인(녹음자분)

제보자	가				나				다				라			
	①	②	③	④	①	②	③	④	①	②	③	④	①	②	③	④
김진명	11	420	21		10	284	45		15	275	49		7	275	57	
이성렬		115	337		1	247	91		40	57	242			57	282	
하영일		395	57			296	43		13	261	65			261	75	
합계	11	930	415		11	827	179		68	593	356		7	593	417	
평균	3.67	310	138.33		3.67	275.67	59.67		22.67	197.67	118.67		2.33	197.67	139.00	
%	0.81	68.58	30.61		1.08	81.32	17.60		6.69	58.31	35.00		0.69	58.31	41.00	

부산, 학생(녹음자분)

제보자	가				나				다				라			
	①	②	③	④	①	②	③	④	①	②	③	④	①	②	③	④
공지연		307	145			146	193		42	110	187			110	229	
김민정		402	50			304	35		7	269	63			269	70	
서숙경		437	15			323	16		8	318	13			318	21	
이정은		401	51			235	104		30	218	91			218	121	
홍서영		423	29			305	34		4	285	50			285	54	
합계		1970	290			1313	382		91	1200	404			1200	495	
평균		394.00	58.00			262.60	76.40		18.20	240.00	80.80			240.00	99.00	
%		87.17	12.83			77.46	22.54		5.37	70.80	23.83			70.80	29.20	

부산, 학생(비녹음자분)

제보자	다의 ①	다의 ②	다의 ③	다의 ④	제보자	다의 ①	다의 ②	다의 ③	다의 ④
강진현	24	249	66		이선혜	13	263	63	
강혜진	8	211	120		이수미	47	177	115	
고미화	46	50	243		이승회	39	244	56	
금소영	20	268	51		이영숙	53	183	103	
김경하	9	193	137		이영아	20	239	80	
김우정	44	101	194		이은희	16	95	228	
김윤경	19	229	91		이효진	14	175	150	
김은미	27	43	269		이희정	13	223	103	
김혜지	10	290	39		장윤금	11	283	45	
김희정	55	176	108		전효인	4	245	90	
문현정	44	205	90		전훈회	10	262	67	
박기은	29	164	146		조미화	22	204	113	
박명순	30	213	96		조정숙	6	218	115	
박상미	22	200	117		주미회	1	287	51	
박아름	35	179	125		최성혜	9	200	130	
박지영	37	175	127		최유경	46	204	89	
박혜진	16	129	194		최윤회	10	265	64	
변미권	19	218	102		최은하	32	189	118	
손자영	27	94	218		최해영	22	196	121	
손정은	35	262	42		홍차정	31	177	131	
손효주	3	291	45		합계	1,026	8,998	4,892	
신상미	14	239	86		평균	23.32	204.50	111.18	
유혜선	15	243	81		%	6.88	60.32	32.80	
이민정	19	247	73						

523. 개별 어휘의 어형별 빈도표(부록Ⅲ. 부산편)를 보면, 전체 2558 어형 가운데 2458 어형(성인 1213, 학생 1245)에서 무음장 어형의 빈도가 유음장 어형의 빈도보다 높게 나타나고 있다. 모든 어휘에서 다수의 제보자들이 무음장 어형에 기표하고 있기 때문이다. 물론, '간신히, 곱고(娟)' 등 61개 어휘에서 부분적으로 유음장 어형이 무음장 어형보다 빈도가 높거나 비슷하게 나타나는 경우가 있기는 하지만(어형수로는 총 2558 어형의 3.91%에 해당하는 100 어형), 그것들이 녹음, 조사Ⅰ, 조사Ⅱ에서 같은 경향으로 나타나는 것도 아니고, 또 그 가운데 일부는 표현적 자질로 볼 수 있는 것도 있어서, 무음장 어형이 대세를 이룬다는 사실에는 흔들림이 없다. 그러나, 지금까지의 결과를 보면, 인천·경기·광주·전남·대구·부산 지역에서 무음장 어형보다 빈도가 높은 유음장 어형의 수가 다른 지역보다 많은 편인데, 그 이유는 제보자 선정의 잘못 때문에 그런 것도 있고, 규범 문법의 영향 때문에 그런 것도 있고(실제 담화는 단음으로 발음하지만, 긴소리를 짧게 발음하고 있는데 대한 또는 사투리를 사용하고 있는데 대한 컴플렉스 때문에, 조사Ⅰ, 조사Ⅱ에서만은 규범 문법에 맞게 표기해 보아야겠다는 심리의 반영), 지역적 특성(인지되는 상승조를 유추하여 표기) 때문에 그런 것도 있지 않을까 싶다. 어쨌거나, 부산 지역에서 전체적으로 볼 때 96.09%가 넘는 2458 어형에서 무음장 어형의 빈도가 유음장 어형의 빈도보다 높게 나타나고, 무음장 어형보다 빈도가 높은 유음장 어형을 학생군보다 훨씬 더 많이 가지고 있는 성인군만을 대상으로 하더라도 94.84%에 해당하는 1213 어형에서 유음장보다 무음장의 빈도가 높게 나타난 이번 조사 결과는 성인군 학생군 공히 음장이 실재하지 않는다는 §520, §521의 결론을 뒷받침해 주고 있음을 의미하는 것이다.

524. 최소대립어에 있어서도, 성인 제보자 3명 가운데, 김진명은 녹음, 조사Ⅰ, 조사Ⅱ에서 동일한 음장 대립형을 유지한 것으로 '밤(夜)에/밤(夜)에는/밤:(栗)을, 발:(簾)을/발(足)이, 장:(欌)/장(市場)으로'가 있으나, 이성렬 하영일 두 제보자는 녹음, 조사Ⅰ, 조사Ⅱ에서 동일한 음장 대립형을 유지한 것이 없다. 따라서, 부산 지역 성인 제보자들에게는 3명 모두가 일치한 음장 대립형이 없는 것이다.

525. 학생 제보자의 경우는, 어느 제보자도 담화(녹음)에서 음장의 유무로 대립하는 최소대립어를 가진 경우가 없다. 따라서, 제보자 개인별로 녹음, 조사Ⅰ, 조사Ⅱ에서 일치하는 최소대립어가 없고, 제보자 5명 모두가 일치하는 최소대립어도 없다.

526. 녹음과 조사Ⅰ, 녹음과 조사Ⅱ, 조사Ⅰ과 조사Ⅱ, 녹음과 조사Ⅰ과 조사Ⅱ 간에 최소대립어 위에 얹힌 음장 유형이 일치하는 경우의 수를 표로 제시하면 다음과 같다.

[표107]　　　　　　　개인별 최소대립어 일치 통계표

부산, 성인(녹음자분)

제보자	가				나				다				라			
	①	②	③	④	①	②	③	④	①	②	③	④	①	②	③	④
김진명	5	12	2		4	7	8		5	6	8		4	6	9	
이성렬		2	17			3	16		5	1	13			1	18	
하영일		6	13			7	12		5	3	11			3	16	
합계	5	20	32		4	17	36		15	10	32		4	10	43	
평균	1.67	6.67	10.67		1.33	5.67	12.00		5.00	3.33	10.67		1.33	3.33	14.33	
%	8.77	35.09	56.14		7.02	29.82	63.16		26.32	17.54	56.14		7.02	17.54	75.44	

부산, 학생(녹음자분)

제보자	가				나				다				라			
	①	②	③	④	①	②	③	④	①	②	③	④	①	②	③	④
공지연		8	11			3	16		2	1	16			1	18	
김민정		10	9			13	6		2	8	9			8	11	
서숙경		10	9			12	7		7	10	2			10	9	
이정은		3	16			3	16		7	1	11			1	18	
홍서영		12	7			9	10		2	7	10			7	12	
합계		43	52			40	55		20	27	48			27	68	
평균		8.60	10.40			8.00	11.00		4.00	5.40	9.60			5.40	13.60	
%		45.26	54.74			42.11	57.89		21.05	28.42	50.53			28.42	71.58	

부산, 학생(비녹음자분)

제보자	다의 ①	다의 ②	다의 ③	다의 ④	제보자	다의 ①	다의 ②	다의 ③	다의 ④
강진현	6	3	10		이선혜	5	7	7	
강혜진	2	3	14		이수미	6	2	11	
고미화	3	3	13		이승희	7	4	8	
금소영	5	5	9		이영숙	11	1	7	
김경하	1	3	15		이영아	5	8	6	
김우정	2		17		이은희	3		16	
김윤경	4	1	14		이효진	1		18	
김은미		3	16		이희정	5	1	13	
김혜지		12	7		장윤금	4	6	9	
김희정	7	2	10		전효인		8	11	
문현정	8	2	9		전훈희	3	6	10	
박기은	4	2	13		조미화	4	3	12	
박명순	5	1	13		조정숙	1	6	12	
박상미	1		18		주미회	1	3	15	
박아름	2	2	15		최성혜	3	8	8	
박지영	3	3	13		최유경	8	4	7	
박혜진	4	2	13		최윤회	2	2	15	
변미권	4	2	13		최은하	5	6	8	
손자영	5	1	13		최해영	4	2	13	
손효주		7	12		홍차정	7	2	10	
송정은	11	3	5		합계	173	150	513	
신상미	3	2	14		평균	3.93	3.41	11.66	
유혜선	3	5	11		%	20.70	17.94	61.36	
이민정	5	4	10						

527. 음장의 유무에 따라 최소대립어를 이룰 수 있는 37(40)개의 짝을 대상으로 그 유형별 빈도를 조사한 결과(부록Ⅳ. 부산편)를 보면, 전체 150쌍 가운데 111쌍(성인 53, 학생 58)에서 무음장 어형만으로 짝을 이룬 유형의 빈도가 유음장 어형을 포함하여 짝을 이룬 유형의 빈도보다 더 높게 나타났다. 모든 어휘에서 절대 다수의 제보자들이 '짝을 이루는 어휘 모두에 음장이 얹히지 않는 유형'에 기표하고 있기 때문이다. 물론, 한 짝 안에서도 극히 일부에 국한되는 것이기는 하지만(주로 조사Ⅱ·성인에서) 특정의 유음장으로 일치된 음장 대립형이 6쌍이나 되고, 유음장 어형을 포함하고 있는 쌍의 빈도가 무음장 어형만으로 이루어진 쌍의 빈도보다 높거나 비슷한 것이 18짝에 걸쳐 나타난 경우(쌍으로는 총 150쌍〔실제는 162쌍〕의 26.00%〔실제는 24.07%〕에 해당하는 39쌍 : 성인 22, 학생 17)도 있기는 하다. 그러나, 그것들이 녹음, 조사Ⅰ, 조사Ⅱ에서 일관된 경향을 보여 주는 것도 아니고, 또, 전체 150쌍 (실제는 162쌍) 가운데 6쌍이란 4.00%(실제는 3.70%)로서 그렇게 많은 것도 아니며, 그것이 모두 제보자가 교사이고 3명밖에 되지 않는 성인군에서 나타난 사례라는 점과 음장 교육용으로 자주 인용되는 짝들이라는 점, 그리고 §520, §521, §524, §525의 결과 등을 종합적으로 검토해보면, 전체적인 흐름을 뒤바꾸어 놓을 만큼의 사례는 못되는 것 같다. 따라서, 전체적으로 볼 때 74.00%에 해당하는 111쌍에서 무음장 어형만으로 짝을 이루는 유형의 빈도가 유음장 어형을 포함하여 짝을 이루는 유형의 빈도보다 높게 나타나고, 유음장 어형을 포함하여 짝을 이룬 유형의 빈도가 무음장 어형만으로 짝을 이룬 유형의 빈도보다 높은 유형의 수가 학생군보다 더 많은 성인군만을 대상으로 하더라도 70.67%에 해당하는 53쌍에서 유음장 어형을 포함하여 짝을 이룬 유형보다 무음장 어형만으로 짝을 이룬 유형의 빈도가 더 높게 나타난 이번 조사 결과는 성인군 학생군 공히 음장에 따른 최소대립어가 존재하지 않는다는 §524, §525의 결론을 뒷받침해 주고 있음을 의미하는 것으로 보아야 할 것이다.

528. 부산 지역 조사 결과를 표준어의 그것들과 비교해 보면, 표준어에서 음장이 얹히는 것이나 얹히지 않는 것이나 구분 없이, 대다수의 제보자들이 '무음장 어형'과 '짝을 이루는 어휘 모두에 음장이 얹히지 않는 유형'에 기표하고 있었다. 물론, 제보자들 가운데는 '유음장 어형'과 '유음장 어형을 포함하여 짝을 이루는 유형'에 기표한 제보자들도 상당수 있어서, 유음장 어형의 빈도가 무음장 어형의 그것보다 높거나 비슷한 경우가 100 어형(성인 66, 학생 34)이나 되고, 그 가운데는 표준 발음법 기준으로 단음인것을 장음으로 발음(또는 표기)한 것도 있지만(21 어형 : 성인 15, 학생 6), 대부분은 표준 발음법으로 해서 음장이 얹히는 것들로서, 79 어형(성인 51, 학생 28)이나 된다(표준 발음법상 음장이 얹히는 총 738 어형의 10.70%). 그리고 최소대립어에 있어서도, 유음장 어형을 포함하여 짝을 이룬 유형의 빈도가 무음장 어형만으로 짝을 이룬 유형의 빈도보다 높은 것이 39쌍(성인 22, 학생 17)이나 되고, 그

가운데는 표준 발음법에서 정한 유형과 일치하지 않는 것도 13쌍(성인 8, 학생 5)이 있기는 하지만, 표준 발음법에서 정한 음장 대립형과 일치하는 것이 26쌍(성인 14, 학생 12 : 총100쌍의 26.00%)이나 된다. 이는 다른 지역보다 많은 편이다. 그러나, 일관성이나 수적 분포(무음장 어형 96.09%, 무음장 어형만으로 이루어진 쌍이 제일 빈도가 높은 경우 74.00%)에서 볼 때, 무음장 어형이 빈도 분포의 본류를 이룬다는 사실에는 변함이 없다. 따라서, 이번 조사 결과를 표준어의 그것들과 상호 비교한다는 것은 별로 의미가 없어 보인다.

529. 표준 발음법 규정에 의하면, 음장은 단어의 제일음절 모음 위에 얹힌다고 하는데, 이번 조사 결과를 보면, 모든 어휘에서 무음장 어형의 빈도가 절대적으로 높고 (어휘에 따라서는 부분적으로 유음장 어형의 빈도가 더 높은 경우도 간혹 있지만), 제일음절 위치에서 음장을 갖는다고 하는 음절이 제이 이하 음절 위치로 이동한 어휘들도 일반 어휘의 제이음절과 마찬가지로 무음장이 절대 다수였으며, 음장이 얹힌 경우라도 제일음절에만 얹히지는 않았다.

제이음절 이하에 얹히는 음장으로 인정 받은 '서성대:고(0), 서성대:다(2), 틀림없:이(2), 허둥대:며(0), 허둥대:다(3)' 어형은 빈도가 0(zero)이거나, 0은 아니더라도 0에 가까우리만큼 극히 낮았다.

한 단어 안에서 음장이 연속하여 온 경우가, 담화(녹음)에서는 없으나, 조사 I 과 조사 II에서는 50 단어 51 어형에 연인원 56명이나 되었다.

530. 음장 있는 단음절 용언 어간에 모음 어미가 이어지면 음장이 소멸한다는 주장이 있으나, 이번 조사 결과를 보면, 단음절 용언 모두(표준 발음법 기준으로, 음장이 있거나 없거나 구분 없이)가 자음 어미가 이어질 때나 모음 어미가 어어질 때나 구분 없이, 대부분 무음장 어형이 다수를 점하고 있었으며, 다른 어떤 의미 있는 차이점을 발견할 수 없었다.

531. '들려라, 들리다'와 '보이는, 보이다'는 모두 무음장 어형이 절대 다수이다.

파생 명사 '걸음, 놀이터'는 물론 파생 부사 '많이, 틀림없이'까지도 무음장 어형이 다수를 점하고 있다. 다만, 부사 '많이'의 조사 I (성인)과 조사 II(성인, 학생)에서 유음장 어형이 무음장 어형보다 빈도가 다소 높게 나타난 것은, '많이'의 표현적 자질로서의 특성이 일부 반영된 것이 아닌가 싶다.

보상적 장음화의 예가 될 수 있는 어휘들도 무음장 어형이 절대 다수이다. '얘기'의 조사 II · 성인에서 유음장 어형의 빈도가 무음장 어형의 빈도보다 약간 높게 나타났으나, 유일한 예인 데다가, '얘기'의 '얘'가 개음절 모음이고, 녹음과 조사 I, 조사 II · 학생에서 유음장 어형의 빈도가 모두 무음장 어형의 빈도보다 낮게 나타났으므로, 크게 주목할 만한 상황은 아닌 것 같다. '와, 져, 처'는 없고, '까, 따'도 무음장 어형이 절대 다수이다.

532. 제일음절말 위치의 무성의 정지음〔-k, -t, -p〕이 온 어휘들의 어형별 빈도표를 보면, 제보자의 절대 다수가 무음장 어형에 집중되어 있다. '곱:고(조사Ⅰ, 성인), 굽:다(炙:조사Ⅱ, 성인), 썩:어서(조사Ⅰ, 성인)' 어형의 빈도가 무음장 어형의 빈도보다 높게 나타났으나, 녹음과 조사Ⅰ 또는 조사Ⅱ에서 일관된 경향을 보여 주는 것도 아니고, 차이도 근소한 것일 뿐만 아니라, 수적으로도 적은 것이어서(3/430), 크게 주목할 상황은 아닌 것 같다.

'남은, 남다', '넘치는', '숨다, 숨어서'에서도 제보자의 절대 다수가 무음장 어형에 모여 있다.

'많다, 많아서', '앉아, 앉다', '않는다', '잃었다, 잃다'에서도 무음장 어형의 빈도가 절대적으로 높다. '많:다(조사Ⅱ·학생)' 어형이 유일하게 무음장 어형보다 빈도가 높았지만, 그것이 녹음과 조사Ⅰ에서까지 일관된 경향을 보여 주는 것이 아니기 때문에, 주목할 만한 상황은 못 될 것 같다.

533. 유기 자음(ㅍ, ㅌ, ㅈ, ㅊ)이나 긴장 자음(ㅃ, ㄸ, ㄲ, ㅉ, ㅆ)으로 시작되는 어휘들의 어형별 빈도 분포를 보면, 제보자들의 절대 다수가 무음장 어형에 기표하고 있다. '창(唱:조사Ⅱ·성인), 토담집(조사Ⅰ·성인), 깨서(조사Ⅰ·성인), 썩어서(조사Ⅰ·성인)'에서 일부 유음장 어형이 무음장 어형보다 빈도가 높은 경우가 있기는 하나, 일관성이나 수적인 면에서 볼 때(4/222), 대세는 역시 무음장 어형이다.

개음절의 단음절짜리 단어들도 무음장 어형의 빈도가 유음장 어형의 빈도보다 높은 것들이 절대적으로 많다. 물론, '내:(我:조사Ⅰ, 성인), 네:(四:조사Ⅱ, 성인), 배:(梨:조사Ⅰ, 성인), 배:(倍:조사Ⅱ, 성인), 수:(繡:조사Ⅱ, 성인), 왜:(조사Ⅱ, 성인)' 어형에서 무음장 어형보다 빈도가 높은 경우가 있기는 하다. 개음절의 단음절짜리 단어에는 음장이 얹히지 않는다는 주장과는 상반되는 현상이다. 이는 아마도 개음절 모음이 폐음절 모음보다 더 길게 소리난다는 음향음성학적 특징이 반영된 결과가 아닌가 싶다. '네(四), 배(倍), 수(繡), 왜'의 경우는, 개음절 모음 뒤에 바로 개리연접이 가해진 것도 소리가 길어진 한 요인으로 작용했을 수도 있을 것이다. 그러나 이들이 녹음과 조사Ⅰ 또는 조사Ⅱ에서 같은 경향을 보여주고 있는 것도 아니고, 그 수도 극히 적어서(총 146어형 가운데 6어형), 전체적으로는 무음장 어형이 주류를 이루고 있음에 틀림이 없다.

534. 부산 지역도 무음장 단어수는 녹음, 조사Ⅰ, 조사Ⅱ 순으로 많다.

[표108]   개인별 무음장 단어 통계표

부산, 성인(녹음자분)

제보자	녹음(452)		조사Ⅰ(452)		조사Ⅱ(375)	
	무음장단어수	백분비(%)	무음장단어수	백분비(%)	무음장단어수	백분비(%)
김진영	435	96.24	426	94.00	304	81.00
이성렬	450	99.56	125	28.00	273	73.00
하영일	452	100.00	395	87.00	329	88.00
합계	1337		946		906	
평균	445.67	98.60	315.33	69.76	302.00	80.53

부산, 학생(녹음자분)

제보자	녹음(452)		조사Ⅰ(452)		조사Ⅱ(375)	
	무음장단어수	백분비(%)	무음장단어수	백분비(%)	무음장단어수	백분비(%)
공지연	452	100.00	304	67.00	161	43.00
김민정	451	99.78	400	88.00	332	89.00
서숙경	452	100.00	437	97.00	358	95.00
이정은	452	100.00	402	89.00	251	67.00
홍서영	452	100.00	424	94.00	337	90.00
합계	2259		1967		1439	
평균	451.80	99.96	393.40	87.04	287.80	76.75

부산, 학생(비녹음자분)

제보자	조사1(452)		조사2(375)		제보자	조사1(452)		조사2(375)	
	무음장단어수	백분비(%)	무음장단어수	백분비(%)		무음장단어수	백분비(%)	무음장단어수	백분비(%)
강진현	405	89.60	307	81.87	이민정	405	89.60	295	78.67
강혜진	399	88.27	277	73.87	이선혜	420	92.92	305	81.33
고미화	213	47.12	125	33.33	이수미	365	80.75	217	57.87
금소영	414	91.59	304	81.07	이승희	395	87.39	299	79.73
김경하	381	84.29	249	66.40	이영숙	379	83.85	205	54.67
김우림	345	76.33	151	40.27	이영아	400	88.50	287	76.53
김윤경	395	87.39	292	77.87	이은희	377	83.41	136	36.27
김은미	351	77.65	63	16.80	이효진	360	79.65	259	69.07
김혜진	412	91.15	343	91.47	이희정	384	84.96	301	80.27
김희정	259	57.30	217	57.87	장윤금	430	95.13	325	86.67
문현정	388	85.84	248	66.13	전효인	385	85.18	330	88.00
박기은	369	81.64	225	60.00	전훈희	433	95.80	295	78.67
박명순	386	85.40	263	70.13	조미화	396	87.61	255	68.00
박상미	380	84.07	266	70.93	조정숙	417	92.26	270	72.00
박아름	352	77.88	261	69.60	주미희	417	92.26	346	92.27
박지영	367	81.19	236	62.93	최성혜	409	90.49	252	67.20
박혜진	348	76.99	189	50.40	최유경	367	81.19	249	66.40
변미권	417	92.26	254	67.73	최윤희	424	93.81	305	81.33
손자영	298	65.93	148	39.47	최은하	373	82.52	246	65.60
손효주	418	92.48	350	93.33	최해영	372	82.30	266	70.93
송정은	386	85.40	308	82.13	홍차정	405	89.60	206	54.93
신상미	409	90.49	302	80.53	합계	16,822		11,312	
유혜선	417	92.26	285	76.00	평균	382.32	84.58	257.09	68.56

535. 음장에 대한 부산 지역 제보자들의 의식 조사 결과는 다음과 같다.

[표109]　　　　　　　　　부산 지역 제보자 의식 조사 통계표

구분	1		2		3-①						3-②					
	①	②	①	②	초	중	초·중	중·고	초·중·고	학교	초	중	초·중	중·고	초·중·고	학교
성인	1	2		3												
학생		5		5												
	4	40	11	33	3	1	1	3	1	2	3	1	1	3	1	2

	3-③				4		5		6			7		8	
	1~5일	6~10일	11~15일	기타	①	②	①	②	①	②	③	①	②	①	②
						3	1	2	1			1	2	1	2
						5		5					5		5
	4	1	1	5	4	40	2	42	1	1		3	41	18	26

문항 1.에 대해서 5명(전체 52명의 9.62%)의 제보자가 음장에 따라 의미를 구분한다고 하였다. 크게 의미를 부여할 만큼 많은 수는 아니나, 어쨌든 이런 반응이 나타난 것은 실제로 음장이 존재해서가 아니고, 규범 문법에서 그렇게 요구하고 있으니까, 그에 부응하려는 심리 작용에서 나타난 반응이 아닌가 싶다.

536. 음장에 대해서 교육 받은 일이 있다는 제보자는 11명(전체 52명의 21.15%)이다. 이들 11명의 질문지만을 대상으로 문항 1, 4, 5, 7, 8에 대한 각각의 반응을 조사해 보았다.

[표110]　　　　　　　부산 지역 음장 교육 받은 제보자 의식 조사 통계표

문항번호	1		4		5		7		8	
제보자 군	①	②	①	②	①	②	①	②	①	②
녹음한 성인	0/1	0/2		0/3	0/1	0/2	0/1	0/2	0/1	0/2
녹음한 학생		0/5		0/5		0/5		0/5		0/5
녹음 안 한 학생	1/4	10/40	1/4	10/40	0/2	11/42	0/3	11/41	4/18	7/26

음장 교육 받은 제보자 중 해당 사례수/총 사례수

위 표를 보면, 교육을 받은 제보자 11명의 반응이 각각의 문항에서 특정 답지에 몰리지 않고, 전체 제보자 가운데서 교육을 받은 제보자가 차지하는 비율과 비슷하게 흩어진 분포[29]를 보여주고 있다. 이는 음장 교육을 받은 사람과 받지 않은 사람 간에 음장 의식의 차이가 없음을 의미하는 것으로 해석할 수 있을 것이다.

---

29) 1의 ② 21.28%, 4의 ② 20.83%, 5의 ② 22.92%, 7의 ② 22.92%, 8의 ② 21.21%

537. 음장 교육을 받은 일이 있다는 제보자 11명은 모두 학교에서 정해진 교육과정에 따라 교육을 받았다고 하였다.

음장에 대해서 관심을 가졌던 일이 있다는 제보자는 4명(전체 52명의 7.69%), 대화할 때, 음장을 의식하고 말한다는 제보자는 3명(전체 52명의 5.77%), 그렇게 하는 이유에 대해서는, 성인 1명과 학생 1명은 음장을 지키지 않는 말은 어색하게 들리기 때문에 그렇게 한다고 하였고, 다른 학생 1명은 대화할 때는 사투리가 아닌지 걱정되고, 사투리가 섞인 말을 쓴다는 것은 부끄러운 일이기 때문에 그렇게 한다고 하였다. 음장이 틀리는 사람을 교양이 부족한 사람이라고 생각하는 제보자는 4명(전체 52명의 7.69%), 음장이 틀려서 의미 전달에 혼란을 야기했던 경험이 있다는 제보자는 19명(전체 52명의 36.54%)이었다. 이는 모두 규범 문법의 영향을 받은 반응으로 보인다.

538. 부산 지역에 음장이 존재하지 않는다는 결론에 대해서는 성인군과 학생군 간에 아무런 차이가 없다. 다만, 이 지역은 다른 몇 개 지역과 함께 무음장 어형보다 빈도가 높은 유음장 어형의 수가 많은 편에 속하는 지역이며, 그 중에서도 특히 성인 제보자들의 그것이 학생 제보자들의 그것보다 훨씬 높은 지역 가운데 하나이다.

16. 경남 · 함양

539. 경남 함양 지역 성인 제보자 5명 가운데, 담화(녹음)에서 음장을 유지한 경우는, 제보자 김영상의 '깨:서'와 '애:'가 있으나, 이들은 모두 조사 I 과 조사 II 가 무음장으로 되어 있어, 녹음과 조사 I 과 조사 II 가 유음장으로 일치한 어형은 하나도 없다. 따라서, 제보자 5명이 모두 일치한 유음장 어형도 없다. 이는 성인 제보자의 경우, 경남 함양 지역에는 음장이 존재하지 않는다는 의미이다.

540. 학생 제보자 5명의 경우는 제보자 문미숙이 담화(녹음)에서 '긴:'30) 어형으로 음장을 유지하고, 그것이 조사 I 과 조사 II 에서도 동일하게 음장을 유지하였으나, 다른 4명에게서는 동일한 음장형이 하나도 나타나지 않았다. 따라서, 학생군에도 음장이 존재하지 않는다는 결론에 도달하게 된다.

541. 녹음과 조사 I, 녹음과 조사 II, 조사 I 과 조사 II, 녹음과 조사 I 과 조사 II 간에 음장이 일치한 통계를 표로 제시하면 다음과 같다. 표에 의하면, 성인군이 학생군에 비해서 무음장 일치 비율은 높고, 불일치 비율은 낮다.

---

30) '긴(長)'에 얹힌 음장은 그것이 순연한 변별적 자질인지 아니면 표현적 자질인지에 대하여 구분이 모호한 점이 있다.

[표111]   개인별 음장 일치 통계표

경남·함양, 성인(녹음자분)

제보자	가 ①	가 ②	가 ③	가 ④	나 ①	나 ②	나 ③	나 ④	다 ①	다 ②	다 ③	다 ④	라 ①	라 ②	라 ③	라 ④
김성수		449	3			330	9			329	10			328	11	
김영상		450	2			324	15		1	326	12			324	15	
최미영		388	64			255	84		44	238	57			238	101	
최완식		418	34			321	18			292	47			291	48	
하영빈		377	75			302	37		15	247	77			247	92	
합계		2,082	178			1,532	163		60	1,432	203			1,428	267	
평균		416.40	35.60			306.40	32.60		12.00	286.40	40.60			285.60	53.40	
%		92.12	7.88			90.38	9.62		3.54	84.48	11.98			84.25	15.75	

경남·함양, 학생(녹음자분)

제보자	가 ①	가 ②	가 ③	가 ④	나 ①	나 ②	나 ③	나 ④	다 ①	다 ②	다 ③	다 ④	라 ①	라 ②	라 ③	라 ④
문		339	57	55	1	200	87	51	7	216	116		1	180	107	51
오		396	56			107	232		1	100	238			93	246	
윤		380	72			240	99		4	206	129			205	134	
이		378	74			183	156		11	162	166			162	177	
표		348	104			177	162		15	143	181			143	196	
합		1841	363	55	1	907	736	51	38	827	830		1	783	860	51
평	0.20	368.2	72.60		0.20	181.40	147.20		7.60	165.40	166.00		0.20	156.60	172.00	
%	0.	83.49	16.46		0.06	55.17	44.77		2.24	48.79	48.97		0.06	47.63	52.31	

경남·함양, 학생(비녹음자분)

제보자	다의 ①	다의 ②	다의 ③	다의 ④	제보자	다의 ①	다의 ②	다의 ③	다의 ④
강명호	4	243	92		이광수	15	158	166	
김말순	16	199	124		이은경	14	249	76	
김선녀	52	13	274		장미옥	4	280	55	
김소희	8	208	123		장은정	3	192	144	
김은성	5	197	137		전 영	4	238	97	
김종선	5	222	112		전연숙	1	280	58	
노종인	50	17	272		전인선	1	240	98	
박윤영	13	223	103		전정식	3	203	133	
박채숙	9	170	160		정시홍	8	209	122	
서대필	3	167	169		조영진	1	250	88	
서수진	46	16	277		조은경	1	234	104	
서인숙	6	231	102		조정섭	5	228	106	
서해란	10	229	100		진양순	·	298	41	
양제성	8	141	190		한경림	7	261	71	
염성명	3	252	84		합계	325	6465	4058	
오승희	·	257	82		평균	10.16	202.03	126.81	
오영주	8	221	110		%	2.99	59.60	37.41	
이경남	12	139	188						

542. 개별 어휘의 어형별 빈도표(부록Ⅲ. 경남 함양편)를 보면, 전체 2558 어형 가

운데 2530 어형(성인 1267, 학생 1263)에서 무음장 어형의 빈도가 유음장 어형의
빈도보다 높게 나타나고 있다. 모든 어휘에서 절대 다수의 제보자들이 무음장 어형에
기표하고 있기 때문이다. 물론, '구원(久遠)의, 긴(長)' 등 22개 어휘에서 부분적으로
유음장 어형이 무음장 어형보다 빈도가 높거나 비슷한 경우가 있기는 하지만(어형수로
는 총 2558 어형의 1.09%에 해당하는 28 어형 : 성인 12, 학생 16), 그것들이 녹
음, 조사Ⅰ, 조사Ⅱ에서 같은 경향으로 나타나는 것도 아니고, 또 그 가운데 일부는 표
현적 자질로 볼 수 있는 것도 있어서, 무음장 어형이 대세라는 사실에 대해서는 의심
할 여지가 없다. 따라서, 전체적으로 볼 때 98.91%에 해당하는 2530 어형에서 유음
장 어형의 빈도보다 무음장 어형의 빈도가 높게 나타나고, 무음장 어형보다 빈도가 높
은 유음장 어형을 성인군보다 더 많이 가지고 있는 학생군만을 대상으로 하더라도
98.75%에 해당하는 1263 어형에서 무음장 어형의 빈도가 유음장 어형의 빈도보다
높게 나타난 이번 조사 결과는 성인군 학생군 공히 음장이 실재하지 않는다는 §539,
§540의 결론을 뒷받침해 주고 있음을 의미하는 것으로 보아야 할 것이다.

543. 최소대립어에 있어서도, 성인 제보자 5명 가운데, 담화(녹음)에서 음장의 유무
로 대립하는 음장 대립형을 가진 제보자가 한 사람도 없다. 따라서, 개인별로 녹음,
조사Ⅰ, 조사Ⅱ가 일치하는 음장 대립형도 있을 수 없고, 제보자 5명 모두가 일치하
는 음장 대립형도 당연히 있을 수 없다.

544. 학생 제보자 5명의 경우도, 담화(녹음)에서 음장 대립을 이룬 쌍이 하나도 없
다. 따라서, 녹음, 조사Ⅰ, 조사Ⅱ가 일치하는 음장 대립형도, 그것이 다른 제보자들
의 그것들과 일치하는 음장 대립형도 없다.

545. 녹음과 조사Ⅰ, 녹음과 조사Ⅱ, 조사Ⅰ과 조사Ⅱ, 녹음과 조사Ⅰ과 조사Ⅱ 간에
최소대립어 위에 얹힌 음장 유형이 일치하는 경우의 수를 표로 제시하면 다음과 같다.

[표112]　　　　　　　　　　개인별 최소대립어 일치 통계표

경남·함양, 성인(녹음자분)

제보자	가				나				다				라			
	①	②	③	④	①	②	③	④	①	②	③	④	①	②	③	④
김성수		19				19				19				19		
김영상		18	1			15	4			15	4			15	4	
최완식		11	8			14	5			9	10			9	10	
최이영		3	16			3	16		9	3	7			3	16	
허영빈		7	12			11	8		2	4	13			4	15	
합계		58	37			62	33		11	50	34			50	45	
평균		11.60	7.40			12.40	6.60		2.20	10.00	6.80			10.00	9.00	
%		61.05	38.95			65.26	34.74		11.58	52.63	35.79			52.63	47.37	

경남·함양, 학생(녹음자분)

제보자	가				나				다				라			
	①	②	③	④	①	②	③	④	①	②	③	④	①	②	③	④
문이숙		6	7	6		2	11	6	1	6	12			2	11	6
오영화		10	9			3	16			2	17			2	17	
윤선희		11	8			5	14		1	4	14			4	15	
이연주		16	3			8	11			6	13			6	13	
표은정		12	7			6	13			4	15			4	15	
합계		55	34	6		24	65	6	2	22	71			18	71	6
평균		11.00	6.80			4.80	13.00		0.40	4.40	14.20			3.60	14.20	
%		61.80	38.20			26.97	73.03		2.10	23.16	74.74			20.22	79.78	

경남·함양, 학생(비녹음자분)

제보자	다의 ①	다의 ②	다의 ③	다의 ④	제보자	다의 ①	다의 ②	다의 ③	다의 ④
강명호	1	6	12		이광수	1	7	11	
김말순	1	4	14		이은경	3	6	10	
김선녀	4	0	15		장미옥	1	11	7	
김소희	0	2	17		장은경	0	7	12	
김은성	0	9	10		전 영	0	11	8	
김종선	1	9	9		전연숙	0	11	8	
노종인	4	0	15		전인선	1	11	7	
박윤명	0	6	13		전정식	0	11	8	
박채숙	1	3	15		정시홍	1	4	14	
서대필	0	2	17		조영진	0	7	12	
서수진	3	0	16		조은경	0	6	13	
서인숙	0	11	8		조정섭	1	5	13	
서혜란	0	6	13		진양순	0	16	3	
양제성	0	7	12		한경임	1	7	11	
염성명	1	8	10		합계	27	214	367	
오승회	1	11	7		평균	0.84	6.69	11.47	
오영주	1	5	13		%	4.44	35.20	60.36	
이경남	0	5	14						

546. 음장의 유무에 따라 최소대립어를 이룰 수 있는 37개의 짝을 대상으로 그 유형별 빈도를 조사한 결과 (부록Ⅳ. 경남 함양편)를 보면, 전체 150쌍 가운데 142쌍(성인 72, 학생 70)에서 무음장 어형만으로 짝을 이룬 유형이 유음장 어형을 포함하여 짝을 이룬 유형보다 빈도가 높게 나타나고 있다. 모든 어휘에서 제보자의 절대 다수가 '짝을 이루는 어휘 모두에 음장이 얹히지 않는 유형'에 기표하고 있기 때문이다. 물론, '굴(窟)/굴(蠣), 눈(雪)/눈(眼)' 등 7개의 짝에서 부분적으로 유음장 어형을 포함하여 짝을 이룬 유형의 빈도가 무음장 어형만으로 짝을 이루는 유형의 빈도보다 높거나 비슷한 경우가 있기는 하지만(쌍으로는 총150〔162〕쌍의 5.33〔4.94〕%인 8쌍 : 성인 3, 학생 5), 그것들이 녹음, 조사Ⅰ,조사Ⅱ에서 일관된 경향을 보여 주는 것도 아니고, 그것들 중에는 음장 대립형이 아닌 것도 있어서, 크게 의미를 부여할 만한 사실은 못되는 것 같다. 따라서, 전체적으로 볼 때, 94.67%에 해당하는 142쌍에서 무음장 어형만으로 짝을 이룬 유형의 빈도가 유음장 어형을 포함하여 짝을 이룬 유형의 빈도보다 높게

나타나고, 유음장 어형을 포함하여 짝을 이룬 유형의 빈도가 무음장 어형만으로 짝을 이룬 유형의 빈도보다 높은 유형을 성인군보다 더 많이 가지고 있는 학생군만을 대상으로 하더라도 93.33%가 넘는 70쌍에서 유음장 어형을 포함하여 짝을 이룬 유형의 빈도보다 무음장 어형만으로 짝을 이룬 유형의 빈도가 더 높게 나타난 이번 조사 결과는 성인군 학생군 공히 음장에 따른 최소대립어가 존재하지 않는다는 §543, §544의 결론을 뒷받침해주고 있음을 의미하는 것으로 보아야 한다.

547. 경남 함양 지역 조사 결과를 표준어의 그것들과 비교해 보면, 표준어에서 음장이 얹히는 것이나 얹히지 않는 것이나 구분 없이 제보자의 절대 다수가 '무음장 어형'과 '짝을 이루는 어휘 모두에 음장이 얹히지 않는 유형'에 기표하고 있다. 물론, 제보자들 가운데는 '유음장 어형'과 '유음장 어형을 포함하여 짝을 이룬 유형'에 기표한 제보자도 전혀 없는 것은 아니어서, 유음장 어형의 빈도가 무음장 어형의 빈도보다 높은 것이 28 어형 (성인 12, 학생 16), 유음장 어형을 포함하여 짝을 이룬 유형의 빈도가 무음장 어형만으로 짝을 이룬 유형의 빈도보다 높은 것이 8쌍(성인 3, 학생 5) 있기는 하다. 그리고 그 28 어형 가운데, 표준발음과 일치하는 어형이 20 어형(성인 10, 학생 10 : 표준 발음법 기준으로 음장이 얹히는 어형 총 738개의 2.71%), 그렇지 못한 것이 8 어형(성인 2, 학생 6)이고, 유음장 어형을 포함하여 짝을 이룬 유형의 빈도가 무음장 어형만으로 짝을 이룬 유형의 빈도보다 높은 8쌍(성인 3, 학생 5) 가운데, 표준 발음법에서 정한 대로 이루어진 음장 대립형이 3짝 4쌍(성인 2, 학생 2 : 총 유음장 유형 100쌍의 4.00%), 그렇지 못한 것이 4짝 4쌍(성인 1, 학생 3)이다. 그러나 그것들이(표준 발음법 규정과 일치하는 것들이나 그렇지 못한 것들이나를 막론하고) 녹음, 조사 I, 조사 II 에서 일관된 성향을 보여 주는 것은 하나도 없으며, 수적으로도 아주 미미한 것이어서 (일치 어형 0.89%, 일치 유형 2.67%) 주목의 대상이 못될 것 같다. 따라서, 이번 조사 결과를 표준어의 그것들과 상호 비교한다는 것은 별로 의미가 없어 보인다.

548. 음장은 단어의 제일음절 위에 얹힌다고 하는데, 이번 조사 결과를 보면, 모든 어휘에서 무음장 어형의 빈도가 절대적으로 높고, 제일음절 위치에서 음장을 갖는다고 하는 음절이 제이 이하 음절 위치로 이동한 어휘들도 일반 어휘의 제이 이하 음절과 마찬가지로 무음장이 절대 다수였으며, 음장이 얹힌 경우라도 제일음절에만 얹히지는 않았다.
  '서성대:고(0), 서설대:다(2), 틀림없:이(3), 허둥대:며(0), 허둥대:다(0)' 어형은 없거나, 있어도 빈도가 극히 낮았다.
  한 단어 안에서 음장이 연속하여 온 경우는, 담화(녹음)에서는 없었으나, 조사 I 과 조사 II 에서 20 단어 21 어휘 21 어형에 연인원 22명이 있었다.

549. 음장 있는 단음절 용언 어간에 모음 어미가 이어지면 음장이 소멸한다는 주장

이 있으나, 이번 조사 결과를 보면, 단음절 용언 모두(표준 발음법 기준으로, 음장이 있거나 없거나 구분 없이)가, 자음 어미가 이어질 때나 모음 어미가 이어질 때나 구분 없이, 무음장 어형이 다수를 점하고 있었으며, 다른 어떤 의미있는 차이점도 발견할 수 없었다.

550. '들려라, 들리다'와 '보이는, 보이다'는 모두 무음장 어형이 절대 다수이다.

'걸음, 놀이터' 뿐만 아니라 파생 부사 '많이, 틀림없이' 까지도 무음장 어형이 절대 다수를 점하고 있다.

보상적 장음화의 예가 될 수 있는 어휘들도 무음장 어형이 절대 다수이다. '와, 져, 쳐'는 없고, '까, 따'도 무음장 어형이 절대 다수이다.

551. 제일음절말 위치의 무성의 정지음 [-k, -t, -p]이 온 어휘들의 어형별 빈도표를 보면, 제보자의 절대 다수가 무음장 어형에 집중되어 있다. '깃 : (조사Ⅰ, 성인)' 어형의 빈도가 무음장 어형의 빈도보다 높게 나타나기는 했지만, 녹음, 조사Ⅱ에서 같은 경향을 보여 주는 것도 아니고, 유일한 예외인데다가 차이도 근소한 것이어서, 주목할 만한 상황은 못될 것 같다.

'남은, 남다', '넘치는', '숨다, 숨어서'에서도 제보자의 절대 다수가 무음장 어형에 모여 있다.

'많다, 많아서', '앉아, 앉다', '않는다', '잃었다, 잃다' 에서도 무음장 어형의 빈도가 절대적으로 높다.

552. 유기 자음(ㅍ, ㅌ, ㅋ, ㅊ)이나 긴장 자음(ㅃ,ㄸ,ㄲ,ㅉ,ㅆ)으로 시작되는 어휘들의 어형별 빈도를 보면, 무음장 어형에 제보자의 절대 다수가 모여 있다. '따 : (조사Ⅰ, 학생)' 어형의 빈도가 무음장 어형의 빈도보다 약간 높게 나타났으나, 녹음에서는 전원이 무음장으로 나타났고, 조사Ⅰ에서의 빈도의 차이도 근소(18:19)한 것이어서, 별로 의미가 없을 것 같다. 아마도 개리연접이 가해진 점과 개음절 모음으로서의 특성이 일부 반영된 것이 아닌가 하는 생각이 든다.

개음절의 단음절짜리 단어들도 무음장 어형의 빈도가 유음장 어형의 그것보다 높다. 다만, '너(조사Ⅱ, 성인), 다(조사Ⅱ, 성인), 따(조사Ⅱ, 학생), 배(倍 : 조사Ⅱ, 성인), 이(조사Ⅱ, 학생)'에서만은 유음장 어형의 빈도가 무음장 어형의 그것보다 높다. 개음절의 단음절짜리 단어에는 음장이 없히지 않는다는 주장과는 상반되는 현상이다. 이는 아마도 개음절의 모음이 폐음절의 모음보다 더 길게 소리난다는 음향음성학적 특징이 반영된 결과가 아닌가 싶다. 또, 개음절의 단음절짜리 단어 뒤에 바로 개리연접이 가해진 것도 소리가 길어진 한 요인이 되었을 가능성이 있다. 그러나, 이것들은 녹음과 조사Ⅰ에서 일관된 경향을 보여 주는 것도 아니고, 그 수도 극히 적어서(5/146), 전체적으로 무음장 어형이 주류라는 사실에는 흔들림이 없다고 보아야 할 것이다.

553. 경남 함양 지역도 무음장 단어수는 녹음, 조사 I , 조사 II 순으로 많다.

[표113]　　　　　　　　　　　　개인별 무음장 단어 통계표

경남 · 함양, 성인(녹음자분)

제보자	녹음(452)		조사 I (452)		조사 II (375)	
	무음장단어수	백분비(%)	무음장단어수	백분비(%)	무음장단어수	백분비(%)
김성수	452	100.00	449	99.34	365	97.33
김영상	450	99.56	452	100.00	362	96.52
최완식	452	100.00	418	92.48	352	93.87
최이영	452	100.00	389	86.06	277	73.87
하영빈	452	100.00	377	83.41	332	88.53
합계	2258		2085		1688	
평균	451.60	99.91	417	92.26	337.60	90.03

경남 · 함양, 학생(녹음자분)

제보자	녹음(452)		조사 I (452)		조사 II (375)	
	무음장단어수	백분비(%)	무음장단어수	백분비(%)	무음장단어수	백분비(%)
문이숙	396/397 (무효55)	99.75	393	86.95	269	71.73
오형화	452	100.00	396	87.61	128	34.13
윤선희	452	100.00	380	84.07	265	70.67
이연주	452	100.00	379	83.85	205	54.67
표은경	452	100.0	380	84.07	189	50.40
합계	2204	499.75	1928	426.55	1056	281.60
평균	451.80	99.85	385.60	85.31	211.20	56.32

경남 · 함양, 학생(비녹음자분)

제보자	조사 I (452)		조사 II (375)		제보자	조사 I (452)		조사 II (375)	
	무음장단어수	백분비(%)	무음장단어수	백분비(%)		무음장단어수	백분비(%)	무음장단어수	백분비(%)
강명호	343	75.88	303	80.80	이경남	392	86.73	187	49.87
김말순	371	82.08	261	69.60	이광수	386	85.40	213	56.80
김선녀	351	77.65	23	6.13	이은경	398	88.05	308	82.13
김소희	381	84.29	280	74.67	장미옥	422	93.36	322	85.87
김은성	393	86.95	253	67.47	장은경	421	93.14	230	61.13
김종선	366	80.97	257	68.53	전 영	368	81.42	319	85.07
노종인	337	74.56	48	12.80	전연숙	411	90.93	339	90.40
박윤명	389	86.06	279	74.40	전인선	369	81.64	366	97.60
박채숙	404	89.38	205	54.67	전정식	430	95.13	237	63.20
서대필	399	88.27	230	61.33	정시홍	392	86.73	273	72.80
서수진	351	77.65	52	13.87	조영진	391	86.50	312	83.20
서인숙	390	86.28	294	78.40	조은경	446	98.67	272	72.53
서혜란	417	92.26	270	72.00	조정섭	407	90.04	270	72.00
양제성	402	88.94	359	95.73	진양순	433	95.80	339	90.40
염성명	407	90.04	300	80.00	한경임	403	89.16	315	84.00
오승희	393	86.95	322	85.87	합계	12573		8305	
오영수	410	90.71	267	71.20	평균	392.91	86.93	259.53	69.21

554. 음장에 대한 경남 함양 지역 제보자들의 의식 조사 결과는 다음과 같다.

[표114]　　　　　　　경남 함양 지역 제보자 의식 조사 통계표

구분	1		2		3-①			3-②			3-③	
	①	②	①	②	초	중	고	초	중	고	11~15일	미기재
성인	2	3	1	4			1			1		1
학생		5	1	4	1				1		1	
	2	30	1	31	1				1			1

4		5		6			7		8	
①	②	①	②	①	②	③	①	②	①	②
1	4		5				3	2	4	1
1	4		5					5	2	3
	32	1	31		1			32	10	22

　　문항 1.에 대해서 4명(전체 42명의 9.52%)의 제보자가 음장에 따라 의미를 구분한다고 하였다. 의미를 부여할 만큼의 수는 되지 않지만, 어쨌든 이런 반응이 나온 것은 음장이 실제로 존재해서라기보다는, 규범 문법에서 요구하고 있는 규범을 따르고 있음을 과시하기 위한 심리 작용의 발로라고 해석하는 것이 가장 합리적인 해석이 될 것이다.

　　555. 음장에 대해서 교육 받은 일이 있다는 제보자는 3명(전체 42명의 7.14%)이다. 이들 3명의 질문지를 대상으로 문항 1, 4, 5, 7, 8에 대한 각각의 반응을 조사해 보았다.

[표115]　　　　　경남 함양 지역 음장 교육 받은 제보자 의식 조사 통계표

문항번호 / 제보자 군	1		4		5		7		8	
	①	②	①	②	①	②	①	②	①	②
녹음한 성인	1/2	0/3	0/1	1/4		1/5	0/3	1/2	1/4	0/1
녹음한 학생		1/5	1/1	0/4		1/5		1/5	1/2	0/3
녹음 안 한 학생	0/2	1/30		1/32	0/1	1/31		1/32	0/10	1/22

음장 교육 받은 제보자 중 해당 사례수 / 총 사례수

　　음장 교육을 받았다면, 음장으로 뜻을 파악하고(1-①), 음장에 관심을 가지고(4-①), 대화할 때, 의식적으로 음장을 구분해서 말하고(5-①), 음장을 못 지키는 사람에 대해서는 교양이 부족하다고 생각하고 (7-①), 음장을 잘못 발음하여 의미 전달에 혼란을 야기시키는 일이 없어야 할 터인데(8-②), 나타난 결과는 그 반대이다. 이는 음장 교육이 음장 의식을 강화시키는데 있어서 아무런 역할도 하지 못하였음을 의미하는 것이다.

556. 음장 교육을 받은 일이 있다는 제보자 3명은 모두 초·중·고등 학교 시절 학교에서 정해진 교육과정에 따라 교육을 받았다고 하였다.

음장에 대해서 관심을 가졌던 일이 있다는 제보자는 2명(전체 42명의 4.76%), 음장을 의식하고 구분해서 말한다는 제보자는 1명(전체 42명의 2.38%), 그렇게 하는 이유는 음장이 틀리는 말은 어색하게 들리기 때문에 그렇게 한다고 하였다. 음장이 틀리는 사람을 교양이 부족한 사람이라고 생각하는 제보자는 3명(전체 42명의 7.14%), 음장이 틀려서 의미 전달에 혼란을 야기했던 경험이 있다는 제보자는 16명(전체 42명의 38.1%)이었다. 이는 모두 규범 문법을 의식한 반응으로 보인다.

557. 경남 함양 지역에 음장이 존재하지 않는다는 결론에 대해서는 성인군과 학생군 간에 아무런 차이가 없다. 다만, 이 지역은 일부 남부 지역(광주, 전남, 대구, 부산)과는 달리 성인군과 학생군 공히 무음장 어형보다 빈도가 높은 유음장 어형의 수가 그리 많지 않은 점이 다른 점이라면 다른 점일 것이다.

17. 제주

558. 제주도가 무음장 지역이라는데 대해서는 학계에서 거의 이론이 없는 것 같다.[31] 이번 조사 결과를 보더라도, 담화(녹음)에서 음장을 유지한 경우는, 강영식의 '거:짓을, 귀:중한, 긴:(長), 낮:에는②, 눈:(眼)에서는, 눈:물(淚)이, 말:세(末世)라는, 몹:시, 발:(簾)을, 밤:(夜)에는, 여:로(女路)라는, 영:구(永久)한, 영:화(榮華)를, 최:선(最善)의'와 홍석여의 '긴:(長), 무:척, 족:'이 있으나 조사Ⅰ과 조사Ⅱ에서까지 동일 음장형을 유지한 것은, 강영식의 '거:짓, 눈:(眼), 눈:물(淚), 여:로(女路), 영:구(永久)한, 영:화(榮華), 최:선(最善)'뿐이다. 따라서, 제보자 5명 모두가 일치한 유음장 어형은 하나도 없는 것이며, 이는 곧 제주 지역 성인 제보자들에게 있어서 음장이 존재하지 않음을 확인시켜주는 것이다.

559. 학생 제보자 5명의 경우는, 담화(녹음)에서 음장을 유지한 제보자가 한 사람도 없다. 따라서, 한 제보자의 녹음, 조사Ⅰ, 조사Ⅱ가 음장에 있어 일치하고, 그것이 다른 제보자들의 그것과도 일치한 어형이 하나도 없다. 이는 제주 지역 학생 제보자들에게 있어서도 음장이 존재하지 않는다는 의미이다.

---

31) 최명옥이 '뒈다(化)/뒈:다(濃)'에서 장단을 잘 식별하는 화자를 발견할 수 있었다 하나, 그것은 육지어의 침투이거나, 아니면 제주도 방언에서 음장이 소멸한지 얼마 되지 않기 때문에 정서적 기능에 힘입어 장음성이 유지되고 있는 잔재일 가능성이 높다. 김완진(1990)은 후자로 보고 있다.

560. 녹음과 조사Ⅰ, 녹음과 조사Ⅱ, 조사Ⅰ과 조사Ⅱ 간에 음장 일치 내용을 표로 제시하면 다음과 같다.

[표116]　　　　　　　　　　개인별 음장 일치 통계표

제주, 성인(녹음자분)

제보자	가				나				다				라			
	①	②	③	④	①	②	③	④	①	②	③	④	①	②	③	④
강영식	12	352	88		9	223	107		45	190	104		7	190	142	
고행익		368	84			194	145		3	180	156			160	179	
김창진		364	88			147	192		17	124	198			115	224	
이창훈		389	63			232	107		7	204	128			204	135	
홍석여		401	51			297	42		10	265	64			263	76	
합계	12	1874	374		9	1093	593		82	963	650		7	932	756	
평균	2.40	374.8	74.80		1.80	218.60	118.60		16.40	192.60	130.00		1.40	186.40	151.20	
%	0.53	82.92	16.55		0.53	64.48	34.99		4.84	56.81	38.35		0.41	54.99	44.60	

제주, 학생(녹음자분)

제보자	가				나				다				라			
	①	②	③	④	①	②	③	④	①	②	③	④	①	②	③	④
김달래		413	39			304	35		10	282	47			279	60	
김양선		371	81			171	168		11	141	187			141	198	
송영자		384	68			224	115		28	194	117			194	145	
이성희		378	74			293	46		16	252	71			252	87	
정은아		432	20			295	44		9	285	45			285	544	
합계		1978	282			1287	408		74	1154	467			1151	544	
평균		395.60	56.40			257.40	81.60		14.80	230.80	93.40			230.20	108.80	
%		87.52	12.48			75.93	24.07		4.37	68.08	27.55			67.91	32.09	

제주, 학생(비녹음자분)

제보자	다의 ①	다의 ②	다의 ③	다의 ④	제보자	다의 ①	다의 ②	다의 ③	다의 ④
강영림	29	77	233		박미정	7	60	272	
강주이	8	207	124		배병효	13	195	131	
강지숙	13	176	150		송시내	8	268	63	
강혜경	18	239	82		유은경	15	237	87	
고미영	24	157	158		윤영미	24	83	232	
김경란	5	219	115		이명회	5	56	278	
김명선	12	284	43		이수경	4	113	222	
김은지	15	196	128		이정미	4	235	100	
김진아	9	245	85		이지연	18	210	111	
김현숙	38	59	242		정유경	4	154	181	
김혜은	7	39	293		조미정	12	75	252	
김희나	7	16	316		조미향	12	75	252	
김희연	9	56	274		최현주	3	302	34	

제보자	다의 ①	다의 ②	다의 ③	다의 ④	제보자	다의 ①	다의 ②	다의 ③	다의 ④
라수정	10	292	37		황명숙	2	302	35	
문효정	13	120	206		합계	397	5087	5025	
박경아	15	277	47		평균	12.80	164.10	162.10	
박동숙	34	63	242		%	3.78	48.41	47.81	

561. 개별 어휘의 어형별 빈도표(부록Ⅲ. 제주편)를 보면, 전체 2558 어형 가운데 2446 어형(성인 1196, 학생 1250)에서 무음장 어형의 빈도가 유음장 어형의 빈도보다 높게 나타나고 있다. 모든 어휘에서 다수의 제보자들이 무음장 어형에 기표하고 있기 때문이다. '간신히, 감명적' 등 100개 어휘에서 부분적으로 유음장 어형이 무음장 어형보다 빈도가 높거나 비슷한 경우가 있기는 하지만(어형수로는 총 2558 어형의 4.38%에 해당하는 112 어형 : 성인 83, 학생 29), 그것들이 녹음, 조사Ⅰ, 조사Ⅱ에서 같은 경향으로 나타나는 것도 아니고, 또 그 가운데 일부는 표현적 자질로 볼 수 있는 것도 있어서, 무음장 어형이 대세를 이룬다는 사실에는 변화가 없다고 보아야 할 것이다. 따라서, 전체적으로 볼 때 95.62%가 넘는 2446 어형에서 무음장 어형의 빈도가 유음장 어형의 빈도보다 높게 나타나고, 무음장 어형보다 빈도가 높은 유음장 어형을 학생군보다 더 많이 가지고 있는 성인군만을 대상으로 하더라도 93.51%가 넘는 1196 어형에서 무음장 어형의 빈도가 유음장 어형의 빈도보다 더 높게 나타난 이번 조사 결과는 성인군 학생군 공히 음장이 실재하지 않는다는 §558, §559의 결론을 뒷받침해 주고 있다고 보아야 할 것이다.

562. 최소대립어에 있어서도, 성인 제보자 5명 가운데, 강영식이 담화(녹음)에서 '눈(雪)이/눈:(眼)에서는, 발:(簾)을/발(足)이, 여로(旅路)/여:로(女路)라는, 영구(榮九)/영:구(永久)한, 영화(映畵)/영:화(榮華)를'로 발음하여 음장 대립형을 이루었으나, 이 가운데 조사Ⅰ과 조사Ⅱ에서까지 동일 음장형을 유지한 것은 '눈(雪)/눈:(眼), 여로(旅路)/여:로(女路), 영구(榮九)/영:구(永久), 영화(映畵)/영:화(榮華)' 뿐이며, 이것들도 다른 4명의 제보자들은 짝을 이루는 두 단어 모두가 무음장이어서, 제보자 5명 모두가 일치하는 음장 대립형은 없다.

563. 학생 제보자의 경우는 담화(녹음)에서 음장 대립형을 이룬 쌍이 하나도 없으며, 따라서 녹음, 조사Ⅰ, 조사Ⅱ가 일치하는 음장 대립형도, 그것이 다른 제보자들의 그것들과 일치하는 음장 대립형도 없다.

564. 녹음과 조사Ⅰ, 녹음과 조사Ⅱ, 조사Ⅰ과 조사Ⅱ, 녹음과 조사Ⅰ과 조사Ⅱ 간에 최소대립어 위에 얹힌 음장 유형이 일치하는 경우의 수를 표로 제시하면 다음과 같다. 표에 의하면, 성인군이 학생군에 비해서 무음장 일치 비율은 높고, 불일치 비율은 낮다.

[표117]   개인별 최소대립어 일치 통계표

제주, 성인(녹음자분)

제보자	가				나				다				라			
	①	②	③	④	①	②	③	④	①	②	③	④	①	②	③	④
강영식	4	7	8		4	7	8		7	6	6		3	6	10	
고행익		9	10			8	11		3	4	12			4	15	
김창진		12	7			10	9		1	7	11			7	12	
이창훈		13	6			5	14		1	5	13			5	14	
홍석여		14	5			19				14	5			14	5	
합계	4	55	36		4	49	42		12	36	47		3	36	56	
평균	0.80	11.00	7.20		0.80	9.80	8.40		2.40	7.20	9.40		0.60	7.20	11.20	
%	4.21	57.90	37.89		4.21	51.58	44.21		12.63	37.90	49.47		3.16	37.89	58.95	

제주, 학생(녹음자분)

제보자	가				나				다				라			
	①	②	③	④	①	②	③	④	①	②	③	④	①	②	③	④
김달래		8	11			10	9		5	6	8			6	13	
김양선		8	11			5	14		3	3	13			2	17	
송영자		8	11			7	12		3	3	13			3	16	
이성희		11	8			12	7		3	9	7			9	10	
정은아		9	10			7	12		4	2	13			2	17	
합계		44	51			41	54		18	23	54			22	73	
평균		8.80	10.20			8.20	10.80		3.60	4.60	10.80			4.40	14.60	
%		46.32	53.68			43.16	56.84		18.95	24.21	56.84			23.16	76.84	

제주, 학생(비녹음자분)

제보자	다의①	다의②	다의③	다의④	제보자	다의①	다의②	다의③	다의④
강영림		1	18		박미정	1	3	15	
강주이	4		15		배병효		4	15	
강지숙	1	4	14		송시내	1	6	12	
강혜경	4	5	10		유은경	2	8	9	
고미영	2	3	14		윤영미	4	1	14	
김경란	1	8	10		이명희	1	1	17	
김명선	6	11	2		이수경		5	14	
김은지	2	2	15		이정미	1	9	9	
김진아	4	5	10		이지연	2	5	12	
김현숙	3	1	15		정유경		5	14	
김혜은		1	18		조미정	1	3	15	
김희나			19		조미향	1		18	
김희연		5	14		최현주		9	10	
라수정	2	12	5		황영숙	1	12	6	
문효정	1	5	13		합계	48	144	397	
박경아	3	9	7		평균	1.55	4.65	12.81	
박동숙		1	18		%	8.15	24.45	67.40	

565. 음장의 유무에 따라 최소대립어를 이룰 수 있는 37(실제는 40)개의 짝을 대상으로 그 유형별 빈도를 조사한 결과(부록Ⅳ. 제주편)를 보면, 전체 150쌍 가운데 133쌍(성인 68, 학생 65)에서 무음장 어형만으로 짝을 이룬 유형의 빈도가 유음장 어형을 포함하여 짝을 이룬 유형의 빈도보다 높게 나타나고 있다. 모든 어휘에서 제보자의 절대 다수가 '짝을 이루는 어휘 모두에 음장이 얹히지 않는 유형'에 기표하고 있기 때문이다. 물론, 제보자들 가운데는 '유음장 어형을 포함하여 짝을 이루는 유형'에 기표한 이도 전혀 없는 것은 아니어서, '걷다(捲)/걷다(步), 곱다(娟)/곱다(추워서 손이~)' 등 14개의 짝에서 부분적으로 유음장 어형을 포함하여 짝을 이룬 유형의 빈도가 무음장 어형만으로 짝을 이룬 유형의 빈도보다 높거나 비슷한 경우가 있기는 하지만(쌍으로는 총 150〔162〕쌍의 11.33〔10.49〕%에 해당하는 17쌍 : 성인 7, 학생 10), 그것들이 녹음, 조사Ⅰ, 조사Ⅱ에서 일관된 경향을 보여 주는 것도 아니고, 그것들 중에는 음장 대립형이 아닌 것도 있어서, 크게 의미를 부여할 만한 사실은 못되는 것 같다. 따라서, 전체적으로 볼 때 88.67%에 해당하는 133쌍에서 무음장 어형만으로 짝을 이룬 유형의 빈도가 유음장 어형을 포함하여 짝을 이룬 유형의 빈도보다 높게 나타나고, 유음장 어형을 포함하여 짝을 이룬 유형의 빈도가 무음장 어형만으로 짝을 이룬 유형의 빈도보다 높은 유형을 성인군보다 더 많이 가지고 있는 학생군만을 대상으로 하더라도 86.67%에 해당하는 65쌍에서 무음장 어형만으로 짝을 이룬 유형의 빈도가 유음장 어형을 포함하여 짝을 이룬 유형의 빈도보다 더 높게 나타난 이번 조사 결과는 성인군 학생군 공히 음장에 따른 최소대립어가 존재하지 않는다는 §562, §563의 결론을 뒷받침해 주고 있음을 의미하는 것으로 보아야 할 것이다.

566. 제주 지역 조사 결과를 표준어의 그것들과 비교해 보면, 표준어에서 음장이 얹히는 것이나 얹히지 않는 것이나 구분 없이, 대다수의 제보자들이 '무음장 어형'과 '짝을 이루는 어휘 모두에 음장이 얹히지 않는 유형'에 기표하고 있다. 물론, 이 경우에도 '유음장 어형'이나 '유음장 어형을 포함하여 짝을 이루는 유형'에 기표한 제보자가 전혀 없는 것은 아니어서, 유음장 어형의 빈도가 무음장 어형의 빈도보다 높거나 비슷한 경우가 112 어형(성인 83, 학생 29)이나 되고, 이 가운데 표준 발음법 기준으로 단음인 것을 장음으로 발음(또는 기표)한 것이 67 어형, 표준 발음법과 같게 발음한 것이 45 어형(성인 26, 학생 19 : 표준 발음법 기준 유음장 어형 738의 6.10%)이다. 이것은 이 지역의 음장 분포가 중앙어와 다르다고 해석하기보다는, 이 지역 제보자(특히 성인 제보자)들이 규범 문법에 음장이 있음을 의식하여(성인 제보자들은 모두 교사임), 긴소리를 확실하게 인식하지도 못하면서 추측하여 기표한 데서 나타난 현상으로 보는 것이 훨씬 더 타당성이 있을 것 같다. 최소대립어에 있어서도, 유음장 어형을 포함하여 짝을 이룬 유형의 빈도가 무음장 어형만으로 짝을 이룬 유형의 빈도보다 높은 유형이 17쌍(성인 7, 학생 10)이나 되고, 그 가운데 표준 발음법과 일치하는 음장 대립형은 7쌍(표준 발음법 기준 음장 대립형 총 100쌍의 7.00% : 성인 2, 학생 5), 표준 발음법

과 일치하지 않는 유형이 10쌍(성인 5, 학생 5)이다. 그러나, 이것들이 녹음, 조사 I,
조사 II 에서 일관된 경향을 보여 주는 것도 아니고, 수적인 면에서도 미미한 것[무음장
어형 95.62%(표준어와 일치한 것만으로는 98.24%), 무음장 어형만으로 이루어진 쌍
89.51%(표준어와 일치한 것만으로는 95.33%)]이어서, 무음장이 빈도 분포의 본류라
는 사실에 대해서는 이의가 있을 수 없다. 따라서 이번 조사 결과와 표준어의 그것들과
를 상호 비교한다는 것은 별로 의미가 없어 보인다.

567. 음장은 단어의 제일음절에만 얹힌다고 하는데, 이번 조사 결과를 보면, 모든
어휘에서 무음장 어형의 빈도가 절대적으로 높고, 제일음절 위치에서 음장을 갖는다
고 하는 음절이 제이 이하 음절 위치로 이동한 어휘들도 일반 어휘의 제이 이하 음절
과 다름 없이 무음장이 절대 다수였으며, 음장이 얹힌 경우라도 제일음절에만 얹히지
는 않았다.
  '서성대:고(2), 서성대:다(0), 틀림없:이(2), 허둥대:며(0), 허둥대:다(4)' 어형은
없거나, 있어도 빈도가 극히 낮았다.
  한 단어 안에서 음장이 연속하여 온 경우는 담화(녹음)와 인용형(조사 II)에서는 없
었으나, 문맥(조사 I) 안에서 '갑:갑:했습니다' 어형으로 성인 제보자 1명이 있었다.

568. 음장 있는 단음절 용언 어간에 모음 어미가 이어지면 음장이 소멸한다는 주장
이 있으나, 이번 조사 결과를 보면, 단음절 용언 모두(표준 발음법 기준으로, 음장이
있는 것이나 없는 것이나 구분 없이)가, 자음 어미가 이어질 때나 모음 어미가 이어
질 때나 구분 없이, 무음장 어형이 절대 다수를 점하고 있었으며, 다른 어떤 의미 있
는 차이점도 발견할 수 없었다.

569. '들려라, 들리다'와 '보이는, 보이다'는 모두 무음장 어형이 절대 다수이다.
  파생 명사 '걸음, 놀이터'와 파생 부사 '많이, 틀림없이'도 무음장 어형이 다수를 점
하고 있다. '놀:이터(조사 II, 성인), 많:이(조사 II, 성인)' 어형이 무음장 어형보다 빈
도가 높게 나타나긴 했지만, 녹음과 조사 I 에서까지 일관된 경향을 보여 주는 것도
아니고, '많:이'의 경우는 표현적 자질의 반영으로 볼 수도 있는 것이어서, 역시 무음
장이 대세라고 보아야 할 것이다.
  보상적 장음화의 예가 될 수 있는 어휘들도 무음장 어형의 빈도가 절대적으로 높
다. '안:(조사 I · 성인), 애:(조사 I, 조사 II · 학생), 해:(조사 I · 성인)' 어형이 무음
장 어형보다 빈도가 약간 높게 나타났으나, 녹음, 조사 I, 조사 II가 같은 경향을 보여
주는 것도 아니고, '애'는 표현적 자질로 볼 수도 있는 것이어서, 큰 의미는 없을 것
같다. '애:'와 '해''는 개음절 모음인데다가 개리연접의 영향도 있었을지 모른다.

570. 제일음절말 위치에 무성의 정지음 [-k, -t, -p]이 온 어휘들의 어형별 빈도표

를 보면, 제보자의 절대 다수가 무음장 어형에 집중되어 있다. 물론, '걷:다(步 : 조사Ⅱ·성인), 곱:다(娟 : 조사Ⅰ·성인, 조사Ⅱ·성인), 굽:다(曲 : 조사Ⅱ·성인), 극:히(조사Ⅱ·성인), 높:다(조사Ⅱ·성인), 덮:다(조사Ⅱ·성인), 듣:다(聞 : 조사Ⅱ·성인), 듯:하다(조사Ⅱ·성인), 떡:가루(조사Ⅱ·성인), 몹:시(조사Ⅰ·성인), 별:발(조사Ⅱ·학생), 싶:다(조사Ⅱ·성인), 웃:다(조사Ⅱ·성인), 잎:사귀(조사Ⅱ·성인), 접:다(조사Ⅱ·성인), 족:(조사Ⅰ·학생)'에서 무음장 어형보다 빈도가 높게(근소한 차이기는 하지만) 나타나긴 하지만, 전체〔-k, -t, -p〕 어형 430 어형 안에서의 비율(3.95%)로 보면, 많은 수는 아니다(17/430). 충분히 예외로 취급할 수 있는 상황이다. 다른 지역에서는 볼 수 없는 일로서, 없는 음장을 억지로 표기하다 보니 생긴 일이다(§566 참조).

　'남은, 남다', '넘치는' '숨다, 숨어서'에서도 제보자의 절대 다수가 무음장 어형에 모여 있다.

　'많다, 많아서', '앉아, 앉다', '않는다', '잃었다. 잃다'에서도 무음장 어형의 빈도가 절대적으로 높다. '많다'의 조사Ⅱ·성인에서 유일하게 유음장 어형의 빈도가 무음장 어형의 빈도보다 높게 나타나기는 하지만, 녹음과 조사Ⅰ에서까지 같은 경향을 보여 주는 것이 아니기 때문에 그리 주목할 만한 상황은 아닌 것 같다.

　571. 유기 자음(ㅍ, ㅌ, ㅋ, ㅊ)이나 긴장 자음(ㅃ, ㄸ, ㄲ, ㅆ)으로 시작되는 어휘들의 어형별 빈도를 보면, 무음장 어형에 제보자의 절대 다수가 모여 있다. '편:지(조사Ⅱ, 성인), 떡:가루(조사Ⅱ, 성인)' 어형의 빈도가 무음장 어형의 그것보다 높게 나타났으나, 녹음과 조사Ⅰ에서는 무음장 어형이 우세하다. 수적인 면에서도 미미하다(2/222).

　개음절의 단음절짜리 단어들도 무음장 어형의 빈도가 유음장 어형의 그것보다 높다. 다만, '그(조사Ⅱ, 학생), 배(舟 : 조사Ⅱ), 얘(조사Ⅰ, 조사Ⅱ, 학생), 해(조사Ⅰ, 성인), 후(後 : 조사Ⅰ, 성인)'에서 무음장 어형의 빈도보다 오히려 높게 나타난 경우가 있기는 하다. 개음절의 단음절짜리 단어에는 음장이 없히지 않는다는 주장과는 상반되는 내용이다. 이는 아마도 개음절 모음이 폐음절 모음보다 길게 소리난다는 음향 음성학적 특성의 반영이 아닌가 싶다. '그, 배(倍), 얘, 해, 후'에 가해진 개리연접이 영향을 주었을 가능성도 있다. 그러나, 이것들이 녹음, 조사Ⅰ, 조사Ⅱ에서 일관된 경향을 보여 주는 것도 아니고, 그 수도 아주 적어서(8/146), 전체적으로 무음장 어형이 주류라는 사실에는 동요가 없다고 보아야 할 것이다. 특별히 '얘'의 경우는 정서적 기능이 일부 반영되었다고 볼 수도 있을 것이다.

　572. 제주 지역도 무음장 단어수는 녹음, 조사Ⅰ, 조사Ⅱ 순으로 많다. 녹음보다 조사Ⅰ과 조사Ⅱ의 무음장 단어수가 적은 것은 규범 문법의 영향이다. 조사Ⅰ보다 조사Ⅱ가 적은 것은 인용형이 문맥형보다 기억해 내기가 쉽기 때문이다.(§218 참조)

[표118]   개인별 무음장 단어 통계표

제주, 성인(녹음자분)

제보자	녹음(452)		조사 I (452)		조사(375)	
	무음장단어수	백분비(%)	무음장단어수	백분비(%)	무음장단어수	백분비(%)
강영식	438	96.90	354	78.32	252	67.20
고행익	452	100.00	367	81.19	214	57.07
김경진	452	100.00	363	80.31	163	43.47
이창훈	452	100.00	389	86.06	257	68.53
홍석여	449	99.34	400	88.50	328	87.47
합계	2243		1873		1214	
평균	448.60	99.25	374.60	82.88	242.80	64.75

제주, 학생(녹음자분)

제보자	녹음(452)		조사 I (452)		조사(375)	
	무음장단어수	백분비(%)	무음장단어수	백분비(%)	무음장단어수	백분비(%)
김달래	452	100.00	413	91.37	334	89.07
김양선	452	100.00	371	82.08	188	50.13
송영자	452	100.0	384	84.96	251	66.93
이성희	452	100.00	378	83.63	322	85.87
정은아	452	100.00	432	95.58	323	86.13
합계	2260		1978		1418	
평균	452	100.00	395.60	87.52	283.60	75.63

제주, 학생(비녹음자분)

제보자	조사 I (452)		조사II(375)		제보자	조사 I (452)		조사II(375)	
	무음장단어수	백분비(%)	무음장단어수	백분비(%)		무음장단어수	백분비(%)	무음장단어수	백분비(%)
강기숙	407	90.04	218	58.13	박미정	340	75.22	88	23.47
강영림	373	82.52	106	28.27	배병효	364	80.53	247	65.87
강주이	381	84.29	279	74.40	송시내	413	91.37	318	84.80
강혜경	399	88.27	281	74.93	유은경	397	87.83	294	78.40
고미영	363	80.31	215	57.33	윤영미	378	83.63	122	32.53
김경란	361	79.87	278	74.13	이명회	406	89.82	99	26.40
김명선	414	91.59	322	85.87	이수경	371	82.08	159	42.40
김은지	408	90.27	238	63.47	이정미	387	85.62	308	82.13
김진아	423	93.58	288	76.80	이지연	398	88.05	245	65.33
김현숙	383	84.73	95	25.33	정유경	432	95.58	178	47.47
김혜은	383	84.73	73	19.47	조미정	389	86.06	251	66.93
김희나	350	77.43	25	6.67	조미향	370	81.86	106	28.27
김희연	353	78.10	80	21.33	최현주	429	94.91	350	93.33
라수정	424	93.81	341	90.93	황영숙	445	98.45	337	89.87
문효정	397	87.83	152	40.53	합계	12,057		6,512	
박경아	397	87.83	330	88.00	평균	388.94	86.05	210.06	56.02
박동숙	322	71.24	89	23.73					

573. 음장에 대한 제주 지역 제보자들의 의식 조사 결과는 다음과 같다.

[표119]　　　　　　　　　　제주 지역 제보자 의식 조사 통계표

구분	1		2		3-①			3-②			3-③		
	①	②	①	②	초	중	초·중	초	중	초·중	1~5일	6~10일	기타
성인		5		5									
학생		5	2	3		2			2		1	1	
	4	27	5	26	2	1	2	2	1	2	2	2	1

4		5		6			7		8	
①	②	①	②	①	②	③	①	②	①	②
	5		5					5	1	4
1	4		5					4	2	3
3	28		31				1	31	10	21

문항 1.에 대해서 4명(전체 41명의 9.76%)의 학생 제보자가 음장에 따라 의미를 구분한다고 하였다. 의미를 부여할 만큼의 수치는 못되지만, 어쨌든 이와 같은 반응이 나온 것은 음장이 실제로 존재해서라기보다는, 규범 문법에서 계속 이를 강요하니까, 그 요구에 맞게 반응하려는 일부 제보자들의 심리가 반영된 결과로 해석하는 것이 가장 합리적인 해석이 될 것이다.

574. 음장에 대해서 교육 받은 일이 있다는 제보자는 7명(전체 41명의 17.07%)이다. 이들 7명의 질문지를 대상으로 문항 1, 4, 5, 7, 8에 대한 각각의 반응을 조사해 보았다.

[표120]　　　　　　제주 지역 음장 교육 받은 제보자 의식 조사 통계표

문항번호 제보자 군	1		4		5		7		8	
	①	②	①	②	①	②	①	②	①	②
녹음한 성인		0/5		0/5		0/5		0/5	0/1	0/4
녹음한 학생		2/5	0/1	2/4		2/5	0/1	2/4	1/2	1/3
녹음 안 한 학생	0/4	5/27	1/3	4/28		5/31		5/31	1/10	4/21

음장 교육 받은 제보자 중 해당 사례수 / 총 사례수

위 표를 보면, 교육 받은 제보자 7명의 반응이 각각의 문항에서 특정 답지에 쏠리지 않고, 전체 제보자 가운데서 교육 받은 제보자가 차지하는 비율과 비슷하게 흩어진 분포[32])를 보여주고 있다. 이는 음장 교육을 받은 사람과 받지 않은 사람 간에 음

---

32) 1의 ② 18.92%, 4의 ② 16.22%, 5의 ② 17.07%, 7의 ② 17.50%, 8의 17.86%

장 의식의 차이가 없음을 의미하는 것이다.

575. 음장 교육을 받은 일이 있다는 학생 제보자 7명은 모두 학교에서 정해진 교육과정에 따라 교육을 받았다고 하였다.

음장에 대해서 관심을 가졌던 일이 있다는 제보자는 학생 4명(전체 41명의 9.76%), 대화할 때, 음장을 의식하고 구분해서 말한다는 제보자는 한 사람도 없었고, 음장이 틀리는 사람을 교양이 부족한 사람이라고 생각한다는 제보자가 학생 제보자 가운데 1명(전체 41명의 2.44%), 음장이 틀려서 의미 전달에 혼란을 야기했던 경험이 있다는 제보자는 13명(전체 41명의 31.71%)이었다. 이는 모두 규범 문법의 영향을 받은 반응으로 보인다.

576. 제주 지역에 음장이 존재하지 않는다는 결론에 대해서는 성인군과 학생군 간에 아무런 차이가 없다. 다만, 이 지역은 다른 몇 개 지역과 함께 무음장 어형보다 빈도가 높은 유음장 어형의 수가 많은 편에 속하는 지역이며, 그 중에서도 특히 성인 제보자들의 그것이 학생 제보자들의 그것보다 훨씬 높은 지역 가운데 하나이다. 그리고, 그들 유음장 어형들이 대부분 표준 어형과 다르다는 것도 현저한 특징 가운데 하나이다.

제 5 장

맺는말

577. 본 장에서는 1, 2, 3, 4장에서 논의된 내용을 요약하여 제시함으로써, 본 연구의 결론으로 가름하고자 한다.

578. 본 연구의 목적은 현대 국어에서 모음 위에 얹히는 지속(duration)을 변별적 자질로 인정하여 음운으로 세우는 일이 타당한 것인지 여부를 검토해 보려는 것이다. 아울러 지역간, 세대간의 공시적 비교는 물론, 동일한 세대 내에서의 통시적 변화도 비교 검토해 보려는 것이다.

579. 연구의 편의를 위하여, 본 연구에서는 우리 말의 '긴 소리'를 지속(duration, chrone, 때로는 allochrone의 의미로도 사용)과 음장(quantity, chroneme)으로 분류하여 개념화하였다. 즉, 지속이란 '음성학적 차원에서 파악되는, 자질이 고려되지 않은, 단순히 물리적, 생리적인 조음 시간의 동안'을 의미하고, 음장이란 '음운론적 차원에서 파악되는, 모음 위에, 의도적으로 얹어서, 어휘적 대립에, 변별적 자질로 이용하는, 상대적 길이'를 의미하는 것으로 개념화하였다. 따라서, 소리의 길이를 결정하는 요인으로 생각할 수 있는 분할체 자체의 조음점과 조음방법, 선행 또는 후행하는 분할체의 영향, 다른 운율적 자질(개리연접, stress 등)의 영향, 감정 표현, 음소 배열, 발화의 속도, 발화자의 성격 등에 의해서 생기는 긴소리는 본 연구의 대상에서 제외된다. 음장만이 연구의 대상이다.

580. 어휘 자료로는 1996년 10월 28일부터 11월 30일 사이에 전국 17개 지역 성인 남녀 71명과 고등학교 1·2학년 남녀 학생 689명을 대상으로 실시한 녹음(문맥형: 성인 70명, 학생 86명)과 질문지(문맥형, 인용형: 성인 71명, 학생 689명) 조사를 통해서 얻어진 자료를 이용하였다.

581. 특정한 지속이 음운으로 인정 받을 수 있는 것인지 여부를 점검해 보는 방법으로는, 구조주의 언어관에 입각하여, 자유변이(free variation), 상보적 분포(complementary distribution), 최소의 짝(minimal pair) 등을 통한 물리·기능주의적 입장에서의 검토와 Sapir류의 심리적 대등성을 중시하는 심리주의적 입장에서의 확인을 거치는 방법을 택하였다. 그 내용을 좀더 구체적으로 소개하면 다음과 같다.

(1) 제보자 개인별로 녹음, 조사 I, 조사 II에서 동일한 음장 반응이 나타나고, 그것(제보자 개인별로 녹음, 조사 I, 조사 II에서 동일한 음장 반응을 보인 어형)이 다른 제보자들의 그것(동일한 음장 반응을 보인 어형)과도 일치하고 있는가?

(2) 최소의 짝에서도, 한 제보자의 녹음, 조사 I, 조사 II가 일치하고, 그것이 다시 다른 제보자들의 그것들과 일치하는가?

(3) 어휘 내에서의 음장 위치(=語型)별 빈도 분포와 최소의 짝 안에서의 음장 위치(=음장 대립 유형)별 빈도 분포는 어떠한가?

(4) 음장에 대한 기존의 여러 학설은 얼마나 신빙성이 있는 것인가?

　① 음장은 단어의 제일음절 모음 위에 얹힌다.

　　· 본래 긴소리였던 단어들도 복합어를 이룰 때, 제이음절 이하에 오면 짧게 발음 한다.

　　· 한자어에서도 본래 긴소리였던 글자가 제이음절 이하의 자리로 옮겨지면 짧게 발음한다.

　② 합성어의 경우, 둘째 음절 이하에서도 분명하게 들리는 긴소리는 음장으로 인정한다.

　③ 한 단어 안에서 음장이 연달아 오는 일은 없다.

　④ 음장 있는 단음절 용언 어간에 모음으로 시작되는 어미가 이어지면, 음장이 소멸한다.

　⑤ 음장 있는 단음절 용언 어간에 사동이나 피동의 접미사가 이어지면 음장은 소멸한다.

　⑥ 음장 있는 용언 어간에 모음으로 시작되는 파생 접미사를 결합시켜 만든, 파생명사에서는 음장이 소멸되나, 파생 부사에서는 음장이 그대로 유지된다.

　⑦ 축약(간음화, 비모음화)이나 탈락에 의하여 음절이 줄어든 경우, 줄어든 음절의 길이를 보상하기 위하여, 새로 형성된 음절에 음장을 얹는 일이 있다.

　　다만, '오아→와, 지어→져, 찌어→쪄, 치어→쳐' 등에는 음장이 얹히지 않는다.

　　또, '가아→가, 서어→서, 커어→커'처럼 같은 모음끼리 만나 모음 하나가 빠진 경우에도 음장이 얹히지 않는다.

　⑧ 제일음절말 위치에 무성의 정지음 [-k, -t, -p]이 오면, 그 정지음 앞 모음에는 음장이 얹히지 않는다.

　⑨ ㅁ, ㄿ, ㄴ 받침을 가진 단음절 용언 어간에는 음장이 얹힌다.

⑩ ㄵ, ㄶ, ㄾ, ㅀ 받침을 가진 단음절 용언 어간에는 음장이 얹히지 않는다.

⑪ 유기 자음(ㅍ, ㅌ, ㅋ, ㅊ)과 긴장 자음(ㅃ, ㄸ, ㄲ, ㅉ, ㅆ) 뒤에 오는 모음 위에는 음장이 얹히지 않는다.

⑫ 개음절의 일음절짜리 단어에는 음장이 얹히지 않는다.

⑬ 인용형에서보다는 문맥형에서 음장은 더욱 짧아지거나 아주 없어지는 경우가 많다.

(5) 음장에 대한 각 지역 제보자들의 의식 상태는 어떠한가?

① 문맥 안에서 음장으로 의미를 파악하는 제보자들은 얼마나 되는가?

② 음장에 대해 교육받은 제보자는 얼마나 되는가?

③ 그들은 언제, 어디서, 어떤 내용을, 얼마나 교육 받았는가?

④ 음장교육을 받은 사람과 받지 않은 사람 간에 음장 의식에 차이가 있는가?

⑤ 음장에 대해 관심을 가졌던 일이 있는 제보자는 얼마나 되는가?

⑥ 대화할 때, 음장을 의식하고 구분해서 말하는 제보자는 얼마나 되는가?

⑦ 그렇게 구분해서 말하는 이유는 무엇인가?

⑧ 음장이 틀리는 사람을 교양 부족이라고 생각하는 제보자는 얼마나 되는가?

⑨ 음장이 틀려서 의미 전달에 혼란을 경험했던 제보자는 얼마나 되는가?

(6) 상기 (1)~(5)의 내용에 있어서 세대간, 지역간에 차이가 있는가?

(7) 1996년 현재 서울 지역 학생 제보자들을 대상으로 한 조사 결과와 1973년 당시의 조사 결과는 어떻게 다른가?

582. 17개 지역 760명을 대상으로 앞에서 제시한 7개 항목에 대하여 점검한 결과는 다음과 같다.

(1) 제보자 한 개인의 녹음, 조사Ⅰ, 조사Ⅱ가 동일한 음장형으로 일치하고, 그것이 지역 내 다른 제보자들의 그것과도 일치한 경우는 성인군 학생군 공히 한 지역도 없었다.

다만, 일부 지역 성인 제보자 가운데 몇 사람(주로 교사들)이 극히 제한된 어휘에서 음장을 유지한(녹음, 조사Ⅰ, 조사Ⅱ가 일치한) 경우가 있을 뿐이다.

(2) 최소대립어에 있어서도, 제보자 개인에 있어 녹음, 조사Ⅰ, 조사Ⅱ에서 일치하고 그것이 지역 내 다른 제보자들의 그것과도 일치하는 음장 대립형은 성인군 학생군 공히 어느 지역에도 없었다.

(3) 어휘 내에서 음장이 얹히는 위치(=어형)별로 빈도 분포를 보더라도, 17개 전지역에서 성인군 학생군 공히 무음장 어형이 절대 다수를 점하고 있었으며, 음장의 유무로 의미를 분화하는 최소의 짝 안에서도, 어느 지역이건, 성인군 학생군 가릴 것 없이, '짝을 이루는 어휘 모두에 음장이 얹히지 않은 유형'에 제보자들의 절대 다수가 집중되어 있었다.

(4) 따라서, 어느 지역, 어느 세대건, 음장의 존재를 전제로 한 지금까지의 모든 학설은 의미가 없게 되었다.

① 음장은 단어의 제일음절 모음 위에 얹힌다는 것이 지금까지의 정설이나, 이번 조사 결과를 보면, 무음장 어형이 절대 다수를 차지하고, 일부 음장이 얹힌다고 기표한 제보자들도 반드시 제일음절에만 기표한 것은 아니었다.

② 둘째 음절 이하에 음장이 얹히는 것으로 인정된 어휘들도 모두 무음장 어형이 절대 다수이고, 인정된 어형은 무시해도 좋을 만큼, 극히 빈도가 낮았다.

③ 한 단어 안에서 음장이 연달아 오는 것으로 기표한 어형들도 지역에 따라서는 상당수있었지만(빈도는 대개 1이었다. 음장이 존재하지 않아, 음장이 인지되지 않는 데서 오는 혼란으로 보인다), 무음장 어형의 빈도가 절대 다수였다.

④ 음장 있는 단음절 용언 어간에 모음으로 시작되는 어미가 이어 지면 음장이 소멸한다는 주장도 의미 없음이 입증되었다. 표준 발음법 기준으로 음장이 있는 어휘나 없는 어휘나 구분 없이, 그리고 자음 어미가 오거나 모음 어미가 오거나 구분 없이, 무음장 어형이 절대 다수였다.

⑤ 음장 있는 단음절 용언 어간에 사동이나 피동의 접미사가 이어지면 음장이 소멸한다는 규정에 대해서도, 이번 조사에서 '들려라, 들리다'와 '보이는, 보이다'가 무음장 어형이 절대 다수이기는 하지만, 이것은 '듣다, 보다'의 '듣-, 보-'가 본래부터 무음장이어서, 또는 접미사 '이'의 영향 때문에 그렇다고 해석하기보다는, 한국어에는 이미 음장이 존재하지 않기 때문에 그렇다고 해석하는 것이 합리적일 것이다.

⑥ 음장 있는 용언 어간에 모음으로 시작되는 접미사가 결합하여 이루어진 파생 명사는 그렇다고 하거니와 파생 부사까지도 종래의 학설과는 달리 무음장 어형이 절대 다수였다.

⑦ 보상적 장음화도 의미가 없었다. 모두 무음장 어형에 빈도가 집중되었다.

⑧ 제일음절말 위치에 무성의 정지음 〔-k, -t, -p〕를 가진 단어들은, 여러 학자들이 주장했던 것처럼, 음장을 가지지 않았다. 그러나, 이것도 무성의 정지음 때문이라고 보기보다는, 본래부터 음장이란 것이 존재하지 않기 때문이라고 보는 것이 옳다. 그 이유는 우선 일관성 측면에서 그래야 전후 모순이 없이 설명이 되고, 또 무성의 정지음이 와도 음장이 얹힌다는 예외 어휘까지도 무음장 어형이 절대 다수를 점유하고 있다는 점도 그래야 합리적으로 설명이 된다.

⑨ ㅁ, ㄻ, ㄴ 받침을 가진 단음절 용언들도 음장이 얹히지 않는 무음장 어형이 절대 다수였다. 이것은 음장이 현실적으로 존재하지 않기 때문에 나타나는 현상이다.

⑩ ㄵ, ㄶ, ㄾ, ㅀ 받침을 가진 단음절 용언에서도 무음장 어형이 절대 다수였다. 이것은 받침 때문이 아니라, 본래부터 음장이 실재하지 않기 때문이라고 해석하는 것이 순리일 것이다.

⑪ 유기 자음(ㅍ, ㅌ, ㅋ, ㅊ)이나 긴장 자음(ㅃ, ㄸ, ㄲ, ㅉ, ㅆ) 뒤에 오는 모
음 위에도 음장이 얹힌 어형은 거의 없고, 무음장 어형이 절대 다수였다. 이
것도 어두의 자음때문이라기보다는 본래부터 음장이 존재하지 않기 때문에 나
타나는 현상이라고 해석하는 것이 합리적이다.

⑫ 개음절의 일음절짜리 단어들도 개음절 모음이 폐음절 모음보다 길게 소리난다
는 음향음성학적 특성 때문에 음장이 있는 것으로 기표한 제보자들이 더러 있
기는 했으나, 절대 다수의 제보자들이 무음장 어형에 모여 있었다. 음장이 실
재하지 않는 상황에서 너무나 당연한 귀결이다.

⑬ 무음장 어휘의 수는 녹음, 조사Ⅰ, 조사Ⅱ 순으로 많다. 음장이 실재하지 않으
므로 담화 실제(녹음)에서 무음장이 많은 것은 너무나 당연한 현상이다. 문맥
형(조사Ⅰ)과 인용형(조사Ⅱ)에서는 똑같이 규범 문법의 영향으로 추측에 의
한 기표를 하겠지만, 잔영이 남아 있고 반복해서 비교·기억해 내기가 용이한
인용형이 문맥형보다는 무음장 어형의 수가 적으리라는 것은 쉽게 짐작할 수
있는 일이다.

(5) 어느 지역, 어느 세대를 막론하고 음장 의식은 지극히 희박하다

① '눈(ㄱ)이 너무 많이 와서 눈(ㄴ)을 뜰 수가 없습니다.'에서 (ㄱ)과 (ㄴ)을 식
별하는 것은 음장에 의해서라기보다는 전후 문맥에 의해서라는 제보자가
87.39%였다. 그러나 12.63%도 실제로 음장에 의해서 의미를 파악한다기
보다는 규범 문법에서 요구한는 답에 맞추어 보려는 반응이란 점이 여러 곳
에서 감지된다.

② 음장 교육을 받은 일이 있다는 제보자는 36.71%였다. 그러나 이것을 그대로
믿기에는 석연치 않은 점이 있다. 교육을 받았다는 제보자는 학교에서 교육을
받았다고 하는데, 같은 학교를 다닌 제보자들끼리 일부는 교육을 받았다고 하
고, 일부는 교육을 받지 않았다고 하기 때문이다. 아마도 교육 내용이 부실하
고 교육 시간도 적었기 때문에 빚어지는 현상이 아닌가 싶다.

③ 음장 교육을 받았다는 제보자들은 예외 없이 학교에서 정해진 교육과정에 따
라 교육을 받았다고 하였다.

④ 그러나, 음장 교육이 제보자들의 음장 의식을 강화하는데는 별로 역할을 하지
못한 것 같다. 교육 받은 제보자와 교육 받지 않은 제보자 간에 음장 의식에
서 아무런 차이가 없었다.

⑤ 음장에 대해서 관심을 가졌던 일이 있다는 제보자는 8.82%였다. 규범 문법의
영향을 받은 반응으로 보인다.

⑥ 대화할 때, 음장을 의식하고 구분해서 말한다는 제보자는 4.74%였다. 무시해
도 좋을 만큼 미미한 수치이다. 그 이유를 보더라도, '음장을 지키지 않는 말
은 어색하게 들리기 때문에'가 가장 많기는 하지만, '학교에서 그렇게 하도록
교육을 받았기 때문에', '모범생처럼 보이고 싶어서', '사투리를 쓰는 것이 부끄

럽기 때문에', '교사이기 때문에' 등등 음장의 존재와는 관계 없는 답변들도 상당수 있었다.

⑦ 음장이 틀리는 사람을 교양이 부족한 사람이라고 생각한다는 제보자는 5.79%였다. 음장이 존재하지 않더라도, 규범 문법이 존재하는 한, 이런 답변은 있을 수 있고, 그 수도 의미가 있을 만큼 많은 수가 못된다.

⑧ 음장이 틀려서 의미 전달에 혼란을 일으켰던 경험이 있다는 제보자는 37.63%였다. 이것은 의미 전달에 혼란을 경험했다기 보다, 표준 발음법에 비추어 볼 때, 음장이 틀리는 것을 의식하게 되는 경우가 그렇게 많다는 의미로 받아 들임이 옳을 것이다.

(6) 상기 (1)~(5)의 내용은 17개 지역 내의 성인군과 학생군 간에 모두 아무런 차이가 없다. 또, 17개 지역의 전체 성인군 반응과 전체 학생군 반응을 비교해도 의미 있는 차이가 없다. 그리고, 17개 지역별로 성인 학생을 한테 묶어서, 17개 지역을 서로 비교해 보아도 아무런 차이가 없다.

(7) 1996년의 조사 결과를 1973년의 그것과 비교해 보면, 무음장 어형이 늘고, 유음장 어형으로의 일치 비율이 떨어지는 등 음장의 소멸 쪽으로 빠른 진전이 있었음을 보여주고 있다.

583. 결론적으로 말해서, 17개 지역 모두 성인군이건 학생군이건 음장은 존재하지 않는다. 음장의 유무로 의미가 분화되는 최소대립어도 존재하지 않는다. 어형별 빈도표와 유형별 빈도표도 이 사실을 뒷받침해 준다. 따라서, 음장의 존재를 전제한 종래의 모든 주장(학설)은 의미가 없게 되었다. 그리고, 어느 지역 어느 세대이건 가릴 것 없이 음장에 대한 의식은 지극히 희박하다(거의 없다). 음장 파괴(소멸)의 속도도 대단히 빨라서, 1973년과 1996년의 결과 비교만으로도, 그 속도(현격한 차이)를 통계적으로 입증할 수 있었다.

584. 음장의 변별적 기능이 상실되었을 때, 무엇이 그 기능을 대신하게 되는가에 대하여, 스웨덴어와 영어에서는 음질(quality)이 그 기능을 대신하였다 하고, 국어에서는 이와 유사한 경우로 상성 성조(上聲 聲調)의 변별적 기능이 음장으로 이행되었다는 주장이 있어, 이 경우에도 음장과 동시적 결합(simultaneous combination)을 이루고 있는 강세(stress)나 음질 쪽으로의 이행 가능성을 예견해 볼 수 있으나, 아직 그런 현상은 발견되지 않는 것 같고, 오히려 전후 문맥이나 되묻는 방법 등에 의해서 의미를 파악하고 있는 것이 아닌가 싶다. 여하간 이 문제는 앞으로의 연구 과제이다.

부 록

〔부록 I -1〕

◈성인용◈

우리말 긴소리 실태 조사를 위한 질문지

1996

도(시) _____ 군(시·구) _____

성 명: _____

연 령 ___세

◈ 성인용 ◈

우리말 긴소리 실태 조사를 위한 질문지

〈 인 사 말 씀 〉

바쁘신 시간에 이런 어려운 일을 부탁드리게 되어 죄송스럽기 그지 없습니다.

저는 우리말을 공부하고 있는 한 학도로서, 우리말에 긴소리가 있는지 없는지를 알아보기 위하여 이 질문지를 만들었습니다. 질문지는 〈조사Ⅰ〉, 〈조사Ⅱ〉, 〈조사Ⅲ〉으로 구성되어 있습니다.

한 학도의 공부를 격려해 주신다는 뜻으로, 이 질문지에서 묻고 있는 사항에 대하여 성실하게 답변해 주시면 감사하겠습니다.

답변해 주신 내용은 본 연구 이외에는 다른 어떤 목적으로도 사용되지 않을 것입니다.

1996년 10월 일
김 수 형 올림

〈 조 사 Ⅰ 〉

아래 문장에서, 당신이 말할 때 길게 소리내는 모음이 들어 있는 글자가 있으면, 그 글자 위에 ── 을 그어 표시해 주시기 바랍니다.
〔길게 발음하는 글자가 없으면, 표시를 전혀 하지 않아도 좋습니다.〕

주의 1. 어떤 것이 올바른 발음인가를 생각하지 마시고, 귀하께서 말하는 대로만 표시해 주십시오.
 2. 느낌을 강조하기 위해서 길게 발음하는 경우는 표시하지 마십시오.
 〔예를 들면, 생애의 전부' 라는 뜻을 강조하기 위하여 〔전 : 생애〕라고 발음하는 경우에는 〈전〉자 위에 ── 을 그을 필요가 없다는 뜻입니다.〕

1. 낮에는 일하고, 밤에는 쉬고, 또 낮에는 일을 하였습니다.
2. '구원(久遠)의 정화(情話)'라는 영화는 퍽 감명적이었다.
3. 일기와 편지는 그 동기와 표현형식이 극히 개인적이며 개성적이다.
4. 여기가 우리들이 살 나라란다.
5. 영구(永久)한 세월, 이 자리를 지켜온 돌 비석
6. 벌써 단풍의 연한 빛을 보이는 잎사귀들도 있었다.
7. 동무들도 많이 있지.
8. 운명의 이불이나마 덮고, 포근히 잠들고 싶다.
9. 애, 우리 여기서 놀자.
10. 인생이란 긴 여로(旅路)
11. 분홍치마의 말을 듣고, 나는 방실방실 웃으며 좋아했습니다.
12. 시험 공부 때문에 시간의 여유를 만들기가 무척 힘이 듭니다.
13. 부정(否定)만이 최선(最善)의 자세는 아니다.
14. 집의 구조(構造)가 아주 달라졌다.
15. 항상 조용하시면서도 내심으로 튀는 불꽃을 뵙는 듯했습니다.
16. 말 탄 군인 아저씨들이 지나갔습니다.
17. 겨울 밤에 할머니의 이야기를 듣는 것도 재미있지요.
18. 토담집 고치는 소리, 볕발 아래 들려라.
19. 부정(不貞)한 여인(女人)들에 대한 기사가 신문을 메우자, 세상은 말세(末世)라는 자탄(自歎)의 소리가 높다.
20. 하늘에서 떡가루 같은 눈이 쏟아집니다.
21. 갑자기 꿈을 깨니, 반가운 빗소리라.
22. 철수(哲洙)는 병이 나서 학교에 결석했습니다.
23. 마침내 남은 한 잎이 마지막 떨고 있는 고비
24. 군밤을 까 먹으며 놀았습니다.
25. 구원(救援)의 손길만을 기다리고 있는 사람에게 영화(榮華)를 누리고 있을 것이라니, 무슨 망발이냐 ?
26. 바위도 세월이 아픈가, 또 하나 금이 갑니다.
27. 나뭇짐 속에 숨어서 간신히 살아난 사슴은 그에게 수없이 절을 하였습니다.
28. 내가 제일 크니까, 이 배(梨)는 내가 먹어야 해.
29. 점심을 잡숫고, 오빠하고 같이 가세요.
30. 잘 했어요. 그럼 이번에는 동규(東奎)가 다시 말해 보세요.
31. 눈에서는 눈물이 흘러내렸습니다.
32. 기차가 굴로 들어갔습니다.
33. 부정(不正)만 일삼는 이 부정(不淨)한 사회가 언제나 정화(淨化)될 것인지.
34. 애들아, 그 생선은 썩어서 버렸어.

35. 왜 웃니, 들은 대로 이야기했는데.
36. 영구(榮九)는 여로(女路)라는 연속극의 주인공이다.
37. 이제 막 백학 네 쌍이 앉아 깃을 접는다.
38. 여름에는 보통 문에 발을 치고 지냅니다.
39. 사슴이 시키는 대로 날개옷을 하나 몰래 감추었습니다.
40. 바람을 쐬며, 서성대고 있을 때, 동규(東奎)가 냇가로 나왔습니다.
41. 야트막한 담에는 쫓겨난 아이들이 머리만 내밀고 족 매달려서 넘어다봅니다.
42. 구조(救助)가 시급한 사람을 놓고, 서로 다투다가, 귀중한 인명만 잃었다.
43. 어제는 밤을 구워 먹었습니다.
44. 이상(理想)은 착목(着目)하는 곳이 원대하고 자신과 용기에 넘치는 청춘이 누리는
    특권이다.
45. 국위를 선양하고 고국에 돌아왔으나, 연고 있는 사람이 있어서는 아니었다.
46. 그 병에 든 약은 무슨 약이냐?
47. 그래, 아무도 없는데, 동생이 깨서, 혼자 울고 있더라.
48. 모래가 곱고 나무 그늘이 있는 곳을 골랐습니다.
49. 나는 항상 발이 깨끗합니다.
50. "놀이터가 참 좋구나." 하시며, 재미있게 노는 아이들을 둘러보셨습니다.
51. 방앗간은 우리 동네 자랑거리입니다.
52. 이상으로 저의 얘기를 끝내겠습니다.
53. 장으로 가는 사람들이 많아서 길에는 먼지가 자욱했습니다.
54. 당신 틀림없이 야단을 맞겠는 걸.
55. 다람쥐 삼 형제가 살고 있었습니다.
56. 그림을 보고, 영숙(英淑)이가 한 차례를 생각해 봅시다.
57. 배가 아프면, 소화제를 먹어야지.
58. 가물이 들고 질병이 돈 후였다.
59. 비행기가 지나간 하늘을 쳐다보고 있습니다.
60. 그래도 그런 거짓을 일삼느냐 ?
61. 어머니가 바다에서 굴을 따 오셨습니다.
62. 저희 모두를 용서해 주십시오.
63. 너는 사투리를 모르고 있구나.
64. 금강산 어느 골짜기에 나무꾼이 살고 있었습니다.
65. 아직 보아서는 안 돼.
66. 내가 대신 해 줄게.
67. 거리는 몹시 비좁고 갑갑했습니다.
68. 이때, 방 안에서, 귀여운 소녀가 나왔습니다.
69. 할머니는 그것을 장 속에 넣어 두었습니다.

70. 선장은 배를 무인도에 정박시켰습니다.
71. 암탉은 무엇인지 몰라서 허둥대며 피했습니다.
72. 험상궂은 사람이 금방 걸어 나올 것 같았습니다.
73. 아니야, 아니야, 무서워 할 것 없어.
74. 어떤 이는 무당에게 돈을 내고 빌었습니다.
75. 일 개인의 사정은 고려되지 않는다.
76. 너무 거리가 멀어서 그만두겠다.

〈 조 사 Ⅱ 〉

아래 단어 가운데, 귀하께서 말할 때 길게 소리내는 모음이 들어 있는 글자가 있으면, 그 글자 위에 ── 을 그어 표시해 주시기 바랍니다.
〔길게 발음하는 글자가 없으면, 표시를 전혀 하지 않아도 좋습니다.〕

주의 1. 어떤 것이 올바른 발음인가를 생각하지 마시고, 귀하께서 말하는 대로만 표시해 주십시오.
2. 느낌을 강조하기 위해서 길게 발음하는 경우는 표시하지 마십시오.
〔예를 들면, '생애의 전부' 라는 뜻을 강조하기 위하여 〔전 : 생애〕라고 발음하는 경우에는 〈전〉자 위에 ── 을 그을 필요가 없다는 뜻입니다.〕

1. 낮	2. 구원(久遠)	3. 일하다
4. 정화(情話)	5. 밤(夜)	6. 일기(日記)
7. 나뭇짐	8. 쉬다(休)	9. 편지
10. 영화(映畵)	11. 속(內)	12. 일(事)
13. 그(관형사)	14. 숨다	15. 퍽(부사)
16. 하다(爲)	17. 동기(動機)	18. 감명적
19. 간신히	20. 여기(부사)	21. 우리(대명사)
22. 살다(居)	23. 길다(長)	24. 영구(永久)하다
25. 사슴	26. 나라(國)	27. 극히

28. 세월	29. 되다(化)	30. 동무
31. 수없이	32. 배(舟)	33. 이(관형사)
34. 절(拜)	35. 많이	36. 여기(餘技)
37. 동기(同期)	38. 표현형식	39. 살아나다
40. 개성적	41. 자리(席)	42. 시키다
43. 있다(存在)	44. 발(足)	45. 지켜오다
46. 날개옷	47. 얘	48. 걸음(步)
49. 돌(石)	50. 하나(一)	51. 놀다(遊)
52. 비석	53. 소리(聲)	54. 몰래(부사)
55. 분홍치마	56. 그림(畵))	57. 인생(人生)
58. 바람(風)	59. 말(言)	60. 빌었습니다(祈)
61. 긴('길다'의 활용형)	62. 쐬다	63. 이은('잇다'의 활용형)
64. 듣다(聞)	65. 얘기	66. 부정(否定)
67. 서성대다	68. 나(我 : 대명사)	69. 걸어가다
70. 최선(最善)	71. 잇다(續)	72. 돌(一周生日)
73. 걷다(步)	74. 때(時)	75. 방실방실
76. 벌써	77. 자세	78. 동규(東奎 : 人名)
79. 웃다(笑)	80. 단풍	81. 아니다
82. 냇가(川邊)	83. 좋아('좋다'의 활용형)	84. 사정(私情)
85. 천직(賤職)	86. 나오다(自動詞)	87. 말(馬)
88. 빛	89. 넣다	90. 그래(감탄사)
91. 타다(乘)	92. 보이다	93. 구조(構造)
94. 아무(대명사)	95. 군인	96. 잎사귀
97. 아주	98. 없다	99. 아저씨
100. 운명	101. 달라지다	102. 동생
103. 지나가다	104. 이불	105. 걷다(捲)
106. 부정(不貞)하다	107. 깨다(覺)	108. 겨울(冬)
109. 덮다	110. 여인(女人)	111. 혼자

112. 할머니	113. 업다(負)	114. 포근히
115. 기사(記事)	116. 울다(泣)	117. 이야기
118. 잠들다	119. 신문(新聞)	120. 모래(沙)
121. 것(의존 명사)	122. 재미있다	123. 싶다(보조 형용사)
124. 메우다	125. 곱다(娟, 예쁘다)	126. 덥다(暑)
127. 고와서('곱다'娟의 활용	128. 하늘	129. 시험
130. 세상	131. 나무	132. 눈(雪)
133. 공부	134. 말세(末世)	135. 그늘
136. 이상(理想)	137. 때문(의존 명사)	138. 자탄(自歎)
139. 곳(場所)	140. 떡가루	141. 시간
142. 높다	143. 고르다(擇)	144. 쏟아지다
145. 철수(哲洙 : 人名)	146. 좋아하다	147. 여유
148. 구조(救助)	149. 놀이터	150. 병(病)
151. 무척	152. 시급하다	153. 참(부사)
154. 학교	155. 힘(力)	156. 놓다
157. 좋다	158. 결석하다	159. 들다(소요되다)
160. 서로	161. 아이(兒)	162. 군밤
163. 항상	164. 대신(大臣)	165. 둘러보다
166. 까다(剝)	167. 조용하다	168. 다투다
169. 방앗간	170. 먹다	171. 내심(內心)
172. 귀중하다	173. 동네	174. 눈(眼)
175. 뛰다	176. 인명(人命)	177. 자랑거리
178. 눈물(淚)	179. 뵙다	180. 잃다
181. 장(市場)	182. 했어요(爲)	183. 듯하다(보조 형용사)
184. 국위(國威)	185. 사람	186. 길(사람의 한 키)
187. 토담집	188. 선양(宣揚)하다	189. 많다
190. 숨어서(隱)	191. 수(의존 명사)	192. 고치다
193. 고국(故國)	194. 길(道)	195. 기차

196. 볕발	197. 돌아오다	198. 먼지
199. 굴(窟)	200. 연고(緣故)	201. 들어가다
202. 아래(下)	203. 구원(救援)	204. 자욱하다
205. 여름	206. 들리다(소리가~)	207. 손길
208. 당신	209. 보통	210. 갑자기
211. 기다리다	212. 틀림없이	213. 문(門)
214. 꿈	215. 수(繡)	216. 야단
217. 맞다	218. 발(簾, 문에 치는)	219. 반갑다
220. 영화(榮華)	221. 가물(旱,비가 안 옴)	222. 치다(掛)
223. 빗소리	224. 다(부사)	225. 들다(가물이~)
226. 지내다	227. 마침내	228. 무엇(대명사)
229. 질병	230. 어제	231. 남다
232. 부정(不正)	233. 돌다(질병이~)	234. 밤(栗)
235. 한(一)	236. 일삼다	237. 어떤
238. 구워('굽다'炙의 활용)	239. 병(유리병)	240. 잎(葉)
241. 부정(不淨)하다	242. 이(사람)	243. 무슨
244. 마지막	245. 언제나	246. 돈('돌다'의 활용형)
247. 굽다(炙, 불에~)	248. 무당	249. 약(藥)
250. 떨다(문풍지가~)	251. 정화(淨化)되다	252. 돈(화폐)
253. 고비(絶頂)	254. 영구(榮九 : 인명)	255. 빌다(祈願)
256. 깨끗하다	257. 바위	258. 여로(女路)
259. 그래도	260. 다람쥐	261. 삼(三)
262. 형제	263. 연속극	264. 그런('그러한'의 준말)
265. 내(我)	266. 아프다	267. 주인공
268. 거짓	269. 제일	270. 또
271. 이상(以上)	272. 삼다	273. 저희
274. 크다	275. 금(틈)	276. 모두
277. 배(梨)	278. 이제	279. 용서하다

280. 생선

281. 막(지금 곧)

282. 주다(與)

283. 썩다(腐)

284. 백학(白鶴)

285. 너(대명사)

286. 버리다(捨)

287. 네(四)

288. 사투리

289. 왜(부사)

290. 쌍(雙)

291. 곱다(추워서 손이)

292. 굽다(曲)

293. 모르다

294. 대로(의존 명사)

295. 앉다

296. 아직

297. 점심

298. 깃(羽, 털)

299. 창(唱)

300. 잡숫다

301. 접다(종이를)

302. 대신(代身)

303. 오빠

304. 야트막하다

305. 거리(街)

306. 멀어서(遠)

307. 같이

308. 담(墻)

309. 몹시

310. 가다(去)

311. 너무(부사)

312. 쫓겨나다

313. 비좁다

314. 멀다(遠)

315. 거리(距離)

316. 보다(見)

317. 머리(頭)

318. 갑갑하다

319. 여로(旅路)

320. 내밀다.

321. 방(房)

322. 차례

323. 족(나란히)

324. 안(內)

325. 생각하다

326. 매달리다

327. 그만두다

328. 귀여운('귀엽다'의 활용)

329. 보다(보조 동사)

330. 넘어다보다

331. 소녀

332. 배(腹)

333. 착목(着目)하다

334. 장(欌)

335. 소화제

336. 원대하다

337. 그것

338. 말하다

339. 자신(自信)

340. 용기

341. 암탉

342. 선장(船長)

343. 청춘

344. 몰라서('모르다'의 활용)

345. 개인적

346. 누리다

347. 허둥대다

348. 무인도

349. 특권

350. 정박시키다.

351. 피하다

352. 비행기

353. 험상궂다

354. 쳐다보다

355. 금방(부사)

356. 금강산

357. 걸어('걷다' 步의 활용형)

358. 어느

359. 골짜기

360. 아니야(감탄사)

361. 나무꾼

362. 무섭다

363. 일(一)

364. 어머니   365. 사정(事情)   366. 바다

367. 고려되다   368. 배(倍)   369. 굴(해산물의 일종)

370. 않는다   371. 오다(來)   372. 천직(天職)

373. 연하다   374. 후(後)   375. 창(窓)

─ < 조 사 Ⅲ > ─

아래 물음에 대하여, 직접 글로 대답을 써 주시거나, 해당되는 사항에 ∨ 와 같이 표시를 해 주시기 바랍니다.

---

1. 아래의 〈보기〉 문장의 말을 들을 때, ㉠은 겨울에 하늘에서 내리는 눈(雪)을 뜻하고, ㉡은 사물을 볼 수 있는 사람의 눈(眼)을 뜻한다는 사실을 어떻게 알아차리십니까?

─ 〈보기〉 ─

눈이 너무 많이 와서, 눈을 뜰 수가 없습니다
㉠   ㉡

---

① ㉠은 길게 말하고, ㉡는 짧게 말할 것이므로 ; 그 길이에 유의해서 듣고, 뜻을 파악한다. _____

② ㉠,㉡중 어느 것이 길고 어느 것이 짧은지에 신경 쓰지 않고 ; 앞뒤 문맥에 의해서, 뜻을 파악한다. _____

2. 우리말 긴소리에 대하여 교육을 받은 일이 있는가?

① 교육을 받은 일이 있다. ────────

② 교육을 받은 일이 없다. ────────

3. 교육을 받은 일이 있다면, 언제·어디서·얼마 동안이나 받았는가?
〔2에서 ①에 답한 분만 대답하십시오.〕

① 언 제 : ─────────────

② 어디서 : ─────────────

③ 얼마 동안 : 대략 ───────── 일

4. 우리말 긴소리에 대하여 특별히 관심을 가졌던 일이 있는가 ?

① 있다. ─────────────

② 없다. ─────────────

5. 다른 사람과 대화를 할 때, 긴소리와 짧은소리를 의식적으로 구분해서 말하는가?

① 의식하고 구분해서 말한다. ─────────────

② 의식하지 않고 말한다. ─────────────

6. 의식하고 구분해서 말한다면, 그 이유는 무엇인가 ? 〔 5에서 ①에 답한 분만 대답
하십시오.〕

① 학교에서 교육을 받았기 때문이다. ─────────────

② 긴소리와 짧은소리를 지키지 않는 말은 어색하게 들리기 때문이다. ───────

③ ①,② 외의 다른 이유 때문에 구분해서 말한다면, 그 이유를 글로 써 주십시오.

───────────────────────────────

───────────────────────────────

───────────────────────────────

7. 긴소리와 짧은소리를 틀리게 발음하는 사람은 교양이 부족한 사람이라고 생각하는 가?

  ① 그렇다. ──────────

  ② 아니다. ──────────

8. 긴소리와 짧은소리를 잘못 발음하여, 의미 전달에 혼란을 일으켰던 경험이 있는가?

  ① 있 다. ──────────

  ② 없 다. ──────────

> * 다음은 귀하의 신상에 관한 기록입니다. 소속과 성명을 기록해 주십사 하는 것은 이 질문지 내용과 동일인의 녹음 자료를 상호 비교하고, 지역간 차이를 비교하기 위한 것이오니, 마음에 두지 마시기 바랍니다.

1. 성명〔이름〕──────────

2. 연령〔나이〕────────세 (남 ──, 여 ──)

3. 주   소 ────도(시) ────군(시 · 구)

4. 출생지〔낳은곳〕────도(시) ────군(시 · 구)

5. 성장지〔자란 곳〕

  ○ ────살 때까지 ────도(시) ────군(시 · 구)

  ○ ────살 때까지 ────도(시) ────군(시 · 구)

  ○ ────살 때까지 ────도(시) ────군(시 · 구)

〔부록 I -2〕

◆ 학생용 ◆

우리말 긴소리 실태 조사를 위한 질문지

1996

도(시)   군(시·구)

성 명 :

연 령   세

◈ **학생용** ◈

우리말 긴소리 실태 조사를 위한 질문지

< 인 사 말 씀 >

바쁘신 시간에 이런 어려운 일을 부탁드리게 되어 죄송스럽기 그지 없습니다.

저는 우리말을 공부하고 있는 한 학도로서, 우리말에 긴소리가 있는지 없는지를 알아보기 위하여 이 질문지를 만들었습니다. 질문지는 〈조사Ⅰ〉, 〈조사Ⅱ〉, 〈조사Ⅲ〉으로 구성되어 있습니다.

한 학도의 공부를 격려해 주신다는 뜻으로, 이 질문지에서 묻고 있는 사항에 대하여 성실하게 답변해 주시면 감사하겠습니다.

답변해 주신 내용은 본 연구 이외에는 다른 어떤 목적으로도 사용되지 않을 것입니다.

1996년 10월   일

김 수 형 올림

〈 조 사 Ⅰ 〉

아래 문장에서, 당신이 말할 때 길게 소리내는 모음이 들어 있는 글자가 있으면, 그 글자 위에 —— 을 그어 표시해 주시기 바랍니다.
〔길게 발음하는 글자가 없으면, 표시를 전혀 하지 않아도 좋습니다.〕

주의 1. 어떤 것이 올바른 발음인가를 생각하지 마시고, 귀하께서 말하는 대로만 표시해 주십시오.
2. 느낌을 강조하기 위해서 길게 발음하는 경우는 표시하지 마십시오.
〔예를 들면, 생애의 전부' 라는 뜻을 강조하기 위하여 〔전 : 생애〕라고 발음하는 경우에는 〈전〉자 위에 —— 을 그을 필요가 없다는 뜻입니다.〕

1. 낮에는 일하고, 밤에는 쉬고, 또 낮에는 일을 하였습니다.
2. '구원(久遠)의 정화(情話)'라는 영화는 퍽 감명적이었다.
3. 일기와 편지는 그 동기와 표현형식이 극히 개인적이며 개성적이다.
4. 여기가 우리들이 살 나라란다.
5. 영구(永久)한 세월, 이 자리를 지켜온 돌 비석
6. 벌써 단풍의 연한 빛을 보이는 잎사귀들도 있었다.
7. 동무들도 많이 있지.
8. 운명의 이불이나마 덮고, 포근히 잠들고 싶다.
9. 얘, 우리 여기서 놀자.
10. 인생이란 긴 여로(旅路)
11. 분홍치마의 말을 듣고, 나는 방실방실 웃으며 좋아했습니다.
12. 시험 공부 때문에 시간의 여유를 만들기가 무척 힘이 듭니다.
13. 부정(否定)만이 최선(最善)의 자세는 아니다.
14. 집의 구조(構造)가 아주 달라졌다.
15. 항상 조용하시면서도 내심으로 튀는 불꽃을 뵙는 듯했습니다.
16. 말 탄 군인 아저씨들이 지나갔습니다.
17. 겨울 밤에 할머니의 이야기를 듣는 것도 재미있지요.
18. 토담집 고치는 소리, 별밭 아래 들려라.
19. 부정(不貞)한 여인(女人)들에 대한 기사가 신문을 메우자, 세상은 말세(末世)라는 자탄(自歎)의 소리가 높다.
20. 하늘에서 떡가루 같은 눈이 쏟아집니다.
21. 갑자기 꿈을 깨니, 반가운 빗소리라.
22. 철수(哲洙)는 병이 나서 학교에 결석했습니다.
23. 마침내 남은 한 잎이 마지막 떨고 있는 고비
24. 군밤을 까 먹으며 놀았습니다.
25. 구원(救援)의 손길만을 기다리고 있는 사람에게 영화(榮華)를 누리고 있을 것이라니, 무슨 망발이냐?
26. 바위도 세월이 아픈가, 또 하나 금이 갑니다.
27. 나뭇짐 속에 숨어서 간신히 살아난 사슴은 그에게 수없이 절을 하였습니다.
28. 내가 제일 크니까, 이 배(梨)는 내가 먹어야 해.
29. 점심을 잡숫고, 오빠하고 같이 가세요.
30. 잘 했어요. 그럼 이번에는 동규(東奎)가 다시 말해 보세요.
31. 눈에서는 눈물이 흘러내렸습니다.
32. 기차가 굴로 들어갔습니다.
33. 부정(不正)만 일삼는 이 부정(不淨)한 사회가 언제나 정화(淨化)될 것인지.
34. 얘들아, 그 생선은 썩어서 버렸어.

35. 왜 웃니, 들은 대로 이야기했는데.
36. 영구(榮九)는 여로(女路)라는 연속극의 주인공이다.
37. 이제 막 백학 네 쌍이 앉아 깃을 접는다.
38. 여름에는 보통 문에 발을 치고 지냅니다.
39. 사슴이 시키는 대로 날개옷을 하나 몰래 감추었습니다.
40. 바람을 쐬며, 서성대고 있을 때, 동규(東奎)가 냇가로 나왔습니다.
41. 야트막한 담에는 쫓겨난 아이들이 머리만 내밀고 족 매달려서 넘어다봅니다.
42. 구조(救助)가 시급한 사람을 놓고, 서로 다투다가, 귀중한 인명만 잃었다.
43. 어제는 밤을 구워 먹었습니다.
44. 이상(理想)은 착목(着目)하는 곳이 원대하고 자신과 용기에 넘치는 청춘이 누리는 특권이다.
45. 국위를 선양하고 고국에 돌아왔으나, 연고 있는 사람이 있어서는 아니었다.
46. 그 병에 든 약은 무슨 약이냐?
47. 그래, 아무도 없는데, 동생이 깨서, 혼자 울고 있더라.
48. 모래가 곱고 나무 그늘이 있는 곳을 골랐습니다.
49. 나는 항상 발이 깨끗합니다.
50. "놀이터가 참 좋구나." 하시며, 재미있게 노는 아이들을 둘러보셨습니다.
51. 방앗간은 우리 동네 자랑거리입니다.
52. 이상으로 저의 얘기를 끝내겠습니다.
53. 장으로 가는 사람들이 많아서 길에는 먼지가 자욱했습니다.
54. 당신 틀림없이 야단을 맞겠는 걸.
55. 다람쥐 삼 형제가 살고 있었습니다.
56. 그림을 보고, 영숙(英淑)이가 한 차례를 생각해 봅시다.
57. 배가 아프면, 소화제를 먹어야지.
58. 가물이 들고 질병이 돈 후였다.
59. 비행기가 지나간 하늘을 쳐다보고 있습니다.
60. 그래도 그런 거짓을 일삼느냐 ?
61. 어머니가 바다에서 굴을 따 오셨습니다.
62. 저희 모두를 용서해 주십시오.
63. 너는 사투리를 모르고 있구나.
64. 금강산 어느 골짜기에 나무꾼이 살고 있었습니다.
65. 아직 보아서는 안 돼.
66. 내가 대신 해 줄게.
67. 거리는 몹시 비좁고 갑갑했습니다.
68. 이때, 방 안에서, 귀여운 소녀가 나왔습니다.
69. 할머니는 그것을 장 속에 넣어 두었습니다.

70. 선장은 배를 무인도에 정박시켰습니다.
71. 암탉은 무엇인지 몰라서 허둥대며 피했습니다.
72. 험상궂은 사람이 금방 걸어 나올 것 같았습니다.
73. 아니야, 아니야, 무서워 할 것 없어.
74. 어떤 이는 무당에게 돈을 내고 빌었습니다.
75. 일 개인의 사정은 고려되지 않는다.
76. 너무 거리가 멀어서 그만두겠다.

〈 조 사 Ⅱ 〉

아래 단어 가운데, 귀하께서 말할 때 길게 소리내는 모음이 들어 있는 글
자가 있으면, 그 글자 위에 —— 을 그어 표시해 주시기 바랍니다.
〔길게 발음하는 글자가 없으면, 표시를 전혀 하지 않아도 좋습니다.〕

주의 1. 어떤 것이 올바른 발음인가를 생각하지 마시고, 귀하께서 말하는 대로만 표시해
　　　　 주십시오.
　　　 2. 느낌을 강조하기 위해서 길게 발음하는 경우는 표시하지 마십시오.
　　　　 〔예를 들면, '생애의 전부' 라는 뜻을 강조하기 위하여 〔전 : 생애〕라고 발음하는
　　　　 경우에는 〈전〉자 위에 　—— 을 그을 필요가 없다는 뜻입니다.〕

1. 낮	2. 구원(久遠)	3. 일하다
4. 정화(情話)	5. 밤(夜)	6. 일기(日記)
7. 나뭇짐	8. 쉬다(休)	9. 편지
10. 영화(映畵)	11. 속(內)	12. 일(事)
13. 그(관형사)	14. 숨다	15. 퍽(부사)
16. 하다(爲)	17. 동기(動機)	18. 감명적
19. 간신히	20. 여기(부사)	21. 우리(대명사)
22. 살다(居)	23. 길다(長)	24. 영구(永久)하다
25. 사슴	26. 나라(國)	27. 극히

28. 세월	29. 되다(化)	30. 동무
31. 수없이	32. 배(舟)	33. 이(관형사)
34. 절(拜)	35. 많이	36. 여기(餘技)
37. 동기(同期)	38. 표현형식	39. 살아나다
40. 개성적	41. 자리(席)	42. 시키다
43. 있다(存在)	44. 발(足)	45. 지켜오다
46. 날개옷	47. 얘	48. 걸음(步)
49. 돌(石)	50. 하나(一)	51. 놀다(遊)
52. 비석	53. 소리(聲)	54. 몰래(부사)
55. 분홍치마	56. 그림(畫))	57. 인생(人生)
58. 바람(風)	59. 말(言)	60. 빌었습니다(祈)
61. 긴('길다'의 활용형)	62. 쐬다	63. 이은('잇다'의 활용형)
64. 듣다(聞)	65. 얘기	66. 부정(否定)
67. 서성대다	68. 나(我 : 대명사)	69. 걸어가다
70. 최선(最善)	71. 잇다(續)	72. 돌(一周生日)
73. 걷다(步)	74. 때(時)	75. 방실방실
76. 벌써	77. 자세	78. 동규(東奎 : 人名)
79. 웃다(笑)	80. 단풍	81. 아니다
82. 냇가(川邊)	83. 좋아('좋다'의 활용형)	84. 사정(私情)
85. 천직(賤職)	86. 나오다(自動詞)	87. 말(馬)
88. 빛	89. 넣다	90. 그래(감탄사)
91. 타다(乘)	92. 보이다	93. 구조(構造)
94. 아무(대명사)	95. 군인	96. 잎사귀
97. 아주	98. 없다	99. 아저씨
100. 운명	101. 달라지다	102. 동생
103. 지나가다	104. 이불	105. 걷다(捲)
106. 부정(不貞)하다	107. 깨다(覺)	108. 겨울(冬)
109. 덮다	110. 여인(女人)	111. 혼자

112. 할머니
113. 업다(負)
114. 포근히
115. 기사(記事)
116. 울다(泣)
117. 이야기
118. 잠들다
119. 신문(新聞)
120. 모래(沙)
121. 것(의존 명사)
122. 재미있다
123. 싶다(보조 형용사)
124. 메우다
125. 곱다(娟, 예쁘다)
126. 덥다(暑)
127. 고와서('곱다'娟의 활용)
128. 하늘
129. 시험
130. 세상
131. 나무
132. 눈(雪)
133. 공부
134. 말세(末世)
135. 그늘
136. 이상(理想)
137. 때문(의존 명사)
138. 자탄(自歎)
139. 곳(場所)
140. 떡가루
141. 시간
142. 높다
143. 고르다(擇)
144. 쏟아지다
145. 철수(哲洙 : 人名)
146. 좋아하다
147. 여유
148. 구조(救助)
149. 놀이터
150. 병(病)
151. 무척
152. 시급하다
153. 참(부사)
154. 학교
155. 힘(力)
156. 놓다
157. 좋다
158. 결석하다
159. 들다(소요되다)
160. 서로
161. 아이(兒)
162. 군밤
163. 항상
164. 대신(大臣)
165. 둘러보다
166. 까다(剝)
167. 조용하다
168. 다투다
169. 방앗간
170. 먹다
171. 내심(內心)
172. 귀중하다
173. 동네
174. 눈(眼)
175. 튀다
176. 인명(人命)
177. 자랑거리
178. 눈물(淚)
179. 뵙다
180. 잃다
181. 장(市場)
182. 했어요(爲)
183. 듯하다(보조 형용사)
184. 국위(國威)
185. 사람
186. 길(사람의 한 키)
187. 토담집
188. 선양(宣揚)하다
189. 많다
190. 숨어서(隱)
191. 수(의존 명사)
192. 고치다
193. 고국(故國)
194. 길(道)
195. 기차

196. 볕발	197. 돌아오다	198. 먼지
199. 굴(窟)	200. 연고(緣故)	201. 들어가다
202. 아래(下)	203. 구원(救援)	204. 자욱하다
205. 여름	206. 들리다(소리가~)	207. 손길
208. 당신	209. 보통	210. 갑자기
211. 기다리다	212. 틀림없이	213. 문(門)
214. 꿈	215. 수(繡)	216. 야단
217. 맞다	218. 발(簾, 문에 치는)	219. 반갑다
220. 영화(榮華)	221. 가물(루,비가 안 옴)	222. 치다(掛)
223. 빗소리	224. 다(부사)	225. 들다(가물이~)
226. 지내다	227. 마침내	228. 무엇(대명사)
229. 질병	230. 어제	231. 남다
232. 부정(不正)	233. 돌다(질병이~)	234. 밤(栗)
235. 한(一)	236. 일삼다	237. 어떤
238. 구워('굽다' 炙의 활용)	239. 병(유리병)	240. 잎(葉)
241. 부정(不淨)하다	242. 이(사람)	243. 무슨
244. 마지막	245. 언제나	246. 돈('돌다'의 활용형)
247. 굽다(炙, 불에~)	248. 무당	249. 약(藥)
250. 떨다(문풍지가~)	251. 정화(淨化)되다	252. 돈(화폐)
253. 고비(絶頂)	254. 영구(榮九 : 인명)	255. 빌다(祈願)
256. 깨끗하다	257. 바위	258. 여로(女路)
259. 그래도	260. 다람쥐	261. 삼(三)
262. 형제	263. 연속극	264. 그런('그러한'의 준말)
265. 내(我)	266. 아프다	267. 주인공
268. 거짓	269. 제일	270. 또
271. 이상(以上)	272. 삼다	273. 저희
274. 크다	275. 금(틈)	276. 모두
277. 배(梨)	278. 이제	279. 용서하다

280. 생선

281. 막(지금 곧)

282. 주다(與)

283. 썩다(腐)

284. 백학(白鶴)

285. 너(대명사)

286. 버리다(捨)

287. 네(四)

288. 사투리

289. 왜(부사)

290. 쌍(雙)

291. 곱다(추워서 손이)

292. 굽다(曲)

293. 모르다

294. 대로(의존 명사)

295. 앉다

296. 아직

297. 점심

298. 깃(羽, 털)

299. 창(唱)

300. 잡숫다

301. 접다(종이를)

302. 대신(代身)

303. 오빠

304. 야트막하다

305. 거리(街)

306. 멀어서(遠)

307. 같이

308. 담(墻)

309. 몹시

310. 가다(去)

311. 너무(부사)

312. 쫓겨나다

313. 비좁다

314. 멀다(遠)

315. 거리(距離)

316. 보다(見)

317. 머리(頭)

318. 갑갑하다

319. 여로(旅路)

320. 내밀다.

321. 방(房)

322. 차례

323. 족(나란히)

324. 안(內)

325. 생각하다

326. 매달리다

327. 그만두다

328. 귀여운('귀엽다'의 활용)

329. 보다(보조 동사)

330. 넘어다보다

331. 소녀

332. 배(腹)

333. 착목(着目)하다

334. 장(欌)

335. 소화제

336. 원대하다

337. 그것

338. 말하다

339. 자신(自信)

340. 용기

341. 암탉

342. 선장(船長)

343. 청춘

344. 몰라서('모르다'의 활용)

345. 개인적

346. 누리다

347. 허둥대다

348. 무인도

349. 특권

350. 정박시키다

351. 피하다

352. 비행기

353. 험상궂다

354. 쳐다보다

355. 금방(부사)

356. 금강산

357. 걸어('걷다' 步의 활용형)

358. 어느

359. 골짜기

360. 아니야(감탄사)

361. 나무꾼

362. 무섭다

363. 일(一)

364. 어머니   365. 사정(事情)   366. 바다

367. 고려되다   368. 배(倍)   369. 굴(해산물의 일종)

370. 않는다   371. 오다(來)   372. 천직(天職)

373. 연하다   374. 후(後)   375. 창(窓)

─── < 조 사 Ⅲ > ───

아래 물음에 대하여, 직접 글로 대답을 써 주시거나, 해당되는 사항에 ___∨___와 같
이 표시를 해 주시기 바랍니다.

1. 아래의 〈보기〉 문장의 말을 들을 때, ㉠은 겨울에 하늘에서 내리는 눈(雪)을 뜻하
고, ㉡은 사물을 볼 수 있는 사람의 눈(眼)을 뜻한다는 사실을 어떻게 알아차리십
니까?

─── 〈보기〉 ───

눈이 너무 많이 와서, 눈을 뜰 수가 없습니다
㉠   ㉡

① ㉠은 길게 말하고, ㉡는 짧게 말할 것이므로 ; 그 길이에 유의해서 듣고, 뜻을
파악한다. _____

② ㉠,㉡중 어느 것이 길고 어느 것이 짧은지에 신경 쓰지 않고 ; 앞뒤 문맥에 의
해서, 뜻을 파악한다. _____

2. 우리말 긴소리에 대하여 교육을 받은 일이 있는가?

① 교육을 받은 일이 있다. ─────────

② 교육을 받은 일이 없다. ─────────

3. 교육을 받은 일이 있다면, 언제·어디서·얼마 동안이나 받았는가?
　〔2에서 ①에 답한 분만 대답하십시오.〕

　　① 언　제 : ─────────────

　　② 어디서　: ─────────────

　　③ 얼마 동안 :　대략　　　　　일
　　　　　　　　　─────────────

4. 우리말 긴소리에 대하여 특별히 관심을 가졌던 일이 있는가 ?

　　①　있다. ───────────

　　②　없다. ───────────

5. 다른 사람과 대화를 할 때, 긴소리와 짧은소리를 의식적으로 구분해서 말하는가?

　　① 의식하고 구분해서 말한다. ───────────────

　　② 의식하지 않고 말한다. ───────────────

6. 의식하고 구분해서 말한다면, 그 이유는 무엇인가 ? 〔 5에서 ①에 답한 분만 대답
　하십시오.〕

　　① 학교에서 교육을 받았기 때문이다. ───────────

　　② 긴소리와 짧은소리를 지키지 않는 말은 어색하게 들리기 때문이다. ──────

　　③ ①,② 외의 다른 이유 때문에 구분해서 말한다면, 그 이유를 글로 써 주십시오.

　　　────────────────────────────

　　　────────────────────────────

　　　────────────────────────────

7. 긴소리와 짧은소리를 틀리게 발음하는 사람은 교양이 부족한 사람이라고 생각하는가?

   ① 그렇다. ——————————

   ② 아니다. ——————————

8. 긴소리와 짧은소리를 잘못 발음하여, 의미 전달에 혼란을 일으켰던 경험이 있는가?

   ① 있 다. ——————————

   ② 없 다. ——————————

> * 다음은 귀하의 신상에 관한 기록입니다. 소속과 성명을 기록해 주십사 하는 것은 이 질문지 내용과 동일인의 녹음 자료를 상호 비교하고, 지역간 차이를 비교하기 위한 것이오니, 마음에 두지 마시기 바랍니다.

  1. 소속 · 성명

     ——————도(시) ——————군(시 · 구) ——————————고등학교

     제 —학년 ——반   성명 ——————————

  2. 연령〔나이〕 ——————세 (남 ——, 여 ——)

  3. 주   소 ——————도(시) ——————군(시 · 구)

  4. 출생지〔낳은곳〕 ——————도(시) ——————군(시 · 구)

  5. 성장지〔자란 곳〕

    o ———————살 때까지 ——————도(시) ——————군(시 · 구)

    o ———————살 때까지 ——————도(시) ——————군(시 · 구)

    o ———————살 때까지 ——————도(시) ——————군(시 · 구)

〔부록Ⅱ〕
조사 대상 어휘의 음장 비교

1. 체언 및 용언 기본형의 음장(사전)

* 본디 긴 소리이나, 현실적으로 길게 나지 않는 경우(이하 같음)
× 당해 사전에 올라 있지 않은 경우(이하 같음)

연번	단 어	이은정	KBS	남광우	김민수	이희승	한글학회	이기문	북한사전
26	고려(考慮)되다	고려되다	고려되다	고려되다	고려되다	고려되다	고려되다	고려되다	고려되다
27	고비(絕頂)	고비	고비	고비	고비	고비	고비	고비	고비
28	고치다	고치다	고치다	고치다	고치다	고치다	고치다	고치다	고치다
29	고르다(擇)	고르다	고르다	고르다	고르다	고르다	고르다	고르다	고르다
30	골짜기	골짜기	골짜기	골짜기	골짜기	골짜기	골짜기	골짜기	골짜기
31	곱다(娟)	곱다	곱다	곱다	곱다	곱다	곱다	곱다	곱다
32	곱다(추워서 손이~)	곱다	곱다	곱다	곱다	곱다	곱다	곱다	곱다
33	곳	곳	곳	곳	곳	곳	곳	곳	곳
34	공부	공부	공부	공부	공부	공부	공부	공부	공부
35	구원(久遠)	구원	구원	구원	구원	구원	구원	구원	구원 ×
36	구원(救援)	구원	구원	구원	구원	구원	구원	구원	구원
37	구조(構造)	구조	구조	구조	구조	구조	구조	구조	구조
38	구조(救助)	구조	구조	구조	구조	구조	구조	구조	구조
39	국위(國威)	국위	국위	국위	국위	국위	국위	국위	국위
40	군밤	군밤	군밤	군밤	군밤	군밤	군밤	군밤	군밤
41	군인(軍人)	군인	군인	군인	군인	군인	군인	군인	군인
42	굴(窟)	굴	굴	굴	굴	굴	굴	굴	굴
43	굴(해산물)	굴	굴	굴	굴	굴	굴	굴	굴
44	굽다(炙)	굽다	굽다	굽다	굽다	굽다	굽다	굽다	굽다
45	굽다(曲)	굽다	굽다	굽다	굽다	굽다	굽다	굽다	굽다
46	귀엽다	귀엽다	귀엽다	귀엽다	귀엽다	귀엽다	귀엽다	귀엽다	귀엽다
47	귀중(貴重)하다	귀중하다	귀중하다	귀중하다	귀중하다	귀중하다	귀중하다	귀중하다	귀중하다
48	그(관형사)	그	그	그	그	그	그	그	그
49	그(대명사)	그	그	그	그	그	그	그	그
50	그것	그것	그것	그것	그것	그것	그것	그것	그것
51	그늘	그늘	그늘	그늘	그늘	그늘	그늘	그늘	그늘

연번	단 어	이 은 정	K B S	남 광 우	김 민 수	이 희 승	한글학회	이 기 문	북한사전
52	그래(감탄사)	그래	그래	그래	그래	그래	그래	그래	그래
53	그래도	그래도 ×	그래도	그래도	그래도	그래도	그래도	그래도	그래도
54	그런('그러한'의 준말)	그런	그런	그런	그런	그런	그런	그런	그런
55	그럼	그럼	그럼	그럼	그럼	그럼	그럼	그럼	그럼
56	㉠림	㉠림	㉠림	㉠림	㉠림	㉠림	㉠림	㉠림	그림
57	그만두다	그만두다	그만두다	그만두다	그만두다	그만두다	그만두다	그만두다	그만두다
58	극(極)히	극히 ×	극히	극히	극히 ×	극히	극히	극히	극히
59	금(틈)	금	금	금	금	금	금	금	금
60	금강산(金剛山)	금강산	금강산	금강산	금강산	금강산	금강산	금강산	금강산
61	금방	금방	금방	금방	금방	금방	금방	금방	금방
62	기다리다	기다리다	기다리다	기다리다	기다리다	기다리다	기다리다	기다리다	기다리다
63	기사(記事)	기사	기사	기사	기사	기사	기㉛	기사	㉠사
64	기차(汽車)	기차	기차	기차	기차	기차	기차	기차	기차
65	길(道)	길	길	길	길	길	길	길	길
66	㉢(사람의 한 키)	㉢	㉢	㉢	㉢	㉢	㉢	㉢	㉢
67	㉢다(長)	㉢다	㉢다	㉢다	㉢다	㉢다	㉢다	㉢다	㉢다
68	깃(羽)	깃	깃	깃	깃	깃	깃	깃	깃
69	까다(剝)	까다	까다	까다	까다	까다	까다	까다	까다
70	깨끗하다	깨끗하다	깨끗하다	깨끗하다	깨끗하다	깨끗하다	깨끗하다	깨끗하다	깨끗하다
71	㉮다(覺)	㉮다	㉮다	㉮다	깨다	㉮다	깨다	㉮다	㉮다
72	꿈	꿈	꿈	꿈	꿈	꿈	꿈	꿈	꿈
73	끝내다	끝내다	끝내다	끝내다	끝내다	끝내다	끝㉧다	끝내다	끝내다
74	나(我)	나	나	나	나	나	나	나	나
75	나라	나라	나라	나라	나라	나라	나라	나라	나라
76	나무	나무	나무	나무	나무	나무	나무	나무	나무
77	나무꾼	나무꾼	나무꾼	나뭇군	나무꾼	나무꾼	나무꾼	나무꾼	나무군
78	나뭇짐	나뭇짐	나뭇짐	나뭇짐	나뭇짐	나뭇짐	나뭇짐	나뭇짐	나무짐
79	나다(병이~)	나다	나다	나다	나다	나다	나다	나다	나다
80	나오다	나오다	나오다	나오다	나오다	나오다	나오다	나오다	나오다
81	날개옷	날개옷	날개옷	날개옷	날개옷	날개옷	날개옷	날개옷	날개옷
82	㉦다(餘)	㉦다	㉦다	㉦다	㉦다	㉦다	남다	㉦다	㉦다
83	낮	낮	낮	낮	낮	낮	낮	낮	낮
84	내(我)	내	내	내	내	내	내	내	내
85	㉨다(돈을~)	㉨다	㉨다	㉨다	㉨다	㉨다	㉨다	㉨다	내다

연번	단 어	이은정	K B S	남광우	김민수	이희승	한글학회	이기문	북한사전
86	밀다	밀다	밀다	밀다	밀다	밀다	밀다	밀다	밀다
87	심	심	심	심	심	심	심	심	내심
88	가(川邊)	가	가	가	가	가	가	가	내가
89	너(汝)	너	너	너	너	너	너	너	너
90	너무	너무	너무	너무	너무	너무	너무	너무	너무
91	넘어다보다	넘어다보다	넘어다보다	넘어다보다	넘어다보다	넘어다보다	넘어다보다	넘어다보다	넘어다보다
92	넘치다	넘치다	넘치다	넘치다	넘치다	넘치다	넘치다	넘치다	넘치다
93	넣다	넣다	넣다	넣다	넣다	넣다	넣다	넣다	넣다
94	네(四)	네	네	네	네	네	네	네	네
95	놀다(遊)	놀다	놀다	놀다	놀다	놀다	놀다	놀다	놀다
96	놀이터	놀이터	놀이터	놀이터	놀이터	놀이터	놀이터	놀이터	놀이터
97	높다	높다	높다	높다	높다	높다	높다	높다	높다
98	놓다	놓다	놓다	놓다	놓다	놓다	놓다	놓다	놓다
99	누리다	누리다 ×	누리다	누리다	누리다	누리다	누리다	누리다	누리다
100	눈(雪)	눈	눈	눈	눈	눈	눈	눈	눈
101	눈(眼)	눈	눈	눈	눈	눈	눈	눈	눈
102	눈물(淚)	눈물	눈물	눈물	눈물	눈물	눈물	눈물	눈물
103	다(부사)	다	다	다	다	다	다	다	다
104	다람쥐	다람쥐	다람쥐	다람쥐	다람쥐	다람쥐	다람쥐	다람쥐	다람쥐
105	다시	다시	다시	다시	다시	다시	다시	다시	다시
106	다투다	다투다	다투다	다투다	다투다	다투다	다투다	다투다	다투다
107	단풍(丹楓)	단풍	단풍	단풍	단풍	단풍	단풍	단풍	단풍
108	달라지다	달라지다	달라지다	달라지다	달라지다	달라지다	달라지다	달라지다	달라지다
109	담(墻)	담	담	담	담	담	담	담	담
110	당신	당신	당신	당신	당신	당신	당신	당신	당신
111	대로(의존명사)	대로	대로	대로	대로	대로	대로	대로	대로
112	대신(代身)	대신	대신	대신	대신	대신	대신	대신	대신
113	대신(大臣)	대신	대신	대신	대신	대신	대신	대신	대신
114	대(對)하다	대하다	대하다	대하다	대하다	대하다	대하다	대하다	대하다
115	덥다(暑)	덥다	덥다	덥다	덥다	덥다	덥다	덥다	덥다
116	덮다	덮다	덮다	덮다	덮다	덮다	덮다	덮다	덮다
117	돈(화폐)	돈	돈	돈	돈	돈	돈	돈	돈
118	돌(一周生日)	돌	돌	돌	돌	돌	돌	돌	돌
119	돌(石)	돌	돌	돌	돌	돌	돌	돌	돌

연번	단 어	이은정	KBS	남광우	김민수	이희승	한글학회	이기문	북한사전
120	돌다(질병이~)	돌다	돌다	돌다	돌다	돌다	돌다	돌다	돌다
121	돌아오다	돌아오다	돌아오다	돌아오다	돌아오다	돌아오다	돌아오다	돌아오다	돌아오다
122	동규(東奎)	동규×	동규×	동규×	동규×	동규×	동규×	동규×	동규×
123	동기(動機)	동기	동기	동기	동기	동기	동기	동기	동기
124	동기(同期)	동기	동기	동기	동기	동기	동기	동기	동기
125	동네	동네	동네	동네	동네	동네	동네	동네	동네
126	동무	동무	동무	동무	동무	동무	동무	동무	동무
127	동생	동생	동생	동생	동생	동생	동생	동생	동생
128	돼('되어'의 준말)	돼	돼	돼	돼	돼	돼	돼	돼
129	되다(化)	되다	되다	되다	되다	되다	되다	되다	되다
130	두다	두다	두다	두다	두다	두다	두다	두다	두다
131	둘러보다	둘러보다	둘러보다	둘러보다	둘러보다	둘러보다	둘러보다	둘러보다	둘러보다
132	듣다(聞)	듣다	듣다	듣다	듣다	듣다	듣다	듣다	듣다
133	들다(들어있다)	들다	들다	들다	들다	들다	들다	들다	들다
134	들다(가물이~)	들다	들다	들다	들다	들다	들다	들다	들다
135	들다(힘이~)	들다	들다	들다	들다	들다	들다	들다	들다
136	들리다(聞)	들리다	들리다	들리다	들리다	들리다	들리다	들리다	들리다
137	들어가다	들어가다	들어가다	들어가다	들어가다	들어가다	들어가다	들어가다	들어가다
138	듯하다(보조형용사)	듯하다	듯하다×	듯하다×	듯하다	듯하다	듯하다	듯하다	듯하다×
139	따다(굴을~)	따다	따다	따다	따다	따다	따다	따다	따다
140	때(時)	때	때	때	때	때	때	때	때
141	때문(의존명사)	때문	때문	때문	때문	때문	때문	때문	때문
142	떡가루	떡가루	떡가루	떡가루	떡가루	떡가루	떡가루	떡가루	떡가루
143	떨다(문풍지가~)	떨다	떨다	떨다	떨다	떨다	떨다	떨다	떨다
144	또	또	또	또	또	또	또	또	또
145	마지막	마지막	마지막	마지막	마지막	마지막	마지막	마지막	마지막
146	마침내	마침내	마침내	마침내	마침내	마침내	마침내	마침내	마침내
147	막(지금 곧)	막	막	막	막	막	막	막	막
148	만들다	만들다	만들다	만들다	만들다	만들다	만들다	만들다	만들다
149	많다	많다	많다	많다	많다	많다	많다	많다	많다
150	많이	많이×	많이	많이	많이	많이	많이	많이	많이
151	말(馬)	말	말	말	말	말	말	말	말
152	말(言)	말	말	말	말	말	말	말	말
153	말세(末世)	말세	말세	말세	말세	말세	말세	말세	말세

연번	단 어	이은정	KBS	남광우	김민수	이희승	한글학회	이기문	북한사전
154	말(言)하다	말하다	말하다	말하다	말하다	말하다	말하다	말하다	말하다
155	망발(妄發)	망발	망발	망발	망발	망발	망발	망발	망발
156	맞다(야단을~)	맞다	맞다	맞다	맞다	맞다	맞다	맞다	맞다
157	매달리다	매달리다	매달리다	매달리다	매달리다	매달리다	매달리다	매달리다	매달리다
158	머리(頭)	머리	머리	머리	머리	머리	머리	머리	머리
159	먹다(食)	먹다	먹다	먹다	먹다	먹다	먹다	먹다	먹다
160	먼지	먼지	먼지	먼지	먼지	먼지	먼지	먼지	먼지
161	멀다(遠)	멀다	멀다	멀다	멀다	멀다	멀다	멀다	멀다
162	메우다	메우다	메우다	메우다	메우다	메우다	메우다	메우다	메우다
163	모두	모두	모두	모두	모두	모두	모두	모두	모두
164	모래(沙)	모래	모래	모래	모래	모래	모래	모래	모래
165	모르다	모르다	모르다	모르다	모르다	모르다	모르다	모르다	모르다
166	몰래(부사)	몰래	몰래	몰래	몰래	몰래	몰래	몰래	몰래
167	몹시	몹시	몹시	몹시	몹시	몹시	몹시	몹시	몹시
168	마땅	마땅	마땅	마땅	마땅	마땅	마땅	마땅	마땅
169	무서워하다	무서워하다	무서워하다	무서워하다	무서워하다	무서워하다	무서워하다	무서워하다	무서워하다
170	무슨	무슨	무슨	무슨	무슨	무슨	무슨	무슨	무슨
171	무엇(대명사)	무엇	무엇	무엇	무엇	무엇	무엇	무엇	무엇
172	무인도(無人島)	무인도	무인도	무인도	무인도	무인도	무인도	무인도	무인도
173	무척	무척	무척	무척	무척	무척	무척	무척	무척
174	문(門)	문	문	문	문	문	문	문	문
175	바다	바다	바다	바다	바다	바다	바다	바다	바다
176	바람	바람	바람	바람	바람	바람	바람	바람	바람
177	바위	바위	바위	바위	바위	바위	바위	바위	바위
178	반갑다	반갑다	반갑다	반갑다	반갑다	반갑다	반갑다	반갑다	반갑다
179	발(簾,)	발	발	발	발	발	발	발	발
180	발(足)	발	발	발	발	발	발	발	발
181	밤(夜)	밤	밤	밤	밤	밤	밤	밤	밤
182	밤(栗)	밤	밤	밤	밤	밤	밤	밤	밤
183	방(房)	방	방	방	방	방	방	방	방
184	방실방실	방실방실	방실방실	방실방실	방실방실	방실방실	방실방실	방실방실	방실방실
185	방앗간	방앗간	방앗간	방앗간	방앗간	방앗간	방앗간	방앗간	방아간
186	배(腹)	배	배	배	배	배	배	배	배
187	배(梨)	배	배	배	배	배	배	배	배

연번	단 어	이은정	KBS	남광우	김민수	이희승	한글학회	이기문	북한사전
188	배(舟)	배	배	배	배	배	배	배	배
189	배(倍)	배	배	배	배	배	배	배	배
190	백학(白鶴)	백학	백학 ×	백학	백학	백학	백학	백학	백학
191	버리다	버리다	버리다	버리다	버리다	버리다	버리다	버리다	버리다
192	벌써	벌써	벌써	벌써	벌써	벌써	벌써	벌써	벌써
193	병(瓶)	병	병	병	병	병	병	병	병
194	병(病)	병	병	병	병	병	병	병	병
195	볕발	볕발	볕발	볕발	볕발	볕발	볕발	볕발	볕발
196	보다(見)	보다	보다	보다	보다	보다	보다	보다	보다
197	보다(보조동사)	보다	보다	보다	보다	보다	보다	보다	보다
198	보이다	보이다	보이다	보이다	보이다	보이다	보이다	보이다	보이다
199	보통(普通)	보통	보통	보통	보통	보통	보통	보통	보통
200	뵙다	뵙다	뵙다 ×	뵙다 ×	뵙다	뵙다	뵙다	뵙다	뵙다
201	부정(不正)	부정	부정	부정	부정	부정	부정	부정	부정
202	부정(否定)	부*정	부정	부정	부정	부정	부정	부정	부정
203	부정(不貞)하다	부정하다	부정하다	부정하다	부정하다	부정하다	부정하다	부정하다	부정하다 ×
204	부정(不淨)하다	부정하다	부정하다	부정하다	부정하다	부정하다	부정하다	부정하다	부정하다
205	분홍치마	분홍치마	분홍치마	분홍치마	분홍치마	분홍치마	분홍치마	분홍치마	분홍치마
206	불꽃	불꽃	불꽃	불꽃	불꽃	불꽃	불꽃	불꽃	불꽃
207	비석(碑石)	비석	비석	비석	비석	비석	비석	비석	비석
208	비좁다	비좁다	비좁다	비좁다	비좁다	비좁다	비좁다	비좁다	비좁다
209	비행기(飛行機)	비행기	비행기	비행기	비행기	비행기	비행기	비행기	비행기
210	빌다(祈)	빌다	빌다	빌다	빌다	빌다	빌다	빌다	빌다
211	빗소리	빗소리	빗소리	빗소리	빗소리	빗소리	빗소리	빗소리	비소리
212	빛	빛	빛	빛	빛	빛	빛	빛	빛
213	사람	사람	사람	사람	사람	사람	사람	사람	사람
214	사슴	사슴	사슴	사슴	사슴	사슴	사슴	사슴	사슴
215	사정(事情)	사정	사정	사정	사정	사정	사정	사정	사정
216	사정(私情)	사정	사정 ×	사정	사정	사정	사정	사정	사정
217	사투리	사투리	사투리	사투리	사투리	사투리	사투리	사투리	사투리
218	사회(社會)	사회	사회	사회	사회	사회	사회	사회	사회
219	살다(居)	살다	살다	살다	살다	살다	살다	살다	살다
220	살아나다	살아나다	살아나다	살아나다	살아나다	살아나다	살아나다	살아나다	살아나다
221	삼(三)	삼	삼	삼	삼	삼	삼	삼	삼

연번	단 어	이은정	KBS	남광우	김민수	이회승	한글학회	이기문	북한사전
222	삼다	삼다	삼다	삼다	삼다	삼다	삼다	삼다	삼다
223	생각하다	생각하다	생각하다	생각하다	생각하다	생각하다	생각하다	생각하다	생각하다
224	생선(生鮮)	생선	생선	생선	생선	생선	생선	생선	생선
225	서로	서로	서로	서로	서로	서로	서로	서로	서로
226	서성대다	서성대다	서성대다	서성대다	서성대다	서성대다	서성대다	서성대다	서성대다
227	선양(宣揚)하다	선양하다	선양하다	선양하다	선양하다	선양하다	선양하다	선양하다	선양하다
228	선장(船長)	선장	선장	선장	선장	선장	선장	선장	선장
229	세상(世相)	세상	세상	세상	세상	세상	세상	세상	세상
230	세월(歲月)	세월	세월	세월	세월	세월	세월	세월	세월
231	소녀(少女)	소녀	소녀	소녀	소녀	소녀	소녀	소녀	소녀
232	소리(聲)	소리	소리	소리	소리	소리	소리	소리	소리
233	소화제(消化劑)	소화제	소화제	소화제	소화제	소화제	소화제	소화제	소화제
234	속(內)	속	속	속	속	속	속	속	속
235	손길	손길	손길	손길	손길	손길	손길	손길	손길
236	수(의존명사)	수	수	수	수	수	수	수	수
237	수(繡)	수	수	수	수	수	수	수	수
238	수없이	수없이	수없이	수없이	수없이	수없이	수없이	수없이	수없이
239	숨다	숨다	숨다	숨다	숨다	숨다	숨다	숨다	숨다
240	쉽다	쉽다	쉽다	쉽다	쉽다	쉽다	쉽다	쉽다	쉽다
241	시간(時間)	시간	시간	시간	시간	시간	시간	시간	시간
242	시급하다	시급하다	시급하다	시급하다	시급하다	시급하다	시급하다	시급하다	시급하다
243	시키다	시키다	시키다	시키다	시키다	시키다	시키다	시키다	시키다
244	시험(試驗)	시험	시험	시험	시험	시험	시험	시험	시험
245	신문(新聞)	신문	신문	신문	신문	신문	신문	신문	신문
246	싶다(보조형용사)	싶다	싶다	싶다	싶다	싶다	싶다	싶다	싶다
247	쌍(雙)	쌍	쌍	쌍	쌍	쌍	쌍	쌍	쌍
248	썩다(腐)	썩다	썩다	썩다	썩다	썩다	썩다	썩다	썩다
249	쏟아지다	쏟아지다	쏟아지다	쏟아지다	쏟아지다	쏟아지다	쏟아지다	쏟아지다	쏟아지다
250	썰다	썰다	썰다	썰다	썰다	썰다	썰다	썰다	썰다
251	아니다	아니다	아니다	아니다	아니다	아니다	아니다	아니다	아니다
252	아니야(감탄사)	아니야	아니야 ×	아니야 ×	아니야	아니야	아니야	아니야	아니야 ×
253	아래(下)	아래	아래	아래	아래	아래	아래	아래	아래
254	아무(대명사)	아무	아무	아무	아무	아무	아무	아무	아무
255	아이(兒)	아이	아이	아이	아이	아이	아이	아이	아이

연번	단 어	이은정	K B S	남광우	김민수	이희승	한글학회	이기문	북한사전
256	아저씨	아저씨	아저씨	아저씨	아저씨	아저씨	아저씨	아저씨	아저씨
257	아주	아주	아주	아주	아주	아주	아주	아주	아주
258	아직	아직	아직	아직	아직	아직	아직	아직	아직
259	아프다	아프다	아프다	아프다	아프다	아프다	아프다	아프다	아프다
260	안('아니'의 준말)	안 ×	안	안	안	안	안	안	안
261	안(內)	안	안	안	안	안	안	안	안
262	앉다	앉다	앉다	앉다	앉다	앉다	앉다	앉다	앉다
263	않다	않다	않다	않다	않다	않다	않다	않다	않다
264	암탉	암탉	암탉	암탉	암탉	암탉	암탉	암탉	암탉
265	야단(惹端)	야단	야단	야단	야단	야단	야단	야단	야단
266	야트막하다	야트막하다	야트막하다 ×	야트막하다	야트막하다	야트막하다	야트막하다	야트막하다	야트막하다
267	약(藥)	약	약	약	약	약	약	약	약
268	애	애	애	애	애	애	애	애	애
269	애기	애기	애기	애기	애기	애기	애기	애기	애기
270	어느	어느	어느	어느	어느	어느	어느	어느	어느
271	어떤	어떤	어떤	어떤	어떤	어떤	어떤	어떤	어떤 ×
272	어머니	어머니	어머니	어머니	어머니	어머니	어머니	어머니	어머니
273	어제	어제	어제	어제	어제	어제	어제	어제	어제
274	언제나	언제나	언제나	언제나	언제나	언제나	언제나	언제나	언제나
275	업다(負)	업다	업다	업다	업다	업다	업다	업다	업다
276	없다	없다	없다	없다	없다	없다	없다	없다	없다
277	여기(부사)	여기	여기	여기	여기	여기	여기	여기	여기
278	여기(餘技)	여기	여기	여기	여기	여기	여기	여기	여기
279	여로(旅路)	여로	여로	여로	여로	여로	여로	여로	려로
280	여로(女路)	여로 ×	여로 ×	여로 ×	여로	여로 ×	여로 ×	여로 ×	여로 ×
281	여름	여름	여름	여름	여름	여름	여름	여름	여름
282	여유(餘裕)	여유	여유	여유	여유	여유	여유	여유	여유
283	여인(女人)	여인	여인	여인	여인	여인	여인	여인	여인 ×
284	연고(緣故)	연고	연고	연고	연고	연고	연고	연고	연고
285	연속극(連續劇)	연속극	연속극	연속극	연속극	연속극	연속극	연속극	연속극 ×
286	연하다(엷다)	연하다	연하다	연하다	연하다	연하다	연하다	연하다	연하다
287	영구(榮九)	영구 ×	영구 ×	영구 ×	영구 ×	영구 ×	영구 ×	영구 ×	영구 ×
288	영구(永久)하다	영구하다	영구하다	영구하다	영구하다	영구하다	영구하다	영구하다	영구하다
289	영숙(英淑)	영숙 ×	영숙 ×	영숙 ×	영숙 ×	영숙 ×	영숙 ×	영숙 ×	영숙 ×

연번	단 어	이은정	KBS	남광우	김민수	이희승	한글학회	이기문	북한사전
290	영화(映畵)	영화	영화	영화	영화	영화	영화	영화	영화
291	영화(榮華)	영화	영화	영화	영화	영화	영화	영화	영화
292	오다(來)	오다	오다	오다	오다	오다	오다	오다	오다
293	오빠	오빠	오빠	오빠	오빠	오빠	오빠	오빠	오빠
294	왜(부사)	왜	왜	왜	왜	왜	왜	왜	왜
295	용기(勇氣)	용기	용기	용기	용기	용기	용기	용기	용기
296	용서(容恕)하다	용서하다	용서하다	용서하다	용서하다	용서하다	용서하다	용서하다	용서하다
297	우리(대명사)	우리	우리	우리	우리	우리	우리	우리	우리
298	운명(運命)	운명	운명	운명	운명	운명	운명	운명	운명
299	울다(泣)	울다	울다	울다	울다	울다	울다	울다	울다
300	웃다(笑)	웃다	웃다	웃다	웃다	웃다	웃다	웃다	웃다
301	원대(遠大)하다	원대하다	원대하다	원대하다	원대하다	원대하다	원대하다	원대하다	원대하다
302	이(관형사)	이 ×	이 ×	이	이	이	이	이	이
303	이(의존명사)	이	이 ×	이	이	이	이	이	이
304	이때	이때	이때	이때	이때	이때	이때	이때	이때
305	이번	이번	이번	이번	이번	이번	이번	이번	이번
306	이불	이불	이불	이불	이불	이불	이불	이불	이불
307	이상(以上)	이*상	이상	이상	이상	이상	이상	이상	이상
308	이상(理想)	이상	이상	이상	이상	이상	이상	이상	리상
309	이야기	이야기	이야기	이야기	이야기	이야기	이야기	이야기	이야기
310	이야기하다	이야기하다	이야기하다	이야기하다	이야기하다	이야기하다	이야기하다	이야기하다	이야기하다
311	이제	이제	이제	이제	이제	이제	이제	이제	이제
312	인명(人命)	인명	인명	인명	인명	인명	인명	인명	인명
313	인생(人生)	인생	인생	인생	인생	인생	인생	인생	인생
314	일(一)	일	일	일	일	일	일	일	일
315	일(事)	일	일	일	일	일	일	일	일
316	일기(日記)	일기	일기	일기	일기	일기	일기	일기	일기
317	일(事)삼다	일삼다	일삼다	일삼다	일삼다	일삼다	일삼다	일삼다	일삼다
318	일(事)하다	일하다	일하다	일하다	일하다	일하다	일하다	일하다	일하다
319	잃다	잃다	잃다	잃다	잃다	잃다	잃다	잃다	잃다
320	잇다(續)	잇다	잇다	잇다	잇다	잇다	잇다	잇다	잇다
321	있다(存在)	있다	있다	있다	있다	있다	있다	있다	있다
322	잎	잎	잎	잎	잎	잎	잎	잎	잎
323	잎사귀	잎사귀	잎사귀	잎사귀	잎사귀	잎사귀	잎사귀	잎사귀	잎사귀

연번	단 어	이은정	KBS	남광우	김민수	이희승	한글학회	이기문	북한사전
324	자랑거리	자랑거리	자랑거리	자랑거리	자랑거리	자랑거리	자랑거리	자랑거리	자랑거리
325	자리(席)	자리	자리	자리	자리	자리	자리	자리	자리
326	자세(姿勢)	자세	자세	자세	자세	자세	자세	자세	자세
327	자신(自信)	자신	자신	자신	자신	자신	자신	자신	자신
328	자욱하다	자욱하다 ×	자욱하다	자욱하다	자욱하다	자욱하다	자욱하다	자욱하다	자욱하다
329	자탄(自歎)	자탄	자탄	자탄	자탄	자탄	자탄	자탄	자탄
330	잘(부사)	잘	잘	잘	잘	잘	잘	잘	잘
331	잠들다	잠들다	잠들다	잠들다	잠들다	잠들다	잠들다	잠들다	잠들다 ×
332	잡숫다	잡숫다	잡숫다	잡숫다	잡숫다	잡숫다	잡숫다	잡숫다	잡숫다
333	장(欌)	장	장	장	장	장	장	장	장
334	장(市場)	장	장	장	장	장	장	장	장
335	재미있다	재미있다	재미있다	재미있다	재미있다	재미있다	재미있다	재미있다	재미있다
336	저('나'의 낮춤말)	저	저	저	저	저	저	저	저
337	저희	저희	저희	저희	저희	저희	저희	저희	저희
338	절(拜)	절 ×	절	절	절	절	절	절	절
339	점심(點心)	점심	점심	점심	점심	점심	점심	점심	점심
340	접다(종이를~)	접다	접다	접다	접다	접다	접다	접다	접다
341	정박(碇泊)시키다	정박시키다	정박시키다	정박시키다	정박시키다	정박시키다	정박시키다	정박시키다	정박시키다
342	정화(淨化)	정화	정화	정화	정화	정화	정화	정화	정화
343	정화(情話)	정화	정화 ×	정화	정화	정화	정화	정화	정화
344	제일(第一)	제일	제일	제일	제일	제일	제일	제일	제일
345	조용하다	조용하다	조용하다	조용하다	조용하다	조용하다	조용하다	조용하다	조용하다
346	족(나란히)	족	족 ×	족 ×	족	족	족	족	족
347	좋다	좋다	좋다	좋다	좋다	좋다	좋다	좋다	좋다
348	좋아하다	좋아하다	좋아하다	좋아하다 ×	좋아하다	좋아하다	좋아하다	좋아하다	좋아하다 ×
349	주다(與)	주다	주다	주다	주다	주다	주다	주다	주다
350	주인공(主人公)	주인공	주인공	주인공	주인공	주인공	주인공	주인공	주인공
351	지나가다	지나가다	지나가다	지나가다	지나가다	지나가다	지나가다	지나가다	지나가다
352	지내다	지내다	지내다	지내다	지내다	지내다	지내다	지내다	지내다
353	지켜오다	지켜오다 ×	지켜오다	지켜오다	지켜오다 ×	지켜오다 ×	지켜오다	지켜오다	지켜오다
354	질병(疾病)	질병	질병	질병	질병	질병	질병	질병	질병
355	집	집	집	집	집	집	집	집	집
356	쫓겨나다	쫓겨나다	쫓겨나다	쫓겨나다	쫓겨나다	쫓겨나다	쫓겨나다	쫓겨나다	쫓겨나다
357	차례(순서)	차례	차례	차례	차례	차례	차례	차례	차례

연번	단 어	이은정	K B S	남광우	김민수	이희승	한글학회	이기문	북한사전
358	착목(着目)하다	착목하다 ×	착목하다 ×	착목하다	착목하다	착목하다	착목하다	착목하다	착목하다
359	참	참	참	참	참	참	참	참	참
360	창(窓)	창	창	창	창	창	창	창	창
361	창(唱)	창	창	창	창	창	창	창	창
362	천직(天職)	천직	천직	천직	천직	천직	천직	천직	천직
363	천직(賤職)	천직	천직	천직	천직	천직	천직	천직	천직 ×
364	철수(哲洙)	철수 ×	철수 ×	철수 ×	철수 ×	철수 ×	철수 ×	철수 ×	철수 ×
365	청춘(靑春)	청춘	청춘	청춘	청춘	청춘	청춘	청춘	청춘
366	쳐다보다	쳐다보다	쳐다보다	쳐다보다	쳐다보다	쳐다보다	쳐다보다	쳐다보다	쳐다보다
367	최선(最善)	최선	최선	최선	최선	최선	최선	최선	최선
368	치다(발을~)	치다	치다 ×	치다	치다	치다	치다	치다	치다
369	크다(大)	크다	크다	크다	크다	크다	크다	크다	크다
370	타다(乘)	타다	타다	타다	타다	타다	타다	타다	타다
371	토담집	토담집	토담집	토담집	토담집	토담집	토담집	토담집	토담집
372	튀다	튀다	튀다	튀다	튀다	튀다	튀다	튀다	튀다
373	특권	특권	특권	특권	특권	특권	특권	특권	특권
374	틀림없이	틀림없이	틀림없이	틀림없이	틀림없이	틀림없이	틀림없이	틀림없이	틀림없이
375	퍽(부사)	퍽 ×	퍽	퍽	퍽	퍽	퍽	퍽	퍽
376	편지(便紙)	편지	편지	편지	편지	편지	편지	편지	편지
377	포근히	포근히	포근히	포근히	포근히	포근히	포근히	포근히	포근히
378	표현형식(表現形式)	표현형식	표현형식	표현형식	표현형식	표현형식	표현형식	표현형식	표현형식
379	피(避)하다	피하다	피하다	피하다	피하다	피하다	피하다	피하다	피하다
380	하나(一)	하나	하나	하나	하나	하나	하나	하나	하나
381	하늘	하늘	하늘	하늘	하늘	하늘	하늘	하늘	하늘
382	하다(爲)	하다	하다	하다	하다	하다	하다	하다	하다
383	하다(보조동사)	하다	하다	하다	하다	하다	하다	하다	하다
384	학교(學校)	학교	학교	학교	학교	학교	학교	학교	학교
385	한(一)	한	한 ×	한	한	한	한	한	한
386	할머니	할머니	할머니	할머니	할머니	할머니	할머니	할머니	할머니
387	항상(恒常)	항상	항상	항상	항상	항상	항상	항상	항상
388	해('하여'의 준말)	해 ×	해 ×	해	해	해	해	해	해
389	허둥대다	허둥대다	허둥대다	허둥대다	허둥대다	허둥대다	허둥대다	허둥대다	허둥대다
390	험상궂다	험상궂다	험상궂다	험상궂다	험상궂다	험상궂다	험상궂다	험상궂다	험상궂다
391	형제(兄弟)	형제	형제	형제	형제	형제	형제	형제	형제

연번	단 어	이은정	KBS	남광우	김민수	이회승	한글학회	이기문	북한사전
392	혼자	혼자	혼자	혼자	혼자	혼자	혼자	혼자	혼자
393	후(後)	후	후	후	후	후	후	후	후
394	흘러내리다	흘러내리다	흘러내리다	흘러내리다	흘러내리다	흘러내리다	흘러내리다	흘러내리다	흘러내리다
395	힘	힘	힘	힘	힘	힘	힘	힘	힘

2. 용언 활용형의 음장 I (사전)

연번	단 어	이은정	KBS	남광우	김민수	이회승	한글학회	이기문	북한사전
1	걸어(步)	걸어	걸어	걸어	걸어가다 걸어오다	걸어가다 걸어오다	걸어가다 걸어오다	걸어가다 걸어오다	걸어가다 걸어오다
2	고와서(娟)	고운명주우렁이	고와서	고와서	고운체	고운명주우렁이 고운물결나방 고운체	고운패 고운때 고운명주 고운체	고운때	고운때
3	골랐습니다(擇)	골라내다 골라잡다	골라내다 골라잡다	골라	골라내다 골라잡다	골라내다 골라잡다	골라잡다	골라내다 골라잡다	골라내다 골라잡다
4	구워(炙)	구운밤 구운빵 구워 삶다	구운밤 구워삶다	구워	구운석고 구워삶다	구운두부 구운만두 구워삶다	구워 (일러두기 p.12 예시)	구운밤 구운석고 구워삶다	구운밤 구운석고
5	긴(長)	긴말 긴병	긴말 긴병	긴	긴말 긴병	긴말 긴병	긴말 긴병	긴말 긴병	긴말 긴병
6	까(剝)	가+아→가, 서+어→서(김완진 '72b : 38短, 표준발음법 해설 제6항 맨 끝부분 短)							
7	남은(餘)	남아돌다	남아 남는 남아돌다	남아 남는	남아돌다 남아돌아가다	남아돌다	남아나다 남아돌다 남아넘치다	남아돌다 남아돌아가다	남아나다 남아넘치다 남아돌다 남아돌아가다
8	넣어(入)		넣어 넣는	넣어 넣는			"넣다"자체가 音長이 없음		"넣다"자체가 음장이 없음

연번	단 어	이은정	KBS	남광우	김민수	이회승	한글학회	이기문	북한사전
9	놀는(遊)	놀는계집	놀는게집	놀는	놀는게집	놀는게집	놀는게집	놀는게집	"놀다"자체가 음장이 없음
10	놀았습니다(遊)	놀아 단. 놀오	놀아나다 놀아먹다	놀아	놀아나다 놀아먹다	놀아나다 놀아먹다	놀아나다 놀아먹다	놀아나다 놀아먹다	놀아나다 놀아먹다
11	든(질병이)	달다(煎)→단, 불다(吹)→분, 알다(知)→안(김완진 '72b : 37)							
12	든(들어있는)	타다(乘)→탄, 이다(戴)→인, 보다(見)→본(김완진 '72b : 37))							
13	들은(聞)	'듣다(聞)'의 듣-'이 본래 음장이 얹히지 않음							
14	따(굴을)	가+아→가, 서+어→서(김완진 '72b : 38 短, 표준발음법 해설 제6항 맨끝부분 短)							
15	많아서(多)	'많다'자체가 음장이 없음	많아(서) 많은	많아(서) 많은	많은 나이	——	——	많아지다	——
16	먹어서(食)	'먹다(食)'의 '먹-'이 본래 음장이 얹히지 않음							
17	멀어서(遠)	멀어서 * 모음어미 앞에서도 길다고 명기	멀어서	멀어서	——	——	멀어질성(性) 멀어질심(心)	멀어지다	——
18	몰라서	몰라서	몰라(서)	몰라(서)	몰라보다 몰라주다	몰라보다 몰라주다	몰라보다 몰라주다	몰라보다 몰라주다	몰라보다 몰라주다
19	보아서는	'보다(見)'의 '보-'가 본래 음장이 얹히지 않음							
20	빌었습니다	빌어먹다 빌어먹을	빌어먹다	빌어먹다	빌어먹다 빌어먹을	빌어먹다 빌어먹을	빌어먹다	빌어먹다 빌어먹을	빌어먹다
21	삶(生)	—— 삶길 삶날	삶길 삶날	삶날	삶길 삶날	삶길 삶날	삶길 삶날 삶판	삶길 삶날 삶판나다	'살다' 자체가 음장이 없음
22	숨어서	숨은장	——	숨어(서)	숨어들다 숨어살다 숨은눈 숨은바위 숨은장	숨은그림 숨은눈등	숨어살다 숨은눈등	숨은장	'숨다' 자체가 음장이 없음
23	썩어서	'썩다(腐)'의 '썩-'이 본래 음장이 얹히지 않음							
24	없어(無)	없어 * 모음어미 앞에서도 길다고 명기	없어	없어	없어지다 없애다 없이하다	없애다 없어지다 없이	없애다 없어지다 없이살다	없애다 없어지다 없이하다	'없다' 자체가 음장이 없음

연번	단 어	이은정	KBS	남광우	김민수	이희승	한글학회	이기문	북한사전
25	웃으며(笑)	웃으며 * 모음어미 앞에서도 길다고 명기	웃어 웃어ㄹ다 웃음	웃어 웃어대다 웃음	웃음	웃어대다 웃음 등	웃어넘기다 웃어ㄹ다 웃어젖히다 웃음등	웃어넘기다 웃어대다 웃음	'웃다'의 자체가 음장이 없음
26	이은(續)	이어받다 이어달리기 이어서	이은	이은	이어받다 이어달리기 이어서	이어받다 이어달리기 이어서 등	이은 (일 러 두 기 p. 12 예시)	이어갈이 이어나가다 이어달리기 이어받다 이어서 등	'잇다' 자체가 음장이 없음
27	좋아	좋아 * 모음어미 앞에서도 길다고 명기	좋아지다 좋아하다 좋이	좋이	좋아지다 좋아하다 좋이	좋아지다 좋아하다 좋이	좋아 좋아지내다 좋아지다 좋아하다 좋이	좋아 좋아지다 좋아하다 좋이	좋은고치 좋은일하기 좋이
28	하였습니다	'하다(爲)'의 '하-'가 본래 음장이 얹히지 않음							
29	해(보조동사)	↕ 의 영향으로 음장이 얹히지 못하는 듯							
30	했어요	[-t]을 가지는 단음절 어간은 음장이 얹히지 않음(남광우 1993a : 267, 1993b : 2, 1995 : 12)							

3. 용언 활용형의 음장Ⅱ(논문)

연번	단 어	논 문 명
1	걸어(步)	이병근(1975:66)短, 남광우(1995:16)短
2	고와서(娟)	남광우(1993a:264)短, 김완진(1972b:34)短, 이병근(1978:46)短, 김진우(1976:50)短, 이철수(1994:291)短
3	골랐습니다	김완진(1972b:34)長
4	구워(炙)	이병근(1978:46)短, 남광우(1993a:264)短
5	긴(長)	김완진(1972b:37)長, 남광우(1993a:268)長
6	까(剝)	김완진(1972b:38)長, 표준발음법 해설(제6항 맨끝)短
7	남은(餘)	남광우(1995:15)長, 이병근(1978:30)短
8	넣어(入)	남광우(1995:16)長, 남광우(1993a:264)長
9	노는(遊)	남광우(1993a:268)長, 김완진(1972b:37)長
10	놀았습니다(遊)	남광우(1995:268)短, 남광우(1993a:264)短
11	돈(질병이~)	김완진(1972b:37)長, 남광우(1993a:268)長
12	든(들어있는)	김완진(1972b:37)短, 남광우(1993a:268)長

연번	단 어	논 문 명
13	들은(聞)	'듣다(聞)'의 '듣-'이 본래 음장이 없음
14	따(摘)	김완진(1972b:38)短, 표준발음법해설(제6항 맨끝)短
15	많아서	이병근(1975:66)長
16	먹어야	'먹다(食의 '먹-'이 본래 음장이 없음
17	멀어서	이병근(1975:66)長, 표준발음법해설(제7항의 1설명)長, 허웅(1968:264)短, 남광우(1993a:263)短
18	몰라서	김완진(1972b:34)長
19	보아서는	'보다(見)' '보-'가 본래 음장이 없음
20	빌었습니다(祈)	남광우(1995:15)短
21	살(生)	이병근(1975:77)長
22	숨어서	남광우(1993a:263)短
23	썩어서	'썩다(腐)'의 '썩-'이 본래 음장이 없음
24	없어	남광우(1995:16)長, 남광우(1993a:264)長, 김완진(1972b:34)長, 이병근(1975:66)長, 표준발음법(제7항)長, 이철수(1994:231)長
25	웃으며	남광우(1995:16)長, 남광우(1993a:264)短, 남광우(1993a:266)長, 이병근(1978:30)短, 표준발음법(제7항해설)長, 남광우(1993:4)長
26	이은(續)	김완진(1972b:38)短, 이병근(1978:47)短, 김진우(1976:48)短, 남광우(1993a:265)短
27	좋아	김완진(1972b:34)短, 이병근(1975:66)短, 김진우(1976:50)短
28	하였습니다	'하다(爲)'의 '하-'가 본래 음장이 없음
29	해(보조동사)	↕의 영향으로 음장이 얹히지 못하는 듯
30	했어요	남광우(1995:12)短, 남광우(1993a:267)短, 남광우(1993b:2)短

[부록Ⅲ]

조사 대상 어휘의 어형별 빈도표[발췌]

　　본래의 '어형별 빈도표'는 양이 많고 보기가 불편하여 본 논문에서 주로 논의의 대상이 된 유음장 어형의 빈도가 무음장 어형의 빈도보다 높았던 경우만을 발췌하여 여기에 싣는다.

　　논의된 문제 가운데, 무음장 어형보다 빈도가 적으면서, 음장이 연속하여 얹힌 경우, 제일음절(第一音節)에서 음장을 가지던 음절이 제이 이하(第二以下) 음절 위치로 이동한 경우, 제이 이하(第二以下) 음절에 음장이 얹힌 경우, 단음절(單音節) 용언 어간에 모음 어미가 이어진 경우 등은 여기에 싣지 못하였다. 이와 같은 경우나 더 자세한 내용을 알고자 하는 분은 학위 논문의 「부록Ⅲ」을 찾아 보시기 바람.

　　표에서 '1:2', '1:3' 등의 표기는 '무음장 어형(無音長語型)의 빈도 : 당해 어형(當該語型)의 빈도'를 의미함

서울·개포

연번	어형	녹음		조사 I		조사 II	
		성인	학생	성인	학생	성인	학생
1	국위(國威)					1:2	
2	굴(窟)			1:3			
3	굴(蝸)			1:3			
4	그림					1:3	
5	긴(長)				12:40	1:3	21:31
6	눈(雪)			1:3			24:28
7	들다(질병이~)					1:3	
8	돌(첫生日)					1:3	
9	발(簾)			1:3			
10	밤(栗)			1:3	22:30		
11	병(病)			1:3			
12	벽석					1:3	
13	북소리					1:2	

연번	어형	녹음		조사 I		조사 II	
		성인	학생	성인	학생	성인	학생
14	㉓정(事情)					1:3	
15	㉔				18:34		
16	㉑양하다					1:3	
17	㉑장					1:3	
18	㉚다					1:3	
19	㉓(唱)					1:3	
20	㉣권					1:2	
21	㉣림없이					1:3	
22	포㉮히					1:3	
	어형의 수(계)	**26**	0	0	6	3	15	2
	표준어와 일치한 어형수	**16**			5	3	6	2

서울·광진

연번	어형	녹음		조사 I		조사 II	
		성인	학생	성인	학생	성인	학생
1	㉤(窟)						22:27
2	㉮			2:3	22:27	2:3	13:36
3	㉯(倍)					2:3	
4	㉔('살다'의 활용형)				24:25		
5	㉮기					1:4	
6	㉭대하다					2:3	
7	㉮상(理想)은					2:3	
	어형의 수(계)	**10**			1	2	5	2
	표준어와 일치한 어형수	**10**			1	2	5	2

인천

연번	어형	녹음		조사 I		조사 II	
		성인	학생	성인	학생	성인	학생
1	㉤밤					1:2	
2	㉤(窟)	1:2		1:2		0:3	19:26
3	㉠					1:2	21:24
4	㉮			0:3	20:25	0:3	13:32
5	㉬다						13:31

연번	어형	녹음		조사 I		조사 II	
		성인	학생	성인	학생	성인	학생
6	뱀심으로			1:2		0:3	
7	뱀					1:2	
8	뽈다					1:2	
9	눈(雪)이			0:3		0:3	
10	딴					1:2	
11	대신(代身)			0:3			
12	대신(大臣)					0:3	
13	돈(질병이~)			1:2			
14	돈(錢)					0:3	
15	돌다					1:2	
16	돌(石)			1:2		1:2	
17	동기(動機)와			1:2			
18	땀					1:2	
19	말(言)			1:2		0:3	15:30
20	말하다					0:3	
21	맑다					0:3	
22	몰래					1:2	
23	뭐당에게					1:2	
24	발(簾)			0:3		0:3	21:24
25	밤(栗)	1:2		0:3		1:2	
26	병(病)			0:3		0:3	
27	보통					1:2	
28	뵙는(다)			1:2		1:2	
29	붉홍치마의			1:2		1:2	
30	빨다					0:3	
31	사정(事情)					0:3	
32	사투리					1:2	
33	살('살다'의 활용형)			0:3			
34	살고(다)			1:2		1:2	
35	살고			1:2			
36	세상은			1:2			
37	소녀			1:2		1:2	
38	송에					0:3	
39	수없이			1:2		1:2	
40	숨다					1:2	
41	쉬다					1:2	
42	쐬다					1:2	
43	야단을			1:2			
44	얘			0:3			
45	얽다					1:2	

연번	어형	녹음		조사 I		조사 II	
		성인	학생	성인	학생	성인	학생
46	㉫한(하다)			0:3		1:2	
47	㉭구(永久)한			0:3			
48	㉮다					1:2	
49	㉯상(理想)은			1:2			
50	㉰(事)			1:2		0:3	
51	㉱하다					1:2	
52	㉲다					1:2	
53	㉳세는					1:2	
54	㉴			1:2			
55	㉵(檄)			0:3			
56	㉶심					1:2	
57	㉷			0:3			
58	㉸다					1:2	
59	㉹직(天職)					1:2	
60	㉺선(最善)의			1:2		1:2	
61	㉻지					1:2	
62	㊀					1:2	
어형의 수(계)	87	2	0	30	1	48	6
표준어와 일치한 어형수	83	2		29	1	46	5

경기·양평

연번	어형	녹음		조사 I		조사 II	
		성인	학생	성인	학생	성인	학생
1	㉮물 가뭄			1:2			17:23
2	㉯신히					1:2	
3	㉰어가다					1:2	
4	㉱밤					1:2	14:22
5	㉲원(久遠)			1:2			
6	㉳(窟)				19:24		20:30
7	㉴(蠍)			1:2	22:25		9:41
8	㉵다(炙)						21:24
9	㉶						21:29
10	㉷래			1:2			
11	㉸			1:2			22:28
12	㉹			0:3	10:40		13:37
13	㉺다					1:2	

연번	어형	녹음		조사Ⅰ		조사Ⅱ	
		성인	학생	성인	학생	성인	학생
14	길(道)			1:2			18:32
15	길(丈)						20:30
16	넓다						20:27
17	높가						21:23
18	눈(雪)						18:32
19	눈(眼)						20:30
20	눈물			1:2		1:2	17:20
21	달						24:26
22	다듬쥐						13:18
23	돈						21:29
24	대신(代身)			0:3			17:19
25	대신(大臣)					1:2	
26	돈(질병이~)				23:27		21:29
27	돈(錢)						18:32
28	돌(石)						23:27
29	듣다(聞)						23:24
30	들다(가물이~)						21:27
31	들어갔습니다			1:2			
32	말가루			1:2			14:21
33	맏다(고)						14:32
34	말				24:26		
35	많이						19:24
36	말(馬)						24:26
37	말(言)						18:33
38	말세						15:22
39	먼지						17:26
40	멀다(遠)						19:25
41	메우다(자)					1:2	
42	올래			1:2			18:23
43	못시						20:21
44	문(門)						24:26
45	밤(夜)			1:2			16:34
46	밤(栗)			0:3	18:29		17:33
47	방(房)						23:27
48	방앗간						13:18
49	배(腹)						21:29
65	손길						17:18
66	쓸없이					1:2	
67	숨다						22:24
68	쉽아지다(집니다)			1:2			

연번	어형	녹음		조사 I		조사 II	
		성인	학생	성인	학생	성인	학생
69	㉮니야					0:2	
70	㉮무도					0:3	
71	㉯닭						18:25
72	㉯			1:2			
73	㉯			1:2	19:31		
50	㉯(梨)			1:2	20:28	1:2	22:8
51	㉯(舟)						23:27
52	㉯(瓶)					1:2	24:26
53	㉯(病)			1:2			
54	별㉯						12:25
55	㉯정(否定)						18:19
56	㉯꽃			1:2			
57	㉯다(祈)						18:23
58	㉯소리					1:2	16:21
59	㉯정(事情)						17:18
60	㉯('살다'의 활용형)				12:38		
61	㉯고(다)			1:2		1:2	17:31
62	㉯(三)						24:26
63	㉯장						15:17
64	㉯월			1:2			
74	㉯들아			1:2			
75	㉯고						18:24
76	㉯하다						19:20
77	㉯구(永久)하다						18:26
78	㉯					1:2	24:26
79	㉯기						17:23
80	㉯고(다)			1:2			
81	㉯불 이㉯					1:2	17:25
82	㉯상(以上) 이㉯(以上)			1:2			18:22
83	㉯상(理想)					1:2	
84	㉯생						15:26
85	㉯(一)						24:26
86	㉯(事)			1:2			23:27
87	㉯하다(고)					1:2	18:19
88	㉯기(日記)			1:2			
89	이㉯						17:20
90	㉯사귀					1:2	
91	㉯리					1:2	
92	㉯세			1:2			

연번	어형	녹음		조사 I		조사 II	
		성인	학생	성인	학생	성인	학생
93	장(機)			1:2	23:27		
94	장(市場)			1:2			17:33
95	절(拜)						23:27
96	정화(淨化)되다						17:19
97	제일						14:20
98	좀			1:2	20:30		
99	주다						19:24
100	좋다						19:26
101	참				16:34		24:26
102	창(唱)					1:2	
103	천직(天職)					0:3	
104	청춘						11:21
105	판			1:2			
106	판하다					1:2	
107	해				21:29		
108	한(一)						23:27
109	훤						17:33
어형의 수(계) 144		0	0	32	13	23	76
표준어와 일치한 어형수 70				16	9	11	34

강원 · 평창

연번	어형	녹음		조사 I		조사 II	
		성인	학생	성인	학생	성인	학생
1	갈			2:3			
2	굴(窟)						13:14
3	굴(蠣)						12:14
4	그					2:3	11:15
5	기	2:3		0:5		0:5	9:17
6	깁다					2:3	
7	돌(石)					2:3	
8	돌래			0:4			
9	발(簾)					2:3	
10	살('살다'의 활용형)			2:3			
11	수(繡)					2:3	
12	수없이			2:3			
13	애			1:4		1:4	5:21
14	애기					2:3	

연번	어형		녹음 성인	녹음 학생	조사 I 성인	조사 I 학생	조사 II 성인	조사 II 학생
15	인				2:3			
16	쓩				0:5			
17	볩				2:3			
어형의 수(계)		23	1	0	9	0	8	5
표준어와 일치한 어형수		17	1		6		7	3

강원 · 강릉

연번	어형	녹음 성인	녹음 학생	조사 I 성인	조사 I 학생	조사 II 성인	조사 II 학생
1	굴(窟)				15:19		15:21
2	굴(蠣)			1:2	14:21	1:2	
3	긔						12:24
4	길			1:2	10:26		4:32
5	걸(道)					1:2	
6	곪다					1:2	
7	눈(雪)					1:2	
8	돋다(질병이~)					1:2	
9	돌(石)						16:20
10	망이					0:2	
11	말(馬)			1:2			
12	말(言)			1:2			17:19
13	맴세					1:2	
14	맵다					1:2	
15	발(簾)				16:17		16:20
16	밤(夜)						17:19
17	밤(栗)			1:2			
18	배(舟)						15:21
19	병(病)					1:2	16:20
20	붕정(不淨)하다					1:2	
21	붕홍치마					1:2	
22	빌다(祈)					1:2	
23	살('살다'의 활용형)				12:24		
24	애			10:26			
25	애기					0:3	
26	이상(理想)					1:2	16:19
27	엄사귀					1:2	
28	포슨히					1:2	

연번	어형		녹음		조사 I		조사 II	
			성인	학생	성인	학생	성인	학생
29	㉠등대다					1:2		
어형의 수(계)		38	0	0	6	6	16	10
표준어와 일치한 어형수		25			4	5	9	7

충북·단양

연번	어형		녹음		조사 I		조사 II	
			성인	학생	성인	학생	성인	학생
1	㉠(窟)				0:5			9:17
2	㉠(螺)							11:15
3	㉠						2:4	12:14
4	㉠				1:5	11:15	2:4	9:17
5	㉠(道)							11:15
6	㉠(丈)							11:15
7	㉠(汝)							12:14
8	㉠(雪)						2:4	10:16
9	㉠(錢)							12:14
10	㉠(夜)						2:4	9:17
11	㉠(梨)							11:15
12	㉠(舟)							8:18
13	㉠('살다'의 활용형)				2:4	10:16		
14	㉠(事)							12:14
15	㉠							12:14
16	㉠(一)				1:5			11:15
17	㉠							11:16
어형의 수(계)		26	0	0	4	2	4	16
표준어와 일치한 어형수		14			3	2	2	7

대전

연번	어형		녹음		조사 I		조사 II	
			성인	학생	성인	학생	성인	학생
1	㉠(窟)					13:32		15:34
2	㉠(螺)							20:29
3	㉠						1:3	18:31

연번	어형	녹음		조사 I		조사 II	
		성인	학생	성인	학생	성인	학생
4	㉮			1:3	15:34		7:42
5	㉯(道)						21:28
6	㉰(雪)				22:24		23:26
7	㉱(질병이~)			1:3			20:29
8	㉲(첫生日)						24:25
9	㉳(石)				24:25		23:26
10	㉴이						19:24
11	㉵(言)						13:36
12	㉶세						20:22
13	㉷다						20:29
14	㉸(簾)				17:31		20:29
15	㉹써						16:23
16	㉺(病)				20:26		22:27
17	㉻(活用)			1:3	21:28		
18	㉼(內)						24:25
19	㉽트막하다					1:3	
20	㉾			1:3	23:26		
21	㉿구하다						19:22
22	㋀						23:26
23	㋁(事)						21:28
24	㋂				20:29		
25	㋃(市場)						22:27
26	㋄화(情話)						19:21
27	㋅일			1:3			15:25
28	㋆				19:30		
29	㋇				20:29		
30	㋈선의						18:22
31	㋉			0:4	22:27		
32	㋊상			1:3			
어형의 수(계)	45	0	0	7	12	2	24
표준어와 일치한 어형수	29			5	9	0	15

충남 · 청양

연번	어형	녹음		조사 I		조사 II	
		성인	학생	성인	학생	성인	학생
1	㉮	1:2		1:2	12:17		5:24
2	㉰원(久遠)의					1:2	

연번	어형	녹음		조사 I		조사 II	
		성인	학생	성인	학생	성인	학생
3	㉠			1:2			
4	앱					1:2	
5	뱀(簾)				9:19		
6	헙고(다)			0:3		1:2	
7	야주			1:2			
8	얘기					1:2	
9	배(梨)				14:15		
10	배(倍)					1:2	
11	병(病)						11:18
12	이상(理想)					1:2	
13	자옹했습니다(하다)			0:2			
14	창(欌)			1:2		1:2	
15	정화(情話)					1:2	
16	참			1:2			
17	창(唱)					1:2	
18	얩			1:2			
19	최근히					1:2	
어형의 수(계)	24	1	0	8	3	10	2
표준어와 일치한 어형수	15	1		3	2	7	2

전북·순창

연번	어형	녹음		조사 I		조사 II	
		성인	학생	성인	학생	성인	학생
1	간신히					1:2	
2	갖을			1:3		1:3	
3	곱다(娟)					1:3	
4	구원(久遠)의					1:3	
5	㉠						19:21
6	㉠림					1:2	
7	극히					1:2	
8	기				12:28	1:3	7:33
9	깨다					1:3	
10	나쁨짐					0:4	
11	달라지다(졌다)					1:2	
12	(질병이~)					1:3	
13	돌다					1:3	
14	돌(石)					1:3	

연번	어형	녹음		조사 I		조사 II	
		성인	학생	성인	학생	성인	학생
15	돌아오다					0:3	
16	뛰다(고)					1:3	
17	만세			1:2			
18	맹발			1:2			
19	매달리다					1:3	
20	먼다					1:3	
21	멀어서					1:2	
22	몰라서					1:2	
23	몰래					0:4	
24	몹시			1:3			
25	발(簾)			1:2		1:3	
26	밤(夜)						13:27
27	병(病)			1:2			
28	분홍치마					1:3	
29	빗소리					1:3	
30	살다(고)					1:3	
31	살아나다					1:3	
32	살('살다'의 활용형)				17:23		
33	수없이					1:2	
34	숨다					1:3	
35	썩다					1:3	
36	야트막하다(한)					1:2	
37	얹다					1:3	
38	얹다					1:3	
39	연하다(한)			1:3		1:3	
40	영구(永久)한(하다)			1:3		0:4	
41	우명의			1:2			
42	울다(고)					1:3	
43	원대하다(고)					1:2	
44	일하다(고)					1:3	
45	읽기					0:4	
46	있다					1:3	
47	잎사귀					1:3	
48	자욱하다					1:3	
49	종	1:2					
50	최선의			1:3			
51	포근히			1:2		0:4	
	어형의 수(계)	58	1	0	11	2	41	3
	표준어와 일치한 어형수	33			8	2	22	1

광주

연번	어형	녹음		조사 I		조사 II	
		성인	학생	성인	학생	성인	학생
1	간신히						9:18
2	개성적						14:21
3	거리(距離)					2:3	
4	거리(街)					2:3	
5	거짓을			2:3		2:3	21:28
6	곱다(娟)						20:22
7	구원(久遠)의			2:3		0:4	
8	구원(救援)의			2:3			
9	구조(構造)가					2:3	23:25
10	구조(救助)가			2:3			22:24
11	군밤			0:2		0:3	11:30
12	굴(窟)			0:5		1:4	
13	굴(蠣)			1:4	24:25		19:31
14	귀여운						17:19
15	귀중하다					2:3	
16	그래				24:26		14:31
17	기	1:4		0:5	14:36	1:4	6:44
18	길다						20:30
19	나뭇결 / 나뭇짐						14:18 / 14:15
20	낮에는			2:3		2:3	
21	내심					0:5	15:31
22	내가					0:5	20:22
23	넓다					2:3	
24	넷(四)			2:3			
25	놀다(자)			2:3		0:5	15:34
26	눈(雪)			2:3	22:23	2:3	
27	대신(代身)						19:24
28	대신(大臣)					2:3	19:25
29	덥다(暑)					2:3	
30	돌(질병이~)			0:5			
31	돌다(廻)					2:3	
32	돈(貨)					1:4	
33	돌(石)			1:4		2:3	
34	동기(同期)						16:25
35	떡가루						13:14
36	맵다					0:5	19:30
37	맑다					2:3	20:29

연번	어형	녹음		조사 I		조사 II	
		성인	학생	성인	학생	성인	학생
38	ⓐ이	2:3		0:5	20:27	0:4	7:40
39	ⓐ(言)					0:5	
40	ⓐ하다						19:25
41	ⓐ발이냐			2:3			
42	ⓐ다					1:4	13:36
43	메ⓐ다(자)			·			19:22
44	ⓐ두						18:28
45	ⓐ라서						13:28
46	ⓐ래			2:3	19:26	2:3	5:39
47	ⓐ시						19:28
48	ⓐ당					0:4	
49	무ⓐ도						14:26
50	ⓐ(門)					2:3	
51	ⓐ(簾)	2:3		2:3	20:30	0:5	21:29
52	ⓐ(夜)					2:3	
53	ⓐ(栗)	2:3		2:3	12:38	0:5	
54	ⓐ(倍)					2:3	
55	ⓐ(病)			0:5		2:3	
56	ⓐ발 별ⓐ			0:2 0:3		2:3	
57	ⓐ정(否定)			1:2			
58	ⓐ석					2:3	19:27
59	비ⓐ다(고)						20:23
60	ⓐ다					0:5	18:32
61	ⓐ소리 빗ⓐ리						11:16 11:18
62	ⓐ람					2:3	
63	ⓐ정(事情)			2:3		2:3	22:23
64	ⓐ정(私情)						16:22
65	ⓐ투리			1:4			18:19
66	ⓐ('살다'의 활용형)			0:5	17:33		
67	ⓐ다(고)			2:3		2:3	16:29
68	서ⓐ대다(고)					1:3	
69	ⓐ양하다(고)			0:4			
70	ⓐ상			2:3		1:4	
71	ⓐ녀가					0:4	
72	소ⓐ제						15:22
73	ⓐ(繡)					1:4	
74	ⓐ없이			1:4	20:26	1:4	6:28
75	ⓐ다					2:3	13:32

연번	어형		녹음		조사 I		조사 II	
			성인	학생	성인	학생	성인	학생
76	숨어서 숨어서						1:2 1:2	
77	한다(고)						0:5	10:38
78	한다(며)							20:28
79	아니야							15:23
80	아무도						0:5	
81	아저씨들이					20:21		
82	아주							19:25
83	야단						2:3	
84	야트막하다							19:23
85	애				2:3	18:32		19:31
86	애들아					20:22		
87	어머니							13:20
88	언제나							17:18
89	여로(女路)		1:4		0:4		2:3	
90	여유							20:23
91	연한(하다)				0:5		2:3	14:30
92	영구(永久)한(하다)				0:4	21:22	0:4	
93	오래							20:24
94	왜				2:3			
95	우리							21:26
96	울다						0:5	16:32
97	웃다					18:28		
98	이상(理想)은				1:3			21:28
99	이야기							17:27
100	일하다(고)						2:3	18:22
101	읽다						2:3	
102	이은							16:23
103	자세						0:5	16:28
104	자유하다							17:21
105	장(欌)				0:5	23:27	2:3	
106	제일		1:3			22:27	2:3	6:39
107	좋다						2:3	
108	질병							18:22
109	최선의				2:3		2:3	13:33
110	타다							23:24
111	한지							17:25
112	향상					21:23		13:33
113	후						2:3	23:27
어형의 수(계)		195	6	0	38	18	62	71
표준어와 일치한 어형수		140	5		32	13	51	39

전남·완도

연번	어형	녹음		조사 I		조사 II	
		성인	학생	성인	학생	성인	학생
1	㉮리(距離)가						19:24
2	㉮리(街)는						17:26
3	㉮짓을					1:4	
4	㉵다(娟)					2:3	19:24
5	㉠와서						14:22
6	㉤원(久遠)의				10:35	1:4	11:30
7	㉤원(救援)의					2:3	
8	㉤조(構造)가						19:22
9	㉤조(救助)가						19:23
10	㉤밤						7:31
11	㉢(窟)			2:3	10:34	2:3	
12	㉢(蟈)				17:28	1:4	21:24
13	㉠					2:3	
14	㉠	1:4		2:3	12:33	1:4	12:33
15	㉥심					1:4	
16	㉦가						19:21
17	㉧자(다)			2:3			18:27
18	㉣(雪)				15:28	2:3	11:34
19	㉨신(大臣)					2:3	21:23
20	㉭(질병이~)					1:4	
21	㉪다(廻)					2:3	19:25
22	㉫(貨)						22:23
23	㉬(石)					2:3	
24	㉭기(動機)						13:28
25	㉮다(힘이~)						19:24
26	㉯다					2:3	
27	㉰이						13:32
28	㉱(言)					1:4	22:23
29	㉲다						15:30
30	㉳래						16:28
31	㉴시						16:28
32	㉵(簾)			2:3	13:32	1:4	16:29
33	㉶(栗)				5:39	0:5	
34	㉷(病)				22:23		21:24
35	㉸정(事情)			2:3		1:4	18:25
36	㉸정(私情)					2:3	18:27
37	㉹('살다'의 활용형)			1:4	14:31		

연번	어형	녹음		조사 I		조사 II	
		성인	학생	성인	학생	성인	학생
38	㉹다(고)						20:25
39	㉺월					2:3	
40	㉻없이			2:3		1:4	12:30
41	㉼다						16:28
42	㉽무도					2:3	19:21
43	㉾애				21:24		
44	㉿기(餘技)						18:25
45	㊀한(하다)			2:3			19:24
46	㊁구(榮九)					1:4	
47	㊂구(永久)한(하다)			1:4	15:26	1:4	17:25
48	㊃다(고)					2:3	20:24
49	㊄대하다(고)			2:3		2:3	
50	㊅상(理想)					2:3	
51	㊆(事)					2:3	
52	㊇다					2:3	
53	㊈세					2:3	20:23
54	㊉(機)			2:3	16:29		
55	㊊심					2:3	
56	㊋화(情話)						16:21
57	㊌일				18:26		14:29
58	㊍아						19:21
59	㊎선의			2:3			16:28
60	㊏					2:3	21:24
어형의 수(계)		100	1	0	12	13	33	41
표준어와 일치한 어형수		88	1		12	12	29	34

대구

연번	어형	녹음		조사 I		조사 II	
		성인	학생	성인	학생	성인	학생
1	㉮명적			1:2		1:2	
2	㉯성적					1:2	
3	㉰리(距離)					1:2	
4	㉱리(街)					0:3	21:30
5	㉲짓			1:2		1:2	
6	㉳다(步)					1:2	
7	㉴울					1:2	

연번	어형	녹음		조사 I		조사 II	
		성인	학생	성인	학생	성인	학생
8	㉠국					1:2	
9	㉡원(久遠)의			0:3			22:29
10	㉡원(救援)의			1:2		1:2	25:27
11	㉡밤			1:2			16:29
12	㉣(窟)				19:32	1:2	
13	㉣(蝎)			1:2	16:36	1:2	19:34
14	㉤여운					1:2	
15	㉤중한			1:2			
16	㉥	1:2		1:2	20:33	1:2	15:38
17	㉦다					1:2	
18	㉧심					1:2	18:32
19	㉨가			1:2			
20	㉩(四)					1:2	
21	㉪다					1:2	25:27
22	㉫(雪)				15:37		25:28
23	㉫물					1:2	
24	㉬						26:28
25	㉭퓽			1:2			
26	㉮신					1:2	
27	㉯신(代身)					1:2	21:30
28	㉯신(大臣)					1:2	26:27
29	㉰(질병이~)			1:2			22:31
30	㉱다(廻)					1:2	18:35
31	㉱(錢)					0:3	22:31
32	㉲(石)			1:2		1:2	22:31
33	㉳규(東奎)			1:2			
34	㉳기(動機)			1:2		1:2	21:30
35	㉳네					1:2	
36	㉳무			1:2		1:2	
37	㉴생					1:2	
38	㉵다(힘이~)					1:2	
39	㉶다					1:2	
40	㉷다						25:28
41	㉷이						19:32
42	㉸(言)			1:2		1:2	22:31
43	㉸세					1:2	
44	㉹발			1:2			
45	㉺지					1:2	
46	㉻다					1:2	20:33
47	㉼래			0:3		1:2	21:32

연번	어형	녹음		조사 I		조사 II	
		성인	학생	성인	학생	성인	학생
48	쉬시						22:29
49	쉬당			1:2		1:2	
50	밤(栗)			0:3	17:36	0:3	
51	밤(簾)			1:2	22:31	0:3	24:29
52	밤앗간					1:2	
53	벌써					1:2	
54	병(病)				14:39		20:23
55	변통			1:2		1:2	
56	봉홍치마			1:2		1:2	
57	빌다					1:2	24:29
58	사람					1:2	
59	살('살다'의 활용형)			1:2	6:47		
60	살다					1:2	16:34
61	선양하다					1:2	
62	세상					1:2	
63	소녀					0:3	23:30
64	수없이					1:2	
65	쉬다						18:34
66	신문			1:2		1:2	
67	쐐다					1:2	
68	아무도					1:2	
69	야단					1:2	
70	얘					1:2	
71	얘기					1:2	
72	여로(旅路)			1:2			
73	여로(女路)			1:2	23:26		25:26
74	여인			1:2			
75	연고					1:2	
76	연한(하다)			1:2			23:26
77	영구(榮九)			1:2		1:2	
78	영구(永久)하다(한)			0:3	17:25	1:2	
79	영화(榮華)			1:2		1:2	
80	옹기					1:2	21:32
81	운명			0:3			
82	울다					1:2	22:29
83	원대하다			1:2			19:29
84	이상(理想)			1:2			
85	인명					1:2	
86	인생			1:2		1:2	
87	일(事)			1:2	23:28	1:2	13:40

연번	어형	녹음		조사 I		조사 II	
		성인	학생	성인	학생	성인	학생
88	㉰하고(다)			1:2		1:2	
89	㉱기					1:2	
90	㉲(檥)			0:3	22:31		
91	㉳(市場)					1:2	
92	㉴화(情話)			1:2		1:2	
93	㉵일						14:31
94	㉶			1:2			
95	㉷다						26:27
96	㉸병					1:2	
97	㉹직(天職)						24:26
98	㉺수(哲洙)					1:2	
99	㉻선의					1:2	24:28
100	㉼					1:2	
101	㉽상			0:3		1:2	
102	㉾제					1:2	
103	㉿					1:2	22:30
	어형의 수(계)	170	1	0	42	12	75	40
	표준어와 일치한 어형수	125	1		28	10	50	36

경북·영양

연번	어형	녹음		조사 I		조사 II	
		성인	학생	성인	학생	성인	학생
1	㉠다(娟)						8:9
2	㉡원(久遠)의				8:9		
3	㉢(窟)						5:12
4	㉣(蟵)			2:3	4:13		7:10
5	㉤			2:3	7:10		6:11
6	㉥(雪)				7:10		
7	㉦(錢)					2:3	8:9
8	㉧이						7:10
9	㉨(言)				6:11	2:3	5:12
10	㉩당						8:9
11	㉪(簾)			2:3	5:12		5:12
12	㉫(栗)			2:3	3:14		
13	㉬(病)				6:11		
14	㉭다						7:10

연번	어형	녹음		조사 I		조사 II	
		성인	학생	성인	학생	성인	학생
15	삶('살다'의 활용형)				6:11		
16	수(繡)					2:3	
17	ㅁ다						8:9
18	ㅁ기					1:4	8:9
19	ㅇ구(永久)하다(한)						8:9
20	일(事)			2:3			3:14
21	ㅈ세						8:9
어형의 수(계) 33		0	0	5	9	4	15
표준어와 일치한 어형수 30				4	8	4	14

부산

연번	어형	녹음		조사 I		조사 II	
		성인	학생	성인	학생	성인	학생
1	간신히			0:3		0:3	
2	굼고(다)			1:2			
3	구원(久遠)					0:3	15:31
4	군밤을			0:2		1:2	18:25
5	굴(窟)			0:3	15:34	0:3	
6	굴(蠣)			1:2	13:36	0:3	19:30
7	굽다(炙)					1:2	
8	길(長)	1:2			22:27	0:3	4:45
9	길다						19:28
10	깨서			1:2			
11	내(我)가			1:2			
12	내밀고(다)			1:2			
13	내심으로					1:2	18:26
14	너무						23:24
15	네(四)					1:2	
16	놓다(자)						20:25
17	눈(雪)			1:2	14:34	1:2	18:31
18	담(墻)			1:2			
19	대로			1:2			
20	대신(大臣)					1:2	
21	덜(질병이~)			1:2		0:3	
22	돈(錢)					1:2	
23	돌(石)					0:3	19:30
24	동기(動機)와			1:2			

연번	어형		녹음		조사Ⅰ		조사Ⅱ	
			성인	학생	성인	학생	성인	학생
25	〇다							21:27
26	〇이				1:2		1:2	19:29
27	〇(言)						0:3	22:27
28	〇래				0:2		0:3	19:26
29	〇람(風)을							21:25
30	〇(簾)을				0:3	16:33	0:3	27:21
31	〇(栗)을				1:2	4:45	0:3	24:25
32	〇(梨)는				1:2			
33	〇(倍)						1:2	
34	〇써							22:24
35	〇(瓶)				1:2			
36	〇(病)				1:2	15:34	0:3	19:30
37	〇정(否定)						1:2	
38	〇좁고(다)				1:2			
39	〇다						1:2	
40	〇(繡)						1:2	
41	〇없이				1:2		0:3	
42	〇다							22:25
43	〇어서				1:2			
44	〇(內)에서				1:2			
45	〇기						1:2	
46	〇로(旅路)				1:2			
47	〇유				1:2			
48	〇하다(한)						1:2	
49	〇화(榮華)				1:2			
50	〇						1:2	
51	〇다						1:2	17:30
52	〇상(理想)				1:2		0:3	
53	〇(事)					16:33	0:3	9:40
54	〇들고				1:2			
55	〇(欌)				1:2	20:29	1:2	
56	정화(情話)							11:25
57	〇일							15:29
58	〇다							20:25
59	〇(唱)						1:2	
60	〇담집				1:2			
61	〇상						1:2	
어형의 수(계)		100	1	0	31	9	34	25
표준어와 일치한 어형수		79	1		18	8	32	20

경남·함양

연번	어형		녹음		조사 I		조사 II	
			성인	학생	성인	학생	성인	학생
1	㉇원(久遠)						2:3	
2	㉗					114:23	1:4	7:30
3	㉕(道)							17:20
4	㉒				2:3			
5	㉤(汝)							18:19
6	㉎다							14:21
7	㉖(雪)					12:19	2:3	12:25
8	㉛물							13:18
9	㉒						1:4	
10	㉙(錢)							11:26
11	㉕(石)						2:3	16:21
12	㉝(剝)					18:19		
13	㉜(言)							18:19
14	㉞(簾)				2:3		2:3	
15	㉟(栗)				2:3			
16	㊱(倍)						2:3	
17	㉒('살다'의 활용형)					13:24		
18	㉮주						2:3	
19	㉯명							14:20
20	㉰(의존명사)							15:20
21	㉱(欌)						2:3	
22	㉲(拜)							18:19
어형의 수(계)		28	0	0	3	4	9	12
표준어와 일치한 어형수		20			2	3	8	7

제주

연번	어형	녹음		조사 I		조사 II	
		성인	학생	성인	학생	성인	학생
1	㉮신히					2:3	
2	㉯명적					1:4	
3	㉰다(步)					2:3	
4	㉱어					2:3	
5	㉲울					1:4	
6	㉳국					2:3	

연번	어형	녹음		조사 I		조사 II	
		성인	학생	성인	학생	성인	학생
7	○고(다)			1:3		1:3	
8	○원(久遠)						15:17
9	○밤			2:3			10:17
10	○인					2:3	
11	○(窟)						15:21
12	○(蠣)						15:21
13	○다(曲)					2:3	
14	○(관형사)						10:21
15	○늘					2:3	
16	○히					2:3	
17	○방					2:3	
18	○차					1:4	
19	○(長)				12:24		8:28
20	○(道)						16:20
21	○라					2:3	
22	○무					1:3	
23	○이터					1:3	
24	○다					2:3	
25	○(雪)				13:20		15:21
26	○물(淚)			2:3			13:20
27	○풍 단○					1:2 1:2	
28	○고(다)					2:3	
29	○다(고, 는)					2:3	
30	○하다					1:3	
31	○가루					1:3	
32	○다					2:3	
33	○이					2:3	
34	○(馬)			2:3			
35	○(言)						16:20
36	○세					2:3	
37	○지					2:3	
38	○다					2:3	
39	○어서			1:3			
40	○래			2:3		1:4	
41	○시			2:3			
42	○당					1:3	
43	○람					2:3	
44	○(足)_						14:22
45	○(夜)			2:3			
46	○(栗)			2:3	12:23		

연번	어형	녹음		조사 I		조사 II	
		성인	학생	성인	학생	성인	학생
47	㉑실방실 ㉑실㉑실					1:2 1:2	
48	㉒앗간					1:2	
49	㉓(舟)					2:3	15:21
50	㉔써					2:3	
51	㉕(病)				17:18		
52	㉖발						12:17
53	㉗정(不貞)하다(한)					2:3	
54	㉘홍치마					0:3	
55	㉙다					2:3	13:22
56	㉚('살다'의 활용형)				12:24		
57	㉛다						17:19
58	㉜월						12:16
59	㉝녀					2:3	
60	㉞없이					0:5	
61	㉟다(고)					2:3	
62	㊱험					1:4	
63	㊲다 싫㊲					1:2 1:2	
64	㊳주			2:3			14:15
65	㊴			2:3			
66	㊵탉					2:3	
67	㊶			2:3	16:20		16:20
68	㊷제					2:3	
69	㊸기(부사)					2:3	
70	㊹고					2:3	
71	㊺구(榮九)						13:14
72	㊻다						16:18
73	㊼리					1:4	
74	㊽명					2:3	
75	㊾다(니)					2:3	
76	㊿대하다(고)					2:3	
77	㉿생					1:4	
78	ⓥ기					2:3	
79	ⓦ은					2:3	
80	ⓧ사귀					1:3	
81	ⓨ욱하다 자ⓨ하다					1:2 1:2	
82	ⓩ쌀			2:3			
83	ⓐ들고			2:3			
84	ⓑ(機)				17:19		

연번	어형		녹음		조사 I		조사 II	
			성인	학생	성인	학생	성인	학생
85	㉼심						2:3	
86	㉼다						2:3	
87	㉽화(情話)						2:3	
88	㉾일							11:15
89	㉿				1:4			
90	㊀다						2:3	
91	㊀아						2:3	
92	㊁병						2:3	
93	㊂지						2:3	
94	㊃늘						1:3	
95	㊄('하다'의활용형)				2:3			
96	㊅('하여'의준말)				2:3			
97	㊆머니						2:3	
98	허㊇대며(다)						2:3	
99	㊈제						2:3	
100	㊉(後)							14:22
어형의 수(계)		112	0	0	17	7	66	22
표준어와 일치한 어형수		45			7	7	19	12

[부록Ⅳ]

최소대립어 위에 얹힌 음장 유형별 빈도표[발췌]

> 본래의 '최소대립어 위에 얹힌 음장 유형별 빈도표'가 너무 양이 많고 보기가 불편하여 '유음장 어형을 포함하여 짝을 이룬 유형' 가운데 '무음장 어형만으로 짝을 이룬 유형'보다 빈도가 높은 경우만을 골라 여기에 싣는다.
>
> 좀더 자세한 내용을 알고자 하는 분은 학위 논문의 「부록Ⅳ」를 찾아보시기 바람.

서울·개포

연번	어형	녹음 성인	녹음 학생	조사 I 성인	조사 I 학생	조사 II 성인	조사 II 학생
1	굴(窟) / 굴(蠣)			1	11		
	㉤(窟) / 굴(蠣)				16		
	㉤(窟) / ㉤(蠣)			3	13		
2	눈(雪) / 눈(眼)			1			
	㉤(雪) / 눈(眼)			2			
3	돌(첫生日) / 돌(石)					1	
	㉢(첫生日) / ㉢(石)					2	
4	밤(夜) / 밤(栗)			1	8		
	밤(夜) / ㉤(栗)			3	19		
5	배(腹)/배(梨)/배(舟)/배(倍)					1	
	㉤(腹)/배(梨)/배(舟)/배(倍)					2	
6	사정(事情) / 사정(私情)					1	
	㉤정(事情) / 사정(私情)					2	
7	영구(榮九) / 영구(永久)					1	
	영구(榮九) / ㉤구(永久)					2	
8	창(窓) / 창(唱)					1	
	창(窓) / ㉤(唱)					3	
유형의 수(계)		**10**	0	0	3	2	5
							0
표준어와 일치한 유형수		**7**			2	2	3

서울·광진

연번	어형	녹음		조사 I		조사 II	
		성인	학생	성인	학생	성인	학생
1	굴(窟) / 굴(蠣) 꿀(窟) / 굴(蠣)						14 22
2	말(馬) / 말(言) 말(馬) / 말(言)						15 17
3	배(腹)/배(梨)/배(舟)/배(倍) 배(腹)/배(梨)/배(舟)/배(倍)					2 3	
	유형의 수(계)	3	0	0	0	0	1	2
	표준어와 일치한 유형수	2					1	1

인천

연번	어형	녹음		조사 I		조사 II	
		성인	학생	성인	학생	성인	학생
1	걷다(捲) / 걷다(步) 걷다(捲) / 걷다(步)					1 2	
2	곱다(娟) / 곱다(손이~) 곱다(娟) / 곱다(손이~)					1 2	
3	구조(構造) / 구조(救助) 구조(構造) / 구조(救助)			1 2		1 2	
4	굴(窟) / 굴(蠣) 꿀(窟) / 굴(蠣)	1 2		1 2		0 3	
5	굽다(曲) / 굽다(炙) 굽다(曲) / 굽다(炙)					1 2	
6	눈(雪) / 눈(眼) 눈(雪) / 눈(眼)			0 3			
7	대신(代身) / 대신(大臣) 대신(代身) / 대신(大臣)					0 2	
8	돈(廻) / 돈(貨) 돈(廻) / 돈(貨)					0 2	
9	돌(첫生日) / 돌(石) 돌(첫生日) / 돌(石)					1 2	

연번	어형	녹음 성인	녹음 학생	조사 I 성인	조사 I 학생	조사 II 성인	조사 II 학생
10	말(馬) / 말(言)			1		0	12
	말(馬) / 【말】(言)			2		3	18
11	발(簾) / 발(足)			0		0	
	【발】(簾) / 발(足)					3	
	【발】(簾) / 【발】(足)			3		0	
12	밤(夜) / 밤(栗)	1		0		1	
	밤(夜) / 【밤】(栗)	2		3		2	
13	병(瓶) / 병(病)			0		0	
	병(瓶) / 【병】(病)			3		3	
14	사정(事情) / 사정(私情)					0	
	【사】정(事情) / 사정(私情)					3	
15	업다 / 없다					1	
	업다 / 【없】다					2	
16	영구(榮九) / 영구(永久)			0		0	
	영구(榮九) / 【영】구(永久)			3		3	
17	이상(以上) / 이상(理想)			1			
	이상(以上) / 【이】상(理想)			2			
18	일(一) / 일(事)			1			
	일(一) / 【일】(事)			2			
19	잇다 / 있다					1	
	【잇】다 / 【있】다					2	
20	장(欌) / 장(市場)			0			
	【장】(欌) / 장(市場)			3			
21	천직(天職) / 천직(賤職)					1	
	【천】직(天職) / 천직(賤職)					2	
유형의 수(계)	31	2	0	11	0	17	1
표준어와 일치한 유형수	25	2		9		13	1

경기 · 양평

연번	어형	녹음 성인	녹음 학생	조사 I 성인	조사 I 학생	조사 II 성인	조사 II 학생
1	구원(久遠)의/구원(救援)의			1			
	【구】원(久遠)의/구원(救援)의			2			

연번	어형	녹음		조사 I		조사 II	
		성인	학생	성인	학생	성인	학생
2	굴(窟) / 굴(蠣)				10		5
	굴ː(窟) / 굴ː(蠣)				15		37
3	길(道) / 길(丈)						10
	길ː(道) / 길(丈)						23
4	눈(雪) / 눈(眼)				9		9
	눈ː(雪) / 눈(眼)				13		11
	눈ː(雪) / 눈ː(眼)				7		23
5	대신(代身) / 대신(大臣)					1	
	대신(代身) / 대ː신(大臣)					2	
6	돈(活用形) / 돈(錢)						12
	돈ː(活用形) / 돈ː(錢)						23
7	들다(가물이~)/들다(소요)						16
	들ː다(가물이~)/들ː다(소요)						17
8	말(馬) / 말(言)						9
	말ː(馬) / 말ː(言)						17
9	발(簾) / 발(足)						12
	발ː(簾) / 발ː(足)						23
10	밤(夜) / 밤(夜) / 밤(栗)			1	4		5
	밤(夜) / 밤(夜) / 밤ː(栗)			0	10		11
	밤(夜) / 밤ː(夜) / 밤ː(栗)			2	4		
	밤ː(夜) / 밤ː(夜) / 밤(栗)						22
11	배(腹)/배(梨)/배(舟)/배(倍)						8
	배ː(腹)/배ː(梨)/배ː(舟)/배(倍)						13
12	병(瓶) / 병(病)						13
	병ː(瓶) / 병ː(病)						15
13	이상(以上) / 이상(理想)					1	10
	이상(以上) / 이ː상(理想)					2	5
	이ː상(以上) / 이상(理想)					0	14
14	일(一) / 일(事)				13		13
	일(一) / 일ː(事)				16		11
	일ː(一) / 일ː(事)				5		16
15	장(欌) / 장(市場)			1	14		14
	장(欌) / 장ː(市場)			0	7		24
	장ː(欌) / 장(市場)				17		3
	장ː(欌) / 장ː(市場)			2	10		9

연번	어형	녹음 성인	녹음 학생	조사 I 성인	조사 I 학생	조사 II 성인	조사 II 학생
16	창(窓) / 창(唱) 창(窓) / 창(唱)					1 2	
17	천직(天職) / 천직(賤職) 천직(天職) / 천직(賤職)					0 3	
유형의 수(계)	25	0	0	3	5	4	13
표준어와 일치한 유형수	7			1	4	1	1

강원·평창

연번	어형	녹음 성인	녹음 학생	조사 I 성인	조사 I 학생	조사 II 성인	조사 II 학생
1	굴(窟) / 굴(蠣) 굴(窟) / 굴(蠣)						8 10
2	돌(첫生日) / 돌(石) 돌(첫生日) / 돌(石)						2 3
3	발(簾) / 발(石) 발(簾) / 발(石)						2 3
4	수(의존명사) / 수(繡) 수(의존명사) / 수(繡)						2 3
유형의 수(계)	4	0	0	0	0	3	1
표준어와 일치한 유형수	3					3	

강원·강릉

연번	어형	녹음 성인	녹음 학생	조사 I 성인	조사 I 학생	조사 II 성인	조사 II 학생
1	굴(窟) / 굴(蠣) 굴(窟) / 굴(蠣) 굴(窟) / 굴(蠣)			0 2	7 8 13	0 2	
2	길(道) / 길(丈) 길(道) / 길(丈)					1 2	
3	눈(雪) / 눈(眼) 눈(雪) / 눈(眼)					0 2	

연번	어형	녹음		조사 I		조사 II	
		성인	학생	성인	학생	성인	학생
4	말(馬) / 말(言)			0			10
	말(馬) / 말(言)			2			5
	말(馬) / 말(言)						11
5	밤(夜)에 / 밤(夜) / 밤(栗)			0	5		
	밤(夜)에 / 밤(夜) / 밤(栗)			2	8		
6	병(瓶) / 병(病)					1	
	병(瓶) / 병(病)					2	
7	이상(以上) / 이상(理想)					1	
	이상(以上) / 이상(理想)					2	
8	장(欌) / 장(市場)			1			
	장(欌) / 장(市場)			2			
유형의 수(계)	12	0	0	4	2	5	1
표준어와 일치한 유형수	5			2	1	2	0

충북·단양

연번	어형	녹음		조사 I		조사 II	
		성인	학생	성인	학생	성인	학생
1	굴(窟) / 굴(蠣)			0			5
	굴(窟) / 굴(蠣)			4			5
	굴(窟) / 굴(蠣)			2			11
2	길(道) / 길(丈)						7
	길(道) / 길(丈)						11
3	눈(雪) / 눈(眼)					2	8
	눈(雪) / 눈(眼)					4	6
	눈(雪) / 눈(眼)						10
4	돈(活用形) / 돈(錢)						9
	돈(活用形) / 돈(錢)						10
5	말(馬) / 말(言)					2	
	말(馬) / 말(言)					4	
6	밤(夜) / 밤(栗)					2	7
	밤(夜) / 밤(栗)					3	7
	밤(夜) / 밤(栗)					0	9

연번	어형	계	녹음 성인	녹음 학생	조사 I 성인	조사 I 학생	조사 II 성인	조사 II 학생
7	병(瓶) / 병(病)						1	
	병(瓶) / 병ː(病)						3	
8	배(腹)/배(梨)/배(舟)/배(倍)							3
	배(腹)/배ː(梨)/배ː(舟)/배(倍)							5
	배ː(腹)/배ː(梨)/배ː(舟)/배(倍)							5
유형의 수(계)		11	0	0	1	0	4	6
표준어와 일치한 유형수		4			1		3	0

대전

연번	어형	녹음 성인	녹음 학생	조사 I 성인	조사 I 학생	조사 II 성인	조사 II 학생
1	굴(窟) / 굴(蠣)				7		5
	굴ː(窟) / 굴(蠣)				19		15
	굴ː(窟) / 굴ː(蠣)				13		19
2	길(道) / 길(丈)						15
	길ː(道) / 길(丈)						19
3	눈(雪) / 눈(眼)				13		12
	눈ː(雪) / 눈(眼)				19		19
4	돈 / 돈(錢)						12
	돈ː / 돈(錢)						15
	돈ː / 돈ː(錢)						16
5	돌(첫生日) / 돌(石)					2	11
	돌(첫生日) / 돌ː(石)					0	14
	돌ː(첫生日) / 돌(石)					2	14
6	말(馬) / 말(言)						11
	말(馬) / 말ː(言)						25
7	발(簾) / 발(足)				10		13
	발ː(簾) / 발(足)				26		21
8	밤(夜) / 밤(夜) / 밤(栗)				1		13
	밤(夜) / 밤(夜) / 밤ː(栗)				13		11
	밤ː(夜) / 밤ː(夜) / 밤(栗)				11		16

연번	어형	녹음		조사 I		조사 II	
		성인	학생	성인	학생	성인	학생
9	병(瓶) / 병(病) 병(瓶) / ⑲(病)				17 21		14 19
10	영구(榮九) / 영구(永久) 영구(榮九) / ⑲구(永久)						11 14
11	장(欌) / 장(市場) 장(欌) / ㉛(市場)						16 18
	유형의 수(계)	16	0	0	0	5	0	11
	표준어와 일치한 유형수	11				5		6

충남·청양

연번	어형	녹음		조사 I		조사 II	
		성인	학생	성인	학생	성인	학생
1	눈(雪) / 눈(眼) ㉛(雪) / 눈(眼))				12 13		11 15
2	발(簾) / 발(足) ⑭(簾) / 발(足)				9 17		
3	배(腹)/배(梨)/배(舟)/배(倍) 배(腹)/배(梨)/배(舟)/⑭(倍)					1 2	
4	병(瓶) / 병(病) 병(瓶) / ⑲(病)						9 13
5	수(명사) / 수(繡) 수(명사) / ㉛(繡)					0 3	
6	이상(以上) / 이상(理想) 이상(以上) / ㉛상(理想)					1 2	10 15
7	장(欌) / 장(市場) ㉛(欌) / 장(市場)					1 2	
8	창(窓) / 창(唱) 창(窓) / ㉛(唱)					1 2	
	유형의 수(계)	10	0	0	0	2	5	3
	표준어와 일치한 유형수	8				2	4	2

전북·순창

연번	어형		녹음 성인	녹음 학생	조사 I 성인	조사 I 학생	조사 II 성인	조사 II 학생
1	구원(久遠) / 구원(救援)						1	
	㉠원(久遠) / ㉠원(救援)						2	
2	눈(雪) / 눈(眼)						1	
	㉡(雪) / 눈(眼)						2	
3	돈(廻) / 돈(錢)						1	
	㉢(廻) / 돈(錢)						2	
4	발(簾) / 발(足)				1		1	11
	㉣(簾) / 발(足)				2		2	14
5	밤(夜) / 밤(栗)							11
	㉤(夜) / 밤(栗)							17
6	배(腹)/배(梨)/배(舟)/배(倍)						1	
	배(腹)/배(梨)/배(舟)/㉥(倍)						2	
7	병(瓶) / 병(病)				1			
	㉦(瓶) / 병(病)				2			
8	수(명사) / 수(繡)						1	
	㉧(명사) / 수(繡)						2	
9	업다 / 없다						1	
	㉨다 / ㉨다						3	
10	영구(榮九) / 영구(永久)				1		0	
	영구(榮九) / 영㉩(永久)				2		4	
11	일(一) / 일(事)						0	
	㉪(一) / 일(事)						2	
	일(一) / ㉫(事)						2	
12	잇다 / 있다						1	
	잇다 / ㉬다						3	
13	창(窓) / 창(唱)						1	
	㉭(窓) / 창(唱)						2	
유형의 수(계)		16	0	0	3	0	11	2
표준어와 일치한 유형수		8			2		5	1

광주

연번	어형	녹음		조사 I		조사 II	
		성인	학생	성인	학생	성인	학생
1	거리(距離) / 거리(街) [거]리(距離) / [거]리(街)					1 2	
2	곱다(娟) / 곱다(손이~) 곱다(娟) / [곱]다(손이~) [곱]다(娟) / 곱다(손이~)					1 2 2	
3	구원(久遠)의 / 구원(救援)의 [구]원(久遠)의 / [구]원(救援)의			1 3			
4	구조(構造)가 / 구조(救助)가 구조(構造)가 / [구]조(救助)가 [구]조(構造)가 / [구]조(救助)가			1 3 1			15 7 17
5	굴(窟) / 굴(蠣) 굴(窟) / [굴](蠣) [굴](窟) / 굴(蠣) [굴](窟) / [굴](蠣)			0 1 1 3		0 1 4 0	10 16 11 13
6	눈(雪) / 눈(眼) [눈](雪) / 눈(眼)			2 3	16 18	1 3	18 24
7	대신(代身) / 대신(大臣) 대신(代身) / [대]신(大臣) [대]신(代身) / [대]신(大臣)					1 3 0	10 7 17
8	덮다 / 덥다 덮다 / [덥]다					2 3	
9	돌(첫生日) / 돌(石) 돌(첫生日) / [돌](石)					2 3	
10	동기(動機) / 동기(同期) 동기(動機) / [동]기(同期) [동]기(動機) / 동기(同期) [동]기(動機) / [동]기(同期)					0 2 3 0	8 12 8 14
11	말(馬) / 말(言) 말(馬) / [말](言)					0 4	
12	발(簾) / 발(足) [발](簾) / 발(足)			0 5	18 25	0 5	17 26
13	밤(夜) / 밤(夜) / 밤(栗) 밤(夜) / 밤(夜) / [밤](栗)			0 5	6 30	0 5	

연번	어형	녹음		조사 I		조사 II	
		성인	학생	성인	학생	성인	학생
14	병(瓶) / 병(病)			1		2	19
	병(瓶) / 뼝(病)			3		3	21
15	사정(事情) / 사정(私情)					1	12
	싸정(事情) / 사정(私情)					2	3
	싸정(事情) / 싸정(私情)					1	15
16	수(의존명사) / 수(繡)					1	
	수(의존명사) / 쑤(繡)					4	
17	여로(旅路) / 여로(女路)	1		0		2	
	여로(旅路) / 여로(女路)	4		3		3	
18	영구(榮九) / 영구(永久)			0		0	
	영구(榮九) / 영구(永久)			2		3	
	영구(榮九) / 영구(永久)			2		1	
19	이상(以上) / 이상(理想)			1		2	8
	이상(以上) / 이상(理想)			3		3	13
20	장(欌) / 장(市場)			1	15		
	장(欌) / 장(市場)			4	22		
유형의 수(계)		42	1	0	11	4	17	9
표준어와 일치한 유형수		27	0		7	4	12	4

전남·완도

연번	어형	녹음		조사 I		조사 II	
		성인	학생	성인	학생	성인	학생
1	곱다(娟) / 곱다(손이~)					1	
	곱다(娟) / 곱다(손이~)					2	
2	구원(久遠)의/구원(救援)의				5	1	7
	구원(久遠)의/구원(救援)의				20	1	16
	구원(久遠)의/구원(救援)의				13	3	14
3	구조(構造)가/구조(救助)가					0	9
	구조(構造)가/구조(救助)가					3	10
	구조(構造)가/구조(救助)가					2	12
4	굴(窟) / 굴(蠣)				4	0	
	굴(窟) / 굴(蠣)				5	2	
	굴(窟) / 굴(蠣)				21	2	

연번	어형	녹음		조사 I		조사 II	
		성인	학생	성인	학생	성인	학생
5	눈(雪) / 눈(眼)				11	2	9
	눈ː(雪) / 눈(眼)				27	3	31
6	돈(活用) / 돈(貨)					1	11
	돈(活用) / 돈ː(貨)					0	15
	돈ː(活用) / 돈(貨)					2	9
	돈ː(活用) / 돈ː(貨)					2	9
7	돌(첫生日) / 돌(石)					2	
	돌(첫生日) / 돌ː(石)					3	
8	동기(動機) / 동기(同期)						4
	동ː기(動機) / 동기(同期)						18
9	말(馬) / 말(言)					1	12
	말(馬) / 말ː(言)					4	20
10	발(簾) / 발(足)			2	12	1	15
	발ː(簾) / 발(足)			3	30	3	26
11	밤(夜) / 밤(夜) / 밤(栗)				5	0	
	밤(夜) / 밤(夜) / 밤ː(栗)				34	5	
12	배(腹)/배(梨)/배(舟)/배(倍)					1	
	배(腹)/배(梨)/배(舟)/배ː(倍)					2	
13	병(瓶) / 병(病)						17
	병(瓶) / 병ː(病)						18
14	사정(事情) / 사정(私情)					1	13
	사ː정(事情) / 사정(私情)					2	5
	사ː정(事情) / 사ː정(私情)					2	20
15	영구(榮九) / 영구(永久)			1	10	0	7
	영구(榮九) / 영ː구(永久)			3	16	1	15
	영ː구(榮九) / 영ː구(永久)			1	8	3	10
16	이상(以上) / 이상(理想)				19	2	
	이상(以上) / 이ː상(理想)				20	3	
17	잇다 / 있다					2	
	잇ː다 / 있다					3	
18	장(欌) / 장(市場)			2	12		
	장ː(欌) / 장(市場)			3	25		
	유형의 수(계)	36	0	0	3	8	15	10
	표준어와 일치한 유형수	24			3	5	10	6

대구

연번	어형	녹음		조사 I		조사 II	
		성인	학생	성인	학생	성인	학생
1	거리(距離) / 거리(街)					0	15
	○거리(距離) / ○거리(街)					2	17
2	걷다(步) / 걷다(捲)					1	
	○걷다(步) / 걷다(捲)					2	
3	구원(久遠) / 구원(救援)			0			8
	○구원(久遠) / ○구원(救援)			2			20
4	굴(窟) / 굴(蠣)				5		10
	○굴(窟) / ○굴(蠣)				25		19
5	눈(雪) / 눈(眼)				14		8
	○눈(雪) / 눈(眼)				35		35
6	대신(代身) / 대신(大臣)					1	10
	○대신(代身) / ○대신(大臣)					2	23
7	돈('돌다'의활용형) / 돈(錢)					0	10
	돈('돌다'의활용형) / ○돈(錢)					3	9
	○돈('돌다'의활용형) / 돈(錢)					0	12
	○돈('돌다'의활용형) / ○돈(錢)					0	22
8	동기(動機) / 동기(同期)						13
	○동기(動機) / 동기(同期)						15
9	말(馬) / 말(言)				20	1	12
	말(馬) / ○말(言)				23	2	31
10	발(簾) / 발(足)			1	14	0	15
	○발(簾) / 발(足)			2	29	2	26
11	밤(夜) / 밤(夜) / 밤(栗)			0	7	0	
	밤(夜) / 밤(夜) / ○밤(栗)			2	30	3	
12	병(甁) / 병(病)				8	0	12
	병(甁) / ○병(病)				34	3	35
13	부정(不貞)하다/부정(不淨)하다					1	
	부정(不貞)하다/○부정(不淨)하다					2	
14	사정(事情) / 사정(私情)					1	
	○사정(事情) / 사정(私情)					2	
15	수(의존명사) / 수(繡)						20
	○수(의존명사) / 수(繡)						22

연번	어형	녹음		조사 I		조사 II	
		성인	학생	성인	학생	성인	학생
16	여로(旅路) / 여로(女路)			1	17		
	여로(旅路) / 몌로(女路)			0	18		
	몌로(旅路) / 몌로(女路)			2	9		
17	영구(榮九) / 영구(永久)			0		1	
	영구(榮九) / 영구(永久)			2		2	
18	이상(以上) / 이상(理想)						13
	이상(以上) / 이상(理想)						15
19	일(一) / 일(事)				16	1	12
	일(一) / 일(事)				19	2	35
20	장(欌) / 장(市場)			0	17		
	장(欌) / 장(市場)			2	24		
	유형의 수(계)　40	0	0	6	9	12	13
	표준어와 일치한 유형수　28			4	7	8	9

경북·영양

연번	어형	녹음		조사 I		조사 II	
		성인	학생	성인	학생	성인	학생
1	굴(窟) / 굴(蠣)				3		2
	굴(窟) / 굴(蠣)				7		3
	굴(窟) / 굴(蠣)				6		8
2	눈(雪) / 눈(眼)					2	5
	눈(雪) / 눈(眼)					3	7
3	말(馬) / 말(言)				7	1	5
	말(馬) / 말(言)				9	4	12
4	발(簾) / 발(足)			2	4		3
	발(簾) / 발(足)			3	12		10
5	밤(夜) / 밤(夜) / 밤(栗)			2	2		
	밤(夜) / 밤(夜) / 밤(栗)			3	12		
6	병(瓶) / 병(病)				5		
	병(瓶) / 병(病)				11		
7	수(명사) / 수(繡)					2	
	수(명사) / 수(繡)					3	

연번	어형	녹음		조사 I		조사 II	
		성인	학생	성인	학생	성인	학생
8	이상(以上) / 이상(理想) 이상(以上) / ㉐상(理想)					1 4	
9	일(一) / 일(事) 일(一) / ㉔(事)			2 3			2 14
유형의 수(계)		17	0	0	3	5	4
표준어와 일치한 유형수		14			3	4	3

(주: 유형의 수(계) 및 표준어와 일치한 유형수의 "17"·"14"는 녹음 성인란에 위치)

부산

연번	어형	녹음		조사 I		조사 II	
		성인	학생	성인	학생	성인	학생
1	구원(久遠) / 구원(救援) ㉠원(久遠) / 구원(救援) ㉠원(久遠) / ㉠원(救援)					0 2 1	11 9 20
2	굴(窟) / 굴(蠣) 굴(窟) / ㉤(蠣) ㉤(窟) / ㉤(蠣)			0 0 2	3 12 25	0 0 3	14 12 18
3	굽다(曲) / 굽다(炙) 굽다(曲) / ㉤다(炙)					1 2	
4	눈(雪) / 눈(眼) ㉤(雪) / 눈(眼)				12 29	1 2	16 29
5	대신(代身) / 대신(大臣) 대신(代身) / ㉪신(大臣)					0 2	
6	돈(질병이~) / 돈(錢) ㉦(질병이~) / ㉦(錢)					0 2	
7	돌(첫生日) / 돌(石) 돌(첫生日) / ㉦(石)					0 3	16 22
8	말(馬) / 말(言) 말(馬) / ㉦(言)					0 2	13 26
9	밤(夜) / 밤(夜) / 밤(栗) 밤(夜) / 밤(夜) / ㉦(栗)				3 39	0 3	20 25
10	발(簾) / 발(足) ㉦(簾) / 발(足)			0 3	10 31	0 3	

연번	어형	계	녹음		조사 I		조사 II	
			성인	학생	성인	학생	성인	학생
11	배(腹)/배(梨)/배(舟)/배(倍)				1			
	배(腹)/◯배(梨)/배(舟)/배(倍)				2			
12	병(瓶)/ 병(病)				1	10	0	16
	병(瓶)/ ◯병(病)				0	25	2	25
	◯병(瓶)/ ◯병(病)				2	10	1	6
13	영화(映畵) / 영화(榮華)							10
	◯영화(映畵) / ◯영화(榮華)							21
14	이상(以上) / 이상(理想)				1		0	13
	이상(以上) / ◯이상(理想)				2		3	10
	◯이상(以上) / 이상(理想)				0		0	14
15	일(一) / 일(事)					14	0	10
	일(一) / ◯일(事)					29	3	35
16	장(欌) / 장(市場)		1		0		1	
	◯장(欌) / 장(市場)		2		2		2	
17	정화(淨化) / 정화(情話)							7
	정화(淨化) / ◯정화(情話)							16
18	창(窓) / 창(唱)						1	
	창(窓) / ◯창(唱)						2	
유형의 수(계)		39	1	0	6	6	15	11
표준어와 일치한 유형수		26	1		2	5	11	7

경남·함양

연번	어형	녹음		조사 I		조사 II	
		성인	학생	성인	학생	성인	학생
1	굴(窟) / 굴(蠣)						9
	◯굴(窟) / ◯굴(蠣)						17
2	눈(雪) / 눈(眼)				8		12
	◯눈(雪) / 눈(眼)				19		17
3	돈('돌다'의활용형) / 돈(錢)						8
	돈('돌다'의활용형) / ◯돈(錢)						16
4	돌(첫生日) / 돌(石)					2	
	돌(첫生日) / ◯돌(石)					3	

연번	어형	녹음		조사 I		조사 II	
		성인	학생	성인	학생	성인	학생
5	발(簾) / 발(足)			2			
	밸(簾) / 발(足)			3			
6	수(의존명사) / 수(繡)						12
	쉬(의존명사) / 수(繡)						17
7	천직(天職) / 천직(賤職)					1	
	쳔직(天職) / 천직(賤職)					3	
유형의 수(계)		8	0	0	1	1	2	4
표준어와 일치한 유형수		4			1	1	1	1

제주

연번	어형	녹음		조사 I		조사 II	
		성인	학생	성인	학생	성인	학생
1	걷다(捲) / 걷다(步)					1	
	걷다(捲) / 걸다(步)					2	
2	곱다(娟)/곱다(추워서 손이~)					0	
	곱다(娟)/곱다(추워서 손이~)					3	
3	굴(窟) / 굴(蠣)						5
	굴(窟) / 굴(蠣)						12
4	길(道) / 길(丈)						8
	길(道) / 길(丈)						12
5	눈(雪) / 눈(眼)				6		10
	눈(雪) / 눈(眼)				13		16
6	덮다 / 덥다					1	
	덮다 / 덥다					2	
7	돌(첫生日) / 돌(石)					1	
	돌(첫生日) / 돌(石)					2	
	돌(첫生日) / 돌(石)					2	
8	말(馬) / 말(言)			1			10
	말(馬) / 말(言)			1			11
	말(馬) / 말(言)			3			4
	말(馬) / 말(言)			0			11

연번	어형	녹음		조사 I		조사 II	
		성인	학생	성인	학생	성인	학생
9	발(簾) / 발(足)				9		8
	발(簾) / ⑭(足)				7		11
	⑭(簾) / 발(足)				14		7
10	밤(夜) / 밤(夜) / 밤(栗)				7		
	밤(夜) / 밤(夜) / ⑭(栗)				10		
11	배(腹)/배(梨)/배(舟)/배(倍)						4
	배(腹)/배(梨)/⑭(舟)/배(倍)						6
12	병(瓶) / 병(病)				16		
	병(瓶) / ⑭(病)				17		
13	업다 / 없다					1	
	⑭다 / 없다					2	
14	영화(映畵) / 영화(榮華)			1			
	영화(映畵) / ⑭화(榮華)			2			
유형의 수(계)	17	0	0	2	4	5	6
표준어와 일치한 유형수	7			0	4	2	1

[부록 V]
조사 대상 어휘의 어형별 빈도 비교표

서울 개포

27 간신히 / 19. 간신히

어형	녹음		조사 I		조사 II	
	'73	'96	'73	'96	'73	'96
간신히	8	6	61	5(44)	63	2(33)
간신히	5		34	(2)	27	3(6)
간산히	2		3	( )	5	(4)
간신히			2	1( )	4	1(2)
간신히				( )		(1)

2 감명적이었다 / 18 감명적

어형	녹음		조사 I		조사 II	
	'73	'96	'73	'96	'73	'96
감명적이었다	13	6	65	5(41)	53	5(36)
감명적이었다	1		18	(2)	38	(6)
감명적이었다	1		4	(1)	5	1(3)
감명적이었다				1(1)	1	(1)
감명적이었다			1	( )	1	( )
감명적이었다				(1)		

3. 개인적이며 / 345. 개인적

어형	녹음		조사 I		조사 II	
	'73	'96	'73	'96	'73	'96
개인적이며	13	6	81	6(41)	68	5(37)
개인적이며	2		5	( )	11	(3)
개인적이며			10	(1)	18	1(3)
개인적이며			3	(3)	2	(3)
개인적이며			1	( )	1	( )
개인적이며				(1)		

76. 거리(距離)가 / 315. 거리(距離)

어형	녹음		조사 I		조사 II	
	'73	'96	'73	'96	'73	'96
거리가	15	6	69	6(44)	49	6(39)
거리가			30	(1)	44	(5)
거리가				(1)	5	(2)
거리가			1	( )	2	( )

67.거리(街)는 / 305. 거리(街)

어형	녹음		조사 I		조사 II	
	'73	'96	'73	'96	'73	'96
거리는	15	6	84	6(39)	52	5(35)
거리는			15	(5)	43	(8)
거리는				( )	5	1(3)
거리는			1	( )		( )
거리는				(2)		

105. 걷다(捲)

어형	녹음		조사 I		조사 II	
	'73	'96	'73	'96	'73	'96
걷다					71	6(36)
걷다					26	(9)
걷다					2	(1)
걷다					1	( )

73. 걷다(步) / 72. 357 걸어(步, '걷다'의 활용형)

어형	녹음		조사 I		조사 II	
	'73	'96	'73	'96	'73	'96
걷다					63	3(35)
걷다					34	3(8)
걷다					3	(3)
걸어	15	6	95	6(43)	65	5(35)
걸어		5		(3)	30	(9)
걸어				( )	5	1(2)
걸어				( )	1	( )

45. 고국에 / 193. 고국(故國)

어형	녹음		조사 I		조사 II	
	'73	'96	'73	'96	'73	'96
고국에	15	6	87	5(41)	52	5(30)
고국에			11	(2)	41	(14)
고국에			2	(3)	6	1(2)
고국에				( )	1	( )
고국에				1( )		

48. 곱고(娟) / 125. 곱다(娟)

어형	녹음		조사 I		조사 II	
	'73	'96	'73	'96	'73	'96
곱고	15	6	50	4(38)		
곱고			48	1(4)		
곱고			1	1(4)		
곱고			1	( )		
곱다					44	4(35)
곱다					54	1(8)
곱다					2	1(3)

2. 구원(久遠)의 / 2. 구원(久遠)

어형	녹음		조사 I		조사 II	
	'73	'96	'73	'96	'73	'96
구원의	13	6	62	4(38)	35	4(32)
구원의	1		32	1(5)	60	1(12)
구원의	1		4	(1)	4	1(2)
구원의			2	( )	1	( )
구원의				1(2)		

14. 구조(構造)가 / 93. 구조(構造)

어형	녹음		조사 I		조사 II	
	'73	'96	'73	'96	'73	'96
구조가	14	6	74	5(40)	47	5(38)
구조가	1		25	1(5)	50	1(4)
구조가			1	( )	3	(3)
구조가				( )		(1)
구조가				(1)		

42. 구조(救助)가 / 148. 구조(救助)

어형	녹음		조사 I		조사 II	
	'73	'96	'73	'96	'73	'96
구조가	13	6	74	5(37)	50	5(37)
구조가	2		25	1(5)	47	(7)
구조가			1	(3)	3	1(2)
구조가				(1)		

24. 군밤을 / 162. 군밤

어형	녹음		조사 I		조사 II	
	'73	'96	'73	'96	'73	'96
군밤을	15	6	52	5(29)	25	4(22)
군밤을			39	1(5)	68	2(12)
군밤을			7	(12)	5	(12)
군밤을			2	( )	2	( )

32. 굴(窟)로 / 199. 굴(窟)

어형	녹음		조사 I		조사 II	
	'73	'96	'73	'96	'73	'96
굴로	15	6	35	1(20)	40	3(26)
굴로			65	5(25)	60	3(20)
굴로				(1)		

61. 굴(해산물)을 / 369. 굴(해산물의 일종)

어형	녹음		조사 I		조사 II	
	'73	'96	'73	'96	'73	'96
굴을	14	6	48	3(30)	42	3(24)
굴을	1		52	2(16)	58	3(22)
굴을				1( )		

247. 굽다(炙) / 43, 238 구워(炙)

어형	녹음		조사 I		조사 II	
	'73	'96	'73	'96	'73	'96
굽다					54	5(37)
굽다					41	(9)
굽다					4	1( )
굽다					1	( )
구워	15	6	82	5(46)	56	5(37)
구워			14	( )	29	(8)
구워			2	1( )	15	1(1)
구워			2	( )		( )

53. 길(道)에는 / 194. 길(道)

어형	녹음		조사 I		조사 II	
	'73	'96	'73	'96	'73	'96
길에는	15	6	89	5(40)	58	4(26)
길에는			11	1(5)	42	2(20)
길에는				(1)		

186. 길(사람의 한 키)

어형	녹음		조사 I		조사 II	
	'73	'96	'73	'96	'73	'96
길					73	4(42)
길					27	2(4)

68. 328 귀여운('귀엽다'의 활용형)

어형	녹음		조사 I		조사 II	
	'73	'96	'73	'96	'73	'96
귀여운	14	6	68	6(34)	54	5(28)
귀여운	1		23	(8)	23	(9)
귀여운			15	(3)	20	1(6)
귀여운			2	(1)	2	(3)
귀여운			1	( )	1	( )

49. 깨끗합니다 / 256. 깨끗하다

어형	녹음		조사 I		조사 II	
	'73	'96	'73	'96	'73	'96
깨끗합니다	15	6	89	6(46)		
깨끗합니다			9	( )		
깨끗합니다			2	( )		
깨끗하다					83	5(40)
깨끗하다					6	(3)
깨끗하다					8	1(1)
깨끗하다					2	(1)
깨끗하다					1	(1)

3, 27 극히

어형	녹음		조사 I		조사 II	
	'73	'96	'73	'96	'73	'96
극히	14	6	81	3(37)	64	4(36)
극히	1		15	(8)	25	1(6)
극히			2	3(1)	11	(4)
극히			2	( )		1( )

47. 깨서(覺) / 107. 깨다(覺)

어형	녹음		조사 I		조사 II	
	'73	'96	'73	'96	'73	'96
깨서	15	6	89	5(43)		
깨서			10	(1)		
깨서				1(2)		
깨서			1	( )		
깨다					69	4(43)
깨다					31	1(3)
깨다						1( )

72. 355 금방(부사)

어형	녹음		조사 I		조사 II	
	'73	'96	'73	'96	'73	'96
금방	12	6	62	6(36)	52	5(31)
금방	3		31	(10)	44	1(14)
금방			5	( )	4	(1)
금방			2	( )		( )

40. ㉙가로 / 82. ㉙가(川邊)

어형	녹음		조사 I		조사 II	
	'73	'96	'73	'96	'73	'96
냇가로	15	6	56	4(41)	45	4(31)
냇가로			39	1(5)	51	1(13)
냇가로			5	( )	4	1(2)
냇가로				1( )		

9. ㉹자 / 51. ㉹다(遊) / 24. 놀았습니다

어형	녹음		조사 I		조사 II	
	'73	'96	'73	'96	'73	'96
놀자	11	6	69	6(37)		
놀자	4		28	(8)		
놀자			3	(1)		
놀다					54	4(36)
놀다					46	2(8)
놀다						(2)
놀았습니다	15	6	94	6(46)		
놀았습니다			4	( )		
놀았습니다			1	( )		
놀았습니다			1	( )		

20. ㉿(雪)이 / 132. ㉿(雪)

어형	녹음		조사 I		조사 II	
	'73	'96	'73	'96	'73	'96
눈이	10	6	38	3(29)	33	1(23)
눈이	5		62	3(17)	67	5(23)

31. 눈(眼)에서는 / 174. 눈(眼)

어형	녹음		조사 I		조사 II	
	'73	'96	'73	'96	'73	'96
눈에서는	13	6	88	5(34)	81	4(28)
눈에서는	2		12	1(10)	19	2(18)
눈에서는				(2)		

8. 덮고 / 109. 덮다

어형	녹음		조사 I		조사 II	
	'73	'96	'73	'96	'73	'96
덮고	15	6	88	6(43)		
덮고			10	(1)		
덮고			2	(2)		
덮다					70	4(42)
덮다					27	2(4)
덮다					3	( )

126. 덥다(暑)

어형	녹음		조사 I		조사 II	
	'73	'96	'73	'96	'73	'96
덥다					56	5(36)
덥다					42	1(6)
덥다					2	(4)

74. 돈(錢)을 / 252. 돈(화폐)

어형	녹음		조사 I		조사 II	
	'73	'96	'73	'96	'73	'96
돈을	14	6	68	5(40)	45	3(37)
돈을	1		32	(6)	55	3(9)
돈을				1( )		

72. 돌(一周生日)

어형	녹음		조사 I		조사 II	
	'73	'96	'73	'96	'73	'96
돌					68	4(32)
돌					32	2(14)

5. 49 돌(石)

어형	녹음		조사 I		조사 II	
	'73	'96	'73	'96	'73	'96
돌	15	6	65	5(28)	54	2(28)
돌			35	1(18)	46	4(18)

3. 동기(動機)와 / 17. 동기(動機)

어형	녹음		조사Ⅰ		조사Ⅱ	
	'73	'96	'73	'96	'73	'96
동기와	15	6	66	4(38)	36	5(35)
동기와			30	2(3)	57	1(10)
동기와			2	(2)	5	(1)
동기와			2	( )	2	
동기와						(3)

37. 동기(同期)

어형	녹음		조사Ⅰ		조사Ⅱ	
	'73	'96	'73	'96	'73	'96
동기					50	4(30)
동기					46	2(11)
동기					4	(5)

51. 173 동네

어형	녹음		조사Ⅰ		조사Ⅱ	
	'73	'96	'73	'96	'73	'96
동네	15	6	79	5(44)	50	5(34)
동네			20	1( )	42	1(12)
동네			1	(2)	8	( )

1. 또 / 270. 또

어형	녹음		조사Ⅰ		조사Ⅱ	
	'73	'96	'73	'96	'73	'96
또	15	6	86	5(37)	83	5(33)
또			14	1(9)	17	1(13)

37. 281 막(지금 곧)

어형	녹음		조사Ⅰ		조사Ⅱ	
	'73	'96	'73	'96	'73	'96
막	9	6	72	4(30)	71	6(40)
막	6		28	2(16)	29	(6)

16. 87 말(馬)

어형	녹음		조사Ⅰ		조사Ⅱ	
	'73	'96	'73	'96	'73	'96
말	12	6	68	4(30)	77	3(33)
말	3		32	2(16)	23	3(13)

11. 말(言)을 / 59. 말(言)

어형	녹음		조사Ⅰ		조사Ⅱ	
	'73	'96	'73	'96	'73	'96
말을	15	6	73	4(34)	31	2(29)
말을			27	2(12)	69	4(17)

19. 말세(末世)라는 / 134. 말세(末世)

어형	녹음		조사Ⅰ		조사Ⅱ	
	'73	'96	'73	'96	'73	'96
말세라는	13	6	65	6(37)	56	5(31)
말세라는	2		28	(5)	38	(13)
말세라는			6	(4)	6	1(2)
말세라는			1	( )		( )

314. 멀다(遠) / 76. 306 멀어서(遠)

어형	녹음		조사Ⅰ		조사Ⅱ	
	'73	'96	'73	'96	'73	'96
멀다					32	4(37)
멀다					67	2(8)
멀다					1	(1)
멀어서	15	6	67	4(31)	58	6(35)
멀어서			29	(13)	32	(8)
멀어서			2	1(2)	9	(2)
멀어서			1	1( )	1	(1)
멀어서			1	( )		( )

62. 모두를 / 276. 모두

어형	녹음		조사 I		조사 II	
	'73	'96	'73	'96	'73	'96
모두를	12	6	58	4(36)	48	5(34)
모두를	3		39	(7)	49	1(10)
모두를			1	( )	3	(2)
모두를			2	( )		( )
모두를					2(3)	

38. 발(簾)을 / 218. 발(簾, 문에 치는)

어형	녹음		조사 I		조사 II	
	'73	'96	'73	'96	'73	'96
발을	11	6	41	2(29)	45	4(29)
발을	4		59	4(17)	55	2(17)

49. 발(足)이 / 44. 발(足)

어형	녹음		조사 I		조사 II	
	'73	'96	'73	'96	'73	'96
발이	15	6	83	3(30)	71	5(35)
발이			17	1(15)	29	1(11)
발이				2(1)		

17. 밤(夜)에 / 5. 밤(夜)

어형	녹음		조사 I		조사 II	
	'73	'96	'73	'96	'73	'96
밤에	15	6	84	3(35)	58	4(29)
밤에			16	3(9)	42	2(17)
밤에				(1)		
밤에				(1)		

43. 밤(栗)을 / 234. 밤(栗)

어형	녹음		조사 I		조사 II	
	'73	'96	'73	'96	'73	'96
밤을	12	6	41	2(20)	70	5(32)
밤을	3		59	4(26)	30	1(14)

11. 75 방실방실

어형	녹음		조사 I		조사 II	
	'73	'96	'73	'96	'73	'96
방실방실	13	6	80	6(40)	71	5(40)
방실방실			1	( )	2	(1)
방실방실				( )	4	( )
방실방실				( )	1	( )
방실방실				( )		(1)
방실방실	2		15	(3)	9	1(1)
방실방실				( )	1	( )
방실방실				( )	1	( )
방실방실			4	(3)	10	(3)
방실방실				( )	1	( )

6. 76 벌써

어형	녹음		조사 I		조사 II	
	'73	'96	'73	'96	'73	'96
벌써	14	6	72	6(41)	56	3(32)
벌써	1		21	(3)	40	3(9)
벌써			7	(2)	4	(5)

46. 병(瓶)에 / 239. 병(유리병)

어형	녹음		조사 I		조사 II	
	'73	'96	'73	'96	'73	'96
병에	9	6	86	4(36)	73	5(33)
병에	6		14	2(10)	27	1(13)

22. 병(病)이 / 150. 병(病)

어형	녹음		조사 I		조사 II	
	'73	'96	'73	'96	'73	'96
병이	12	6	52	4(28)	44	3(27)
병이	3		48	2(17)	56	3(19)
병이				(1)		

38. 209 보통

어형	녹음		조사 I		조사 II	
	'73	'96	'73	'96	'73	'96
보통	14	6	69	6(42)	57	3(38)
ⓑ통			25	(3)	37	2(2)
보ⓣ	1		5	(1)	6	1(5)
ⓑⓣ			1	( )		(1)

33. 부정(不正)만 / 232. 부정(不正)

어형	녹음		조사 I		조사 II	
	'73	'96	'73	'96	'73	'96
부정만	14	6	85	5(40)	71	6(32)
ⓑ정만	1		10	(4)	25	(10)
부ⓙ만			5	1(1)	4	(4)
ⓑⓙ만				(1)		

13. 부정(否定)만이 / 66. 부정(否定)

어형	녹음		조사 I		조사 II	
	'73	'96	'73	'96	'73	'96
부정만이	15	6	75	2(39)	69	4(33)
ⓑ정만이			17	1(4)	25	(11)
부ⓙ만이			8	3( )	6	2(2)
부정만ⓘ				(3)		

53. 사람들이 / 185. 사람

어형	녹음		조사 I		조사 II	
	'73	'96	'73	'96	'73	'96
사람들이	14	6	91	6(44)	58	5(37)
ⓢ람들이	1		7	(2)	39	1(8)
사ⓡ들이			1	( )	3	(1)
ⓢⓡ들이			1	( )		( )

75. 사정(事情)은 / 365. 사정(事情)

어형	녹음		조사 I		조사 II	
	'73	'96	'73	'96	'73	'96
사정은	14	6	74	4(41)	60	6(34)
ⓢ정은	1		22	(3)	34	(8)
사ⓙ은			3	( )	6	(4)
ⓢⓙ은			1	( )		( )
사정ⓔ				2(2)		

84. 사정(私情)

어형	녹음		조사 I		조사 II	
	'73	'96	'73	'96	'73	'96
사정					57	4(38)
ⓢ정					39	1(5)
사ⓙ					4	1(2)
ⓢⓙ						(1)

63. 사투리를 / 288. 사투리

어형	녹음		조사 I		조사 II	
	'73	'96	'73	'96	'73	'96
사투리를	13	6	70	4(42)	61	6(37)
ⓢ투리를	2		26	1(3)	27	(2)
사ⓣ리를			1	(1)	8	(5)
사투ⓡ를			1	( )	4	(2)
ⓢⓣⓡ를			2	( )		( )
사투리ⓛ				1( )		

33. 사회(社會)가

어형	녹음		조사 I		조사 II	
	'73	'96	'73	'96	'73	'96
사회가	15	6	95	6(45)		
ⓢ회가			3	( )		
사ⓗ가			2	( )		
사회ⓖ				(1)		

64. 살고('살다'의 활용형) / 22. 살다(居)

어형	녹음		조사 I		조사 II	
	'73	'96	'73	'96	'73	'96
살고	15	6	76	6(45)		
살고			22	(1)		
살고			1	( )		
살고			1	( )		
살다					46	1(28)
살다					52	4(18)
살다					1	1( )
살다					1	( )

19. 세상은 / 130. 세상

어형	녹음		조사 I		조사 II	
	'73	'96	'73	'96	'73	'96
세상은	14	6	83	6(43)	48	4(35)
세상은	1		15	(1)	48	1(10)
세상은			2	( )	3	1(1)
세상은				( )	1	( )
세상은				(2)		

26. 세월이 / 28. 세월

어형	녹음		조사 I		조사 II	
	'73	'96	'73	'96	'73	'96
세월이	11	6	92	5(45)	63	4(32)
세월이	3		3	1( )	30	1(11)
세월이	1		4	(1)	7	1(3)
세월이			1	( )		( )

68. 소녀가 / 331. 소녀

어형	녹음		조사 I		조사 II	
	'73	'96	'73	'96	'73	'96
소녀가	15	6	77	6(41)	39	6(35)
소녀가			23	(2)	58	(8)
소녀가				(1)	3	(3)
소녀가				(2)		

19. 신문(新聞)을 / 119. 신문(新聞)

어형	녹음		조사 I		조사 II	
	'73	'96	'73	'96	'73	'96
신문을	14	6	88	5(43)	56	4(38)
신문을			10	1(2)	39	1(8)
신문을	1		2	(1)	5	1( )

34. 애들아 / 47. 애

어형	녹음		조사 I		조사 II	
	'73	'96	'73	'96	'73	'96
애들아	5	6	51	5(41)	50	4(35)
애들아	10		49	(2)	50	2(11)
애들아				1(3)		( )

113. 업다(負)

어형	녹음		조사 I		조사 II	
	'73	'96	'73	'96	'73	'96
업다					68	4(38)
업다					30	1(6)
업다					2	1(2)

47. 없는데 / 98. 없다

어형	녹음		조사 I		조사 II	
	'73	'96	'73	'96	'73	'96
없는데	14	6	91	6(43)		
없는데	1		2	(1)		
없는데				(1)		
없는데			7	(1)		
없다					70	5(39)
없다					28	1(4)
없다					2	(3)

10. 319. 여로(旅路)

어형	녹음		조사 I		조사 II	
	'73	'96	'73	'96	'73	'96
여로	13	6	61	5(42)		5(43)
여로	2		37	1(3)		1(3)
여로			2	(1)		( )

45. 200. 연고(緣故)

어형	녹음 '73	녹음 '96	조사 I '73	조사 I '96	조사 II '73	조사 II '96
연고	11	6	64	6(39)	47	4(31)
연고	4		35	(6)	48	2(12)
연고				(1)	5	(3)
연고			1	( )		( )

44. 용기(勇氣)에 / 340. 용기

어형	녹음 '73	녹음 '96	조사 I '73	조사 I '96	조사 II '73	조사 II '96
용기에	12	6	79	6(45)	47	4(29)
용기에	3		18	(1)	49	1(14)
용기에			3	( )	3	1(3)
용기에				( )	1	( )

5. 영구(永久)한 / 24. 영구(永久)하다

어형	녹음 '73	녹음 '96	조사 I '73	조사 I '96	조사 II '73	조사 II '96
영구한	12	6	44	5(36)		
영구한	3		47	1(8)		
영구한			7	(1)		
영구한				(1)		
영구한			2	( )		
영구하다					18	3(25)
영구하다					76	2(20)
영구하다					6	1(1)

35. 웃니(笑) / 79. 웃다(笑) / 11. 웃으며

어형	녹음 '73	녹음 '96	조사 I '73	조사 I '96	조사 II '73	조사 II '96
웃니	13	6	74	4(43)		
웃니	2		12	(1)		
웃다			13	2(2)		
웃다			1	( )		
웃다					67	5(37)
웃다					32	(7)
웃다					1	1(2)
웃으며	15	6	92	6(45)		
웃으며			3	( )		
웃으며			3	( )		
웃으며			1	(1)		
웃으며			1	( )		

2. 영화(映畵)는 / 10. 영화(映畵)

어형	녹음 '73	녹음 '96	조사 I '73	조사 I '96	조사 II '73	조사 II '96
영화는	15	6	89	6(43)	69	5(30)
영화는			7	(1)	25	(14)
영화는			2	( )	6	1(2)
영화는			2	( )		( )
영화는				(2)		

52. 이상(以上)으로 / 271. 이상(以上)

어형	녹음 '73	녹음 '96	조사 I '73	조사 I '96	조사 II '73	조사 II '96
이상으로	15	6	87	5(39)	78	5(34)
이상으로			9	(4)	16	1(8)
이상으로			3	(1)	6	(4)
이상으로			1	( )		( )
이상으로				1(2)		

25. 영화(榮華)를 / 220. 영화(榮華)

어형	녹음 '73	녹음 '96	조사 I '73	조사 I '96	조사 II '73	조사 II '96
영화를	10	6	58	5(37)	39	5(33)
영화를	4		35	1(6)	63	1(11)
영화를	1		4	(2)	7	(2)
영화를			3	( )	1	( )
영화를				(1)		

75. 363 일(一)

어형	녹음 '73	녹음 '96	조사 I '73	조사 I '96	조사 II '73	조사 II '96
일	13	6	84	5(38)	79	4(33)
일	2		16	1(8)	21	2(13)

1. 일(事)을 / 12. 일(事)

어형	녹음		조사 I		조사 II	
	'73	'96	'73	'96	'73	'96
일을	15	6	76	6(42)	62	2(30)
알을			24	(4)	38	4(16)

1. 일(事)하고 / 3. 일하다

어형	녹음		조사 I		조사 II	
	'73	'96	'73	'96	'73	'96
일하고	15	6	76	6(45)		
알하고			21	(1)		
일ᅘ고			1	( )		
일하ㄲ			2	( )		
일하다					67	3(39)
알하다					29	3(6)
일ᅘ다					2	(1)
일하ㄲ					2	( )

71. 잇다(續)

어형	녹음		조사 I		조사 II	
	'73	'96	'73	'96	'73	'96
잇다					53	5(30)
읶다					46	1(12)
잇ㄲ					1	(4)

48. 있는 / 43. 있다(存在)

어형	녹음		조사 I		조사 II	
	'73	'96	'73	'96	'73	'96
있는	15	6	94	6(45)		
읬는			5	(1)		
읬ㄴ			1	( )		
있다					76	4(37)
읬다					21	1(7)
있ㄲ					3	1(2)

30. 잘

어형	녹음		조사 I		조사 II	
	'73	'96	'73	'96	'73	'96
잘	15	6	63	4(29)		
쌀			37	2(17)		

69. 334 장(欌)

어형	녹음		조사 I		조사 II	
	'73	'96	'73	'96	'73	'96
장	11	6	48	5(27)		5(43)
쌍		4	52	1(19)		1(3)

53. 장(市場)으로 / 181. 장(市場)

어형	녹음		조사 I		조사 II	
	'73	'96	'73	'96	'73	'96
장으로	13	6	68	3(30)	54	4(29)
쌍으로	2		32	3(16)	46	2(17)

33. 정화(淨化)될 / 251. 정화(淨化)되다

어형	녹음		조사 I		조사 II	
	'73	'96	'73	'96	'73	'96
정화될	13	6	65	6(43)		
쩡화될	2		22	(3)		
정ᅘ될			7	( )		
정화띌			4	( )		
쩡ᅘ될			2	( )		
정화되다					64	5(35)
쩡화되다					15	(4)
정ᅘ되다					19	1(7)
정화띄다					2	( )

2. 정화(情話)라는 / 4. 정화(情話)

어형	녹음		조사 I		조사 II	
	'73	'96	'73	'96	'73	'96
정화라는	14	6	77	3(41)	50	4(32)
쩡화라는	1		19	1(5)	46	1(13)
정ᅘ라는			2	2( )	3	1( )
쩡ᅘ라는			2	( )	1	(1)

28. 269. 제일(第一)

어형	녹음		조사 I		조사 II	
	'73	'96	'73	'96	'73	'96
제일	6	6	39	3(35)	39	4(28)
쩨일	9		53	3(9)	60	2(15)
제읠			4	(2)	3	(3)
쩨읠			4	( )		( )

157. 좋다

어형	녹음 '73	녹음 '96	조사 I '73	조사 I '96	조사 II '73	조사 II '96
좋다					69	5(30)
좋다					30	1(14)
좋다					1	(2)

11. 좋아했습니다 / 146. 좋아하다

어형	녹음 '73	녹음 '96	조사 I '73	조사 I '96	조사 II '73	조사 II '96
좋아했습니다	15	6	71	6(42)		
좋아했습니다			21	(1)		
좋아했습니다			8	(3)		
좋아하다			66	6(45)		
좋아하다			28	(1)		
좋아하다			5	( )		
좋아하다			1	( )		

59. 지나간 / 103. 지나가다

어형	녹음 '73	녹음 '96	조사 I '73	조사 I '96	조사 II '73	조사 II '96
지나간	14	6	86	6(43)		
지나간			4	( )		
지나간			6	(1)		
지나간	1		3	(2)		
지나간			1	( )		
지나가다					84	5(38)
지나가다					4	1(4)
지나가다					8	(2)
지나가다					2	(2)
지나가다					1	( )
지나가다					1	( )

38. 지냅니다 / 226. 지내다

어형	녹음 '73	녹음 '96	조사 I '73	조사 I '96	조사 II '73	조사 II '96
지냅니다	15	6	95	6(46)		
지냅니다			4	( )		
지냅니다			1	( )		
지내다					80	5(39)
지내다					6	(1)
지내다					13	(5)
지내다					1	1(1)

13. 최선의 / 70. 최선(最善)

어형	녹음 '73	녹음 '96	조사 I '73	조사 I '96	조사 II '73	조사 II '96
최선의	12	6	46	5(37)	41	4(28)
최선의	3		49	(9)	56	2(15)
최선의			3	( )	3	(3)
최선의			2	( )		( )
최선의				1( )		

8. 114. 포근히

어형	녹음 '73	녹음 '96	조사 I '73	조사 I '96	조사 II '73	조사 II '96
포근히	13	6	61	4(40)	50	5(34)
포근히	2		10	1(2)	14	(7)
포근히			22	(2)	35	1(4)
포근히			5	1(2)		(1)
포근히				( )	1	( )
포근히			2	( )		( )

71. 피했습니다 / 351. 피하다

어형	녹음 '73	녹음 '96	조사 I '73	조사 I '96	조사 II '73	조사 II '96
피했습니다	15	6	93	5(44)		
피했습니다			6	(1)		
피했습니다			1	1(1)		
피하다					80	4(35)
피하다					12	2(7)
피하다					8	(3)
피하다						(1)

15. 항상 / 163. 항상

어형	녹음		조사 I		조사 II	
	'73	'96	'73	'96	'73	'96
항상	13	6	62	6(39)	55	6(30)
항상	1		29	(6)	41	(13)
항상	1		7	(1)	3	(3)
항상			2	( )	1	( )

71. 허둥대며 / 347. 허둥대다

어형	녹음		조사 I		조사 II	
	'73	'96	'73	'96	'73	'96
허둥대며	15	6	75	5(44)		
허둥대며			10	(2)		
허둥대며			10	( )		
허둥대며			2	( )		
허둥대며			1	1( )		
허둥대며			2	( )		
허둥대다					72	6(37)
허둥대다					2	( )
허둥대다					19	(6)
허둥대다					5	(2)
허둥대다						(1)
허둥대다					1	( )
허둥대다					1	( )

72. 험상궂은 / 353. 험상궂다

어형	녹음		조사 I		조사 II	
	'73	'96	'73	'96	'73	'96
험상궂은	15	6	75	6(45)		
험상궂은			19	( )		
험상궂은			1	( )		
험상궂은			3	( )		
험상궂은			1	(1)		
험상궂은			1	( )		
험상궂다					66	6(35)
험상궂다					23	(3)
험상궂다					3	(2)
험상궂다					8	(3)
험상궂다						(1)
험상궂다						(1)
험상궂다						(1)

47. 111. 혼자

어형	녹음		조사 I		조사 II	
	'73	'96	'73	'96	'73	'96
혼자	15	6	81	6(41)	77	6(35)
혼자			17	(2)	23	(11)
혼자			2	(3)		( )

서울 광진

27. 19 간신히

어형	녹음		조사 I		조사 II	
	'73	'96	'73	'96	'73	'96
간신히	8	5	61	3(38)	63	3(29)
간신히	5		34	2(6)	27	1(10)
간신히	2		3	( )	5	( )
간신히			2	( )	4	1(5)

2. 감명적이었다 / 18. 감명적

어형	녹음		조사 I		조사 II	
	'73	'96	'73	'96	'73	'96
감명적이었다	13	5	65	5(35)	53	3(39)
감명적이었다	1		18	(4)	38	1(4)
감명적이었다	1		4	(1)	5	1(1)
감명적이었다				( )	1	( )
감명적이었다			1	( )	1	( )
감명적이었다				(1)		( )
감명적이었다				(3)		

3. 개인적이며 / 345. 개인적

어형	녹음		조사 I		조사 II	
	'73	'96	'73	'96	'73	'96
개인적이며	13	5	81	4(40)	68	3(35)
개인적이며	2		5	1(1)	11	1(3)
개인적이며			10	(1)	18	1(3)
개인적이며			3	( )	2	(3)
개인적이며			1	( )	1	( )
개인적이며				(2)		

76. 거리(距離)가 / 315. 거리(距離)

어형	녹음		조사 I		조사 II	
	'73	'96	'73	'96	'73	'96
거리가	15	5	69	4(37)	49	4(31)
거리가			30	1(3)	44	(8)
거리가				(1)	5	1(5)
거리가			1	( )	2	
거리가				(2)		
거리가				(1)		

67. 거리(街)는 / 305. 거리(街)

어형	녹음		조사 I		조사 II	
	'73	'96	'73	'96	'73	'96
거리는	15	5	84	4(38)	52	3(39)
거리는			15	1(2)	43	1(4)
거리는				(2)	5	1(1)
거리는			1	( )		
거리는				(2)		

105. 걷다(捲)

어형	녹음		조사 I		조사 II	
	'73	'96	'73	'96	'73	'96
걷다					71	5(34)
걷다					26	(7)
걷다					2	(3)
걷다					1	

73. 걷다(步) / 72. 357 걸어(步, '걷다'의 활용형)

어형	녹음		조사 I		조사 II	
	'73	'96	'73	'96	'73	'96
걷다					63	4(33)
걷다					34	1(8)
걷다					3	(3)
걸어	15	5	95	5(33)	65	3(31)
걸어			5	(5)	30	1(11)
걸어				(6)	4	1(2)
걸어				( )	1	( )

45. 고국에 / 193. 고국(故國)

어형	녹음		조사 I		조사 II	
	'73	'96	'73	'96	'73	'96
고국에	15	5	87	4(43)	52	3(37)
고국에			11	1(1)	41	2(4)
고국에			2	( )	6	(3)
고국에				( )	1	( )

48. 곱고(娟) / 125. 곱다(娟)

어형	녹음		조사 I		조사 II	
	'73	'96	'73	'96	'73	'96
곱고	15	5	50	4(35)		
곱고			48	(4)		
곱고			1	1(5)		
곱고			1	( )		
곱다					44	4(40)
곱다					54	1(4)
곱다					2	( )

2. 구원(久遠)의 / 2. 구원(久遠)

어형	녹음		조사 I		조사 II	
	'73	'96	'73	'96	'73	'96
구원의	13	5	62	3(35)	35	5(26)
구원의	1		32	2(5)	60	(13)
구원의	1		4	(2)	4	(5)
구원의			2	( )	1	( )
구원의				(2)		

14. 구조(構造)가 / 93. 구조(構造)

어형	녹음		조사 I		조사 II	
	'73	'96	'73	'96	'73	'96
구조가	14	5	74	3(37)	47	5(38)
구조가	1		25	1(4)	50	(6)
구조가			1	1(1)	3	( )
구조가				(2)		

42. 구조(救助)가 / 148. 구조(救助)

어형	녹음		조사 I		조사 II	
	'73	'96	'73	'96	'73	'96
구조가	13	5	74	4(42)	50	4(37)
구조가	2		25	1(2)	47	(4)
구조가			1	( )	3	1(3)

24. 군밤을 / 162. 군밤

어형	녹음		조사 I		조사 II	
	'73	'96	'73	'96	'73	'96
군밤을	15	5	52	5(34)	25	3(23)
군밤을			39	(5)	68	(14)
군밤을			7	(4)	5	2(6)
군밤을			2	(1)	2	(1)

32. 굴(窟)로 / 199. 굴(窟)

어형	녹음		조사 I		조사 II	
	'73	'96	'73	'96	'73	'96
굴로	15	5	35	2(25)	40	2(20)
굴로			65	3(15)	60	3(24)
굴로				(4)		

61. 굴(해산물)을 / 369. 굴(해산물의 일종)

어형	녹음		조사 I		조사 II	
	'73	'96	'73	'96	'73	'96
굴을	14	5	48	4(27)	42	1(25)
굴을	1		52	1(13)	58	4(19)
굴을				(4)		

247. 굽다(炙) / 43, 238 구워(炙)

어형	녹음		조사 I		조사 II	
	'73	'96	'73	'96	'73	'96
굽다					54	4(34)
굽다					41	1(7)
굽다					4	(3)
굽다					1	( )
구워	15	5	82	5(39)	56	3(27)
구워			14	(1)	29	(10)
구워			2	(4)	15	2(7)
구워			2	( )		( )

68. 328 귀여운('귀엽다'의 활용형)

어형	녹음		조사 I		조사 II	
	'73	'96	'73	'96	'73	'96
귀여운	14	5	68	3(40)	54	3(28)
귀여운	1		23	1(2)	23	1(5)
귀여운			15	( )	20	(4)
귀여운			2	1(2)	2	1(7)
귀여운			1	( )	1	( )

3, 27 극히

어형	녹음		조사 I		조사 II	
	'73	'96	'73	'96	'73	'96
극히	14	5	81	3(32)	64	4(22)
극히	1		15	2(9)	25	1(13)
극히			2	(3)	11	(9)
극히			2	( )		( )

72. 355 금방(부사)

어형	녹음		조사 I		조사 II	
	'73	'96	'73	'96	'73	'96
금방	12	5	62	3(37)	52	4(27)
금방	3		31	2(5)	44	1(13)
금방			5	(1)	4	(4)
금방			2	(1)		( )

53. 길(道)에는 / 194. 길(道)

어형	녹음		조사Ⅰ		조사Ⅱ	
	'73	'96	'73	'96	'73	'96
길에는	15	5	89	5(40)	58	3(24)
길에는			11	(3)	42	2(20)
길에는				(1)		

186. 길(사람의 한 키)

어형	녹음		조사Ⅰ		조사Ⅱ	
	'73	'96	'73	'96	'73	'96
길					73	3(24)
길					27	2(20)

49. 깨끗합니다 / 256. 깨끗하다

어형	녹음		조사Ⅰ		조사Ⅱ	
	'73	'96	'73	'96	'73	'96
깨끗합니다	15	5	89	4(41)		
깨끗합니다			9	1(1)		
깨끗합니다			2	(2)		
깨끗하다					83	3(36)
깨끗하다					6	2(3)
깨끗하다					8	(3)
깨끗하다					2	(2)
깨끗하다					1	( )

47. 깨서(覺) / 107. 깨다(覺)

어형	녹음		조사Ⅰ		조사Ⅱ	
	'73	'96	'73	'96	'73	'96
깨서	15	5	89	5(41)		
깨서			10	(2)		
깨서				(1)		
깨서			1	( )		
깨다				( )	69	5(37)
깨다				( )	31	(6)
깨다				( )		(1)

40. 냇가로 / 82. 냇가(川邊)

어형	녹음		조사Ⅰ		조사Ⅱ	
	'73	'96	'73	'96	'73	'96
냇가로	15	5	56	5(38)	45	4(30)
냇가로			39	(3)	51	1(10)
냇가로			5	( )	4	(4)
냇가로				(3)		

9. 놀자 / 51. 놀다(遊) / 24. 놀았습니다

어형	녹음		조사Ⅰ		조사Ⅱ	
	'73	'96	'73	'96	'73	'96
놀자	11	5	69	3(36)		
놀자	4		28	1(3)		
놀자			3	1(5)		
놀다					46	3(35)
놀다					54	1(8)
놀다						1(1)
놀았습니다	15	5	94	5(42)		
놀았습니다				(2)		
놀았습니다			4			
놀았습니다			1			
놀았습니다			1			

20. 눈(雪)이 / 132. 눈(雪)

어형	녹음		조사Ⅰ		조사Ⅱ	
	'73	'96	'73	'96	'73	'96
눈이	10	5	38	4(32)	33	3(28)
눈이	5		62	1(9)	67	2(16)
눈이				(3)		

31. 눈(眼)에서는 / 174. 눈(眼)

어형	녹음		조사Ⅰ		조사Ⅱ	
	'73	'96	'73	'96	'73	'96
눈에서는	13	5	88	2(36)	81	2(27)
눈에서는	2		12	1(7)	19	3(17)
눈에서는				(1)		
눈에서는				2( )		

8. 덮고 / 109. 덮다

어형	녹음		조사 I		조사 II	
	'73	'96	'73	'96	'73	'96
덮고	15	5	88	3(31)		
덥고			10	1(4)		
덥꼬			2	1(9)		
덮다					70	3(32)
덥다					27	2(10)
덥따					3	(2)

126. 덥다(暑)

어형	녹음		조사 I		조사 II	
	'73	'96	'73	'96	'73	'96
덥다					56	4(33)
덥다					42	1(6)
덥따					2	(5)

74. 돈(錢)을 / 252. 돈(화폐)

어형	녹음		조사 I		조사 II	
	'73	'96	'73	'96	'73	'96
돈을	14	5	68	2(31)	45	3(33)
돈을	1		32	2(7)	55	2(11)
돈을				1(6)		

72. 돌(一周生日)

어형	녹음		조사 I		조사 II	
	'73	'96	'73	'96	'73	'96
돌					68	2(27)
돌					32	3(17)

5. 49 돌(石)

어형	녹음		조사 I		조사 II	
	'73	'96	'73	'96	'73	'96
돌	15	5	65	5(34)	54	3(31)
돌			35	(10)	46	2(13)

3. 동기(動機)와 / 17. 동기(動機)

어형	녹음		조사 I		조사 II	
	'73	'96	'73	'96	'73	'96
동기와	15	5	66	5(42)	36	3(34)
동기와			30	( )	57	2(8)
동기와			2	(1)	5	(2)
동기와			2	(1)	2	

37. 동기(同期)

어형	녹음		조사 I		조사 II	
	'73	'96	'73	'96	'73	'96
동기					50	1(34)
동기					46	3(6)
동기					4	1(4)

51. 173 동네

어형	녹음		조사 I		조사 II	
	'73	'96	'73	'96	'73	'96
동네	15	5	79	5(41)	50	4(39)
동네			20	( )	42	1(3)
동네			1	(3)	8	(2)

1. 또 / 270. 또

어형	녹음		조사 I		조사 II	
	'73	'96	'73	'96	'73	'96
또	15	5	86	4(39)	83	2(31)
또			14	1(5)	17	3(13)

37. 281 막(지금 곧)

어형	녹음		조사 I		조사 II	
	'73	'96	'73	'96	'73	'96
막	9	5	72	3(33)	71	5(34)
막	6		28	2(11)	29	(10)

16. 87 말(馬)

어형	녹음		조사 I		조사 II	
	'73	'96	'73	'96	'73	'96
말	12	5	68	5(38)	77	5(35)
말	3		32	(6)	23	(9)

11. 말(言)을 / 59. 말(言)

어형	녹음		조사 I		조사 II	
	'73	'96	'73	'96	'73	'96
말을	15	5	73	5(40)	31	(28)
말을			27	(4)	69	5(16)

19. 말세(末世)라는 / 134. 말세(末世)

어형	녹음		조사 I		조사 II	
	'73	'96	'73	'96	'73	'96
말세라는	13	5	65	3(41)	56	3(32)
말세라는	2		28	2(1)	38	2(9)
말세라는			6	(2)	6	(3)
말세라는			1	( )		( )
말세라는						( )

314. 멀다(遠) / 76. 306 멀어서(遠)

어형	녹음		조사 I		조사 II	
	'73	'96	'73	'96	'73	'96
멀다					32	3(27)
멀다					67	2(16)
멀다					1	(1)
멀어서	15	5	67	4(31)	58	3(34)
멀어서			29	(6)	32	1(8)
멀어서			2	(1)	9	(2)
멀어서			1	1(6)	1	1( )
멀어서			1	( )		( )

62. 모두를 / 276. 모두

어형	녹음		조사 I		조사 II	
	'73	'96	'73	'96	'73	'96
모두를	12	5	58	3(33)	48	5(28)
모두를	3		39	1(5)	49	(9)
모두를			1	( )	3	(7)
모두를			2	( )		( )
모두를				1(6)		

38. 발(簾)을 / 218. 발(簾, 문에 치는)

어형	녹음		조사 I		조사 II	
	'73	'96	'73	'96	'73	'96
발을	11	5	41	3(27)	45	3(31)
발을	4		59	2(13)	55	2(13)
발을				(4)		

49. 발(足)이 / 44. 발(足)

어형	녹음		조사 I		조사 II	
	'73	'96	'73	'96	'73	'96
발이	15	5	83	4(29)	71	3(28)
발이			17	1(10)	29	2(16)
발이				(5)		

1. 밤(夜)에는 / 5. 밤(夜)

어형	녹음		조사 I		조사 II	
	'73	'96	'73	'96	'73	'96
밤에는	15	5	84	4(40)	58	4(21)
밤에는			16	1(4)	42	1(23)

43. 밤(栗)을 / 234. 밤(栗)

어형	녹음		조사 I		조사 II	
	'73	'96	'73	'96	'73	'96
밤을	12	5	41	4(27)	70	2(30)
밤을	3		59	(11)	30	3(14)
밤을				1(6)		

11. 75 방실방실

어형	녹음		조사 I		조사 II	
	'73	'96	'73	'96	'73	'96
방실방실	13	5	80	2(35)	71	4(38)
핑실방실			1	2(5)	2	1(2)
방실방실				( )	4	(1)
방실핑실				( )	1	( )
핑실방실	2		15	1(4)	9	( )
핑실방실				( )	1	( )
방실핑실				( )	1	( )
방실방실			4	( )	10	(3)
핑실방실				( )	1	( )

6. 76 벌써

어형	녹음		조사 I		조사 II	
	'73	'96	'73	'96	'73	'96
벌써	14	5	72	3(29)	56	4(32)
뻘써	1		21	1(9)	40	1(12)
벌써			7	1(6)	4	( )

46. 병(瓶)에 / 239. 병(유리병)

어형	녹음		조사 I		조사 II	
	'73	'96	'73	'96	'73	'96
병에	9	5	86	5(39)	73	2(31)
뼝에	6		14	(2)	27	3(13)
병에				(3)		

22. 병(病)이 / 150. 병(病)

어형	녹음		조사 I		조사 II	
	'73	'96	'73	'96	'73	'96
병이	12	5	52	4(31)	44	3(33)
뼝이	3		48	1(12)	56	2(11)
병이				(1)		

38. 209 보통

어형	녹음		조사 I		조사 II	
	'73	'96	'73	'96	'73	'96
보통	14	5	69	4(36)	57	4(36)
보통			25	(3)	37	(6)
보통	1		5	1(5)	6	1(2)
보통			1	( )		( )

33. 부정(不正)만 / 232. 부정(不正)

어형	녹음		조사 I		조사 II	
	'73	'96	'73	'96	'73	'96
부정만	14	5	85	4(38)	71	3(35)
뿌정만	1		10	1(2)	25	(4)
부정만			5	(3)	4	2(5)
부정만				(1)		

13. 부정(否定)만이 / 66. 부정(否定)

어형	녹음		조사 I		조사 II	
	'73	'96	'73	'96	'73	'96
부정만이	15	5	75	5(37)	69	4(33)
뿌정만이			17	(1)	25	(6)
부정만이			8	(1)	6	1(5)
부정만이				(1)		
부정만이				(2)		
뿌정만이				(2)		

53. 사람들이 / 185. 사람

어형	녹음		조사 I		조사 II	
	'73	'96	'73	'96	'73	'96
사람들이	14	5	91	5(41)	58	4(38)
사람들이	1		7	( )	49	(5)
사람들이			1	(1)	3	1(1)
사람들이			1	( )		( )
사람들이				(2)		

75. 사정(事情)은 / 365. 사정(事情)

어형	녹음		조사 I		조사 II	
	'73	'96	'73	'96	'73	'96
사정은	14	5	74	4(36)	60	4(28)
사정은	1		22	(1)	34	1(10)
사정은			3	( )	6	(6)
사정은			1	( )		( )
사정은				1(7)		

84. 사정(私情)

어형	녹음		조사 I		조사 II	
	'73	'96	'73	'96	'73	'96
사정					57	3(36)
사정					39	(3)
사정					4	2(4)
사정						(1)

63. 사투리를 / 288. 사투리

어형	녹음		조사 I		조사 II	
	'73	'96	'73	'96	'73	'96
사투리를	13	5	70	5(35)	61	4(37)
사투리를	2		26	(1)	27	(2)
사투리를			1	(1)	8	(2)
사투리를			1	(1)	4	1(3)
사투리를			2	( )		( )
사투리를				(6)		

33. 사회(社會)가

어형	녹음		조사 I		조사 II	
	'73	'96	'73	'96	'73	'96
사회가	15	5	95	4(39)		
사회가			3	(1)		
사회가			2	( )		
사회가				1(4)		

64. 살고('살다'의 활용형) / 22. 살다(居)

어형	녹음		조사 I		조사 II	
	'73	'96	'73	'96	'73	'96
살고	15	5	76	5(36)		
살고			22	(3)		
살고			1	(4)		
살고			1	(1)		
살다					46	3(36)
살다					52	1(8)
살다					1	1( )
살다					1	( )

19. 세상은 / 130. 세상

어형	녹음		조사 I		조사 II	
	'73	'96	'73	'96	'73	'96
세상은	14	5	83	5(42)	48	4(39)
세상은	1		15	(2)	48	(3)
세상은			2	( )	3	1(2)
세상은				( )	1	( )

26. 세월이 / 28. 세월

어형	녹음		조사 I		조사 II	
	'73	'96	'73	'96	'73	'96
세월이	11	5	92	4(42)	63	4(27)
세월이	3		3	1(1)	30	1(9)
세월이	1		4	( )	7	(8)
세월이			1	( )		
세월이				(1)		

68. 소녀가 / 331. 소녀

어형	녹음		조사 I		조사 II	
	'73	'96	'73	'96	'73	'96
소녀가	15	5	77	5(38)	39	5(32)
소녀가			23	( )	58	(5)
소녀가				( )	3	(7)
소녀가				(6)		( )

19. 신문(新聞)을 / 119. 신문(新聞)

어형	녹음		조사 I		조사 II	
	'73	'96	'73	'96	'73	'96
신문을	14	5	88	5(43)	56	2(36)
싱문을			10	(1)	39	1(4)
신문을	1		2	( )	5	1(4)
싱문을				( )		1( )

10. 319. 여로(旅路)

어형	녹음		조사 I		조사 II	
	'73	'96	'73	'96	'73	'96
여로	13	5	61	5(37)		4(32)
여로	2		37	(5)		1(10)
여로			2	(2)		(2)

9. 47. 얘

어형	녹음		조사 I		조사 II	
	'73	'96	'73	'96	'73	'96
얘	5	5	51	4(28)	50	5(30)
얘	10		49	1(16)	50	(14)

45. 200. 연고(緣故)

어형	녹음		조사 I		조사 II	
	'73	'96	'73	'96	'73	'96
연고	11	5	64	4(42)	47	2(32)
연고	4		35	1(1)	48	2(5)
연고				(1)	5	1(6)
연고			1	( )		(1)

113. 업다(負)

어형	녹음		조사 I		조사 II	
	'73	'96	'73	'96	'73	'96
업다					68	5(37)
업다					30	(6)
업다					2	(1)

5. 영구(永久)한 / 24. 영구(永久)하다

어형	녹음		조사 I		조사 II	
	'73	'96	'73	'96	'73	'96
영구한	12	5	44	2(36)		
영구한	3		47	3(7)		
영구한			7	(1)		
영구한				( )		
영구한			2	( )		
영구하다					18	2(25)
영구하다					76	2(11)
영구하다					6	1(8)

47. 없는데 / 98. 없다

어형	녹음		조사 I		조사 II	
	'73	'96	'73	'96	'73	'96
없는데	14	5	91	4(41)		
없는데	1		2	( )		
없는데			7	1(3)		
없다					70	4(35)
없다					28	1(5)
없다					2	(4)

2. 영화(映畵)는 / 10. 영화(映畵)

어형	녹음		조사 I		조사 II	
	'73	'96	'73	'96	'73	'96
영화는	15	5	89	4(34)	69	4(29)
영화는			7	(2)	25	(6)
영화는			2	(2)	6	1(9)
영화는			2	( )		( )
영화는				1(6)		

25. 영화(榮華)를 / 220. 영화(榮華)

어형	녹음		조사 I		조사 II	
	'73	'96	'73	'96	'73	'96
영화를	10	5	58	4(36)	39	4(33)
영화를	4		35	1(5)	63	1(6)
영화를	1		4	( )	7	(5)
영화를			3	( )	1	( )
영화를				(3)		

52. 이상(以上)으로 / 271. 이상(以上)

어형	녹음		조사 I		조사 II	
	'73	'96	'73	'96	'73	'96
이상으로	15	5	87	3(31)	78	3(32)
이상으로			9	1(4)	16	1(6)
이상으로			3	(1)	6	1(6)
이상으로			1	( )		( )
이상으로				1(8)		

44. 용기(勇氣)에 / 340. 용기

어형	녹음		조사 I		조사 II	
	'73	'96	'73	'96	'73	'96
용기에	12	5	79	5(42)	47	3(31)
용기에	3		18	(2)	49	2(11)
용기에			3	( )	3	(2)
용기에				( )	1	( )

75. 363 일(一)

어형	녹음		조사 I		조사 II	
	'73	'96	'73	'96	'73	'96
일	13	5	84	4(33)	79	1(30)
일	2		16	1(11)	21	4(14)

1. 일(事)을 / 12. 일(事)

어형	녹음		조사 I		조사 II	
	'73	'96	'73	'96	'73	'96
일을	15	5	76	4(29)	62	1(25)
일을			24	(10)	38	4(19)
일을				1(5)		

35. 웃니(笑) / 79. 웃다(笑) / 11. 웃으며

어형	녹음		조사 I		조사 II	
	'73	'96	'73	'96	'73	'96
웃니	13	5	74	3(33)		
웃니	2		12	(3)		
웃다			13	2(8)		
웃다					67	5(37)
웃다					32	(5)
웃다					1	(2)
웃으며	15	5	92	5(37)		
웃으며			3	(2)		
웃으며			3	( )		
웃으며			1	(5)		
웃으며			1	( )		

1. 일(事)하고 / 3. 일하다

어형	녹음		조사 I		조사 II	
	'73	'96	'73	'96	'73	'96
일하고	15	5	76	4(31)		
일하고			21	(3)		
일하고			1	(2)		
일하고			2	1(6)		
일하고				(2)		
일하다					67	5(33)
일하다					29	(9)
일하다					2	(1)
일하다					2	(1)

71. 잇다(續)

어형	녹음		조사 I		조사 II	
	'73	'96	'73	'96	'73	'96
잇다					53	5(33)
있다					46	(8)
잇댜					1	(3)

45. 있는 / 43. 있다(存在)

어형	녹음		조사 I		조사 II	
	'73	'96	'73	'96	'73	'96
있는	15	5	94	5(44)		
있는			5	( )		
있는			1	( )		
있다					76	3(41)
있다					21	2(2)
있댜					3	(1)

30. 잘

어형	녹음		조사 I		조사 II	
	'73	'96	'73	'96	'73	'96
잘	15	5	63	5(27)		
잘			37	(17)		

69. 334 장(欌)

어형	녹음		조사 I		조사 II	
	'73	'96	'73	'96	'73	'96
장	11	5	48	3(32)	3	2(33)
장	4		52	2(12)	2	3(11)

53. 장(市場)으로 / 181. 장(市場)

어형	녹음		조사 I		조사 II	
	'73	'96	'73	'96	'73	'96
장으로	13	5	68	3(38)	54	2(25)
장으로	2		32	2(6)	46	3(19)

33. 정화(淨化)될 / 251. 정화(淨化)되다

어형	녹음		조사 I		조사 II	
	'73	'96	'73	'96	'73	'96
정화될	13	5	65	5(42)		
정화될	2		22	( )		
정화될			7	( )		
정화될			4	(2)		
정화될			2	( )		
정화되다					64	3(35)
정화되다					15	1(5)
정화되다					19	1(2)
정화되다					2	(1)
정화되댜						(1)

2. 정화(情話)라는 / 4. 정화(情話)

어형	녹음		조사 I		조사 II	
	'73	'96	'73	'96	'73	'96
정화라는	14	5	77	5(39)	50	4(32)
정화라는	1		19	(3)	46	1(6)
정화라는			2	(1)	3	(6)
정화라는			2	( )	1	( )
정화랴는				(1)		

28. 269. 제일(第一)

어형	녹음		조사 I		조사 II	
	'73	'96	'73	'96	'73	'96
제일	6	5	39	3(29)	37	2(22)
제일	9		53	2(10)	60	1(16)
제일			4	(5)	3	2(6)
제일			4	( )		( )

157. 좋다

어형	녹음		조사 I		조사 II	
	'73	'96	'73	'96	'73	'96
좋다					69	4(31)
좋다					30	(9)
좋댜					1	1(4)

11. 좋아했습니다 / 146. 좋아하다

어형	녹음		조사 I		조사 II	
	'73	'96	'73	'96	'73	'96
좋아했습니다	15	5	71	5(39)		
좋아했습니다			21	(1)		
좋야했습니다			8	( )		
좋아했습니다				(1)		
좋아했습니다				(2)		
좋아했습니다				(1)		
좋아하다					66	4(41)
좋아하다					28	1(1)
좋야하다					5	(2)
좋야하다					1	( )

16. 지나갔습니다 / 103. 지나가다

어형	녹음		조사 I		조사 II	
	'73	'96	'73	'96	'73	'96
지나갔습니다	14	5	86	5(40)		
지나갔습니다			4	( )		
지다갔습니다			6	( )		
지나갔습니다	1		3	(2)		
지나갔습니다				(1)		
지나갔습니다				(1)		
지다갔습니다			1	( )		
지나가다					84	5(38)
지나가다					4	(1)
지다가다					8	(1)
지나가다					2	(2)
지나가다						(2)
지나가다					1	( )
지다가다					1	( )

38. 지냅니다 / 226. 지내다

어형	녹음		조사 I		조사 II	
	'73	'96	'73	'96	'73	'96
지냅니다	15	5	95	5(44)		
지냅니다			4	( )		
지냅니다			1	( )		
지내다					80	5(43)
지내다					6	(1)
지대다					13	( )
지내다					1	( )

13. 최선의 / 70. 최선(最善)

어형	녹음		조사 I		조사 II	
	'73	'96	'73	'96	'73	'96
최선의	12	5	46	2(31)	41	4(30)
최선의	3		49	3(8)	56	(13)
최선의			3	( )	3	1(1)
최선의			2	( )		( )
최선의				(5)		

8. 114. 포근히

어형	녹음		조사 I		조사 II	
	'73	'96	'73	'96	'73	'96
포근히	13	5	61	3(34)	50	3(33)
포근히	2		10	(3)	14	(1)
포근히			22	1(2)	35	1(6)
포근히			5	1(5)		1(4)
포근히				( )	1	( )
포근히			2	( )		( )

71. 피했습니다 / 351. 피하다

어형	녹음		조사 I		조사 II	
	'73	'96	'73	'96	'73	'96
피했습니다	15	5	93	5(42)		
피했습니다			6	( )		
피했습니다			1	(1)		
피했습니다				(1)		
피하다					80	3(35)
피하다					12	2(6)
피하다					8	(3)

15. 항상 / 163. 항상

어형	녹음		조사 I		조사 II	
	'73	'96	'73	'96	'73	'96
항상	13	5	62	4(37)	55	3(35)
항상	1		29	1(7)	41	1(7)
항상	1		7	( )	3	1(2)
항상			2	( )	1	( )

71. 허둥대며 / 347. 허둥대다

어형	녹음		조사 I		조사 II	
	'73	'96	'73	'96	'73	'96
허둥대며	11	5	75	4(43)		
허둥대며	1		10	( )		
허둥대며			10	1( )		
허둥대며	3		2	(1)		
허둥대며			1	( )		
허둥대며			2	( )		
허둥대다					72	3(34)
허둥대다					2	(4)
허둥대다					19	2(4)
허둥대다					5	( )
허둥대다						(2)
허둥대다					1	( )
허둥대다					1	( )

72. 험상궂은 / 353. 험상궂다

어형	녹음		조사 I		조사 II	
	'73	'96	'73	'96	'73	'96
험상궂은	15	5	75	5(43)		
험상궂은			19	( )		
험상궂은			1	( )		
험상궂은			3	( )		
험상궂은			1	(1)		
험상궂은			1	( )		
험상궂다					66	4(33)
험상궂다					23	(3)
험상궂다					3	1(1)
험상궂다					8	(4)
험상궂다						(3)

47. 111. 혼자

어형	녹음		조사 I		조사 II	
	'73	'96	'73	'96	'73	'96
혼자	15	5	81	5(40)	77	4(36)
혼자			17	(1)	23	(6)
혼자			2	(3)		1(2)

참고문헌

강영숙(1987), 「현대국어의 음장 운소에 대하여」, 인하대 교육대학원 석사논문, 인천

강윤호(1970), "말의 속도와 강약", 「실업계고등학교 국어」, 문교부, 서울

강창석(1992), 「15세기 음운이론의 연구」, 서울대 박사논문, 서울

경성사범학교 조선어연구부(1937), 「방언집」, 모산학술연구소, 대구

고광모(1991), 「국어의 보상적 장음화 연구」, 서울대 언어학과 박사학위논문, 서울

고대민족문화연구소(1967), 「한국 문화사 대계V(언어·문학사)」, 서울

고병암(1993), 「음운론의 기초이론」, 한신문화사, 서울

고영근 외(1992), 「국어학 연구 100년사」, 일조각, 서울

곽동기(1989), "우리말의 운율적 단위에 관하여", 「논문집」28, 부산여자대학, 부산

_____(1992), 「운율단위에 의한 국어 음운현상의 분석」, 서울대 박사학위논문, 서울

곽충구(1982), "아산지역어의 이중모음 변화와 이중모음화", 「방언」6, 서울

_____, 1994. 「함북육진방언의 음운론」, 국어학회, 서울

교육부(1984), 「초등학교 1,2학년 바른생활 교과서(제4차 교육과정)」, 대한교과서주식회사, 서울

_____(1989~1991), 「초·중·고 국어교과서(제5차 교육과정)」, 대한교과서주식회사, 서울

_____(1995~1997), 「초·중·고 국어교과서(제6차 교육과정)」, 대한교과서주식회사, 서울

_____(1996), 「고등학교 문법」, 대한교과서주식회사, 서울

구현옥(1991), 「함안지역어의 음장 연구-용언 활용을 중심으로」, 동아대 석사학위 논문, 부산

국문연구소(1908), 「국문연구안」, 한성 (「역대한국문법대계」3-9, 탑출판사영인, 1985, 서울)

_____(1909), 「국문연구의정안」, 한성 (「역대한국문법대계」3-10, 탑출판사영인, 1986, 서울)

국립국어연구원(1999), 「표준국어대사전」, 두산동아, 서울

국어국문학회(1990), 「방언학의 자료와 이론」, 지식산업사, 서울

국어조사연구위원회(1972), 「된소리 및 긴소리 연구」, 문교부 국어조사연구위원회, 서울

권영욱(1991), 「MDS법을 이용한 한국어 음소분석」, 영남대석사논문, 대구

권재선(1974), "신라어의 성조연구", 「한국어문학대계」 I, 형설문화사, 서울

권재일(1994), 「한국어 통사론」, 민음사, 서울

김규선(1973), "경북 방언의 TONEME", 「국어교육론지」1, 대구교대, 대구

김기섭(1993), 「영어운율론」, 한신문화사, 서울

김무림(1993), 「국어음운론」, 한신문화사, 서울

김민수(1962), "국어의 음소와 그 배열", 「문리논집」6, 고려대, 서울

_____(1971), 「신국어학」, 일조각, 서울

_____ 외(1992), 「국어대사전(중판)」, 금성출판사, 서울

김방한(1970), 「언어학논고」, 서울대출판부, 서울

_____(1971), "원시 몽고어의 장모음에 관하여", 「김형규박사 송수기념논총」, 서울

_____(1977), "한국어 어두 h-의 기원 및 자음군과 방점", 「언어학」2, 서울

_____(1991), 「언어학 연구사」, 서울대출판부, 서울

김병남(1995), 「우리말의 장단음」, 해동, 광주

김병욱(1985), "중세국어 성조 규칙의 검토", 「한글」187, 서울

_____(1987), "독자분절 음운론과 성조 규칙", 「이웅호회갑기념 논문집」, 서울

김병제(1980), 「방언사전」, 과학백과사전출판사, 평양

_____(1988), 「조선어지리학시고」, 과학백과사전종합출판사, 평양

김석득(1958), 「국어 음운 분석론」, 연세대 대학원석사논문, 서울

_____(1960), "음운분석론-기술언어학에서 본 음운 설립을 중심하여", 「한글」126, 서울

_____(1971), 「국어구조론-한국어의 형태 · 통사구조론 연구」, 연세대출판부, 서울

김성규(1988), "성조의 재구 방법", 「국어국문학」100, 서울

김성기(1972), "우리말의 장음 실태고", 「논문집」, 국민대학, 서울

김성렬(1991), "국어 음장의 통시론적 고찰", 「국어학」21, 국어학회, 서울

김성환(1988), 「경북 방언 성조에 관한 연구」, 계명대 박사학위논문, 대구

_____(1990) "경북방언 성조의 음성학적 특징", 「국어교육론지」16, 대구교대, 대구

김수경(1989), 「세나라시기 언어력사에 관한 남조선학계의 견해에 대한 비판적 고찰」, 평양출판사,
　　　　평양

김수곤(1977), "ㅂ 변칙동사류의 음운론적 의의", 「언어」2-2, 서울

김수형(1973), 「한국어의 지속에 관한 연구」, 서울대 석사학위논문, 서울

김숙자(1989), 「일본어와 한국어의 성조 비교 연구」, 서울대 박사학위논문, 서울

김승곤(1992), 「음성학」, 과학사, 서울

김영국(1988), "중세국어 성조에 대한 시비", 「경기어문학」7, 경기대, 서울

_____(1991a), "15세기 국어 성조의 조류와 조치에 대하여", 「경기어문학」9, 경기대, 서울

_____(1991b), "15세기 국어성조와 생성 과정에 대하여", 「김영배선생 회갑기념논총」, 서울

김영만(1966a), "경남 방언의 성조 연구", 「국어국문학」31, 서울

_____(1966b), "방점과 현대 국어 성조의 비교-경북 방언을 중심으로", 「한글」137, 서울

_____(1967a), "이조 전기 한자음의 운율", 「한글」139, 서울

_____(1967b), "방점의 본질에 대한 고찰 - '뭇노푼 소리'는 high tone인가", 「국어국문학」36, 서울

_____(1972), "고금 성조 비교 재론-다음절어의 유형과 비교 공식", 「한글」149, 서울

_____(1974a), "방점표기의 원칙과 성조변화", 「국어국문학」64, 서울

_____(1974b), "국어운율의 본질과 변천", 「국어국문학」65 · 66, 서울

_____(1976), "성조의 문법적 기능과 음소 · 운소의 관계에 대한 고찰", 「어문학」34, 대구

_____(1986), "국어 운율의 몇가지 문제에 대하여", 「영남어문학」13, 대구

_____(1987), 「국어 초분절음소의 사적 연구」, 고려대 박사학위논문, 서울

_____(1988), "중국어 사성의 국어음소(초분절음소)화에 대한 연구(I)", 「영남어문학」15, 대구

_____(1989), "중국어 사성의 국어음소(초분절음소)화에 대한 연구(II)", 「논문집」7, 대구한
　　　　의대, 대구

_____(1990a), "15세기 국어의 운율 규칙 연구", 「어문학」51, 한국어문학회, 대구

_____(1990b), "쌍형어간과 〔ᄋ/으〕의 기저운소", 「한국어학신연구」, 한신문화사, 서울

김영배(1990), "평안방언의 장모음 소고", 「동악어문논집」25, 동악어문학회, 서울

───(1992), 「남북한의 방언연구」, 경운출판사, 서울

김영석(1989), "국어의 장모음화에 얽힌 몇 가지 문제들", 「이혜숙교수 정년기념 논문집」, 서울

───(1993), 「영어음운론」, 한신문화사, 서울

김영송(1958a), 「방점고-방점의 본질과 국어의 rhythm」, 부산대 대학원 석사논문, 부산

───(1958b), "방점의 본질과 리듬", 「문리대학보」1, 부산대, 부산

───(1963), "음운", 「경남도지」, 부산

김영태(1971), 「국어 상용어의 장단음에 관한 연구」, 계명대 교육대학원 석사논문, 대구

김영황(1982), 「조선어 방언학」, 김일성종합대학출판사, 평양

김완진(1963), "형태부 성조의 동요에 대하여", 「논문집」1, 서강대, 서울

───(1971a), 「국어음운체계의 연구」, 일조각, 서울

───(1971b), "알파성조와 자음부 성조에 대한 일고찰", 「김형규박사 송수기념논총」, 서울

───(1972a), "다시 $\beta > \omega$ 를 찾아서", 「어학연구」8-1, 서울대어학연구소, 서울

───(1972b), "형태론적 현안의 음운론적 극복을 위하여", 「동아문화」11, 서울

───(1973), 「중세 국어 성조의 연구」, 서울대박사학위논문, 서울

───(1978), "모음체계와 모음조화에 대한 반성", 「어학연구」14-2, 서울대어학연구소, 서울

───(1990a), "한자음 고저장단의 변이에 대하여", 「강신항 회갑기념 논문집」, 태학사, 서울

───(1990b), "운율자질의 분포에 대하여", 「제18회 국제학술대회 논문집」, 대한민국 학술원, 서울

───(1994), 「중세국어 성조의 연구(3판)」, 탑출판사, 서울

───(1996), 「음운과 문자」, 신구문화사, 서울

─── 외(1965), 「국어학 개론」, 수도출판사, 서울

김은주(1988), 「고교생의 국어발음 오용에 관한 조사 연구」, 고대교육대학원 석사논문, 서울

김재민(1972), "자음 지속시간 연구의 언어학적 의미", 「어학연구」8-1, 서울대어학연구소, 서울

───(1977), "자음지속시간과 조음운동", 「언어」2-2, 서울

─── 외(1985), 「영어음성학」, 신아사, 서울

김주원(1991), "중세국어 성조기술에 대한 일 고찰", 「들메 서재극박사 환갑기념논문집」, 대구

김진규(1974), "음운의 설정법에 대하여", 「새국어교육」18·19·20, 한국국어교육학회, 서울

김진우(1971), "소위 변격용언의 비변격성에 대하여", 「한국언어문학」9, 대전

───(1976), "국어음운론에 있어서의 모음 음장의 기능", 「어문연구」9, 어문연구회, 대전

───(1994), 「언어」, 탑출판사, 서울

김진우(1967), 「현대언어학의 이해」, 한신문화사, 서울

김차균(1969), "전남 방언의 성조", 「한글」114, 서울

───(1970), "경남 방언의 성조 연구", 「한글」145, 서울

───(1971), "변격용언연구", 「한글」147, 서울

───(1973), "국어 성조론과 서부경남방언의 성조", 「한글」152, 서울

───(1975a), "영남·영동 방언의 성조", 「한글」155, 서울

_____(1975b), "경상도 방언의 성조형", 「어학연구」2, 서울대어학연구소, 서울

_____(1976), "경상도 방언에 나타나는 비성조적 운소에 대하여", 「어문논지」2, 충남대, 대전

_____(1977a), 「경상도 방언의 성조 체계」, 서울대 박사학위논문, 서울

_____(1977b), "어절 성조 언어의 기술 방법", 「언어학」2, 서울

_____(1977c), "경상도 방언의 성조규칙", 「논문집」4-1, 충남대인문과학연구소, 대전

_____(1978), "월 속에서의 성조의 기능", 「언어학」3, 서울

_____(1979a), "평측법과 액센트 분석법", 「언어학」4, 서울

_____(1979b), "평측법과 징표", 「인문과학 논문집」6-1, 충남대, 대전

_____(1981), "음절이론과 국어의 음운 규칙", 「논문집」8-1, 충남대인문과학연구소, 대전

_____(1985a), "한국어 상성 성조의 본질", 「천시권 회갑기념 국어학 논총」, 대구

_____(1985b), 「음운론의 원리(재판)」, 창학사, 서울

_____(1985c), "중세국어와 경상도 방언의 성조 대응관계 기술의 방법", 「김방한 회갑기념 역사언어학 논문집」, 전예원, 서울

_____(1986), "중세국어와 경남방언 성조의 대응관계", ① 「논문집」8-2, 13-2, 충남대, ② 「한글」195, 서울

_____(1987), "한자음 입성의 성조론적 가치", 「장태진 회갑기념 논문집」, 삼영사, 서울

_____(1988a), "성조 이론의 비판적 고찰", 「애산학보」6, 서울

_____(1988b), "훈민정음의 성조", 「훈민정음의 이해」(어연총서1), 전남대, 광주

_____(1989a), "16세기말 국어 성조와 경남방언 성조의 대응관계", 「언어학」11, 한국언어학회, 서울

_____(1989b), "16세기 국어의 변동 평성 어간의 성조", 「언어」10, 충남대, 대전

_____(1989c), "16세기 국어의 성조", 「정연찬선생 회갑기념논총」, 서울

_____(1990a), "국어 한자어의 방점법과 성조의 대응관계", 「어문연구」20, 대전

_____(1990b), "16세기 국어의 측성 어간 풀이씨의 성조", 「유예근박사 회갑기념논총」, 형설출판사, 서울

_____(1990c), "16세기 국어의 사동 피동 풀이씨의 성조", 「언어」11, 충남대어학연구소, 대전

_____(1990d), "16세기 국어 고정 평성형 풀이씨 어간과 굴곡 접사의 성조", 「논문집」17-1, 충남대, 대전

_____(1991a), "방점법과 성조의 대응관계", 「논문집」18-1, 충남대인문과학연구소, 대전

_____(1991b), "국어음운현상들의 새로운 해석과 정리", 「논문집」18-2호, 충남대인문과학연구소, 대전

_____(1992a), "경남 방언의 피동사와 사동사의 형태와 음운", 「논문집」19-2, 충남대, 대전

_____(1992b), "방점법과 창원 방언 풀이씨의 성조", 「언어」13, 충남대, 대전

_____(1992c), "창원 방언 개신형 남움직씨의 형태와 음운", 「애산학보」13, 서울

_____(1993a), 「우리말의 음운」, 태학사, 서울

_____(1993b), 「우리말의 성조」, 태학사, 서울

_____ · 천기석(1974), "경북 칠곡 방언의 성조", 「논문집」1-1, 충남대인문과학연구소, 대전

김창식(1960), "대구 방언고-의문형 어미의 억양", 「국어국문학연구」4, 청구대, 대구

김충회(1992), 「충청북도의 언어지리학」, 인하대출판부, 인천

김태자(1970), 「15세기 국어의 사성 표기에 관한 연구」, 이대대학원 석사학위논문, 서울

_____ (1972), "15세기 국어의 사성 표기에 관한 연구", 「이대 대학원 논문집」, 서울

김태한(1995), 「영어학개론」, 을유문화사, 서울

김형규(1958), 「국어학개론」, 일성당서점, 서울

_____ (1962), 「국어학개론(개정판)」, 일조각, 서울

_____ (1974), 「한국방언연구」, 서울대출판부, 서울

김형주(1961), "남해도 방언의 연구", 「국어국문학지」3, 부산대, 부산

김형춘(1991), "국어 음운의 변별적 자질", 「논문집」9, 창원전문대학, 창원

김희상(1927), "울이글틀", 영창서관, 경성(「역대한국문법대계」, 1-21, 탑출판사영인, 1977, 서울)

남광우(1953), "방점고", 「국어국문학」7, 국어국문학회, 서울

_____ (1954), "장단음고", 「국어국문학」12, 13, 국어국문학회, 서울

_____ (1966a), 「동국정운식 한자음연구」, 한국연구원, 서울

_____ (1966b), "동국정운식 한자음 성조의 연구", 「논문집」9, 중앙대, 서울

_____ (1967), "한국에서의 한자음 성조 변천 연구", ①「국어국문학」34 · 35, ②「이숭녕박사 송수기념논총」(1968), ③「김형규박사 송수기념논총」(1971), 서울

_____ (1969), 「조선한자음연구」, 일조각, 서울

_____ (1973a), "국어사전의 분석연구-한글학회편, 「큰 사전」 장단음 표기를 중심으로", 「개정 현대 국어 국자의 제문제」, 일조각, 서울

_____ (1973b), "국어의 장단음 연구", 「어문논집」8, 중앙대, 서울

_____ (1978), "서울말의 발음경향과 표준말의 문제점", 「어문연구」20, 일조각, 서울

_____ (1979), "서울말의 발음 경향과 표준말 재사정 시안의 문제점", 「국어의 순화와 교육」, 한국정신문화연구원, 서울

_____ (1980), "표준 발음의 검토", 「어문연구」27, 일조각, 서울

_____ (1985), "한국어의 표준발음에 대하여", 「논문집」, 인하대인문과학연구소, 인천

_____ (1988), "전성동사어간 모음의 긴소리에 관한 연구", 「꼭 읽어야 할 국어학 논문집」, 집문당, 서울

_____ (1989), 「한국어의 발음 연구II」, 인하대출판부, 인천

_____ (1990), 「국어학연구」, 이우출판사, 서울

_____ (1993a), 「국어학논문집」, 일조각, 서울

_____ (1993b), 「한국어의 발음 연구 I(중판)」, 일조각, 서울

_____ (1995), 「국어국자논집」, 일조각, 서울

_____ · 이철수 · 유만근(1984), 「한국어 표준 발음 사전」, 한국정신문화연구원, 서울

남기심 · 이정민 · 이홍배(1983), 「언어학 개론」, 탑출판사, 서울

램지(Ramsey, S. R.)(1974), "함경 · 경상 양 방언의 액센트 연구", 「국어학」2, 서울

류구상(1996), 「천안 지역어 연구」, 한남대 출판부, 대전

리득춘(1994), 「조선어 한자어음 연구」, 서광학술자료사, 서울

문곤섭(1986), "경남 방언의 성조", 「경남어문」18, 경남어문학회, 부산

문교부(1985), 「고등학교 문법」, 대한교과서주식회사, 서울

문선규(1990), 「중국고대음운학」, 민음사, 서울

_____(1994), 「중국언어학」, 민음사, 서울

문화체육부(1996), 「국어어문규정집」, 대한교과서주식회사, 서울

문효근(1962), "대구방언의 고저 장단", 「인문과학」7, 연세대인문과학연구소, 서울

_____(1963), "방점 본질의 재검토:고저 장단의 주장", 「동방학지」7, 연세대동방학연구소, 서울

_____(1965), "15세기 국어의 성점 연구", 「인문과학」13, 연세대인문과학연구소, 서울

_____(1966), "15세기 국어의 성조 변동", 「인문과학」14·15, 연세대인문과학연구소, 서울

_____(1968), "한국어 성조의 변천", 「이숭녕박사 송수기념 논총」, 서울

_____(1969a), "남부 방언의 비교 연구-그 중 운율 운소에 대하여", 「연세논총」6, 서울

_____(1969b), "영동 방언의 운율적 자질에 관한 연구", 「인문과학」22, 연세대, 서울

_____(1972), "영동북부 방언의 운율 음소", 「연세논총」9, 연세대, 서울

_____(1973), "한국어 성조의 분석적 연구", 「연세논총」10, 연세대, 서울

_____(1974a), "한국 방언 성조의 실험음성학적 분석 연구", 「연세논총」11, 연세대, 서울

_____(1974b), "한국 방언의 복합성조 연구", 「연세논총」11, 연세대, 서울

_____(1974c), 「한국어 성조의 분석적 연구」, 건국대 박사학위논문, 서울

_____(1974d), 「한국어 성조의 분석적 연구」, 세종출판공사, 서울

박경래(1986), "괴산방언과 문경방언의 음운체계에 대한 세대별 비교고찰", 「동천 조건상선생 고희기념 논총」, 형설출판사, 서울

박명순(1975), 「충북 청원지역 방언 연구」, 성대대학원 석사학위논문, 서울

_____(1988), "거창지역의 보상적 장모음화", 「반교어문연구」1, 성균관대, 서울

_____(1990), "밀양지역어의 형태음소적 고찰", 「강신항 회갑기념 논문집」, 태학사, 서울

_____(1991), "밀양지역어의 보상적 장모음화", 「논문집」27, 서원대, 청주

박병채(1971), "조선조 초기 국어 한자음의 성조고", 「아세아연구」41, 고려대, 서울

_____(1972), "훈몽자회의 이본간 이음고", 「아세아연구」45, 고려대, 서울

_____(1980), "'언문'에 관한 연구 : 성조를 중심으로", 「민족문화연구」15, 고려대, 서울

_____(1989), "중기국어의 성조 비교연구", 「민족문화연구」23, 고려대, 서울

_____(1993), 「고대 국어의 음운 비교 연구」, 고려대출판부, 서울

박영수(1990), 「신영어음운학」, 학문사, 서울

박종회(1985), "국어의 비모음화 현상에 대하여", 「국어학」14, 국어학회, 서울

박주경(1985), 「현대 한국어의 장단음에 관한 연구」, 서울대 석사논문, 서울

_____(1987), "현대 한국어의 장단음에 관한 연구", 「말소리」11-14, 서울

박주현(1989), 「영어의 리듬과 운율이론」, 서울대 박사학위논문, 서울

박진회(1990), 「한국어 낱말 리듬의 실험음성학적 연구」, 서울대 석사학위논문, 서울

박창원(1988), "음소분석과 음운규칙", 「국어국문학」100, 국어국문학회, 서울

박창해(1963), "국어의 얹침 음운(Suprasegmental phonemes)에 관한 연구", 「동방학지」6, 연세대, 서울

_____(1963~1965), "한국어 음운 및 음운 배합론 연구", 「연세논총」2, 3, 연세대, 서울

_____(1967), "한국어 구조론 연구", 연세대 박사학위논문, 서울

_____(1991), 「한국어 구조론 연구」, 탑출판사, 서울

배양서(1966), "한국어 개리연접의 기계 측정", 「한글」136, 한글학회, 서울

_____(1972), "말소리 기술의 방법과 한계", 「논문집」5, 명지대, 서울

_____(1984), 「영어의 음성·음운·발음」, 한신문화사, 서울

배주채(1991), "고흥 방언의 음장과 음조", 「국어학」21, 서울

_____(1996), 「국어음운론 개설」, 신구문화사, 서울

_____(1998), 「고흥 방언 음운론」, 태학사, 서울

백두현(1983), "국어성조의 문법적 식별 기능", 「언어연구」3, 대구언어학회, 대구

서보월(1988), "송천동의 방언음운론", 「안동문화」9, 안동대 안동문화연구소, 안동

서울대 대학원 국어연구회(1990), 「국어연구 어디까지 왔나」, 동아출판사, 서울

서울시교육연구원(1992), 「국어(중1) 장단음 지도서」, 서울

서재극(1967), "경북 방언권의 한자어 크로님에 대한 연구 I", 「어문학」16, 한국어문학회, 대구

_____(1968), "경북 방언권의 한자어 성조에 대하여", 「이숭녕박사 송수기념 논총」, 서울

_____(1969), "한자어 성조의 재구 시도", 「어문논집」1, 계명대, 대구

서정범(1990), 「음운의 국어사적 연구」, 집문당, 서울

성철재(1991), 「표준 한국어 악센트의 실험음성학적 연구」, 서울대 석사학위 논문, 서울

_____(1994), 「한국어 리듬의 실험음성학적 연구」, 서울대 박사학위 논문, 서울

_____·전은주·지민제(1992), "한국어 돋들림에 관한 실험음성학적 연구", 「한국음향학회 음성통신 및 신호처리 workshop논문집」, 한국음향학회, 서울

신기상(1986), 「동부경남방언의 음운 연구」, 성균관대대학원 박사학위논문, 서울

_____(1987), "동부 경남 방언의 고저 장단", 「국어국문학」97, 서울

_____(1990), "동부 경남 방언 용언어미의 고저 장단", 「국어학」20, 서울

_____(1993), "동부 경남 방언 피동사·사동사의 고저 장단", 「국어학」23, 서울

_____(1996), "동부경남방언 한자어의 고저장단", 「국어교육」91, 서울

신수식(1973), "한자어의 성조에 대한 고찰", 「국어국문학」61, 서울

신태현(1941), "조선어의 평상거입", 「한글」83, 경성

안선모(1959), "현대국어의 자음분석시도-구조언어학적 방식에 의한", 「문리대학보」7-2, 서울대, 서울

안영희(1965), "15세기 국어의 성조 연구", 「논문집」5, 숙명여대, 서울

안정현(1971), 「한국어의 음세와 음고에 대한 연구」, 연세대대학원 석사논문, 서울

오정란(1988), 「경음의 국어사적 연구」, 한신문화사, 서울

_____(1993), 「현대국어음운론」, 형설출판사, 서울

오종갑(1974), 「16세기 국어 성조 연구」, 영남대대학원 석사논문, 대구

우민섭(1991), "음운의 변별적 자질과 규칙설정에 대하여", 「김종훈박사 회갑기념 논문집」, 서울

원경식(1993), 「생성음운론」, 탑출판사, 서울

유만근(1977a), "국어 순화를 위한 국어 발음의 중요 문제 연구-장모음과 사이 된소리를 중심으로", 「응용언어학」9-1, 서울대어학연구소, 서울

_____(1977b), 「표준 한국어 발음 독본」, 문사서소(聞沙書巢), 서울

_____(1977c), "한자음 장단의 사전 표기례-한글학회 「큰 사전」의 경우", 「동대논총」7, 동덕여대, 서울

유재원(1988), "현대 국어의 액센트 규칙에 대한 연구", 「성곡논총」19, 성곡학술문화재단, 서울

유창균(1991), 「삼국시대의 한자음」, 민음사, 서울

윤종남(1987), "강릉 방언의 초분절음소에 대한 고찰", 「동악어문논집」22, 서울

이극로(1947), 「실험도해 조선어 음성학」, 아문각, 서울

이근열(1994), "의미해석에 관여하는 초분절음소", 「국어국문학」31, 부산대, 부산

이기갑(1993), 「전라남도의 언어지리」, 탑출판사, 서울

_____ 외(1998), 「전남 방언 사전」, 태학사, 서울

이기동(1993), 「북청방언 음운론」, 고려대민족문화연구소, 서울

이기문(1960), "소학언해에 대하여", 「한글」127, 서울

_____(1961), 「국어사개설」, 민중서관, 서울

_____(1982), 「국어음운사 연구」, 탑출판사

_____(1983), 「국어사개설(개정판)」, 탑출판사, 서울

_____(1993), 「훈몽자회 연구」, 서울대출판부, 서울

_____(1994), 「16세기 국어의 연구(제4쇄)」, 탑출판사, 서울

_____(1998), 「동아 새국어사전(제3판)」, 두산동아, 서울

_____ 외(1991), "한국어방언의 기초적연구", 「학술원논문집」30, 대한민국학술원, 서울

_____ 외(1993a), 「한국언어지도집」, 서울성지문화사, 서울

_____ 외(1993b), 「국어음운론」, 학연사, 서울

이기석(1993), 「음절구조와 음운원리」, 한신문화사, 서울

이돈주(1962), 「성조의 변동에 관한 유형적 연구-Tone Language 특성의 일단」, 전남대 대학원, 광주

이동화(1986), "동남 방언 성조의 연구와 검토", 「영남어문학」13 영남어문학회, 대구

_____(1990), 「경북방언의 자립분절음운론적 연구」, 영남대 박사학위 논문, 대구

이병건(1985), 「현대 한국어의 생성음운론」, 일지사, 서울

_____(1986), "한국어의 성조", 「어학연구」22-3, 서울대, 서울

_____(1995), 「음운론 논문집」, 한신문화사, 서울

이병근(1969a), "황간지역어의 음운", 「교양과정부논문집」1, 서울대, 서울

_____(1969b), "경기 지역어의 형태 음운에 대하여-특히 용인 부근을 중심으로", 「국어국문학」46, 서울

_____(1975), "음운 규칙과 비음운론적 제약", 「국어학」3, 서울

_____(1976), "19세기 국어의 모음체계와 모음조화", 「국어국문학」72,73, 서울

_____(1978), "국어의 장모음화와 보상성", 「국어학」6, 서울

_____(1986), "발화에 있어서의 음장", 「국어학」15, 서울

_____(1988), 「음운현상에 있어서의 제약」, 탑출판사, 서울

_____(1990), "음장의 사전적 기술", 「진단학보」70, 서울

이봉운(1897), "국문정리", 국문국, 경성,(「역대한국문법대계」3-2, 탑출판사영인, 1985, 서울)

이상규 역편(1993), 「방언연구 방법론」, 형설출판사, 서울

_____(1995), 「방언학」, 학연사, 서울

이상억(1979a), "성조와 음장", 「어학연구」15-2, 서울대어학연구소, 서울

_____(1979b), "음조배정규칙에 관한 두어 문제", 「국어학」8, 서울

_____(1988), "고대국어 이전의 성조와 유성자음의 출몰", 「국어학」16, 서울

_____(1989), "음절구조의 변화원인에 대한 이런 설명은 어떨까요?", 「정연찬 회갑기념 논문집」, 서울

이상직(1987), "한국어 액센트에 대한 재검토", 「말소리」11-14, 대한음성학회, 서울

이석주·이주행(1994), 「국어학개론」, 대한교과서주식회사, 서울

이숙향(1985), "한국어 문미 억양에 관한 연구", 「말소리」9-10, 대한음성학회, 서울

이숭녕(1955), "액센트론", 「한글」110,111,113, 한글학회, 서울

_____(1958), 「음운론 연구(재판)」, 민중서관, 서울

_____(1959), "현대 서울말의 액센트의 고찰", 「논문집」9, 서울대, 서울

_____(1961), 「중세국어문법」, 을유문화사, 서울

_____(1964), "15세기 활용에서의 성조의 고찰", 「아세아연구」14, 고려대, 서울

_____(1967), "성조 체계의 붕괴과정의 고찰", 「진단학보」31, 진단학회, 서울

_____(1985), 「제주도방언의 형태론적 연구」, 탑출판사, 서울

_____(1988), 「이숭녕 국어학선집」, 민음사, 서울

_____(1995), 「중세국어문법(개정증보11쇄)」, 을유문화사, 서울

이승구(1995), 「국어정서법자료」, 대한교과서주식회사, 서울

이영근(1987), 「한국어 억양의 형태와 기능에 관한 연구」, 서울대 석사논문, 서울

_____(1989), "한국어 억양의 형태와 기능에 관한 연구", 「말소리」15-18, 서울

이영길(1986), "한국어 의문문의 억양 의미", 「한글」191. 한글학회, 서울

_____(1987), "억양배형곡선모형", 「말소리」11-14, 서울

_____(1988a), "억양모형의 구조와 의미 연구", 「한글」199, 서울

_____(1988b), 「억양의 구조와 의미에 관한 음성-음운론적 연구」, 서울대박사논문, 서울

_____(1995), 「음운이론의 과정」, 전남대 출판부, 광주

이용주 외(1988), 「연속음성 인식기술 개발에 관한 연구Ⅱ」, 한국전자통신연구소 , 서울

이은정(1989), "긴소리 표기에 대하여", 「국어생활」18, 국어연구소, 서울

_____(1994), 「우리말 발음사전」, 백산출판사, 서울

이을환 외(1973), 「국어학 신강」, 개문사, 서울

_____·이철수(1979), 「국어문법론」, 개문사, 서울

이응백(1968), "국어모음의 음가에 대하여", 「국어교육」14, 한국국어교육연구회, 서울

_____(1972), 「국어 인터네이션에 관한 연구」, 문교부 연구보고서(인문과학계1), 서울

이익섭(1967), "복합명사의 악센트 고찰", 「논문집」6, 대한민국학술원, 서울

_____(1968), 「충청 경상도 접경의 전라북도 방언 연구」, 문교부 연구보고서(어문학계2), 서울

_____(1972), "영동 방언의 Suprasegmental Phoneme 체계", 「동대어문」2, 동덕여대, 서울

_____(1973), "강릉방언의 형태·음소론적 고찰", 「진단학보」34, 서울

_____(1984), 「방언학」, 민음사, 서울

_____(1988), 「영동영서의 언어분화」, 서울대출판부, 서울

_____(1996), 「국어학개설」, 학연사, 서울

이정민·배영남(1993), 「언어학 사전(개정증보 3판)」, 박영사, 서울

이종민(1986), 「국어의 장단음 소고」, 동국대 교육대학원 석사논문, 서울

이주행·이규항·김상준(1998), 「표준한국어발음사전」, 지구문화사, 서울

이창우(1990), "한국어 성조의 운율 음운론적 분석", 「솔뫼어문논총」, 안동대, 안동

이철수(1980), "표준말의 발음 표시", 「어문연구」27, 일조각, 서울

_____(1994), 「한국어 음운학」, 인하대 출판부, 인천

이현복(1971a), 「국어(서울말)의 악센트 연구」, 문교부 연구보고서(어문학계 1), 서울

_____(1971b), "현대 서울말의 모음 음가", 「어학연구」7-1, 서울대어학연구소, 서울

_____(1971c), "서울말의 모음체계", 「어학연구」7-2, 서울대어학연구소, 서울

_____(1973a), 「국어의 억양 연구」, 문교부 연구보고서(어문학계 1), 서울

_____(1973b), "현대 한국어의 액센트", 「문리대학보」28, 서울대, 서울

_____(1974a), "국어의 말토막과 자음의 음가", 「한글」154, 서울

_____(1974b), "서울말의 리듬과 억양", 「어학연구」10-2, 서울대어학연구소, 서울

_____(1976), "한국어 단음절어의 억양 연구", 「언어학」1, 한국언어학회, 서울

_____(1981), 「국제음성문자와 한글음성문자」, 과학사, 서울

_____(1982a), "국어 리듬의 음성학적 연구", 「말소리」4, 서울

_____(1982b), "속도와 리듬에 따른 말소리의 변동", 「어학연구」18-1, 서울대어학연구소, 서울

_____(1985), "Visi-pitch에 의한 운율 자질의 분석 고찰", 「말소리」9·10, 서울

_____(1987a), "현대 한국어의 리듬에 대한 고찰", 「어학연구」23-3, 서울대어학연구소, 서울

_____(1987b), "한국어 표준발음 실태조사", 「말소리」11-14, 서울

_____(1987c), "억양과 국어생활", 「국어생활」10, 국어연구소, 서울

_____(1988), 「우리말의 표준발음」, 탐구당, 서울

_____(1992), 「한국어의 표준발음」, 교육과학사, 서울

이혜숙(1968), "충북 진천 지역어에 나타난 얹힘 음운 연구", 「한국어문학연구」8, 이화여대, 서울

_____(1985), "경남 방언 성조의 자립분절음운론적 연구", 「언어」10-2, 서울

이호영(1987), 「현대 한국어(서울말) 액센트에 관한 연구」, 서울대 석사학위논문, 서울

_____(1996), 「국어음성학」, 태학사, 서울

이효근(1994), 「음운이론과 현상」, 문경출판사, 대구

이희승(1960), 「국어학 개설(3판)」, 민중서관, 서울

───(1961), 「한글 맞춤법 통일안 강의」, 신구문화사, 서울

─── 편(1963), 「국어대사전(재판)」, 민중서관, 서울

─── 편(1996), 「국어대사전(제3판 제3쇄)」, 민중서림, 서울

───·안병희(1989), 「한글 맞춤법 강의」, 신구문화사, 서울

임성규(1988), "전북 방언의 음조와 강세", 「국어국문학」100, 서울

임홍빈(1984), "문종결의 논리와 수행-억양", 「말」9, 연세대 한국어학당, 서울

장석진(1994), 「현대언어학 지금 어디로」, 한신문화사, 서울

───(1959), "모음 장단의 대립에 관하여", 「국어국문학연구」3, 청구대, 대구

───(1960), "대구 방언의 운소 분석", 「어문학」6, 한국어문학회, 대구

───(1961a), "방점 표기 체계의 변이", 「국어국문학」23, 국어국문학회, 서울

───(1961b), "현대국어의 음소설정과 Prosody의 문제", 「국어국문학」24, 국어국문학회, 서울

───(1962), "방점연구", 「국어국문학논문집」3, 동국대, 서울

───(1963a), "국어의 음장과 Mora", 「어문학」9, 한국어문학회, 대구

───(1963b), "방점의 연구", 「한글」132, 한글학회, 서울

전광현(1967), "17세기 국어의 연구" 「국어 연구」19, 서울대, 서울

전상범(1976), "음운론에 있어서의 경계문제", 「어학연구」12-2, 서울대, 서울

───(1985), 「영어음성학」, 을유문화사, 서울

───(1992), 「생성음운론」, 탑출판사, 서울

전재호(1966~1967), "대구방언연구(자료편)", 「어문학」14, 15, 16, 대구

전학석(1993), 「함경도 방언의 음조에 대한 연구」, 태학사, 서울

정광(1971), "한국시가의 운율연구 시론", 「어학연구」7-2, 서울대, 서울

정국(1980), "성조의 기능론적 분석", 「어학연구」16-2, 서울대, 서울

───(1994), 「생성음운론의 이해」, 한신문화사, 서울

정수정(1968), 「국민학교 아동 읽기에 나타난 없힘 음운에 관한 연구」, 이대 교육대학원 석사논문, 서울

───(1970), "장단 음운의 변별적 사용에 대한 실태 연구", 「논문집」1, 이대 교육대학원, 서울

정연찬(1960), "15세기 국어의 Tone에 대한 연구", 「국어연구」8, 서울대, 서울

───(1963), "15세기 국어의 활용 어간의 성조에 대하여", 「논문집」3, 충남대, 대전

───(1968a), "안동지방 방언의 성조", 「성대문학」14, 서울

───(1968b), "경상도 방언의 성조에 대한 몇 가지 문제점", 「이숭녕 송수기념 논총」, 서울

───(1968c), "경남 방언의 모음체계", 「국문학논집」2, 단국대, 서울

───(1969a), "국어 성조의 기능부담량에 대하여", 「김재원박사 회갑기념논총」, 서울

───(1969b), "용비어천가 방점 이동변", 「진단학보」32, 서울

───(1970a), "세종대의 한자 사성표기법", 「국어국문학」49,50, 서울

───(1970b), "여음설 전의", 「논문집(인문·사회)」9, 대한민국학술원, 서울

_____(1970c), "주체겸양의 접미사 '습'의 성조", 「논문집」, 단국대 서울

_____(1970d), "중세국어 관형사형의 성조에 대하여", 「한글」146, 서울

_____(1971), "중세 성조와 경상도 방언 성조의 비교", 「한글학회 50돌 기념논문집」, 서울

_____(1972), "중세국어 성조의 변동과 기본형", 「한글」150, 서울

_____(1974), "소학언해 교정청본의 방점 표기", 「진단학보」37, 서울

_____(1975a), 「경상도 방언 성조 연구」, 서울대 박사학위 논문, 서울

_____(1975b), "성조형과 그 변화의 의미", 「동양학」, 단국대 동양학연구소, 서울

_____(1976), 「국어성조에 관한 연구」, 일조각, 서울

_____(1986), 「경상도방언성조연구(3판)」, 탑출판사, 서울

_____(1994), 「한국어 음운론」, 개문사, 서울

정인교(1986), "성조의 음성학적 고찰", 「언어연구」4, 대구언어학회, 대구

_____(1987a), 「경상도 방언 성조의 비단선적 음성·음운론에 관한 연구」, 서울대 박사학위논문, 서울

_____(1987b), "경상도 방언 성조의 비단선적 고찰", 「언어논총」5, 계명대, 대구

정인섭(1958), "언어연구와 실험음성학", 「음성」3, 중앙대, 서울

_____(1959), "Kymograph에 의한 음절과 여음의 비교연구", 「논문집」4, 중앙대, 서울

_____(1965), "우리말 액선트는 고저 액선트다", 「논문집」10, 중앙대, 서울

정철(1972), "음성의 감정표출 기능의 윤곽", 「어문론총」7, 경북대, 대구

____(1975), "말의 속도에 따른 국어 자음 결합에 관한 연구", 「어문론총」9·10, 대구

____(1987), "경북 벽지 촌락의 언어체계의 조사 연구", 「어문론총」22, 경북대, 대구

____(1991), 「경북 중부지역어 연구」, 경북대출판부, 대구

조선민주주의인민공화국 과학력사사전출판사(1979), 「조선문화어 문법」, 평양종합인쇄공장, 평양

_____ 과학원 언어문학연구소 언어학연구실(1961), 「조선어 문법 1」, 학우서방, 동경

_____ 과학원 언어문학연구소 언어학연구실(1963), 「조선어 문법 2」, 학우서방, 동경

_____ 과학원 언어문학연구소(1956), 「조선어 철자법 사전」, 로동신문 출판인쇄소, 평양

_____ 김일성종합대학출판사(1976), 「조선문화어 문법규범」, 학우서방, 동경

_____ 사회과학원 언어연구소(1992), 「조선말대사전」, 사회과학출판사, 평양

조성식(1990), 「영어학사전」, 신아사, 서울

조학행(1993), 「음운구조의 범주론적 분석」, 한신문화사, 서울

조현숙(1985), 「경북방언의 운율체계 연구」, 서울대 대학원 석사논문, 서울

주상대(1975), 「울진 방언의 음운 연구」, 경북대 교육대학원 석사논문, 대구

_____(1987), "활용상에서의 성조 변동", 「수련어문논집」14, 부산녀자대학, 부산

주시경(1908), 「국어문전음학」, 박문서관, 한성(「역대한국문법대계」1-10, 탑출판사영인, 1977, 서울)

_____(1914), 「말의 소리」, 신문관, 경성,(「역대한국문법대계」1-13, 탑출판사영인, 1977, 서울)

지민제(1993), "소리의 길이", 「새 국어생활」3-1, 국립국어연구원, 서울

_____·이용주(1990), "한국어 Pause Pattern의 음향음성학적 분석", 「음성통신 및 신호처

리 WORKSHOP」, 서울

_____ · 한성숙 · 김윤기(1996), "한국어 말소리의 길이", 「한국어 연구논문」45, 한국방송공사, 서울

지석영(1905), "신정국문", 「관보」3200호, 의정부 관보과, 한성 (①김민수, 1987. 「국어학사의 기본 이해」, 집문당, 서울; ②김민수, 1986. 「주시경 연구」, 탑출판사, 서울)

_____(1908), 「아학편」, 광학서포, 한성(「역대한국문법대계」 3-11, 탑출판사영인, 1983, 서울)

_____(1909a), 「언문」, 광학서포, 한성 (「역대한국문법대계」 3-12, 탑출판사영인, 1983, 서울)

_____(1909b), 「자전석요」, 회동서관, 한성(아세아문화사 영인, 1976, 서울)

지준모(1972), "국어 장모음의 처리 방안-원래 tone language가 아니다", 「어문학」26, 대구

_____(1979), "15세기 성조 방점의 허상과 실상", 「서병국 환갑기념 논문집」, 대구

진남택(1992), 「한국어 음소의 기능부담량과 음소연쇄에 관한 계량언어학적 연구」, 서울대 석사논문, 서울

차현실(1966), 「경북 방언에 나타난 없힌 음운 연구」, 이대 대학원 석사학위논문, 서울

천시권(1958), "방언에 있어서의 상성고", 「논문집」2, 경북대, 대구

최규련(1975), 「15세기 한국어 음운에 대한 연구」, 연세대 대학원 석사논문, 서울

최명옥(1976), "서남경남방언의 부사화접사 ′-아′의 음운현상", 「국어학」4, 국어학회

_____(1980a), 「경북 동해안 방언연구」, 영남대 민족문화연구소, 대구

_____(1980b), "경북 경주 방언의 음운변화에 대하여", 「신라가야문화」11, 영남대, 대구

_____(1982), 「월성지역어의 음운론」, 영남대출판부, 대구

_____(1985), "변칙동사의 음운현상에 대하여", 「국어학」14, 국어학회, 서울

_____(1990), "동남방언의 성조형과 그 분포", 「제18회 국제학술대회 논문집」, 대한민국 학술원, 서울

_____(1992a), "경상북도의 방언지리학", 「진단학보」73, 서울

_____(1992b), "경상남북도간의 방언분화 연구", 「애산학보」13, 서울

_____(1994), "경상도의 방언구획시론", 「우리말의 연구」(천시권박사 회갑기념 논문집), 대구

_____(1995), "경남합천지역어의 음운론", 「대동문화연구」30, 서울

_____(1997), "동남방언과 동북방언의 대조연구", 「국어학연구의 새 지평」(이돈주 화갑기념 논문집), 광주

_____(1998), 「한국어 방언연구의 실제」, 태학사, 서울

최진근(1991), "서울지역어의 발음실태 연구", 「대구어문논총」9, 대구어문학회, 대구

최학근(1965), 「국어방언학서론」, 정연사, 서울

_____(1968), 「국어방언연구」, 서울대출판부, 서울

_____(1994), 「한국 방언 사전」, 명문당, 서울

최한조(1991), "대구지역어의 경음화 현상과 성조", 「대구어문논총」9, 대구어문학회, 대구

최현배(1961), 「우리말본(세번째 고침)」, 정음사, 서울

_____(1994), 「우리말본(열일곱번째 펴냄)」, 정음문화사, 서울

하시모도 만따로오(橋本萬太郎)(1973), "한국어 accent 음운론", 「한글」151, 한글학회, 서울

_____(橋本萬太郎)(1990), 「언어지리 유형학」, 학고방, 서울

한국방송공사(1993), 「한국어 발음 대사전」, 어문각, 서울

한국정신문화연구원(1987-1995), 「한국방언자료집」I ~ IX, 서울

한글학회(1996), 「우리말 큰사전」, 어문각, 서울

한영균(1980), "완주 지역어의 움라우트 현상", 「관악어문연구」5, 서울대, 서울

_____(1988), "비음절화 규칙의 통시적 변화와 그 의미", 「울산어문논집」4, 울산대, 울산.

한재영(1985), "중세국어 성조에 관한 일 고찰", 「국어학」14, 서울

_____(1990), "방점의 성격 규명을 위하여", 「강신항교수 회갑기념 국어학 논문집」, 서울

허웅(1954), "경상도 방언의 성조", 「최현배 환갑기념 논문집」, 서울

____(1955), "방점 연구-경상도 방언 성조와의 비교", 「동방학지」2, 연대동방학연구소, 서울

____(1959), 「국어음운론」, 정음사, 서울

____(1963a), 「언어학 개론」, 정음사, 서울

____(1963b), 「중세국어연구」, 정음사, 서울

____(1968), 「국어음운학」, 정음사, 서울

____(1993a), 「국어음운학」, 샘문화사, 서울

____(1993b), 「국어학」, 샘문화사, 서울

____(1993c), 「언어학」, 샘문화사, 서울

홍기문(1923), "조선문전요령", 「현대평론」1~5, 경성(「역대한국문법대계」1-38, 탑출판사영인,
　　　1977, 서울)

_____(1946), 「정음발달사」, 서울신문사, 서울

_____(1947), 「조선문법연구」, 서울신문사, 서울(「역대한국문법대계」1-39, 탑출판사영인, 1977, 서울)

홍종림(1993), 「제주 방언의 양태와 상」, 한신문화사, 서울

황인권(1991), 「충남 보령지역어의 음운 연구」, 고대 박사학위논문, 서울

황희영(1962), "15세기 Prosodic Meter 시굴을 위한 Accent 설정에 있어서의 몇 가지 원인
　　　문제", 「논문집」, 대전대, 대전

_____(1969), 「운율 연구」, 대전대 동서문화비교연구소, 형설출판사, 서울

_____(1972), "생성음운론과 구조음운론", 「숭전어문학」1, 숭전대, 서울

_____(1991), 「한국어 음운개설」, 반도출판사, 서울

董同龢(1967), 「中國語音史」, 華岡出版部, 台北

李新魁(1978), 「中國聲韻學槪論」, 台北.(박만규 역, 「중국성운학개론」, 대광문화사, 1990. 서울)

管野裕臣(1972), "朝鮮 慶尙道 方言 アクセント 體系の 諸問題", 「アシアフリカ 語學院 紀要 3」,
　　　東京外大, 東京

羅聖淑(1974), "韓國語 大邱 方言の 音韻 : アクセントを 中心にして", 「言語研究」66, 日本
　　　言語學會, 東京

_____(1977), "韓國語 大邱 方言の アクセント型の 對立じついて-大江孝男氏の 論文に つけて
　　　-", 「言語研究」71, 日本言語學會, 東京

大江孝男(1976), "大邱方言に あける アクセントの 型と 長母音", 「言語研究」69, 日本言語學會, 東京

_____(1977a), "大邱方言に ぁける アクセソト型 と 長母音(補說)", 「言語研究」72, 日本言語

學會, 東京

_____(1977b), "普州方言の アクセソト型に っいて", 「言語研究」72, 日本言語學會, 東京

_____(1978), "否定の 副詞 an, mod と アクセソト", 「東洋學報」59.

梅田博之(1961), "慶尙北道 漆谷 方言の アクセソト", 「文學部 研究論文集」, 名古屋大學, 名古屋

_____(1972), "朝鮮語 靈山 方言の アクセソト", 「現代言語學」3

門脇誠一(1976), "中期 朝鮮語に おける 聲調交替に ついて", 「朝鮮學報」79, 朝鮮學會, 奈良

_____(1985), "中期 朝鮮語の 聲調の 特徵-特に 15世紀末の 文獻を 中心に-", 「朝鮮學報」116, 朝鮮 學會, 奈良

服部四郎(1968), "朝鮮語の アクセソト・モラ・音節", 「ことばの 宇宙」3-5, 東京

福井玲(1985), "中期 朝鮮語 のアクセソト 體系に ついて", 「東京大 言語學 論集」61-72, 東京

小倉進平(1944), 「朝鮮方言の 研究(上・下)」, 岩波書店, 東京

鄭然粲(1975c), "慶尙道方言聲調の 歷史的 發達", 「朝鮮學報」74, 朝鮮學會, 奈良

河野六郎(1945), 朝鮮方言學試攷, 東都書籍, 京城

_____(1951), "諺文 古文獻の 聲点に 就いて", 「朝鮮學報」1, 朝鮮學會, 奈良

_____(1985), "朝鮮漢字音の 研究", 「朝鮮學報」31,32,33,35,41,42,43,44, 朝鮮學會, 奈良

Abramson, A.S.(1962), *The Vowels and Tones of Standard Thai:Acoustical Measurements and Experiments*, Publication 20 of the Indiana University Research Center in Anthropology Folkore and Linguistics (Bloomington, Ind. : Indiana University)

Ahn Sang-Cheol(1985), *The Interplay of Phonology and Morphology in Korean*, Ph. D. dissertation, University of Illinois at Urbana. Distributed by Hanshin Publishing Co. Seoul

Äimä, Frans(1918), "Phonetik und lautlehre des Inarilappischen", *Mémoires de Société Finno Ougrienne 42, 43*, Helsinki

Ainsworth, W. A.(1981), "Duration as a factor in the recognition of synthetic vowels", *Journal of Phonetics 9*

Ariste, P.(1938), "A quantitative language", in Edgard Blancquaert and Willem Pée(Eds.), *Proceedings of the 3rd International Congress of Phonetic Sciences*, Laboratory of Phonetics of the University, Ghent.

Árnason, Kristján(1980), *Quantity in historical phonology*, Cambridge University Press, New York

Aronoff, M., & M.L. Kean(1980), *Juncture*, Anma Libri

Beckman, Mary E.(1982), "Segment Duration and the 'Mora' in Japanese", *Phonetica 39*

_____, Kenneth De Jong, Sun-ah Jun, Sook-hyang Lee(1992), "The Interaction of coarticulation and prosody in sound change", *Language and Speech 35*

Benveniste, Émile(1966), *Problèmes de linguistique générale I, II*, Editions Gallimard(황경자 역, 「일반언어학의 제문제 I, II」, 민음사, 서울)

Bloch, Bernard, & George L.Trager(1942), *Outline of Linguistic Analysis*, Linguistic Society of America, Baltimore

Bloomfield, Leonard(1957), *Language (fifth printing)*, George Allen & Unwin LTD. Museum Street, London

Campbell, W. N., & S. D. Isard(1991), "Segment durations in syllable frame", *Journal of Phonetics 19*

Chambers, J. K., & P. Trudgill(1980), *Diaectology*, Cambrige University Press, New York

Choe, Hyon-Sook(1985), "Some tonal phenomena of verbal elements in Middle Korean and floating tone", Ms. MIT

Chomsky, Noam, & Morris Halle(1968), *The Sound Pattern of English*, Harper & Row, Publishers, New York

Chung, Young-hee(1988), "Tone system of the North Kyeongsang dialect of Korean", *Papers from the 6th International Conference on Korean Linguistics*, University of Toronto

Clements, G. N.(1982), *Compensatory Lengthening:An Independent Mechanism of Phonological Change*, Indiana University Linguistics Club, Bloomington, Indiana

Collier, R.(1991), "Multi-language intonation synthesis", *Journal of Phonetics 19*

Cook Eung-Do(1973), "Double-consonant Base Verbs in Korean", *Language Research 9-2*, The Language Research Institute, Seoul National University, Seoul

Couper-Kuhlen, Elizabeth(1986), *An Introduction to English Prosody*, Edward Arnold, London

Cruttenden, Alan(1986), *Intonation*, Cambridge University Press, New York

Crystal, Thomas H., & Arthur S. House(1988), "The duration of American-English vowels:an overview", *Journal of Phonetics 16*

Dauzat, Albert(1929), *La Philosophie du Language, nouvelle édition revue et corrigée*, Ernest Flammarion, Paris(이기문 역, 1955. 「언어학 원론」, 민중서관, 서울).

Delattre, Pierre(1962), "Some factors of vowel duration and their cross-linguistic validity", *Journal of the Acoustical Society of America 34*

_____ (1968), "From Acoustic Cues to Distinctive Feature", *Phonetica 18*

Denes, Peter B., & Elloit N. Pinson(1993), *The Speech Chain*, W.H. Freeman and Company, New York (고동흥·구희산·김기호·양병곤, 1995. 「음성언어의 이해」, 한신문화사, 서울)

Do-Heung Ko(1988a), "A spectrographical investigation of vowel duration in Korean", *Festascript for Dr. Mok-Sang Yuh*

_____ (1988b), *Declarative Intonation in Korean: An acoustical study of FØ declination*, Ph. D. dissertation, University of Kansas, Lawrence, Distributed by Hanshin Publishing Co. Seoul

_____ (1989), "Syntactic aspects of F0 declination in Korean", In Kuno et al. eds. *Harvard studies in Korean Linguistics Ⅲ*, Proceedings of the 1989 Harvard Workshop on Korean Linguistics.

_____ (1990), Suprasegmentals in Korean I", *Proceedings of the 1990 International Circle of Korean Linguistics(ICKL)*, Osaka, Japan

Dong-Whee, Yang(1978), "Consonant influence on duration of vowels in Korean", *Linguistic*

Journal of Korea 3-1, Seoul

Duchet, Jean-Louis(1981), *La phonologie*, P.U.F (오원교·이승대·양영숙 역, 1990. 「음운론」, 신아사, 서울)

Durand, Jacques(1990), *Generative and Non-Linear Phonology*, Longman Group UK Limited, England

Durand, M.(1946), *Voyelles longues et voyelles brèves : Essai sur la nature de la quantité vocalique* C. Klincksieck, Paris

Elert, Claes-Christian(1964), *Phonologic studies of Quantity in Swedish*, Almqvist & Wiksell, Göteborg - Uppsala, Stockholmn

Eung-Do Cook(1990), "Length, accent and phonological phrase", *Korean Linguistics 6*

Fages, J. B.(1968), *Comprendre le structuralisme*, (김현 역, 1972. 「구조주의란 무엇인가」, 문예출판사, 서울)

Falc'hun, F.(1951), *Le système consonantique du breton avec une étude comparative de phonétique expérimentale* (Rennes: Impremeries réunies)

Fant, Gunnar(1958), "Modern instruments and methods for acoustic studies of speech", *Proceedings of the 8th International Congress of Linguistics*, Oslo University Press, Oslo

Fischer-Jørgensen, E.(1954), "Acoustic analysis of stop consonants", *Miscellanea Phonetica 2*

_____(1955), "Om volkallaengděi dansk rigsmål", *Nordisk Tidssrift for Tale og Steme 15*

_____(1964), "Sound duration and place of articulation", *Zeitschrift für Sprachwissensc haft und Kommunikation Sforschung 17*

Fliflet, A. 1.(1962), "Einige Beobachtungen über Anschluss und Sibe", *Proceedings of the 5th International Congress of Phonetic Science, Helsinki 1961*, Mouton & Co., The Hauge

Fowler, Carol A.(1980), "Coarticulation and theories of extrinsic timing", *Journal of Phonetics 8*

_____(1981), "A Relationship between Coarticulation and Compensatory Shortening", *Phonetica 38.*

_____(1992), "Vowel duration and closure duration in voiced and unvoiced stops : there are no contrast effects here", *Journal of Phonetics 20*

Giegerich, Heinz J.(1992), "English phonology:An introduction", Cambridge University press, Cambridge(김명호 역, 1996, 「영어음성음운론」, 한신문화사, 서울)

Gleason Jr., H. A.(1961), *An Introduction to Descriptive Linguistics revised edition)*, Holt, Rinehart and Winston, Inc. New York

Goldman-Eisler, F.(1961), "The significance of changes in the rate of articulation", *Language and Speech 10*

Goldsmith, J. A.(1976), *Autosegmental phonology*, Indiana University Linguistics Club, Bloomington, Indiana

Gottfried, Michael, James K. Mller, Donald J. Meyer(1993), "Three approaches to the classification of American English diphthongs", *Journal of Phonetics 21*

Grammont, Maurice(1971), *Traité de phonètique(neuviémme èdition)*, Librairie Delagrave, Paris

Grosjean, François, & Maryann Collins(1979), "Breathing, Pausing and Reading", *Phonetica 36*

Grundt, A. W.(1976), "Compensation in Phonology:Open Syllable Lengthening", Indiana University Linguistics Club, Bloomington, Indiana

Hadding-Koch and A. S. Abramson(1964), "Duration versus spectrum in Swedish vowels : some perceptual experiments", *Studia Linguistica 18*

Halle, Morris & K.N. Stevens(1967), "On the mechanism of glottal vibration for vowels and consonants", *Quarterly Progress Report 85*, Research Laboratory of Electronics, M.I.T. Cambridge, Massachusetts

Hanhardt, A. M., D. H. Obrecht, W. R. Babcock, and J.B.Delack(1965), "A spectrographic investigation of the structural status of Ueberlaenge in German vowels", *Language and Speech 8*

HAN Young-hie(1976), "The Duration of the intervocalic obstrucents in Korean", *Linguistic Journal of Korea 1-1*, The Linguistic Society of Korea, Seoul

Harms, Robert T.(1962), *Estonian Grammar*(Indiana University publications, Uralic and Altaic Series. Vol.12. Indiana Unicersity, Bloomington, Inidiana.

_____ (1968), *Introduction to Phonological Theory*, Prentice-Hall, Inc., Cliffs, N.J.

Haugen, Einar(1949), "Phoneme or prosodeme", *Language 25*

Hawkes, Terence(1977), "Structuralism and Semiotics", Methuen, London(오원교 역, 1993. 「구조주의와 기호학」, 신아사, 서울)

Hayata Teruhiro(1974), "Accent in Korean : Sychronic and Diachronic Studies", *Language Research 66*, The Linguistic Society of Japan, Tokyo

_____ (1976), "On long vowels in Kyeongsang dialects of Korea", *Language Research 69*, The Linguistic Society of Japan, Tokyo

Heffner, R-M.S.(1937), "Notes on the length of vowels", *American Speech 12*

Heike, Georg(1972), *Phonologie*, J.B. Metzlersche, Verlagsbuchhandlung, Stuttgart (장영천 역, 1994, 「음운론」, 탐구당, 서울)

Henry, F.(1948), "Discrimination of the duration of a sound", *Journal of Experimental Psychology 38*

Hint, Mati(1966), "On the phonological transcription of overlength in Standard Estonian", *Soviet Fenno-Ugric Studies 2*

Hoang Hee Young(1970), "A study of Korean Phonology with an Acoustic Analysis(part 3)", *The Korean Language & Literature 49 · 50*, Seoul

Hockett, Charles F.(1955), *A Manual of Phonology*, Baltimore

_____ (1960), *A Course in Modern Linguistics(third printing)*, The Macmillan company, New York

Hogg, Richad, & C.B. McCully(1987), *Mertrical phonology : a course book*, Cambridge University Press, New York

Hoogshagen, Searle(1959), "Three contrastive vowel lengths in Mixe", *Zeitschrift für Phinetik und allgemeine Sprachwissenschaft 12*

House, A. S.(1961), "On vowel duration in English", *Journal of the Acoustical Society of America 33*

——————, and Grant Fairbanks(1953), "The influence of consonant environment upon the secondary acoustical characteristics of vowels", *Journal of the Acoustical Society of America 25*

Ho-Young Lee(1990), *The Structure of Korean Prosody*, Ph. D. dissertation, University of London. Distributed by Hanshin Publishing Co. Seoul

Hyman, Larry M.(1975), *Phonology:theory and analysis*, Holt, Rinehart and Winston, New Yorkm,

Hyun-Bok, Lee(1965), *A Study of Korean Intonation*, M.A. thesis, University of London, London

——————(1967), "Korean Sounds and Intonation", *Le Maître Phonétique 127*, International Phonetic Association, Paris

——————(1968), "Duration of Korean Vowels", *Le Maître Phonétique 129*, International Phonetic Association, Paris

——————(1983), "Formal Structure of Korean Intonation", *MAL 8*, Seoul

——————, and Min-Je. Zhi(1987), "A Spectrographical Study of Korean Vowels" *Korean Journal 27-2*, Korean National Commission for UNESCO

—————— · Dae-Won Kim(1991), "The effect of position in utterance on speech segment duration in Korean", *Linguistic Journal of Korea 16-1*, The Liguistic Society of Korea, Seoul

Itkonen, E.(1946), "Struktur und Entwicklung, der ostlappischen Quantitätssysteme", *Mémoires de la Société Finno-Ougrienne 88*, Helsinki

Jakobson, Roman(1963), *Essais de Linguistique Génerale 1. Les fondations du langage, Traduit et préefacé par Nicolas Ruwet (Les Éditions de Minuit)*, (권재일 역, 1994. 「일반언어학이론」, 민음사, 서울)

——————, C. Gunnar, M. Fant & Morris Halle(1965), *Preliminaries to Speech Analysis (sixth printing)*, The M.I.T. Press, Cambridge, Massachusetts

Jespersen, Otto(1964), *Language, It's Nature, Development and Origin*, The Norton Library, New York

Jones, Daniel(1948), "Chronemes and Tonemes", *Acta Linguistica 1*

——————(1960), *An Outline of English Phonetics(ninth edition)*, W.Heffer & Sons LTD, Cambridge, England

——————(1962), *The Phoneme : It's nature and use(second edition)*, W.Heffer & Sons LTD, Cambridge, England

Jun Sun-Ah(1989), "The accentual pattern and prosody of the Cheonnam dialect of Korean", In Kuno et al. eds. *Harvard studies in Korean Linguistics Ⅲ*, Proceedings of the 1989 Harvard Workshop on Korean Linguistics(Harvard WOKL)

——————(1993), *The Phonetics and Phonology of Korean Prosody*, ph. D. Dissertation, The Ohio State University

Kang Hyun-Sook(1987), "Glide Formation and Compensatory Vowel Lengthening in Korean", In Kuno et al. eds. *Harvard Studies in Korean Linguistics II*, Hanshin Publishing Co. Seoul

Kangh Ongmi(1993), *Korean Prosodic Phonology*, Ph. D. Dissertation, University of Washington

Kim Chin-Wu(1965), "On the Autonomy of the Tensity Feature in Stop Classification with Special Reference to Korean Stops", *Word 21-3*

_____(1968), "On the regularity of the so-called irregular verbs in Korean", *Meeting Handbook*, Paper presented at the 43rd annual meeting of the LSA, New York

_____(1973), "Regularity of the so-called irregular predicates in Korean" in C.W. Kissberth, eds., *Studies in Generative Phonology* Linguistic Research Inc.

Kim, Gyung-Ran(1988), *The Pitch-Accent System of the Taegu Dialect of Korean with Emphases on Tone Sandhi at the Phrasal Level*, Doctoral dissertation, Univ. of Hawaii, Distributed by Hanshin Publishing Co. Seoul

Kim Kee-Ho(1987), *The Phonological Representation of Distinctive Feature : Korean Consonantal Phonology*, Doctoral dissertation, University of Iowa, Distributed by Hanshin Publishing Co.

Kim Kong-On(1974), *Temporal Structure of Spoken Korean : An acoustic phonetic study*, Ph. D. dissertation, University of Southern California

_____(1975), "The nature of temporal relationship between adjacent segments in spoken Korean", *Phonetica 31*

Kim-Renaud Young-Key(1973), "Irregular Verbs in Korean Revisited", *Language Research 9-2*, The Language Research Institute, Seoul National University, Seoul

_____(1975a), *Korean Consonantal Phonology*, Doctoral dissertation, Univ. of Hawaii, Distributed by Hanshin Publishing Co. Seoul

_____(1975b), "On h-deletion in Korean", *Journal of Korean Linguistics 3*, The Society of Korean Linguistics, Seoul

_____(1982), "ɨ - deletion in Korean", *Linguistics in the Morning Calm*, Hanshin Publishing Co. Seoul

_____(1986), "Monophthongization of the ɨ-i sequence in Korea", *Korean Linguistics 4*

Kluender, Keith R., Randy L. Diehl & Beverly A. Wright(1988), "Vowel-length differences before voiced and voiceless consonants:an auditory explanation", *Journal of Phonetics 16*

Koo Hee-San(1986), *An Experimental Acoustic Study of the Phonetics of Intonation in Standard Korean*, Ph.D. disssertation, University of Texas, Austin. Distributed by Hanshin Pulishing Co. Seoul

_____(1990), "A Survey of Standard Korean Prosodic Features", *The Applied Linguistics 3*, The Apllied Linguistics Association of Korea(ALAK). Seoul

Koo Jang H.(1976), "Vowel Lenthening in Yuk Eskimo", *Linguistic Journal of Korea 1-1*, The Linguistic Soceity of Korea, Seoul

Kozhevnikov, V.A., and L.A.Chistovich(1965), *Speech : Articulation and Perception* (Moscow -Leningrad). Translated by Joint Publications Research Service, Washington D.C.

Krass, L.(1944), *The Phonetics of Estonian*, thesis for the M.A. degree of the University of London. London

Kunt, Fintoft(1961), "The duration of some Norwegian speech sounds", *Phonetica 7*

Ladefoged, Peter(1982), *A Course in Phonetics (second edition)*, Harcourt Brace Jovanovich College Publisher, Orlando. Florida

_____ (1993), *A Course in Phonetics (third edition)*, Harcourt Brace Jovanovich College Publisher, Orlando. Florida

Lagercrantz, Eliel(1927), "Strukturtypen und Gestaltwechsel im Lappischen", *Mémoues de la Société Finno-Ougrienne 57*, Helsinki

Lass, Roger(1984), *Phonology*, Cambridge University Press, New York

Lee Ki-Dong(1973), "On the so-called s-irregular and t-irregular verbs in Korean", *University of Hawaii Working Pappers in Linguistics 5-6*

Lee Pyong-geun(1970), "Phonological & Morphonological Studies in a Kyonggi Subdialect", *Korean Research 20*, Seoul National University, Seoul

Lee Sang-do(1987), *A Study of Tone in Korean Dialects*, Ph.D. dissertation, Georgetown University

Lee Sang-Oak(1978), *Middle Korean Tonology*, Doctoral dissertation, University of Illinois Distributed by Hanshin Publishing Co. Seoul

_____ (1979a), "Remarks on Tone in Middle Korean", *Korean Journal 19-2*, Korean National Commission for UNESCO

_____ (1979b), "The Typology of the Tonal System in Middle Korean-An Intermediate between a Tonal System and a Pitch-Accent System", *INMUNNONJIP(The Treatises of Culture) 24*

_____ (1979c), "On the Origin of Middle Korean Tone", *Language Research 15-1*, The Language Researth Institute, Seoul National University, Seoul

_____ (1985), "Perturbation and Decay of Tonal System in the Late Middle Korean", Korean Journal 25 · 6, Seoul

_____ (1986), "An Explanation of Syllable Structure Change in Korean", *Language Research 22-2*, The Language Researth Institute, Seoul National University, Seoul

_____ (1990), "Suprasegmental parsing in speech recognition based on prosodic Phonology", *Proceedings:the Seoul International Conference on Natural Language Processing*, The Language Research Institute, Seoul National University, Seoul

_____, & Lee A. Becker(1981), "On the University of a tone association convention", *Linguistic Journal of Korea 6-2*, The Linguistic Society of Korea, Seoul

Lehiste, Ilse(1960), "Segmental and Syllabic quantity in Estonian", *American*

Studies in Uralic Linguistics, Indiana University, Bloomington, Indiana

_____ (1965), "The function of quantity in Finnish and Estonian", *Language 41*

_____ (1966), *Consonant Quantity and Phonological Units in Estonian*, Indiana University Publications, Uralic and Altaic Series, vol. 65, Indiana University, Bloomington, Indiana

_____ (1967), "Dipthongs versus vowel sequences in Estonian", *Proceedings of the 6th International Congress of Phonetic Science, Prague, 1967 (in press)*

_____ (1968), "Vowel quantity in word and utterance in Estonuan", *Congressus secundus internationalis finno-ugristarum, Helsink 1965*, Societas Finno-Ugrica, Helsinki

_____ (1970), *Suprasegmentals*, The M.I.T. Press, Cambridge, Massachusetts

_____, and Pavle Ivić(1963), "Accent in Serbo-Croatian : An experimental study", *Michigan Slavic Materials 4*, University of Michigan, Ann Arbor Liiv, G.(1962a), "Udarnye monoftongi estonskogo jazyka", *Akademija Nauk Estonskoj SSR*, Tallinn

_____ (1962b), "On the acoustic composition of Estonian vowels of three degrees of length", *Eesti NSV Teaduste Akadeemia Toimetised XI*, Köide Ühiskonnateaduste seeria 3

Lubker, James(1981), "Temporal Aspects of Speech production : Anticipatory Labial Coarticulation", *Phonetica 38*

Maack, A.(1949), "Die spezifische Lautdauer deutscher Sonaten", *Zeitschrift für   Phonetik 3*

_____ (1953), "Die Beeinflussung der Sonantendauer durch die Nachbarkonsonanten", *Zeitschrift für Phonetik 7*

Magen, Harriet S., & Sheila E. Blumstein(1993), "Effect of speaking rate on vowel length distinction in Korean", *Journal of Phonetics 21*

Malmberg, B.(1944), "Die ´Quantität als phonetisch-phonologischer Begriff", *Lunds Universitets Å rsskrift 41*

_____ (1975), *La phonétique*, Que sais-je? Paris, (오원교 역, 1984, 「음성학」, 신아사, 서울)

Martin, Samuel E.(1992), *A Reference Grammar of Korean*, charles E. Tuttle Company, Tokyo, Japan

Martinet, Andre(1961), *Élmént de linguistique générale*, Paris, (김방한 역, 1963, 「언어학원론」, 일조각, 서울)

Matthew Chen.(1970), "Vowel length Variation as a Function of the Voicing of the Consonant Environment", *Phonetica 22*

Meinhold, Gottfried, & Eberhard Stock(1982), "Phonologie der deustchen Gegenwartssprache", VEB Bibliographisches Institut Leipzig(허발·강호진·봉일원 역, 1990, 「현대음운론」, 예하, 서울)

Mieko, S. Han(1963), *Acoustic Phonetics of Korea*, Office of Naval Research Technical

Report I, University of Southern California, Los Angeles

_____ (1964), *Duration of Korean Vowels*, Office of Naval Technical Report II, University of Southern California, Los Angeles

Milburn, Braxton(1963), "Differential sensitivity to duration of monaural pure-tone auditory stimuli", Ph.D.Dissertation, University of Oklahoma

Miller, Roy Andrew(1989), "Historical Pitch in Korean and Japanese", *ALTAIHAKBO (Journal of the Altaic Society of Korea) 1*, Seoul

Mounin, George(1971), "Clef pour la Linguistique", Saghers, Paris(오원교 역, 1992, 「언어학 안내」, 신아사, 서울)

Must, H.(1959), "Duration of peech sounds in Estonian", *Orbis 8*

Naraha Tomiko(1985), "The accentuation system of the Korean Kyeongsang Dialect", In Kundo et al. ed. *Harvard studies in Korean Linguistics*

Nasr, R.T.(1960), "Phonemic length in Lebanese Arabic", *Phonetica 5*

Navarro Tomás, T.(1916), "Cantidad de las vocales accentuadas", *Revista de Filologia Española 3*

Nespor, Marina, & Irene Vogel(1986), *Prosodic Phonology*, Foris Publications Holland, Dordrecht, The Netherlands

Noriko Umeda(1982), "'Fo declination' is situation dependent", *Journal of Phonetics 10*

Parmenter, C.E., and S.N.Treviño(1935), "The length of the sounds of a Middle Westerner", *American Speech 10*

Park Jeong-Woon(1994), "Variation of Vowel Length in Korean", in Kim-renaud ed. *Theoretical Issues in Korean Linguistics*, CSLI, Pubications for Stanford Linguistic Society

Paik, Keum-ju(1973), "Tonal Characteristics of Kyeongsang Dialect", *Seogang Review I*, Seogang University, Seoul

Peterson, G. E. and Ilse Lehiste(1960), "Duration of syllable nuclei in English", *Journal of the Acoustical Society of American 32*

Pike, Kenneth L.(1961a), *Phonemics (seventh printing)*, The University of Michigan Press, Ann Arobor, Michigan

_____ (1961b), *Tone Languages(fifth printing)*, University of Michigan Press, Ann Arobor, Michigan

_____ (1962), *Phonetics(eighth printing)*, The University of Michigan Press, Ann Arbor, Michigan

Posti, Lauri(1950), "On quantity in Estonian", *Journal de la société Finno-Ougrienne 54*, Helsinki

Radford, Andrew(1981), Transformational Syntax, Cambridge University Press, N.Y.

Ramsey, S. R.(1989), "Accent and Morphology in Korean Dialect (second edition)", Tap Publishing Co. Seoul

Ramstedt, G. J.(1939), *A Korea Grammar*, Suomalais-Ugrilainen Seura, Helsinki

Raun, Alo(1954), "On quantity in Estonian", *Studia Linguistica 8*

Ravila, P.(1962), "Quantity and phonemic analysis", *Proceedings of the 4th International Congress of Phonetic Sciences, Helsinki, 1961*, Mouton & Co., The Hague

Ridel, Félix-Clair(1881), *La Grammaire Coréenne*, Imprierie de Lévy et S. Salabelle, Yokohama (「역대한국문법대계」2-19, 탑출판사영인, 1977, 서울)

Ruhm, Howard B., Eugene O. Mencke, Braxton Milburn, William A. Cooper, Jr., and Darrell E. Rose(1966), "Differential sensitivity to duration of acoustic stimuli", *Journal of Speech and Hearing Research 9*

Sapir, Edward(1922), *Language*, A Harrest & Company, New York(김종운 역, 1961, 「언어학 개론」, 일우사, 서울)

Saussure, Ferdinand de(1931), *Cours de linguistique générale* (① 소림영부 역, 1968, 「언어학 원론」, 암파서점, 동경, ② 오원교 역, 1973. 「일반언어학 강의」, 형설출판사, 서울)

Schröder, Martin C.(1978), "Phonmilk, Eine Einführung in die Parxis der phonologischen Analyse", Holzhausen, (최경은 역, 1995. 「음운론」, 한신문화사, 서울)

Schwarz, Martin(1969), "Influence of Vowel Environment upon the Duration of /s/ and /ʃ/", Letters to Editor, *Journal of the Acoustical Society of America 46-2*

Shane, Sanford A.(1973), *Generative Phonology*, Prentice-Hall, INC., Englewood Cliffs, New Jersey

Slis(1971), "Articulatory Effort and its Durational and Electromyographic Correlates", Phonetica 23

Sloat, Clarence, Sharon Henderson Taylor & James E. Hoard(1978), *Introduction to Phonology*, Prentice-Hall International Editions, Prentice-Hall, INC. Englewood Cliffs, New Jersey

Small, A. M., and R. A. Campbell(1962), "Temporal differential sensitivity for auditory stimuli", *American Journal of Psychology 75*

Sommerstein, Alan H.(1977), "Modern Phonology", University Park Press, Baltimore

Sohn Han(1977), "On the Regularization of the Irregular Verb in Korean", *Language Reseach 13-1*, The Language Research Institute, Seoul National University, Seoul

Sohn Hyang-Sook(1987), *Underspecification in Korean Phonology*, Ph. D. dissertation, University of Illinois at Urbana-Champaign, Distributed by Hanshin Publishing Co. Seoul

Sohouten, M.E.H., & L.C.W. Pols(1979), "Vowel segment in consonantal contexs: a spectral study of coarticulation (Part I, II)", *Journal of Phonetics 7*

Stathopoulos, Elaine T.(1983), "Closure duration of stop consonants", *Journal of Phonetics 11*

Stott, L. H.(1935), "Time-order errors in the discrimination of short tonal durations", *Journal of Experimental Psychology 18*

Tarnóczy, T.(1965), "Can the problem of automatic speech recognition be solved by analysis alone?", *Rapports du 5e Congrés International d'Acoustique*, Volume II, Conférences générales, D. E. Commins, Liége

Tauli, Valter(1966), "On quantity and stress in Estonian", *Acta Linguistica Hafniensia 9*

Trubetzkoy, N.S.(1939), *Grundzüge der phonologie*(trans. by J. Cantineau, 1976, *Principes de Phonologie*, Editions Klincksieck, Paris, 한문희 역, 1991, 「음운학원론」, 민음사, 서울)

_____(1962), *Grundzüge der Phonologie (third edition)*, Vandenhoeck &

Ruprecht, Göttingen(translated by Chistiane A. M. Baltaxe, 1971. *Principles of Phonology(second printing)*, University of California Press, Berkeley and Los Angeles, California)

Tucker, A. N.(1964), "Kalenjin phonetics", in D. Abercrombie, D. B. Fry, MacCarthy, N. C. Scott, and J. L. M. Trim(Eds.), *In Honour of Dan* (Longmans, Green and Co., Ltd., London)

Von Essen, O.(1957), "Überlange Vokale und gedehnte Konsonanten des Hochd *Zeitschrift für Phonetik und allgemeine Sprachwissenschaft 10*

Wallace, M., and A. I. Rabin(1960), "Temporal experience", *Psychological Bulletin*

Walsh, Thomas, & Frank Paker(1981), "Vowel length and 'voicing' in a following c *Journal of Phonetics 9*

Wang William S-Y.(1968), *The many uses of Fo*, Paper presented at the 1968 Ky Communication Symposium, Project on Linguistics Analysis Report 8 Univ California, Berkeley.

Weber, A. O.(1933), "Estimation of time", *Psychological Bulletin 30*

Wells, J. C., & Greta Colson, *Practical Phonetics*, (이현복 편역, 1995. 「음성학-이론 탐구당, 서울)

Wetzels, L. and E. Sezer eds.(1986), *Studies in Compensatory Lengthening*, Foris, D

Whorf, L. B.(1946), "The Hopi Language", In cornelius Osgood(Ed.), *Linguistic S Native America*, Viking Fund Publication in Anthropology 6, Viking Fund, N

Wiik, Kalevi, and Ilse Lehiste(1968), "Vowel quantity in Finnish dissyllabi *Congressus secundus internationalis fennougristarum, Helsinki, 1965,* Funno-Ugrica, Helsinki

Woodrow, H.(1951), "Time perception" in S. S. Stevens (Ed.), *Handbook of Ex Psychology*, John Wiley and Sons, Inc., New York

Yayoi Homma(1981), "Durational relationship between Japanese Stops and Vowels *of Phonetics 9*

Yong-Woo Nahm(1987), "The Word stress Rules in Korean", *MALSORI(Phonetic* The Phonetic Soceity of Korea, Seoul

Zhi Min-Je(1985), "Studies on prosodic features of Korean:phonetic properties of quantity in Seoul and tone in Busan", Publication 23, Department of Phonetics, University of Umea

Zimmerman, Samuel A., & Stanley M. Sapon(1958), "Note on vowel dura cross-linguistically", *Journal of the Acoustical Society of America 30*

Zwirner, E.(1959), "Phonometrische Isophonen der Quantität der deutschen Mundarten", *Phonetica 4*

_____(1962), "Beitrag zur Geographie der prisodischen Eigenschaften", *Proce the 4th International Congress of Phonetic Sciences, Helsinki, 1961,* Mouton & Co., The Hague

ABSTRACT

1. The purpose of this study was to investigate vowel duration as a distinctive phonemic feature in modern Korean. The researcher was interested in comparing its synchronic differences in regions, and generations. He also tried to identify the diachronic differences in the same generation.

2. In this study, for convenience' sake, a 'long sound' of Korean is divided into duration(chrone, allochrone) and quantity(chroneme). Duration means a purely physical, and biological period of articulation on a phonetical level, not considering features. Quantity means a relative period on a phonemic level as a distinctive feature, putting on an intentional and word contrasting aspect at the vowel level.

3. The research corpora were collected from(71 adults, and 689 students) 17 regions from October 28 to November 30 in 1996.

4. To find out whether a specific duration can be considered as a phoneme or not, the researcher utilized two methods: a physio-functional method based on the structural linguistics through free variation, complementary distribution, minimal pairs, etc., and a psychological method which values the characteristics of psychological equality in the light of E, Sapir's theory. Details of the methods were as follows.

① Do the subjects' recordings show the identical quantity reactions in test 1 and test 2? And do the subjects' results correspond to those of other subjects' recordings(language type showing the same quantity reaction)?
② Do a subject's recording results correspond to test 1 and test 2 on the test of minimal pairs? Do they also correspond to other subjects' recordings?
③ How is the frequency distribution in a quantity position in a word and in a quantity position(quantity contrasting type) in minimal pairs?
④ Are current theories on the vowel quantity reliable?
⑤ How do the subjects aware the quantity feature in vowels?
⑥ Are there any generational and regional differences in the research questions from ① to ⑤ above?
⑦ Are there any differences between test results in 1996 and those in 1973 conducted in Seoul.

5. The test results on the seven research question items above are as follows.

① There are no such cases in an adult group nor a student group in any regions that a subject recording in test 1, test 2 correspond results to other subjects' recordings. Only a few adult subjects(almost Korean teachers) from some regions show the same quantities(recording corresponding to test 1, and test 2) in limited words.

② On the minimal pair test, there are no such cases in an adult group nor a student group in any regions that a subject's recording corresponded to the test 1, test 2, and also to that of other subjects.

③ Considering the frequency distribution, according to the position of quantity in words, almost all subjects' results(adults and students in 17 regions) are centered on non-quantity language type. On the test of minimal pairs in which meaning is divided by quantities, almost all subjects' results were centered on non-quantity language type of the paired words.

④ Therefore the theories based on existence of the vowel quantity in every region and generation are meaningless.

⑤ The subjects are hardly conscious of the quantity in every region and generation.

⑥ In regards to the test questions from ① to ⑤, there are no significant differences between the adult group and the student group in 17 regions.

⑦ Comparing the test results of '96 with those of '73, non-quantity language type has increased, and the rate of corresponding to the quantity language type has decreased. The researcher found that there was a rapid process of disappearance in vowel quantity.

6. In conclusion, there is no evidence of the vowel quantity in any subjects in 17 regions. There is no minimal pairs in which meaning is divided by quantity. It can be shown by the frequency table of the quantity type on a word, and by the frequency table of the quantity type on a minimal pair of words. Therefore every theory which presupposes the existence of the vowel quantity is meaningless. Only a few people in regions and in generations are aware of the vowel quantity, and the process of quantity disappearance is rapid, so only by a way of comparing the test results of '73 with those of '96, the researcher noticed a significant difference.

찾아보기

■ 국어편

김수형(金洙亨)

· 경기 용인 출생
· 서울대 사대 국어과 및 동 대학원
· 경원대 대학원(문학박사)
· 서울여고, 삼선고, 경기고 교사
· 서울시 교육위원회 장학사 · 장학관
· 서울 개포중학교장
· 교육부 교육평가담당관 · 중등교육정책과장
· 現在 서울 동작교육청 학무국장

【논문】
· "鷄林類事에 나타난 '田菩薩' '漢菩薩'에 대하여"
· "韓國語 硬音語彙와 親族 諸語彙와의 對比研究"
· "韓國語의 持續에 관한 研究" 外

현대 국어의 음장

인 쇄 2001년 6월 23일
발 행 2001년 6월 28일

지은이 김 수 형(金洙亨)
펴낸이 이 대 현
편 집 이은희 · 김민영
펴낸곳 도서출판 역락
        서울시 성동구 성수 2가 3동 277-17
        성수아카데미타워 319호(133-123)
TEL   3409-2058
FAX   3409-2059

전자
우편   YK3888@kornet.net
       youkrack@hanmail.net

등 록 1999년 4월 19일 제2-2803호
        ISBN 89-88906-90-X-93710

정 가 37,000원
※ 잘못된 책은 교환해 드립니다